本钢年鉴

BENGANG NIANJIAN

2022

《本钢年鉴》编纂委员会 编

辽宁人民出版社

图书在版编目（CIP）数据

本钢年鉴 . 2022 /《本钢年鉴》编纂委员会编 . —
沈阳 : 辽宁人民出版社 , 2022.11
ISBN 978-7-205-10607-2

Ⅰ . ①本… Ⅱ . ①本… Ⅲ . ①钢铁集团公司—本溪—
2022 —年鉴 Ⅳ . ① F426.31-54

中国版本图书馆 CIP 数据核字（2022）第 199283 号

出版发行 : 辽宁人民出版社
　　　　地址 : 沈阳市和平区十一纬路 25 号　邮编 : 110003
　　　　电话 : 024-23284321（邮　购）　024-23284324（发行部）
　　　　传真 : 024-23284191（发行部）　024-23284304（办公室）
　　　　http://www.lnpph.com.cn
印　　刷 : 辽宁鼎籍数码科技有限公司
幅面尺寸 : 185mm×260mm
印　　张 : 33.75
插　　页 : 14
字　　数 : 780 千字
出版时间 : 2022 年 11 月第 1 版
印刷时间 : 2022 年 11 月第 1 次印刷
责任编辑 : 张婷婷
封面设计 : 白　咏
版式设计 : 新华印务
责任校对 : 吴艳杰
书　　号 : ISBN 978-7-205-10607-2
定　　价 : 188.00 元

《本钢年鉴》编纂委员会

《本钢年鉴》编辑人员

主　编　王运国

副主编　常　勇　董家胜　赵　伟

编　辑　辛　莉　刘　欣　全英实

编 辑 说 明

《本钢年鉴》（2022）是由本钢集团有限公司主办，本钢集团各部门、子公司、直属单位供稿，本钢集团人力资源服务中心组织编纂而成的本钢集团第 36 部年鉴，是系统记载 2021 年度本钢集团各个方面工作情况的资料工具书。

《本钢年鉴》（2022）设有图片、特载、大事记、概述、经营管理、综合管理、党群工作、钢铁主业、多元产业、改制企业、统计资料、人事与机构、人物与表彰、附录等 14 个栏目，栏目下设分目。主体内容以条目为记述的基本形式，条目标题用黑体字加方括号显示，部分条目下配有照片、图表。

本钢集团有限公司在本部年鉴中简称"本钢集团""集团公司""本钢"，其他子公司、直属单位用全称或规范简称。

本部年鉴采用的稿件、资料、数据均由本钢集团各部门、子公司、直属单位及所属单位提供并审核，记载的时间跨度除特别说明外均为 2021 年 1 月 1 日至 2021 年 12 月 31 日，所引用的数字及资料均以 2021 年 12 月 31 日为限。本部年鉴编纂过程中，得到了各级领导及有关单位和部门的积极支持协助，对此，我们深表感谢。为进一步提高编纂质量，诚盼读者指正。

《本钢年鉴》编辑部
2022 年 7 月

图　片

2021 年 12 月 22 日，辽宁省委常委、宣传部长刘慧晏到本钢调研

2021 年 2 月 7 日，副省长姜有为一行来本钢集团参观调研

2021 年 9 月 16 日，副省长高涛来本钢集团参观调研

2021 年 7 月 16 日，省军民融合办领导一行在本钢浦项冷轧生产现场参观调研

2021 年 10 月 16 日，鞍钢集团党委到本钢调研

2021 年 11 月 11 日，市委书记吴澜一行到本钢调研

2021 年 11 月 29 日，本溪市委常委、市政法委书记徐胜一行来本钢调研

2021 年 3 月 19 日，中华全国总工会调研组来本钢集团调研

2021 年 4 月 23 日，中钢协党委副书记姜维来本钢集团调研并与本钢签约

2021 年 2 月 7 日，本溪市政府与本钢集团签订战略合作框架协议

2021 年 7 月 5 日，本钢集团与中国葛洲坝集团机电建设有限公司签署战略合作框架协议

2021 年 12 月 27 日，本钢集团与辽宁科技学院举行战略合作签约仪式

2021 年 5 月 18 日，本钢集团党委书记、董事长杨维会见中冶赛迪集团客人

2021 年 5 月 25 日，本钢集团党委书记、董事长杨维与格力电器董事长、总裁董明珠会谈

2021 年 7 月 26 日，本钢集团党委书记、董事长杨维与西北地区重点用户代表座谈交流

2021 年 7 月 28 日，本钢集团党委书记、董事长杨维率队到攀钢集团有限公司座谈交流

2021 年 10 月 21 日，瓦轴集团客人来访本钢

2021 年 8 月 20 日，鞍钢重组本钢正式启动

2021 年 9 月 2 日，本钢集团召开整合融合工作《目标任务书》签订会

2021 年 10 月 15 日，鞍钢集团本钢集团有限公司举行揭牌仪式

2021 年 11 月 15 日，鞍钢集团钢铁研究院本钢技术中心举行揭牌仪式暨鞍本协同研发协议签约

2021 年 11 月 5 日，鞍钢集团新闻传媒中心本钢记者站举行揭牌仪式

2021 年 9 月 8 日，本钢集团党委书记、董事长杨维到后备矿山调研

2021 年 11 月 6 日，本钢集团党委书记、董事长杨维调研超低碳排放

2021 年 2 月 25 日，辽宁省钢铁产业产学研创新联盟成立大会在本钢隆重召开

2021 年 9 月 15 日，辽宁省职工技能大赛暨全省钢铁行业技能大赛启动仪式在
本钢举行

2021 年 4 月 27 日，本钢集团召开"数字本钢、智造强企"现场经验交流会

2021 年 6 月 1 日，本钢集团举办人力资源服务与企业人事制度改革专题讲座

2021 年 11 月 4 日，本钢举办深化三项制度改革专题培训

2021 年 11 月 15 日，本钢召开钢铁产业管理与信息化整体提升项目启动会

2021 年 3 月 5 日，本钢集团党委举行授予罗佳全同志"本钢新时代功勋员工"
荣誉称号大会

2021 年 3 月 8 日，本钢集团举行三八节表彰大会

2021 年 3 月 24 日，本钢集团全面启动党史学习教育

2021 年 6 月 17 日，本钢集团党委举行"光荣在党 50 年"纪念章颁发仪式

2021 年 6 月 24 日，本钢集团领导班子集体参观抗美援朝纪念馆，参加"传承红色基因、践行初心使命"主题活动，重温入党誓词

2021 年 6 月 25 日，本钢集团庆祝建党 100 周年职工书法美术摄影展隆重开幕

2021年6月28日，本钢集团庆祝中国共产党成立100周年暨"两优一先"表彰大会隆重举行

2021年7月23日，本钢集团首届"本钢好人"年度盛典隆重举行

2021 年 8 月 18 日，本钢集团召开一届六次职工代表大会

2021 年 9 月 7 日，本钢集团举行 2020 年度优秀高校毕业生表彰暨 2021 届入职典礼

编辑　常　勇

摄影　田　峥

目　录

特　载

持续深化改革　加速整合融合
为实现新本钢高质量发展而努力奋斗
　　——在本钢集团有限公司第一届
　　第十二次职工代表大会上的
　　工作报告…………………… 3
在本钢集团有限公司第一届第十二次职工代
　表大会上的讲话…………………11

大事记

大事记…………………………19

概　述

历史沿革…………………………49
企业现状…………………………49
生产经营…………………………49
党群工作…………………………51

经营管理

规划投资管理

概况……………………………55
规划管理…………………………55
投资管理…………………………56
土地与矿产资源管理……………56

科技管理

概况……………………………57
科技项目管理……………………57
品种开发管理……………………57
科技成果管理……………………58
专利管理…………………………58
产品认证工作……………………58
对外技术交流与合作……………58
研发平台建设……………………58
政府科技项目申报………………58

运营管理

概况……………………………59
组织机构管理……………………59
流程管理…………………………59

制度管理·······················59
体系管理·······················59
成果管理·······················60
绩效考核·······················60
任期制契约化考核···········60
深化改革·······················60
对标工作·······················61
多元管理·······················61

人力资源管理

概况····························61
三项制度改革·················62
人力资源配置·················62
鞍本整合融合·················62
高校毕业生管理···············62
专业技术职称管理···········62
薪酬管理·······················63
高技能人才管理···············63
保险管理·······················63
培训开发·······················63
协力派工人员管理···········64
劳务用工管理·················64
劳动纪律管理·················64

财务管理

概况····························64
主要经济指标·················65
部门建设·······················65
预算管理·······················65
融资管理·······················66
资金管理·······················66
资产管理·······················66
税费筹划管理·················67
会计基础管理·················67

财务共享·······················67

资本管理

概况····························68
鞍本重组整合专项工作······68
资本运营工作·················68
上市公司管理工作···········69
国企混改及合资合作工作···69
资本管理工作·················69
资产处置工作·················69

审计管理

概况····························70
业务整合融合·················70
制度体系·······················70
项目完成情况·················70
专项工作·······················70
整改成效·······················71
创新举措·······················71

法律事务管理

概况····························72
法律审核·······················72
案件管理·······················72
工商事务及商标管理········72
风控管理·······················72
清欠管理·······················73
法治宣传与培训···············73

生产质量管理

概况····························73
主要产品产量指标完成情况·······73

生产组织管理·············73

经济运行管理·············74

港途耗管理·············74

生产计划·············74

产品设计管理·············75

原料质量管理·············75

工序质量管理·············75

产品质量异议·············75

质量体系运行·············75

产品质量认证·············75

质量改进工作·············76

标准管理·············76

规程管理·············76

主要运输指标·············76

车辆管理·············76

运输费用管理·············77

组织与协调管理·············77

降本创效工作·············77

设 备 工 程 管 理

概况·············77

设备基础管理·············78

设备运行管理·············79

设备检修管理·············79

专项管理·············79

工程设计管理·············79

技改工程管理·············81

工程质量管理·············82

工程预算管理·············82

工程计划管理·············83

工程招议标管理·············83

安 全 管 理

概况·············83

安全责任体系·············83

安全基础管理·············84

安全教育培训·············84

安全监督检查·············84

安全风险管控·············85

安全费用投入·············85

能 源 环 保 管 理

概况·············86

能耗指标管理·············86

重点节能工作·············86

能源介质系统节能·············87

节能项目实施·············87

基础能源管理·············88

环保治理投入·············89

环评及验收·············89

环境统计·············89

环保设施·············89

污染防治·············90

固废物利用·············90

危险废物管理·············90

辐射安全管理·············91

环保督察·············91

防疫工作·············91

营 销 管 理

概况·············91

价格管理·············92

品种钢开发·············92

物流管理·············93

客户服务·············93

反倾销管理·····93
分公司管理·····93
风险管控·····94
招标采购·····94

采购管理

概况·····94
供应商管理·····94
质量管理·····94
对标管理·····95
信息化建设·····95

招标管理

概况·····95
经营指标·····95
鞍本招标业务整（融）合·····95
招标管理·····96
交易平台管理·····96
招标专家管理·····97
供应商管理·····97

计量管理

概况·····97
计量器具管理·····97
计量数据管理·····97
计量过程管理·····97
计量设施建设·····98
测量体系管理·····98

信息化建设

概况·····98
鞍本重组信息化工作推进·····98

主机网络平台建设·····99
应用平台建设·····100
数字化、智能化重点工作·····100
信息化管理·····100

企业文化建设

概况·····101
鞍本文化融合·····101
企业文化建设·····101
企业品牌推广·····102
网络舆情管控·····102
新媒体建设·····102

综合管理

办公室工作

概况·····107
鞍本重组·····107
巡视整改·····107
综合管理·····107
政研工作·····108
督查工作·····108
机关工作·····108
档案管理·····108

行政管理工作

概况·····109
费用管控·····109
房产土地管理·····109
民生工程·····109
维修管理·····110
制度承接·····110

安全管理…………………………………… 110
党群工作…………………………………… 110
防疫工作…………………………………… 111

档案工作

概况………………………………………… 111
基础业务建设……………………………… 112
工程项目档案建档验收…………………… 112
档案业务指导培训………………………… 112
档案信息化建设…………………………… 113
改革改制档案工作………………………… 113
档案业务对标融合………………………… 113

保卫信访工作

概况………………………………………… 113
专项整治…………………………………… 114
定向服务…………………………………… 114
生产经营保障……………………………… 114
管理优化…………………………………… 114
队伍建设…………………………………… 115
平安建设…………………………………… 115
信访案件办理……………………………… 115
重复信访治理……………………………… 115
重点集访问题处置………………………… 116
矛盾隐患排查与领导包案工作………… 116
维稳工作…………………………………… 116
党群工作…………………………………… 116
防疫工作…………………………………… 117

离退休人员和退养职工管理工作

概况………………………………………… 117
落实待遇…………………………………… 117

退养职工服务管理………………………… 118
工伤人员服务管理………………………… 118
信访维稳…………………………………… 118
退休人员移交……………………………… 118
内部管理…………………………………… 118
"一站式"服务……………………………… 119
地企联动…………………………………… 119
档案托管…………………………………… 119
鞍本对标…………………………………… 119
工作落实…………………………………… 119
党群工作…………………………………… 119

党群工作

组织工作

概况………………………………………… 123
基层党组织调整…………………………… 123
党建制度建设……………………………… 123
基层组织建设……………………………… 123
全面从严治党……………………………… 123
我为群众办实事…………………………… 123
庆祝建党百年系列活动…………………… 124
党员教育管理……………………………… 124
党费和党建工作经费管理………………… 124
推动党建工作与生产经营深度融合
………………………………………… 124
"整严树"与"靠钢吃钢"双治理
………………………………………… 124
本钢领导班子和领导人员调整及考核
………………………………………… 125
干部管理基础工作建设…………………… 125
各级领导班子配备和领导干部调整…… 125
领导干部日常管理与考核………………… 126
领导干部培训……………………………… 126

年轻干部培训与挂职锻炼…………… 126
市区人大代表与派驻乡村工作………… 126
人才队伍建设………………………… 127

宣传工作

概况…………………………………… 127
党史学习教育………………………… 127
学习型党组织建设…………………… 128
宣传思想工作………………………… 128
落实意识形态工作…………………… 128
形势任务教育………………………… 128
宣传舆论氛围营造…………………… 129
精神文明建设………………………… 129
文明单位创建活动…………………… 129
典型选树及宣传……………………… 129
"本钢好人"评选及宣传……………… 129
学雷锋志愿服务活动………………… 130
法治宣传……………………………… 130
国防教育……………………………… 130
"法轮功"教育转化 ………………… 130
《本钢日报》………………………… 130
新闻宣传亮点………………………… 130
《今日本钢》………………………… 131
新媒体建设…………………………… 131
对外宣传……………………………… 131
新闻宣传综合管理…………………… 131

纪检监察工作

概况…………………………………… 132
廉洁宣教……………………………… 132
派驻监督……………………………… 132
党委巡察……………………………… 133
审查调查……………………………… 133
落实中央八项规定精神……………… 133

整合融合……………………………… 133
自身建设……………………………… 134

统一战线工作

概况…………………………………… 134
统战活动……………………………… 134
政协工作……………………………… 134
民主党派工作………………………… 135
党外知识分子工作…………………… 135
民族宗教工作………………………… 135
对台侨务工作………………………… 135
本钢各民主党派概况………………… 135

工会工作

概况…………………………………… 137
组织建设工作………………………… 137
重点民生工作………………………… 137
宣教文体工作………………………… 138
劳动经济工作………………………… 138
民主管理工作………………………… 138
普惠服务工作………………………… 138
女职工工作…………………………… 139
财务与经审工作……………………… 139

共青团工作

概况…………………………………… 139
青工思想教育………………………… 139
团组织建设…………………………… 139
服务企业生产经营…………………… 140
服务青年成长成才…………………… 140

人民武装工作

概况 …………………………… 140
国防教育工作 ………………… 140
国防动员工作 ………………… 141
军事训练工作 ………………… 141
双拥工作 ……………………… 142
人防工作 ……………………… 143
应急战备管理工作 …………… 143
战备工作 ……………………… 144

科协工作

概况 …………………………… 144
科技之家建设 ………………… 144
学术交流活动 ………………… 144
科普活动 ……………………… 145

机关党委工作

概况 …………………………… 145
党史学习教育工作 …………… 145
组织工作 ……………………… 145
宣传统战工作 ………………… 146
党风廉政建设工作 …………… 146
武装综治工作 ………………… 146
工会工作 ……………………… 146
共青团工作 …………………… 146

钢铁主业

本钢板材股份有限公司

概况 …………………………… 151

主营指标 ……………………… 151
生产运行 ……………………… 151
公司治理 ……………………… 152
管理创新 ……………………… 152
科技创新 ……………………… 152
采购管理 ……………………… 153
市场营销 ……………………… 153
党群工作 ……………………… 153
社会责任 ……………………… 154

研发院

概况 …………………………… 154
产品研发 ……………………… 155
技术支持 ……………………… 155
科研项目管理 ………………… 156
产品认证 ……………………… 156
实验室建设 …………………… 156
知识产权 ……………………… 156
技术交流 ……………………… 157
人才队伍建设 ………………… 157
基础管理 ……………………… 157
党群工作 ……………………… 157

炼铁总厂

概况 …………………………… 158
主营指标 ……………………… 159
生产经营 ……………………… 159
安全管理 ……………………… 159
成本管理 ……………………… 160
设备管理 ……………………… 160
技改工程 ……………………… 160
能源环保 ……………………… 160
企业管理 ……………………… 160
党群工作 ……………………… 161

防疫工作 …………………………… 161

炼钢厂

概况 ………………………………… 161
生产管理 …………………………… 162
安全管理 …………………………… 162
技术创新 …………………………… 162
质量管理 …………………………… 162
成本管理 …………………………… 162
设备管理 …………………………… 162
技改工程 …………………………… 163
能源环保管理 ……………………… 163
体系审核 …………………………… 163
党群工作 …………………………… 163
防疫工作 …………………………… 164

热连轧厂

概况 ………………………………… 164
降本增效 …………………………… 164
生产组织 …………………………… 165
安全管理 …………………………… 165
质量管理 …………………………… 165
设备管理 …………………………… 166
党群工作 …………………………… 166

冷轧总厂

概况 ………………………………… 167
降本增效 …………………………… 167
生产管理 …………………………… 168
安全管理 …………………………… 168
技术质量管理 ……………………… 169
设备管理 …………………………… 169
技改工程 …………………………… 169

能源环保管理 ……………………… 169
企业管理 …………………………… 170
人力资源管理 ……………………… 170
党群工作 …………………………… 170
防疫工作 …………………………… 170

特殊钢厂

概况 ………………………………… 171
对标降本 …………………………… 171
生产组织 …………………………… 171
提质创效 …………………………… 172
安全管理 …………………………… 172
设备管理 …………………………… 172
技改工程 …………………………… 172
机制改革 …………………………… 173
党群工作 …………………………… 173

发电厂

概况 ………………………………… 173
生产组织 …………………………… 174
经营管理 …………………………… 174
安全管理 …………………………… 174
设备管理 …………………………… 175
技改工程 …………………………… 175
能源环保 …………………………… 175
专项工作 …………………………… 175
人力资源管理 ……………………… 176
党群工作 …………………………… 176
防疫工作 …………………………… 176

铁运公司

概况 ………………………………… 177
运输组织 …………………………… 177

经营管理 …………………………… 177

安全管理 …………………………… 178

设备管理 …………………………… 178

党群工作 …………………………… 178

防疫工作 …………………………… 179

能源总厂

概况 ………………………………… 179

生产运行 …………………………… 180

安全管理 …………………………… 180

设备管理 …………………………… 181

技改工程 …………………………… 181

能源环保 …………………………… 182

对标工作 …………………………… 182

三项制度改革 ……………………… 182

人力资源管理 ……………………… 182

党群工作 …………………………… 182

防疫工作 …………………………… 183

废钢厂

概况 ………………………………… 183

主营指标 …………………………… 183

生产组织 …………………………… 184

安全管理 …………………………… 184

设备管理 …………………………… 185

成本管理 …………………………… 185

综合管理 …………………………… 185

党群工作 …………………………… 186

防疫工作 …………………………… 186

检化验中心

概况 ………………………………… 186

检化验管理 ………………………… 187

安全管理 …………………………… 187

成本管理 …………………………… 188

设备管理 …………………………… 188

人力资源管理 ……………………… 188

党群工作 …………………………… 188

防疫工作 …………………………… 189

储运中心

概况 ………………………………… 189

主营指标 …………………………… 189

验质管理 …………………………… 189

仓储管理 …………………………… 189

配送管理 …………………………… 190

物回管理 …………………………… 190

安全管理 …………………………… 190

设备管理 …………………………… 190

综合管理 …………………………… 190

党群工作 …………………………… 190

辽阳球团公司

概况 ………………………………… 191

生产管理 …………………………… 191

安全管理 …………………………… 192

成本管理 …………………………… 192

设备管理 …………………………… 192

工程管理 …………………………… 192

环保管理 …………………………… 192

党群工作 …………………………… 193

不锈钢丹东公司

概况 ………………………………… 193

生产组织 …………………………… 193

安全管理 …………………………… 194

成本管理·····················194

设备管理·····················194

企业管理·····················194

市场开发·····················194

党群工作·····················195

防疫工作·····················195

本溪北营钢铁（集团）股份有限公司

概况·························196

生产组织·····················196

降本增效·····················196

考核工作·····················197

安全环保·····················197

党群工作·····················197

炼铁总厂

概况·························198

主营指标·····················198

生产组织·····················198

技术质量·····················198

安全管理·····················199

成本管理·····················199

设备管理·····················199

工程建设·····················200

能源环保·····················200

科技成果·····················200

创新管理·····················200

人力资源管理·················200

党群工作·····················201

防疫工作·····················202

炼钢厂

概况·························202

主营指标·····················202

生产管理·····················202

安全管理·····················203

技术质量·····················204

工艺优化·····················204

成本管理·····················204

设备管理·····················204

技改工程·····················205

能源环保·····················205

基础管理·····················205

科技成果·····················205

党群工作·····················206

轧钢厂

概况·························206

主营指标·····················207

降本增效·····················207

生产组织·····················207

安全管理·····················208

技术管理·····················208

设备管理·····················208

能源环保·····················209

党群工作·····················209

防疫工作·····················210

铸管公司

概况·························211

生产组织·····················211

安全管理·····················211

产品质量·····················212

设备管理 ················· 212
能源环保 ················· 212
产品销售 ················· 212
党群工作 ················· 212
防疫工作 ················· 213

矿业公司

概况 ···················· 214
主营指标 ················· 214
降本增效 ················· 214
生产组织 ················· 214
安全管理 ················· 215
设备管理 ················· 215
环保管理 ················· 216
矿山可持续发展 ··········· 216
党群工作 ················· 216
防疫工作 ················· 217

冶金渣公司

概况 ···················· 217
生产组织 ················· 217
经营管理 ················· 217
安全管理 ················· 218
设备管理 ················· 218
党群工作 ················· 219
防疫工作 ················· 219

公运公司

概况 ···················· 219
降本增效 ················· 220
生产管理 ················· 220
安全管理 ················· 220
设备管理 ················· 220

能源环保 ················· 220
对标管理 ················· 221
综合治理 ················· 221
特色管理 ················· 221
人力资源管理 ············· 221
党群工作 ················· 221
防疫工作 ················· 222

铁运公司

概况 ···················· 222
运输组织 ················· 223
安全管理 ················· 223
成本管理 ················· 224
设备管理 ················· 224
工程建设 ················· 224
环保管理 ················· 225
基础管理 ················· 225
党群工作 ················· 225

发电厂

概况 ···················· 226
主要经济技术指标 ········· 226
降本增效 ················· 226
生产组织 ················· 226
安全管理 ················· 227
设备管理 ················· 227
环保管理 ················· 228
党群工作 ················· 228
防疫工作 ················· 229

能源总厂

概况 ···················· 229
主要经济技术指标 ········· 229

降本增效 ……………………… 229
生产组织 ……………………… 230
安全管理 ……………………… 230
设备管理 ……………………… 230
技改工程 ……………………… 231
环保管理 ……………………… 231
综合管理 ……………………… 231
党群工作 ……………………… 232

本溪钢铁（集团）矿业有限责任公司

概况 ………………………… 233
主营指标 ……………………… 233
生产管理 ……………………… 233
安全管理 ……………………… 233
设备管理 ……………………… 234
重点工程 ……………………… 234
能源环保 ……………………… 234
财务管理 ……………………… 234
资源规划 ……………………… 234
后备矿山开发 ………………… 234
制度规范 ……………………… 234
深化改革 ……………………… 235
党群工作 ……………………… 235
防疫工作 ……………………… 235

南芬露天铁矿

概况 ………………………… 235
降本增效 ……………………… 236
生产组织 ……………………… 236
安全管理 ……………………… 236
设备管理 ……………………… 237
重点工程 ……………………… 237
环保工作 ……………………… 237

企业管理 ……………………… 237
党群工作 ……………………… 237
防疫工作 ……………………… 238

歪头山铁矿

概况 ………………………… 238
降本增效 ……………………… 239
生产组织 ……………………… 239
安全管理 ……………………… 239
设备管理 ……………………… 240
重点工程 ……………………… 240
环保工作 ……………………… 240
人力资源管理 ………………… 241
党群工作 ……………………… 241

南芬选矿厂

概况 ………………………… 242
生产组织 ……………………… 242
安全管理 ……………………… 242
技术改造 ……………………… 242
成本管理 ……………………… 242
设备管理 ……………………… 243
重点工程 ……………………… 243
能源环保 ……………………… 243
管理创新 ……………………… 243
党群工作 ……………………… 244
防疫工作 ……………………… 244

石灰石矿

概况 ………………………… 244
降本增效 ……………………… 245
生产组织 ……………………… 245
安全管理 ……………………… 245

技术管理 ················· 245

质量管理 ················· 245

设备管理 ················· 245

后备矿山管理 ············· 246

环保管理 ················· 246

人力资源管理 ············· 246

党群工作 ················· 246

防疫工作 ················· 246

辽阳贾家堡铁矿有限责任公司

概况 ··················· 247

生产组织 ················· 247

安全管理 ················· 247

成本管理 ················· 247

设备管理 ················· 247

矿山规划 ················· 248

基础管理 ················· 248

环保管理 ················· 248

党群工作 ················· 249

矿产品厂

概况 ··················· 249

安全管理 ················· 250

设备运行 ················· 250

留守工作 ················· 250

设备修造厂

概况 ··················· 250

生产管理 ················· 250

安全管理 ················· 251

设备管理 ················· 251

能源环保 ················· 251

人力资源管理 ············· 251

党群工作 ················· 252

汽车运输分公司

概况 ··················· 252

生产管理 ················· 253

安全管理 ················· 253

设备管理 ················· 254

成本管理 ················· 254

党群工作 ················· 254

炸药厂

概况 ··················· 255

生产组织 ················· 255

安全管理 ················· 255

质量管理 ················· 255

设备管理 ················· 256

工程管理 ················· 256

党群工作 ················· 256

防疫工作 ················· 256

矿产资源管理办公室

概况 ··················· 256

矿权办理 ················· 256

资源评估 ················· 256

党群工作 ················· 256

防疫工作 ················· 256

多元产业

本钢集团国际经济贸易有限公司

概况 ………………………………… 259
出口工作 …………………………… 259
进口工作 …………………………… 259
非钢产品销售 ……………………… 260
电商销售工作 ……………………… 260
物流管理 …………………………… 260
党群工作 …………………………… 260

本钢板材股份有限公司采购中心

概况 ………………………………… 262
降本增效 …………………………… 262
采购经营指标 ……………………… 262
保产保供 …………………………… 262
党群工作 …………………………… 264

本钢集团财务有限公司

概况 ………………………………… 264
结算业务 …………………………… 265
信贷业务 …………………………… 265
票据业务 …………………………… 265
保函业务 …………………………… 265
风险管控 …………………………… 265
信息化建设 ………………………… 265
党建工作 …………………………… 266

辽宁恒亿融资租赁有限公司

概况 ………………………………… 266
直接租赁业务情况 ………………… 266
财务管理 …………………………… 266
风险管控 …………………………… 266
党建工作 …………………………… 267

辽宁恒基资产经营管理有限公司

概况 ………………………………… 267
"僵尸"企业处置 …………………… 267
控（参）股企业监管 ……………… 268
应对诉讼纠纷和历史遗留问题
………………………………………… 268
外埠房产管理 ……………………… 268
调查清查 …………………………… 268
党建工作 …………………………… 268

辽宁恒汇商业保理有限公司

概况 ………………………………… 269
经营情况 …………………………… 269
主要职能 …………………………… 269
内部控制情况 ……………………… 269

辽宁容大投资有限公司

概况 ………………………………… 270
市场开发 …………………………… 270
行业合作 …………………………… 271
信息化建设 ………………………… 271
项目清收 …………………………… 271
风险防控 …………………………… 272

基础管理…………………………… 272
党群工作…………………………… 272

机械制造有限责任公司

概况………………………………… 273
企业定位…………………………… 273
生产组织…………………………… 273
安全管理…………………………… 274
技术创新…………………………… 274
科技引领…………………………… 274
市场拓展…………………………… 274
党群工作…………………………… 275

修建（维检）公司

概况………………………………… 276
检维修管理………………………… 276
安全管理…………………………… 277
质量管理…………………………… 277
技改工程管理……………………… 277
企业管理…………………………… 277
综合管理…………………………… 278
人力资源管理……………………… 278
党群工作…………………………… 279
防疫工作…………………………… 279

建设有限责任公司

概况………………………………… 279
主营指标…………………………… 280
管控运营…………………………… 280
企业改革…………………………… 282
党群工作…………………………… 282

辽宁恒通冶金装备制造有限公司

概况………………………………… 283
挖潜降耗…………………………… 283
产品结构调整……………………… 284
经营模式…………………………… 284
生产组织…………………………… 284
安全管理…………………………… 284
质量管理…………………………… 285
设备管理…………………………… 285
风险管理…………………………… 285
能源环保…………………………… 285
人力资源管理……………………… 285
党群工作…………………………… 286
防疫工作…………………………… 287

辽宁恒泰重机有限公司

概况………………………………… 287
市场销售…………………………… 288
研发攻关…………………………… 288
采购管理…………………………… 288
生产组织…………………………… 288
安全管理…………………………… 289
质量管理…………………………… 289
降本增效…………………………… 289
机制创新…………………………… 290
企业管理…………………………… 290
党群工作…………………………… 290

信息自动化有限责任公司

概况………………………………… 291
发展思路…………………………… 291

推进改革 ················· 291
技术支撑 ················· 292
技术创新 ················· 292
市场开发 ················· 292
基础管理 ················· 292
党群工作 ················· 293

新实业发展有限责任公司

概况 ··················· 293
主营指标 ················· 294
生产经营 ················· 294
后勤服务 ················· 294
城市服务 ················· 295
资产盘活 ················· 295
财务管理 ················· 295
安全管理 ················· 295
设备管理 ················· 295
环保管理 ················· 295
人力资源管理 ············· 296
采购管理 ················· 296
党群工作 ················· 296
防疫工作 ················· 296

冶金渣有限责任公司

概况 ··················· 296
主营指标 ················· 297
生产组织 ················· 297
安全管理 ················· 297
成本管理 ················· 297
设备管理 ················· 297
能源环保 ················· 298
矿粉公司管理 ············· 298
综合治理 ················· 298
人力资源管理 ············· 298

党群工作 ················· 298
防疫工作 ················· 299

辽宁冶金职业技术学院

概况 ··················· 299
教学管理 ················· 299
学生管理 ················· 300
招生就业 ················· 300
职业培训 ················· 300
技术服务 ················· 301
安全管理 ················· 301
综合管理 ················· 301
党群工作 ················· 302
防疫工作 ················· 302

房地产开发有限责任公司

概况 ··················· 302
经营管理 ················· 303
主业开发 ················· 303
企业改革 ················· 303
多元产业 ················· 303
信访维稳 ················· 304
人力资源管理 ············· 304
党群工作 ················· 305
防疫工作 ················· 305

热力开发有限责任公司

概况 ··················· 306
生产管理 ················· 306
经营管理 ················· 306
安全管理 ················· 307
工程管理 ················· 307
企业管理 ················· 307

法务管理 ……………………………… 307

服务管理 ……………………………… 308

党群工作 ……………………………… 308

防疫工作 ……………………………… 309

北台钢铁（集团）有限责任公司

概况 …………………………………… 310

经营管理 ……………………………… 310

企业改革 ……………………………… 311

安全环保 ……………………………… 311

党群工作 ……………………………… 311

防疫工作 ……………………………… 313

本溪钢联发展有限公司

概况 …………………………………… 313

生产经营 ……………………………… 313

安全环保 ……………………………… 314

厂办大集体改革 ……………………… 314

党群工作 ……………………………… 315

改制企业

本钢耐火材料有限责任公司

概况 …………………………………… 319

生产管理 ……………………………… 319

安全管理 ……………………………… 319

质量管理 ……………………………… 320

设备管理 ……………………………… 320

能源环保 ……………………………… 320

人力资源管理 ………………………… 320

党群工作 ……………………………… 321

防疫工作 ……………………………… 321

本钢汽车运输有限责任公司

概况 …………………………………… 321

运输服务 ……………………………… 322

设备管理 ……………………………… 322

安全管理 ……………………………… 323

财务管理 ……………………………… 323

人力资源管理 ………………………… 323

职工福利 ……………………………… 323

动迁还建 ……………………………… 324

党群工作 ……………………………… 324

防疫工作 ……………………………… 324

本钢电气有限责任公司

概况 …………………………………… 324

主营指标 ……………………………… 324

生产组织 ……………………………… 325

安全管理 ……………………………… 325

技术质量 ……………………………… 325

设备管理 ……………………………… 325

人力资源管理 ………………………… 326

党群工作 ……………………………… 326

防疫工作 ……………………………… 327

本钢设计研究院有限责任公司

概况 …………………………………… 327

经营管理 ……………………………… 327

工程管理 ……………………………… 327

企业管理 ……………………………… 327

党群工作 ……………………………… 328

统计资料

工业总产值及主要产品产量完成情况
.... 331

主要技术经济指标完成情况 334

主要产品质量完成情况 336

主要消耗指标完成情况 338

总能耗及工序能耗 342

主要钢铁工业产品产、销、存实物量
.... 345

基层单位安全情况 348

环境保护主要指标完成情况 349

生产设备完好情况 352

固定资产投资完成情况 353

主要财务状况 359

产品销售利润构成 361

劳动工资情况 363

公有经济企业专业技术人才基本情况
.... 365

中国钢铁工业协会重点统计钢铁企业排名
.... 366

人事与机构

2021 年本钢集团组织机构图 369

2021 年板材公司组织机构图 370

2021 年北营公司组织机构图 371

2021 年矿业公司组织机构图 372

2021 年本钢集团有限公司机构变动情况
.... 373

领导干部一览表 376

本溪市第十七届人民代表大会代表 382

中国人民政治协商会议辽宁省第十二届

委员会委员 382

中国人民政治协商会议本溪市第十三届

委员会常委、委员 382

2021 年本钢集团晋升高级技术职称人员

名单 383

2021 年本钢集团晋升高级技师人员名单
.... 386

人物与表彰

先进人物

全国五一劳动奖章获得者 391

辽宁省五一劳动奖章获得者 391

荣誉表彰

获省以上荣誉称号先进集体名单 395

获省以上荣誉称号先进个人名单 400

2021 年度市级技能大师工作站名单
.... 407

2021 年度本钢集团先进党委 407

2021 年度本钢集团先进单位 407

2021 年度本钢集团先进党支部 407

2021 年度本钢集团先进作业区 409

2021 年度本钢集团劳动模范 410

2021 年度本钢集团优秀党务工作者
.... 411

2021 年度本钢集团优秀共产党员
.... 411

2021 年度本钢集团先进生产（工作）者
.... 412

2021 年度本钢集团三八红旗集体 413

2021 年度本钢集团三八红旗标兵 414

2021 年度本钢集团三八红旗手 415

2021 年度本钢集团五四红旗团委标兵
　　·································· 415

2021 年度本钢集团五四红旗团委 ····· 415

2021 年度本钢集团五四红旗团支部
　　·································· 415

2021 年度本钢集团青年五四奖章 ····· 416

2021 年度本钢集团青年标兵 ········· 416

2021 年度本钢集团优秀共青团干部 ··· 416

2021 年度本钢集团优秀共青团员 ····· 416

2021 年度本钢集团三好学生 ········· 416

2021 年度本钢集团优秀高校毕业生名单
　　·································· 417

科技奖项与专利

2021 年获行业、省科技进步奖名单
　　·································· 418

冶金产品实物质量品牌培育产品认定
　　·································· 422

2021 年度优秀六西格玛项目名单 ······ 423

2021 年度授权专利明细 ·············· 424

附　录

2021 年度上级文件目录 ·············· 439

2021 年度董事会文件目录 ············ 455

2021 年度党委文件目录 ·············· 456

2021 年度行政文件目录 ·············· 467

2021 年度行政文件目录（上行）······ 480

2021 年部分社会媒体对本钢集团报道索引
　　·································· 493

索　引

索　引 ····························· 509

本钢年鉴 *2022*

★ 特载

大事记

概述

经营管理

综合管理

党群工作

钢铁主业

多元产业

改制企业

统计资料

人事与机构

人物与表彰

附录

索引

ANSTEEL
本钢集团

特　　载

持续深化改革　加速整合融合
为实现新本钢高质量发展而努力奋斗
——在本钢集团有限公司第一届第十二次职工代表大会上的
工作报告
（2022年1月18日）

王　军

各位代表，同志们：

现在，我代表本钢集团向大会作工作报告，请审议。

一、2021年工作回顾

2021年是中国共产党建党100周年和"十四五"规划开局之年，更是本钢发展史上具有里程碑意义的一年。

一年来，本钢集团坚持以习近平新时代中国特色社会主义思想为指导，全面贯彻党中央、国务院关于鞍钢本钢重组的决策部署，认真落实国务院国资委、辽宁省委省政府和鞍钢集团工作要求，高效对接重组整合任务，重组工作取得圆满成功，改革发展取得了历史性突破。

一年来，本钢集团广大干部职工坚持"以效益为中心"理念，紧紧围绕"5+1"工作格局和"1+4"重点任务，锐意进取、拼搏奉献，实现销售收入900亿元，同比增长46.4%；实现经营利润75.6亿元，创历史最好水平；税金65.4亿元，同比增长137%；完成铁精矿816万吨，生铁1676万吨，粗钢1745万吨，钢材1676万吨，企业效益明显改善，职工对企业的信心和外界对本钢的预期显著增强。

——高效对接重组任务，鞍本重组取得圆满成功。深入贯彻落实习近平总书记关于东北、辽宁振兴发展的重要讲话和指示批示精神，服从服务于国家发展战略，在鞍钢集团和辽宁省国资委的统筹领导下，按照"对标、协同、整合融合"三个不同阶段，高质高效推进鞍钢本钢重组工作。4月15日，鞍钢本钢重组工作全面启动，本钢集团围绕管控模式、机构设置、授权体系和规章制度体系建设等核心任务，积极主动与鞍钢集团开展对接工作。8月20日，鞍钢本钢重组正式获得国务院国资委批准，为配合鞍钢集团开展工作，本钢集团迅速成立20个专项对接工作组，制订各自领域专项实施方案和工作计划，形成了20份涵盖95项具体业务和627项工作目标的专项整合目标任务书，紧紧围绕"要素管控＋管理移植""战略引领＋资源协同"两条主线，积极推进管理和业务整合。10月15日，鞍钢集团本钢集团有限公司正式揭牌，本钢以崭新的面貌正式加入鞍钢集团。12月22日，本钢混改首期增资如期到账，鞍本重组圆满完成，为深入推进整合融合工作，全面开启本钢高质量发

3

展新征程奠定了坚实基础。

——借力重组深化改革，市场化体制机制初步显现。成立"改革发展"工作推进组，按照重组整合"六措并举"总体工作部署，全面推进市场化改革。一是强化体制机制改革顶层设计。"1+2+N"系列改革方案及相关配套制度获得职工代表全票通过。按照深化市场化改革五个阶段要求，优化总部职能架构，构建"4+6+3"本钢管控架构，完成了总部14个职能部门的职责调整，组建了北营、矿业管理机构，做实了板材、北营、矿业法人治理结构，本钢集团总部和板材两级机关编制定员分别压减41.3%和42%。通过充分授权、放权，权责界面及审批流程更加清晰，管理行为进一步规范。以"总厂制"改革为抓手，推进纵向分类管控、横向有效协同，在板材和北营分别成立炼铁总厂和冷轧总厂，钢铁、资源板块生产单元压减8个，实现了优势资源高度协同。实施"两制一契"管理模式和领导人员"揭指标竞聘，带契约上岗"竞争选拔机制，组织123个领导岗位公开竞聘。二是扎实推进国企改革三年行动计划。本钢集团三年行动计划118项改革举措完成99项，完成率84%，超过国资委要求的70%年度目标。统筹推进亏损企业治理。按照"强化管理、经营提升、实施混改、关闭退出"四种治理方式，完成了亏损企业和"两非"企业梳理和确认工作。助力非钢产业开拓外部市场，按照"一企一策"三年全部扭亏工作目标，加大授权放权力度，激发了企业参与市场竞争热情，非钢产业效益明显改善。加强地企合作，积极与本溪市政府开展相关领域对接工作，厂办大集体改革取得良好成效，企业发展后劲和活力得到初步显现。

——加强生产组织管控，运行效率大幅提升。针对产线运行效率低的实际，成立了"安全生产确保良性运转"推进组，狠抓生产组织、产线管理和工序衔接，重点产线运行能力明显提高。一是加强"一贯制"管理，组织五大产品专项推进组对工序关键控制点进行梳理和完善，按照PDCA循环原则进行指标提升攻关。二是开展全流程"工序服从"管控，发现问题及时跟踪、协调、改进，提升终端产品质量。热轧2300产线和三冷轧产线成材率进入国内同类产线先进水平。三是加强产线产能利用率攻关，一冷和二冷镀锌线产能利用率同比分别提高13.8%和29.8%；2021年5月份，板材钢产量100.5万吨、2300热轧板52.3万吨，均创月度产量历史新纪录。四是优化产线分工和资源分配，按照"先产线后品种"原则，综合预判，选择最优方案，形成产品资源计划及产线品种计划，全年累计调整资源60.5万吨，增加效益1.7亿元。五是强力推动"准时制生产"降低成品库存，采取拉动式生产模式，重新核定各工序、各环节库存，产成品经济库存比年初预算降低20万吨。

——建立市场化考核机制，生产成本持续降低。坚持市场化改革方向，在内部考核上打破旧体制，全面推行模拟市场利润考核新机制，形成了企业职工利益共同体，企业自身活力得到有效释放。一是深入开展"日清日结"，对每日消耗、成本情况进行统计分析，及时发现问题，狠抓整改落实，钢铁主业对比预算累计降低工序成本9.8亿元，其中板材降低5.6亿元、北营降低3.6亿元、矿业降低0.6亿元，主要指标有效改善。二是持续开展鞍本对标，成立战略规划、管理与信息化、人力资源等13个对标组，开展两轮对标，取得了良好效果。其中板材炼铁总厂、北营炼钢厂、本钢浦项获得鞍钢集团

"对标标杆企业"荣誉称号。实施鞍本协同成本对标，每周对各项指标进行收集、监控，每月总结，共提报采购、销售和铁矿资源等年度快赢项目34项，累计创效约3.8亿元。三是围绕钢铁主业机旁物资和非钢子公司库存物料，加强库存清理，为综合利用、降低成本提供了有效途径。

——加大科技创新和体系建设，企业市场竞争力显著增强。围绕"推进产品研发，建立创新体系，提升直供比例"开展重点攻关。一是强化新产品开发，成功开发了超深冲电镀锌汽车外板、渗氮汽车用特钢产品、980兆帕级热镀锌复相钢、高性能高效硅钢等突破性品种，新产品累计完成55个牌号，同比增加19个新牌号，增幅达52.7%，创历史最好水平。首次与北美通用汽研院以及东北大学合作开发的"免涂层热成型钢"完成工业化试验，拟在"汽车轻量化联盟大会"上宣布全球首发。推行"科技项目摘牌制"，严格按照摘牌程序组织111项科技类项目成功摘牌，全年共计增效2.5亿元。二是全面构建本钢技术创新体系，组建了本钢集团科技创新委员会和技术专家委员会，逐步建立起由总工程师牵头，本钢集团、厂矿、作业区各层次上下贯通，各工序横向联合的技术创新体系。推行首席工程师聘用制改革，组织首席工程师岗位聘用评审工作，建立和畅通了工程技术人员职业发展通道；牵头组建"辽宁省钢铁产业产学研创新联盟"，本钢成为省公开发布的首批典型联盟试点单位，营造了推崇技术、鼓励创新的浓厚氛围。三是提升产品直供比例，各品系通过细分市场新开发60家直供用户，直供用户订货比例61%，同比增长11%。

——持续夯实管理基础，企业效能不断提升。坚持"五个强化"，深挖潜、练内功、强筋骨，各项基础管理工作水平不断提升。强化安全管理，深刻汲取"11.23"事故教训，举一反三，全面压实安全管理责任，加大安全监管问责力度，加强安全管理作风建设，开展"安全风暴"专项行动，本钢领导班子以上率下，带头采取"四不两直"方式对安全生产开展明察暗访，推动各基层单位安全生产主体责任得到有效落实。强化设备、工程管理，全年共组织5次大型联合检修，重点解决高炉、铸机隐患和轧机精度等方面问题，全年本钢主要产线设备故障台时同比降低180小时，降低设备运维费用累计1.3亿元。超低排改造项目放行16项，累计投资16.7亿元。强化能源消耗管控，深入开展能源介质对标攻关，采取制定指标提升实施方案、确定快赢项目等措施，全面降低电、水等能源介质消耗，将"限电"等不利因素影响降到了最低；大力推进高炉燃料比攻关，通过对标、摘牌精准激励等措施，高炉燃料比同比有所降低，板材5#炉、北营两座大高炉燃料比个别月份达到行业先进水平。全面落实碳排放工作，完成了2020年碳排放量自行核算工作。强化流程优化，"以数字化、智能化推动流程再造工作"工作组针对制约生产的重点问题开展攻关，在热送热装、鱼雷罐温降、本质化安全、备件库存精准管理上取得了新突破。强化资金管理，按三大活动实施资金分类管控，全年实现经营活动现金净流量115亿元，融资规模比年初下降199亿元，资金管理水平显著提升。

——持续加强党的领导，和谐企业建设迈上新台阶。加强党建引领，充分发挥企业党组织在深化改革、重组整合、经营发展工作中的核心作用。召开庆祝建党100周年暨"两优一先"表彰大会，举办"光荣在党50年"纪念章颁发仪式等系列活动。以党史学习教育为契机，扎实开展"我为群众办实事"活动，加大对职工关爱力度，集中解决了在岗职工工作餐补贴、板材职工厂内公交通勤、职工浴池食堂生活设施修缮、外地大学生住宿环境改善等27件民生实事，突出了以职工为中心的发展理念。关爱职工身心健康，为职工办理互助医疗保障续保、启动职工健康疗养工作；开展倾情帮扶"送温暖"活动，累计投入606万元；开展精准帮扶工作，共救助285人，发放帮扶资金282万余元；全年本钢各级党委共解决广大职工"急难愁盼"问题816项，累计为职工发放超利共享利润奖4.7亿元，职工获得感幸福感明显增强。同时，大力开展"整、严、树"和"靠钢吃钢""跑冒滴漏"专项治理行动，全年查处违规违纪行为934起，处理1011人，打造企业风清气正的良好政治生态。充分发挥舆论导向作用，积极推进内、外部新闻宣传工作，围绕企业改革重要节点和关键环节强化舆论宣传和正面引导，传递正能量，为企业改革发展营造了良好氛围。

此外，信访维稳、武装保卫、科协、统战以及离退休管理、外事管理等各领域工作，也都为本钢生产经营和疫情防控提供了有力支撑。在此，我代表本钢集团，向各位代表和在座的同志们，并通过你们向全体职工及家属，表示衷心的感谢！

在看到成绩的同时，也要清醒地认识到，企业还面临很多亟待解决的难点问题、制约发展的痛点问题和危及企业生存的卡点问题：一是市场化改革任务还未完成，新的体制机制还未完全建立。二是企业整体竞争力不强，盈利能力、劳动生产率、生产运营能力和信息化覆盖程度对比行业先进水平差距明显。三是企业抗风险能力不足，存在投资风险大、资产负债率高、能效水平低、超

低排改造严重滞后等问题。四是安全工作还没有实现本质安全。一些典型安全事故反映出我们开展"反三违"工作力度还不够，少数职工的安全意识还不强。这些问题都需要引起我们的高度重视，在今后工作中要尽快拿出可行的解决方案。

二、2022年重点工作

2022年是深入贯彻落实"十四五"规划的发力之年，也是新本钢持续深化改革、加快整合融合，全面开启高质量发展新征程的关键一年。

从企业外部情况看。世纪疫情冲击下，国际国内经济形势更趋严峻复杂，我国经济也面临着需求收缩、供给冲击、预期转弱的三重压力。受国家环保和低碳政策导向影响，钢铁企业将面临持续加大超低排放改造、推进碳减排、能耗"双控"、产能产量"双控"工作压力，改革发展面临的外部形势不容乐观。

从企业自身发展看。2021年生产经营取得新突破，利润同比实现大幅增长，企业效益明显改善，鞍本重组实施后，本钢集团正式加入鞍钢集团，"南有宝武、北有鞍钢"的国内钢铁产业新格局也已基本形成。伴随深化改革和整合融合工作深入推进，企业体制机制不断优化，管理日趋精细，干部职工精神面貌焕然一新。近期召开的中央经济工作会议和中央企业负责人会议指出，我国经济韧性强，长期向好的基本面不会改变。稳字当头、稳中求进的宏观运行总体要求，为我们坚定高质量发展之路指明了方向。

同时也要看到，今年本钢集团改革将进入攻坚期和深水区，改革发展稳定任务艰巨。这就要求我们要主动适应新形势，敏锐洞察市场、经营不断出现的新变化，积极转变思

想观念，认真落实鞍钢集团二届五次全委（扩大）会议和二届一次职代会精神，拿出"等不起"的紧迫感、"慢不得"的危机感和"坐不住"的责任感，在鞍钢集团和多元股东的正确领导下，坚定信心和决心，踔厉奋发、笃行不怠，推动本钢向高质量发展进发。

2022年总体工作思路：以习近平新时代中国特色社会主义思想为指导，深入学习党的十九大和十九届历次全会精神，坚持"两个一以贯之"，在鞍钢集团和多元股东的正确领导和大力支持下，不折不扣贯彻落实"1357"工作指导方针（"1"即聚焦"打造基业长青的具有示范意义的国有企业市场化经营标杆"一个根本目标；"3"即紧盯"深化重组整合、统筹改革创新、全面预算管理"三条核心主线；"5"即坚持"改革促'四能'、对标'双跑赢'、低碳为使命、效益为中心、节能为抓手"五大发展方向；"7"即实施"全面实现'两利四率'目标、按节点完成超低排放项目、实现信息化全覆盖、强力解决历史遗留问题、大幅降低亏损企业数量、快速实现后备矿山增量、深化技术创新体系建设"七项重点任务），借力"朝阳模式"和本钢"央企＋民营"混改新机制，打造"本钢模式"，建设新本钢、支撑新鞍钢，以优异成绩迎接党的二十大胜利召开。

2022年生产经营主要目标：利润30亿元、奋斗目标37亿元、挑战目标44亿元；铁精矿860万吨、奋斗目标880万吨、挑战目标900万吨；生铁1650万吨、奋斗目标1820万吨、挑战目标1900万吨；粗钢1735万吨、奋斗目标1916万吨、挑战目标2000万吨；钢材1683万吨、奋斗目标1864万吨、挑战目标1948万吨；安全生产实现"三为零"。

为实现上述目标，重点从以下七个方面开展工作：

（一）坚定不移深化改革，全面释放改革红利

2022年是国企改革三年行动收官之年。要以全面贯彻落实《本钢集团落实国企改革三年行动深化市场化改革总体方案》为引领，坚持市场化改革方向，围绕完善公司治理、优化组织机构、三项制度改革、强化困难企业治理、提升自主创新能力等8个方面，确保国企改革三年行动全面完成，深度转换经营机制，全面释放重组整合和改革红利。深化以"三项制度"改革为核心的"1+2+N"市场化改革。进一步完善配套制度，形成制度体系闭环管理机制，按照改革目标和时间节点，逐级推进机构及人员优化工作，实现全员劳动生产率提升10%以上。牢牢把握"授权＋同利"改革主线，逐级贯彻落实全周期授权体系建设，加大授权放权力度，落实好"同利"政策，让职工与企业实现"双赢"，真正做到企业效益有改善、职工有获得感、发展可持续。深化市场化经营机制建设。聚焦"两利四率"目标，强化"效益牵引、成本驱动"考核导向，以"两制一契"为契机，构建各层级经营者绩效考核体系；对主业板块配套工资总额实施全新组织绩效考核。推动多元产业健康发展。对多元子企业依据规划方案实施工资总额考核，引导企业"对标先进、跑赢大盘、跑赢自身"，形成"绩效与市场对标、薪酬和业绩赛跑、激励凭贡献说话"的绩效文化。进一步完善本钢集团多元产业协同深化改革指导意见，规划多元产业生存发展路径，对北钢公司及其子公司实施分类改革处置，推进多元协同产业专业化整合，提升市场创效能力。实现亏损企业治理目标。按照"一业一企""一企一策"原则，采取试点先行的方式，进一步规划产业分类、

定位产业发展方向和目标，大幅降低亏损企业数量和亏损额，以2021年底为基数，亏损企业数量降低50%，亏损额度降低三分之一。强力推动解决历史遗留问题。采取有效措施，加快解决划转后续问题，全面完成厂办大集体改革收尾工作，落实支持钢联公司发展各项协议，积极争取政策支持。高效推进地企融合。展现央企责任与担当，强化"双本"合作区域发展战略，聚焦重点项目，推动问题解决，相互支持助推经济发展。

（二）坚持创新驱动发展，激发科技创新活力

优化企业科技管理体系。建立运行鞍本五大协同创新机制，实现创新平台、创新资源、创新机制等一体化运作。建立科研投入运行机制，督促各单位增加研发投入、规范研发经费的归集管理。开展高层次人才引进等工作，充分发挥专家库等各层级技术人才在企业产品升级、工艺进步、技术改造等方面作用。深化科技体制机制改革，"揭榜挂帅"，培养科技领军人才，提高研发经费投入强度。加强"产学研用"创新平台建设。打造科技成果转化平台、科技创新研发平台、外部资源协同合作平台、与客户合作研发平台"四大平台"。以科技合作和培养人才为载体，多形式、多层次、广领域与国内外高校和科研院所、钢铁企业、战略客户、政府部门等开展长期稳定交流、合作。加大产品研发攻关力度。聚焦汽车用钢系列产品进行研发和攻关，充分利用国内和鞍钢研发平台，增加本钢优势产品、拳头产品，提升企业产品影响力和品牌知名度，提升钢材调品指数和创效能力。推动数字化、智能化建设。按照"数字鞍钢"建设要求，打造"数字本钢"。聚焦鞍钢集团管理三类31项系统覆盖项目、本钢钢铁产业制造管理与经营管理提升项目

及其配套支撑项目，推进智能料场、能源集控和3D岗位机器人化，全面提升企业信息化、数字化、智能化建设水平。

（三）坚持目标问题导向，服务国家重大战略

践行绿色低碳发展。深入贯彻落实党中央、国务院关于环境保护工作的决策部署，实现依法合规经营，推进生态环境保护工作再上新台阶。围绕"板材2023年、北营2025年"完成超低排放改造的总体目标，加快超低排放项目建设。严格落实污染物排放指标管理，快速推进环保治理项目实施。强化对有组织排放污染源的日常监管，并做好2022年第二轮中央环保督察"回头看"迎检准备工作。落实能源"双控"要求。建立本钢低碳管理工作推进机制，开展相关碳减排技术课题立项工作。优化高炉炉料结构、铁水单耗、成材率等技经指标。实施节能改造项目，加快推进在建及转年能措项目实施，组织"十四五"规划项目尽快落地，降低能源介质消耗，提升能源转换和利用效率。全面加强各工序能源管控，围绕降低烧结固体燃耗、高炉燃料比、炼钢工序能耗、焦化工序能耗等开展节能攻关，实现吨钢综合能耗605公斤标煤以下。以CCPP投产为契机，强化管理，全面提升本钢自发电量，自发电比例49%以上。提升资源保障能力。对接鞍钢集团"双核"驱动发展战略，以打造高效矿山、生态矿山、智慧矿山、品牌矿山为目标，坚持效率最优、成本合理和效益最大化，加速在产矿山改扩建和有序开发后备矿山，统筹推进，提升现有矿山产量，强化要件办理，按节点完成大台沟铁矿等后备矿山建设，充分发挥丰富的矿产资源优势，打造矿产资源产业"链长"，全力保障钢铁行业产业链、供应链安全稳定，努力成为保障国

家战略资源安全的"压舱石"。

（四）加快推进八大协同，全力实现整合融合

2022年是本钢集团重组后深度整合融合元年。以本钢集团"二次创业"、成为辽宁全面深化国企改革引领者为根本要求，全力推进鞍本管理及业务融合，加快推进战略规划、采购、销售、科研、物流、矿产资源、国际贸易、产业金融"八大业务协同"。聚焦鞍本产业协同发展，明确产业定位和发展方向，落实战略引领，清晰战略目标，制定《本钢2022—2024年滚动规划》，有效提升钢铁、资源"双核"主业竞争力，促进企业战略转型升级。聚焦采购平台、代码、标准、流程"四统一"，严格执行协同采购机制，不断优化采购组织及职能分工，最终形成鞍本区域内统一采购管理体制。聚焦鞍本销售资源、价格、服务、渠道、物流、系统"六统一"，建立出口和区域内销售协同机制，深度开发优质市场，提高市场话语权和市场占有率，增强抵御市场风险能力。聚焦科研"四统一、四共享"协同机制，统筹科技规划、立项、模式、能力建设。推动研发手段成果共享，人才信息互通，在促进高水平自立自强中勇当原创技术"策源地"。聚焦企业物流和物流企业"两个关键"，贯彻鞍钢供应商统一准入标准，推进鞍本物流一体化，着力打造东北区域产品交付最优、外部区域物流通道和运输能力最好的大物流体系。聚焦发挥矿产资源国际领先的采选技术和国内领先的矿山建设能力"两个优势"，实现鞍本矿产资源统一战略规划下的全面协同发展，维护钢铁行业产业链供应链安全稳定。聚焦打造集团统一进出口贸易、外贸融资和招标服务"三个平台"部署，强化国际贸易协同运行机制，发挥鞍钢集团贸易整体竞争优势。聚焦打造

集团产业金融统一资本运作、股权投资和数字化产业金融服务"三个平台"建设，构建产融结合新业态。从重组整合，到深度融合、高效协同，迅速发挥鞍本重组"1+1>2"协同效应。

（五）推行全面预算和系统对标管理，推动盈利水平提升

充分认识全面预算管理和系统对标对提升企业竞争力的重要作用，围绕国务院国资委和鞍钢集团"两利四率"目标要求，深入推行全面预算管理和系统对标工作。一是加强全面预算管理。要以满足承接鞍钢集团"两利四率"及"两金"压控指标需要为导向，科学制定经营预算、资本预算、资金预算。针对盈利能力确定预算奋斗目标和挑战目标，配套出台考核激励政策，推动企业盈利水平提升。要发挥全面预算管控作用。强化预算分解、预算执行。按照时间和管理层级两个维度层层分解预算指标，做到横向到边、纵向到底，确保预算指标落实落细落地。加强预算分析、预算考核。持续推行月度预算分析，及时纠正偏差，为生产经营决策提供依据。要按经营者绩效和组织者绩效方案严格考核，使考核结果真实反映各单位和管理部门工作情况，确保全面预算的真实性、准确性。二是深入开展全系统对标工作。突出价值导向，全面引入行业对标机制，钢铁主业对内要面向鞍山、本溪、北台、朝阳、鲅鱼圈"五地"对标找差距，对外要与行业一流开展对标，提升管理理念；矿产资源要开展鞍山、本溪两地对标；重点深化铁、钢、轧、能源系统对标，着重针对14项核心指标进行持续对标和改进，建立对标台账，加强对标交流，持续跟进落实，改善主要技经指标，重点指标要进入行业先进水平。围绕优质产线产能利用率提升等持续开展对标攻

关工作，不断优化全工序链条的产线匹配和物流管理，全面提升生产效率。借助鞍钢内部对标管理平台，定期组织进行成本对标，找出差距与不足，制定整改措施，不断提升管理水平。

（六）提升精益运营能力，构建成本竞争优势

坚持"一切成本皆可降"原则，开展系统降本工作，逐步实现全过程成本控制。实施成本领先战略，强化生产运行管控。以鞍钢集团管理与信息化系统全面移植覆盖工作为中心，全面提升生产管控能力和管理水平，围绕生产流程优化找差距、补短板，全面落实工序服从、生产服务销售的管控思路，以市场为导向，以合同交付为中心任务，保证合同执行和交付的流程顺畅。建立"真金白银"的成本削减管理体系，强化协同和工序降本，推进系统降本，力争实现年度生铁成本优于行业平均水平。树立质量成本意识，系统提升质量管理。以满足客户需求为导向，提高产品质量稳定性和附加值，树立质量成本意识。围绕关键指标提升持续开展攻关，减少质量损失。以"一贯制"技术深入推进工作为抓手，建立健全质量管控体系。树立精益管理理念，提高品质意识，强化精益管理。主动转变设备管理观念，加强精度管理、功能管理、库存（机旁备件）管理和设备维修费用管理，科学合理实施定额消耗和存储，以设备管理水平提升推动质量管理水平提升。持续降低采购成本。深入推进采购品种环比降价降本工作，以全方位对标为抓手，严格落实各品种降价采购方案，除煤、矿粉大宗原燃料以外，采购成本要降低10%。坚决抓好安全管理，有效降低安全成本。严格落实安全工作"四个一刻也不能放松"和"五清五杜绝"工作要求，树立"红线"意识，

强化底线思维，切实提升安全生产工作的政治自觉和行动自觉。要严格落实安全生产主体责任，继续采取"四不两直"的方式开展安全生产明查暗访，深化"安全风暴"专项行动。强化安全履职监督检查，严肃各类事故问责追责，做到"四不放过"。持续强化资金管理。全年经营活动现金净流量110亿元以上，总融资规模同比再下降100亿元以上，进一步提升利率的议价能力，全年财务费用同比下降12.6亿元以上。严格执行收付款管理办法，进一步规范内外部收付款行为。对内部单位加快内部结算速度，对外部单位加大应收款项清理力度，清理率在75%以上，强化考核监督机制，实行一票否决。实施财产保险的集中统一管理，扩大保险范围，降低保费支出。深度盘活存量资源。进一步压缩存货资金占用，完善存货经济库存考核制度，合理制定周转天数，加速存货资金周转。避免因违规决策、未经充分论证评估盲目决策和违规操作、违规经营等，造成重大投资损失及风险，造成工程项目停工缓建、资产闲置、货物或资金损失、企业重大经营亏损、生态环境破坏等后果。

（七）坚持党建引领，保障企业行稳致远

充分发挥党委"把方向、管大局、促落实"作用，强化党的领导融入公司治理。实行党建工作与生产经营一体化考核，全面实施党建责任制考核评价。围绕重组改革、生产经营、信访稳定面临的新形势，深入开展形势任务教育，持续加强和改进网络意识形态工作，进一步强化网格化管理。加大力度发现培养使用高素质优秀年轻领导人员，树立"重实干、重实绩、重担当"的选人用人导向。深化党史学习教育成果转化，逐步探索建立为职工办实事长效机制，持续推进"两

学一做"学习教育常态化制度化，积极组织开展党支部"达标创先"、鞍钢"样板"党支部以及共产党员先锋工程等活动。抓好全面从严治党"五个责任"落实，深入开展各类专项监督检查，持续整治违反中央八项规定精神和"四风"问题，坚决打击"靠钢吃钢"问题，不断探索适合本钢发展实际的纪检监督模式。深入推进纪检体制改革和大监督体系建设，按照巡视巡察"上下联动"工作方针，组建板块公司党委巡察机构，推进巡察"全覆盖"。大力弘扬劳模精神、劳动精神、工匠精神，进一步推动"罗佳全"等劳模创新工作室技术创新，以"当好主人翁、建设新本钢、建功新时代"为主题开展好劳动竞赛。切实维护职工合法权益，深化"公开解难题、民主促发展"主题活动，畅通职工诉求反馈渠道。开展"情暖山城·缘系本钢"活动，为本钢青年大学生婚恋提供平台。

开展"药箱进班组"等普惠工作，适时接续启动在岗职工疗养工作。加强舆论宣传、统战和共青团组织优化建设，深化与鞍钢群团组织的交流融合，积极发挥桥梁纽带作用。

同志们，使命重在担当，实干铸就辉煌。2022 年是新本钢融入新鞍钢的第一年，我们肩负着组织的期望、发展的责任和职工的重托，让我们紧紧围绕鞍钢集团"7531"战略目标，按照鞍钢集团总体部署，贯彻落实"1357"工作指导方针，以高度的使命感和责任感，真抓实干、开拓创新、锐意进取、奋勇前行，全面抓好生产经营和整合融合各项工作，持续提升生产经营业绩，建设高质量发展新本钢，为把新鞍钢建设成为最具国际影响力的钢铁企业集团做出更大贡献。

在本钢集团有限公司第一届第十二次
职工代表大会上的讲话
（2022 年 1 月 18 日）

杨　维

各位代表、同志们：

本钢集团一届十二次职代会经过各位代表的共同努力，圆满完成了各项任务。这次会议是在"两个一百年"奋斗目标历史交汇的关键节点，在集团上下深入贯彻党的十九届六中全会精神、中央经济工作会议精神，在鞍钢集团二届五次全委（扩大）会议和二届一次职代会闭幕之际，召开的一次重要会议。新的一年刚刚开始，这次会议对于团结动员全体干部职工，凝心聚力、开拓创新，在新的一年里开好局、起好步，实现"开门红"，具有特殊重要意义。

大会审议并通过了王军总经理所作的行政工作报告。这个报告非常系统、全面地总结了过去一年本钢各个层面、各条战线上发生的重大变化、做出的突出成绩、存在的客观问题，对今年的工作有针对性地进行了安排部署，体现了极高的站位、深刻的洞察和精准的布局，我完全同意。在分组讨论的过程中，各位代表从不同角度提出了很多建设性的意见建议，非常具有代表性，会后报告的写作班子要认真吸收，加以完善，形成一个集思广益、贴合实际、指导性强的行政工作报告，修订完善后尽快下发。各部门、各单位要结合工作实际，进一步分解落实工作任务、细化保障措施、明确主体责任，精雕细刻把报告中的各项工作部署落到实处。

1月15日—16日，鞍钢集团连续召开了二届五次全委（扩大）会议、二届一次工会会员代表大会和职工代表大会、2021年度总结表彰大会，会议通过了一系列报告文件，谭成旭董事长出席有关会议并讲话，各单位要认真抓好学习宣传，坚决贯彻落实到今年的各项工作中。

刚才，我们还召开了年度表彰会，对2021年在本钢改革发展进程中涌现出的先进集体和先进个人进行隆重表彰，希望大家珍惜荣誉、再接再厉，同时也号召全体干部职工以模范先进为榜样，立足本职岗位，争创一流业绩，为实现企业的高质量发展建功立业。

下面，结合本次会议精神和今年的整体工作思路，我谈几点感受和提几点要求。

一、关于2021年的整体工作

2021年，是本钢发展史上极不寻常、极不平凡的一年，特别是2020年年底以来，我们面临企业发展走向不清晰、经营管理偏离以效益为中心理念、长期亏损导致积重难返、资金链条极度紧张等异常艰难、困顿、复杂、严峻的局面。为此，本钢坚持以习近平新时代中国特色社会主义思想为指导，不折不扣贯彻省委省政府决策部署，充分发扬斗争精神，以越是艰难越向前的大无畏气概，刮骨疗毒、壮士断腕，实施了一系列卓有成效的措施，一举扭转了持续被动的困难局面，百年本钢在这一重大历史关口和困难考验面前，向党和人民交出了一份满意的答卷。

回顾一年来的工作，有以下几个特点：

一是坚持党对国有企业的全面领导，在大是大非面前保持了清醒的头脑和坚定的立场。按照省委关于本钢集团改革发展要"符合本钢长远发展，符合本钢6万多职工利益，确保本钢基业长青"的指导方针，以及"12·7"本钢干部大会精神，迅速将工作扭转到省委省政府指明的正确方向上来。针对班子层面存在的改革意见不统一、不担当不作为现象，提出了是否存在等靠要思想、有没有履职到位、是不是从大局出发、能不能包容干事创业的干部、忠诚担当是不是挂在口头上、斗争精神是否落实到位等"灵魂十问"，掀起新一轮思想大讨论，迅速统一了干部职工的思想认识。按照"以德为先、业绩突出、人岗相适、开拓创新"和"靠人品、靠实绩、靠公认"的选人用人导向，将干净、干事、担当的领导干部选拔出来、使用起来，打造了风清气正的良好政治生态，凝聚起心无旁骛、干事创业的强大合力。

二是以极高的政治判断力、政治领悟力和政治执行力，平稳完成了鞍钢本钢重组工作。鞍本重组是几代党和国家领导人的夙愿，也是几代鞍钢、本钢人的梦想，我们深刻认识自己所处的历史方位和承担的历史使命，按照谭成旭董事长关于重组"怎么看"、整合融合"怎么干"的总体要求，聚焦"要素管控＋管理移植"和"战略引领＋资源协同"

两条主线，高质量完成了对标协同、管理过渡期、实质性整合融合等各阶段工作，百年本钢成功编入央企航母舰队，产业报国有了更广阔的空间和舞台。重组伴随着混改，开创了我国特大型钢铁企业重组改革的独特模式，为国企改革提供了典型范例。我国从钢铁大国成长为钢铁强国的目标，因为鞍钢本钢的重组，加快从梦想走向现实。

三是以极大的勇气和魄力，推动实施了本钢历史上前所未有的重大改革。新本钢的内涵之一就是以市场化改革为统领，深度转换经营机制，成为东北振兴战略中国有企业全面深化改革的示范，改革的核心是建立"机构能增能减、管理人员能上能下、员工能进能出、收入能多能少"的市场化竞争机制。目前，"1+2+N"系列改革方案已经陆续发布实施，按照"先改主席台、再改前三排"的原则，领导干部全体解聘起立，逐级选聘、竞聘。这是前所未有的力度和决心，企业上下经历了一番强烈的理念冲击和思想洗礼，从而更加坚定了改革的决心和信心。

四是众志成城、披荆斩棘，克服难以想象的困难，以顽强的斗志和不懈的努力，开创了本钢改革发展的崭新局面。从经营成果上讲，通过"5+1"工作格局和"1+4"重点任务，顶住大幅限产、限电的双重压力，一举扭转了持续十年以上的严重亏损被动局面，利润水平呈指数级攀升，创历史最好水平；得益于鞍钢集团和混改资金的注入，资产负债率大幅下降，本钢在行业、社会、客户中的形象显著提升。从党建引领和民生改善上讲，我们以扎实开展党史学习教育为抓手，厚植为民情怀，解决了免费工作餐、厂内公交、浴池食堂修缮、外地大学生宿舍回迁等一系列持续多年的"急难愁盼"问题，累计发放超利共享利润奖 4.7 亿元，人均工资同比增长 22.5%，其中 81.5% 以上在岗职工收入增幅超过 10%，职工的获得感、幸福感、安全感显著增强。

这一系列来之不易的工作成绩，得益于以习近平同志为核心的党中央坚强领导，得益于省委省政府和鞍钢集团的正确领导与大力支持，更得益于全体本钢人百折不挠的拼搏和勇往直前的奋斗，充分体现了百年本钢忠诚、担当的红色血脉与越挫越勇的顽强意志。在此，我代表本钢领导班子成员，感谢每一位在危难之际带领团队冲锋陷阵的将领，感谢每一位在困难时期挺身而出的勇士，感谢每一位在平凡岗位上无怨无悔、无私奉献的本钢人，同时也感谢在背后默默支持你们的父母、爱人、子女，你们是本钢真正的英雄，是你们创造了奇迹！

二、企业当前存在的问题和面临的形势

2021 年我们取得了一些成绩，工作有了一些起色，但存在的问题也同样不容忽视。

一是改革的积极性和主动性远远不够，自我革命的理念还没有深入人心、没有成为常态。习近平总书记视察烟台万华集团时语重心长地说："谁说国企搞不好，要搞好就一定要改革，抱残守缺不行。"对照万华看本钢，我们已经有十几年的时间没有进行真刀真枪的改革，干部职工抱着"残"守着"缺"，在一片歌功颂德、形势大"好"中丧失了革命精神和战斗精神。

二是管理的规范化和精细化程度依然有很大差距。一年来，我们通过承接鞍钢集团200 多项规章制度和管理理念，在思想认识上和管理水平上有了很大提升，但也通过对接、承接和协同，发现了自身存在很多问题，

特别是对一些考核指标动真碰硬、细化分解后，发现经不起推敲、拿不上台面，很多指标别说跑赢大盘，连鞍钢集团内部的小盘子都跑不赢。

三是缺乏敢亮剑、能碰硬的作风，不担当、不作为现象普遍存在。有的干部在新的改革发展任务前畏首畏尾、瞻前顾后、停滞不前，导致工作久拖不决，错过解决问题的最好时机；有的干部张口闭口讲流程，大事小事找领导，什么事都等着上一级领导想办法、定思路、给资源，这也是不担当不作为的表现；有的干部喜欢单打独斗、孤芳自赏，不善于换位思考，听不进去别人的意见，这实际上也是对事业不负责任的表现；有的干部热衷于喊口号、做样子，阳奉阴违、表里不一，不但干不成事，还污染了政治环境，败坏了企业文化。

上述问题需要我们有正视问题的自觉和刀刃向内的勇气，始终保持清醒的头脑，以自我革命的决心切实加以解决。

2022年是党的二十大召开之年，是实施"十四五"规划、开启全面建设社会主义现代化国家新征程的重要一年，是加快推进"六个鞍钢"建设，实现新鞍钢集团高质量发展的关键一年，同时也是新本钢完整承接鞍钢集团管理、考核体系的第一年。2022年我们也要筹备召开第二次党代会，科学研判企业面临的内外形势并在此基础上谋划好2022年的各项工作。

从外部环境看，新冠疫情仍在肆虐，奥密克戎正以不可阻挡之势冲击全球，霸权主义、单边主义盛行，逆全球化和地缘政治使世界经济充满了不确定性。从国内环境看，不久前召开的中央经济工作会议指出，我国经济发展面临需求收缩、供给冲击、预期转弱三重压力。这意味着我国经济从"三期叠加"阶段过渡到"三重压力"阶段。面对"三重压力"，中央经济工作会议前所未有地连提了25次"稳"，并确定了"稳字当头，稳中求进""政策发力适当靠前"等政策措施，这对于今年钢铁行业平稳运行将起到十分重要的作用。从钢铁市场看，基础设施投资增速将明显回升，在加快制造强国政策引领下，制造业将保持繁荣态势，今年钢铁需求总量有望与2021年基本持平。从政策层面看，钢铁产能和产量的"双控"、能耗总量和能耗强度的"双控"，以及碳排放和碳中和的"双碳"，这两个"双控"一个"双碳"仍将是钢铁行业发展的硬要求。总体上讲，我国经济发展的外部环境更趋复杂严峻和不确定，但恢复发展的总体态势和长期向好的基本面没有改变，实现平稳健康发展具备很多有利条件，具体到钢铁行业，是机遇和挑战并存，但机遇大于挑战。

三、关于今年工作的几点要求

关于今年生产经营工作的指导方针、重点任务和具体措施，这次职代会审议通过的工作报告中都做了详细安排，经公司领导班子集体审议通过，并签订了契约，我都完全赞同，各单位要不折不扣贯彻执行。这里我重点强调5个方面的工作要求。

第一，大兴求真务实之风。一是要锤炼脚踏实地、真抓实干的务实作风，安全检查要多通过"四不两直"方式深入开展，领导干部要实现协调调研"四个走遍"，要全力缩短"说了"和"做了""开会研究了"和"问题解决了""任务分解了"和"工作完成了"之间的距离。二是坚决根除官僚主义和形式主义，整治文山会海。下决心砍掉不必要的会议，没有实质性内容的会议一律不开，能合并召开的一律合并召开，能开视频会的一律不集中开会，不得不开的要严格控制会议时间和规模，没有意义的文件一律不发。三是强化闭环管理，严肃督考问责。办公室、纪委、审计部联合，对纳入督办范围的工作要强力督查、刚性考核、问责追责，确保公司安排布置的工作在规定的时间内事事有回音、件件有着落。

第二，坚定不移深化改革。要从政治任务和政治责任的高度来认识和推进本钢这一轮市场化改革。目前，总部及板材、北营、矿业机关部门三职群层面的竞聘工作已经启动，很快多元板块的改革也将迅速跟进，到3月底这两项工作将基本完成。相关部门要不断提高政治站位，加强前瞻性思考、全局性谋划、战略性布局、整体性推进。首先是坚定不移、加快推进，要以"伤其十指不如断其一指"的魄力大胆务实向前走；其次要公平公正、高度透明，决不允许任何人给本钢的改革留下污点；同时要保持稳定、好事办好，这三项基本原则一个也不能少。

第三，持续净化政治生态。一是要大胆使用在关键时刻、重大任务以及突发事件面前豁得出来、冲得上去的干部，要旗帜鲜明地为担当者撑腰鼓劲，让负责任、敢担当、有作为的干部得到尊重，实现价值，快速成长。二是要为年轻干部搭建平台、提供帮助，并严格要求，让更多年轻人能脱颖而出、迅速成长，尽快独当一面。组织部门要加快落实鞍钢集团关于年轻干部配备和后备干部培养的方案，要在急难险重任务中锻炼年轻干部，让他们在多岗位历练中担当作为、增长才干。

第四，全面实施"二次创业"。一是完整、准确、全面贯彻落实长子鞍钢、品牌鞍钢、创新鞍钢、数字鞍钢、绿色鞍钢和共享鞍钢6个方面的新鞍钢内涵，锚定"7531"

战略目标和"双核"战略，以硬核举措强力支撑高质量发展新鞍钢建设。二是全面承接鞍钢集团的"两利四率""双跑赢""五力"提升、全面预算管理等一系列考核指标和制度体系，要与本钢的具体实践深度融合，探索一条具有本钢独特基因的落实、发展路径。三是按照2022年"1357"工作指导方针，聚焦1个根本目标，紧盯3条核心主线，坚持5大发展方向，实施7项重点任务，决战决胜国企改革三年行动，持续推进本钢的科技创新、管理创新、发展模式创新，不断挑战新目标，攀登新高峰，在全球范围内擦亮鞍钢制造的本钢品牌！

第五，持续厚植为民情怀。各级领导干部要坚持工作重心下移，做到知民情、解民忧、纾民怨、暖民心，围绕职工衣食住行，实施更多暖心工程、安心工程。特别是2022年上半年，普通职工层面的三项制度改革将全面铺开，党政工团各系统要密切关注职工的工作和思想动态，关注职工的实际困难。在这里我也代表公司党委，向所有本钢职工郑重承诺：只要你踏踏实实、认认真真干好本职工作，本钢绝对不会让任何一名职工掉队，也绝对不会让任何一名辛勤工作的本钢人没有饭吃、没有班上，公司党委永远是大家最坚强的后盾！

各位代表、同志们，为有牺牲多壮志，敢教日月换新天。一百多年来，一代代本钢人矢志不移、风雨兼程，打造了百年本钢的光辉形象，如今历史的重担交到我们这一代人手里，这是一场伟大的接力，每一个本钢人都要以"等不起"的紧迫感、"慢不得"的危机感、"坐不住"的责任感，踔厉奋发、笃行不怠，为实现新鞍钢集团"十四五"战略目标和"凤凰涅槃、浴火重生"，作出新的更大贡献！

农历虎年春节将至，我代表公司班子向大家致以节日的美好祝愿，并通过你们向全体本钢职工和家属拜个早年，祝大家在新的一年里如虎添翼、虎虎生威，身体健康、万事如意！祝福本钢的未来更加美好！

谢谢大家！

栏目编辑　　常　勇

本钢年鉴 *2022*

特载

★ 大事记

概述

经营管理

综合管理

党群工作

钢铁主业

多元产业

改制企业

统计资料

人事与机构

人物与表彰

附录

索引

ANSTEEL
本钢集团

大 事 记

1月

3日 本钢集团党委书记、董事长杨维先后到本钢集团能源管控中心、板材原料厂一号、二号解冻库操作室和原三作业区解冻库翻车作业现场，板材炼铁厂新五号高炉生产现场调研。本钢集团副总经理高烈陪同调研慰问。

4日 中国钢铁工业协会发布2020年冶金产品实物质量品牌培育产品名单，本钢集团车轮用热连轧钢板和钢带、奥的斯GeN2系列电梯曳引轴用C45EN热轧圆钢被冠名为"金杯优质产品"（原金杯奖）。

5日 辽宁省副省长、省国资委党委书记崔枫林来本钢集团调研。调研座谈中，本钢集团党委书记、董事长杨维首先围绕企业当前生产经营情况、持续发展潜力和优势、未来发展规划，以及重组各项准备工作等方面做了详细汇报。本钢集团领导杨维、赵忠民、杨成广、曹爱民、高烈、张鹏、张贵玉、张彦宾、王代先、曹宇辉、王乔鹤参加调研座谈。

7日 本钢集团召开疫情防控专题视频会议，会议传达了1月6日省委、省政府召开的省市县三级疫情防控指挥部视频会议精神，进一步部署疫情防控工作。

11日 本钢集团党委书记、董事长杨维会见了本溪市中级人民法院党组书记、院长王海霞一行。双方共同回顾了近年来在共同打造和谐稳定的营商环境及维护企业利益等方面工作情况，并就下一步加强沟通、紧密合作进行了座谈交流。本钢集团副总经理杨成广、工会主席张彦宾参加了会见。

15日 本钢集团党委书记、董事长杨

维主持本钢集团党委理论学习中心组2021年第一次集体学习。围绕习近平总书记关于国有企业改革的重要论述及中央全面深化改革委员会会议精神，中共中央政治局民主生活会精神，辽宁省委书记张国清和辽宁省委副书记、省长刘宁在省委十二届十五次全会暨省委经济工作会议上的讲话精神，省委全面深化改革第七次会议精神等内容进行了学习。

21日 本钢集团召开2021年安全生产工作视频会议，坚持问题导向，深刻剖析点评2020年安全生产工作，全面部署2021年安全生产工作任务。本钢集团安委会主任、总经理汪澍在会上提出工作要求。会议由本钢集团安委会常务副主任、副总经理高烈主持。

22日 本钢集团召开整治警风警纪、打击内外勾结、监守自盗专项工作警企联动推进会，就新形势下如何进一步做好企业内保工作和专项工作进行了交流。本钢集团党委副书记赵忠民、工会主席张彦宾，本溪市公安局溪钢分局、桥北分局领导参加会议。

25日 按照中央和辽宁省委、省国资委党委关于开好2020年度民主生活会的总体要求，本钢集团领导班子召开2020年度民主生活会。本钢集团党委书记、董事长杨维主持会议，并代表领导班子作对照检查。辽宁省委第二十一督导组组长李双金率督导组成员到会指导。

27日 本钢集团党委书记、董事长杨维会见本溪市委常委、宣传部部长刘伟才一行。双方就进一步推动习近平新时代中国特色社会主义思想深入人心、庆祝中国共产党成立100周年宣传教育、巩固壮大我省我市振兴发展主流思想舆论、压紧压实意识形态工作责任、创新加强精神文明建设、推动文

化事业和文化产业高质量发展、助力我市和本钢集团改革创新、绿色发展，以及对外宣传等工作进行深入座谈交流。本溪市委宣传部分管日常工作的副部长黄敏，本钢集团党委副书记赵忠民参加座谈。

29日 本钢集团疫情防控指挥部传达了辽宁省疫情防控指挥部视频点调会议精神，通报了本钢集团疫情防控排查管控情况。本钢集团副总经理高烈结合贯彻落实省疫情防控指挥部视频点调会议精神，对下一阶段工作提出具体要求。

30日 本钢集团党委书记、董事长杨维，党委副书记赵忠民参加了本钢MBA培训班（五期）结业仪式。杨维在讲话中要求，在当前企业改革发展的进程中，广大年轻干部要沉下心来，不断明德修身，多到基层一线锤炼摔打，弘扬奋斗精神，担起责任使命，用奋斗成就出彩人生，为保证百年本钢基业长青做出新的更大的贡献。结业仪式由本钢集团党委组织部（人力资源部）部长吕学明主持。

2月

4日 市委书记姜小林，市委副书记、市长田树槐，市人大常委会主任李景玉，市政协主席孙旭东，市委常委、市纪委书记、市监委主任白英，市委常委、秘书长孟广华，市委常委、本溪军分区政委涂砺，市人大常委会副主任、总工会主席李少平，副市长高巍来到板材冷轧总厂，看望慰问本钢集团干部职工，感谢他们在岗位上的辛勤付出，并致以新春问候和美好祝愿。本钢集团领导杨维、汪澍、赵忠民、张鹏、张贵玉、张彦宾、曹宇辉等参加了慰问座谈。

同日 本钢集团"整顿工作作风、严肃工作纪律、树立本钢形象"工作推进组召开整治警风警纪、打击内外勾结监守自盗专项工作组板材冷轧总厂定向服务工作会议。与会人员就防止板材冷轧总厂物资流失专项管理工作进行了深入交流。本钢集团"整顿工作作风、严肃工作纪律、树立本钢形象"工作推进组常务副组长、本钢集团党委副书记赵忠民，副组长、本钢集团工会主席张彦宾参加会议并讲话。

7日 副省长姜有为一行来本钢集团参观调研。省国资委副主任王惠莲，本钢集团党委书记、董事长杨维，总经理汪澍，副总经理高烈，副总经理王乔鹤陪同调研。

同日 本钢集团2020年度"双先"表彰会隆重举行。本钢集团领导杨维、汪澍、赵忠民、杨成广、曹爱民、高烈、张鹏、曹宇辉、王乔鹤，以及总经理助理、副总师，全国劳动模范，省、市、集团级劳动模范及优秀共产党员标兵代表，在能管中心主会场参加会议。会议以视频方式召开，由本钢集团工会主席张彦宾主持。

同日 本溪市政府与本钢集团签订战略合作框架协议。市委书记姜小林出席签约仪式并讲话。市委副书记、市长田树槐出席签约仪式并与本钢集团签订战略合作协议。市人大常委会主任李景玉，市政协主席孙旭东，本钢集团党委书记、董事长杨维，总经理汪澍出席签约仪式。市委常委、副市长吴世民主持签约仪式。

8—9日 本钢集团党委书记、董事长杨维，总经理汪澍分别深入板材、北营厂区生产一线检查指导安全生产工作，要求广大干部职工要加强重点领域安全监管工作，严格管控重大危险源，严格执行安全操作规程，坚决消除事故隐患，确保生产经营平稳有序，过一个安定、祥和的新春佳节。本钢集团副总经理高烈，副总经理、总工程师张贵玉，总经理助理蒋光炜、总经理助理齐振一同检查。

11日 本钢集团党委书记、董事长杨维到矿业南芬选矿厂中碎作业区生产车间、板材热连轧厂三热轧生产作业区轧钢操作室和板材炼铁总厂新一号高炉，看望慰问一线干部职工，并送去了慰问品。本钢集团副总经理高烈，副总经理、总工程师张贵玉，总经理助理蒋光炜，总经理助理齐振等一同走访慰问。

15日 市委书记姜小林一行来到本钢集团，调研春节期间企业生产经营和安全生产工作。市委常委、市委秘书长孟广华，副市长高巍，副市长于庆伟参加调研慰问。本钢集团党委书记、董事长杨维，副总经理高烈陪同调研慰问。

16日 本钢集团党委书记、董事长杨维到本钢青年公寓，看望响应国家和企业号召就地过年的外地大学毕业生职工。

25日 "辽宁省钢铁产业产学研创新联盟"成立大会在本钢集团召开。辽宁省科技厅副厅长杜秉海，本钢集团党委书记、董事长杨维为"辽宁省钢铁产业产学研创新联盟"揭牌。杨维当选为"辽宁省钢铁产业产学研创新联盟"理事长。

同日 辽宁省钢铁产业产学研创新联盟成立大会上，板材技术研究院院长黄健与东北大学徐伟教授，就"热轧抗氧化免涂层热成型钢产品开发"项目进行了合作签约。

26日 本钢集团党委召开"庆祝中国共产党成立100周年，坚持效益中心，助力创新发展"统战工作暨党外人士座谈会。本钢集团党委书记、董事长杨维参加座谈会并讲话。座谈会由本钢集团党委副书记赵忠民主持。

3月

1日 本钢集团召开专题会议，部署全国"两会"期间安全环保工作。本钢集团总经理汪澍参加会议并提出工作要求。会议由本钢集团副总经理高烈主持。

5日 本钢集团党委举行授予罗佳全同志"本钢新时代功勋员工"荣誉称号大会。本钢集团党委书记、董事长杨维，党委副书记赵忠民参加会议。

8日 本钢集团在金山宾馆召开2020年度女职工先进集体、先进个人表彰会。

10日 省自然资源厅厅长刘兴伟一行来本钢集团调研。本钢集团就矿产资源开发相关工作进行了汇报。与会人员就共同关心的问题展开了座谈交流。本溪市委书记姜小林，市委常委、常务副市长吴世民，副市长刘旭东，本钢集团党委书记、董事长杨维，总经理汪澍，副总经理高烈参加座谈。

同日 本钢集团开展一贯制管理培训。本钢集团领导杨维、汪澍、张鹏、张贵玉、王代先参加培训。本钢集团副总经理高烈主持培训会。

11日 共青团本钢集团一届三次全委（扩大）会议召开。会议总结回顾了2020年本钢集团共青团工作和青年工作，明确了本钢共青团"十四五"时期主要目标和2021年工作指导思想，并安排部署了2021年共青团具体工作任务。

同日 本钢集团—东北大学"数字钢铁"暨辽宁省钢铁产业产学研创新联盟项目对接会在本钢集团召开。

同日 板材炼钢厂自主研发的五号RH

一键 RH 精炼自动化炼钢控制系统，成功实现 RH 低级别真空处理开始到结束的自动控制，实现了一键精炼功能这一历史性突破，这标志着本钢集团的炼钢工艺向"数字本钢、智造强企"目标又迈进了一步。

14 日 本钢集团和宝信软件在上海举行了战略合作框架协议签约仪式。双方将在管理信息化、产业自动化、智能制造、智慧运营等领域，围绕管理、项目、技术及人才培养等开展具体合作，对本钢集团打造"数字本钢、智造强企"，实现转型升级具有重要意义。本钢集团党委书记、董事长杨维，宝信软件党委书记、董事长夏雪松出席签约仪式。

16 日 贝卡尔特管理（上海）有限公司北亚、东南亚采购副总裁马啸一行，专程到本钢集团，代表贝卡尔特集团为本钢集团颁发"2020 年度优秀供应商"奖，并与本钢集团相关部门和单位进行了技术质量交流。

同日 本钢集团党委书记、董事长杨维会见了银隆新能源股份有限公司总裁赖信华及格力电器外购件管理部部长、成都格力医疗装备公司总经理黄才笋一行，并就相关事宜进行了深入细致商谈，达成了初步共识。本钢集团副总经理王乔鹤参加会见座谈。

18 日 本溪市委常委、宣传部部长刘伟才一行来本钢集团调研。本钢集团党委书记、董事长杨维，党委副书记赵忠民参加座谈。双方就庆祝建党一百周年、开展党史教育活动，以及新形势下如何更好地做好宣传思想政治工作，发挥企业媒体作用，在打造"数字辽宁、智造强省"中发挥更大的舆论引导和推动作用进行了深入交流。

19 日 中华全国总工会党组书记、副主席、书记处第一书记陈刚一行来本钢集团调研，并看望慰问了全国劳动模范、"本钢

新时代功勋员工"、机电安装公司首席操作罗佳全。省人大常委会副主任、省总工会主席杨忠林，市委书记姜小林，本钢集团党委书记、董事长杨维陪同调研。

同日 本钢集团党委组织广大党员通过各种方式，学习收看由中共中央组织部、中央广播电视总台联合录制的反映新冠肺炎疫情防控阻击战中先进基层党组织和优秀共产党员典型事迹的《榜样 5》专题节目。

24 日 本钢集团召开党史学习教育动员部署会。会议深入学习贯彻习近平总书记在党史学习教育动员大会上的重要讲话精神，落实《中共中央关于在全党开展党史学习教育的通知》精神和省委《在全省党员中开展党史学习教育实施方案》，全面启动本钢集团党史学习教育。本钢集团党委书记、董事长，党史学习教育领导小组组长杨维出席会议并作动员部署讲话。

24—26 日 本钢集团 2021 年基层团员青年素质能力提升培训班首期培训成功举办。来自本钢集团各基层单位的 100 名优秀团员及青年骨干参加了培训。

同日 本钢集团党委书记、董事长杨维会见峰连（上海）科技有限公司总经理张志勇一行。双方探寻合作方向，展望未来发展，并就供应链金融业务等话题进行了深入交流，达成初步共识。

31 日 为倾听一线声音，推进企业体制机制改革进一步走向深入，本钢集团党委书记、董事长杨维与部分基层厂矿作业长座谈，共谋企业发展大计。

4 月

1 日 长沙矿冶研究院党委书记、董事

长、总经理李茂林一行来访。本钢集团副总经理、总工程师张贵玉与李茂林一行进行座谈，双方就共同关注的问题进行了深入交流。

2日　本钢集团党委书记、董事长杨维会见辽宁科技学院党委副书记、校长陈保东一行。双方就订单式培养与就业、科研服务、培训与学历教育等方面进行了深入交流。辽宁科技学院副校长赵毅，本钢集团党委副书记赵忠民，副总经理、总工程师张贵玉参加座谈。

同日　本钢集团党委书记、董事长杨维主持召开本钢集团党委理论学习中心组2021年第四次集体学习，围绕习近平总书记在党史学习教育动员大会上的重要讲话精神等内容进行了专题学习。本钢集团党委理论学习中心组成员参加集体学习。

7日　本钢集团召开审计工作专题会议，总结2020年审计工作，部署下一阶段重点工作。会议由本钢集团总会计师曹爱民主持。会议以视频形式召开。本钢集团领导杨维、赵忠民、杨成广、高烈、张彦宾、王代先、曹宇辉、王乔鹤，以及总经理助理蒋光炜、齐振参加会议。

8日　本钢集团党委书记、董事长杨维一行访问了位于北京市朝阳区的浦项（中国）投资有限公司，双方共同回顾了合作历程，并就未来进一步加深合作、共谋新的发展进行了坦诚交流。浦项（中国）董事长兼总经理吴亨洙，本钢集团副总经理高烈参加了座谈交流。

同日　辽宁省军区动员局局长张庆国大校一行就辽宁省国有企业民兵规范化试点工作相关问题来本钢集团调研。本溪军分区司令员马英南大校、副司令员付大勇大校参加调研。本钢集团党委副书记赵忠民陪同调研。

同日　市委书记姜小林来本钢集团就中央生态环境保护督察整改工作进行调研。副市长高巍参加调研。本钢集团党委副书记赵忠民、总经理助理蒋光炜陪同调研。

同日　本钢集团年轻干部综合能力提升培训班（一期）举行开班典礼。本钢集团工会主席张彦宾出席开班典礼并讲话。

9日　本钢集团党委书记、董事长杨维访问冶金工业规划研究院，与冶金工业规划研究院党委书记李新创、院长范铁军就本钢集团"十四五"全面高质量发展及双方深化合作进行探讨。本钢集团副总经理高烈、冶金工业规划研究院副院长姜晓东、院长助理周翔参加座谈。

同日　本钢集团"板材检化验杯"羽毛球比赛在本溪市风云汇羽毛球馆开赛，来自本钢集团49家单位的501名职工参加了比赛，标志着本钢集团工会"辉煌百年征程　建功百年基业"纪念建党100周年系列体育活动正式启动。本钢集团工会主席张彦宾出席启动仪式并宣布开赛。

10日　本钢集团自日本进口的首批再生钢铁原料2000吨，顺利通过了大连海关各项检验检疫，完成通关放行。再生钢铁原料可直接入炉使用，能缓解原料上涨带来的生产经营压力，进一步助力本钢集团实现绿色节能高质量发展。

12日　本钢集团党委书记、董事长杨维到罗佳全劳模创新工作室调研，并就如何进一步弘扬新时代劳模精神，汇聚起确保百年本钢基业长青的正能量，与罗佳全和部分技能大师进行了亲切座谈。本钢集团党委副书记赵忠民、工会主席张彦宾参加调研。

13日　本钢集团党委书记、董事长杨维，总经理汪澍会见了来访的中国银行辽宁省分行行长陈志能一行。双方表示，在巩固加强既往合作的基础上，将进一步深化沟通交流，加强银企合作，以金融赋能本钢集团高质量发展，共同推动双方互利共赢、携手发展。本钢集团总会计师曹爱民参加会见。

14日 本钢集团工会一届七次全委（扩大）会议在山上会展中心召开。会议总结了本钢集团工会2020年工作，安排部署了2021年工作。本钢集团党委常委、工会主席张彦宾出席会议并讲话。

16日 本钢集团党委在板材公司举办"本钢新时代功勋员工"罗佳全同志先进事迹首场巡讲报告会。本钢集团党委宣传部部长钱振德主持会议。

同日 本钢集团召开二季度安全生产工作视频会议，点评一季度安全生产工作，部署二季度重点工作，传达省政府环保会议精神、部署迎接中央生态环境保护督察工作任务。本钢集团安委会主任、总经理汪澍在会上提出工作要求。

21日 本钢集团工会举行迎"五一"全国劳动模范罗佳全事迹报告会。本钢集团工会相关领导、基层各单位工会工作人员、集团级以上劳动模范代表共170余人参加会议。

同日 本钢集团党委宣传部（团委）在辽宁冶金职业技术学院山上校区举行"团干大讲堂"开班仪式，正式启动本钢集团2021年"团干大讲堂"教育培训。集团各单位团委书记、负责人、团委干事，以及部分单位基层团支部书记共90余人参加了培训。

22日 本钢集团召开劳模（职工）创新工作室工作推进会，总结近年来劳模（职工）创新工作室工作成果，推广先进经验和做法，为下一步工作开展提供新方向、新思路和新方法，为2020年度新命名的省、市、本钢级劳模（职工）创新工作室授匾。本钢集团党委副书记赵忠民出席会议，并为新命名的省级劳模（职工）创新工作室授匾。

同日 人民日报社辽宁分社社长王金海一行来本钢集团参观调研。听取了相关单位负责人关于生产工艺装备水平、产品结构特点、现场生产组织及市场销售等方面情况介绍。本溪市委常委、宣传部部长刘伟才，本钢集团党委副书记赵忠民参加调研。

23日 中国钢铁工业协会党委副书记姜维一行来本钢集团调研。本钢集团党委书记、董事长杨维与姜维一行就当前钢铁行业发展面临的重点任务，本钢集团改革发展取得的成效，以及未来发展方向进行了深入座谈。中国钢铁工业协会副秘书长，中国冶金报社党委书记、社长陈玉千，中国冶金报社总编辑陈琢陪同调研并参加座谈。本钢集团党委副书记赵忠民参加座谈。

25日 本钢集团党委书记、董事长杨维主持召开本钢集团党委理论学习中心组2021年第五次集体学习，围绕习近平总书记系列重要讲话精神和党史学习教育第二专题等内容进行学习。本钢集团党委理论学习中心组成员参加集体学习。

26日 本溪市检察院党组书记、检察长李冠山一行来本钢集团调研，调研时表示，将通过建立"检察服务生态链"等举措，走进企业开展检察精准服务，第一时间为企业排忧解难，提升检察机关服务企业发展的质效。本钢集团党委书记、董事长杨维同李冠山一行就进一步加强沟通、紧密合作进行了座谈交流。本钢集团党委副书记赵忠民、工会主席张彦宾参加调研座谈。

27日 2021年庆祝"五一"国际劳动节暨"建功'十四五'、奋进新征程"主题劳动和技能竞赛动员大会在北京人民大会堂隆重举行，表彰2891个集体和个人。本钢职工郭鹏荣获全国五一劳动奖章。

同日 为落实辽宁省建设"数字辽宁、智造强省"相关要求,进一步推进本钢集团数字化、智能化建设,实现转型升级高质量发展,本钢集团在板材炼钢厂召开了"数字本钢、智造强企"现场经验交流会。

28日 本钢集团总经理汪澍深入北营炼铁总厂新二号高炉、北营铸管公司水冷离心机生产线及精整生产线生产现场,检查安全生产工作。汪澍强调,要坚决把安全生产工作放在第一位,进一步夯实管理基础,确保生产安全稳定顺行。本钢集团副总经理高烈,副总经理、总工程师张贵玉一同检查。

同日 为庆祝中国共产党成立100周年,纪念五四运动102周年和建团99周年,本钢集团召开五四表彰暨优秀青年代表座谈会。会议表彰了2020年度本钢共青团先进集体和先进个人,对做好新形势下企业共青团和青年工作进行了部署和要求。

29日 本钢集团举办党史学习教育宣讲报告会暨读书班专题辅导,邀请专家做专题辅导报告,部署有关要求,推进党史学习教育走深走实。本钢集团领导班子成员参加会议。会议由本钢集团党委书记、董事长杨维主持。

5 月

1日 党委书记、董事长杨维深入热力公司、恒泰公司、房地产公司和恒通公司生产作业现场调研慰问。

同日 2020—2021赛季CBA总决赛落幕,辽宁本钢男篮总分1–2负于广东东莞大益男篮,斩获亚军。

6日 本钢集团党委书记、董事长杨维会见中冶北方公司党委书记、董事长董涛一行。双方就进一步加强采矿、选矿、烧结、球团等工序工艺技术合作进行深入座谈交流。中冶北方公司党委副书记、总经理郎俊彪,副总经理刘召胜参加座谈。本钢集团副总经理高烈,副总经理、总工程师张贵玉,以及总经理助理蒋光炜参加座谈。

7日 本钢集团党委书记、董事长杨维会见鞍钢集团工程技术有限公司党委书记、董事长冯占立一行。会谈中,双方就钢铁市场发展现状、推进钢铁企业转型升级等共同关心的话题进行了深入探讨,一致表示要加强双方的技术交流与合作,进一步增进友谊,实现共赢发展。

8日 本钢集团党委召开政工例会视频会议,总结2021年前4个月政工系统工作,查找存在问题,安排部署下一阶段重点工作。本钢集团党委书记、董事长杨维,工会主席张彦宾参加会议。会议由本钢集团党委副书记赵忠民主持。

10日 本钢集团2021年度领导干部春季轮训班开班典礼在本溪市委党校报告厅隆重举行。这标志着本钢集团为期三年左右的领导干部轮训工作正式拉开序幕。本钢集团党委书记、董事长杨维出席开班典礼。本钢集团党委副书记赵忠民主持开班典礼。市委常委、秘书长孟广华,市委党校副校长苏畅出席开班典礼。

同日 本钢集团党委书记、董事长杨维主持召开本钢集团董事会听取经理层汇报会议,听取4月份生产经营工作汇报,并对下一步工作提出要求。本钢集团董事汪澍、赵忠民、杨成广、曹爱民,本钢集团领导高烈、张鹏、张贵玉、张彦宾、王代先、曹宇辉、王乔鹤,以及总经理助理蒋光炜、齐振出席会议。

同日 中国冶金报社发布2021年度中

国钢铁品牌榜。本钢集团荣膺 2021 "中国卓越钢铁企业品牌"，本钢矿业公司被评为 "2021 中国钢铁优秀品牌供应商"。

15 日 本钢集团召开疫情防控专题视频会议，结合当前实际对本钢集团近期疫情防控工作重点做出调整。本钢集团副总经理高烈参加会议并提出要求。本钢集团总经理助理蒋光炜、齐振参加会议。

17 日 本钢集团召开党委常委（扩大）会议，深入学习贯彻习近平总书记关于疫情防控的重要指示精神，传达省疫情防控总指挥部会议精神，听取本钢集团落实疫情防控工作汇报，研究部署下一步疫情防控重点工作。会议由本钢集团党委书记、董事长杨维主持。本钢集团领导汪澍、赵忠民、杨成广、曹爱民、高烈、张鹏、张贵玉、张彦宾、王代先、曹宇辉、王乔鹤，以及总经理助理蒋光炜、齐振参加会议。

同日 本钢集团党委书记、董事长杨维主持本钢集团党委理论学习中心组 2021 年第七次集体学习，围绕习近平总书记在广西考察时的重要讲话精神等内容展开学习研讨。本钢集团党委理论学习中心组成员参加集体学习。

18 日 中冶赛迪集团党委副书记、董事、总经理肖鹏一行来访。本钢集团党委书记、董事长杨维与肖鹏一行进行了座谈交流。双方就智能制造和碳减排等方面的项目合作进行了深入交流和探讨，并对下一步开展更深层次的交流合作交换了意见。本钢集团副总经理、总工程师张贵玉，总经理助理齐振参加座谈。

20 日 本钢集团党委书记、董事长杨维会见上海电气电站环保工程有限公司总经理邓云天一行。双方围绕节能减排、新能源开发利用等方面交换了意见，并表示将进一

步拓展合作范围，提升合作层次，实现共赢发展。本钢集团副总经理高烈，总经理助理齐振参加座谈。

同日 本钢集团召开信访维稳工作地企联席会。会议就进一步做好本钢集团信访维稳工作和整治警风警纪、打击内外勾结监守自盗专项工作，以及推动本钢集团与市委政法委、市信访局和市公安局进行更紧密地合作联动，营造和谐稳定发展环境等工作进行了深入交流，全面梳理问题，明确主体责任，确保问题快速落实和解决。本钢集团 "整顿工作作风、严肃工作纪律、树立本钢形象" 工作推进组常务副组长、本钢集团党委副书记赵忠民参加会议。市委政法委副书记、信访局长赵衍辉，市委政法委副书记孙伟，市公安局副局长张树义，市信访局副局长孙敬友参加会议。

21 日 本钢集团党委书记、董事长杨维率队走访厦门建发集团有限公司，进一步了解用户需求，增进互信交流，谋求合作共赢。杨维与厦门建发集团有限公司党委书记、董事长黄文洲举行了座谈，双方共同回顾良好合作历程，展望未来合作前景，一致表示，将延续友谊，充分发挥各自优势，推动合作向更深更高层次迈进。厦门建发集团有限公司副总经理郑永达、本钢集团副总经理张鹏参加座谈。

22 日 本钢集团党委书记、董事长杨维率队走访福建省三钢（集团）有限责任公司，与党委书记、董事长黎立璋，总经理何天仁围绕加快推进转型升级、深化三项制度改革、强化精益管理和绿色发展等进行了深入交流。本钢集团副总经理张鹏参加座谈。

23 日 本钢集团党委书记、董事长杨维访问厦门象屿集团有限公司，与党委书记、董事长张水利进行了座谈。双方共同回顾合

作历程,展望未来发展,一致表示,将深入进行对接交流,发挥各自优势,努力以更好的合作方式,实现互利共赢。厦门象屿集团有限公司副总裁林俊杰,本钢集团副总经理张鹏参加座谈。

24日 本钢集团党委书记、董事长杨维访问东风日产乘用车公司,与龙田浩之总部长进行了会谈交流,双方共同回顾合作历程,畅叙合作前景,就进一步发挥各自优势,开启合作新篇章,携手共赢未来达成共识。本钢集团副总经理张鹏参加会谈交流。

25日 本钢集团党委书记、董事长杨维一行访问格力电器,与格力电器董事长、总裁董明珠会谈,双方畅叙合作友谊,共话未来发展。会谈中,杨维、董明珠就钢铁产业形势和家电行业发展趋势进行了交流,就深化合作、创新发展、携手共赢达成共识。双方一致表示,将进一步深化互为市场合作,寻求合作的新领域、新模式、新方法,开创共赢发展新局面。本溪市副市长高巍、本钢集团副总经理张鹏参加会谈。

同日 党委书记、董事长杨维到国贸公司广州分公司工作调研。

26—28日 第二十届中国国际冶金工业展览会在上海国家会展中心隆重举行。展会期间,本钢集团以"创造精品、智赢未来"的主基调精彩亮相,将百年本钢的资源优势、区位优势、产品优势、历史文化优势及以科技创新为引领,通过智能装备、智能制造、智慧运营实现数字本钢,打造制造强企的品牌形象进行了充分展示,实力圈粉。最终本钢集团荣获本届展会最佳组织奖、最佳创意奖、最佳展示奖。本钢集团党委书记、董事长杨维,副总经理张鹏一行莅临展会,并到本钢集团展台参观指导。

27日 由中国钢铁工业协会主办,中国贸促会冶金行业分会、冶金工业国际交流合作中心承办的第十一届中国国际钢铁大会在上海召开。来自有关政府部门、研究咨询机构、国内外主要钢铁企业及冶金技术装备供应商的领导和专家围绕"绿色钢铁 低碳未来"这一主题,以及"开放共享、协调发展""全球协同、绿色发展""智能低碳、创新发展""结构调整、持续发展"等议题进行了精彩的发言和深入的交流。与会期间,本钢集团党委书记、董事长杨维与TMEIC中国总裁兼首席执行官刘继峰一行进行了亲切友好的交流会谈。双方回顾了合作历史,并就下一步加深合作交换了意见。

28日 本钢集团党委召开专项工作会议,研究部署"靠钢吃钢"问题专项治理工作,要求相关部门和单位要对标对表,明确任务,理清思路,落实责任,形成共识,快速完善形成具体工作方案,确保专项治理工作务实高效推进,向侵害企业利益不法行为坚决说"不"。本钢集团"整顿工作作风、严肃工作纪律、树立本钢形象"专项工作推进组常务副组长、本钢集团党委副书记赵忠民主持会议。专项工作推进组副组长、本钢集团纪委书记曹宇辉,总经理助理齐振参加会议。

同日 本钢集团召开板材厂区公交车运行情况征求意见会,就近日新增的板材厂区公交线路运行情况征求意见,同时畅通沟通渠道,对职工提出的热点问题进行解答。

6月

1日 为贯彻落实《国企改革三年行动方案(2020—2022年)》《辽宁省国企改革三年行动实施方案(2020—2022年)》部署和要求,深化三项制度改革,增强内生活力动力，提高效益效率，本钢集团举办人力资源服务与企业人事制度改革专题讲座。讲座由本钢集团党委副书记赵忠民主持。本钢集团党委书记、董事长杨维在会上讲话，并提出工作要求。本钢集团领导汪澍、杨成广、曹爱民、高烈、张贵玉、张彦宾、王代先、曹宇辉、王乔鹤，以及总经理助理齐振参加讲座。

同日 本钢集团党委书记、董事长杨维主持本钢集团党委理论学习中心组2021年第八次集体学习，围绕习近平总书记在两院院士大会中国科协第十次全国代表大会上的重要讲话精神等内容进行学习。本钢集团党委理论学习中心组成员参加集体学习。

同日 本钢集团职工迎来了企业给予的真切关怀——每日免费一餐工作餐。至此，本钢集团又一民生工程落地实施。

同日 本钢集团安全生产月活动全面启动。

2日 市委常委、市政法委书记徐胜，副市长高巍一行来本钢集团调研。本钢集团党委书记、董事长杨维会见徐胜一行。双方在座谈中就进一步加强地企合作，妥善解决信访维稳以及相关历史遗留问题进行了座谈。市政法委副书记、信访局局长赵衍辉，市国资委主任白松，本钢集团党委副书记赵忠民、总会计师曹爱民、工会主席张彦宾、副总经理王乔鹤参加调研座谈。

3日 党委书记、董事长杨维到板材联合检修现场工作调研。

5日 党委书记、董事长杨维先后来到板材炼钢厂一号连铸机、板材热连轧厂1700生产线及板材冷轧总厂一冷轧分厂CDCM机组联检现场调研慰问。

6日 本溪市2021年本钢特殊岗位职业技能大赛班组长安全生产知识竞赛在技术学院举行。

7日 本钢集团党委召开常委（扩大）会议，传达学习省委副书记、省长刘宁6日在本钢集团调研时的讲话精神。会议由本钢集团党委书记、董事长杨维主持。本钢集团领导汪澍、赵忠民、杨成广、曹爱民、高烈、张鹏、张贵玉、张彦宾、王代先、曹宇辉、王乔鹤，以及总经理助理蒋光炜、齐振参加会议。

同日 本钢集团党委召开第六轮巡察工作动员部署会议，就本钢集团党委第六轮巡察业务培训进行开班动员，并就党委第六轮巡察工作和第三轮巡察整改落实"回头看"进行动员部署。本钢集团纪委书记曹宇辉参加会议并就开展第六轮巡察及第三轮巡察整改落实"回头看"作动员讲话。

8日 本钢集团党委书记、董事长杨维主持召开本钢集团董事会听取经理层汇报会议，听取5月份生产经营工作汇报，并对下一步工作提出要求。本钢集团董事汪澍、赵忠民、曹爱民，本钢集团领导高烈、张鹏、张贵玉、张彦宾、王代先、王乔鹤，以及总经理助理蒋光炜、齐振出席会议。

9日 本钢集团党委召开6月份政工例会暨"靠钢吃钢"专项治理工作视频会议，总结5月份工作，查找存在问题，部署七一期间重点工作，并将此次会议作为本钢集团"整顿工作作风、严肃工作纪律、树立本钢形象"工作推进会，传达了本钢集团党委开展"靠钢吃钢"问题专项治理工作的相关要求，进一步加强全面从严治党、党风廉政建设和反腐败工作，推动企业高质量发展。会议由"整顿工作作风、严肃工作纪律、树立本钢形象"工作推进组常务副组长，本钢集团党委副书记赵忠民主持。推进组副组长，本钢集团工会主席张彦宾、纪委书记曹宇辉参加会议。

同日 党委书记、董事长杨维到北营炼钢厂工作调研。

10日 省委党校副校长黄莉带领省委党校75期进修一班学员来本钢集团调研。本钢集团党委副书记赵忠民陪同黄莉一行参观了矿业南芬露天矿和板材冷轧总厂。

同日 8时58分，随着板材炼钢厂一号铸机开浇，板材公司今年第一阶段联合检修结束。此次联检总体用时9天，计划检修项目全部完成，实现了既定检修目标。

11日 本钢集团工会2021年"送清凉"活动启动仪式在板材储运中心本溪备件作业区备件库举行。本钢集团党委书记、董事长杨维，工会主席张彦宾参加启动仪式。

12日 党委书记、董事长杨维到北营轧钢厂工作调研。

15日 本钢集团2021年度领导干部春季轮训班（二期）开班典礼在本溪市委党校报告厅举行。

同日 本钢集团在早调度会上传达全国安全防范工作视频会议以及省、市安全防范工作会议精神，安排部署企业近期安全生产工作，全力为迎接建党100周年营造安全稳定的环境。

16日 本钢集团党委召开常委（扩大）会议，传达学习习近平总书记对湖北十堰市张湾区艳湖社区集贸市场燃气爆炸事故作出的重要指示、李克强总理就救援工作的批示，以及省委书记张国清的批示精神，对本钢集团安全防范工作再部署、再落实。会议由本钢集团党委书记、董事长杨维主持。本钢集团领导汪澍、赵忠民、杨成广、曹爱民、高烈、张鹏、张贵玉、张彦宾、王代先、曹宇辉、王乔鹤，以及总经理助理蒋光炜、齐振参加会议。

17日 本钢集团召开安全、防汛、稳定工作视频会议，传达近期上级有关会议精神和工作要求，部署当前主要工作任务。本钢集团党委书记、董事长杨维作讲话。会议由本钢集团总经理汪澍主持。本钢集团领导赵忠民、曹爱民、高烈、张贵玉、张彦宾、王代先、曹宇辉、王乔鹤，以及总经理助理蒋光炜、齐振参加会议。

同日 本钢集团党委举行"光荣在党50年"纪念章颁发仪式。本钢集团党委副书记赵忠民主持颁发仪式。本钢集团领导杨维、汪澍、曹爱民、高烈、张贵玉、张彦宾、王代先、曹宇辉、王乔鹤，以及总经理助理蒋光炜、齐振参加会议。

19日 本钢集团党委书记、董事长杨维参加2021年山西焦煤战略客户合作峰会，并与山西焦煤党委书记、董事长赵建泽交流座谈。本钢集团副总经理高烈参加会议。

22日 党委书记、董事长杨维到北营矿业公司、矿业贾家堡矿工作调研。

同日 第十五届高技能人才表彰大会以视频会议形式在北京举行，表彰第十五届中华技能大奖获得者和全国技术能手，通报表扬国家技能人才培育突出贡献单位、国家技能人才培育突出贡献个人。本钢机电安装公司职工罗佳全获中华技能大奖，板材冷轧总厂职工张勇获全国技术能手光荣称号。

23日 在中国共产党成立100周年即将到来之际，为进一步深入开展党史学习教育，重温抗美援朝历史，弘扬革命精神，铭记伟大胜利，本钢集团领导班子走进全国爱国主义教育示范基地——丹东抗美援朝纪念馆，参加"传承红色基因、践行初心使命"主题活动。

同日 党委书记、董事长杨维，带领班子成员到不锈钢丹东公司进行实地调研。

24日 本钢集团党委书记、董事长杨

维主持本钢集团党委理论学习中心组 2021 年第九次集体学习,围绕《生命重于泰山——学习习近平总书记关于安全生产重要论述》电视专题片等内容进行学习。本钢集团党委理论学习中心组成员参加集体学习。

25 日 本钢集团庆祝建党 100 周年职工书法美术摄影展在本钢国贸隆重开幕。本钢集团党委书记、董事长杨维,总经理汪澍为展览揭幕。本钢集团党委副书记赵忠民主持开幕式。本钢集团领导班子成员参加开幕式。

同日 在中国共产党百年华诞即将来临之际,本钢集团领导班子成员走访慰问了本钢集团部分优秀党员、困难党员和困难职工,代表本钢集团党委为他们送去党的关怀和温暖,向他们致以崇高的敬意和亲切的问候,并叮嘱和勉励他们保重身体,立足岗位继续弘扬党的光荣传统和优良作风,为百年本钢基业长青再做新贡献。

26 日 由辽宁省广播电视局、市委宣传部和本钢集团党委联合策划推出的庆祝建党 100 周年五集钢铁工业电视纪录片《钢铁是这样炼成的》审查会议在本钢集团召开。辽宁省广播电视局党组书记、局长刘向阳,辽宁广播电视台总编辑梅玉良,本溪市委常委、宣传部长王敬华,本溪市委宣传部副部长胡永莉,本溪广播电视台台长何伟参加会议。本钢集团党委书记、董事长杨维,党委副书记、总经理汪澍参加会议。

28 日 本钢集团庆祝中国共产党成立 100 周年暨"两优一先"表彰大会在本钢文化中心隆重举行。会议表彰了本钢集团优秀共产党员、优秀党务工作者和先进党组织。本钢集团领导班子成员出席会议。本钢集团党委书记、董事长杨维以专题党课的形式同与会人员共同回顾党的光辉历史,展望企业未来发展。本钢集团党委副书记赵忠民主持

会议。

同日 市委书记吴澜,市委副书记、市长吴世民一行率队到本钢集团对接工作并开展调研。本钢集团党委书记、董事长杨维,总经理汪澍陪同调研。双方就进一步加强地企合作,推动共同发展进行了深入交流。市委常委、副市长孟广华,本钢集团党委副书记赵忠民、副总经理杨成广、副总经理高烈陪同调研并参加座谈。

30 日 本钢集团党委书记、董事长杨维主持召开专题会议,逐项落实市委书记吴澜,市委副书记、市长吴世民到本钢集团调研时提出的涉及本钢集团以及地企合作相关问题。本钢集团领导杨成广、高烈、王乔鹤,总经理助理齐振参加会议。

7 月

1 日 本钢集团领导班子收听收看庆祝中国共产党成立 100 周年大会盛况。

2 日 党委书记、董事长杨维到资本管理部工作调研。

5 日 本钢集团党委书记、董事长杨维会见中国葛洲坝集团机电建设有限公司党委书记、董事长令强华一行,双方就进一步加强料场建设、环保工程及融投资等方面合作进行了深入交流,并签署了战略合作框架协议。在签约仪式上,本钢集团副总经理、总工程师张贵玉,中国葛洲坝集团机电建设有限公司副总经理吴建洪,分别代表双方企业在战略合作框架协议上签字。本钢集团总会计师曹爱民、总经理助理齐振参加座谈交流。

6 日 本钢集团党委书记、董事长杨维主持召开本钢集团董事会听取经理层汇报会

议暨2021年上半年生产经营工作分析会议。会议听取了经理层关于本钢集团2021年上半年生产经营工作汇报，全面总结分析了上半年生产经营情况，重点部署2021年下半年工作。本钢集团董事汪澍、赵忠民、杨成广、曹爱民，本钢集团领导高烈、张鹏、张彦宾、王代先、曹宇辉、王乔鹤，以及总经理助理蒋光炜、齐振出席会议。

7日 本钢集团党委书记、董事长杨维率队走访上汽乘用车公司，与上汽集团副总裁兼上汽乘用车公司总经理杨晓东进行了亲切友好的交流，回顾合作历程，共话未来发展，并举行了上汽新车型i-MAX8购车签约仪式。本钢集团副总经理张鹏参加走访。

8—9日 本钢集团党委举办党史学习教育专题读书班，进行本钢集团党委理论学习中心组第十次集体学习，深入学习习近平总书记在庆祝中国共产党成立100周年大会上的重要讲话精神。学习会由本钢集团党委书记、董事长杨维主持。本钢集团在家领导班子成员参加会议。省属企业党史学习教育第六巡回指导组邢晓东、张忠岩列席会议。

13日 市委常委、市纪委书记、市监委副主任、代理主任朱海涛来本钢集团，就进一步贯彻落实市领导调研本钢集团指示精神，了解服务重点企业情况进行调研。本钢集团党委书记、董事长杨维与朱海涛一行举行了座谈。市纪委副书记、市监委副主任卢文春，本钢集团党委副书记赵忠民，纪委书记曹宇辉参加调研座谈。

同日 本钢集团党委召开常委（扩大）会议，传达7月8日省委常委会会议精神，传达副省长姜有为在省国资委机关暨省属企业党风廉政建设和反腐败工作会议上的讲话精神。会议由本钢集团党委书记、董事长杨维主持。本钢集团领导班子成员，以及总经

理助理蒋光炜参加会议。

14日 欧冶链金再生资源有限公司董事、总裁严鸽群一行来访本钢。本钢集团副总经理张鹏与严鸽群一行就废钢回收、采购、仓储等方面的合作进行了深入交流。

同日 本钢集团召开生产安排会议，安排部署今年下半年生产经营工作。本钢集团副总经理高烈参加会议并提出要求。

15日 党委书记、董事长杨维到板材冷轧总厂硅钢区域工作调研。

同日 本钢集团召开三季度安全生产工作视频会议，总结点评二季度安全生产工作，部署三季度重点工作。本钢集团安委会主任、总经理汪澍在会上提出工作要求。会议由本钢集团安委会常务副主任、副总经理高烈主持。本钢集团安委会副主任、副总经理、总工程师张贵玉，工会主席张彦宾，以及总经理助理齐振参加会议。

16日 省委军民融合办分管日常工作的副主任田树槐率省委军民融合办机关全体党员来本钢集团调研。市长吴世民，市政府秘书长栾奎杰参加调研。本钢集团党委书记、董事长杨维，副总经理、总工程师张贵玉陪同调研。

17日 党委书记、董事长杨维到北方恒达物流有限公司工作调研。

19日 本钢集团举行优秀年轻干部综合能力提升培训班（一期）结业典礼。

同日 本钢集团"整顿工作作风、严肃工作纪律、树立本钢形象"工作推进组召开工作会议，全面总结上半年工作情况和取得的成效，通报典型案例，梳理存在问题，部署下一步重点工作。本钢集团"整顿工作作风、严肃工作纪律、树立本钢形象"工作推进组常务副组长、本钢集团党委副书记赵忠民，副组长、本钢集团工会主席张彦宾，副

组长、本钢集团纪委书记曹宇辉，以及本钢集团总经理助理齐振参加会议，并就相关工作提出要求。

20日 本钢集团党委书记、董事长杨维主持本钢集团党委理论学习中心组2021年第十一次集体学习，围绕习近平总书记关于贯彻新发展理念专项督查调研的批示精神等内容进行学习。本钢集团党委理论学习中心组成员参加集体学习。

同日 本钢集团党委书记、董事长杨维主持召开本钢集团党委常委（扩大）会议，听取2021年上半年意识形态工作、本钢集团"十四五"规划推进情况以及专项工作推进情况工作汇报。本钢集团领导班子成员，以及总经理助理齐振参加会议。

同日 本钢机械制造公司与本溪水泵有限责任公司在本钢宾馆签订战略合作协议。

21日 本钢集团召开整治资产超储及清理应收款项视频会议。会议就如何完善下一阶段资产管理制度，堵塞管理漏洞，实现资产闭环管理，提升本钢集团整体资产管理水平作出部署。本钢集团党委书记、董事长杨维参加会议并提出要求。会议由本钢集团总会计师曹爱民主持。本钢集团副总经理高烈、纪委书记曹宇辉，以及总经理助理蒋光炜、齐振参加会议。

23日 本钢集团首届"本钢好人"年度盛典隆重举行。11名荣获2020年度"本钢好人"称号的职工登台领奖。市委常委、宣传部部长王敬华出席盛典。本钢集团党委书记、董事长杨维出席盛典并为获得2020年度"本钢好人"称号的职工颁奖。本钢集团领导赵忠民、杨成广、高烈、张贵玉、王代先、曹宇辉、王乔鹤，总经理助理齐振参加盛典。

同日 本钢集团党委书记、董事长杨维会见辽宁科技学院党委书记韩劲松、校长李卫民一行。双方就辽宁省钢铁产业产学研创新联盟相关科研项目的介入、订单式培养与就业、科研服务等方面进行了深入交流。辽宁科技学院副校长赵毅，本钢集团党委副书记赵忠民，副总经理、总工程师张贵玉参加座谈。

24日 本钢集团党委书记、董事长杨维一行赴中冶长天国际工程有限责任公司考察交流，与该公司党委书记、董事长易曙光，党委副书记、总经理乐文毅等进行了座谈，双方共叙友谊、共商合作，就多年来的合作历程及未来相关合作事宜进行了深入交流。

25日 本钢集团党委书记、董事长杨维一行到长沙矿冶研究院有限责任公司走访调研，与该公司党委书记、董事长、总经理李茂林进行了座谈交流。双方一致表示，将进一步深化交流互鉴，拓宽合作领域，加深合作友谊，实现共赢发展。

26日 本钢集团党委书记、董事长杨维一行冒着烈日酷暑，深入西北腹地西安，与西北地区重点用户代表，围绕如何进一步撬动西北地区用户市场，扩大直供用户比例，提升本钢品牌影响力进行了座谈。此次西北一行对本钢集团积极谋划营销战略新布局，再度发力西北区域市场具有重要意义。本钢集团副总经理张鹏参加座谈。

同日 2021年本钢集团接续全员健康疗养正式启动。

27日 本钢集团党委书记、董事长杨维走访宝鸡石油钢管有限责任公司，与该公司党委书记、执行董事舒高新举行了座谈。双方签订了战略合作协议，将合作推上了一个新的高度。宝鸡石油钢管有限责任公司副总经理张斌，本钢集团副总经理张鹏参加座谈。

同日　本钢集团党委书记、董事长杨维一行到陕汽集团商用车有限公司开展交流洽谈。双方就深化业务合作、规划未来发展等方面进行了深入交流。陕汽集团商用车有限公司党委副书记、总经理王建斌，党委委员、财务总监张江敏，总经理助理王宗祥，本钢集团副总经理张鹏参加了会见座谈。

28日　本钢集团党委书记、董事长杨维率队到攀钢集团有限公司，与鞍钢集团党委常委、副总经理、攀钢集团党委书记、董事长段向东进行座谈，双方共话友谊，并就企业未来改革发展进行了深入交流。攀钢集团副总经理王殿贺，总经理助理、首席营销总监余浩澜，本钢集团副总经理张鹏、王乔鹤参加了座谈交流。

29日　党委书记、董事长杨维到国贸重庆分公司工作调研。看望一线营销人员，并与西南地区重点用户代表座谈交流。

30日　本钢集团党委召开二季度政工例会，总结2021年二季度政工系统工作，查找存在的问题，安排部署下一阶段重点工作。会议以视频形式召开。会议由本钢集团党委副书记赵忠民主持。本钢集团党委书记、董事长杨维，工会主席张彦宾，纪委书记曹宇辉参加会议。

同日　本钢集团举行新竞聘首席工程师聘任签字仪式。

8月

3日　本钢集团党委书记、董事长杨维主持本钢集团党委理论学习中心组第十二次集体学习，围绕习近平总书记在中共中央政治局第三十一次集体学习时的重要讲话精神等内容进行学习。本钢集团党委理论学习中心组成员参加集体学习。

4日　党委书记、董事长杨维到板材特钢厂电炉升级改造施工现场调研指导工作。

6日　本钢集团党委书记、董事长杨维主持召开本钢集团董事会听取经理层汇报会议，听取7月份生产经营工作汇报，并对下一步工作提出要求。会议以视频形式召开。本钢集团董事汪澍、赵忠民、杨成广，本钢集团领导高烈、张鹏、张贵玉、张彦宾、王乔鹤，以及总经理助理蒋光炜、齐振出席会议。

7日　党委书记、董事长杨维到板材厂区CCPP工程现场和热装热送工序工作调研。

9日　本钢集团召开疫情防控专题视频会议，传达了近期省、市疫情防控工作有关会议要求，对本钢集团近期疫情防控工作重点做出部署。本钢集团副总经理高烈参加会议并提出要求。本钢集团总经理助理蒋光炜、齐振参加会议。

10日　党委书记、董事长杨维冒雨到矿业南芬露天矿采场及矿业南芬选矿厂卧龙沟尾矿库生产现场调研指导工作。

11日　本钢集团党委书记、董事长杨维到北方华锦集团走访交流，与北方华锦集团党委书记、副董事长，华锦联合石化党委书记、董事长任勇强举行了会谈，双方就深化合作、扩大合作领域等事宜进行了亲切友好的交流。北方华锦集团总经理、华锦联合石化总经理杜秉光，本钢集团副总经理杨成广参加座谈交流。

13日　本钢集团党委书记、董事长杨维会见了来访的万利加集团董事局主席李伟波一行，双方就本溪大台沟铁矿后续合作勘探、开发等事宜进行了深入交流。万利加集团总裁张岩磊、本钢集团副总师赵铁林参加会见座谈。

16日 本钢集团党委书记、董事长杨维一行到龙煤集团走访交流，与龙煤集团党委书记、董事长孙成坤进行座谈，就进一步深化合作，实现共同发展进行了深入探讨，一致表示，将互帮互助携手应对市场挑战，实现长期共赢发展。龙煤集团党委副书记、总经理王佳喜，副总经理梁刚，本钢集团副总经理高烈参加座谈交流。

同日 党委书记、董事长杨维到国贸哈尔滨分公司工作调研。

18日 本钢集团有限公司召开一届六次职工代表大会。

同日 本钢集团与辽宁科技学院党建工作座谈会在辽宁科技学院勤公楼会议室举行。

20日 鞍钢本钢重组大会在鞍钢会展中心隆重召开，辽宁省国资委将所持本钢51%股权无偿划转给鞍钢集团，本钢成为鞍钢集团的控股子企业。辽宁省委副书记、省长刘宁，国务院国资委党委委员、副主任翁杰明出席大会并讲话，辽宁省政府党组成员、副省长姜有为出席。会上，国务院国资委企业改革局局长郭祥玉宣读重组批复；鞍钢集团党委书记、董事长谭成旭，中国诚通党委书记、董事长朱碧新，中国国新党委书记、董事长周渝波分别代表鞍钢集团、中国诚通、中国国新签署了《鞍钢集团股权多元化改革增资协议》；辽宁省国资委主任王永威，鞍钢集团党委书记、董事长谭成旭分别代表辽宁省国资委和鞍钢集团签署了《辽宁省人民政府国有资产监督管理委员会、鞍钢集团有限公司关于本钢集团有限公司国有股权无偿划转协议》。本钢党委书记、董事长杨维，鞍钢集团党委书记、董事长谭成旭分别发言。鞍钢集团总经理、党委副书记戴志浩主持会议。刘宁、翁杰明、姜有为、谭成旭、朱碧新、周渝波、戴志浩、郭祥玉、王永威、杨维共同推杆，标志着鞍钢本钢重组工作正式启动。

24日 鞍钢集团党委书记、董事长谭成旭在本溪市与本溪市委书记吴澜，市委副书记、市长吴世民会谈，就鞍钢本钢重组相关工作和推动地企合作共赢有关事宜进行深入交流。本溪市人大常委会主任李景玉，市政协主席孙旭东，市委常委、副市长孟广华，市委常委、市委秘书长何庆伟，副市长高巍；鞍钢集团党委副书记栗宝卿；本钢党委书记、董事长杨维；鞍钢本钢重组管理过渡期工作组成员参加会谈。本溪市相关委办局负责人参加会谈。

同日 鞍钢本钢重组管理过渡期工作组见面会在本钢召开。会议强调，要深入贯彻落实习近平总书记重要指示批示精神，贯彻落实鞍钢本钢重组大会精神，进一步提高对重组重大意义的认识，统一思想、提高站位、统筹推进、真抓实干，以重组新成效向党中央、国务院，向辽宁省委省政府交出满意答卷。鞍钢集团党委书记、董事长谭成旭，辽宁省国资委党委副书记、主任王永威出席会议并讲话。鞍钢集团党委副书记栗宝卿主持。鞍钢本钢重组管理过渡期工作组成员，鞍钢集团党委组织部、党委办公室负责人；本钢领导班子成员，本钢总经理助理、各部门和部分子企业主要负责人等参加会议。

25日 本钢集团举办鞍钢本钢重组整合宣贯培训研讨会。特别邀请鞍钢本钢重组管理过渡期工作组组长、鞍钢集团总法律顾问计岩作了题为《凝聚思想共识，加快整合融合，打造东北全面振兴中深化国企改革新样板》的主题宣讲。鞍钢本钢重组管理过渡期工作组副组长、鞍钢集团战略部部长王军就下一步整合工作宣贯培训及开放式研讨作出安排。本钢集团党委书记、董事长杨维主持会议并提出相关工作要求。鞍钢本钢重组管理过渡期工作组副组长、攀钢党委常委、副总经理、总会计师张景凡，本钢集团领导班子成员以及总经理助理参加培训研讨。

同日　板材公司2021年第二阶段联检全面展开。

27日　鞍钢集团总经理、党委副书记戴志浩到本钢调研，听取工作汇报，研判当前形势，指导部署工作。戴志浩强调，要深入学习贯彻习近平总书记重要讲话和指示批示精神，完整准确全面贯彻新发展理念，贯彻落实鞍钢本钢重组大会精神，保持清醒认识，抢抓发展机遇，统筹好当期效益与长远发展关系，坚定不移地走高质量发展之路。鞍钢本钢重组管理过渡期工作组成员，鞍钢集团管理与信息化部负责人，本钢领导班子成员、相关领导和部门负责人等参加调研。

28日　本钢集团党委书记、董事长杨维到正在施工的板材厂区联合检修现场，看望慰问一线施工人员，实地调研联检推进情况。

同日　本钢集团党委书记、董事长杨维专程到本钢宾馆，看望慰问了鞍钢本钢重组管理过渡期工作组及下设20个专项工作组负责人，详细了解工作组成员在生活、工作等方面需要本钢解决的问题。本钢集团副总经理高烈参加慰问。

30日　本钢集团党委书记、董事长杨维主持召开本钢集团第31次党委常委（扩大）会议，专题传达贯彻"8月20日鞍钢本钢重组大会""8月24日鞍钢本钢重组管理过渡期工作组见面会""8月26日鞍钢集团矿产资源事业发展专题会议""8月27日鞍钢集团总经理戴志浩到本钢调研"和"8月25日鞍钢本钢重组整合宣贯培训研讨会"等相关会议精神，进一步研究部署鞍钢本钢重组过渡期相关工作推进落实。鞍钢本钢重

组管理过渡期工作组组长、鞍钢集团总法律顾问计岩，副组长、鞍钢集团战略规划部总经理王军，副组长、攀钢集团党委常委、副总经理、总会计师张景凡参加会议。本钢集团领导班子成员以及总经理助理参加会议。

同日　本钢集团党委书记、董事长杨维主持本钢集团党委理论学习中心组2021年第十三次集体学习，围绕习近平总书记在全国国有企业党的建设工作会议上重要讲话精神等内容进行学习。本钢集团党委理论学习中心组成员参加集体学习。鞍钢本钢重组管理过渡期工作组副组长、鞍钢集团战略规划部总经理王军，鞍钢本钢重组管理过渡期工作组副组长、攀钢集团党委常委、副总经理、总会计师张景凡列席会议。

9 月

1日　本钢集团2021年质量月活动正式启动。2021年质量月活动主题是"拥抱数字变革、推动质量创新、提升产业基础"。

2日　本钢集团党委书记、董事长杨维到板材、北营厂区翻铁机生产现场工作调研。

同日　鞍钢本钢重组整合融合工作《目标任务书》签订会在本钢召开，整合推进领导小组代表与20个项目组分别签订《目标任务书》，标志着鞍钢本钢重组整合方案计划制定阶段已经结束，鞍钢本钢重组整合融合工作正式进入实施阶段。

3—4日　鞍钢集团总经理戴志浩到本钢工作调研。

6日　本钢集团党委书记、董事长杨维主持召开本钢集团董事会听取经理层汇报会议。会议听取了8月份生产经营工作汇报，全面总结分析生产经营情况，重点部署2021

年后 4 个月工作。鞍钢本钢重组管理过渡期工作组领导王军、张景凡出席会议。本钢集团领导赵忠民、高烈、张鹏、张彦宾、王代先、曹宇辉、王乔鹤，以及总经理助理蒋光炜、齐振出席会议。

7 日 本钢集团举行 2020 年度优秀高校毕业生表彰暨 2021 届入职典礼。本钢集团党委书记、董事长杨维为 2021 届新入职高校毕业生代表颁发《入职通知书》。本钢集团领导赵忠民、张彦宾、曹宇辉、王乔鹤分别为被评为"潜力希望之星""岗位实干之星""成长进步之星"和"学习钻研之星"的优秀高校毕业生颁奖。

8 日 本钢集团党委书记、董事长杨维到后备矿山进行实地专题调研。

9 日 本钢集团党委书记、董事长杨维在辽阳市与辽阳市委副书记、代市长白英会谈。双方就深入推进矿产领域合作，进一步完善对接工作机制，致力打造地企合作互利共赢新格局等有关事宜进行了深入交流。

10 日 本钢集团党委书记、董事长杨维到北营公运公司六作业区和北营铁运公司炼铁站区域现场调研，并听取了板材铁运公司、北营铁运公司、北营公运公司三家单位的工作汇报，对下一步工作提出要求。

11 日 本钢集团党委书记、董事长杨维到北营公司联检现场调研。

同日 本钢集团 2021 年"工匠杯"职工职业技能竞赛炼铁系统 6 个工种，以及市级工种高炉炼铁操作理论考试在技术学院举行，共 430 名选手参赛。本钢集团工会主席张彦宾到比赛现场观摩指导。

13 日 本钢集团党委书记、董事长杨维在辽宁科技学院与辽宁科技学院党委书记韩劲松、校长李卫民举行会谈。双方表示，将进一步完善对接工作机制，全方位推进校

企合作走深、走实，打造校企高质量发展的双赢局面，共同服务地方经济发展。本钢集团党委副书记赵忠民、工会主席张彦宾、总经理助理蒋光炜，辽宁科技学院副校长孙国军、赵毅参加会谈。

同日 本钢集团党委书记、董事长杨维会见来访的省政协港澳台侨（外事）委员会主任韩玉起一行。双方共同回顾了良好的合作历程，围绕推进本钢集团二次创业和产业转型升级，助力打造高质量发展新鞍钢进行了深入交流。省政协港澳台侨（外事）委员会副主任李桂馨等相关人员参加会见。鞍钢集团总法律顾问、鞍钢本钢重组管理过渡期工作组组长计岩，本钢集团党委副书记赵忠民参加会见。

同日 本钢集团党委书记、董事长杨维主持召开本钢集团第 32 次党委常委会（扩大）会议，听取了本钢集团党史学习教育阶段性进展情况汇报，对相关工作进行再安排再部署。

15—16 日 本钢集团机关党委组织开展了"观影《1921》 重温百年记忆"活动，来自机关各党（总）支部的 100 余名党员、团员青年参加了观影活动。

15—17 日 2021 辽宁省职工技能大赛暨全省钢铁行业技能大赛在本钢举行。此次大赛由辽宁省总工会、辽宁省人力资源和社会保障厅共同主办，本溪市总工会、本溪市人力资源和社会保障局，以及本钢集团承办。大赛设矿用重型汽车司机、冷轧轧钢工两个工种的比赛。

16 日 副省长高涛一行来本钢集团，重点就板材炼钢厂"一键式"智能化炼钢、北方恒达物流园智慧运营平台项目等智能制造和大数据应用相关工作进行参观调研。省营商局、省大数据中心、省政府办公厅相关

领导及相关工作负责人参加调研。市委副书记、市长吴世民，副市长高巍，本钢集团党委书记、董事长杨维，副总经理、总工程师张贵玉陪同调研。

18 日 鞍钢集团总经理、党委副书记戴志浩到本钢调研。

同日 本钢集团采矿工程（矿山地下开采）第二学士学位班在辽宁工程技术大学开班。本钢集团选拔的 24 名学员参加学习培训。

19 日 本钢集团党委书记、董事长杨维深入本钢冶金渣公司、北营冶金渣公司生产现场和北营炼铁总厂联检现场调研慰问。本钢集团副总经理高烈、工会主席张彦宾参加调研慰问。

23 日 本钢集团党委书记、董事长杨维访问山西焦煤集团有限责任公司，与山西焦煤集团有限责任公司党委书记、董事长赵建泽就进一步深化合作进行了交流座谈。山西焦煤集团副总经理马凌云、总经济师杨世红、总法律顾问苏新强，本钢集团副总经理张鹏参加座谈。

24 日 本钢集团党委书记、董事长杨维率班子成员到辽宁省环保集团考察交流，与辽宁省环保集团党委书记、董事长汪澍就进一步深化合作进行了交流座谈。辽宁省环保集团领导班子成员参加了座谈。

同日 中国上海人力资源服务产业园区综合党委书记范本鹤一行来访本钢。双方就开展人力资源服务进行对接，并就本钢集团下一步人事制度改革进行了深入交流。上海外服（集团）有限公司总裁助理程文荣、副总监兼战略投资部总经理李江，本钢集团党委副书记赵忠民、工会主席张彦宾参加座谈交流。

27 日 本钢集团党委理论学习中心组召开 2021 年第十四次集体学习会，围绕习近平总书记主持中央全面深化改革委员会第二十一次会议上的重要讲话精神等内容进行学习。本钢集团党委书记、董事长杨维主持会议，并提出要求。本钢集团党委理论学习中心组成员参加集体学习。鞍钢本钢重组管理过渡期工作组领导计岩、王军、张景凡列席会议。

同日 本钢集团党委书记、董事长杨维主持召开本钢集团第 33 次党委常委会（扩大）会议，专题传达国务院安委办、辽宁省安委办、鞍钢集团近期安全生产工作要求，部署落实本钢集团安全生产工作。

28 日 本钢集团党委庆祝中国共产党成立 100 周年系列活动之一——《逐梦成钢》一书发行会在本钢宾馆举行。本钢集团工会主席张彦宾、本溪市作协主席杨雪松等参加会议。发行会由本钢集团党委宣传部部长钱振德主持。

同日 本钢集团党委举办学习贯彻习近平总书记"七一"重要讲话精神专题宣讲报告会暨 2021 年党建大讲堂，邀请省委党史学习教育宣讲团成员、省委党校教授储霞作专题宣讲。本钢集团党委副书记赵忠民主持会议。

30 日 本钢集团党委召开派驻乡村干部安置会议，交流驻村工作情况，对派驻乡村工作进行盘点回顾，同时对驻村工作期满的 10 名干部进行妥善安置。本钢集团党委副书记赵忠民参加会议。

10 月

1 日 本钢集团党委书记、董事长杨维深入北营炼钢厂二区五号铸机和北营炼铁总厂 11 号高炉检修现场调研慰问。

6 日 本钢集团重点环保工程 CCPP 发电项目首台燃机首次点火成功，标志着该工程项目进入热试阶段，距并网发电目标更进一步。

9 日 本钢集团党委书记、董事长杨维主持召开本钢集团董事会听取经理层汇报会议暨三季度生产经营工作分析视频会议。会议听取了 9 月份和前三季度生产经营工作情况汇报，全面总结分析生产经营情况，部署四季度重点工作。鞍钢本钢重组管理过渡期工作组副组长张景凡出席会议。本钢集团领导赵忠民、高烈、张鹏、张彦宾、王乔鹤，以及总经理助理蒋光炜、齐振出席会议。

11 日 本钢集团召开 2021 年第一次股东会。会议签署了《本钢集团有限公司 2021 年第一次股东会会议决议》。鞍钢本钢重组管理过渡期工作组组长、鞍钢集团总法律顾问计岩主持会议。省国资委产权管理与资本运营处处长刘文田、综合监督处处长邢晓东、财务监督与运行处副处长孟庆凯、央企服务处副处长苏宇飞，鞍钢本钢重组管理过渡期工作组副组长、鞍钢集团战略规划部总经理王军，鞍钢本钢重组管理过渡期工作组副组长、攀钢集团党委常委、副总经理、总会计师张景凡，鞍钢集团党委组织部、董事会办公室、管理与信息化部、法律合规部、战略规划部相关负责人参加会议。本钢集团领导班子成员及总经理助理参加会议。

同日 本钢集团召开第一届董事会第一次会议。会议审议并选举产生了本钢集团有限公司董事长人选，审议并通过了《本钢集团有限公司总经理议事规则》等 8 个议题。本钢集团新一届董事会成员参加会议。本钢集团新一届监事会成员、本钢集团领导班子成员及总经理助理列席会议。

同日 为期 5 天的本钢集团新任职党支部书记培训班（一期）正式开班。

12 日 本钢集团党委召开三季度政工例会，总结 2021 年三季度政工系统工作，查找存在的问题，部署下一阶段重点工作。会议以视频形式召开。会议由本钢集团工会主席张彦宾主持。本钢集团党委书记、董事长杨维，纪委书记曹宇辉参加会议。

14 日 鞍钢集团董事长、党委书记谭成旭深入本钢生产一线调研。

同日 鞍钢集团党委召开本钢干部会议，宣布鞍钢集团党委、鞍钢集团关于本钢领导班子成员任免的决定。鞍钢集团党委书记、董事长谭成旭出席会议并讲话。鞍钢集团党委副书记栗宝卿主持会议并宣布任免决定。

15 日 鞍钢集团本钢集团有限公司揭牌成立，本钢集团在法律意义上正式成为鞍钢集团控股二级子企业。这是鞍钢和本钢致力深化钢铁行业供给侧结构性改革、做强做优做大国有资本和国有企业、助力东北振兴辽宁振兴取得的重要阶段性成果，在鞍钢发展历史上具有里程碑意义。辽宁省政府党组成员、副省长姜有为，鞍钢集团党委书记、董事长谭成旭，本溪市委书记吴澜出席仪式并发表讲话。鞍钢集团领导班子成员，本溪市委副书记、市长吴世民出席揭牌仪式。鞍钢集团党委常委、副总经理王义栋主持仪式。姜有为和谭成旭共同为鞍钢集团本钢集团有限公司揭牌。

18 日 本钢集团 2021 年度领导干部秋季轮训班（三期）开班典礼在本溪市委党校举行。本钢集团工会主席张彦宾、市委党校副校长苏畅出席开班典礼。

同日 省委财经办（改革办）分管日常工作的副主任李雪东率省委财经办调研组，

专程到本钢国贸北方恒达物流园和板材冷轧总厂三冷轧工序进行实地调研。市委书记吴澜，市委常委、市委秘书长张健，本钢集团党委书记、董事长杨维，副总经理杨成广陪同调研。

同日　本钢集团党委书记、董事长杨维率队到开滦集团走访交流。开滦集团党委书记、董事长杨印朝，总经理、党委副书记、副董事长刘宝珠与杨维一行进行了亲切座谈。本钢集团副总经理高烈参加座谈交流。

19日　本钢集团召开防寒防冻工作视频会议，详细部署今冬明春防寒防冻工作。

20日　本钢集团党委书记、董事长杨维走访省能源集团，与省能源集团党委书记、董事长，辽能股份公司党委书记、董事长郭洪波进行了交流座谈。双方一致表示将在互利共赢、共同发展的原则下，进一步加强沟通交流，加快推动能源领域深入合作，实现共赢发展。省能源集团副总经理、辽能股份公司党委副书记张冰，本钢集团副总经理高烈参加会见座谈。

21日　本钢集团党委书记、董事长杨维会见瓦轴集团董事长、党委书记刘军一行，围绕深化战略合作、建立长效机制等进行深入交流。双方表示，将进一步强化精准对接，共同谋划更加务实、深入、长远的合作，促进互利共赢，实现共同发展。瓦轴集团董事王龙杰、总经理王继元、总经理助理于长鑫，本钢集团总经理王军、副总经理张鹏、总经理助理齐振参加会见。

同日　本钢集团党委书记、董事长杨维会见了来访的陕汽集团商用车有限公司党委副书记、总经理王建斌一行，双方就进一步深化业务合作、未来发展规划等方面进行了深入交流。陕汽商用车有限公司副总经理张凯鹏，本钢集团副总经理张鹏参加座谈交流。

同日　鞍钢本钢重组整合融合推进工作组召开了以"交作业 晒成绩 鼓干劲 开新篇"为主题的鞍钢本钢重组管理过渡期工作总结专项会暨整合首月动员会，标志着鞍钢本钢重组管理过渡期各项工作任务圆满完成，整合融合首月、百日计划全面启动。

同日　2021年5月底开始施工，历时148天，本钢白楼修缮工程封顶。

22日　本钢集团党委书记、董事长杨维深入板材炼铁总厂、板材热连轧厂、本钢浦项检修现场调研。

同日　本钢集团党委书记、董事长杨维会见了中冶焦耐工程技术有限公司党委书记、董事长于振东。双方就进一步在焦化领域加强合作，进行了深入探讨，达成了共识。中冶焦耐副总经理李国志，本钢集团副总经理高烈、总经理助理齐振参加会见座谈。

23日　本钢集团党委书记、董事长杨维主持召开本钢集团第37次党委常委会（扩大）会议，传达学习贯彻鞍钢集团基层党建工作推进会暨2021年三季度基层党委书记例会会议精神。会议还传达了鞍钢集团干部任免相关文件和本钢董事会相关职务聘任决议。本钢集团领导班子成员参加会议，总经理助理列席会议。

27日　本钢集团召开深化三项制度改革专题培训会，进一步统一思想、凝聚共识、合力攻坚，为全方位推动三项制度改革，推动本钢集团实现高质量发展和鞍钢集团实现"7531"发展战略目标提供有力支撑。会议以视频形式召开。整合融合推进工作组领导、本钢集团领导班子成员参加会议。本钢集团党委副书记赵忠民主持会议。

28日　本钢集团召开第一届董事会第五次会议。会议审议并通过了《本钢集团董事会专门委员会议事规则》《本钢集团董事会专门委员会委员构成》等5个议题。本钢集团党委书记、董事长杨维主持会议。本钢集团董事会成员计岩、王军、赵忠民、张彦宾、孟庆凯、苏宇飞、于宝新出席会议。本钢集团领导杨成广、曹爱民、高烈、张鹏、张景凡、曹宇辉，总经理助理蒋光炜、齐振，以及本钢集团监事陶玉民等列席会议。

30日 本钢集团党委书记、董事长杨维到本钢集团白楼修缮及智能楼宇改造项目工程现场，察看工程进展情况，并对相关工作提出明确要求。本钢集团副总经理杨成广、总经理助理齐振参加调研。

31日 本钢集团第一届职代会第十八次代表团长联席会议在集团总部会展中心召开。会议审议通过了关于职工代表变动情况的说明、一届九次职代会主席团及秘书长名单（草案）、大会计票小组建议名单，并就《本钢集团落实国企改革三年行动深化市场化改革总体方案》和《本钢深化三项制度改革实施方案》进行了情况说明。会议由本钢集团工会主席张彦宾主持。本钢集团党委副书记赵忠民出席会议并作动员讲话。

11月

2日 省政协副主席、省工商联主席赵延庆一行来本钢调研，与本钢集团党委书记、董事长杨维，党委副书记赵忠民就进一步加强省工商联及民营企业与本钢集团的沟通与合作，快速融入新的发展格局，共同助力辽宁全面振兴、全方位振兴进行了深入交流。省工商联党组成员、副主席胡桂涛，本钢集团总经理助理齐振参加调研。

3日 本钢集团有限公司召开一届九次职工代表大会。按照防疫工作要求，经请示

本钢集团党委和上级工会同意，本次职代会采取分团审议、分团表决、统一计票的方式召开。本钢集团工会主席张彦宾主持了职代会第一阶段的会议。

同日 鞍钢集团总经理戴志浩到本钢调研科技工作。

5日 本钢集团党委书记、董事长杨维主持召开本钢集团疫情防控工作视频会议，对当前本钢集团疫情防控重点工作作出部署。会上，本钢集团总经理王军传达了国务院国资委疫情防控文件精神和鞍钢集团疫情防控紧急会议精神。本钢集团副总经理高烈参加会议。

同日 本钢集团党委理论学习中心组召开2021年第十五次集体学习会，围绕习近平总书记在西藏考察时的重要讲话精神等内容进行学习。本钢集团党委书记、董事长杨维主持会议，并提出要求。本钢集团党委理论学习中心组成员参加集体学习。

同日 本钢集团党委书记、董事长杨维主持召开本钢集团2021年第40次党委常委会（扩大）会议，传达学习国务院国资委党委书记、主任郝鹏在中央企业董事会建设研讨班上的讲话精神，审议《本钢集团党组织机构调整方案》《成立法治本钢建设工作领导小组方案》《成立本钢合规委员会方案》，研究部署落实工作。本钢集团领导班子成员参加会议，总经理助理列席会议。

同日 鞍钢集团新闻传媒中心本钢记者站正式揭牌。鞍钢集团党委副书记栗宝卿出席揭牌仪式，与本钢党委书记、董事长杨维共同为本钢记者站揭牌，并就如何做好新时代新鞍钢新闻宣传工作提出要求。

6日 本钢集团党委书记、董事长杨维到板材炼铁总厂就超低排放改造项目推进情况以及疫情防控工作进行现场调研，并提出

明确要求。本钢集团副总经理高烈、总经理助理齐振参加调研。

8日 本钢集团以视频会议形式，召开党史学习教育领导小组办公室第7次工作会议，贯彻落实鞍钢集团党史学习教育领导小组第3次工作会议及领导小组办公室第7次工作会议精神，通报"我为群众办实事"实践活动情况和本钢党史学习教育进展情况，对下一阶段推进工作做出安排部署。

10日 本钢集团党委召开干部大会，宣布部分领导干部任免决定。本钢集团党委书记、董事长杨维出席会议并讲话。本钢集团党委副书记赵忠民主持会议。本钢集团领导班子成员参加会议。会上，本钢集团党委组织部（人力资源部）负责人宣读领导干部任免决定。本钢集团纪委书记曹宇辉对新任职领导干部进行任前集体谈话，并做廉政教育专题辅导。

同日 本钢集团2021年度领导干部秋季轮训班（四期）在本溪市委党校开班。

11日 本钢集团召开部分领导干部岗位公开竞聘工作宣贯讲解及授权体系相关内容介绍视频会议。本钢集团党委副书记赵忠民主持会议并提出要求。

同日 本溪市政府与本钢集团合作领导小组组长会商会召开。双方就深化"双本"融合、加强地企合作具体事宜进行了深度磋商，并表示要进一步推进融合发展，助力本钢实现重组聚合效能，促进地企合作共赢。会议由市委书记吴澜主持。市委副书记、市长吴世民，市委秘书长张健，副市长高巍，市政府秘书长栾奎杰出席会议。本钢集团党委书记、董事长杨维，总经理王军，副总经理杨成广，副总经理高烈，总会计师张景凡出席会议。

12日 本钢集团召开疫情防控专题视频会议，传达国务院国资委、省委、鞍钢集团、市防指疫情防控工作有关要求，对本钢集团近期疫情防控工作重点做出部署。

15日 鞍钢本钢重组实质性整合融合迈出关键步伐——本钢钢铁产业管理与信息化整体提升项目启动，鞍钢集团钢铁研究院本钢技术中心揭牌、鞍本协同研发协议签约。这是鞍钢本钢重组整合融合首月工作取得的重要成果，对建设高质量发展新鞍钢、加快实现鞍钢集团"7531"战略目标具有积极意义。鞍钢集团总经理戴志浩参加上述活动并讲话。鞍钢集团党委常委、副总经理王义栋主持本钢钢铁产业管理与信息化整体提升项目启动会，鞍钢集团总工程师主持鞍钢集团钢铁研究院本钢技术中心揭牌仪式暨鞍本协同研发协议签约仪式。

16日 本钢集团党委常委会召开2021年第42次会议，传达学习贯彻党的十九届六中全会精神，传达学习中共中央召开党外人士座谈会精神。本钢集团党委书记、董事长杨维主持会议，并就学习宣传贯彻工作提出要求。本钢集团领导班子成员参加会议，本钢集团总经理助理列席会议。

同日 本钢集团召开经营活动分析视频会议。会议听取了鞍钢本钢重组首月整合融合工作情况汇报，全面总结分析了10月份生产经营工作，重点部署今年后一个半月生产经营工作和百日整合融合工作。本钢集团党委书记、董事长杨维主持会议。鞍钢集团总法律顾问、整合融合推进工作组领导计岩，本钢集团领导班子成员、总经理助理出席会议。

19日 省国资委党委党史学习教育第六巡回指导组组长、省国资委副主任王惠莲，指导组联络员、省国资委综合监督处张忠岩到本钢集团，就党史学习教育工作进行督导。

本钢集团党委书记、董事长杨维，党委副书记赵忠民参加督导会议。

21日 鞍钢本钢重组整合融合推进工作组召开鞍钢本钢重组管理过渡期工作总结专项会。

22日 本钢集团党委书记、董事长杨维会见来访的中国工商银行辽宁省分行行长吴迎春一行。双方聚焦未来高质量发展，就密切沟通联系，拓展合作深度广度，促进互利共赢进行了深入交流。中国工商银行辽宁省分行副行长徐言峰、本钢集团总会计师张景凡参加座谈。

同日 2021年度本钢集团质量、环境、职业健康安全、能源、两化融合管理体系五体系内审工作正式启动。

23日 本钢集团党委常委会召开2021年第43次会议，听取迎接辽宁省第二轮第二批省级生态环保督察工作情况汇报并作安排部署。本钢集团党委书记、董事长杨维主持会议并提出要求。本钢集团领导班子成员参加会议，本钢集团总经理助理列席会议。

24日 本钢集团党委书记、董事长杨维会见来访的辽宁科技大学党委书记李平一行。双方以我省钢铁产业产学研创新联盟为平台，围绕钢铁产业创新发展方向，就进一步聚集创新要素、发挥专业优势，持续推进校企合作走深走实进行了深入交流。辽宁科技大学党委常委、副校长李胜利，本钢集团党委副书记赵忠民、副总经理杨成广、总经理助理蒋光炜参加座谈。

26日 本钢集团党委理论学习中心组召开2021年第十六次集体学习，围绕习近平总书记《关于〈中共中央关于党的百年奋斗重大成就和历史经验的决议〉的说明》等内容进行学习，研究部署本钢集团贯彻落实

工作。本钢集团党委书记、董事长杨维主持会议，就深入贯彻落实党的十九届六中全会精神提出要求。

29日 本溪市委常委、市政法委书记徐胜一行来访本钢集团，就深化地企合作、建立密切沟通机制、积极推进有关问题妥善解决，更好地为企业改革发展营造稳定环境等工作进行深入调研。市委副秘书长，市委市政府信访局党组书记、局长赵峰，市委市政府信访局党组成员、副局长张二耀；本钢集团党委副书记赵忠民、工会主席张彦宾参加调研座谈。

12 月

3日 本钢集团党委常委会召开2021年第44次会议，传达学习省委书记张国清同志在全省学习贯彻党的十九届六中全会精神大会上的讲话精神；传达中共辽宁省委十二届十七次全会精神；传达学习《鞍钢集团有限公司党委关于深入贯彻落实习近平总书记重要指示批示的督查办法》，研究部署相关落实工作。本钢集团党委书记、董事长杨维主持会议并提出工作要求。本钢集团领导班子成员参加会议，总经理助理列席会议。

4日 本钢集团党委书记、董事长杨维到板材、北营两个炼铁总厂的原料分厂和质检计量中心现场调研指导工作。

9日 本钢集团有限公司分别召开一届二次工会会员代表大会和一届十次职工代表大会。选举出席鞍钢集团有限公司第二次工会会员代表大会和职工代表大会代表。本钢集团工会主席张彦宾主持会议。

同日 本钢集团召开经营活动分析视频会议。会议听取了鞍钢本钢重组近期整合融

合工作情况汇报，全面总结分析了11月份生产经营工作。会议要求，扎实做好今年收尾，深入谋划明年方向和任务，实现"双跑赢"。本钢集团党委书记、董事长杨维主持会议并提出要求。本钢集团领导班子成员、总经理助理出席会议。

10日 本钢集团党委理论学习中心组进行第十七次集体学习，围绕习近平总书记在中共中央政治局会议上的重要讲话精神等内容进行学习。本钢集团党委书记、董事长杨维主持会议，并提出要求。鞍钢本钢重组管理过渡期工作组组长、鞍钢集团总法律顾问计岩，本钢集团党委理论学习中心组成员参加集体学习。

同日 本钢集团党委常委会召开2021年第45次会议，传达学习习近平、栗战书在中央人大工作会议上的讲话精神；听取本钢集团关于落实鞍钢集团党委书记、董事长谭成旭，总经理戴志浩讲话精神的督办汇报；审议《本钢集团领导班子分工方案》；审议《本钢集团有限公司直管单位党委党建工作责任制度考核评价办法（试行）》；审议党委组织部承接鞍钢集团党建制度情况；听取关于2021年度先进集体和先进个人评选情况的汇报。本钢集团党委书记、董事长杨维主持会议并提出工作要求。鞍钢本钢重组管理过渡期工作组组长、鞍钢集团总法律顾问计岩，本钢集团领导班子成员参加会议，总经理助理列席会议。

11日 本钢集团党委书记、董事长杨维到板材、北营炼铁总厂调研超低排放项目建设等方面工作。

13日 本钢集团党史学习教育领导小组办公室召开第八次工作（扩大）会议，传达落实《学习贯彻党的十九届六中全会精神 深化拓展本钢党史学习教育工作方案》；

安排部署"我为群众办实事"实践活动近期工作；深入解读《本钢直管单位党委党建工作责任制考核评价试行方案》，对下一阶段党史学习教育重点工作提出具体要求。

14日 本钢集团党委常委会召开2021年第46次会议，传达学习习近平总书记在中共中央召开的党外人士座谈会上的重要讲话精神。本钢集团党委书记、董事长杨维主持会议并提出工作要求。本钢集团领导班子成员参加会议，总经理助理列席会议。

同日 本钢集团召开三项制度改革专题培训会。此次培训在前期培训的基础上进一步深入，进入到三项制度改革实操环节的培训。会议以视频形式召开。

同日 本钢集团召开深化市场化改革网格化管理及微信公众平台"本钢深改在线"推广应用专题培训。

15日 本钢首个220kV变电站正式投入运行。这是本钢集团在"双碳"背景下，坚持绿色发展理念，大力提高用能效率，不断构建低碳环保企业的一个缩影。

16日 本钢集团召开"整顿工作作风、严肃工作纪律、树立本钢形象"工作会议，全面总结今年工作成效，通报"靠钢吃钢"典型案例，深挖"靠钢吃钢"问题，明确明年"整、严、树"和"靠钢吃钢"专项治理工作总体思路。本钢集团党委书记、董事长杨维参加会议并讲话。会议以视频形式召开。本钢集团领导班子成员及总经理助理在第一主会场参加会议。

17日 本钢集团党委常委会召开2021年第47次会议，传达学习习近平总书记在中共中央政治局第三十五次集体学习时的讲话精神；传达学习中央经济工作会议精神；传达学习鞍钢集团党委常委会第36次会议精神；传达贯彻鞍钢集团总经理戴志浩到本钢调研指示要求；审议《本钢集团"十四五"发展规划纲要调整议案》。本钢集团党委书记、董事长杨维主持会议并提出工作要求。本钢集团领导班子成员参加会议，总经理助理列席会议。

18 日 本钢集团党委书记、董事长杨维以"四不二直"方式（不发通知、不打招呼、不听汇报、不用陪同接待、直奔基层、直插现场），深入矿业歪头山矿生产现场，检查安全生产工作，拉开了本钢集团"安全风暴"专项行动的序幕。

21 日 本钢集团召开讲解"十四五"规划专题视频会议，深入分析本钢生产经营和改革发展现状，系统讲解鞍钢集团"十四五"规划和本钢集团"十四五"规划具体举措，进一步明确今后工作重点和完成任务的主要方法，并对下步规划工作提出总体要求。本钢集团党委书记、董事长杨维参加会议并讲话。整合融合推进工作组领导、本钢集团领导班子成员在主会场参加会议。本钢集团副总经理、总法律顾问杨成广主持会议。

22 日 本钢集团党委书记、董事长杨维与鞍钢来本钢新任职人员，围绕提升企业生产经营管理水平，快速推进鞍钢本钢重组整合融合化合，共建高质量发展新鞍钢进行了亲切座谈。

同日 学党史开新局工作经验交流会在本钢召开。党史学习教育中央第二指导组组长朱虹出席会议并讲话。辽宁省委常委、宣传部部长刘慧晏主持会议。鞍钢集团党委书记、董事长谭成旭出席会议并发言。辽宁省委宣传部副部长刘忠和，辽宁省国资委党委委员、副主任王惠莲，鞍钢集团党委副书记栗宝卿，鞍钢集团党委常委、副总经理王义栋参加会议。

25 日 板材公司分别召开第一次工会会员代表大会和第一次职工代表大会。会议听取审议了题为《凝心聚力 砥砺前行 为建设高质量发展的一流板材基地而努力奋斗》的工作报告。板材公司第一次工会会员代表大会选举产生了第一届工会委员会委员、经费审查委员会委员。板材公司第一次职工代表大会选举产生了职工董事、集体合同协商代表和民主管理工作委员会委员。板材公司党委书记、董事长霍刚参加会议并提出要求。

27 日 在本钢集团党委书记、董事长杨维和辽宁科技学院党委书记韩劲松的共同见证下，本钢集团与辽宁科技学院举行了战略合作签约仪式。辽宁科技学院副校长赵毅，本钢集团总经理助理、总工程师蒋光炜代表双方分别在战略合作协议书上签字。本钢集团总经理王军、辽宁科技学院校长李卫民分别在座谈中致辞，就进一步深化校企合作，推动双方高质量发展进行了深入交流。

28 日 本钢集团党委常委会召开2021年第48次会议。本钢集团党委书记、董事长杨维主持会议并提出工作要求。本钢集团领导班子成员参加会议，总经理助理列席会议。

同日 本钢集团通过视频方式召开疫情防控专题培训会议。会议特别邀请本溪市疾控中心副主任刘晓鹏作了题为《疫情防控常态化下新冠肺炎疫情防控知识》的培训。

29 日 本溪市中级人民法院党组书记、代院长李景会一行来本钢调研，与本钢集团党委书记、董事长杨维进行了座谈交流，详细了解企业改革发展形势、生产经营状况和司法需求，为企业提供精准司法服务，进一步优化法治化营商环境，全方位为本钢集团高质量发展保驾护航。本溪市中级人民法院党组副书记、分管日常工作的副院长樊丹民，党组成员、执行局局长张笑威；本钢集团党委副书记赵忠民，副总经理、总法律顾问杨成广参加调研座谈。

31日 本钢集团党委书记、董事长杨

维与副总师进行座谈。本钢集团总经理王军、党委副书记赵忠民，以及总经理助理、总工程师蒋光炜参加座谈。

（全英实 刘 欣 赵 伟）

栏目编辑 赵 伟

本钢年鉴 *2022*

特载

大事记

☆ 概述

经营管理

综合管理

党群工作

钢铁主业

多元产业

改制企业

统计资料

人事与机构

人物与表彰

附录

索引

ANSTEEL
本钢集团

概　　述

历史沿革

本钢集团有限公司（简称本钢）前身是创建于 1905 年的本溪湖煤铁公司。本溪解放后，1949 年 7 月，本溪湖煤铁公司全面恢复生产。1953 年 3 月，改称本溪钢铁公司。本钢为建设新中国做出了卓越贡献，新中国自己设计制造的第一批枪、第一门炮、第一辆解放牌汽车、第一台汽轮发电机、第一颗返回式卫星、第一枚运载火箭和第一艘核潜艇上都使用了本钢钢材，被誉为"中国钢铁工业摇篮""共和国功勋企业"。

党的十一届三中全会后，本钢重新焕发青春与活力。1994 年 11 月，被国务院确定为全国百家现代企业制度试点单位之一。1996 年 7 月，经国家批准改制为本溪钢铁（集团）有限责任公司，成为国有独资的大型钢铁联合企业。1997 年 4 月，被国务院确定为全国 120 家大型企业集团试点单位。1997 年 6 月，成立本钢板材股份有限公司，发行 A 股股票 1.2 亿股、B 股股票 4 亿股并成功上市。2010 年，在辽宁省委、省政府的主导下，本钢完成与北钢的合并重组，组建成立了本钢集团有限公司。2021 年 10 月，本钢完成与鞍钢集团重组，成为鞍钢集团控股子公司。

企业现状

本钢现有在职员工 6 万人，占地面积 87 平方公里，拥有板材公司、北营公司、矿业公司三大钢铁主业板块，同时正在全面整合构建多元产业板块。目前，本钢已成为

以钢铁产业和矿产资源为基础，贸易物流、装备制造、金融服务、工业服务、城市服务等多元产业协同发展的特大型钢铁联合企业，具有年产 2000 万吨优质钢材的生产能力。拥有亚洲最大单体露天铁矿——南芬露天矿。拥有东北地区最大容积的 4747 立方米高炉和国内首条最大宽幅 2300mm 热连轧生产线；与韩国 POSCO 合资组建的本钢浦项冷轧厂，工艺技术达到世界领先水平；本钢三冷轧厂能够提供国内最宽幅、最高强度汽车用冷轧板和最高强度汽车用热镀锌板。

本钢拥有国家级技术中心和检测中心，建有博士后科研工作站、先进汽车用钢开发与应用技术国家地方联合工程实验室等研发平台，汽车板、高强钢、硅钢、棒线材等产品生产和研发达到国内领先水平，形成了线材、螺纹钢、球墨铸管、特钢材、热轧板、冷轧板、镀锌板、彩涂板、不锈钢、硅钢等 60 多个品种 7500 多个规格的产品系列，广泛应用于汽车、家电、石油化工、航空航天、机械制造、能源交通、建筑装潢和金属制品等领域。

生产经营

2021 年，本钢抓住重组整合和市场向好的重大机遇，顶住大幅限产、限电双重压力，转变观念、提振信心，破立并举、激发活力，协同协作、提质增效，一举扭转了持续被动的困难局面，利润水平呈指数级攀升，创历史最好水平，资产负债率大幅下降，本钢在行业、社会和客户中的形象显著提升。2021 年，本钢实现营业收入 907.89 亿元，同比增长 47.2%；利润创十年来最好水平；上缴税金 56 亿元，同比增长 99.3%。

一、深入贯彻落实习近平总书记关于东北、辽宁振兴发展的重要讲话和指示批示精神，服从服务于国家发展战略，在鞍钢集团和辽宁省国资委的统筹领导下，按照"对标、协同、整合融合"三个不同阶段，高质高效推进鞍钢本钢重组工作。4月15日，鞍钢本钢重组工作全面启动，本钢集团围绕管控模式、机构设置、授权体系和规章制度体系建设等核心任务，积极主动与鞍钢集团开展对接工作。8月20日，鞍钢本钢重组正式获得国务院国资委批准。为配合鞍钢集团开展工作，本钢集团迅速成立20个专项对接工作组，制订各自领域专项实施方案和工作计划，形成了20份涵盖95项具体业务和627项工作目标的专项整合目标任务书，紧紧围绕"要素管控＋管理移植""战略引领＋资源协同"两条主线，积极推进管理和业务整合。10月15日，鞍钢集团本钢集团有限公司正式揭牌，本钢以崭新的面貌正式加入鞍钢集团。12月22日，本钢混改首期增资如期到账，鞍本重组圆满完成，为深入推进整合融合工作，全面开启本钢高质量发展新征程奠定了坚实基础。

二、成立"改革发展"工作推进组，按照重组整合"六措并举"总体工作部署，全面推进市场化改革。一是强化体制机制改革顶层设计。"1+2+N"系列改革方案及相关配套制度获得职工代表全票通过。按照深化市场化改革五个阶段要求，优化总部职能架构，构建"4+6+3"本钢管控架构，完成了总部14个职能部门的职责调整，组建了北营、矿业管理机构，做实了板材、北营、矿业法人治理结构，本钢集团总部和板材两级机关编制定员分别压减41.3%和42%。通过充分授权、放权，权责界面及审批流程更加清晰，管理行为进一步规范。以"总厂制"改革为抓手，推进纵向分类管控、横向有效协同，在板材和北营分别成立炼铁总厂和冷轧总厂，钢铁、资源板块生产单元压减8个，实现了优势资源高度协同。实施"两制一契"管理模式和领导人员"揭指标竞聘，带契约上岗"竞争选拔机制，组织123个领导岗位公开竞聘。二是扎实推进国企改革三年行动计划。本钢集团三年行动计划118项改革举措完成99项，完成率84%，超过国资委要求的70%年度目标。统筹推进亏损企业治理。按照"强化管理、经营提升、实施混改、关闭退出"四种治理方式，完成了亏损企业和"两非"企业梳理和确认工作。助力非钢产业开拓外部市场，按照"一企一策"三年全部扭亏工作目标，加大授权放权力度，激发了企业参与市场竞争热情，非钢产业效益明显改善。三是加强地企合作，本钢与本溪签署了"双本"融合框架协议，双方积极开展相关领域对接工作，"双本"融合迈上新台阶。厂办大集体改革取得良好成效，企业发展后劲和活力得到初步显现。

三、针对产线运行效率低的实际，成立了"安全生产确保良性运转"推进组，狠抓生产组织、产线管理和工序衔接，重点产线运行能力明显提高。一是加强"一贯制"管理，组织五大产品专项推进组对工序关键控制点进行梳理和完善，按照PDCA循环原则进行指标提升攻关。二是开展全流程"工序服从"管控，发现问题及时跟踪、协调、改进，提升终端产品质量。热轧2300产线和三冷轧产线成材率进入国内同类产线先进水平。三是加强产线产能利用率攻关，一冷和二冷镀锌线产能利用率同比分别提高13.8%和29.8%；2021年5月份，板材钢产量100.5万吨、2300热轧板产量52.3万吨，均创月度产量历史新纪录。四是优化产线分工和资源分配，按照"先产线后品种"原则，综合预判，选择最优方案，形成产品资源计划及产线品种计划，全年累计调整资源60.5万吨，增加效益1.7亿元。五是强力推动"准时制生产"降低成品库存，采取拉动式生产模式，重新核定各工序、各环节库存，产成品经济库存比年初预算降低20万吨。

四、围绕"推进产品研发，建立创新体系，提升直供比例"开展重点攻关。一是强化新产品开发，成功开发了超深冲电镀锌汽车外板、渗氮汽车用特钢产品、980兆帕级热镀锌复相钢、高性能高效硅钢等突破性品种，新产品累计完成55个牌号，同比增加19个新牌号，增幅达52.7%，创历史最好水平。首次与北美通用汽研院以及东北大学合作开发的"免涂层热成型钢"完成工业化试验，拟在"汽车轻量化联盟大会"上宣布全球首发。推行"科技项目摘牌制"，严格按照摘牌程序组织111项科技类项目成功摘牌，全年共计增效2.5亿元。二是全面构建本钢技术创新体系，组建了本钢集团科技创新委员会和技术专家委员会，逐步建立起由总工程师牵头，本钢集团、厂矿、作业区各层次上下贯通，各工序横向联合的技术创新体系。推行首席工程师聘用制改革，组织首席工程师岗位聘用评审工作，建立和畅通了工程技术人员职业发展通道；牵头组建"辽宁省钢铁产业产学研创新联盟"，本钢成为省公开发布的首批典型联盟试点单位，营造了推崇技术、鼓励创新的浓厚氛围。三是提升产品直供比例，各品系通过细分市场新开发60家直供用户，直供用户订货比例61%，同比增长11%。

五、坚持"五个强化"，深挖潜、练内功、强筋骨，各项基础管理工作水平不断提升。强化安全管理，深刻汲取"11.23"事故教训，举一反三，全面压实安全管理责任，加大安全监管问责力度，加强安全管理作风建设，开展"安全风暴"专项行动，本钢领导班子以上率下，带头采取"四不两直"方式对安全生产开展明察暗访，推动各基层单位安全生产主体责任得到有效落实。强化设备、工程管理，全年共组织5次大型联合检修，重点解决高炉、铸机隐患和轧机精度等方面问题，全年本钢主要产线设备故障台时同比降低180小时，降低设备运维费用累计1.3亿元。超低排改造项目放行16项，累计投资16.7亿元。强化能源消耗管控，深入开展能源介质对标攻关，采取制定指标提升实施方案、确定快赢项目等措施，全面降低电、水等能源介质消耗，将"限电"等不利因素影响降到了最低；大力推进高炉燃料比攻关，通过对标、摘牌精准激励等措施，高炉燃料比同比有所降低，板材5#炉、北营两座大高炉燃料比个别月份达到行业先进水平。全面落实碳排放工作，完成了2020年碳排放量自行核算工作。强化流程优化，"以数字化、智能化推动流程再造工作"工作组针对制约生产的重点问题开展攻关，在热送热装、鱼雷罐温降、本质化安全、备件库存精准管理上取得了新突破。强化资金管理，按三大活动实施资金分类管控，全年实现经营活动现金净流量115亿元，融资规模比年初下降199亿元，资金管理水平显著提升。

党群工作

2021年，本钢集团持续加强党的领导，和谐企业建设迈上新台阶。加强党建引领，充分发挥企业党组织在深化改革、重组整合、经营发展工作中的核心作用。召开庆祝建党

100周年暨"两优一先"表彰大会，举办"光荣在党50年"纪念章颁发仪式等系列活动。以党史学习教育为契机，扎实开展"我为群众办实事"活动，加大对职工关爱力度，集中解决了在岗职工工作餐补贴、板材职工厂内公交通勤、职工浴池食堂生活设施修缮、外地大学生住宿环境改善等27件民生实事，突出了以职工为中心的发展理念。关爱职工身心健康，为职工办理互助医疗保障续保、启动职工健康疗养工作；开展倾情帮扶"送温暖"活动，累计投入606万元；开展精准帮扶工作，共救助285人，发放帮扶资金282万余元；全年本钢各级党委共解决广大职工"急难愁盼"问题816项，累计为职工发放超利共享利润奖4.7亿元，职工获得感幸福感明显增强。同时，大力开展"整、严、树"和"靠钢吃钢""跑冒滴漏"专项治理行动，全年查处违规违纪行为934起，处理1011人，打造企业风清气正的良好政治生态。充分发挥舆论导向作用，积极推进内外部新闻宣传工作，围绕企业改革重要节点和关键环节强化舆论宣传和正面引导，传递正能量，为企业改革发展营造了良好氛围。

（金一嘉）

栏目编辑　赵　伟

本钢年鉴 *2022*

ANSTEEL
本钢集团

特载

大事记

概述

☆ 经营管理

综合管理

党群工作

钢铁主业

多元产业

改制企业

统计资料

人事与机构

人物与表彰

附录

索引

经营管理

规划投资管理

【概况】 2021年4月，按照《本钢集团有限公司关于调整组织机构设置的通知》文件要求，原本钢规划发展部（科技发展部）更名为战略规划部（矿产资源管理办公室），下设规划管理、投资管理、土地与矿产资源3个职能单元。科技管理业务移交新成立的科技创新部。2021年11月，按照《本钢集团有限公司总部及主要子公司管理职能和机构优化调整改革实施方案》要求，战略规划部（矿产资源管理办公室）与科技创新部整合，组建规划科技部。将原运营改善部困难企业治理、"两非两资"企业清退、"僵尸"企业处置职能调整至规划科技部；将板材公司设备部代行公司资产管理职能调整至规划科技部；将原行政管理中心厂（矿）区外房产管理职能调整至规划科技部；规划科技部新增海外事业管理职能。规划科技部内设规划管理、投资管理、非钢事业管理（工业服务业）、资产管理、科技管理、科技成果管理6个职能模块。截至2021年12月共有在籍人员26人，其中部长1人、副部长4人、总监3人、高级业务师1人、主任业务师6人、专业业务师6人、责任业务师5人、副高级技术职称14人。

【规划管理】 1. 发挥战略规划引领作用。2021年1月31日，本钢集团有限公司董事会审议通过《本钢集团"十四五"发展规划纲要》，规划科技部按照《本钢集团"十四五"规划落实工作方案》要求，确定了本钢战略经营领域以及价值创造流程，建立了"战略—规划—计划—项目（任务）—关键绩效指标考核"的工作体系。确定了88项重点支撑项目和25项工作任务。鞍本重组后，规划科技部按照整合融合工作任务，积极承接鞍钢集团战略规划，引用鞍钢集团战略规划分析工具。2021年11月，完成本钢集团"五力"分析，选择针对性准、可对标性强的18项核心指标进行本钢集团"竞争力、创新力、控制力、影响力、抗风险能力"的"五力"分析，分析出2020年本钢存在9项短板、9项中板，无长板，定位测试属于行业四类企业。2021年12月，完成本钢"十四五"发展战略和规划调整稿编制和宣贯工作，承接鞍钢集团"7531"战略目标，制定2025年本钢"25115+"发展目标，即粗钢2000万吨以上、拳头产品占比50%、铁精矿产量1400万吨、营业收入1000亿元以上、利润50亿元以上，职工收入随企业效益同向增长。为实现"25115+"目标，参照"五力"指标体系的战略选择功能，通过补短板、锻长板，从四个维度梳理出促进本钢"二次创业"的11条规划路径。2. 推进鞍本战略规划整合融合。规划科技部牵头推进战略规划组工作，9月2日完成鞍本战略规划对标报告、战略规划组整合目标任务书和实施方案。专项整合目标任务书按照过渡期、首月、百日、半年、一年、两年等时间节点，制定工作事项48项。2021年高效组织完成百日工作标的。3. 组织完成专项规划和多项重大课题论证。完成两冶金厂区节能规划、双碳规划暨低碳行动方案等；完成两厂区超低排放改造实施计划、料场改造可研、北营4.3米焦炉大型化可研等，为公司决策提供支撑。4. 推进与央企和国内一流民企战略协作。组织与三峡集团、葛洲坝集团、上海电气等央企签订战略协议；有效推进格力银隆—北重新能源矿用车等合作项目。5. 高效应对国家限产、地方限电政策。协同设备部、制造部等部门，借助外部研究咨询公司等平台，紧密跟踪国内限产政策落实情况，及时提出应对策略。协同能环部、制造部等部门，向省工信厅等部门申请外购电基准值报告，积极争取省里支持。

【投资管理】 1. 全面承接鞍钢投资管控制度，移植全面预算管理理念。完成鞍钢投资管理理念宣贯，并合理确定重组过渡期、首月、首季等各工作时段标的及里程碑事件，有序推进鞍钢本钢重组投资管理业务整合工作。2. 坚持战略指引、量力而行、保证收益等投资原则，严格把控投资方向。2021年投资计划规模41.58亿元（不含可抵扣增值税），实际完成38.84亿元，计划完成率93.4%，其中采矿能力提升完成62149万元，数字鞍钢完成4714万元，超低排放完成25004万元，节能降碳完成50798万元，钢铁基地升级完成116416万元，保障安全维持生产完成129275万元。3. 项目前期工作。2021年，围绕超低排放、节能降碳、矿产资源开发、钢铁基地升级改造、信息化移植等，立项开展了131个项目前期。重点完成了两厂区铁前集控可研、板材能源集控可研预审、北营焦化二区三区焦炉大型化改造可研、北营炼钢一区产能置换项目一次除尘工艺方案调整、北营轧钢厂三高线电气系统改造可研、贾矿露天转地采可研优化、徐矿采矿可研、南芬选矿厂大型化改造可研等前期设计审查。4. 积极争取中央预算内项目政策资金。2021年紧跟国家政策支持方向，组织各相关单位办理项目申报所需要件，协调省市主管部委，为集团公司争取到6620万元奖励资金，其中花岭沟铁矿地下开采项目4120万元、板材转炉煤气回收提效改造

项目1210万元、板材信息化系统数字化网络化升级项目480万元、板材轧钢工序MES信息化升级改造420万元、板材铁路运输系统智能化升级改造390万元。5. 积极推进在建项目合规性管理。2021年项目备案需要提供节能登记表，规划科技部积极与业主单位、能源环保部落实，完善项目能源篇，审核项目实施前后年能源消耗量，并协调市工信局，完成了68项政府核准/备案。

【土地与矿产资源管理】 1. 土地房产清查专项工作。开展土地房产专项清查，全面摸清本钢土地房产情况，经统计整理共有土地368宗、面积8763.89万 m^2，房产6171栋（处）、面积709.8万 m^2，对清查工作中发现的问题及时进行整改，杜绝管理漏洞。2. 土地房产办证专项工作。按先易后难原则，授权经营土地换证、无证土地办证、无证房产办证三项任务取得阶段性进展。截至12月末，114宗授权经营土地完成换证43宗，占宗地数的37.7%，面积占比81%；完成新征用地办证2宗287万 m^2，占全部新征用地面积的34%；完成47宗（含北钢公司3宗）存量无证土地中25宗土地的规划、地籍调查等工作，22宗土地正在争取政府相关政策支持；完成231处13.4万 m^2 房产的测绘和质量认证。3. 重点交办专项工作。9月29日，五宿大学生公寓完成大学生回迁入住428人，12月17日完成消防验收工作；沈阳研发中心争取到差异化用地政策最低价65万元/亩，并获得新兴研发机构和配套政策的支持；本钢集团总面积166.37平方公里的探矿、采矿、尾矿库、规划工业项目等用地，全部调整到生态保护红线之外；贾家堡铁矿小选厂动迁于9月18日签订协议并完成动迁。4. 市政府与本钢地企合作工作。成立本溪市政府一

本钢集团领导小组，市委书记吴澜到本钢调研工作提出的 12 项问题全部得到落实。签订文物移交协议和土地使用协议，将一铁文物产权和文保责任全部移交给市文保中心。组织完成溪湖生活秀带地上资产核查和资产评估工作，沈铁设计院还建铁路方案正在推进。协调市住建局给予办理废钢产业园项目建筑工程施工许可等前期手续。协调南山小学修缮项目实施并组织房地产公司与南芬区政府验收。解决南芬区提出选矿厂聚八方、烟囱拆除、郭长线欠款等 3 项问题。协调平山区解决了北营矿业公司生产关家西沟排岩受阻问题。协调解决歪矿铁路平改立由铁路承担施工费用、出具施工方案和组织施工等问题。5. 矿产资源管理工作。一是抓住鞍本重组契机，采矿权办理取得历史性重大突破，取得南芬露天矿、歪头山铁矿、贾家堡铁矿深部扩界采矿证，以及北营石灰石矿延续和花岭沟铁矿新立采矿证，新增可采铁矿资源量 3 亿吨以上。二是推进后备资源合作工作，签订了《本溪大台沟铁矿战略合作意向书》，完成大台沟铁矿合作项目的法律尽调、财务审计、资产及矿权评估。开展本溪地区石灰石资源调查工作，形成专业考察报告。三是组织研究国家及辽宁省矿产资源评估政策及评估方法，积极配合评估机构科学选取矿山技经参数，合理降低采矿权出让收益亿元以上。四是绿色矿山建设取得突破，南芬露天矿、歪头山铁矿、明山石灰石矿等 4 座矿山纳入国家级绿色矿山名录。　　　（于海洋）

科技管理

【概况】　科技创新部主要负责本钢集团科技创新管理、新产品研发管理、产品认证管理、重大科技项目管理、科技成果管理、知识产权管理、对外科研合作及技术交流、科协等工作，内设科技管理、技术创新两个职能单元，2021 年 11 月，与战略规划部整合，组建规划科技部。截至 2021 年 11 月，在职职工 9 人，其中部长 1 人、副部长 1 人、总监 1 人、主任工程师 2 人、主任业务师 2 人、专业业务师 1 人、责任业务师 1 人，正高级职称 2 人、副高级职称 4 人，研究生 3 人、本科生 6 人，党员 9 人。

【科技项目管理】　2021 年围绕产品研发、工艺技术进步、质量提升、节能环保等方面，着力解决制约企业发展的重点技术难题。全年开展公司级科技项目 30 项、各单位自管项目 92 项，对公司级科技项目实施全过程闭环管理；按照集团公司"精准激励"工作安排，制定了《本钢集团研发人员项目摘牌制实施方案》，90 项科技类项目成功摘牌，其中产品研发类 43 项、工艺技术类 14 项、产品认证类 33 项，极大激发了研发人员的科技创新积极性。

【品种开发管理】　依托本钢现有工艺设备，坚持以效益为中心，积极开发适销对路的新产品。2021 年成功开发并实现供货 54 个牌号，其中冷系产品 19 个、热系产品 15 个、特钢产品 14 个、长材产品 6 个。以"汽车梁"和"箱体用钢"为代表的热轧汽车结构用钢实现了强度级别系列化全覆盖，通过个性化精准市场开发，实现了"一材多户"向"一户多材"的转变；突破冷轧 1630 产线设计能力，成功开发国内领先水平的 1180 强度级别的双相钢；成功开发热镀锌复相钢 CR980T/700Y-MP，使本钢成为国内除宝钢和首钢外为数不多的可以生产该产品的企业；成功开发轴网用高硬度热轧酸洗板 ZW280，成功替代宝钢同类产品，进一步扩大本钢热轧酸洗板市场应用范围；以渗氮汽车用31CrMoV9为代表的特钢产品开发，填补了本钢欧标氮化钢空白；按照新产品尽快转产创效要求，累计转产531个牌号，关停192个呆滞钢种，是2020年转产牌号的177倍，实现转产率96%以上。

【科技成果管理】　2021年共获省、部级科技进步奖11项，其中冶金科技奖二等奖1项、三等奖1项，辽宁省科学技术奖一等奖2项、二等奖1项、三等奖4项，冶金矿山科学技术奖一等奖1项，中国有色金属工业科学技术奖一等奖1项。2021年本钢科技进步奖共征集85项，经评审公示，获奖项目35项，其中特等奖2项。组织5项科技成果申请中国金属学会技术评价，有4项成果达到国际先进水平，1项成果达到国内领先水平。

【专利管理】　2021年共有233件专利获国家知识产权局受理，其中发明专利116件；有153件专利获授权，其中发明专利30件。申报中国专利奖2项。为加强知识产权运营和保护工作，提升专利申请数量和质量，培育高价值专利，邀请知识产权领域专家举办专题培训4次。

【产品认证工作】　2021年共组织完成冷轧、镀锌、酸洗、特钢等产品认证49个牌号，比2020年增加88%。通过精工（长城）、一汽红旗主机厂、爱驰汽车、徐工集团、一汽集团、TCL等20家用户认证，供货5万余吨，实现增利约350万元；成功开发供日产热轧酸洗 SP251-780P，并按计划要求完成点焊试验测试和综合性能数据提交，得到

日产认可，标志着本钢热轧酸洗板向高强度级别拓展；完成北营公司 CARES 产品认证等年度常规工作。

【对外技术交流与合作】　重视产学研用联合，强化校企合作，注重技术资源合理配给，积极推进对外合作项目实施。与上海大学、北京科技大学、冶金工业信息标准研究院等进行多层次、多渠道、多形式的合作与交流，签订7个合作项目，加速了科技成果向现实生产力的转化。与上海大学联合开展的"本钢2GPa汽车热成型钢涂层板技术开发"项目及与北京科技大学合作的"北营高炉布料机理及其模型优化"项目的成功实施，对集团公司产品结构优化、工艺技术进步等起到积极推进作用。

【研发平台建设】　为全面贯彻落实省委十二届十四次全会精神，落实省科技厅关于建设实质性产学研联盟工作要求，成立了以本钢为盟主的"辽宁本钢钢铁产业产学研联盟"。目前联盟已实质运行，2021年共确定20个合作项目，总合作经费2040.65万元；本钢集团作为副理事长单位加入中钢协发起的"全国钢铁行业智能制造联盟"。

【政府科技项目申报】　对外积极申报各类政府项目，争取资金支持、宣传本钢形象。申报国家、行业、省级各类科技项目27项，已获批3项，其中与中科院金属所合作的"多孔介质燃烧技术研究及其在钢铁行业应用示范"被列为辽宁省首批揭榜挂帅项目。参与了东北大学王国栋院士及其团队牵头申报的省工信厅"数字化、智能化钢铁"重大专项。研发院刘宏亮获得"青年拔尖人才"荣誉称号。全年共获得政府资金支持

1156.8 万元。 　　　　　　　（那 英）

运营管理

【概况】　本钢集团有限公司运营改善部主要负责企业运行的综合管理，是管理和改革的牵总部门，下设管理创新、绩效考核、改革发展、对标办公室、多元管理五个职能单元。截至 2021 年末，在籍职工总数 21 人、部门正职 1 人、部门副职 2 人、总监（含副处级）3 人、高级业务师 1 人、主任业务师 5 人、专业业务师 6 人、责任业务师 2 人、专务 1 人，研究生学历 4 人、本科学历 12 人、专科学历 5 人，副高级职称 4 人、中级职称 11 人、初级职称 6 人。

　　2021 年 11 月 14 日，本钢集团下发《本钢集团有限公司总部及主要子公司管理职能和机构优化调整改革实施方案》（本钢发运营字〔2021〕119 号），将运营改善部更名为管理创新部。

【组织机构管理】　按照国企改革三年行动和鞍钢本钢重组总体部署，依据鞍钢集团《本钢机构编制优化调整指导意见》，制定并下发《本钢集团有限公司总部及主要子公司管理职能和机构优化调整改革实施方案》，优化总部及直属机构设置。一是将科技创新部与战略规划部合并成立规划科技部，运营改善部更名为管理创新部，新设运营管理部，行使本钢集团生产运营管理、设备能源管理、计划统计管理、采购销售管理、物流管理等综合管理职能。二是强化法人主体地位，重新组建北营、矿业机关部门。三是打造本钢集团"4+6+3"管控架构，设立板材公司、北营公司、矿业公司及多元产业 4 个产业板块，财务共享中心、人力资源服务中心、行政管理中心、保卫中心、国贸公司、不锈钢公司 6 个直属机构（单位），鞍钢党校本钢分校、鞍钢集团新闻传媒中心本钢记者站、环保监测站 3 个分支机构。

【流程管理】　为提高流程管理整体水平，以企业战略、运营、组织为载体，持续对流程管理出现的问题和矛盾进行梳理，重点开展"应招尽招"流程优化工作，建立科学、高效、规范的招标流程管理体系，明确流程管理的职能与职责，起到了向管理要效益、提升招标采购效率、降低运营成本的作用。

【制度管理】　组织各部门梳理规章制度和流程，全面推动鞍钢集团规章制度体系承接工作，构建以"基本管理制度为基础、以专业管理制度为主体、以工作规范为补充"的三级规章制度体系，明确各类规章制度效力，清晰界定各治理主体权责界面，优化审批签发程序，提高决策效率。修订《本钢集团有限公司规章制度管理规定》，进一步清晰界定制度管理、监督和执行主体权责，明确业务部门、风控管理部门、法律合规部门、制度归口管理部门审核职责。实际承接鞍钢集团规章制度 238 个：基本管理制度 47 个、专业管理制度 163 个、工作规范 28 个，包括公司治理与管控体制、战略规划与投资管理、科技管理、资本运营管理、财务管理、人力资源管理、法律合规管理等 16 项管理职能 44 个业务模块。

【体系管理】　3 月 22—26 日，组织开展本钢集团质量、环境、职业健康安全、两化融合、能源体系（下称五体系）和北营公司质量、环境、职业健康安全、能源体系（下称四体系）外审工作。本次外审是本钢集团管理体系审核规模中最大的一次，认证公司共派21位专家对本钢集团和北营公司进行了全面审核，审核力度超出以往，在各单位人员鼎力配合下，顺利通过审核并获取认证证书。11月22—26日，组织开展本钢集团五体系和北营公司四体系内审工作，本次内审是本钢集团处在深化改革关键时期进行的，共抽调29名内审员分成6组开展现场审核，涉及本钢集团、板材、北营等46家单位、55个区域，共发现266项问题（含一般不符合23项），各单位认真分析了原因，制定了纠正措施，为本钢集团基础管理水平的提升奠定了坚实基础。

【成果管理】 为激励创新变革，加强基础管理，持续激发企业经营活力和发展动力，不断提升管控效率和精益管理水平，全力推动本钢集团高质量发展，2021年本钢集团共向22家基层单位征集69项管理创新成果，经过初审、专家评审、答辩，共评出本钢集团管理创新成果31项，其中一等奖3项、二等奖11项、三等奖17项。选取5项优秀成果向辽宁省和中钢协推荐，分别获得辽宁省管理创新成果一等奖1项、二等奖2项、中钢协三等奖3项，其中制造部的《焦炭质量与炼焦配煤成本优化及控制》成果荣获辽宁省一等奖、中钢协三等奖和本钢集团一等奖。

【绩效考核】 坚持效益中心原则，创新多元激励政策，通过构建模拟市场化考核机制，配套实施精准激励政策，充分发挥绩效考核的引领和激励作用。一是按照"上道工序服从下道工序，整个工序服从市场"原则，将市场化机制引入主业板块，通过建立模拟价格体系，划小利润单元，在各工序间形成模拟市场环境，实施工效挂钩考核，把市场意识传递给全体职工。二是以"工资总额预算"为核心，对多元子公司按照工资总额基数考核，实施"授权和同利"的总额管控，进一步引导内部按业绩自行分配，鼓励多劳多得和减员增效。三是优化考核体系，配套实施季度超利共享利润奖、降本创新及科技创效摘牌奖励、经理层奖励金等多项精准激励政策。

【任期制契约化考核】 2021年继续对各单位领导班子实施责任状红黄牌考核，坚持刚性执行，2021年1家单位被亮黄牌。鞍钢本钢重组后，承接"两制一契"管理模式，强化经营者责任状考核理念，以"两制一契"为抓手，实施经营者绩效考核，首次开展任期制考核。聚焦"两利四率"，构建"双跑赢、三区间"考核机制，按照"一岗一责、一人一表"制定差异化考核指标，各级领导干部责任意识、担当意识不断增强。

【深化改革】 切实落实国企改革三年行动部署，深化管理机制改革创新，推动企业高质量发展。一是推进国企改革三年行动走深走实。制定1+2+N系列市场化改革方案，建立工作台账与月例会制度，推进改革落实落地，已完成本钢集团混改、"4+6+3"管控格局搭建、落实主业板块法人企业市场主体地位等23项改革任务。二是推进"僵尸企业"处置收尾工作。2021年共处置5户企业，其中甘肃陇辽房地产开发有限责任公司、本溪经济开发区新广厦装饰工程有限公司自主清算注销，厦门本钢贸易有限公司、厦门本钢钢铁销售有限公司依法破产清算注销，沈阳冷轧型材有限公司破产立案。三是签署托管北钢公司协议。梳理本钢北钢合并重组实施情况，制定《关于鞍本重组本钢对北钢公司处置意见的报告》，与本溪市政府、市国资委签订托管北钢公司的《委托管理协议》。四是推进厂办大集体改革工作，为鞍钢重组并实施混改创造条件。按照省政府、省国资委要求，本钢集团将厂办大集体改制企业（本溪钢联发展有限公司）100%国有股权以及钢联公司持有的下属59家子公司的全部国有股权，整体无偿划转给本溪市国资委（含由钢联公司管理的未参加厂办大集体改革的3家存续企业），并完成工商登记变更、党组织关系转接。

【对标工作】 根据鞍本战略重组要求，对标提升主要以全面对标鞍钢为主，围绕"要素管控+管理移植""战略引领+资源协同"两条主线，积极推进管理和业务对标。一是成立了战略规划、管理与信息化、人力资源等13个对标工作组，围绕"工序+成本"主线，成立技经指标、财务成本、设备运维、"工序EVA"4个对标组，本钢单方面和鞍本共同提升项目78项。二是按集团公司"5+1"工作格局，对重点指标推进实施"专班制度"。对标工作专班对采购、销售、人资等8个系统共制定32项重点指标，进行动态跟踪，周、月通报。三是推进鞍本整合融合对标工作全面对接。深挖驱动因素，确定本钢集团对标提升核心指标14项。管控共享，推进鞍钢对标活动管理系统覆盖本钢。四是引领示范，积极组织参加鞍钢集团"三个标杆"创建评选，"以效益为中心的日清日结"管理模式获标杆模式，"摘牌制引领新产品研发""设备智能在线运维体系"项目获标杆项目，板材炼铁总厂、北营炼钢厂、本钢浦项有限责任公司获标杆单位。

【多元管理】 按"一业一企"原则，对本钢集团多元企业进行摸底调研，结合管理需要，先后对本钢集团钢结构业务、维保业务进行梳理、分析，提出专业化整合意见；依据"一企一策"多元改革原则，推动建设公司、本钢修建（维检）公司体制机制改革；寻求多元发展新的增长极，完成本钢集团能源环保公司相关论证。坚持市场化改革方向，推动多元产业布局，为本钢集团"十四五"规划编制提出建议。 （方 娜）

人力资源管理

【概况】 本钢集团有限公司人力资源管理由员工管理、薪酬绩效、专家管理、培训开发、保险管理等业务模块组成。

组织部（人力资源部、机关党委）为人力资源管理职能部门，从政策层面管控人力资源管理全面工作，下设组织管理单元、领导人员管理（外事管理办公室）单元、人力资源管理单元、薪酬管理单元。截至2021年底，共有职工19人，其中本科学历13人，硕士及以上学历6人。

人力资源管理中心为人力资源管理业务机构，负责相关业务的具体实施，下设用工管理室、劳动组织室、薪酬福利室、保险管理室、专家管理室、员工发展室、员工培训室、协力管理室、离岗管理室和综合管理室。2021年11月，本钢集团有限公司将原退管中心（老干部办）、原档案中心和原人力资源管理中心整合，组建人力资源服务中心。截至2021年底，原人力资源管理中心在籍职工总数491人，其中管理人员46人、派驻人员47人，其他人员398人。管理人员中，研究生学历14人、全日制本科及以上学历17人。

【三项制度改革】 2021年10月28日，本钢党委常委会、董事会审议通过了"1+2+N"改革管理体系方案及31项配套管理制度。11月3日，本钢一届九次职代会全票表决通过《本钢集团有限公司深化三项制度改革实施方案》，以健全市场化管控体系为核心，建立健全市场化运营体系，推动管理人员能上能下、员工能进能出、收入能高能低，激发内生活力和动力，实现"企业增效，员工增收"。围绕三项制度改革工作，2021年6月1日，邀请中国上海人力资源服务产业园区党委书记范本鹤及上海中蕴企业服务外包有限公司董事长方晓就人力资源服务业发展和企业人事制度改革做专题讲座，并与中国上海人力资源服务产业园区签订《人力资源服务战略合作框架协议》；2021年11月4日，邀请中国一重集团有限公司人力资源部副部长王广涛推介改革经验。

【人力资源配置】 组织各单位完成派遣期满人员考评工作531人（3年期满劳务派遣133人、1年期满顶岗实习398人）；组织招录分配"本钢订单班"顶岗实习人员473人；组织完成国贸公司技术服务等内部招聘37人；跟踪落实重复参保21人（本钢集团办理解除劳动合同6人、督促与外单位办理解除合同/停保15人）；截至2021年底，集团公司共招聘员工620人，其中大学本科及以上毕业生64人（研究生10人，本科生54人）、劳务转正531人（含定向实习）、社会招聘24人、引进专家1人。

【鞍本整合融合】 2021年8月，按照鞍本重组总体推进要求，鞍本双方组织人事部门经过充分对接，形成了《人力资源组专项整合目标任务书》，包括：10项具体业务、65项工作标的，分别安排过渡期、首月、百日、半年、一年等各阶段工作内容及标的。推进鞍钢HR系统与本钢ERP人资系统双系统并行，组织基层单位开展本钢ERP人资系统组织机构、岗位设置、职群职级等数据梳理完善；积极学习鞍钢HR系统运维，配合鞍信技术人员做好主数据、岗位及人员等信息数据采集。依据国家2015年职业大典梳理整理生产操作岗433个工种（岗位），为HR人资系统岗位上线提供了基础支持；鞍钢HR系统推广覆盖本钢系统，按计划完成了数据采集、数据导入、数据再维护、报表合并等一系列工作，积极做好"鞍本双系统"机构、岗位、人员及职群职级等相关模块的运维管理工作。

【高校毕业生管理】 为全面提升毕业生的认同感、归属感和获得感，经过层层推荐，评选2020年度优秀高校毕业生40名；9月份举办优秀毕业生表彰暨2021届毕业生入职典礼，为每名优秀毕业生发放奖励资金2000元，为2021年新入职毕业生颁发《入职通知书》；为149名2020届毕业生办理转正定岗手续，将29名毕业生安排到业务岗位工作，将55名毕业生安排到技术岗位工作。

【专业技术职称管理】 认真贯彻落实国家和省职称改革精神，工程系列副高级及以下职称开展自主评审，其余职称推荐到省、市相关主管部门评审或参加国家、省里统一考试，全日制普通高校毕业生采取"确定"资格形式。全年共进行资格审核及推荐1909

人次，审核推荐经济等各类人事考试报名378人次。2021年全年取得各系列各级别技术职称人员共计948人，其中正高级职称16人、副高级155人、中级359人、初级418人。通过确定资格取得技术职称152人，其中中级10人、初级142人。

【薪酬管理】 为缓解各单位因退休、自然减员等岗位缺员带来的人员压力，人力资源部2021年1月5日下发《本钢集团有限公司工资包干办法》（本钢发人字〔2020〕233号），在原包干工资政策基础上对包干人数核定、包干周期管理、包干额度返还等方面做了进一步完善，通过包干工资政策有效调动缺员岗位职工的工作积极性，鼓励单位少要人、不要人，起到了减人增薪的作用。根据集团公司工资包干办法，按月核定集团公司工资包干人数，涉及36家（板材12家、矿业10家、北营13家、多元1家）；完成2021年度工资包干单位劳务费奖励统计工作；承接鞍钢集团薪酬管理制度，制定并下发了《本钢集团有限公司工资总额预算管理办法（试行）》《本钢集团有限公司全员岗位绩效管理实施方案》《关于规范子公司考核分配管理办法的通知》《本钢集团有限公司子公司负责人综合考核评价与薪酬管理办法》《本钢集团有限公司关键人才中长期奖励办法》，为本钢薪酬改革奠定良好基础。2021年，为职工发放超利共享利润奖4.73亿元，实际发放工资总额52.18亿元，在籍职工人均工资7015元/月，较上年同期增长23.2%。

【高技能人才管理】 机电安装公司罗佳全获得第十五届中华技能大奖；板材冷轧总厂张勇获得全国技术能手称号，并于2021年6月22日在京参加表彰大会；获批市级技能大师工作站1家，争取补贴资金8万元。

【保险管理】 2021年全年共完成本钢全民企业基本养老保险、基本医疗保险（含生育保险）、工伤保险、失业保险缴费复核，大额医疗补充保险的核定、缴费及统筹外自付项目的审核等工作。企业与个人共缴纳各项社会保险费用162063.48万元，审批统筹外自付项目20772.07万元。调整占地招工退休人员生活补助、军转退休人员生活补助、60年代精简退职人员生活待遇、未达法定退休年龄1—4级工残人员企业年金等。

【培训开发】 本钢集团及所属单位全年累计开办各类培训班1993班次，共计培训147593人次，全员培训率达到86%，集团公司年度培训计划执行率达到94%。为进一步提升培训效果，提高培训工作的系统性、针对性和有效性，2021年开始建立常态化的"逢训必考"机制。与辽宁工程技术大学联合培养采矿工程（矿山地下开采）第二学士学位班，选派24名青年人才参加为期两年的脱产培训；根据集团公司2021年度领导干部和年轻干部教育培训实施方案总体要求，依托本钢党校，采取请进来、走出去的培训方式开办优秀年轻干部综合能力提升培训班和领导干部轮训班，共计培训220余人；围绕集团公司重点工作，完成数字化智能化、销售人员综合素质、资金的时间价值、新会计准则应用及一贯制等培训；借助北京科技大学师资力量，为板材研发院开办金属材料的力学性能分析、热处理原理及其工艺实现等培训班，累计培训100余人次；组织开展《习近平总书记关于安全生产重要论述》专题培训；通过采取互动式、分组讨论、全员讨论法开展危险作业专项培训；有序组织开展质量、环境、两化融合、设备、党群等业务系统培训，累计培训2万余人次。2021年全年共组织完成集团公司4552人（含1039名新型学徒制人员）的技能鉴定工作，其中高级技师65人、技师479人、高级工3068人、中级工830人、初级工110人。2021年共计为本钢集团申领培训补贴567.55万元，其中新型学徒制培训补贴212.75万元、高危行业领域安全技能提升培训补贴354.8万元。

【**协力派工人员管理**】　为进一步完善本钢集团人力资源管理中心在籍协力派工人员的劳动关系和促进企业协调发展，按照集团公司党委要求，2021年6月5日组织相关用工单位召开人员转籍工作布置会。2021年6—9月，将人力资源管理中心在籍协力派工人员2824人分批全部转入用工单位进行管理。此次转籍工作从根本上捋清了人力资源管理中心工作职能和人员结构，完善了派工人员的劳动关系，使派工人员真正实现了身份转变，在鞍本重组重大历史节点上，更加有利于派工人员的职业生涯发展。

【**劳务用工管理**】　严格按照集团公司劳务用工管理相关规定，认真履行劳务用工管理职责。全年审核认定有合作资质的劳务单位47家，组织签订各类劳务协议累计229份，其中劳务派遣协议125份、业务承包合同61份、内部协力用工协议43份。通过审核劳务单位资质条件、备案各类用工资料、考核劳务协议执行及审批劳务费用等工作，实施劳务用工过程中的监督与控制管理。完成集团公司劳务费审批流程优化，按月审批劳务费，年度累计审批33194万元，其中考核口径劳务费6815万元，节省1125万元；截至2021年12月末，共计使用协力用工2040人。

【**劳动纪律管理**】　积极开展劳动纪律监查，有效促进员工履行劳动合同。开展人力资源管理不规范问题清查工作，共发现问题65项；累计开展劳动纪律专项检查219次，覆盖2280个科室和生产岗位，通报违反劳动纪律31起，查处举报案件18例，考核单位27家、党政一把手51人次，处罚15万元。

（朴永鹏　代　志）

财务管理

【**概况**】　2021年鞍钢本钢重组，整合融合工作和"三项制度"改革全面推进，集团公司对总部及主要子公司管理职能及机构进行了优化调整，改变了原有的财务集中管控体制，板材财务部、北营财务部和矿业财务部分别划归板块公司管理，原财务部计划统计职能调整至运营管理部，原法律事务部清欠管理职能调整至财务部。调整后本钢集团财务部定员28人，总经理1人、副总经理2人（1人兼任财务共享中心主任）、二级总监4人，下设预算管理、资金管理、会计税务管理、成本管理四个单元，分别负责预算管理体系建设、资金管控体系建设、会计核算和财务管理体系建设及成本体系建设。新组建财务共享中心，原驻厂财务组暂时保留，职能和人员暂进入财务共享中心；板块公司财务部原驻厂财务组、机构和人员也暂时保留，由板块公司自行管理，未来随着财务共享系统上线运行逐步优化。多元非钢子公司仍单独设立财务部门，暂按财务总监派驻制进行管控，未来随着机构改革的深化逐步优化。2021年末本钢集团财务部在籍人员78

人，党员 55 人，研究生学历 13 人、本科学历 57 人，副高级以上职称 28 人、中级职称 27 人。

【主要经济指标】 2021 年本钢集团实现销售收入 907.89 亿元，同比增长 47.39%；实现税金 56 亿元，同比增长 99.3%；实现利润 3.44 亿元，同比下降 25.16%；总资产 1479.38 亿元，同比下降 4.92%。

【部门建设】 坚持和加强党的组织建设，提高党员干部政治觉悟和政治能力，完整、准确、全面贯彻新发展理念，为加快落实集团公司"双核"战略，持续深化改革，提供坚强保障。强化党风廉政建设，通过党史学习教育，全面落实从严治党"五个责任"，把党史学习教育成果转化为干事创业动力，营造锐意进取的工作氛围。坚决落实集团公司"三项制度"改革工作要求，全体解聘，全员重新竞聘上岗，实现人尽其才，有效提高财务工作效率。重视人才队伍建设，有计划、有步骤、阶梯式地培养年轻业务骨干，加强对新进大学生的培养，关心关爱新生力量，着力培养一批强有力的财务后备人才。

【预算管理】 坚持以效益为中心的经营理念，充分发挥全面预算管控功能，引导各单位及时关注市场，增强市场意识，采取积极有效措施，优化调整产品结构，持续改善原料成本，不断提升本钢集团盈利能力和抗风险能力。开展模拟市场化运作，重点推行板材、北营、矿业三大板块模拟市场化核算利润并进行考核，由原来的费用中心、成本中心向利润中心转化，使模拟市场化运行精准量化到基层，全方位发力，优化资源配置，实现企业效益最大化。坚持产品价格与市场、生产联动，分析出最优化的各品种钢生产量和比例、全流程生产中各项成本比例，并紧盯市场价格变化趋势，及时做好各产线盈利能力测算和分析，为合理配置资源、做好产线调整提供强有力的数据支撑，使研发、生产、销售紧密结合，使集团公司品种增利工作得到进一步深化和落实。推进落实日效益测算，根据生产消耗实际，充分考虑原燃料市场价格变化等因素预测成本水平，同时结合每日抛账数据和预测差价返还情况预估每日收入，建立日效益计算分析模型，为公司决策提供数据支撑。深入开展日清日结，对工序重点指标细化分解，落实改进提升措施，对成本消耗指标进行量化，2021 年钢铁主业降低工序成本 9 亿元，实现成本指标、定额指标、经济技术指标有效改善。强化考核政策执行，最大限度调动各单位人员积极性，实现考核政策激励目的。细化生产经营分析，健全成本利润分析模型，详细分析重要指标和偏差较大数据形成差异的具体原因，深刻剖析存在的不足，提出建设性意见，为本钢集团经营发展提供决策依据和数据参考。持续跟踪鞍本协同快赢项目，财务成本组针对主线单位成本与鞍钢实施对标，形成《鞍本财务成本指标改进提升工作实施方案》，组织钢铁主线 7 家单位到鞍钢本部进行深入交流，逐项梳理与鞍钢存在差距指标，实行周监控月总结，提报年度快赢项目 34 项，降本效益额 3.76 亿元。精心组织编制 2022 年度全面预算，全面贯彻落实国资委 2022 年度中央企业预算布置会议精神，确立"两匹配、三提高、一稳定"总体目标，深化实施全面预算管理，首次强调资金预算的重要性，实现经营预算与资金预算、资产负债预算并行，以满足承接鞍钢预算"两利四率"及两金压控指标需要。制定压缩工序成本、降低融资成本、压降采购成本、提高协同产品售价、压降可控费用、降低质量成本、考虑协同效益及科技和技改投入效益九方面措施，增利56亿元。

【融资管理】 鞍钢本钢重组前，1—9月集团公司可用资金极为紧张，财务部通过提前预判各月到期融资情况，积极与各金融机构沟通提前倒贷等事宜，克服困难，按日根据集团公司资金情况科学合理安排融资倒贷，充分利用集团有限资金，累计倒还各类存量融资936.3亿元，确保在重组前本钢集团资金平稳运行。鞍本重组后，融资管理以降低融资规模、调整融资结构和降低财务成本为主要工作目标。一是降低融资规模。凭借鞍钢集团在资金方面给予的有力支持以及通过债转股和混改引入的增量资金，本钢统筹规划去杠杆、降负债工作。截至2021年12月末，本钢有息负债融资总额788亿元，较鞍本重组前922亿元降低134亿元，降幅14.53%，本钢集团财务风险降低。二是降低融资利率。在鞍钢集团的协同效应下，降利率工作取得显著成效。工农中建四大国有银行对本钢集团融资成本较基准利率下浮10%—15%，国开行、进出口银行对本钢集团中长期贷款利率下浮15%及以上，各中小股份制银行在四大国有银行及政策性银行利率下浮政策的带动下也纷纷下浮贷款利率。截至2021年末，本钢集团带息负债融资综合平均成本4.024%，比上年同期下降0.19个百分点；本钢集团融资利率下浮，年化节约财务费用约1.33亿元，本钢财务负担减轻。三是建立健全资金管理制度。2021年9月份以来，本钢全部承接了鞍钢集团资金管理制度，在融资管理方面修订下发了《本钢集团有限公司融资管理办法》《本钢集团有限公司担保管理办法》。

【资金管理】 坚持以全面预算为纲领，积极对接鞍钢资金预算管理系统，抓好经营预算的落实，整合总体资金资源，统筹协调平衡资金，实现内部资金的集中归集和有效管理，全面提升资金运营效率，降低资金成本，防范资金风险。加强现金流量预算统筹管理，完善资金预警机制，协调平衡月度、周、日资金预算，努力提升经营现金流获取能力，维持资金链平衡和安全，确保经营净现金流量为正，2021年本钢集团经营活动现金流量净额为115.24亿元（其中货币资金112.11亿元、票据3.13亿元）。2021年12月制定下发《本钢集团有限公司付款管理办法》《本钢集团有限公司付款政策（试行）》，进一步规范了各单位资金支付流程，强化了资金支付过程中的内部控制，优化付款结构，统一付款政策。持续完善债权债务管理，下发了《本钢集团有限公司债权和债务管理制度》《本钢集团有限公司外部债权清收管理及考核规定》，实现债权债务管理制度化、规范化。强化外部债权清收管理，9月起按照新修订的考核办法严格考核回款，第四季度共清回2015—2020年度形成欠款1.58亿元，全年实现当年应收尽收103.9亿元。

【资产管理】 坚持资产"实地检查、发现问题、早会通报、督促整改"相结合的管理方式，严防跑冒滴漏现象发生，督促各单位规范资产管理基础工作。先后下发《本钢集团有限公司资产管理整治工作实施方案（试行）》《关于各归口管理部门上报资产管理整治工作负责人和工作总结的通知》《本钢集团财务部落实资产管理整治工作机制》等文件，明确资产检查工作责任主体，保证集团公司资产管理整治工作落到实处，见到效益。加强存货管理，编制物料存储定额，执行经济库存考核，2021年末，集团存货经济库存平均实际占用66.03亿元，各月末时点平均库存比计划降低6.42亿元。全年共编制52期主体单位存货实物库存周报，实时关注存货资金占用趋势。

【税费筹划管理】　2021年，在鞍本重组背景下，按照"要素管控＋管理移植"工作方针，初步实现鞍本税务管理统一。本钢税务管理工作以企业税费管理制度建设、优惠政策宣贯、降低涉税风险为主线，在依法纳税的同时，充分享受国家优惠政策，合理降低企业税负。一是承接鞍钢相关涉税管理制度，制定下发《本钢集团有限公司纳税管理办法》《本钢集团有限公司研发费用管理规定》。二是充分享受税收优惠政策，减轻企业资金压力。根据出口产品免抵退税政策，2021年收到出口退税款2.96亿元。利用增值税期末留抵税额增量退税政策，全年办理退税0.5亿元。根据产教融合型企业享受抵免附加税费政策，全年减税约0.05亿元。在2020年度企业所得税汇算清缴工作中，充分利用相关优惠政策，节税约0.18亿元。根据研发费用加计扣除新政策，当年节税约0.4亿元。三是积极开展税收政策业务培训和宣贯工作。

【会计基础管理】　规范各级子公司会计核算，加强财务报表管理与年度决算工作，按时、保质组织月份、年度合并财务报告和国资委、财政、钢协快报编制上报工作。对清产核资及延伸专项审计结果、鞍钢尽调相关事项进行账务处理，夯实本钢资产。与鞍钢统一应收款项坏账计提准备政策。纳入鞍钢统一决算管理，组织各子公司2021年度国务院国资委决算数据填报工作，109家独立法人单位逐级填报汇总，并及时完成上报工作。积极组织完成相关财务专项工作。一是根据省政府"关于继续推进本钢集团改革涉及审计评估工作的通知"要求，以2020年10月31日为基准日，组织了本钢集团财务审计工作，按照整体推进计划，按时完成财务审计各项工作推进，并将审计结果上报省国资委。二是为推动本钢集团改革工作，配合鞍钢集团聘请的中介机构，完成以2020年10月31日为基准日的财务尽调工作。三是为引进战略投资，聘请事务所以2021年9月30日为基准日，组织了本钢集团财务审计工作，出具审计报告。四是配合审计部完成省审计厅对本钢的离任审计、债权债务审计，完成省国资委的会计信息质量自查审计。五是承接鞍钢会计规章制度，组织下发《本钢集团有限公司会计档案管理办法》《本钢集团有限公司差旅费和出国经费管理办法》《本钢集团有限公司财务报告管理办法》，进一步完善相关费用标准和管理制度。全国住房公积金小程序正式上线运行，开设"跨省通办"专窗服务，最大限度消除疫情期间人员办理业务困难的不利影响。2021年本钢集团公积金缴存人数6.89万余人，缴存额9.45亿元，提取额5.2亿元，发放个人住房公积金贷款970笔，发放贷款额3.37亿元。

【财务共享】　按照鞍本重组会议精神，本着"总体规划、分步实施、总结效果、持续改进"原则，本钢集团从2021年5月份着手开展财务共享中心项目推进工作，6月正式成立本钢集团财务共享中心筹备推进组。10月份本钢正式在合并报表系统向鞍钢报送全级次国资委、财政部财务快报。整合首月完成按鞍钢报表格式报送合并口径所有内部报表。2021 年底前实现 11 月份报表在合并报表系统内上传并完成集团口径合并报表编制工作。统一核算系统 2021 年末非业财一体化 11 家单位完成推广上线工作，24 家单位完成准备工作，46 家单位着手开展前期准备工作。客商平台系统 2021 年末完成第 1、2 批 41 家单位客商清洗工作，第 3 批 40 家单位客商清洗工作正在进行中。

（邱丽红）

资本管理

【**概况**】 2011 年 1 月，本钢集团有限公司设立资本运营项目部，同年 4 月，设立资本运营部。2018 年 1 月 29 日，集团公司下发《本钢集团有限公司关于调整组织机构设置的通知》（本钢董发〔2018〕1 号），根据《本钢集团"四定"工作指导意见》，集团公司决定对组织机构设置进行优化调整，设立资本管理部，主要负责资本类投资、合资合作（不含新增项目），产权管理，股权多元化，上市工作，资产处置，参股公司股权投资收益管理等工作。2021 年 11 月 14 日，集团公司下发《本钢集团有限公司总部及主要子公司管理职能和机构优化调整改革实施方案》（本钢发运营字〔2021〕119 号），确定资本管理部主要职责：资本运营管理，股权多元化及混合所有制改革方案，金融类股权投资管理，公司增资、减资管理，投资企业产权（股权）处置专业审核，产权管理，产权登记，资产（含产权）评估、交易及监管，国有资本预算管理等。内设资本运营管理、产权管理 2 个职能模块。截至 2021 年末，资本管理部在籍人员 12 人，其中部长 1 人、副部长 2 人、业务总监 2 人（1 人专务）、高级业务师 1 人、主任业务师 3 人、专业业务师 1 人、责任业务师 2 人，党员 12 人。

【**鞍本重组整合专项工作**】 1. 全力推进并顺利完成鞍钢本钢重组工作。2021 年 4 月 15 日，鞍钢本钢重组专题会召开，本钢成立重组工作推进组，由资本管理部牵头，积极对接鞍钢本钢重组项目工作推进组，制定工作方案，全力配合鞍钢推进重组尽调等各项工作。2021 年 10 月 12 日，完成了本钢 51% 国有股权无偿划转工商变更登记和产权登记变更。2. 完成资本运营组整合工作计划并落实推进相关工作。2021 年 8 月 20 日，鞍钢本钢重组正式启动后，与鞍钢资本运营部对接，按照重组过渡期时间节点完成各项工作。2021 年 10 月，完成本溪钢铁公司向鞍钢发行 200 亿元权益类产品。2021 年 12 月 20 日，本溪钢铁公司债转股 44 亿元工作完成工商变更登记。3. 推进北营公司股权结构调整工作。2021 年，完成了北营公司共计发行 422 亿元类永续债工作。另外，北营所属控股子公司北方铁业向其发行 80 亿元类永续债。

【**资本运营工作**】 1. 推进改革发展工作推进组各项工作。2021 年年初以来，按照集团公司构建的"5+1"工作格局，资本管理部作为改革发展工作推进组牵头单位，协调 4 个小组开展工作。制定印发《本钢集团深化改革三年行动计划（2020—2022 年）》并推动落实。2021 年 4 月 29 日，本钢厂办大集体改制企业划转工作顺利完成。2. 落实推进改革三年行动工作，承担 9 项任务全部完成。3. 贾家堡子铁矿股权转让工作顺利完成。2021 年 8 月 25 日，完成矿业公司收购北营公司持有的贾家堡铁矿 90% 股权的工商变更登记。

【上市公司管理工作】 1.2021 年 8 月 19 日，完成本钢板材定增投资者退出事宜。2. 通过有效的市值管理手段，实现本钢板材市值大幅提升。2021 年 9 月 9 日，本钢板材股价最高达到 7.48 元，市值超过 240 亿元，与 2021 年年初相比，本钢板材市值增加超过 90%。本钢板材市净率得到有效提升。3. 减持本钢板材可转债及对可转债赎回问题进行分析。资本管理部持续关注本钢板材可转债价格及 68 亿元可转债转股情况，2021 年本钢板材股价和可转债价格持续上涨，可转债陆续开始转股。同时，对可转债赎回问题进行分析，提出下一步做好本钢板材市值管理工作建议。4. 调整网下新股申购模式。为充分利用上市公司市值，调整网下新股申购模式。

【国企混改及合资合作工作】 1. 完成本钢集团混改引入战略投资者。2021 年 12 月 13 日，挂牌公示期满后，经上海联交所确认，并经本钢股东会审批，确认抚顺新钢铁为最终投资者，认购新增注册资本对应持股比例为 5%，出资额 16.37 亿元。2. 推进本钢宝锦公司增资扩股引入战投事项。本钢宝锦公司增资扩股项目于 2021 年 8 月 20 日在沈阳联合产权交易所挂牌。增资后，本钢宝锦公司将成为本钢板材参股子公司。3. 推动子公司合资合作。拟定铸管公司与新兴际华合资合作初步方案。

【资本管理工作】 1. 产权登记系统的数据更新。组织各单位对国资产权信息管理系统中的企业状态等信息进行核对、确认和修正。梳理汇总 167 户企业产权登记资料，完成鞍钢本钢重组产权登记系统对接，为国资产权登记系统本钢模块整体上线运行做好准备。2. 参股公司监管工作。截至 2021 年末，本钢集团参股企业共 38 家，按照本钢产权管理办法，对东特集团、本溪银行、中天证券、新动能基金、大连摩根耐火公司的董事会、股东会议案形成意见，报集团公司批准后进行反馈。另外，2021 年，本钢集团对上海本钢济福金属制品加工有限公司、本溪高新钻具制造有限责任公司、中石油（本溪）本钢油气销售有限公司、浙江本钢精锐钢材加工有限公司 4 家参股企业收回投资收益 595 万元。3. 改制企业调研工作。为加强改制企业管理，按照集团公司要求对改制企业运行管理情况进行实地调研，对相关问题提出整改意见。

【资产处置工作】 1. 参股投资、"两非两资"清理工作。一是对参股投资进行梳理，完善参股经营投资信息资料。完成参股企业清查，明确分类管理建议和东特集团、本溪银行、中天证券、新动能基金、大连摩根耐火公司初步处置工作安排，制定低效无效参股投资企业处置工作方案。二是指导各单位（含北钢）开展两非两资工作自查，对不具竞争优势、缺乏发展潜力的低效、无效资产，提出改革思路、工作建议和两非两资企业建议名单，并提出矿渣微粉等公司具体扭亏方案。三是对各单位（含北钢）闲置资产分类梳理汇总，定期督导业主单位闲置资产盘活工作。2. 组织清理非公司制企业和部分吊销未注销企业。协调新实业公司、集团公司工会等单位和部门，完成了文体中心、计控安装公司、天弘善宾馆的改制工作，至此，本钢集团范围内正常经营的非公司制企业全部完成了公司制改革。对长春钢模板厂、科技经贸公司、亨通实业公司等无生产经营活动的企业清理提出建议。3.配合本钢厂办大集体改革改制企业划转本溪市相关工作。4.配合僵尸企业处置工作。推进富乐多公司、丹东钢管公司破产工作，完成南京溪铁公司转让工作。

（张子龙）

审计管理

【概况】 2021年6月前，本钢集团有限公司审计部（简称本钢集团审计部）在董事长直管、总会计师分管、总审计师协管下开展各项内部审计工作，与本钢板材股份有限公司审计部（简称本钢板材审计部）、本溪钢铁（集团）有限责任公司审计部合署办公。下设经营审计、投资审计和管理审计三个模块。主要负责任中及离任经济责任审计、工程竣工决算审计、年薪兑现指标完成情况审计、领导安排的专项审计、后续整改审计等业务；2021年6月，本钢集团审计部进一步完善了领导体制，内部审计工作改由总审计师协助董事长管理，总会计师不再分管内部审计工作。同时，重新划分审计部业务模块，取消投资审计模块，新增投资与专项审计模块，即本钢集团审计部由经营管理、经济责任和投资与专项审计三个模块构成，各模块按照对应职责分工开展审计工作；2021年11月，本钢内审机构设置优化，实质运行板材审计部，在本钢集团审计部人员中剥离本钢板材审计部人员5人（副部长1人、专业业务师4人），形成"本钢集团审计部＋板块公司内审机构"的两级管理模式。2021年末，本钢集团审计部在籍员工19人，其中部长1人、副部长1人、总监3人、高

级业务师1人、主任业务师5人、专业业务师6人、责任业务师2人，具有国家注册专业执业资格6人，副高级职称16人、中级职称3人。

【业务整合融合】 积极落实本钢集团作为鞍钢集团二级子企业的管控定位，秉持统一计划原则，科学、合理制订2022年度需求计划及审计项目计划，上报鞍钢集团统筹实施；全面对接鞍钢审计部业务职能，整合后新增审计业务5项，分别为违规经营投资责任追究、内部控制评价（原由法务部负责）、企业年报、限额下投资项目后评价（原由规划科技部、资本管理部负责）、配合审计署相关审计工作；调减审计业务1项，配合辽宁省审计厅相关审计工作。

【制度体系】 本钢集团审计部原有审计制度10项，整合后，结合重新划定的审计管控职能，全面承接鞍钢审计部制度体系，承接、修订、转发制度13项，按期完成审核、印发工作，其中基本制度2项、专业制度7项、工作规范4项，同时指导本钢各板块审计机构快速研讨、承接及转化相关审计制度。

【项目完成情况】 2021年，本钢集团审计部完成审计项目53项，包括工程竣工决算审计9项、工程后评价审计3项、经济责任审计40项、专项审计调查1项。其中审计直接削减创效2359万元；发现违规问题金额5406万元；提出审计建议248条，审计建议采纳率100%；督促被审计单位健全规章制度61项，规范流程65项；审计整改完成率94%，较去年提升6%。

【专项工作】 1.主动作为，积极配合省审

计厅完成离任审计工作。2021年4—10月，省审计厅对本钢集团原董事长陈继壮、原总经理汪澍开展任期经济责任审计。按照集团公司统一部署，审计部全力配合，严把材料上报关，共组织上报各类材料200余份，及时协调各单位回复省审计厅的审计清单和审计意见；组织召开相关会议，专题部署，在整改的系统性、精准性、时效性上下功夫，全面落实整改事项，提高整改工作质量，保质保量完成了整改工作目标。2.优质、高效推进审计专项整合工作。秉持"统一体系、统一制度、统一标准"的工作原则，先后开展5次对口业务交流和2次专项调研，制定了《审计专项整合实施方案》，在审计管理体制建设、组织机构优化、规章制度承接、审计业务培训和项目实施指导等方面，锚定25项工作标的和110个节点任务，已全面完成过渡期、首月、百日设定的10项工作标的及55项工作节点。

【整改成效】 2021年审计发现问题248项，已完成整改235项，正在持续整改13项，整改完成率达94%，较2020年提高11个百分点。始终坚持"审计——整改——规范——提高"的工作主线，实行多措并举抓整改，确保审计工作形成闭环管理。完善审计整改销号制度，对审计问题逐项分解，明确整改责任主体，对于能够立行立改的，提出明确、具体、可操作、标准统一的整改要求；涉及体制机制或相关制度不完善的，提出深化改革、完善制度的意见建议，督促相关单位研究改进。

【创新举措】 1.探索审计工作新模式，开展联合审计，凸显审计成效。为适应"新鞍钢"审计工作要求，2021年10月组成鞍本联合专项审计组，对板材炼铁厂5号高炉产能置换、本钢冷轧总厂硅钢等4项工程进行审计，从工程管理、工程造价、投资效益等方面开展审计工作，鞍本两级审计机构有针对性地共同探讨，剖析"两钢"在工程管理、效益评价等工作上存在的差异，细化审计实施方案，规避了以往工作中的审计盲区，全面重新确定审计重点，有效拓展了审计深度和广度。实施过程中通过统筹管理、合理搭配人员专业和特长，实现审计资源优势互补，切实提高了审计工作效率和质量。联合审计既契合鞍钢集团对审计工作的新要求，又推动了两级审计机构协同和融合，同时搭建了一个审计内容共商、审计项目共审、审计成果共享、审计整改共抓的平台，有效弥补了内审人员不足及知识结构单一等问题，以审代学，实现了鞍本审计人员相互交流、支撑和取长补短的目标，有效提升了审计效能，并形成直接削减创效。同时，按照以点带面、示范引领的工作思路，加强对具有显著直接创效、重大影响的审计项目在本钢集团公司范围内推广示范，将项目的创新理念、思路启发、理论研究、经验总结、学习方法等有机结合，借鉴此次项目成功经验，稳步推动审计管理创新工作的开展，进而培育更多、更广、切实可行的联合审计项目。2.全面协调、提前介入，迅速移植审计管理信息系统。根据集团公司管理系统移植工作总体部署，本钢集团审计部快速响应，提前介入，多次召开审计管理系统、违规追责系统需求调研和业务对接会议，详细制定系统移植网络图，落实具体目标、责任和节点，提前完成信息采集、管理流程和权限设置等工作。审计管理系统较标的时间提前2个月上线试运行，违规追责系统按国资委要求准时于2021年末完成上线。

（高　峰）

法律事务管理

【概况】 法律事务部负责集团公司法治体系建设、风险管理、法律审核、工商事务管理、清欠管理、商标管理、诉讼仲裁案件管理、外聘律师管理等工作。下设法务管理、风控管理、清欠管理3个职能单元。2021年11月，本钢集团下发《本钢集团有限公司总部及主要子公司管理职能及机构优化调整改革实施方案》，法律事务部更名为法律合规部。截至2021年底共有员工10人，其中部长1人、副部长2人、职能单元总监2人、高级业务师1人、主任业务师2人、专业业务师1人、责任业务师1人。

【法律审核】 2021年，法律事务部严格贯彻"三项法律审核"100%原则，广泛深入地参与集团公司生产经营活动，将法律业务与经营任务深度融合，从集团公司整体战略和业务实际预测法律风险，审慎提出法律意见，重点关注重大决策事项的合法合规，将法律审核作为集团公司业务流程重要节点。实现了省国资委要求的"重大决策、经济合同、规章制度"三项审核100%。共计审核国贸公司、不锈钢公司、战略规划部、能源环保部等单位报送的协议文本235份，审核供应商资质变更资料52份，审核集团公司及板材公司各部门下发的规章制度202份。

【案件管理】 以重大诉讼案件处理为核心，强化法院沟通，加大案件执行力度，积极处理往年结转案件；规范子公司案件管理及呈报备案工作，及时妥善处理法律纠纷案件，维护集团公司合法权益。2021年，办理未审结案件55件，标的金额41980.91万元；新增诉讼仲裁案件61件，标的金额8948.28万元；审理结案30件，标的金额47150.24万元。全年挽回经济损失9671万元，实现执行回款927.75万元。

【工商事务及商标管理】 完成集团公司交派的各项重大工商登记工作任务，包括按期完成本钢集团股权无偿划转工商变更登记、上海华泰退出本溪钢铁公司工商登记、本溪钢铁公司4家国有银行债转股工商登记、本钢板材股份有限公司法定代表人变更和增选董事、监事人选在辽宁省工商局备案登记等。按照省国资委按期完成集团公司新章程备案事项批复要求，完成本钢集团持有中天证券21.35%股权质押给省交投集团的解除事项。审核、指导集团公司下属各单位工商变更登记、备案事项25次，完成本钢集团、本钢板材、本钢公司、矿业公司、北营公司及北营公司下属5家子公司共计10家单位的2020年度企业信息报送和公示工作；在商标管理方面，经过驳回复审、撤三和行政诉讼等程序，本钢取得BENGANG及图在第六类上的注册行政诉讼案件的胜诉判决。

【风控管理】 2021年3月，风险管控业务划归法律事务部管理，法律事务部在全面做好业务承接工作的同时，从多方面采取有效措施，促进风控工作的大力推进。2021年，完成《本钢集团风险控制管理委员会议事规则》和风险管控有关制度的制定工作；对相关部门进行风险排查，查找风险事项及内控缺陷问题。完成本钢2021年风险管理工作总结及2022年重大风险评估报告。在广泛收集国内外钢铁行业、下游行业以及内部风险信息基础上，组织集团公司相关职能部门、直属单位开展了2021年度风险评估工作。针对评估出的 23 项风险，组织研究、制订了管理解决方案，包括细化了 79 项风险表现，制订了 96 项应对措施，设置了 49 项预警指标。

【清欠管理】 采取各种有效措施，按照"能清尽清""应收尽收"原则积极推进清欠业务。截至 2021 年 9 月 30 日，经法务部和本钢各债权单位共同努力，清回外部陈欠款总计 3402.52 万元（全部现款）。2021 年 3 月，根据集团公司《关于整治"跑冒滴漏"管理漏洞百日攻坚行动实施意见》，法务部牵头开展"加大清欠工作力度，控制经营风险"百日攻坚专项行动，计划清欠目标 500 万元，实际清欠回款 944.8 万元，超计划 88.96%。10 月份此项业务移交财务部。

【法治宣传与培训】 加大法治宣传力度，为本钢党委中心组开展专题法治学习供稿，深入宣传贯彻习近平法治思想；与集团党委宣传部、宣传中心联合在《本钢日报》开辟法治专栏。2021 年 6 月 2 日，法治专栏在《本钢日报》上开栏，持续每周三刊发一期。2021 年 11 月，在《鞍钢日报》编发"法治鞍钢"专版；2021 年 12 月，与宣传部配合开展宪法宣传周系列活动；组织开展合同管理岗位培训，培训各单位合同员 292 人次，新办合同员资格证 196 人，复审 96 人。

（史占春）

生产质量管理

【概况】 本钢板材股份有限公司制造部（简称制造部），是板材公司负责生产、质量、运输的职能部门，代行本钢集团管理职能。下设管控中心、标准管理、生产计划、产品设计、原料管理、异议管理、质量监督、运输物流、综合管理、工艺管理、矿产品管理等 11 个职能单元。主要负责公司月以下生产计划（物料计划、产品资源计划）、生产组织、标准管理、产品设计、质量管理、质量监督、质量考核、异议处理、运输物流等工作。2021 年末，制造部在籍职工 183 人，其中正处级 5 人、副处级 10 人（含专务 1 人）、高级业务师 1 人、主任业务师 28 人、专业业务师 41 人、责任业务师 41 人、首席工程师 4 人、主任工程师 9 人、专业工程师 26 人、责任工程师 18 人、高级职称 29 人、中级职称 97 人，下设 8 个党支部，党员 136 人。

【主要产品产量指标完成情况】 2021 年，本钢集团有限公司生铁完成 1676.9 万吨，转炉钢完成 1719.8 万吨，电炉钢完成 26.1 万吨，特钢材完成 62.3 万吨，热轧板完成 1321.7 万吨，一冷轧冷轧板完成 187 万吨，二冷轧冷轧板完成 201.5 万吨，三冷轧冷轧板完成 222.2 万吨，线材完成 234.9 万吨，棒材完成 91.2 万吨，球墨铸管完成 9.9 万吨，冶金焦完成 656.7 万吨，铁矿石完成 2179.2 万吨，铁精矿完成 816 万吨，球团矿完成 383.5 万吨，生灰完成 171.8 万吨，发电量完成 38.04 亿 kWh。

【生产组织管理】 为尽快盘活资金，最大限度降低生产成本，制造部组织相关部门、单位积极研究制定回收含铁料加工消耗方案，全力推进落实。2021 年在将新发生量全部消化的基础上，实现主要品种回收含铁料总场存降低 26 万吨，保守测算可减少资金占用 7000 万元，实现了阶段攻关目标。其中板材厂区总场存降低 22 万吨，减少资金占用 6000 万元；北营厂区总场存降低 4 万吨，减少资金占用 1000 万元。针对一季度焦煤和矿砂资源不足、港口发运困难等制约生产难题，按日组织召开协调会议，强化信息沟通预警，根据急缺品种合理安排接卸车，全力减少对生产的影响。组织两个炼铁总厂抓好翻车机、解冻库运行管理，减少耽误影响，全力接卸路局车辆。落实老煤场装车保供等应急预案，满足炼铁高产需求。做好严寒天气下的防寒防冻工作，落实好关键部位防寒防冻预案。重点抓好自产铁精矿及港口回运矿粉喷洒防冻液环节，为翻卸车创造条件。组织炼铁总厂、铁运公司等相关单位多次召开现场协调会，结合大宗原燃料进厂及消耗情况制定并优化各项保产、保供方案，合理调配内部公路和铁路运力，加大厂内倒运力度和倒运量，最大程度减少低温状态对正常生产运行的影响。针对焦煤、矿粉、合金、废钢等外购物料出现的进货异常，及时协调采购中心、国贸公司进行统一平衡，保证集团公司总体生产稳定。按照集团公司加大回收内回废钢要求，组织开展"内回废钢日清日结现场清零的管理"工作，保证内回废钢应收尽收。集团公司内回废钢全年共回收10.1万吨，节约采购资金3.58亿元，超年初计划回收4.3万吨。板材公司内回废钢全年共回收6.9万吨，节约采购资金2.4亿元。

【经济运行管理】　以效益为中心，以提高产能利用率和降成本为工作重点，以强化质量管理为手段，努力提升大宗原燃料管控能力，为高炉生产提供有力的原燃料保障。在疫情影响和内贸煤多次涨价情况下，大力推进"日清日结"工作，坚决树立"以效益为中心"理念，以问题为导向，通过"日研判、周分析、月总结"，不断堵塞管理漏洞，从入炉原燃料、设备、能源、工艺操作等多方

面分析问题、解决问题，实现配煤配矿降成本0.83亿元，其中配煤超1.2亿元、配矿降2.03亿元。按经济料方针，推行按煤和矿的经济性排序进行资源结构优化调整，每月逐个矿点品种平衡采购量，制定采购计划并严格按计划组织实施。针对疫情影响、进口煤限制通关及内贸煤矿井和运输等不确定因素，积极组织厂矿、采购中心、国贸公司召开专业会研究应对方案和措施，确保生产顺行。2021年共组织召开36次配煤会，下发会议纪要16次，协调解决问题118项。实行炼焦煤保产预警机制，针对进口煤和内贸煤个别品种库存量威胁正常生产接续情况及时预警，2021年共计预警23次，均为内贸煤。充分利用"摘牌"机制，积极"开源"和"节流"，面对澳煤限制进口后国内炼焦煤资源紧张、价格大幅上涨的不利局面，积极配合采购部门开发新煤种，与高炉联动优化调整炼焦配煤结构。2021年开发炼焦煤新品种11个，为稳定配煤结构和焦炭质量创造良好原料条件。通过铁系统均质化管理，提高配矿准确率，烧结质量稳步提升；在将自产矿粉全部消耗的前提下，根据其产量和质量情况，通过配矿模型合理计算，充分使用经济矿粉，优化配矿结构。建立高炉有害元素管控体系，监控、均衡、控制不同炉型高炉有害元素负荷；打破传统生产工序壁垒，强化"以高炉为中心"的工序服从原则，以四座高炉为四条主线实施"联动式"绩效考核，各工序基本实现长期稳定顺行。

【港途耗管理】　港途耗全年发生额22636万元、比率0.71%，异议索赔2004万元，全年共降低成本5508万元。

【生产计划】　2021年合同下达1602.24

万吨，完成 1571.79 万吨，合同交付率 98.1%。出口合同下达 162.79 万吨，完成 161.35 万吨，合同交付率 99.12%。重点品种下达 720.5 万吨，完成 719.87 万吨。全年接卸外购钢坯 0.5 万吨，创效 60 万元。按效益最大化原则，将有限的产品资源向盈利能力最大、边际效益最大的产线、产品倾斜。全年调整资源量 60.46 万吨，增加边际效益 16586.66 万元。2021 年经济库存计划 57.21 万吨，实际完成 56.5 万吨，完成经济库存指标。

【产品设计管理】 2021 年重点围绕合同评审、产品设计、ERP 冶金规范建立维护、转产产品管理、钢种成本管理、产品产线认证等方面开展工作。全年共计整合技术条件 14 个，下发企业标准 16 个，完成合同评审 288 项，测算标准成本 150 项，分析质量异议 22 笔，建立维护 ERP 制程 2770 个，组织产品产线认证 4 项。截至 2021 年末，制造部分管产品总技术标准合计 367 个、牌号 766 个，GK No.1035 个，占公司总产量的 96%。

【原料质量管理】 外购物料强化入口质量管控，严格执行取消让步接收政策。2021 年，外购烧结用石灰石、粉灰等物料质量低于保证值，合计 10853.43 吨判废不予结算，挽回金额 188.74 万元。组织开展现场联合抽检 44 次、港口质量调查采样 6 次，实时监控外购物料进货质量。针对外购物料质量不达标、不合格问题，下发整改通知单 261 个，停止供货通知单 14 个。铁前工序产品细化过程质量管控，稳定入炉料质量。工序产品质量绩效指标 31 项，完成考核计划 27 项，达标率 87.10%。

【工序质量管理】 围绕降低非计划产品数量、提升钢后产品质量、减少质量损失，组织钢后各工序以"工序服从"为基础，严格管控影响产品质量的关键控制点、关键工艺参数执行及主要设备功能投入，持续开展质量改进攻关工作。2021 年钢后产品总非计划 558705 吨，其中板材公司钢后产品非计划 506510 吨、非计划率 4.49%；北营公司钢后产品非计划 52195 吨、非计划率 0.75%。

【产品质量异议】 2021 年，钢后产品质量异议总量 36948 吨，异议额 1941 万元，异议吨钢损失 1.16 元/吨，其中板材公司全年质量异议 27003 吨，比 2020 年增加 7%，异议额 1639 万元，异议吨钢损失 1.52 元/吨。2021 年质量异议整改工作主要围绕主机厂、直供用户等战略合作用户开展，通过技术服务组直接反馈解决用户使用中存在的问题。2021 年技术服务组累计反馈板材产品质量问题 164 项，比 2020 年增加 12 项，其中 106 项为管理问题，占比 65%，技术问题 58 项。

【质量体系运行】 按计划开展了 IATF16949：2016 体系内审和 VDA6.3 过程审核；受新冠疫情及限电影响，本钢浦项、板材公司 IATF16949 质量体系内部审核分别于 3 月份、9—10 月份进行，通过了莱茵公司外部远程审核；为保证公司 IATF16949 质量管理体系有效运行，开展了体系优化系列培训，在调研基础上讲解了体系标准、五大工具等内容。

【产品质量认证】 2021 年组织完成钢协冶金产品实物质量培育"金杯奖"的申报与评选工作，获金杯优质产品奖 2 项。

【质量改进工作】　完成了第十五期六西格玛项目的跟踪评审工作，组织开展第十六期六西格玛黑带项目选项评审、阶段培训、DMA 阶段评审、结题评审工作；2 个项目荣获 2021 年度中国质量协会质量技术奖全国优秀六西格玛项目；2021 年注册 QC 项目 21 项，申报质量信得过班组 22 个，均已完成结题评审。

【标准管理】　依据国家标准化改革要求及总体部署，参考《国家标准化发展纲要》，按照《本钢板材股份有限公司技术标准管理办法》逐步提升技术标准管理工作。参与完成《金属材料 拉伸试验 第 1 部分：室温试验方法》等 5 项国家标准、《钢筋混凝土用热轧带肋钢筋质量分级》行业标准和《绿色设计产品评价技术规范 家电用冷轧钢板和钢带》等 3 项团体标准制修订工作。其中《金属材料 拉伸试验 第 1 部分：室温试验方法》（Q/BB 228.1—2021）于 2021 年 12 月 31 日发布。《连续热浸镀层钢板和钢带尺寸、外形、重量及允许偏差》等 3 项国家标准制修订项目成功立项；组织完成《锅炉及高压气体容器用热连轧钢板和钢带》等 19 项钢铁产品企业标准、《连续铸钢板坯》等 18 项内部工序产品标准、《外购烧结用石灰石（粉）》等 67 项外购物料技术条件、《铁矿石化学分析方法 第 1 部分：硫磷混酸溶样容量法测定全铁量》等 79 项检化验企业标准的制修订；完成《锅炉及高压气体容器用热连轧钢板和钢带》等 16 项新发布企业标准的网上自我声明公开，保证公司生产标准的合规合法性。对比研究 ISO、欧洲（EN）、日本（JIS）、美国（ASTM）等国际国家（或地区）的拉伸试验方法标准，为企业钢产品的检验提供有力支撑。

【规程管理】　编制、印发《本钢集团有限公司 2021 年生产岗位规程管理工作方案》，把 2021 年规程管理分成宣贯集团公司管理制度、修订完善生产岗位规程、组织开展年度规程培训、监督检查生产岗位规程执行四部分。其中监督检查规程执行为常态化工作，分两种模式（常规抽查和专项检查）、三个层级（公司级、厂级、作业区级）、四项重点内容（规程管理人员履职情况、规程岗位识别覆盖情况、培训情况、规程具体执行情况）。2021 年制造部每周至少检查 3 次，共发现规程管理方面问题 75 项，全部按 PDCA 管理模式进行整改，因设备改造、工艺提升等原因修订生产岗位规程 56 个。

【主要运输指标】　2021 年集团公司接卸原燃料路局车 54.4 万辆，其中板材接卸路局车 35.1 万辆、北营接卸路局车 19.3 万辆，日均接卸 1490 辆；组织南芬、歪头山、大明山专组调运 6356 组，其中南芬 3389 组、歪头山 1516 组、大明山 1451 组，确保了南芬、歪头山、大明山专组的运行和集团公司生产需求。2021 年集团公司发送钢材类产品 208833 车，其中板材公司 146865 车（含三冷轧 32185 车）、北营公司 61968 车（含 1780 线 25466 车）；水渣 66985 车，其中板材公司 49242 车、北营公司 17743 车；其他类 6978 车，其中板材公司 6180 车、北营公司 798 车。2021 年港口原燃料回运量 1596.22 万吨，其中铁矿石 1311.53 万吨、煤炭 283.59 万吨、废钢铁 1.1 万吨，日均回运量 4.37 万吨；2021 年组织公路运输量 2095 万吨，其中计划内板材 1205 万吨、矿山公司 465 万吨、北营公司 425 万吨。

【车辆管理】　2021 年共办理各类车辆入厂

卡 3742 张,办理业务骨干车辆入厂卡 2171 张。

【运输费用管理】 2021 年铁路运费发生为 107265.26 万元(不含采购中心运费),其中板材 82006.61 万元、北营及其他单位 25258.65 万元。2021 年集团公司发生铁路封装车费用 12005.35 万元。重新修订 2021 年费用预算,较年初费用指标下降 15%。为确保 2021 年集团公司生产经营目标的实现,对公路运费严格按照"先计划后审批"和"先请示后发生"原则,采取按季度统计、半年考核的方式,规范了运费审批管理。2021 年公路运输费用实际发生 23076.1 万元,其中板材 11572 万元、矿业 5836 万元、北营 5668.1 万元。

【组织与协调管理】 2021 年沈阳局铁路集团有限公司领导多次来本钢集团访问,双方就友好合作及本钢集团产量及运量等方面进行了沟通与交流,进一步探讨更多的合作方式和合作范畴。2021 年 6 月 29 日,本钢集团董事长杨维、副总经理高烈等一行五人与沈阳局铁路集团有限公司党委书记、董事长张千里等相关领导就路企融合进行会晤;8 月 17 日,沈阳局铁路集团有限公司副总经理刘霆一行 5 人到本钢集团调研,与本钢集团副总经理高烈、总经理助理蒋光炜、制造部部长林东、制造部运输总监秦伟忠进行了会晤,并到本钢集团调度大厅、一热轧、二冷轧、团山子 3 号和 4 号翻车机(外矿)现场参观交流。2021 年因集团公司经济库存管理要求,物料冬储后延,11 月份进入冬季保产期,制造部加强协调解冻库煤气资源,保证解冻库随时处于完好状态,合理安排进库品名,充分发挥解冻库能力,采取"后到优先,重点优先"原则进库,对重点翻卸车设备及解冻设备进行跟踪写实,并要求各厂矿把翻卸车设备、解冻设备、重点运输线路按重点设备进行维护。

【降本创效工作】 2021 年制造部在巩固路企业合作基础上,积极与铁路沟通协调,通过一口价申请运价下浮,其中包含钢材、水渣、铁矿粉、石灰石和线材等品类,降低铁路运费约 21553.33 万元。 (阚利志)

设备工程管理

【概况】 本钢板材股份有限公司设备部是板材公司设备主管部门(简称设备部),同时代行本钢集团设备管理职能。主要负责集团公司设备基础管理、设备运行管理、设备检修管理,以及设备专项管理工作;负责组织、协调、监管和考核集团公司基建技改工程全过程管控及实施工作,是各工程项目经理部工程管理工作的监督考核部门和业务指导部门。临时原料项目部负责推进集团公司智能料场项目。下设综合计划管理单元、设备运行管理单元、工程管理及质量监督管理单元、工程设计管理单元、工程预算管理单元共 5 个职能管理单元和 1 个临时原料项目部。在籍人员 124 人,正部级 1 人、副部级 1 人、正处级 1 人、总监 4 人、副处级 1 人、高级业务师 4 人、主任业务师 35 人、专业业务师 24 人、责任业务师 53 人、党员 93 人、硕士研究生 11 人、本科学历 90 人、大专学历 23 人,副高级职称 30 人、中级职称 69 人、初级职称 18 人。

2021 年 11 月,按照《国企改革三年行动深化市场化改革总体方案》要求,本钢集团公司以及本钢板材股份有限公司组织机构进行了优化调整,板材公司设备部正式更名为板材公司设备工程部,不再代行集团职能。板材公司设备工程部主要职责:设备体系建设、制定中长期规划、检维修预算、造价管理、合同及相关方管理、设备点检、设备定修大修年修、运行精度和功能管理及突发故障与设备相关协调管理、资材(油品)计划管理、定额管理、质量异议管理、机旁库管理,工程设计、工程造价、工程计划、工程质量管理,信息化管理、固定资产管理、设备体系标准管理等。板材公司设备工程部内设机构调整为综合计划管理、设备运行及信息化管理、工程预算管理、工程管理等4个职能室。

【设备基础管理】 2021年设备大检查以提升厂矿设备管理"八项能力"为目标,通过统一理念、自查整改、现场专业交流及培训等方式,实现厂矿自主管理、规范管理。1.提升各层级"标准"管理能力。各项工作开展前要先建立"标准",做到"管理标准化、标准表单化、表单信息化"。2.提升各层级"计划"管理能力。各项工作开展要先制定"计划",早谋划、早准备,做到"三分策划、七分执行",谋定而后动。3.提升各层级"状态"管控能力。要识别出影响连续生产的各种要件和因素,状态要受控、可控,要提前制定应对异常状态的有效措施。4.提升各层级为点检员"服务"能力。多方面分析点检员队伍履职问题现状,从点检工作本质出发,聚焦点检员本职工作,最大限度减少点检员非本职工作。5.提升各层级设备"一生管理"能力。对关键设备从设计、制造、安装、运行、维护、改造、报废实行全寿命周期管理。6.提升各层级"立体"管理能力。在设备管理推进提升工作中,要改变以往单点、局部"作战"及逐级下派的单线管理方式,重点推进上下协同、团队配合的设备管理模式。7.提升各层级"闭环"管理能力。8.提升各层级"绩效"管理能力。2021年设备大检查对厂矿综合评分排名如下表:

公司评级		板材/本溪钢铁公司	北营	矿业
优	前10名	板材冷轧总厂	北营炼钢厂	南芬选矿厂
		板材热连轧厂	北营炼铁厂	歪头山铁矿
		板材炼钢厂		
		板材特钢厂		
		板材能源总厂		
		板材炼铁厂		
良	中10名	板材发电厂	北营轧钢厂	南芬露天矿
		板材铁运公司	北营发电厂	马耳岭球团
		板材计控中心	北营能源总厂	石灰石矿
			北营公运公司	
中	后11名	本钢冶金渣公司	北营铁运公司	贾家堡铁矿
		板材废钢厂	北营矿业公司	矿业汽运公司
		板材检化验中心	北营铸管厂	设备修造厂
			北营冶金渣公司	炸药厂

【设备运行管理】　2021 年集团公司主要生产设备可开动率计划 91.64%，实际完成 93.82%，比计划提高 2.18%；主要生产设备事故故障停机率计划不超过 17.08‰，实际完成 2.01‰，比计划降低 15.07‰。严抓 700 小时的设备事故攻关目标，设备运行平稳，故障台时大幅下降。集团公司主要产线发生设备事故故障 110 次，故障台时 530 小时，同比去年台时降低 180 小时，较好地完成了攻关目标。严控 33.17 亿元设备修理费，设备检修效能提升，创新举措降费明显。吸取鞍钢管理经验，在稳定检修基本盘的基础上，加强功能、精度管理，重点提升铸机、热轧和冷轧机组运行稳定性，精准投入 1.7 亿元。加强设备专业化管理，查找并解决设备隐患，专项投资动力电缆、供水管网、防水工程和景观路亮化 0.7 亿元。设备类采购总值控制在 19 亿元，比计划指标节省 1.3 亿元。持续提升备件专业化管理，备件利库、修复、国产化、包消耗等各项工作迈上新台阶。集团公司储运备件库存 9.01 亿元，全年累计利库 3.02 亿元，大幅减少资金占用。备件外委修复率提升到 20.8%，减少新品采购费用约 2.8 亿元。全年完成备件国产化 166 项，降成本 2066 万元；完成备件包消耗 1.5 亿元，降成本 1700 万元。

【设备检修管理】　2021 年，大年修计划安排 42 项，计划金额 29335 万元。其中大修 8 项，计划金额 3059 万元；年修 34 项，计划金额 26276 万元。实际完成 42 项，实际发生金额 28780 万元。其中大修 8 项，实际发生金额 2995 万元；年修 34 项，实际发生金额 25785 万元。大、年修计划执行率 100%，节约资金 555 万元。2021 年，结合低产限电共组织五次大型联合检修，投入 2.2

万人次，检修项目 1.9 万项。重点解决了板材 6# 高炉、新 1# 高炉炉缸温度高和 5# 铸机、6# 铸机钢结构隐患。板材 6# 铸机双流接弧精度合格率由 83.3% 提高至 91.18% 以上，2300 热轧线精轧辊缝偏差由 1.87mm 调整至 0.15mm。恢复北营新 1# 高炉 9 段冷却壁功能，补水量每日减少 100 吨。同时，对板材 566 平烧结机环冷改造，预计年可降低电耗 480 万 kWh；提高余热发电 2kWh/ 吨矿，提高小时产量 30 吨；对马球回转窑、石矿 2# 回转窑、北营 2# 弗卡斯窑、4# 干熄焦炉等炉窑实施大修。

【专项管理】　2021 年，无重大检修人员伤亡事故，无重大设备事故。特种设备（锅炉、压力容器、起重机、电梯、压力管道、厂内机动车辆）按周期检验执行率计划达到 100%。全年特种设备锅炉、压力容器、起重机、电梯按周期检验执行率实际完成达到 100%。其中起重机计划 1020 项，实际完成 1020 项；锅炉计划 84 项，实际完成 84 项；电梯计划 95 项，实际完成 95 项；压力容器计划 2049 项，实际完成 2049 项；罐（包）计划 877 项，实际完成 877 项。会同人力资源部系统性开展设备点检定修制培训，组织专题理论培训 1160 人次、精密点检培训 480 人次，组织板材与北营点检员相互交流 51 人次，春秋检考评设备人员 677 人次，有效提升了设备人员的管理水平。

【工程设计管理】　2021 年，组织开展板材 1700 热轧完善改造工程、板材炼铁厂 7 号高炉新建 4 号热风炉工程、板材焦化净化二作业区脱硫系统改造工程、北营炼钢一区产能置换外围配套项目钢渣综合治理工程、板材废钢厂彩西特钢供料站工程、板材特钢电炉外围配套工程、板材能源总厂新建东风厂区至煤气柜焦炉煤气管线工程、板材焦化厂8号9号焦炉脱硫脱硝工程、板材炼钢厂1号铸机改造工程、板材发电厂高压车间超低排放改造项目、板材炼铁厂烧结系统电除尘改造、板材能源总厂新建220kV变电所工程、板材和北营中水深度处理回用工程、北营生活服务中心新建中央厨房工程、北营焦化废水处理改造工程、北营3.5万立制氧机工程、北营炼钢一区产能置换外围配套项目生灰破碎还建工程、北营60万吨优质高线工程、北营汽暖改水暖工程、歪矿难选贫矿及废石辊磨干选资源综合利用工程、南芬露天矿二号排土场排土工艺优化及综合治理工程等项目初步设计及施工图设计工作。工程设计管理单元针对集团公司重点项目及其配套项目，组织各项目部在设计方案至施工图交底阶段全面开展优化工作，针对本钢8个具体项目提出优化措施20多项，降低投资约1505万元。

序号	项目名称	优化措施	优化投资额（万元）
1	板材废钢厂彩西特钢供料站	32吨吊车设计方案改为20吨吊车。	300
2	5号高炉项目	基础换填方案优化投资5万元。	5
3	本钢储运中心还建辅料总库项目	共提出室内地面厚度和规格优化、厂内道路优化、利旧20吨龙门吊等措施10多项，节省投资约360万元。	360
4	北营生灰破碎项目	烟囱取样口改到风机出口直管段，取消旋梯和平台。	10
5	北营炼铁总厂大高炉水渣粒化项目	新建事故水池方案优化，将拟建2个水池子变为1个；增加2座高炉粒化水池连通管，利用原2高炉之间采暖连通管。	300
6	北营钢渣处理环保改造及资源综合利用项目	优化红线外铁路半径和线间距，将上跨公路桥跨度从20米优化到16米，调整衔接公路桥路面坡度。	50
7	北营公司汽暖改水暖项目	针对复杂的厂区环境，建议少做新支架，尽量利用旧支架或管道直埋敷设方式。	400
8	本钢南芬选矿厂1号门卫选矿桥及铁路道口配套改造项目	将原设计方案中的桩基保护方案进行优化。	80
合计			1505

【技改工程管理】 2021年，设备部抓住防疫和复工两条主线，在重点抓好施工现场防疫工作基础上，细化措施、优化方案、坚决推进，各项工程均按计划在3月20日前全部实现开工复工。施工过程中，抓住重点工程关键工期节点不放松，板材CCPP发电工程、特钢电炉工程、一号转炉煤气柜工程、220kV变电所工程、8号及9号烟气焦炉脱硫脱硝工程、北营3.5万制氧工程、北营1号焦炉脱硫脱硝、矿业歪矿高压辊膜工程等重点工程工期紧、任务重，重点采取强力协调组织、现场督导和节假日连续施工等方式，

实现了按期完成节点计划的预期目标。为确保环保设备功能，主体设备检修的同时，环保设备同步检修。2021年对除尘系统、废水处理系统、脱硫系统等环保设备安排检修计划1141项，实际完成1388项，充分利用主线停机待料等时间改善设备状态，确保运行效果。同时对板材、北营焦化回收系统新增VOCS尾气治理装置，从根源上治理废气排放。对板材炼铁总厂8#、9#焦炉及北营1#、2#焦炉各增加一套机侧烟尘治理设施，达到国家最新超低排放标准。

2021年主要技改项目完成情况

序号	项目名称	业主单位	项目交工时间
1	板材焦化厂新增一塔式脱硫改造工程	炼铁总厂	2021年7月
2	板材能源总厂220kV变电所工程	能源管控中心 能源总厂	2021年12月
3	板材焦化厂净化二作业区脱硫系统改造工程	炼铁总厂	2021年7月
4	炼铁厂烧结系统电除尘改造	炼铁总厂	2021年12月
5	板材焦化厂8号、9号焦炉烟气脱硫脱硝改造	炼铁总厂	2021年12月

2021年共实施安措项目7项：

序号	项目名称	业主单位	项目交工日期
1	板材废钢厂电磁起重机断电延磁保护装置	废钢厂	2021年11月
2	板材冷轧总厂设备检修安全保障系统	冷轧总厂	2021年12月
3	板材焦化厂东风厂区地下消火栓系统隐患治理	炼铁总厂	2021年12月
4	焦化厂煤气管道安全隐患治理	炼铁总厂	2021年12月
5	板材焦化厂干熄焦作业区新运焦皮带架下安装护栏	炼铁总厂	2021年12月
6	板材能源总厂老万氧电缆隧道新增消防报警系统	能源总厂	2021年12月
7	板材能源总厂短流程电缆隧道新增消防报警系统	能源总厂	2021年12月

2021 年共实施环措项目 12 项：

序号	项目名称	业主单位	项目交工日期
1	废钢厂场地硬化环境整治	废钢厂	2021 年 10 月
2	板材焦化厂回收区域 VOCS 尾气治理工程	炼铁总厂	2021 年 10 月
3	板材焦化厂焦炉机侧烟尘环保治理工程	炼铁总厂	2021 年 12 月
4	焦化厂拦焦车升级改造	炼铁总厂	2021 年 12 月
5	道路标识标牌、公交站点、信号灯新建或修缮	能源环保部	2021 年 12 月
6	板材厂容设施维修专项	能源环保部	2021 年 12 月
7	板材厂区绿化补植专项	能源环保部	2021 年 10 月
8	板材厂区制作垃圾箱	能源环保部	2021 年 12 月
9	轧钢路大修改造	能源环保部	2021 年 11 月
10	浦项区域建设自行车棚	能源环保部	2021 年 12 月
11	能源总厂千金河（即孟堡河）河道整治工程	能源总厂	2021 年 12 月
12	能源总厂污水系统工艺完善	能源总厂	2021 年 12 月

【工程质量管理】 2021 年，现场巡检共发现质量问题 1074 项，其中实体质量问题 792 项、质保资料问题 282 项，所发现问题均已处理完毕。共组织钢结构样板引路检查 33 次、大体积混凝土联合检查 36 次、非标设备原材料专项检查 6 次、板材炼铁总厂消防工程专项检查 3 次、混凝土搅拌站混凝土质量专项检查 9 次、抽查桩基检测 5 次。接待并配合冶金工程质量监督总站委托的国家工业建筑物质量安全监督检验中心对本溪钢铁集团工程质量检测有限公司（以下简称本钢检测公司）进行检查，对该公司的资质管理、检测报告质量、检测业务、检测人员、设施环境、仪器设备等方面进行了抽查并形成不符合项通报，督促本钢检测公司整改并形成整改报告上报冶金总站。实体质量检查时，发现特钢电炉工程中的 C 轴线（1/8 柱 –9 柱间）吊车梁拼接缝位置（超出跨度 1/3 处）不符合设计及规范要求，要求施工单位对此吊车梁进行论证，经专家现场踏勘、论证，专家结论为拼接缝位于跨度的 1/2.62 处和 1/3 处的位置差别不影响安全使用，并建议运行期间对此吊车梁下翼缘拼接缝进行检测。工程质量监督受理登记 81 项，全部指派专人进行管理。工程监督管理人员对所监督工程下达质量监督计划书，开展质量监督工作，做到工程质量监督覆盖率 100%。工程质保金返还 177 项，返还金额 6399 万元。参加单位工程验收 28 项，合格率 100%。

【工程预算管理】 2021 年，共审批施工单位编报预算 7.96 亿元，削减额为 0.82 亿元。预算审批准确率达到 98% 以上，完成了公司 97% 的考核标准，决算项目预算审批时限满足决算需求。全年完成 462 个议标项目费用核定，核定费用 4 亿元。编制完成 11 个项目工程量清单，计划金额 2.62 亿元，审核 0.23 亿元外部造价咨询公司及业主单位编制的工程量清单。

【工程计划管理】 2021 年，集团公司共下达固定资产投资计划（当年）共计 31.17 亿元（含专项和零购），其中集团公司当年实付计划投资 10.97 亿元、板材公司当年实付计划投资 6.05 亿元、北营公司当年实付计划投资 2.04 亿元、矿业公司当年实付计划投资 2.88 亿元。2021 年完成投资总额 31.42 亿元，有 118 项工程按期投产，工期进度基本可控。

【工程招议标管理】 2021 年检修工程招标项目完成 17 项，计划金额 5997 万元，定标金额 5567 万元，按照计划金额计算，节省修理费达 430 万元，节省比例 7%；技术改造及专项工程招标项目完成 43 项，招标计划金额 54734.6 万元，定标金额 45608 万元，按照计划投资额计算，节省投资达 9126 万元，节省比例 17%；2021 年检维修工程议标项目为 448 项，计划金额 52869 万元，报价金额 66741 万元，议定金额 48207 万元，对比计划金额节省 4662 万元，按照参与投标的投标人报价平均水平计算，节省投资 9084 万元；基建、技改工程议标项目 184 项，议标金额 35863 万元，按照分解投资计划计算，节省投资 5323 万元。 （韩 超）

安全管理

【概况】 本钢集团有限公司安全管理监督部（简称安监部）成立于 2009 年 5 月，主要负责本钢安全、消防、职业卫生等工作综合监督、指导、协调，下设综合管理、安全监察两个单元。2021 年 10 月共有职工 18 人，其中部长 1 人、副部长 3 人、总监 2 人。2021 年 11 月，本钢集团总部机构调整，原能源环保部环保管理单元并入安监部管理，重新组建成为安全环保部，在职职工 11 人，其中部长 1 人、副部长 1 人、总监 2 人、高级职称 4 人、中级职称 6 人、初级职称 1 人。

【安全责任体系】 一是与 50 家基层单位签订安全生产责任状，明确安全管理指标任务，厂矿与作业区、作业区与班组层层签订责任状，实现责任目标分解。二是贯彻落实新《安全生产法》，按照"三管三必须"原则，组织修订集团公司全员安全生产责任制，监督指导基层单位及业务部门结合业务分工同步完成全员安全生产责任制修订、岗位安全责任清单和岗位安全履职清单编制等工作。三是持续优化季度安全综合考评方式，对所有基层单位进行 3 次百分制综合考评，对安全履职不到位、重复问题反复发生以及违章行为全部进行考核。通过量化排序、从严考核，促进各级领导干部安全责任落实和基层单位安全管理水平提升。四是通过每月召开安委会办公室会议，及时协调生产、设备、能源、人资、保卫各系统之间管理上存在的问题，解决了一批制约安全生产的突出问题，将一些责任不清、标准不明、不好解决的问题提上日程。全年督办解决重点难点问题 61 项，发挥了安委会合力解决问题优势。五是对各类生产安全责任事故、火灾事故的 73 名责任人进行问责追责，其中撤职 3 人、降级 2 人、免职 8 人、记大过 12 人、记过 15 人、警告 33 人。按照《特殊时期问责追责补充规定》，对特殊时期发生事故的23名相关责任人加重经济处罚。

【安全基础管理】 一是持续推进安全生产专项整治三年行动，安委会各部门每月形成联动，推进各项工作开展，协调解决存在问题。采取监督检查和帮扶指导双管齐下方式，督促基层单位按期完成任务。二是制定《现场应急处置管理规定》，指导各单位修订完善现场应急处置方案，实现一般以上风险全覆盖；推进危险化学品生产、存储、运输单位建立工艺处置队，现已全部建立完成，并实现与现场应急处置方案联动；针对9月份开始的国家限电新形势，指导各单位梳理完善非计划停电应急处置方案，并组织专项检查，确保方案可行、职工熟练掌握。三是编制《职业病危害防治工作指导手册》，指导基层单位职业病防治工作；组织基层单位按计划完成2.9万人职业健康体检、7645点位职业病危害现场检测、47家单位职业病危害现状评价工作，78名职业禁忌人员全部按规定调整岗位；开展《职业病防治法》宣传周以及粉尘职业危害专项检查等工作。四是完成北营公司危险化学品经营、北台铁矿张家沟尾矿库等五个安全生产许可证延期换证工作；针对建设项目"三同时"欠账问题，完成40个项目安全、消防、职业病危害的预评价、设计审查和验收评价工作。五是承接鞍钢集团14项安全生产管理规章制度，完成本钢15项安全生产管理制度立改废释工作。全面接轨鞍钢，严格落实"五清五杜绝""四个一刻也不能放松"、电子化安全履职日志等管理要求，结合本钢实际完善各项安全管控措施。

【安全教育培训】 一是改变以往说教式、填鸭式的授课方式。开展隐患排查、应急实操、案例分组讨论等寓教于乐的体验式培训，加强互动交流，使学员成为课堂的主角。对每项培训开展教学评价，抽考30%学员，检验培训效果；针对典型事故案例，开展了题为"我在事故防范中应该承担什么责任"大讨论，并对大讨论效果进行检查，提升各层级安全责任意识。二是组织开展三类人员岗位资格、危险作业、班组长等12项安全专项培训，累计培训11560人。推行矿用大汽车司机企业内部培训发证管理模式，消除管理盲区，培训200余人。推进煤气、电气、皮带、起重、铁路运输、矿山采场行车六个实操培训基地建设，组织3200人参加实操培训。三是以新闻、报刊、大屏幕、宣传栏为媒介，以网络培训平台、安全专项培训为载体，以安全工作会议、班组安全活动为依托，逐级宣贯学习新《安全生产法》《刑法修正案》等法律法规，并组织领导干部观看《生命重于泰山——习近平总书记关于安全生产重要论述》，提升安全红线意识和底线思维。四是全国第二十个安全生产月期间，联合工会组织各单位选拔产生的330名优秀班组长开展班组长安全技能竞赛，采取理论、实操相结合的方式，并对优秀班组长进行奖励。同时，开展了安全月启动仪式、专题培训、主题宣讲、安全专访、安全咨询日以及"青安杯"竞赛等系列活动，营造安全文化氛围。

【安全监督检查】 一是建立违章行为扣分和"红黄牌"机制，推出连带责任考核、不带薪培训、违章职工返岗家属签字等管理措施，每月对各单位反违章工作进行通报。公司层面查处违章行为150项，其中违反公司"二十条禁令"行为32项。厂矿自查违章行为19704项，业主单位向相关方违章人员出示红牌 82 张、黄牌 984 张。二是结合季节特点和工艺特点，开展春季安全大检查、秋冬季安全大检查、冬春季节火灾防控、重大危险源、矿山防汛重点部位等 26 项安全专项检查，查改问题 1378 项。下发安全管理通报 44 期，下达安全管理监督指令书 132 份，对 6 家问题突出单位实施安全生产约谈，9 家单位主要领导进行检讨发言。三是在春节、"两会""五一"、建党 100 周年等重点时段，排定检查计划，每天联合检查并实时通报检查问题。各单位严格落实领导干部值班值宿、危险作业提级管理等措施；联合检修期间，全面实施"旁站式"安全检查，按照"三管三必须"原则，生产、设备、能环、安全四个系统利用夜间和节假日不间断开展联合检查，确保安全措施落实。四是汛前对各矿山采场边坡、排土场、尾矿库以及厂区地势低洼处等防汛重点部位开展全面排查。组织卧龙沟、小西沟、张家沟三座尾矿库进行排洪系统质量检测，提前做好各项应急准备；积极推进矿业南芬露天矿、贾家堡铁矿滑体隐患治理，指导相关单位完善监控、监测、疏水、警戒、通信等安全措施，制定应急预案并开展实战演练。每天跟踪变化情况，夜间和极端天气扩大警戒范围，停止一切危险作业，确保安全生产。

【安全风险管控】 一是聚焦重大危险源，采取远程实时监控、视频回放倒查、月份统计分析、季度专项检查等措施，确保重大危险源安全联锁、监控、报警等装置完好，严格执行标准化作业，危险源处于受控状态；针对国家管理标准提升后，部分设备设施与现行法规标准不符问题，挂图作战，每周跟进整改进度，及时协调沟通各业务部门，推进各项隐患问题整改。二是把住工程建设项目安全准入和验收两个关口，联合设备系统对所有开工、复工、竣工建设项目进行安全验收，坚决做到手续不完备不开工、措施不完善不复工、安全条件不具备不投产；强化过程监管，在危大工程施工、联合试车、交叉作业以及抢工期、抢进度的关键时段，有针对性开展"旁站式"安全检查，及时纠正各类违章行为，排查各类隐患问题；每月开展工程建设项目安全管理考评，采取互检形式，促进管理共同提升。三是紧盯火灾事故易发的重点部位和环节，开展轧钢系统火灾防控专项整治，工作贯穿全年，采取立整立改、每周循环督查方式，查改问题 1120 项；坚持问题导向，开展仓储物资场所防火专项治理，清理不符合防火要求库房 39 个，通过减少危险源数量，降低火灾风险；结合季节特点，针对性开展高温辐射区域、人员密集场所、皮带防火、森林防火等各项专项检查。四是针对各单位防火防爆管理重视不够、欠账较多的突出问题，以易燃易爆场所防火防爆管理为重点，开展第三阶段隐患"清零"行动，出台"清零"标准，下达正误对比表，共排查出隐患问题 2739 项；完善《防火防爆安全管理规定》，进一步明确防火防爆管理职责和标准，规范管理。五是以集团公司"数字化、智能化"建设为契机，对标先进单位，提出安全智能化建设总体构想，包括建立安全信息管理系统、实现安全风险监控预警、重点部位智能巡检等 7 大类、14 方面具体内容。

【安全费用投入】 本钢集团投入安全资金 1.46 亿元，其中防暑降温费 1400 万元，劳动保护费 2436 万元，消防器材、安全宣传、安全评估以及其他安全费用 4757 万元；投入安措费 3710 万元，解决板材能源总厂煤气加压站防爆封堵、北营炼钢厂新区感温电缆更换等 42 项制约安全生产问题；通过多种方式堵塞管理漏洞、降低消耗、减少库存，压缩各项安全费用指标 400 余万元，降低劳动保护和消防器材库存近 500 万元。

（刘锡亭）

能源环保管理

【概况】 能源环保部是本钢板材股份有限公司负责能源、环保管理的职能部门，同时代行本钢集团相应管理职能。下设能源管理单元、能源技术单元、环保管理单元、环保技术单元、监测站，在职人员 75 人，其中部长 1 人、副部长 4 人、总监 3 人、业务岗位 34 人、技术岗位 20 人、操作岗位 13 人、高级职称 15 人、中级职称 31 人、初级职称 8 人、其他 21 人。能源环保部管理职责包括：集团公司能源及环保管理体系的建立、完善、认证及运行管理；日常能源管理，集团公司用能审批、稽查，能源统计、计划、分析、考核，协调解决能源计量问题；能源介质运行、质量、平衡管理，参与事故处理、分析、纠纷裁定；对集团公司所属单位能源环保工作进行指导、监督、检查和考核；公司建设项目能源评价、环境影响评价、水资源论证、水土保持评价，督促评审意见落实，组织后续验收工作；节能、环保技术推广应用；能源环保法律、法规、标准的宣贯和培训；集团公司能源、环境应急预案管理，参与突发事故的调查和处置；负责重污染天气应急响应的综合管理；集团公司环境统计、排污许可、环保税和清洁生产审核以及碳排放管理；制订公司环境监测计划，负责环保设施运行的监督管理；集团公司危险废物及

辐射安全的综合管理；集团公司厂容绿化工作的综合管理。2021 年 11 月，本钢集团公司以及本钢板材股份有限公司组织机构进行了优化调整，板材公司能源环保部取消，板材公司能源管理职能划归新成立的板材能源管控中心，环保管理职能划归板材安全环保部；本钢集团能源管理职能划归集团公司运营管理部，环保管理职能划归集团公司安全环保部。

【能耗指标管理】 2021 年集团公司能源消耗定额累计比预算降低 4 亿元；电费支出 42.8 亿元，比计划减少 2.17 亿元；水费支出 1.283 亿元，比计划减少 1168 万元；吨钢综合能耗完成 611kgce，比计划降低 13kgce；吨钢耗电完成 560.9kWh，比计划降低 9.1kWh；自发电量 41.87 亿 kWh，因限产及 CCPP 延期投产比计划减少 2.32 亿 kWh；吨钢耗新水完成 2.9t，比计划降低 0.06t；高炉煤气放散率完成 0.74%，比计划降低 1.26%；焦炉煤气放散率完成 1.83%，因北营放散率达 3.6% 造成超计划 0.33%。

【重点节能工作】 在降低吨钢综合能耗方面，通过开展降铁钢比、提高二次能源回收利用水平等措施，全年吨钢综合能耗完成 611kgce，比计划降低 13kgce，同比降低 15kgce。板材全年吨钢综合能耗完成 586.3kgce，比计划降低 28.7kgce，同比降低 29.7kgce。全年铁钢比 0.9605，其中板材 0.9415、北营 0.989。在增加自发电量方面，全年集团发电量 41.86 亿 kWh，其中板材公司 25.06 亿 kWh、北营公司 16.8 亿 kWh。采取的措施一是减少解冻库煤气使用量和使用时间，富余煤气保障发电供应。二是加强主体设备维护，缩减项目投产调试时间，保证

5#TRT 机组发电效果。板材高炉 TRT 吨铁发电量 42.33kWh，达历史新高。三是提前 20 天结束供暖，减少蒸汽用量提高发电量。四是将发电量列入主包考核，调动了发电、炼铁、能源总厂职工积极性。五是通过发电量摘牌措施激励厂矿提高自发电量。六是组织北营发电厂一电 C6 发电机组复产和二电 3# 汽轮机中压抽汽功能恢复，提高自发电量。在降低燃料比方面，通过对标、摘牌精准激励等措施充分调动高炉操作积极性，持续优化操作制度，提高煤气利用率，板材 5# 炉、北营两座大高炉燃料比个别月份已达行业先进水平；进一步提高风温，完成板材新 5# 高炉前置燃烧炉的调试及热风阀台改进，解决了板材 6# 高炉 2# 热风炉管道振动问题，完成了 6# 炉、新 1# 炉热风炉"双预热"换热器更新改造，两厂区各大高炉风温已具备达 1200℃ 条件；9 月份板材 6# 高炉、北营新 1# 高炉分别休风对本体缺陷进行检修，为高炉顺行降耗创造了条件。全年燃料比板材完成 534.5kg，超计划 6.5kg，同比降低 4.5kg；北营完成 537kg，超计划 5.3kg，同比持平。在烧结工序节能攻关方面，实行摘牌激励，在操作上通过优化料层厚度、降低返矿率、加强堵漏风、控制氧化亚铁等措施，板材烧结固体燃耗 52.3kg，同比降低 2kg，北营烧结固体燃耗 53.7kg，同比降低 2.5kg。在炼钢工序节能攻关方面，负能炼钢工作取得初步成效，板材炼钢通过关停老 5# 高炉供氧阀门等项目实施，工序能耗完成 –2.69kgce，比计划降 0.94kgce；北营炼钢通过完成二区转炉烟气净化系统改造等项目实施，二区工序能耗 1.6kgce，超计划 1kgce。在降低矿山大车耗柴油方面，露天矿完成 1367kg/ 万 t km，因采场下盘出现滑体，造成大汽车运输线路受阻，运距及爬坡增多，超计划 47kg/ 万 t km；歪矿完成 1839kg/ 万 t km，比计划降低 61kg/ 万 t km。

【能源介质系统节能】 在节水方面，源头管控用水量，中水持续保持高回用量，板材吨钢耗新水完成 2.68m³，北营吨钢耗新水 3.23m³，同比均降低。板材特钢厂完成软化水漏点查找和处理工作，年节约成本 183 万元，解决了除盐水向软化水系统补水问题；北营优化污水回收管路，多回收中水 500—600m³/h，年节约新水费用 506 万元；板材公司为降低生活水损失率，能源总厂与信达公司研究制定了转供生活水管网漏损控制方案。在节电方面，通过严抓经济运行，集团吨钢电耗完成 560.9kWh，其中板材 535.7kWh、北营 598.4kWh；集团峰谷比完成 1.09，其中板材 1.08、北营 1.1。板材通过躲峰生产全年减少电费支出 6989 万元；直购电跨省、省内交易全年减少电费支出 6887.5 万元；基本电费比计划降低 6404 万元；力率电费全年获奖 370 万元。在节气方面，煤气放散率创历史新低，板材厂区在上半年高产及下半年联检不均衡生产形势下，组织热轧、发电等煤气用户互为补充，全力消纳煤气资源，实现高炉煤气放散率 0.15%，同比降低 2.8%；焦炉煤气放散率 0.51%，同比降低 1.66%。板材焦化二、三回收一塔式脱硫的投运，彻底解决了焦炉煤气 H_2S 长期超标问题。

【节能项目实施】 2021 年能措项目 76 项，总投资 41051 万元，2021 年末完成 30 项，投资 17780 万元，创效益 12136 万元，年节标煤 3.3 万吨。推进板材 CCPP 发电、板材 220kV 变电站、板材 15 万立转炉煤气柜、板材炼钢钢包全程加盖、钢包和中间包烘烤器节能改造、板材热轧 2300 线高压水除磷泵节能改造等重点能源项目。

【基础能源管理】 在全面开展对标提升工作中，从年初开始与鞍钢本部进行了全方位对标，制定出改进提升工作实施方案，确定快赢项目 15 项，以周、月为周期全力组织实施推进。2022 年本钢将吸取鞍钢本部经验，采取能源介质阶梯考核、生活水自产等措施；9 月，与鞍钢鲅鱼圈、朝阳厂区在能耗指标、介质质量、介质运行等方面进行了对标；12 月，按照集团公司要求，鞍钢集团节能服务公司以鞍钢鲅鱼圈为基准，对本钢水、电等能源介质购入、消耗、自产等

情况进行了分析诊断，提出了改进措施。按照《本钢集团对标世界一流管理提升行动实施方案》要求，全年针对吨钢综合能耗等 4 项重点能源指标进行了攻关改进，目前 3 项进度正常、1 项提前完成目标。在板材能源集控中心建设及计量系统完善工作中，上海宝信和鞍钢设计院已分别完成能源集控上层系统平台、配套设备设施及计量系统完善改造可研文本编制，正组织上海宝信对三部分设计内容进行全面整合，形成完整设计初稿。计量系统完成了能源计量网的调试及整合工作，并利用能措项目投资 270 余万元完善一、二级计量仪表，组织完成板材热轧、炼钢三级计量仪表完善。完成了"十四五"节能规

板材热轧 2300 线高压水除磷泵节能改造项目（徐菲　摄）

划编制工作，制定了"十四五"期间吨钢综合能耗、外购能源费用、自发电比例等主要能源指标。最终规划目标：吨钢综合能耗557kgce，自发电比例63.3%以上。规划节能项目30项。在推进项目能评及能耗"双控"工作中，完成贾家堡铁矿露天转地下开采工程等24个项目的节能报告招标工作，20个项目完成节能报告编制，板材厂区"转炉煤气回收提效改造"已通过评审取得市发改委批复。"特钢电炉升级改造""北营炼钢一区产能置换项目"和"板材5#高炉产能置换项目"已完成评审，并取得省发改委批复意见。建立了公司能源消费总量预警机制，为限产后生产组织和检修安排提供能耗预警信息。2021年集团能源消费总量达1132万吨标准煤，同比降低33万吨标煤。

【环保治理投入】 为满足环保设施超低排放改造，解决感官污染、在线超标、无组织排放等环保问题，2021年投入环保治理资金10.77亿元，主要实施了两厂区焦炉烟气脱硫脱硝3套、VOCS治理设施2套、焦炉机侧除尘2套、高炉出铁场改造、烧结整粒熔燃等8项超低排放改造项目和焦化干熄焦除尘及8号、9号焦炉筛焦除尘系统优化改造、4炉组焦炉加煤除尘器升级改造、北营新2号高炉中心转运站除尘器改造等环保专项治理项目。通过实施重点环保项目，持续推进集团公司环保管控提升。

【环评及验收】 2021年完成环评22项。南芬露天铁矿1500万吨/年开采等3个项目通过辽宁省生态环保厅审批；板材8号、9号焦炉烟气脱硫脱硝改造、北营冷轧高强钢热力配套改造工程等6个工程项目取得了本溪市生态环境局环评批文；板材炼铁总厂

焦化分厂VOCS治理项目、北营公司1#焦炉脱硫脱硝等12个工程项目完成了环评登记备案；歪头山低品位矿及废石辊磨干选资源综合利用工程取得本溪市高新区批文。完成3项环保验收：北营公司炼铁总厂2#焦炉脱硫脱硝项目和生灰破碎环境工程、北营公司污水处理厂深度处理项目。水保及验收：完成板材特殊钢事业部特钢电炉升级改造工程水土保持方案批复。全年完成缴纳矿业公司南芬露天铁矿1000万吨/年开采工程、歪头山铁矿等5个项目水土保持补偿费共计1093.92万元。

【环境统计】 一是2021年污染物排放总量：COD 243吨、氨氮4.371吨、二氧化硫7884吨、氮氧化物18158吨。2021年本钢集团污染物同比减排率分别是：COD14.38%、氨氮66.70%、二氧化硫18.63%、氮氧化物6.98%。二是2021年本钢集团共缴纳环保税7414.55万元，其中板材公司4113.47万元、北营公司2968.16万元、矿业公司160.73万元、北钢公司15.73万元、本钢公司156.46万元。

【环保设施】 2021年本钢环保设施主要有废气、废水、在线等环保处理设施。废气治理设施主要有电除尘器、电袋除尘器、布袋除尘器、烧结及球团脱硫、焦炉烟气脱硫脱硝、焦化废水异味治理等共465套。自动在线监控设施217套，其中排口119套。利用在线数据及日常手工监测数据，实施环保设施日常监督管理，各环保设施与生产设施同步运行，数据满足排放标准要求。综合废水处理设施4套，主要为板材和北营污水处理厂、辽煤化污水处理站、丹东不锈钢废水处理站等，全部安装在线监测设施，外排口污染物数据稳定达标。加强环保设施专项检

查，组织在线设施、无组织排放、废气、废水处理设施、固废危废、环保督察等11次专项检查。下发检查通报、简报32期，发现问题147项，已整改完成。通过强化检查、加大考核力度、约谈重点单位负责人、下发整改指令书、环境事故通报等方式，及时协调解决各单位存在问题，无组织排放污染明显改善。

【污染防治】 一是大气防治，本钢各生产工序按要求配套大气污染防治设施，主要有原料转运站除尘器、烧结电袋除尘器及脱硫、发电锅炉湿电除尘及脱硫脱硝、高炉矿槽及出铁场布袋除尘器等。2021年新增3套焦炉烟气脱硫脱硝、2套焦炉机侧除尘、1套焦化废水处理站废气收集治理设施，实施了高炉出铁场改造、烧结整粒熔燃等项目。大气污染防治设施满足国家现行排放标准要求。二是水污染防治以监测、监控为抓手，通过明确板材厂区废水提升泵站和北营污水厂格栅的控制液位，更换北营厂区截流管道，杜绝非雨季溢流和废水外泄。优化板材及北营污水处理厂检修模型，缩短检修时间，完善应急处置措施，避免溢流。严格管控各单位的排水水量、水质，强化污水处理设施达标运行管理，板材厂区、北营厂区外排水均稳定达标。三是开展环境监测管理，2021年自行监测计划按照排污许可要求进行。本钢污染源监测点位：烟气317个、废水监测点位20个、厂界噪声点位44个、大气降尘点35个、无组织监测点位94个，从板材厂区到矿山到北营厂区按照监测计划分为周、月、季、半年、年的频次进行监测，大气降尘取得监测数据420个；完成大气无组织及烟气例行监测任务，全年共取得监测数据2286个；厂界噪声监测取得监测数据1376个；

废水监测取得监测数据4028个；各项临时监测数据1580个，监测站共计报出监测数据9864个，形成月报、季报以及对各厂矿的单独监测报告报出。

【固废物利用】 2021年回收、外售冶炼废物8996112.29吨；外卖及利用粉煤灰68534.11吨、锅炉渣25568.61吨；外卖处置脱硫石膏122610.59吨；外卖锌锭3142.58吨；回收利用氧化铁皮444508.6吨、无机废水污泥463524.8吨、生物脱氮污泥3135.5吨、工业粉尘715371.57吨；安全处置尾矿14461048.54吨，综合利用尾矿73019吨。

【危险废物管理】 2021年共产生废油（HW08）1958.06吨，委托处置1979.89吨（含2020年贮存量），贮存143.005吨；废油泥（HW08）1233.92吨，委托处置1195吨；产生精（蒸）馏残渣（HW11）4091.83吨，与炼焦煤混合生产型煤，配煤炼焦或外卖；脱硫废液46875吨，全部用于提盐工艺处置；煤焦油268870.06吨，用于深加工生产蒽油、洗油等产品或外卖；酸焦油60.47吨、物化污泥2926.5吨，用于配煤炼焦；废脱硫剂1543.58吨、电炉除尘灰3764.51吨、砂轮泥17.56吨作为烧结配料回用。贮存废渣（HW11）5.4吨、废定显影液（HW16）0.03吨、含铬污泥（HW21）26.12吨、废活性炭0.18吨、电炉除尘布袋22.83吨。外委处置废蓄电池（HW31）6.4吨，贮存89吨；委托处置废树脂（HW13）200.225吨（含累计贮存量）、废油漆（HW12）6.3吨、电镀锌槽渣52.46吨、其他废物（HW49）70.77万吨，其中废滤布30.18吨、废油漆桶13.2吨、废滤芯24.26吨、废实验残液0.51吨、废化学药品包装物1.11吨、废化学药品1.51吨。

废油桶产生 538.65 吨，打包压块作为炼钢原料利用 517.29 吨。

【辐射安全管理】 2021 年本钢共有放射源 79 枚，Ⅳ源 41 枚，Ⅴ源 38 枚。其中板材公司 35 枚、矿业公司 25 枚、北钢公司 1 枚、北营公司 18 枚。共有射线装置 73 台，Ⅱ类装置 7 台、Ⅲ类装置 66 台。其中板材公司 59 台、北营公司 2 台、本溪钢铁公司 12 台。2021 年板材公司送贮 12 枚放射源至省废源库，分别为炼铁总厂焦化分厂 10 枚 Cs-137、板材炼钢厂 2 枚 Co-60；本钢特种设备检验监测站购置 1 台Ⅲ类射线装置，已完成相应备案审批手续办理。

【环保督察】 2021 年信访投诉问题 16 件，其中中央督察 15 件、省级督察 1 件。主要涉及板材厂区和北营厂区焦化、炼铁工序，包括大气污染 3 项（板材炼铁总厂气味烟尘 2 项、北营炼铁总厂小高炉粉尘 1 项）、固废危废管理 12 项（脱硫灰、焦油渣、工业废渣、垃圾暂存点扬尘）、歪头山尾矿库扬尘污染问题 1 项，全部按照要求进行整改。

【防疫工作】 根据疫情发展态势，及时调整防控策略，逐级贯彻、逐级落实，坚守疫情防控"红线"和"底线"。自主开发网络排查管控系统，每日对 115 家单位、1145 个车间级点位开展全覆盖排查工作，全面掌握职工或家属出省、出市以及接触外埠人员情况，可实现第一时间溯源倒查、精准管控，2021 年全年动态排查人员 47000 余人次。坚决筑牢防疫屏障，2021 年组织接种新冠疫苗 15 万余剂。坚持"外防输入、内防反弹"原则，配合属地政府在火车站、高速口成立接待站，做好"疫情防控第一线"排查工作。完善各级疫情防控管理体系，健全各项管控制度，保持头脑清醒，高度警惕盲目乐观、侥幸懈怠思想，严格进行疫情防控管理。对门卫、后勤、通勤大客、宾馆等重点人员实施周核酸检测管理，成立督导组对各项疫情防控工作进行督导检查，全面消除疫情传播风险。全面开展宣传引导，加深职工对防控政策的理解，提升自我防护能力。结合疫情持久性特点，根据疫情发展态势，及时召开疫情防控工作会议，落实常态化疫情防控要求。强化生产组织，实现疫情防控和生产经营稳定两不误目标。牢记习近平总书记"把人民群众生命安全和身体健康放在第一位，把疫情防控工作作为当前最重要的工作来抓"的指示精神，严格落实省委、省政府各项防疫工作部署，强化责任担当，开展科学防治，团结和带领广大职工，坚决打赢疫情防控阻击战。 　　　（马广强　刘春红）

营销管理

【概况】 本钢国贸公司承担集团公司各分、子公司生产的各类钢材产品、焦化副产品、液态气体产品以及各类冶金渣、可利用材料及废旧物资的市场开发、内外贸销售及客户服务工作；承担集团公司设备、大宗原燃材料的进口采购，以及对外劳务输出、工程承包、技术引进等工作；承担集团公司物流服务、技术服务、销售分（子）公司管理、期货业务开展等工作。

2021 年 11 月，本钢集团有限公司调整组织机构设置，国贸公司为集团公司直属单位，下设综合管理部、产品贸易部、原料贸易部、设备备件贸易部、物流事业部、非钢产品销售部、期货贸易部、财务部 8 个部门。

境内在天津、本溪设立2家钢材加工配送公司，境外在香港、欧洲、美洲、韩国、越南、日本等地设立6个境外贸易子公司；本钢板材股份有限公司调整机构设置，销售中心更名为市场营销中心，为板材公司直属机构，下设综合管理部（党群工作部）、营销管理部、供应链管理部、客户与产品技术服务部、热轧销售部、家电销售部、汽车钢销售部、本浦销售部、特殊钢销售部、财务部10个部门，原11家境内销售公司整合为东北、华北、中西部、华东、华南五大渠道服务（区域）公司；本溪北营钢铁（集团）股份有限公司调整机构设置，设立市场营销中心，为北营公司直属机构，下设营销管理部、产品销售部、供应链管理部、产品技术服务部4个部门。

截至2021年12月，本钢国贸公司在籍职工326人，其中国贸腾达公司95人；本钢板材市场营销中心184人，北台大连进出口公司25人，本钢浦项销售部7人。

【价格管理】 及时了解国内外宏观经济形势，分析国内外钢材市场运行状况，及时掌握钢材市场价格变化、各钢厂价格调整情况，定期测算用户盈亏、做好盈亏测算报表及钢厂价格对比报表，为价格政策制定提供科学、准确、合理的参考依据。对本钢生产的各品种钢材进行每日市场价格及网站价格信息采集，形成各品种市场价格走势基础数据库；通过走访市场和收集、整理境内外分公司反馈的市场信息，定期编撰《市场行情分析》，为价格委员会的定价决策提供依据；定期调整内外贸价格政策，做好ERP价格管理与维护，不断完善和夯实价格及信息管理基础工作。从2021年四季度开始，鞍本双方开始梳理各品类价格表及价格政策，到年底基本实现了2022年价格表及价格政策的一致性。

【品种钢开发】 热轧产品：新开发BG600XT、BG650XT、SY390、BG650CL、355QK-YQ、Q345qE、BG650GT、BGHBJ400D、BGSP500、BG650L、RD1300、SY500、BGHBJ400B、BGEL550、RD800、RD600、600L-SQ、550GT-TH、BG550HW、BG1100HS、BRQ1等21个新钢种；通过产品认证11项：辽宁金天马BGJTM700L，徐工集团SY550、SY500，一汽解放（长春）长春宏凯355QK-YQ、460QK，梁山宏瑞型钢厂BG600XT、BG650XT，正兴集团本溪车轮有限公司BG650CL，兴民钢圈BG650LW，江苏中信博BGSP500，山东中集东岳NM450，华程制管BGHBJ400B、BGEL550，梁山宇翔BC700L，攀中伊红RD800/RD600；冷系产品：通过了长城汽车13个牌号认证，实现高强钢产品供货1万余吨，其中热成型钢产品供货8000余吨，本钢成为长城汽车热成型钢产品主要供货商。持续推进电镀锌汽车板专项开发，本钢电镀锌通过了戴姆勒奔驰产线审核，通过了一汽红旗电镀锌汽车板认证，扩大了电镀锌汽车板合作范围。围绕上汽乘用车供应链开发无锡振华、溧阳君德利、上海津照配套厂，围绕长城汽车供应链开发长城精工、天津华住、耀族金属等直供企业，实现了上汽、长城体系供应链一体化推进。借助鞍钢平台，协同鞍钢开发比亚迪、江淮汽车，扩大本钢汽车主机厂供货序列。调整客户结构，持续推动新能源汽车主机厂开发，为理想、合众汽车提供了认证数据包，并完成了样板试制和装车试验；特钢产品：2021年新开发31CrMoV9、28MnB、

Q550ME、DZ13、21CrNiMo5H、FM20MnE 6 个新钢种。

【物流管理】 以优化资源分配、海运方案，充分利用港口、海运公司资源为主线，最大限度减少疫情影响，确保本钢产品稳定输出，同时有效降低港耗及海运成本。2021年全年共完成转港产品 891 万吨，实现钢材铁路发车 22.7 万车、1257.7 万吨。成本方面：在充分保证质量、效率的前提下，利用资源优势，优化港口资源分配，强化港耗管理及铁路运价下浮工作，共计为集团公司降本增利 1.87 亿元人民币。创新方面：针对港口和客户相关要求，通过增加集散同船、集装箱、滚装轮运输方式及货量，实现本钢货物又快又安全送至客户手中，确保本钢在该区域的销售优势。安全方面：应对疫情影响，加强与港口、海运公司的计划管理，提前锁定港口、海运资源，确保本钢转港产品的正常运转，实现了本钢销售及保产保供工作顺行。针对全球防疫政策收紧、海运市场短期内大幅上涨、外贸执行风险巨大的实际情况，物流事业部通过调配启运港物流资源、整合目的港流向、加强港口资源利用、积极与船公司协商等风控方案，确保本钢产品稳定输出，原料顺利保供，同时有效降低港耗及海运成本。应对 2021 年国家相继出台的"出口退税调整"政策，为保障本钢利益最大化，在国贸公司的统一部署及各部门配合下，实现抢运避税创效。通过鞍本协同实现鞍本降本增效 263.81 万元（其中本钢 171.52 万元）。2021 年国贸公司全年共完成外贸转港 1542.62 万吨，其中出口装船量 190.02 万吨（CFR 条款 93.86 万吨）、原燃材料及废钢转港 1352.6 万吨。

【客户服务】 2021 年，客户服务部共计处理内贸异议 7403 笔，处理数量 39409 吨。处理外贸异议 9 笔，处理数量 152 吨；共计反馈产销研周报 140 篇，其中冷轧 122 篇、热轧 10 篇、特钢 7 篇、长材 1 篇。通过产销研周报，及时反馈市场问题，及时落实整改措施，及时跟踪验证整改后产品在客户的实际使用情况，促进服务闭环管理。2021 年 12 月 29 日，客户服务部更名为客户与产品技术服务部，承接鞍钢相应管理职责，新增技术评审管理、技术协议管理、第二方认证管理、EVI 项目管理、拳头产品管理、销研产一体化管理等工作内容。

【反倾销管理】 及时了解和跟踪本钢出口产品目标国家和地区贸易救济案件预警工作，并与中国商务部、中国钢铁工业协会及各涉及的国内同类钢铁企业进行有效信息交流，为本钢产品出口工作保驾护航。之前参与应诉的国际贸易救济案件取得了较好的终裁结果：泰国镀锌产品反倾销终裁税率 3.05%，为全国最低税率；菲律宾镀锌产品行业损害以无损害结案；欧盟第三轮钢铁保障措施继续维持原有出口配额。随着国际政治经济形势的不断变化，本钢参与应诉的出口产品国际贸易救济案件的终裁税率较低，为本钢今后扩大和布局国际贸易出口战略提供了坚实保障。

【分公司管理】 持续加强分公司日常管理、风险防范和绩效考核工作。以"强化责任，细化管理"为方针，严格按照集团公司、国贸公司经营要求分解量化经营目标，明确责任，层层落实，强化监督，确保执行有力，并通过绩效考核引导分公司市场开发方向；从合同、仓储、物流、销售、结算、日常管理等多方面修订、完善规章制度，规范分公司经营活动，保障分公司安全运营；强化分公司现货管理，减少两金占用。对分公司现货库存每日统计、每日公示、每周通报，并结合集团公司、国贸公司要求，及时提出风险预警，督促分公司做好商情研判，控制好库存数量和品种结构，杜绝超期库存，保证资金及时回笼。2021年分公司现货电商销售占比达到100%；建立境内外分公司周视频工作汇报制度，构建内外联动快速通道，及时反馈市场行情、用户需求以及需总部解决的问题，总部各项要求、意见也及时传达到各分公司；积极响应鞍本营销一体化要求，快速推进鞍本区域公司整合融合，整合资源，形成合力，打造新鞍钢品牌。

【风险管控】　随着鞍钢本钢重组工作的开展，本钢国贸公司以满足国资央企监管要求和集团化运行管控为目标，充分学习和协同鞍钢基于风险管理的企业内部控制理念，健全完善内部控制体系，形成全面、全员、全过程、全体系的闭环长效机制，充分发挥内部控制体系强基固本作用，切实增强内控体系效能，进一步提升本钢集团防范化解重大风险能力，并统筹推进内部控制管理的监督评价工作，客观、真实、准确揭示经营管理中存在的内控缺陷问题，及时总结评价内控情况，形成运行监督、检查评价、缺陷整改、体系完善的内控闭环管理。同时，按照承接鞍钢集团三级规章制度体系工作方案要求，本钢国贸公司组织专题会议认真研究，及时向各部门宣讲制度建设相关内容，从战略高度提高认识，从管理层面加深领悟，力求在全面性、合规性、可操作性等方面强化规章制度管理体系建设。2021年，新增制度7项，修订制度11项，废止制度3项。

【招标采购】　运用本钢招标公司和欧冶采购平台，实现招标采购平台化、公开化。进口招标类采购100%平台招采；进口设备备件多品牌招标、铁矿石现货招标和物流代理协议招标均通过招标公司招标采购，全年招标公司采购金额为20.16亿元；设备备件单一品牌招标全部与欧冶采购平台对接，ERP系统数据贯通，提高工作效率30%以上，同时建立"本钢招采模块"，完成进口招标采购额1.36亿元。　　　　（贺　聪）

采购管理

【概况】　本钢板材股份有限公司采购中心（简称采购中心）代行本钢集团有限公司采购管理职能，负责集团公司生产、工程所需大宗原燃料、辅料、设备备件等物资的采购管理工作。

【供应商管理】　以打破独家及竞争不充分品种为工作重点，全力开发有竞争力的合格供方，不断优化供应商队伍。通过对中标供应商和新开发供应商的分类，采取资料审核、网络视频审核、现场审核等多种方式，在风险可控的前提下，科学、高效推进供应商准入工作。全年引入供应商315家，淘汰供应商298家。

【质量管理】　以持续推进取消让步接收工作为切入点，强化质量过程管控，对出现质量异议的供应商加大考核力度。在备件辅料方面，全年处理质量异议771笔，给予警示约谈、取消供货资格处理供应商473家，拉黑供应商9家，挽回经济损失3725万元；在大宗原燃料方面，全年质量扣款3972万元，质计量索赔 2039 万元。

【对标管理】 成立采购中心行业对标专项工作组，组织开展对标立项工作，全年完成原燃料价格常规对标项目 286 项，备件辅料对标鞍钢宝武 195 项。对标管理的不断深入，为采购中心供应商引入、公开招标、保产保供提供了强有力支撑，促进了采购管理水平进一步提升。在废钢协同定价过程中通过多次与鞍钢、建龙新抚钢进行对标，同时定期回头看查找不足、分析原因，不断完善了本钢废钢采购思路，增加了料型，降低了废钢成本。

【信息化建设】 欧贝易购：2021 年 9 月份实现上线运行，招标采购进一步延伸，供货范围得到扩展，促进了优质供应商加入保供团队，提升采购品种竞争性。欧冶工业品商城：2021 年 10 月份实现上线运行，通过简化业务流程，方便了厂矿应用，缩短了供应时间，提高了采购效率。2021 年，通过欧贝采购平台招标采购案 1570 笔，完成 1480 笔，中标金额不含税 28833.69 万元，对比上次采购价（或计划金额）降低成本额 534.08 万元，平均降幅 1.48%。辅料备件部分中标金额 24421.12 万元，降低成本金额 770.54 万元，平均降幅 3.43%。 （孙玉娟）

招标管理

【概况】 本钢招标有限公司是本钢集团招标采购的归口管理和业务实施单位，主要承担本钢集团原燃辅料、设备备件、工程建设、国际成套设备及备件、服务类等项目的招标采购工作。下设营运管理部、原燃材料招标部、设备备件招标部、工程招标部、国际招标部、财务室 6 个部室。2021 年末在籍员工 28 人，其中管理岗 3 人、业务岗 5 人、技术岗 20 人；党员 21 人，其中正式党员 18 人、预备党员 3 人；全部为大学本科及以上学历；高级技术职称 11 人、中级技术职称 14 人。按照鞍钢本钢重组整合计划，鞍本招标业务进行了专业化整（融）合。

【经营指标】 2021 年共完成招标项目 7732 项，中标总额 77.9 亿元，比预算多完成 5.9 亿元，指标完成率 108.19%；降采总额 9.25 亿元，比预算多完成 4.25 亿元，指标完成率 185.05%。完成采购中心委托的招标项目 5009 项，累计中标金额 42.1 亿元，累计降采额 5.04 亿元；完成设备部委托的招标项目 221 项，累计中标金额 8.32 亿元，累计降采额 1.29 亿元；完成国贸公司委托的招标项目 147 项，累计中标金额 17.66 亿元，累计降采额 0.68 亿元；完成子公司委托的招标项目 2220 项，累计中标额 6.42 亿元，累计降采额 0.91 亿元；完成其他部门委托的招标项目 135 项，累计中标额 3.4 亿元，累计降采额 1.33 亿元。

【鞍本招标业务整（融）合】 2021 年鞍钢本钢重组，为进一步优化重组后鞍钢、本钢的招标资源配置，实现鞍本招标一体化运营管理，实现"四统一、两共享"，打造鞍钢集团统一招标服务平台，招标公司积极与鞍钢招标公司统筹推进招标业务整合融合工作。在鞍、本招标公司全体人员共同努力下，高效完成了鞍钢、本钢电子招投标交易平台业务差异化测试，招标平台委托方和项目经理等角色用户信息整理交接等一系列工作。2021 年 10 月 15 日，本钢招标平台业务正式迁移至鞍钢招标平台，实现了鞍、本招标业务统一平台、统一操作，圆满完成鞍本招标业务整合融合初步目标。2021年，招标公司共在鞍钢招标平台完成项目747项，中标总额3.78亿元，降采额8886万元。

【招标管理】　1."应招尽招、能招全招"取得新进展。为树立"应招尽招、能招全招"招标采购理念，招标公司积极与各子公司进行业务对接，制定了招标委托、招标文件、审批权限等多个规范文本，并对各单位业务人员进行了集中和个别的流程规范、业务实操指导与培训。将全集团、全品类招标业务纳入招标采购体系，切实发挥招标采购规模化、集约化、专业化优势，实现招标工作全覆盖。2021年，共完成子公司委托的招标项目2220项，同比增长1975项；累计中标额6.42亿元，同比增长5.03亿元；累计降采额0.91亿元，同比增长0.34亿元。2.专项工作扎实有力推进，招标管理取得新提升。作为"整树严"专项工作组成员单位，招标公司在集团公司统一部署下，按照"治防结合、严抓细管"原则，全方位积极组织开展整治"跑冒滴漏"管理漏洞工作。同时，为进一步加强对招标全过程的监督管理，招标公司在招标前期交流、接受招标委托、资格审查、开评标等全过程开展风险识别，共识别风险点8项，其中普通风险点1项、中等风险点6项、重要风险点1项，并制定了有效防范措施。3.强化招标时效管控，提高招标效率。招标公司与采购组织共同优化招标流程，在保障法规合理时限要求的前提下，优化工作流程2项，取消人工作业环节4个，降低工作负荷2项，优化招标环节50%；加强内部挖潜增效，常规招标实行日清日结制，并对流标进行建账管理、精准管控、降低流

标率；严格审核项目资格条件，对明显存在排斥供应商的约定条款提出异议，并协同采购组织、管理部门研讨及论证，确定最终意见，加强同业主及管理部门沟通，根据项目特点制定相应招标策略，提高招标效率。4.推动招标提质增效，提高招标质量。为破解供应商低质低价中标问题，招标公司协同采购组织从源头入手防范恶性竞争。与部门协同，结合物料特点，对耐材、油品、水处理药剂等重要生产物料，通过从源头锁定大型钢企或行业的优质供应商，延长采购周期，扩大组包范围，采用综合评估法，限定消耗上限等方式奠定了和优质供应商建立长期稳定合作共赢的关系基础，保障更优质的供应商以更优质的产品和服务中标。同时，积极引入新供应商竞争，发挥招标采购优势，降低采购成本。

【交易平台管理】　在鞍本招标业务整合的总体部署下，自2021年10月15日起，本钢集团电子招标采购交易平台招标业务正式迁移到鞍钢电子招标采购交易平台，本钢集团电子招标采购交易停止受理招标业务，处于原受理的招标项目、业务文件归档及供应商账户余额返还等收尾工作阶段。2018年5月—2021年12月，本钢集团电子招标采购交易平台运行期间共计完成交易项目21321个，交易金额270.86亿元，累计注册供应商16518个。本钢招标业务成功迁移标志着本钢招标业务进入了崭新的发展时期。通过平台整合，推进电子招标投标交易平台整体完善升级，满足鞍本招标平台一体化业务拓展需求，节约本钢招标平台维保和后续改造升级费用。统一招标采购数据管理、供应商管理，进一步扩大招标平台影响力，拓展注册供应商数量，发挥协同招标优势，吸

引更多优质供应商参与招标项目竞争，为本钢招标采购降本增效奠定基础。

【招标专家管理】 2021年10月15日，本钢集团电子招标采购交易平台招标业务迁移到鞍钢平台，本钢集团评标专家库正式专家1451人信息统一迁移至鞍钢集团评标专家库。通过招标平台业务整合，实现专家使用共享、项目异地招标及评标共享，为各采购组织提供高质量专业化服务。

【供应商管理】 招标公司始终秉承以"公开、公平、公正"的招投标环境吸引优质投标方参与的管理理念，通过中国公共招标服务平台、中国采购与招标网等平台接口发布招投标信息，通过信息媒体手段开发招标公司电子导览系统展示对外形象；完善供应商注册流程，联系供应商修改注册信息，提高注册效率。2021年，新增注册潜在投标方3112家，参与投标2617项次。其中473家投标方成功中标，转为本钢网内合格供应商；为维护健康有序的投标环境，对投标方的投标行为进行严格的过程监管，共处罚涉嫌串标围标的投标方418家。　　（秦文鑫）

计量管理

【概况】 本钢板材股份有限公司计控中心（简称板材计控中心）为板材公司直属单位，经授权行使集团公司计量管理职能。2021年11月，本钢板材股份有限公司检化验中心和计控中心整合，北营、矿业计控业务整体划出，成立本钢板材股份有限公司质检计量中心，为板材公司直属单位，行使板材公司计量管理职能，负责本钢板材股份有限公司计量管理和一二级计量设备管理与维护、电气设备绝继保试验、物资计量检斤等工作。截至2021年末，板材计控中心下设机关管理室6个、作业区7个，党委下设党支部13个，共有党员215名，职工总数499人，其中管理人员34人、业务人员30人、技术人员72人、生产操作人员363人，副高级以上职称23人、中级职称96人、初级职称107人。

2021年，计控系统完成物资计量检斤1.09亿吨，可控成本费用累计节支115.56万元。绝继保计划完成率100%，计量仪表稳定运行率100%，计量设备周期检定率100%，外进外发物资检斤率100%。测量管理体系有效运行。

【计量器具管理】 2021年，板材计控中心共组织各类衡器设备检定143台次，标定1267台次；计量标准器具检定14000台次；自动化仪表抽检校验4695台次。

【计量数据管理】 侧重加强计量数据管理，组织开发尖峰时段电量统计和峰谷比报表，充分发挥计量数据基础保障作用，为板材公司躲尖峰电量生产提供重要数据支撑。推进重点用能单位能耗在线监测系统与国家平台数据对接工作，依据国家发改委和辽宁省相关要求，完成板材公司、辽煤化公司、耐材公司、丹东不锈钢等4家单位29点5000吨标煤及以上重点用能单位平台数据对接工作，实现与省发改委平台数据对接目标。

【计量过程管理】 围绕板材公司关注的包消耗计量、降低港途耗、电业局参考表计量等工作，强化计量全流程管理。2021年，通过港途耗异议索赔、电量追补等措施为集团公司创效 290 万元。加强日常标定管理，按周期组织对分卷机组贸易秤进行标定，解决了步进梁刮秤造成传感器螺丝断裂导致量值失准问题。开展外发钢卷检斤追溯，对已完成检斤的外发钢卷进行抽查校验，确保外发卷板的量值准确，为集团公司降本提供计量支持。持续开展计量监督检查，堵塞管理漏洞。开展合同能源项目计量专项检查，重点对北营厂区合同能源项目中涉及的焦废液提盐、300 烧结、360 烧结余热利用等 4 个项目的 20 块仪表开展计量专项检查；开展计量项目普查，对板材、北营、矿业厂区 30 家单位进行一二级计量项目普查，其中 16 家单位涉及一二级计量项目共 29 项，项目中涉及能源仪表、衡器设备 179 台 / 套。通过专项检查及普查使计量项目得到有效监管。开展包消耗水处理药剂计量检查，检查 5 家单位 38 台计量设备，发现并整改问题 8 项，问题整改率 100%。开展电业局参考表计量状况排查，组织相关单位对与电业局 59 条供电线路对应本钢集团的 68 块参考表开展了现场排查、线上数据分析比对，对发现问题立即组织解决，确保电业局本钢电能计量数据准确，保证集团公司利益不受损失。

【计量设施建设】 一是解决北营公司汽运方坯计量问题。组织新建 2 台方坯计量汽车衡并调整 ERP 业务流程，使北营炼钢厂、轧钢厂能够在 ERP 实时查询方坯炉号所对应的实际重量工作目标，为北营公司效益核算、成材率攻关提供数据支撑。二是实现耐火厂汽车衡投入运行。通过进行无人值守改造并组织检修和标定，耐火厂汽车衡于 7 月 8 日开通运行，耐火厂汽车衡外进选粉业务正式纳入集团公司统一管理。三是积极推进

三级计量建设。组织完成板材、北营 18 家单位的三级计量建设投资材料汇总、审核工作，并完成各单位三级计量数据联网、网络搭建、数据存储、平台应用等工程量写实及投资费用概算。

【测量体系管理】 按照测量管理体系审核实施计划，组织开展板材、北营两厂区的测量管理体系内部审核，重点围绕重要测量过程管控、计量确认实施及各单位日常计量管理开展审核，共提出问题项 74 个，开具一般不符合项 4 个，均完成整改。

（王庆军　吕东芪）

信息化建设

【概况】 2021 年 4 月，本钢集团设立信息化部，负责集团公司智能化、信息化管理、协调、服务、考核，负责集团公司统建信息化系统的软硬件生产运行及安全管理，下设智能制造、信息化管理 2 个职能单元。2021 年 11 月，本钢集团对信息化部职能进行调整，主要负责信息化规划、固定资产投资、信息化项目立项与放行、培训、软件正版化、信息化水平评价、信息化建设成果总结管理、信息化分级建设、信息化保密管理、系统安全管理、IT 运维服务体系建设、信息化资源管理、信息化基础服务平台建设，内设信息化规划管理、信息化推进管理 2 个职能模块。截至 2021 年底，在籍职工 64 人，其中管理岗 3 人、业务岗 1 人、技术岗 60 人，副高级职称 36 人、中级职称 9 人、初级职称 19 人。

【鞍本重组信息化工作推进】 2021 年，

鞍本管理体系深入对接，业务协同高效实施，以信息化为抓手，促进管理、业务协同稳步推进。1. 管理体系对接：全面承接鞍钢集团信息化管理体系，2021年12月完成《本钢集团有限公司信息化规划与项目立项管理办法》《本钢集团有限公司信息化项目建设管理办法》《本钢集团有限公司信息系统运维管理办法》《本钢集团有限公司代码与主数据管理办法》《本钢集团有限公司网络和信息系统安全、保密管理办法》等5个信息化制度承接发布工作；根据鞍钢"十四五"信息化规划，解读五力分析模型、四化关键指标以及"十四五"攻关指标，对钢铁主业11家主体厂矿的产线自动率、生产执行系统覆盖率、3D机器人换人率、产线/厂矿四化完成率等信息化关键指标现状进行梳理，明确本钢"十四五"信息化目标、措施和实施路线，形成"十四五"规划初稿。2. 管控监督信息系统覆盖：10月15日，OA系统完成对本钢总部的覆盖；10月16日，主数据系统完成对本钢的全覆盖；10月25日，人力资源系统完成对本钢的全覆盖；整合首月，智慧办公平台（钢钢好）系统、合并报表系统、统一核算、客商共享系统上线运行；12月末，资金集中系统、审计、法律事务、投资管理、土地矿权、安全、节能环保、对标活动管理、大额资金监督、合资企业监管、组织机构信息、第三方服务机构监管、绩效考核、成本对标、科技创新、"三重一大"监管等信息系统上线运行。3. 钢铁产业信息系统推广移植：11月15日，本钢钢铁产业管理与信息化整体提升项目正式启动，按照"强化组织保障、按期高质量完成项目建设"为目标推进项目建设。4. 支撑保障整合业务协同：4月29日，实现鞍本视频会议主、备两条线路联通，确保集团公司4楼和2楼会议室、能管中心3楼会议室全部入会；10月15日，完成本钢ERP采购系统与鞍钢招标平台对接，为统一招采提供技术支撑。

【主机网络平台建设】 2021年，各主机、网络平台整体运行稳定。1. 运行维护：完成板材公司、北营公司区域共计329台主机及存储设备、77台网络设备巡检；及时处理运维事件96次；防病毒客户端部署数量共计11587台；完成1732条光缆线路日常巡检，巡检总长2311km；鞍本重组过渡期间完成74次鞍本视频会议保障工作；为鞍钢应用系统业务推广提供网络技术支撑，保障重组工作顺利进行。开通访问鞍钢主数据系统、财务共享系统、HR系统、招标平台等45个应用系统权限1191个，开通本钢全员访问钢钢好系统权限。2. 项目建设：10月1日，本钢员工就餐及换购一卡通系统上线运行，实现门禁卡在不同食堂就餐、多个超市换购功能；10月，光缆链路升级改造项目共升级光缆链路10条，增加配线柜3台，敷设光缆63.2km；11月，本钢核心网络升级改造三期完成白楼和能管数据中心接入交换机割接工作，实现数据中心接入业务通信顺利迁移，实现核心网络带宽由原来的千兆互联升级至万兆、40G互联，并具备100G互联的平滑升级能力；11月，完成127台接入层交换机升级改造；11月20日，北营区域网络设备改造上线；2021年，完成板材、北营、矿业区域计算机终端更换，共更换7年以上电脑主机6673台，终端新度系数达到77.8%；11月底，完成数据中心配电室搬迁工作；2021年，视频监控平台整合项目完成板材、北营、矿山区域769个视频监控点位整合到集团视频监控平台，实现了资源共享、分权分域管控。

【应用平台建设】 2021年，信息化部从"降本、增效、提产、市场提升、管理提升"等方面着手，通过项目建设、自主开发，实现满足用户需求的业务功能和流程改进。1. 3月10日，板材铁区MES系统升级改造项目正式启动，11月29日完成项目合同签订工作。2. 3月，国贸月总结报表系统上线，实现实时为用户提供订单总量、区域流向、分公司及各大类产品订货情况功能。3. 4月1日，模拟市场考核及日清日结报表系统上线，实现产品市场价格汇入、成本计算、成本报表产制、单位利润报表查询等功能。4. 5月20日，高牌号高磁感硅钢实现全流程线上生产。5. 2021年以GK整合为核心的合炉管理上线运行，通过对同一炼钢申请码下不同GK和钢种订单做炼钢申请，实现合炉生产。

【数字化、智能化重点工作】 按照"以点带面、先易后难、量力而行"建设原则，以"数字化、智能化"为抓手，通过大数据、云计算、5G等技术与钢铁产业的深度融合，推进智慧料场、工业机器人、能环集控等具体建设应用，实现智能制造，数字强企。1. 4月27日，信息化部负责，科技发展部协同，在板材炼钢厂召开"数字本钢，智造强企"现场经验交流会，进一步推进本钢集团数字化、智能化建设。2. 在战略规划部、设备部等部门配合下，着力推进集控类项目、节能降耗等智能化项目建设。铁前集控、特钢集控明确项目设计资质、范围、深度、完成时间等，形成初设方案。智能化料场根据可研方案，落实项目分工界面，并进行项目分解。3. 热送热装项目利用ERP、统计分析等系统，开发4个数据分析报表，根据ERP现有每块板坯热送或热装判定结果，分析板坯热装率低原因，为生产、业务单位提供数据支撑。

一热热装率59.88%，三热热装率35.88%，均达到历史最好水平。4. 鱼雷罐温降数据分析项目，利用大数据技术进行分析，完成14个报表开发工作，为量化各因素影响温降程度提供系统支持。5. 推进工业机器人推广应用，通过对组织需求、现场环境条件、人力配置和预计效果进行考察分析，识别钢铁主业机器人工位需求177个。结合"十四五"规划目标和各厂矿提报的建设需求，根据实施条件和需求急迫度分三个批次推广工业机器人应用。

【信息化管理】 2021年全面推进两化融合管理体系及制度建设，积极开展网络安全、创新技术交流及培训，确保信息化管理效能稳步提升。1. 围绕数字化转型，以两化融合管理体系升级贯标为切入点，组建矩阵团队，学习新指南、新要求，策划管理手册、程序文件换版及新型能力识别，以数字化转型推进两化体系建设。2. 通过军工认证提升信息安全管理水平。板材公司以455分通过军工认证体系审查，其中信息化部负责领域得分135分。通过完善管理和运维组织机构、丰富相关人员配置、修订管理制度等工作，建立健全安全保密管理体系。3. 开展授权管理采用迭代优化授权角色群组管理方式，全年合计整合、清理授权群组8035个，通过技术手段监控用户岗位变动，清理授权记录13000多条，清理过期账号授权7000多条，为权限体系的合理配置、有效管控提供了有效保障。4. 周密部署网络安全策略，开展护网行动。参加由辽宁省公安厅和本溪市公安局共同组织的攻防演练。在攻防演练中，防火墙封禁攻击IP地址158个，累计阻断攻击约72万次。通过日检日查、专业分工、重点系统现场保障等措施，确保网络安全。5. 将科技创新作为引领技术发展的第一动力，积极推进科技及成果管理工作。2021年《以 GK 整合为核心的合炉管理》《本钢集团核心网优化研究的建立和实施》分别获得集团公司管理创新成果一等奖、二等奖，其中《以 GK 整合为核心的合炉管理》获得辽宁省管理创新成果二等奖，申报《tableau 在钢铁企业大数据可视化分析中的应用》和《大型企业信息化管理系统授权信息管理模型及其查询流程优化》科技论文 2 篇，均获得本钢科协三等奖，为大数据在本钢落地应用奠定坚实基础。6. 通过职业规划、技术培训、项目实施、实战比赛相结合的人才培养模式，不断提升员工技能水平，培养复合型人才。2021年引进高校毕业生 2 名，累计开展 2 次专题讲座、60 余场专题交流，技术培训 40 学时、800 余人次。11 人报名参加《2021 辽宁省职工技能大赛暨大数据、云计算应用技能大赛》，全部入围决赛，其中 1 名员工获大数据比赛第一名，云计算及大数据算法比赛分获个人和团体第七名。

（高明星）

企业文化建设

【概况】　本钢集团企业文化工作由本钢集团党委宣传部（统战部、企业文化部、团委）具体实施。2021年，企业文化建设围绕鞍本重组整合融合，以高质量完成鞍本文化融合过渡期、首月、百日、半年等阶段性工作目标、工作标的为中心，以加强企业文化建章立制、提升品牌推广能力及助力三项制度改革稳步推进为主线，以全方位规范视觉文化体系、建设网格化舆情管理体系、赓续红色血脉宣扬本钢精神体系为依托，夯实文化基础，提升文化实力，打造文化产品，增强文化自信，扎实推进企业文化建设。

【鞍本文化融合】　按照"1+1=1"的鞍本文化融合方案，重点结合"核心价值理念统一、视觉形象统一、管理体系统一"的文化融合目标和过渡期、首月、百日、半年、一年、两年等阶段性文化融合工作标的，推动鞍本文化整合融合抢先抓早。10 月 15 日鞍钢集团本钢集团有限公司揭牌仪式当天，完成 76 家单位铭牌制作更换及第一批 12 处重点建筑楼体、大门外形象墙、各单位视频会议背景板和报纸、电视、官网、新媒体等系列标识整改；鞍本重组首月第一周，完成鞍钢博物馆增加本钢元素展陈方案、鞍钢网站增加本钢元素项目内容以及第一批工作服、安全帽、系列办公用品标识整改更换等工作，使鞍本重组后本钢崭新的视觉形象第一时间展现在社会公众和全体员工面前；以整合宣传资源为契机，通过宣传机构整合，通过鞍本两地互讲鞍本故事，通过承接宣传文化管理制度及发放包括本钢内容的《品牌传播手册》，实现鞍本声音全域传播，使鞍本文化融合引领鞍本重组工作速见成效。

【企业文化建设】　充分发挥企业文化内在作用，增强企业凝聚力和核心竞争力。以全面提升企业管理能力、管理水平为遵循，明确本钢企业文化建设及品牌建设管理办法，明确网站、微信、抖音等新媒体网络意识形态管理和信息公开制度的落实，加速实现企业文化作用于企业管理。加强企业文化培训，提炼总结支撑百年本钢的文化内涵，并重点将新鞍钢内涵、新本钢内涵、《企业文化宪章》等纳入年度各项培训、宣传、活动之中，扩大覆盖，延伸辐射。加大视觉文化建设，构建规范视觉文化体系,以创建 AAA 级景区、"花园式"工厂为契机,对板材、北营、矿业各主要参观单位、参观区域、参观通道的文化宣传内容进行调研、规范、设计与统一,彰显企业文化形象的时代活力。围绕主题活动,打造本钢特色文化产品。以热烈庆祝中国共产党成立 100 周年为主线,积极探寻百年本钢的文化力量与精神传承,全年重点完成红色文化书籍《逐梦成钢》出版发行,完成五集大型工业电视纪录片《钢铁是这样炼成的》拍摄送审,完成推荐本钢入选"共和国长子 新时代工作"国家建党百年红色旅游百条精品线路及本钢文史馆开工建设。

【企业品牌推广】 立足鞍本品牌建设及本钢厚重文化历史,以塑造企业形象、提升企业影响力和知名度为重点,丰富企业形象宣传渠道,扩大本钢企业品牌传播。全年利用"全国冶金企业文化论坛""企业文化研讨会"、《中国冶金报》《冶金企业文化》等平台,对本钢企业文化成果及经验进行宣传、推介,增进了本钢对外企业文化交流。通过参加在上海举办的第二十届中国国际冶金工业展览会,并首次荣获本届展会"最佳组织奖""最佳创意奖""最佳展示奖"全部三项大奖,使本钢企业文化对外形象得到进一步推广和提升。同时,还通过配合辽宁省委宣传部完成电影《钢铁意志》在本钢的拍摄,组织参加"辽宁省国际贸易洽谈会""辽宁北方恒达物流园招商推介大会"等工作,使本钢坚持数字智能化战略、持续推进管理创新、加强合作共赢的良好企业形象得到充分展示。

【网络舆情管控】 提升网络舆情管控能力,建立网格化舆情管理体系,牢牢掌握网络舆情管理主动权。完善舆情监控报告机制,密切关注网络舆论焦点和热点舆情信息,及时了解掌握涉及集团公司网络舆情,形成网络舆情日报、周报、专报、快报,为集团公司了解情况、指导工作、科学决策提供舆情信息支持。加大重要节点和特殊时期舆情监控力度,特别是在全国"两会"、建党百年、"国庆"等重点阶段,加大舆情监控人员投入,组织各级网评员采取值班、轮换等工作机制,确保舆情信息及时发现、及时上报。特别是围绕鞍本重组、三项制度改革实际,一方面及时建立了从公司到班组五级网格化管理体系,实现政策宣贯穿透到人、包保管理责任到人,形成"一级负责一级、一级包保一级"的工作机制;另一方面充分利用网络新媒体互动机制,通过建立"本钢深改在线"官方微信公众互动平台,通过及时"点对点"或"集中回复"解答职工关心的热点问题,了解掌握职工思想动态,化解职工所思所想所盼,为本钢深化市场化改革营造了良好的网络舆论氛围。

【新媒体建设】 加强新媒体建设,制定下发《本钢集团有限公司网站管理办法》,使网站从设立运行、职责界定到监督检查、信息公开,实现精细化、制度化管理。将新媒体建设管理纳入网络意识形态工作,坚持管用防并举,坚持审校发流程,统筹网上网下两条战线,牢牢掌握网络意识形态工作领导权、管理权、话语权。充分发挥新媒体传播快、覆盖面广、形式灵活等优势,提升新媒体宣传开发、应用及推广的工作质量,在各项重大活动、先进典型宣传、总结推广经验等方面,新媒体平台利用立体互动式宣传优势,对企业进行全方位、多角度宣传,为企业发展提供了有力的舆论支持。同时,全面利用新媒体对本钢在疫情防控期间的国企担当、扶贫攻坚中的社会担当、"双碳"建设中的责任担当以及辽宁本钢队荣获2021—2022赛季CBA总冠军等情况进行了充分的宣传报道，彰显了本钢的政治责任和家国情怀，激发了职工的荣誉感、自豪感。

（张　磊）

栏目编辑　　赵　伟

本钢年鉴 *2022*

特载

大事记

概述

经营管理

★ 综合管理

党群工作

钢铁主业

多元产业

改制企业

统计资料

人事与机构

人物与表彰

附录

索引

**ANSTEEL
本钢集团**

综合管理

办公室工作

【概况】 本钢集团办公室（党委办公室、董事会办公室）主要负责本钢集团有限公司办公室业务工作，内设综合室、政策研究室（机关党委工作处）、督查室。2021年3月，档案中心划归办公室管理。2021年11月，根据本钢集团市场化改革总体安排，办公室机构调整为综合管理、董事会运行管理、调研管理、行政事务管理、保密国安管理共五个职能单元，将档案中心从办公室划出。2021年末，办公室在籍员工23人，其中主任1人、副主任1人、总监5人、主任业务师10人、专业业务师6人、研究生学历7人、大学学历16人、副高级职称9人、中级职称13人、初级职称1人。

【鞍本重组】 制定专项工作整合方案，全面落实整合融合各项工作。主动对接、全面协同办公系统工作。组织制定整合后的OA系统协同方案，并向鞍钢集团提供本钢集团和板材公司机关机构人员、公文格式、公文流程、公章、文件头等信息，及时有效推进OA系统协同；对本钢集团职能部门承接国家、省市等部门的政策文件进行梳理，制定《本钢优化完善政策文件目录》《本钢政策文件优化完善工作方案》；完成14个职能部门人员信息配置，对各职能部门文书进行了OA收发文功能应用培训，在本钢集团层面开通OA通知模块、内网邮箱功能，推动鞍钢OA系统整合覆盖；完成《本钢集团有限公司章程》《本钢集团有限公司董事会议事规则》《本钢集团有限公司总经理议事规则》及董事会、总经理办公室议事清单编制，

推动集团层面规范运作，落实党委会议事规则和前置讨论清单。承接鞍钢集团办公室制度20项。

【巡视整改】 2021年3月24日—4月2日，牵头完成省委第十巡视组对本钢集团党委的巡视整改落实"回头看"工作。在省委巡视组入驻前，提前落实好各方面接待准备工作；巡视期间，为巡视组提供办公、住宿、出行等各方面优质服务，并起草完成本钢集团主要领导相关发言材料，做好巡视组所需文字材料的通知、收集、整理、撰写、打印等各项工作；4月6日，省委巡视组向本钢集团反馈巡视整改落实"回头看"立行立改问题，办公室立即组织7个相关责任部门，分解任务，落实责任，全面推进整改措施的落实。完成《本钢集团有限公司党委关于省委巡视"回头看"期间立行立改问题整改情况的报告》，于5月28日报省委巡视组；8月18日，省委巡视整改落实"回头看"反馈意见下达后，办公室积极落实，完成《省委第十巡视组关于对本钢集团有限公司党委开展巡视整改落实"回头看"的反馈意见》的党内通报，配合相关部门完成后续问题整改工作。

【综合管理】 一是完成48次本钢集团党委常委（扩大）会议、42次本钢集团董事会会议、8次董事会听取经理层工作汇报会议、15次总经理办公会议、6次总经理专题会议以及2020年度先进集体、先进个人颁奖大会，本钢集团党委理论学习中心组17次集体学习等重要会议的组织筹备及会务服务工作。二是严格印信公文管理，全年用印2367枚，开具介绍信170份，接收上三级文件4219件，下发行政文件140件，上报请示151件，党委发文120件，下发各类纪

要 158 件。三是做好接待协调，重点做好国家、省、市和鞍钢集团领导来访接待工作，累计完成接待任务 116 项。

【政研工作】 一是根据鞍本重组要求，起草完成向国务院国资委、省委、省政府、省国资委等上级机构的汇报材料、要件材料、请示报告，完成主要领导重要讲稿、本钢班子述职等相关材料，以及鞍钢集团主要领导讲话材料整理。累计起草综合性重点文稿 80 余份、40 余万字。二是起草完成年度民主生活会领导班子对照检查材料、领导班子年度述职述廉工作报告、党代会工作报告、本钢集团 2021 年行政党委工作总结及 2022 年工作安排、深化国企改革、对标世界一流企业等材料以及《中国钢铁工业年鉴》《本溪年鉴》、本钢集团深化改革三年行动相关材料。三是完成党委常委会、董事会和总经理办公会的记录工作，起草完成本钢集团党委常委会会议纪要 47 期、董事会会议纪要 42 期、总经理办公会会议纪要 16 期、专题调研会会议纪要 44 期。四是按要求完成日常信息报送工作，累计向省、市和中钢协等部门报送各类信息超百条。

【督查工作】 一是强化督查督办管理。优化工作流程，将工作重心放在会议及领导批示件的督办上，确保形成闭环管理；完善基础台账，建立健全督查督办工作台账，对会议布置任务、董事长批示任务及时登记、提炼、筛选和立项，根据任务时限要求，制定对下督办计划，实时进行动态管控。围绕会议类督办、批示类督办建立专报机制。每季度对集团公司党委会、董事会、调研会督办任务完成情况进行通报。2021 年，累计部署督办任务 1285 项，实现办结 1170 项，办结率达到 91%。编辑会议专报 22 期，批示专报 37 期，上报专项督办报告 45 份。

【机关工作】 一是抓好党史学习教育工作。成立机关党史学习教育领导小组，制定方案，按计划安排布置机关党史学习教育工作。深入开展"我为群众办实事、争做贡献促振兴"实践活动。为庆祝中国共产党成立 100 周年及全面推进本钢集团党史学习教育，开展"传承红色基因 永葆奋斗精神"主题党日活动、"观影《1921》重温百年记忆"活动。二是夯实组织工作。深入推进"两学一做"学习教育常态化制度化。组织召开机关党员代表大会，补选机关第十四届委员会委员。组织评选机关季度旗帜党员，开展困难党员普查走访工作，按要求核定及收缴党费，开展支部评估定级工作。严格执行发展党员工作组织程序，7 月份共发展预备党员 21 名；开展庆祝建党 100 周年机关党委"两优一先"评选工作，评选机关级优秀党员 63 名、优秀党务工作者 10 名、先进党组织 4 个；指导支部换届工作，机关党委下设到期换届的 3 个党总支和 15 家支部均完成换届选举工作。按要求做好机关宣传统战、党风廉政建设、武装综治、工会和共青团工作。

【档案管理】 一是完善档案中心管理机构。按照本钢集团统一部署，档案中心划归办公室管理后，办公室立即按照集团公司管理流程，完善管理机构，由办公室副主任兼任档案中心主任，同时担任档案中心党支部书记。二是加强对档案中心规范化管理的指导和协调，落实档案中心对各单位的管理和考核职能，完成 15 个立档单位会计档案管理状况检查考评。三是服从本钢改革大局调整档案馆布局，推动矿业档案室整体搬迁，实现北营档案室异地管控。四是充分发挥档案信息化示范引领作用，积极承担《ERP 电子文件归档和电子档案管理规范》国家档案行业标准起草工作，接待"北京百望公司""辽宁交投集团"档案信息化调研交流。（赵少勇）

行政管理工作

【概况】 行政管理中心组建于 2018 年 1 月，原为本溪钢铁公司直属单位，行使本钢集团管理职能。2021 年 4 月，本钢集团机构设置调整，将行政管理中心划为本钢集团直属单位。2021 年 11 月，依据《本钢集团有限公司总部及主要子公司管理职能和机构优化调整改革实施方案》要求，行政管理中心厂（矿）区外房产管理职能调整至规划科技部，行政后勤事务、归口费用、计划生育、办公用品及印刷品采购管理职能调整至办公室，厂区车辆入厂管理职能调整至各产业板块审核审批。

截至 2021 年 11 月，行政管理中心主要负责本钢集团厂区（矿区）外房产、办公事务、公务车辆、计划生育等行政方面及职工食堂、职工浴池、职工宿舍公寓、职工停车场、职工通勤、职工疗养院、职工文体场馆等后勤方面相关管理及服务工作，下设综合办公室（计生办）、党群工作（人力资源）室、计划考核室、房产管理室、维修管理室、行政事务管理室、作业区管理室、安全保卫室等 8 个部室及北地作业区、平山作业区、南地作业区、彩溪作业区、南芬作业区、恒宇物业作业区、检修车间作业区、公务用车中心 8 个作业区，共有在岗职工 388 人，其中管理岗 24 人、业务岗 31 人、技术岗 6 人、操作岗 327 人，硕士研究生 1 人、本科学历 49 人、专科学历 96 人、高级职称 9 人、中级职称 28 人、初级职称 24 人，党委下设 7 个党支部、20 个党小组，共有党员 205 人。

【费用管控】 2021 年，行政管理中心加大对各单位办公用品、公车使用、印刷品等检查力度，对个别单位存在的不规范现象提出整改要求，规范管理，堵塞漏洞。通过采取办公用品以旧换新、严格审批 A 类 B 类办公用品购置和费用支出等措施，全年节约费用 676 万元，降幅 27.1%。积极落实本钢集团整治"跑冒滴漏"工作措施，针对工作联系车经常发生空驶造成浪费问题，依托本钢公务用车信息管理系统，实行工作联系车网络预约乘坐制，实现了用车合规、派车及时、出车有序、随时监管、有迹可循的信息一体化公务出行模式。全年避免空驶 800 余班次，节省油料 3500 余升，费用降低效果显著。

【房产土地管理】 组织开展了本钢历史上范围最大、数量最全、信息最新的一次房产调查、核实、认定工作，共汇总本钢房产 5859 处、678 万 ㎡，信息数据数十万条，保证了资产数据的完整、真实和准确；完成钢联 64 家子公司占用全民单位 590 处房屋、22.6 万 ㎡ 及相关 220 宗、83.12 万 ㎡ 土地现场踏勘、认定和核实；完成厂区外 310 处、建筑面积 19.7 万 ㎡ 闲置房产调查和分类汇总；完成沈阳 27 户闲置房产评估、挂牌；下发了《厂（矿）区外闲置房产盘活方案》；首次引入出租评估机制，严格履行招租程序，适当提高续租单价，抵消疫情导致停租影响，保持出租收入稳定增长。2021 年房屋出租收入 906 万元，增幅 7.65%。

【民生工程】 以"学党史、解民忧、办实事"

为出发点和落脚点，牢固树立以职工为中心发展理念，以保障民生为目标，紧盯职工所需，全力推进民生工作，进一步增强职工的获得感、幸福感及自豪感。一是按照杨维董事长在本钢集团一届五次职代会中提出的为本钢在籍在岗员工提供免费工作餐的要求，主动担责、积极作为，多次会同工会、财务部、人力资源部、新事业公司开展调研论证，不断完善推进方案。经过不懈努力，免费工作餐于2021年6月1日在本钢集团范围内正式实施，6.3万名职工享受到了免费工作餐。二是为加快民生工程进度，结合核心业务整合后增加北营厂区业务实际情况，将北营厂区部分浴池的维修项目纳入到整体工作中。2021年共投资647万元，对厂区的12个浴池、3个食堂进行了彻底改造。同时结合浴池环境同步对职工更衣箱进行分批次更换，全年共投资628万元，更换更衣箱8355套。三是积极服从集团公司人才战略，做好大学生公寓家具、纺织品、电器等九大类物资的招标采购工作。为保证质量，成立了由大学生民管会为主的评标小组，尽最大可能满足大学生需要，改善了大学生公寓居住环境。四是为化解板材厂区职工通勤难题，新增2号门至热轧洗浴厂内通勤线路，解决了9000名职工的厂内通勤问题。全年两条线路的10辆公交车共接送职工74万人次。

【维修管理】 按照"修旧如旧"原则，科学合理对白楼区域建筑位置进行规划、布局，高效、高质量做好工程建设。同时，强化本钢集团总部、板材能管大楼、国贸大楼等28处办公场所的运维管理，消除了安全隐患，改善了职工工作环境；落实董事长在新实业公司调研要求，对二宿和工贸大楼屋面防水进行大修，对南芬大学生公寓进行立项维修；

2021年，本钢集团安排的10项临时性重点项目高效推进，如食堂就餐换购一卡通系统、集团换标改造、一千平周转公寓改造、青年公寓尾工完善工程等全面按要求完成。

【制度承接】 牢固树立"对标一流，融入新形势，建设新鞍钢"理念，认真学习落实《本钢规章制度体系建设工作方案》，查找鞍钢相关制度，按制度承接和转化要求，拟定《本钢集团有限公司子企业负责人履职待遇、业务支出管理办法》，新增《本钢集团有限公司职工餐补管理规定》，修订《本钢集团有限公司业务招待费管理规定》《本钢公司北营厂区职工火车通勤管理规定》《办公用品搬运费管理规定》《办公用品调剂管理办法》等4项管理制度。

【安全管理】 树立安全第一理念，提升管理人员安全责任意识，修订安全生产责任制及出租房屋消防安全协议等指导性文件。结合实际开展了秋季安全大检查及高层建筑、人员聚集场所、重点部位专项检查等活动，厂级检查10余次，检查发现问题4项，下达隐患整改指令书4项，整改完成率100%。加强本钢集团总部、板材能管大楼、国贸大楼及矿业十层大楼的日常消防安全检查，发现问题及时协调整改，下达隐患整改通知书3次，全部整改完毕。2021年安全生产实现"三为零"目标。

【党群工作】 一是提高政治站位，坚定不移做好意识形态工作，严格落实"第一议题"制度。2021年共开展集中学习14次，专题研讨14次；全面建立中心网格化管理体系架构，层层落实网格区域责任；持续重点关注"本钢深改在线"公众平台和百度贴吧，对涉及民生相关舆情，积极做好答疑解惑和政策解答；围绕鞍本重组、三项制度改革，积极开展形势任务教育。二是坚持三个"聚焦"，推进党史学习教育走深走实。聚焦"悟思想"，抓好教育深化，通过开展个人自学、领读原文、交流研讨等方式，原原本本传达学习习近平总书记重要讲话精神，组织召开党史学习教育专题组织生活会，中心领导班子成员分别参加所在党组织和联系点的组织生活会。聚焦"深融合"，抓好宣传教育，结合本钢改革发展实际，汇编专题党史学习资料；组织领导干部、各基层党支部参加形式多样的学习教育活动；聚焦"办实事"，抓好为民服务，着力推进职工就餐、洗浴、通勤车等民生问题。三是固本强基，多措并举，夯实党建基础工作。以开展支部定级工作为抓手，通过制定政工例会制度、做好党费收缴、党建经费自检自查、发展党员等工作，逐步推进基层党组织建设标准化；积极开展形式多样的党员活动和庆祝建党百年系列活动；开展"两优一先"评选表彰和党内建功立业活动，创建党员先锋岗 12 个、先锋工程 1 个。四是改进作风，全面从严治党，打造过硬队伍。持续推进党务公开、厂务公开、民主管理，认真落实党内监督各项制度；持续推进"整严树"及"靠钢吃钢"专项治理；通过举办管理能力提升培训班，开展"精准激励"，持续促进党员干部职工转变思维观念，并不断加强警示教育和权力制约监督。五是发挥优势，加强群团工作，凝聚干群合力。通过为职工办理医疗保险、送温暖等形式，调动职工工作热情，增强职工凝聚力。

【防疫工作】 严格按照防控工作"三十条"及上级文件规定开展疫情防控工作。利用钢钢好群、本钢疫情防控信息采集系统加强职工防疫工作的日常管理。公务用车中心作为本钢集团的对外窗口，为保障司乘人员安全，行政管理中心统一组织 142 名职工定期进行核酸检测。按照新冠肺炎疫苗接种工作统一安排，先后组织 7 次新冠肺炎疫苗接种，共接种 388 人，接种比例达到 97%。加强对本钢集团公共区域的疫情防控，制定了本钢集团总部、板材能管大楼及国贸大楼的防疫应急预案，明确工作任务，落实责任人，在门卫管控、卫生保洁、区域消杀及人员疏导上做了大量工作，实现了常态化稳控。

（王奇峰）

档案工作

【概况】 本钢集团档案工作实行统一领导、分级管理的管理体制，建立了由各级立档单位分管领导、分管部门、集团档案馆、各立档单位档案室、各立档单位职能部门和项目部归档网点组成的档案管理网络。其中本钢集团办公室是本钢集团档案工作的归口管理部门，本钢集团档案馆是本钢集团具有永久、长期保存价值档案的存储保管中心、利用服务中心和数据管理中心，基层单位档案室是本单位档案的保存和管理机构。截至 2021 年 12 月，本钢集团共有立档单位 84 个、档案管理人员 129 人、兼职网络人员 533 人，档案管理人员中本科学历 60 人、专科学历 41 人，高级职称 13 人、中级职称 68 人。两级档案部门共保管以卷为单位档案 891133 卷、以件为单位档案 395606 件、照片档案 48802 张、荣誉档案 2500 件，其中集团档案馆保管以卷为单位档案 341328 卷、以件为单位档案 121510 件、照片档案 13584 张、荣誉档案 546 件。2021 年 3 月，本钢集团成立档案中心，为集团公司业务机构，在集团办公室直接领导下开展工作；2021年11月，本钢集团有限公司将原退管中心（老干部办）、原档案中心和原人力资源管理中心整合，组建人力资源服务中心，由党委组织部（人力资源部）代管。

【基础业务建设】 一是发挥组织管理作用，制订年度工作计划。2021年2月，集团公司办公室下发《本钢集团有限公司2021年档案工作计划》，明确全年档案工作任务。二是以责任状指标考核为抓手，大力加强档案资源建设。采取制发归档通知、细化账外文件归档、移交清单预审、电话沟通指导、专项通报等多种措施，确保了集团公司各部门、各单位文件材料年度归档工作的圆满完成。2021年，各立档单位共归档以卷为保管单位档案72379卷、以件为保管单位档案18748件、照片档案1931张、荣誉档案138件，其中集团档案馆共归档以卷为保管单位档案784卷、以件为保管单位档案4438件、照片档案1138张、荣誉档案106件。2021年，本钢档案管理信息系统共归档OA、ERP、招投标、客服协同、质保书等业务系统电子文件46.9万件。三是不断强化安全管理，坚持档案安全底线思维。通过每日巡查、节假日前夕安全大检查、档案馆室安全风险自查评估、档案安全检查等方式保障档案实体安全；通过严格执行档案利用需求审查和权限控制制度，确保档案信息利用合法合规。2021年，在汛期来临和建党百年大庆的关键时间节点，档案中心组织两级档案部门在库房和重点部位管理、实体安全、信息安全、安全管理规章制度和应急演练等方面开展档案安全情况自检自查和检查整改工作，为档案安全构筑坚实防线。四是围绕集团公司中

心工作和职工利益所系，做好档案信息保障服务工作。2021年，各立档单位共完成网上利用2930人次16778件次、现场利用77658人次147067卷件，为省委巡视"回头看"、鞍本重组尽职调查、内外审计以及职称申报、工龄计算、房产继承等个人事项办理提供了翔实准确的信息依据。五是从规范管理角度出发，开展会计档案检查考评工作。档案中心与集团公司财务部、板材公司财务部分工协作，完成15个基层立档单位会计档案管理状况检查考评，推进会计档案管理标准化、规范化。

【工程项目档案建档验收】 一是提前介入，掌握情况。两级档案部门持续关注集团公司年度投资计划下达、工程项目监管部成立、项目后评价工作开展等文件，多渠道获取集团公司和本单位工程项目建设情况。2021年，档案中心梳理下发2018年以来纳入集团公司档案验收的工程项目187项。二是加强指导，过程可控。加强两级档案部门之间、档案部门与职能部门之间、档案室与项目部之间的业务联络，做好工程项目文件材料收集积累归档整理过程中的质量控制。三是规范程序，抓好验收。对纳入本钢集团竣工验收和后评价范围的工程项目，严格履行档案专项验收程序，为后续规范开展工程档案验收评价工作夯实基础。2021年，档案中心共参加工程交工验收会3次，完成"板材焦化厂煤气脱氨及硫铵维修工程""板材发电厂三电车间热电联产改造项目"档案专项验收。

【档案业务指导培训】 档案中心认真履行对各立档单位的业务指导培训职责，通过电话沟通、网上联络、实地指导、远程处理、现场授课、专题交流、网络学习等多种方式，

开展多维度业务指导培训。2021 年，共提供业务指导服务 290 人次，组织完成国家档案局"十四五"规划大讲堂培训和本钢集团档案人员业务培训 125 人次。

【档案信息化建设】　2020 年电子文件归档和电子档案管理试点项目通过国家档案局验收之后，切实履行起面向档案行业全面推广试点成果的责任担当。一是圆满完成国家档案局《企业电子文件归档和电子档案管理试点案例集（管理系统卷）》书籍参编任务，撰写本钢案例 25113 字。二是积极承担《ERP 电子文件归档和电子档案管理规范》国家档案行业标准起草工作。三是先后接待"北京百望股份有限公司""辽宁交投集团""辽宁大学"等企业和高校的档案信息化调研交流，获得良好反馈。四是《企业集团数字档案馆建设与应用研究》项目经评审获 2021 年度辽宁省档案优秀科技成果奖一等奖，本钢集团为唯一获一等奖企业。

【改革改制档案工作】　一是克服馆库面积严重不足的实际困难，通过协调退管中心部分死亡职工档案回迁、会计档案鉴定清理、紧缩库房空间等多种措施，科学安排、有效组织，在 7 个工作日内完成矿业档案室档案及人员的整体搬迁和安置。二是对北营公司档案室通过统一业务标准、设置临时负责人、优先处理安全隐患、不定期检查抽查等工作机制，保证了平稳过渡和安全管理。三是关注矿业汽运分公司、矿业设备修造厂等撤销单位档案管理状况，机构变动后及时进行沟通指导和实地检查，确保其各类档案在进馆前整理规范、保管安全。

【档案业务对标融合】　2021 年 8 月，鞍钢本钢重组正式启动，鞍本双方就档案业务建设、规章制度建设、信息化建设等方面开展对接并持续推进。在集团公司办公室组织下，档案中心共召开现场交流会 3 次，与鞍钢集团档案部门、信息化部门就档案基础业务、档案信息化建设开展充分研讨。认真梳理双方业务差异，完成鞍钢集团 7 项档案管理规章制度承接转化，按计划推进鞍钢集团档案管理系统覆盖工作，对鞍钢集团档案管理系统功能完善、ERP 电子文件归档、鞍钢集团档案工作"十四五"发展规划提出意见建议并获采纳。　　　　　（赵　伟）

保卫信访工作

【概况】　本钢保卫中心（武装信访部）原隶属本溪钢铁（集团）有限责任公司。2021 年 4 月 30 日，成为本钢集团有限公司直属单位，主要负责本钢集团治安保卫、人民武装、信访接待、平安本钢建设、反恐防范等工作。下设综合管理、门禁管理、交巡管理、信访接待 4 个管理单元，1 个监控指挥中心，1 个办证中心。门禁管理单元下设板材警卫大队、东风警卫大队、机关警卫大队、桥北警卫大队、北营警卫大队、矿区门禁督查大队 6 个大队。交巡管理单元下设板材巡防大队、板材交管大队、北营交巡大队、歪矿交巡大队、南芬交巡大队 5 个大队。综合管理单元下设办公室、人力资源室、党群工作室、设备室、综合治理办公室、政经保室、政工优抚科、军事科、武器装备科、人防科 10 个职能室。保卫中心共有人员 895 人，其中管理岗位 39 人、业务岗位 67 人、操作岗位 789 人，配合溪钢分局工作 54 人，退伍军人 768 人，研究生学历 7 人、本科学历 138 人、专科学历 294 人、高中学历 228 人，副高级职称 8 人、中级职称 43 人、初级职称 30 人。保卫中心党委下设板材警卫大队党总支、板材巡防大队党总支、机关支部等 18 个党（总）支部，现有党员 518 人，占职工总数 57.8%。

【专项整治】 开展整治警风警纪、打击内外勾结监守自盗专项整治工作和治理"靠钢吃钢"问题专项行动，严厉打击盗窃，保持打击盗窃高压态势，保持长期打击震慑效果。2021 年，查处违规违纪行为 996 起，处理 1073 人。查扣废钢 20 吨、渣铁坨 7 吨、废铜 137 公斤、电缆 1500 米、工器具若干。清收废钢 850 吨。处罚款、索赔款 46.2 万元。开展厂区交通秩序整治，全年共检查车辆 1.3 万台次，处罚各类违章车辆 1919 台，拉黑处理车辆 580 台次，清理"三无"车辆 19 台、"僵尸车" 7 台，处交通罚款 38.27 万元。2021 年 9 月 1 日，进入板材厂区的摩托车、电动车按照新制定的《本钢集团板材厂区摩托车、燃油助力车、电动助力车入厂管理规定（试行）》进行管理。清理出厂摩托车、电动车 7000 余台，办理摩托车入厂牌照 2860 台。参与板材门禁智能化升级一期工程，共计安装人行通道翼闸 25 套、摩托车和非机动车摆闸 14 套，更换和新增护栏 300 余延长米。2021 年 10 月 1 日，板材主厂区完成人员门禁系统升级改造，实现人脸识别准入。

【定向服务】 到板材废钢厂、板材储运中心、北营冶金渣公司、板材冷轧总厂、北营矿业公司、板材冶金渣公司、本钢建设公司等 7 家单位开展定向服务，向基层传达"整严树"专项整治工作和"靠钢吃钢"问题治

理工作要求，建立上下联动工作机制，与基层单位共同研究落实防盗防流失管理问题。共提出工作意见 74 项，已全部得到有效落实。2021 年 5 月 19 日，与本溪市公安局溪钢分局、桥北分局召开警企推进会议。2021 年 5 月 20 日，与本溪市委政法委、市信访局、市公安局召开联席会议。与公安机关、政法机关建立不定期联席会议制度，与公安机关建立内外联动的网络化联动机制，形成公安机关、保卫中心、基层单位三方合力打击盗窃的局面。

【生产经营保障】 积极为抢修保产、产成品外销、应急物资调拨、大宗原材料入厂做好服务保障工作，为重点工程项目开辟绿色通道。2021 年，执行各级预案 549 次，办理紧急出门证 601 张，为重点工程开辟绿色通道 424 次，为检修单位登记小工具临时入厂 1591 次。核销外销物资 ERP 出门证 26.2 万余张，核销 OA 出门证 12.5 万余张。检查"危化品"车辆 2.56 万余台次，处罚不合规车辆 60 台次。做好厂内重点工程和重大检维修项目施工现场保卫工作，累计对重点工程和重大检维修现场进行治安巡查 1000 余次，帮助基层单位执行押运任务 45 次，疏导交通 520 次，执行大型结构件护送任务 268 次。

【管理优化】 理顺北营区域工作班制。2021 年 4 月份，将北营区域工作班制由原"三班一转"变更为"四班二转"。优化人员管理，充实一线警力。将 25 名原北营厂区销账、办证人员充实到交巡、门禁、监控岗位。进行关键岗位交流，对门禁、交巡、监控中心的 12 名关键岗位警员进行轮岗。门禁管理上，针对北营厂区和板材厂区物资出入查验流程不统一情况，明确了门岗物资查验操作

步骤，固化物资出入厂查验流程和人员职责。厂区巡防上，把巡防力量延伸到基层单位，与基层单位形成上下联动。加强尾渣现场监装、库区巡防、合金料库房检查、配送车辆及废钢车辆抽查，并明确规定巡逻频次、巡逻路线和打卡制度。

【队伍建设】 以党建工作为引领，全面加强警员思想政治教育，牢固树立忠于企业、保卫企业的责任与使命，做到打铁自身硬。利用多种形式定期开展法制教育，警示教育。发挥先进典型示范作用，大力宣传学习罗佳全、任宝纯等先进事迹。坚持"忠诚卫士"评奖制度，全年发放奖励3.83万元。定期排查队伍建设问题，对4个单位5人次进行处罚并通报，对14名违规违纪人员进行行政处分、免职等处理。推进制度建设，充分利用鞍本重组整合有利时机，根据专项整治和实际工作需要，对标鞍钢，修订完善管理制度17项，新增管理制度4项。

【平安建设】 2021年3月24日，本钢集团与本溪市委、市政府签订2021年度平安本溪建设责任状。制定下发《2021年平安本钢建设工作重点》，与54家厂矿、部室签订2021年度平安本钢建设责任状。完成"4·15"国家安全教育日、国际禁毒日等主题宣传活动。通过OA办公系统、微信工作群转发《国家安全法》《网络安全法》《保守国家秘密法》等法律法规，号召全体职工关注国家安全微信公众号。征集"4·15"主题征文43篇，精选出12篇上报市委国安办。组织全体职工观看4月15日央视12套社会与法频道《生命线》栏目。组织落实"守护本钢、全员反诈"宣传月活动。配合公安部门对重点要害部位260名工作人员进行涉毒检测。做好反恐防范、市域社会治理工作。加强日常防控和源头管理，突出人员密集办公场所、学校，以及水、电、油等重要目标、重点部位的反恐防范工作。积极组织开展反恐形势教育和知识培训，提高广大员工反恐防范能力。在重要敏感时期，加大对涉恐单位重点部位的防范检查力度。推进市域社会治理现代化试点工作。按照市政法委要求，对下属所有厂矿开展重大风险隐患排查工作，共计排查涉及公共安全类型的重点要害部位99处、涉及信访稳定类型的信访案件9件，全部落实稳控化解措施。完成犯罪职工统计工作，共统计违法犯罪职工35名，已按照工作流程办理。

【信访案件办理】 2021年共接待来访478批次、2289人次（其中集访64批次、1751人次，个访414批次、538人次）。到省上访15批次、15人次，均为个访。进京上访71批次、79人次（其中集访2批次、10人次，个访69批次、69人次）。全年办理辽宁信访信息平台交办案件284案次、1016人次，案件办结率100%；8890平台交办案件349件，办结率100%。

【重复信访治理】 中央信访稳定工作联席会议办公室第一批次重信重访案件共交办70件，全部办结，办结率100%。其中化解率为97.1%，超额完成90%的上级考核目标；省信访局"百日攻坚"专项行动重信重访案件共交办5件，上报办结5件，办结率为100%，完成80%的上级工作目标；省国资委重点信访案件共交办63件，办结率100%；国家、省、市有关部门或集团公司领导转、交办信访案件52件已全部办结，办结率100%。其中通过签订救助协议化解

2件，引导进入法定程序剥离6件，出具答复意见12件，上报情况汇报32件；自办案件共受理并办结初访案件9件，其中化解5件，引导进入法定程序剥离2件，出具答复意见2件。

【重点集访问题处置】 对于重点集访问题，快速反应，积极应对。妥善解决建设公司协力职工诉求同工不同酬和超利共享奖励的集访问题及建设公司、新实业公司、三机修厂职工诉求超利共享奖励的集访问题；协调解决了露天矿、歪矿占地退休职工工龄补助，马耳岭球团厂协力职工工资待遇等集访问题，避免了发生大规模集访和越级访。

【矛盾隐患排查与领导包案工作】 全年在集团公司范围内进行了3次全面排查，针对排查出的矛盾隐患实施分类动态管理，全部落实到责任单位。坚持"三到位一处理"原则，对6个重点群体和63名重点信访人员实施领导包案（不含集体企业），同时密切关注提前退休群体、集体企业改制群体、建设公司退休职工群体、房地产退休和动回迁等重点群体的动态及稳控工作。对重点人员落实"五位一体"包保责任，实施警企、区企对接，确保重点群体稳定可控。

【维稳工作】 做好重点敏感时期维稳。在省市"两会"期间，现场共计处置9案9人。国家"两会""建党百年"和"十九届六中全会"期间，共发生进京访11批次、14人次（强制带离5人，劝离9人），均在第一时间完成了处置工作，未发生任何有影响和非访事件，尤其是"建党百年"期间仅有1人登记，创历史最好水平。通过不懈努力，越级访大幅度减少，杜绝了有影响事件发生，圆满完成本钢集团制定的"三不发生"的重点敏感时期维稳工作目标。

【党群工作】 2021年4月1日，成立保卫中心党史学习教育领导小组，制定下发《本钢保卫中心在全体党员中开展党史学习教育工作实施方案》，组织开展党史学习教育。2021年开展读书班专题学习6次，办理各类惠警实事41件。建立27个党史学习教育群和2个团员青年学习群。2021年6月19日，组织100余名党员参观抗美援朝纪念馆，重温入党誓词。2021年6月28日—2021年7月2日，本钢集团有限公司党委第六巡察组对保卫中心党委开展第三轮巡察整改落实"回头看"，提出1项持续整改和10项立行立改问题，保卫中心党委及时制定整改措施。邀请"本钢新时代功勋员工"罗佳全同志做先进事迹报告，开展以"我们如何学功勋，怎么干工作"为主题的全员大讨论。积极开展内部典型选树，任宝纯同志荣获本钢集团首届年度"本钢好人"荣誉称号。2021年"七一"前，对3名优秀党务工作者、2个先进党组织、48名优秀党员进行表彰，对24名困难党员进行走访慰问，发放慰问金1.2万元。建立51名核心关键岗位人员廉政档案，与基层干部、重点岗位人员共230人签订《廉洁自律承诺书》。制定《保卫中心作业区级管理人员管理规定（试行）》等4项规章制度。全年有5名同志转为正式党员，12名同志发展为预备党员。开展走访慰问困难职工、"送温暖""送清凉"、金秋助学等活动，为基层警队配发冰柜、冰箱、风扇等生活物资，为部分门岗统一定制座垫套，为子女升学职工送去助学慰问金共计5000元。在本钢集团有限公司团委"青安岗"评比中，板材警卫大队一中队被评为优秀"青安岗"。

【防疫工作】　按照本钢集团疫情防控30条要求，做好疫情期间保产保供和常态化疫情防控。要求入厂职工必须佩戴口罩，组织30名志愿者早高峰期间到门岗协助防控，纠正不戴口罩人员2.3万人次。门禁和办证中心398名警员每周进行核酸检测。做好外来车辆和人员管控，对外来人员入厂登记行程码8600人次。同制造部、保供单位建立保产车辆入厂管控群，办理保产保供大宗原燃料车辆约6.4万台次，登记外埠车辆约5万台次，办理进口高风险非冷链物品车辆入厂89台次。　　　　（徐大伟　赵文仲）

离退休人员和退养职工管理工作

【概况】　本钢退管中心负责本钢集团离退休、退养人员管理服务工作。2021年11月，本钢集团有限公司将原退管中心（老干部办）、原档案中心和原人力资源管理中心整合，组建人力资源服务中心，由党委组织部（人力资源部）代管。将原退管中心（老干部办）管理职能调整至党委组织部（人力资源部），原退管中心业务办理职能调整至人力资源服务中心。合并前，原退管中心下设24个管理室，其中8个职能管理室、16个直管管理室；在岗职工122人，其中部门正职2人、部门副职4人、职能负责人4人、高级业务师2人、区域正职22人、区域副职1人，主任业务师12人、专业业务师23人、责任业务师38人、主要操作12人、一般操作2人。高级职称19人、中级职称38人、初级职称21人。

截至2021年末，退管中心管理离休干部122人（含2名公司级老领导）、退休人员72887人、退养职工765人、公司级离退休老领导26人、遗属1480人、60年代精简下放人员251人、工伤1—4级人员503人、工伤5—10级人员3581人。

【落实待遇】　落实政治待遇方面：订阅发放报纸杂志等学习资料；升级改造老领导服务活动场所，新建离休干部阅文室、老领导棋牌室；制定《本钢退管中心老干部活动室管理办法》《本钢集团老干部走访慰问工作实施细则》《本钢集团公司级老领导相关待遇实施细则》，实现日常管理规范化、精细化；春节前夕走访慰问在溪的24位公司级老领导；组织老领导参观考察和健康疗养活动；协助2位老领导家属做好殡葬处理；"七一"前后，圆满组织"送关爱办实事·遍访离休干部"活动，在第一时间把党的关爱送到老同志的心坎上；调查整理4名抗战时期参加工作、拟按副省（部）长级享受医疗待遇人员名单；协助集团公司完成"光荣在党50年纪念章"颁授发放。落实生活待遇方面：按时足额落实养老统筹外待遇和医疗待遇；对占地招工、留企教师、职教幼教、军转干部、60年代精简下放人员进行了待遇调整；完成离休医疗、本钢退休留企教师医疗账户补差额和医疗卡老账户住院冲减；完成退休异地医疗费报销办理；组织退休人员、享受特贴专家进行健康体检；开展离退休人员取暖费银行传盘数据审计核验；组织召开2021—2022年度取暖费动员部署工作会议，下发《退管中心2021年取暖费报销工作安排意见》；按照集团公司新冠疫情防控指挥部总体工作要求，创新工作方式方法，打破东明办公区域部分直管室和北地办公区域直管室的区域壁垒，采用临时搭建工作台，由工作人员集中分组办公、离退休人员统一排队、其他办公区域分流收取的方式方法，开展2021年取暖费报销工作。截至12月底，共收取暖费报销发票37662张；按照鞍钢集团关于取暖费报销工作最新指示，召开2021年度采暖费"暗补"变"明补"专项工作会议，为下一步开展具体工作奠定基础。

【退养职工服务管理】 与市法院、市公安局及集团公司综治办建立信息互通工作机制，动态掌握退养人员生活状况，确保退养职工各项费用准确发放。完成退养职工生活费计算发放2311.01万元；缴纳各项社会保险费1065.69万元、公积金271.21万元；审核报销退养职工取暖费700人111万元；返还医疗账户款0.62万元；发放遗属费13.72万元；协助房地产公司补发87名退养职工欠发工资114.64万元；走访慰问45名困难退养职工，发放救济款1.23万元；完成2021年度退养职工社会保险基数采集804人；办理退休105人，解除劳动合同1人，调出2人；查档认证退养职工合同制工人身份137人，查档统计专业资格证信息47人；完成118名退养职工档案整理装订及移交；审核住院二次报销手续127人；填报残疾证信息55人；核实工伤职工残疾类别90人；建立42名困难职工电子档案，审核通过市级以上困难职工11人、本钢级困难职工4人。

【工伤人员服务管理】 办理对外转诊就医和辅助器具配置49人；核定发放陪护人员差旅费355.78万元；发放特殊人员护理费6.1万余元；为5名工伤人员办理劳动能力复查鉴定和辅助器械配置鉴定；安排134名工伤人员赴汤沟进行康复疗养；通过外转源头管理、全过程跟踪抽查、次数限定以及陪护人员费用承包等手段，规范工伤人员转诊管理，杜绝一次转诊反复住院套取陪护人员差旅费现象，有效降低工伤人员各项企业费用。

【信访维稳】 通过滚动新闻、微信服务群等广泛宣传退休人员报刊订阅、走访慰问等统筹外费用停止执行政策；在"三级两会""春节、五一、十一"、庆祝建党100周年等重点时期，密切关注重点群体和人员动态信息，结合"地企联动"工作，全面落实"五位一体"包保责任制，实行中心领导接谈制度，密切配合集团公司其他厂矿及部门，做到敏感时段无上访；在改革重组特殊时期，加大对各类工作微信群舆情监控力度，加强宣传解释，加深服务管理层次，掌控信访重点群体及人员信息，制定应急处理预案，切实履行维稳主体责任，全面提升控防力度；密切配合建设公司、房地产公司联合开展信访稳定工作；对8890平台的网上信访诉求进行答复；完成市委、集团公司门前集访及各项大型会议或活动的稳控工作。

【退休人员移交】 截至12月末，本钢集团共移交退休人员1472人（其中大耐公司5人）；移交本地退休人员人事档案1463卷（大耐公司5卷暂未移交，技术学院4卷已先期移交）；转出退休党员组织关系240人。

【内部管理】 制定《退管中心员工行为规范》，设立意见箱，推行"首问负责制"；推行全员钉钉考勤打卡制度，加强工作时间内员工手机的使用管理，加大对工作电脑使用及非办公软件的检查考核力度；强化门禁管理，严防严控中心资产流失，杜绝内外勾结监守自盗现象；设立各区域（部门）能源管控责任人；严格控制各项费用，规范办公用品领用，实行电话费公示制度；全面加强车辆管理，修订《退管中心服务车辆管理规定》；开展"创建五佳服务窗口"主题劳动竞赛活动，以实际行动助力鞍钢本钢重组各项工作平稳进行。

【"一站式"服务】 制定《新增退休人员相关材料转递及社会化管理移交工作办法》，拓展"一站式"服务，由退管中心代替集团公司各单位完成新增退休人员档案数字化处理和社会化管理移交等工作。

【地企联动】 制定《本钢退休人员社会化管理协调工作机制实施方案》，建立本钢退休人员社会化管理联络员和退休人员代表制度，向街道社区推荐82名联络员和360名退休人员代表，确保国有企业退休人员社会保障管理服务有效衔接，真正实现退休人员社会化管理"交得稳、接得住、管得好"工作目标。

【档案托管】 在集团公司支持下改造档案存放场地，完善档案管理设备设施，建立档案数字化扫描室，做好人事档案托管工作。截至12月底，应接收新增退休人员档案4093卷，已接收2016卷，其余2077卷档案正在陆续接收中。

【鞍本对标】 树立积极主动融入本钢集团改革发展大格局理念，与鞍钢离管办、居管办开展对标工作，从机构设置、退休人员社会化管理移交、档案规范化整理及数字化处理、离退休人员统筹外费用、机构及管理人员费用等方面开展对标；以"原则性、公正性、人文性、关爱性"要求开展鞍钢本钢重组期间离退休人员、退养职工思想政治工作，并与鞍钢离管办、居管办建立常态化工作联系机制，做到信息"通"、政策"同"、思路"统"，保证各项涉老政策的延续性。

【工作落实】 专门研究落实退休待遇保障，梳理、统计、录入1981—2020年度各类别企业先进人物信息9941条，确定先进类别375个（其中国家级95个、省级228个、市级26个、公司级26个）、先进人物1360人，提出待遇落实建议10条；认真梳理业务流程，按照标准化、规范化原则，不断完善各项规章制度。共梳理规章制度25项，其中新增及修订15项；多次召开本钢集团退休人员社会化管理工作推进会，同本溪市国资委研究本钢集团退休人员社会化管理相关工作，有理有据做好多项地企工作责任划分，并向本溪市各社区（村）推介集团公司信访重点人员79人；积极推进信息化平台建设，建立离退休人员数据平台并及时维护。1—12月共新增录入2469人，死亡转出1414人。

【党群工作】 全年以"党史学习教育"为抓手开展党建工作。召开党史学习教育动员大会，制定工作方案，创建"退管风采"微信公众号，为深入开展党史学习教育搭建宣传阵地；积极响应省委老干部局组织开展的"我看建党百年新成就"专题调研活动，组织广大离退休干部忆往昔、谈变化、献良策；充分利用红色资源开展教学，组织党员干部参观丹东抗美援朝纪念馆；举办"感悟老英雄树国同志战斗经历"专题党课，邀请94岁高龄的离休干部树国同志讲授党课，以史为鉴，以史明志，激发广大党员干部干事创业热情；"七一"前后，与颁发"光荣在党50年"纪念章工作相结合，组织开展"送关爱办实事·遍访离休干部"活动；开展庆祝中国共产党成立 100 周年系列活动，组织观看《强根铸魂·淬炼成钢》宣传短片；表彰 18 名优秀共产党员、3 名优秀党务工作者和 1 个先进党支部；组织全体在职党员集中收听收看庆祝中国共产党成立 100 周年大会和习近平总书记重要讲话直播盛况。

（赵维刚　李军英）

离休干部树国同志讲授党课现场（李军英　摄）

本钢年鉴 *2022*

特载

大事记

概述

经营管理

综合管理

★ 党群工作

钢铁主业

多元产业

改制企业

统计资料

人事与机构

人物与表彰

附录

索引

**ANSTEEL
本钢集团**

党群工作

组织工作

【概况】 本钢集团组织管理工作由党委组织部组织实施，本钢集团党委组织部主要负责基层组织建设、党员教育管理、领导人员管理、人才队伍建设等工作。2021年12月13日，辽宁省委组织部印发《关于调整本钢集团有限公司党组织隶属关系的通知》（辽组函字〔2021〕69号），将本钢集团党组织隶属关系由辽宁省国资委党委调整为鞍钢集团党委。截至2021年12月末，本钢党委下设直管党委21家、基层党委49家、党总支85个、党支部1003个，党员23645名。

【基层党组织调整】 贯彻"四同步、四对接"工作要求，结合深化市场化改革机构调整，及时调整部分党组织，组建北营公司党委筹建组和矿业公司党委筹建组，将北营炼钢厂党委等9个党委由本钢直管党委调整为隶属北营公司党委筹建组管理，将矿业南芬选矿厂党委等10个党委由本钢直管党委调整为隶属矿业公司党委筹建组管理。结合纪检监察体制改革，在各直管和基层单位同步建立纪委筹建组。4月30日，钢联公司党委整建制转至本溪市国资委党委。

【党建制度建设】 鞍钢本钢重组后，新制定《本钢集团有限公司直管单位党委党建工作责任制考核评价办法（试行）》，承接转化《本钢集团有限公司党委工作规则》等8项制度，直接执行鞍钢集团党建制度7项，完成本钢及各级子公司党建总体要求写入集团公司章程的工作。

【基层组织建设】 组织开展2020年度党组织书记抓基层党建工作述职评议考核，超过98%的党组织书记评议为"较好"以上。北营炼铁总厂等3家党委完成换届选举工作，矿业南芬露天矿等16家党委完成委员补选工作。开展2021年党支部评估定级，提升基层党支部建设水平，板材热连轧厂轧辊作业区党支部等5个党支部被评为2020年度全省党支部标准化规范化建设示范点。注重将党建理论成果与实际工作紧密结合，在省委组织部、省党建研究会2020年度党建优秀课题评选中，本钢5项课题全部获奖，其中一等奖1项、二等奖2项、三等奖2项，创近年来最好成绩。组织完成出席省第十三次党代表大会代表推荐工作，板材热连轧厂轧钢工首席操作郭鹏同志作为党代表，出席了省第十三次党代会。

【全面从严治党】 强化党的政治建设，印发《本钢集团党委巩固深化"不忘初心、牢记使命"主题教育成果具体措施》及重点任务清单，对巩固深化主题教育成果作出明确部署和具体安排。履行全面从严治党主体责任，调整本钢集团党委履行全面从严治党主体责任领导小组成员，召开党委常委会，听取领导班子成员2020年度履行全面从严治党主体责任情况汇报。制定印发了《党委"四责协同"压实全面从严治党政治责任的实施意见》。根据鞍钢集团党委工作要求，印发《本钢集团有限公司党委关于学习贯彻落实〈党委（党组）落实全面从严治党主体责任规定〉的实施意见》及落实全面从严治党主体责任清单，进一步压实全面从严治党主体责任。

【我为群众办实事】 本钢党委及领导班子成员紧密围绕"七个聚焦"重点任务，推出了职工免费一餐的重大举措，全力解决外地大学生职工新宿舍搬迁、板材职工厂内公交通勤等多年未解决的"老大难""硬骨头"问题，完成27件民生实事。各级党委建立"办实事"项目动态完善机制、跟踪检查机制、职工评价机制和长效工作机制，切实解决好基层的困难事、群众的烦心事，共确定办实事项目833项，已完成824项，完成率99%，职工群众的获得感、幸福感、安全感进一步增强。

【庆祝建党百年系列活动】 召开本钢集团庆祝中国共产党成立100周年暨"两优一先"表彰大会，评选表彰优秀共产党员100名、优秀党务工作者80名、先进党组织100个，各级党委同步开展本级党内"两优一先"评选表彰。举办"光荣在党50年"纪念章颁发仪式，本钢共有83名老党员获得首批"光荣在党50年"纪念章。七一前夕，本钢领导班子成员带队走访慰问优秀党员、老党员、困难党员和困难职工29人。完成出席省属企业"两优一先"人选推荐工作，推荐优秀共产党员和优秀党务工作者各5人，其中罗佳全、钱振德同志分别获得省优秀共产党员和省优秀党务工作者称号。

【党员教育管理】 持续推进"两学一做"学习教育常态化制度化，按季度下发"两学一做"学习教育安排和学习资料汇编，基层党组织通过"三会一课"，组织全体党员学习。举办4期"党建大讲堂"，邀请省委、市委党校教授对各级党员领导干部进行培训，并开展培训测试，取得较好的效果。举办新任职党支部书记培训，培训党支部书记50人。完成党员发展对象在线培训及组织发展工作，全年共发展党员660名。

【党费和党建工作经费管理】 组织核定2021年度党费收缴基数，全年向基层党组织下拨党费441万元，全部用于开展党员教育管理和党内活动。对64家党委近2年党组织工作经费业务账进行全面检查，通报案例，明确规定，组织整改。

【推动党建工作与生产经营深度融合】 围绕生产经营，持续开展党员建功立业主题实践活动，创新活动载体和内容，充分利用共产党员先锋工程项目、党员创新工作室等技术引领平台，树立尊重技术、崇尚技术、向技术要效益的理念，促进生产经营效益取得历史性突破。截至2021年底，本钢共有党员先锋岗1028个、党员责任区1312个、党员先锋队423个、党员先锋工程346个、党员创新工作室95个，建功立业活动年创造经济价值上亿元。

【"整严树"与"靠钢吃钢"双治理】 深入持续开展"整、严、树"工作，成立领导机构和4个工作组，实行周例会、月例会制度，各级党委每周上报问题台账和工作台账报告，严格督促、跟踪推进。开展"靠钢吃钢"专项治理，制定专项治理方案，将"靠钢吃钢"专项治理和"整、严、树"工作相互融合、一体推进。定期调度，梳理专项治理情况，通报查摆问题，落实相关责任，制定整改措施，持续跟踪改进。召开年度总结会议，通报各类违规违纪案例，进行专题廉政教育，广大干部职工懂规矩、守纪律意识不断增强。各级党委累计自查和集中排查问题1883项，共给予119人党、政纪处分，累计节约创效11.29亿元，干部职工纪律意识显著增强，工作作风明显改善，"半年见成效，一年大变样"的目标基本实现。

【本钢领导班子和领导人员调整及考核】 2021年8月6日，省委决定汪澍同志不再担任本钢集团有限公司党委副书记、常委、委员、副董事长、董事和总经理职务。2021年8月20日，鞍钢本钢正式重组。10月14日，鞍钢集团党委召开本钢干部会议，宣布鞍钢集团党委、鞍钢集团关于本钢领导班子成员任免的决定。鞍钢集团党委副书记栗宝卿主持会议并宣布任免决定。鞍钢集团党委书记、董事长谭成旭出席会议并讲话。鞍钢集团党委、鞍钢集团决定杨维同志任本钢集团有限公司党委书记、董事长，王军同志任本钢集团有限公司董事、总经理、党委副书记，赵忠民同志任本钢集团有限公司董事、党委副书记，杨成广同志任本钢集团有限公司党委常委、副总经理，曹爱民同志任本钢集团有限公司党委常委、副总经理，高烈同志任本钢集团有限公司党委常委、副总经理，张鹏同志任本钢集团有限公司党委常委、副总经理，张彦宾同志任本钢集团有限公司党委常委、职工董事、工会主席，张景凡同志任本钢集团有限公司党委常委、总会计师，王代先同志任本钢集团有限公司党委常委、副总经理（挂职锻炼时间至2022年6月），曹宇辉同志任本钢集团有限公司党委常委、纪委书记。11月20日，省委决定，因公司重组，杨维、赵忠民、杨成广、曹爱民、高烈、张鹏、张彦宾、曹宇辉等8名同志的本钢集团有限公司职务自然免除，不再列入省委管理干部序列；王代先、王乔鹤同志的本钢集团有限公司职务自然免除；张贵玉同志的本钢集团有限公司职务自然免除，办理退休。12月3日，鞍钢集团党委、鞍钢集团决定张鹏同志不再担任本钢集团有限公司党委常委、党委委员、副总经理职务。截至2021年底，本钢共有鞍钢集团直管领导人员10人（其中挂职干部1人）。12月26日，根据鞍钢集团党委的统一安排和部署，积极配合鞍钢集团考核组对本钢领导班子和领导人员进行2021年度考核。本钢中层领导干部69人参加考核会议并进行了民主测评，40人与考核组进行了考核谈话。

【干部管理基础工作建设】 按照鞍钢本钢整合融合工作部署，聚焦"要素管控＋管理移植"主线，根据鞍钢集团领导人员管理模式，深化本钢干部人事制度改革，承接修订本钢领导人员管理办法、"两制一契"管理、领导人员岗位分级分类、市场化选聘职业经理人、选拔任用工作监督检查等15项制度文件，进一步夯实本钢干部管理制度体系建设，规范选人用人等程序，扩大选人用人视野，营造风清气正的选人用人环境，激励干部担当作为，推进干部能上能下；从严管理干部人事档案，持续对基层单位的人事档案工作进行业务指导，推动档案管理科学化、制度化、规范化，提升本钢干部人事档案管理工作水平。

【各级领导班子配备和领导干部调整】 鞍钢本钢重组前，为推动基层单位总厂制改革，优化销售、采购等重点岗位，推进板材公司规范化运作，发掘使用优秀年轻干部，期间共进行三轮干部调整，涉及300人次；鞍钢本钢重组后，构建与本钢深化改革平台架构建设相配套的授权体系，严格贯彻"管少、管好、管活"原则，按照"下管一级、充分授权"的方式，下放领导人员管理权限，制定推行"两制一契"管理及竞争上岗等实施方案。按照"全体起立，重新聘任"原则，采用自上而下、选竞结合的操作方式，逐层级开展D级以上人员重新聘任工作。期间，共进行七轮干部调整（包含四轮公开竞聘），重新聘任上岗302人，切实优化班子结构，选准用好干部。

【领导干部日常管理与考核】 为全方位、多角度了解掌握本钢各单位领导班子和领导干部经营业绩和履职能力，建立健全领导班子和领导干部日常管理考核体系，制定领导班子和领导干部日常考核实施方案，会同有关部门对国贸公司、采购中心等单位领导班子和领导人员以"无任用"调研方式开展日常考核。为进一步加强对本钢直管领导班子和领导干部队伍的管理和监督，参照鞍钢集团领导班子和领导人员综合考核评价办法，制定本钢直管领导班子和领导人员2021年年度综合考核评价工作方案，对本钢机关职能部门、业务机构和直管子企业领导班子和D级及以上人员（含专业职能、工程技术等其他岗位序列）进行考核评价，共计40个领导班子，251名领导干部，其中因重组或新组建不满半年不予评定等次的领导班子6家；因交流任职不满3个月不予评定等次的领导干部88人；评价为"优秀"的班子5个，占比15%；评价为"优秀"干部共23人，占比14%。组织召开本钢干部视频大会，点评考核情况，开展廉政教育，对排名"末位"的领导干部提出工作建议及处理意见。

【领导干部培训】 为贯彻落实省委组织部、省干部教育在线学院关于开展在线学习的有关工作安排，根据《干部教育培训工作条例》和《2018—2022年辽宁省干部教育培训规划》，组织各级领导干部、管理人员、专业技术人员积极开展"干部在线学习"工作；以提高政治素质、增强党性修养、突出党史教育三个主线为重点，与本溪市委党校合作，于春、秋两季共开办4期领导干部轮训班，制定领导干部轮训考核办法，并实行学分制考核。

【年轻干部培训与挂职锻炼】 开办本钢第一届优秀年轻干部综合能力提升培训班，抽调45名具备全日制大学及以上学历、年龄在41周岁以下年轻干部脱产培训3个月，系统学习党性党史教育知识和企业管理类核心课程。组织完成23名优秀年轻干部挂职锻炼工作，并召开挂职锻炼工作总结会议。汇总各阶段《挂职锻炼工作互评表》，记录干部挂职期间主要工作经历，形成挂职锻炼干部成长档案并建册归档，其中提拔使用2人、挂职单位留用4人、交流调整1人、返回派出单位16人。

【市区人大代表与派驻乡村工作】 按照市、区两级人大换届选举工作总体部署，全面组织做好各项工作。区级层面，设立本钢人大换届选举工作指导组及选区选举工作小组，其中平山区成立本钢选区17个，选民登记5万余人，共选举产生25名区人大代表；南芬区成立本钢选区4个，选民登记4000余人，共选举产生8名区人大代表。市级层面，积极配合市委组织部做好市人大代表候选人建议人选考察等相关工作，共产生26名市人大代表，其中市人大常委会委员1名。为深入贯彻习近平总书记关于选派干部到乡村工作的重要指示精神，落实省委关于大规模选派干部到乡村工作决策部署，协调做好派驻乡村工作，累计派出55名驻村干部。根据省委组织部等有关部门印发《关于做好全省驻村第一书记和工作队员期满考核工作的实施方案》的通知要求，妥善安置10名期满选派干部。

【人才队伍建设】 扎实做好人才选拔推荐工作，组织完成省青年拔尖人才、"百千万人才工程"人选科技活动资助项目申报、对数字化转型和智能化改造专家的推荐工作，积极向省级及以上推荐高精尖人才。优化年轻干部人才库建设，将"75后"正科级纳入统计范围，并对参加过MBA和青干班等重点班次培训的优秀人才进行梳理，持续关注、跟踪培养。积极拓宽招聘渠道，适时转变招聘方式，通过"云招聘"和"网上见"等方式，招聘高校毕业生63人，为企业发展提供强有力的人才支撑。

（朴永鹏　武佩剑）

宣传工作

【概况】 本钢集团党委宣传部（统战部、企业文化部、团委）下设宣传统战处、企业文化处、团委三个职能单元和一个直属机构宣传中心。主要负责宣传思想、统战、企业文化、共青团、新闻宣传等工作。2021年末，宣传部共有在籍人员11人，全部为中共党员，其中部长1人、副部长3人（其中专项工作1人）、职能单元负责人2人、专业业务师4人、责任业务师1人；正高级职称1人、副高级技术职称5人、中级技术职称4人、初级技术职称1人。宣传中心（11月5日，宣传中心更名为鞍钢集团新闻传媒中心本钢记者站）为宣传部直接领导的业务机构，负责相关业务的具体实施，下设综合策划室、报纸编辑室（含周末版）、报纸记者室、电视工作室、新媒体工作室、舆情监控室等6个内设科级机构。在籍采编人员54人，中共党员48人。其中部门正职1人、副职2人，区域正职5人、副职5人；高级业务师

1人、专业工程师8人、责任工程师32人；副高级技术职称3人、中级技术职称41人、初级技术职称8人。

本钢集团宣传工作主要由党委宣传部、宣传中心组织实施，主要包括思想建设、理论教育、落实意识形态工作责任制、形势任务教育、精神文明建设、法治宣传、国防教育、"法轮功"教育转化、《本钢日报》出版、《今日本钢》电视播出、本钢新媒体宣传、网络舆情监控、对外宣传等工作。

【党史学习教育】 一是成立党史学习教育领导小组及办公室，各基层党委设置对应的组织机构。下发文件通知43个，编发党史学习教育简报68期。二是组建党史学习教育巡回指导组，深入基层督导检查，下发《本钢集团党史学习教育巡回指导情况通报》，确保督促指导全覆盖、无死角。三是围绕习近平总书记"七一"重要讲话和十九届六中全会精神，通过专题读书班等形式，全面深化对习近平新时代中国特色社会主义思想的理解。截至12月末，本钢集团党委各级领导干部参与研讨406人次；各党（总）支部参与研讨45786人次，共提交心得1257篇。举办5场党史学习教育专题培训、巡讲暨2021年党建大讲堂，做到副处级以上领导干部和党务工作者、党员代表全覆盖。及时下发习近平《论中国共产党历史》等指定学习材料和重要参考材料共39400本，充分利用"线上＋线下"学习教育资源，开展自主学习。四是各级领导班子成员到党建工作联系点或党支部讲党课。累计外请专家进行基层理论宣讲30余场，听众万余人。五是全媒体开设"奋斗百年路 启航新征程"等专版专栏，累计发稿657篇，并择优在新华社、《人民日报》《中国冶金报》、辽宁电视台

等省级以上媒体刊发。结合鞍本重组实际，开设"党旗引领红色鞍钢"等专栏，并利用宣传海报、宣传标语、制作发布微视频等方式，加强形象化宣传力度。六是组织党员干部参观了省内红色教育基地。完成红色文化书籍《逐梦成钢》出版发行；5集纪录片《钢铁是这样炼成的》已通过国家广电总局审核；制作《钢铁映像》百集系列文献电视专题片。七是开展"对标先进补短板、对话功勋促提升"主题活动。围绕"对标先进补短板"，共梳理、汇总四大类105项重点项目，已完成70项对标项目。针对"对话功勋促提升"，召开罗佳全同志"本钢新时代功勋员工"命名表彰大会，在各板块举办罗佳全同志先进事迹巡讲报告会，新华社、《中国冶金报》等媒体对罗佳全事迹进行报道。八是本钢党委及领导班子成员确定的职工免费一餐、外地大学生职工新宿舍搬迁、板材职工厂内公交通勤等27件民生实事，全部完成。各级党委共确定办实事项目833项，基本完成。九是党史学习教育贯穿鞍本重组全过程，通过组织开展"我讲党史故事"比赛、微信公众号、基层厂矿内部刊物、简报等载体，宣传"1+1>2"的整合融合协同效应。

【学习型党组织建设】 一是本钢集团全年共开展党委理论学习中心组学习17次，按季度下发《本钢集团党委理论学习中心组学习要点》及《各单位党委理论学习中心组学习抽查情况通报》，指导基层党委理论学习中心组学习。二是邀请省委讲师团成员、辽宁省委党校二级教授、中共党史党建专业硕士研究生导师储霞作题为《百年大党再出发的政治宣言和行动纲领》的专题辅导报告，分层次、有侧重地抓好基层党员干部和普通党员学习教育。三是本钢集团党委书记、董

事长杨维围绕领导干部综合能力提升路径，提出了"七个思维"（战略思维、原点思维、辩证思维、系统思维、创新思维、底线思维、精准思维）的要求。会同党委相关部门，下发了《关于深入学习杨维书记、董事长在本钢集团优秀年轻干部综合能力提升培训班（一期）结业典礼讲话要点的通知》，并列席旁听相关基层单位党委理论学习中心组学习。

【宣传思想工作】 深入开展2021年党建思想政治工作课题论文征集评选活动，对32家单位67篇论文进行评选，并择优推荐6篇优秀论文参加全国冶金政研会举办的"全国冶金行业思想政治工作优秀论文评选"，其中获一等奖1篇、二等奖1篇、三等奖2篇。

【落实意识形态工作】 一是调整本钢集团意识形态分析研判小组，为意识形态工作提供制度保障，向上级党委报送本钢集团意识形态工作报告。本钢集团党委常委会听取意识形态工作汇报，审核各基层单位意识形态工作报告。二是做好2020年度报刊出版单位社会效益评价考核工作，实现社会效益和经济效益相统一。三是各基层单位党委切实把意识形态工作作为党的建设的重要内容，与生产经营工作和党建工作紧密结合，一同部署、一同落实、一同检查、一同考核。四是利用内、外部媒体平台，实行专人网络监控值班制度和舆情应急预案，确保思想舆论及网络舆情环境总体平稳。

【形势任务教育】 针对本钢实施以三项制度改革为核心的"1+2+N"系列改革的实际，建立了深化市场化改革网格化管理体系，实现了政策宣传的全覆盖、无死角、有实效。

同时，搭建了"本钢深改改革在线"微信公众平台，发布《本钢深化市场化改革宣传教育提纲》及《倡议书》，形成了"上下同欲者胜，同舟共济者赢"的良好舆论氛围。

【宣传舆论氛围营造】 为纪念中国共产党成立100周年，会同党委相关部门，制定《本钢集团党委关于开展纪念建党100周年系列活动的通知》，指导各级党组织和全体党员开展纪念活动。同时，充分利用各媒体平台，广泛宣传中国共产党的光辉历史和光荣传统，进一步发挥先进典型的示范引领作用。

【精神文明建设】 本钢集团党委坚持以习近平新时代中国特色社会主义思想为指引，把培育和践行社会主义核心价值观作为主线，贯穿到鞍本重组整合融合工作和各项生产经营目标中，通过弘扬社会主义核心价值观，践行"创新 求实 拼争 奉献"的企业核心价值理念，深入推进精神文明建设，为筑牢百年基业、打造世界强企凝聚强大精神力量。

【文明单位创建活动】 积极探索新形势下精神文明建设工作融于企业生产经营实际的有效途径。一是完成2021年度辽宁省、本溪市文明单位年度考评工作。本钢集团获评2021年度辽宁省文明单位年度考评优秀单位，板材冷轧总厂等3家获评辽宁省文明单位、板材发电厂等7家本溪市文明单位全部通过年度考评。二是围绕中央、省、市文明办工作部署，结合本钢实际，开展系列创建文明城市宣传活动，通过悬挂条幅、文明出行引导等多种形式展开常态化宣传教育，营造氛围。

【典型选树及宣传】 广泛开展"学习好人、崇尚好人、争做好人"活动。一是开展"辽宁好人""本溪好人"的推荐工作。新实业公司杨治强、板材铁运公司陈军荣获"辽宁好人"称号；板材冷轧总厂张勇、人力资源服务中心任枭一、板材储运中心任枭雄等5人荣获本溪市"道德模范"称号；板材热连轧厂丛朝日荣获月度"本溪好人"称号。二是开展辽宁省"最美志愿者""本溪好人·最美志愿服务团队（志愿者）"的推荐工作。板材冷轧总厂丁天君荣获2021年辽宁省"最美志愿者"称号；矿业南芬选矿厂高盛良获得"本溪好人 最美志愿者"称号。三是开展本溪市"雷锋号"的推荐工作。北营炼钢厂炼钢二作业区、本钢保卫中心板材警卫大队一中队荣获本溪市2020年度"雷锋号"称号；本溪钢铁（集团）机电安装工程有限公司罗佳全技能大师工作室、修建（维检）公司炼铁作业区高炉炉顶齿轮箱检修应急班荣获本溪市2021年度"雷锋号"称号。四是礼遇道德模范，走访慰问板材铁运公司赵秉言等6名市级以上道德模范。

【"本钢好人"评选及宣传】 "本钢好人"评选活动产生了积极广泛影响，成为展示本钢职工道德建设丰硕成果的品牌活动。一是作为本钢集团庆祝中国共产党建党100周年系列活动亮点之一，2021年7月23日，在本钢文化中心隆重举行首届"本钢好人"年度盛典。市委常委、宣传部部长王敬华出席盛典。党委书记、董事长杨维为11名年度好人颁奖并发出倡议。二是印刷《本钢好人》一书。书中重点收录了2020年40名季度、11名年度"本钢好人"的先进事迹，首届"本钢好人"年度盛典实况及活动产生的社会效应。三是2021年共评选出40名季度"本钢好人"和 11 名年度"本钢好人"。四是大力宣传本钢好人精神，开设"本钢好人"专版专栏，对好人事迹进行专题报道。

【学雷锋志愿服务活动】 2021 年 3 月 5 日组建了本钢志愿服务队，下设劳模工匠、文明出行等 10 个直属支队，26 个团属分队，共有注册队员 2638 人，开展常态化志愿服务项目 12 个，累计服务时长 2102 小时。一是服务队秉承"本钢志愿者 温暖本钢人""立足本钢 奉献社会"的理念，开展系列特色服务活动。二是在第 59 个学雷锋纪念日当天，举办"跟着郭明义学雷锋"志愿服务活动启动暨郭明义爱心团队本钢分队成立仪式。当代雷锋郭明义参加启动仪式并授旗。三是在纪念"3·5"学雷锋活动 58 周年之际开展主题宣传活动。四是本钢志愿服务活动获评 2021 年本溪市宣传思想工作"最佳实事"。

【法治宣传】 坚持"依法治企"和"以德治企"相结合，全面推动法治本钢宣传工作的深入开展。一是通过多种形式学习宣传相关法律法规。将相关法律法规纳入各级党委理论学习中心组学习重要内容；联合法律合规部开辟专栏，刊发相关内容。二是组织开展"12·4"国家宪法日"宪法宣传周"系列宣传活动。三是在宪法日当天，开设专版，编发相关单位法治建设工作的具体做法和典型经验。四是与法律合规部联合制定《本钢集团有限公司关于开展法治宣传教育的第八个五年规划（2021—2025 年）》，营造良好法治环境。

【国防教育】 以纪念《中华人民共和国国防教育法》颁布实施 20 周年为契机，进一步加强国防教育，开创新时代本钢国防教育新局面。一是将其纳入依法治企普法宣传教育学习内容。二是在颁布实施纪念日当天，会同保卫中心（武装部）在《本钢日报》开辟专版，宣传国防知识、基层单位经验做法。三是会同保卫中心（武装部）按季度为基层民兵、专武干部发放政治教育学习活页，进行专项宣传教育。四是组织参加市委宣传部举办的"勿忘国耻 共筑国防"全民国防主题知识竞赛，本钢代表队荣获第二名。

【"法轮功"教育转化】 按照省、市防范办的统一部署，在广大干部职工中深入开展"崇尚科学、反对邪教、珍爱生命、共享和谐"的社会主义核心价值观教育。重点做好国家省市区"两会""新年""春节""清明节""端午节""中秋节""国庆节"以及"4·25""5·13""6·4""7·22"等敏感节假日期间"法轮功"重点人"零平安报告"的防控接续帮教维稳工作。

【《本钢日报》】 《本钢日报》创刊于 1948 年 12 月。立足本钢，面向全国公开发行，国内统一刊号：CN21-0031，为对开四版，分"正刊""副刊"两大板块，每周出版六期报纸。2021 年，《本钢日报》围绕本钢集团改革创新发展成果、鞍钢本钢重组、生产经营、疫情防控、科技研发等重点工作，全年共出版报纸 295 期，1180 个版面，刊发文字约 826 万字。

【新闻宣传亮点】 一是全天候跟进本钢重要会议和本钢领导工作调研等报道，围绕"5+1"工作格局和"1+4"重点任务，及时传达鞍钢本钢重组、本钢重要工作部署，报道生产经营突破性成果。二是围绕 2021 年以来持续保持稳产创高产、科技攻关、产品研发、能源环保、数字化智能化建设等方面工作成果进行宣传报道，并组织系列深度报道，挖掘各主要生产单位提产创效工作成果和经验。三是在党史学习教育工作中，报纸开设"奋斗百年路 启航新征程""党委书记访谈""理论学习""寻找身边的榜样""党史故事""党史百科""党史天天读"等专版专栏，与企业生产经营实际紧密结合，通过综述、评论、见闻、党员心声、图片专版等多种形式，形成有自身特色的整体报道格局。四是深入基层挖掘典型，开设"本钢人""我是党员""创新视野""人才之窗""寻找身边的榜样""争做功勋员工"等专栏、专版，报道各级各类荣誉职工，弘扬劳模精神、劳动精神、工匠精神，集聚发展正能量。五是结合鞍钢本钢重组实际，对企业改革按进度节点、分阶段进行宣传报道，每个阶段宣传主题明确、重点突出，在报纸开设"党旗引领红色鞍钢"等文化专栏，推进双方企业文化融合。

【《今日本钢》】 2021年，共编播《今日本钢》电视节目271期，播发新闻2177篇，处理文字84万余字。围绕"5+1"工作格局和"1+4"重点任务，开设《专项工作进行时》《以效益为中心"强身健体"构建发展新格局》《全面激发科技创新活力 集聚高质量发展新动能》等专栏，深入报道本钢落实省委省政府关于聚焦工业振兴，做好改造升级"老字号"、深度开发"原字号"、培育壮大"新字号"三篇大文章具体要求的宣传报道。3月1日，《今日本钢》电视节目播出时长由原来的10分钟延长为15分钟。

【新媒体建设】 2021年，新媒体各平台共发布微信推送2016条、微博2240条、抖音短视频163个、今日头条207个、微信视频号118个。新媒体开通抖音号、今日头条号，进一步扩大本钢宣传平台。及时准确把握本钢重大事件和主要领导的重要指示精神，紧扣企业以效益为中心的改革发展工作脉搏，围绕鞍钢本钢重组、要闻会议、党史学习教育、专项工作、稳产高产、降本增效、科技创新、产品研发、节能环保、工程建设、企业管理、疫情防控、先进典型、党的建设等主要工作进行报道，收到了良好的宣传效果。

【对外宣传】 围绕企业中心工作，不断加大对外宣传力度，营造本钢高质量发展形象。2021年，与中国冶金报签署了框架合作协议，省级以上媒体刊发稿件达210篇。在《人民日报》、新闻联播、新华社、《中国日报网》《辽宁日报》《光明日报》《中国经济时报》《经济参考报》《中国产经新闻》《中国冶金报》《辽宁日报》等权威媒体相继刊播了《重磅！鞍钢重组本钢正式启动》《实质性整合开启！鞍钢集团本钢集团有限公司揭牌》《辽宁本钢转型发展激发活力：环境好 效益高 收入增》等报道，契合了企业生产经营与改革发展的中心工作，增强了宣传效果，提升了本钢集团企业形象。

【新闻宣传综合管理】 一是充分发挥党建引领作用，扎实开展党史学习教育，深入贯彻落实习近平总书记对新形势下做好党的新闻舆论工作的要求和关于媒体融合发展重要讲话精神，强化理论武装，提升党总支建设水平，全面从严治党主体责任有效落实。二是丰富报道内容，创新报道形式，提高业务水平，全媒体对标先进，找差距补短板。持续开展外出培训、岗位轮转，运用组建融创团队、实施项目制以及师带徒等多种形式，精心培养复合型人才。三是强化内部管理，进一步完善制度化、规范化建设，转变考核方式，由原来的会议评选改为网络评选。

（顾春明　朱　丹　刘佳璇）

纪检监察工作

【概况】　辽宁省监察委员会驻本钢集团有限公司监察专员办公室、本钢集团有限公司纪委、本钢集团有限公司党委巡察工作领导小组办公室合署办公。党委巡察办下设业务指导室；纪委（监察专员办公室）下设综合室、案件监督管理室、纪检监察一室、纪检监察二室、案件审理室和15个派驻纪检监察组。

鞍钢本钢重组后，经与辽宁省监委沟通，撤销了驻本钢集团有限公司监察专员办公室。2021年12月份，按照《本钢集团有限公司党委关于纪检体制改革的实施方案》（钢委发〔2021〕111号）有关要求，设立本钢集团有限公司党政督查办公室，作为本钢集团党委下设部门，与本钢集团有限公司纪委、本钢集团有限公司党委巡察工作领导小组办公室合署办公，对外名称统一为纪委（党政督查办、党委巡察办），内设四个职能单元，分别为综合管理室、纪律审查室、案件审理室、党政督查办（党委巡察办），15个派驻纪检组随着体制改革的深入合并为3个临时派驻纪检组。

截至2021年末，纪委（党政督查办、党委巡察办）在籍人员40人（不含纪委书记），均为中共党员，其中改做专项工作14人。在岗26人，其中高级业务师及以上15人、主任业务师3人、专业业务师6人、责任业务师2人；研究生学历12人、大学学历19人、大专学历9人；副高级职称8人、中级职称24人、初级职称7人。

【廉洁宣教】　一是加强对领导干部的廉洁教育。坚持组织开展新提任领导干部岗前教育，强化新提任干部的廉洁自律意识；组织领导干部及家属现场聆听省纪委组织开展的清风传家故事会，涵养家风。二是深入基层单位开展廉洁宣教。在新实业公司对重点岗位、管理人员开展了"纪检组讲廉政党课"教育活动；为国贸公司新招聘的产品销售质量服务组工作人员开展了新入职廉洁教育培训。2021年组织各级党员领导干部和重点人员签订《领导干部廉洁自律承诺书》共计9353份。三是利用本钢日报等各种媒体平台发布廉洁自律工作要求和警示教育信息案例以及党委巡察小故事，全方位、多角度营造风清气正的工作氛围。

【派驻监督】　一是加强中心监督。紧盯本钢集团公司"5+1"工作格局和"1+4"重点任务贯彻执行情况，按照本钢集团公司"整、严、树"等五个专项工作推进组要求，检查督导各单位党组织落实情况。二是强化会议监督。盯紧"党委议事"以及"三重一大"重点环节，监督各单位党委会、组织生活会等338次，及时提出了相关工作意见和建议。三是强化专项监督。按照"靠钢吃钢"专项治理工作要求，审核把关各单位工作方案，监督检查各单位专项治理情况。四是强化日常监督。结合日常走访、交流座谈和廉洁谈话，监督检查各单位落实党风廉政建设工作情况。五是强化特色监督。针对各单位工作特点，开展进厂原辅料质量、大学生宿舍用品招标采购、首席工程师竞聘等特色监督检查。

【党委巡察】 一是扎实开展党委第六轮巡察工作。对板材铁运公司等 5 家单位党委开展常规巡察，发现问题 226 项，向本钢集团公司纪委移交问题线索 5 件。二是开展第三轮巡察整改落实"回头看"，反馈问题 311 项，完成整改 311 项，整改完成率 100%。三是健全完善整改监督检查机制。巡察办、巡察组和纪委派驻纪检组三方协作，推进"三重整改""三方验收"，制定《巡察整改问责追责办法》，形成巡察整改工作的"闭环"管理。四是强化巡察队伍建设。建立完善巡察干部"人才库"396 人。加强巡察干部业务培训，采用"内邀外请""以巡带训""上挂下派"等培养模式，提高巡察干部业务水平。五是突出中心工作党委巡察不断深化。围绕本钢集团党委决策部署，把构建"5+1"工作格局和"1+4"重点任务、"整、严、树""靠钢吃钢""资产清查"等工作纳入巡察监督重点。

【审查调查】 一是严格按照"二十四字"办案基本要求开展审查调查工作。截至 2021 年末，共处置问题线索 312 件，其中初步核实 129 件、谈话函询 145 件、暂存待查 6 件、予以了结 32 件，办结 262 件，办结率 84%。同时，注重加大减存量工作力度，集中力量对 87 件遗留问题线索查办，其中初步核实 64 件、谈话函询 22 件、予以了结 1 件，办结 85 件，办结率 97.7%。今年共立案 83 件，已结案 65 件，处分 119 人，移送地方监委已采取留置措施 3 人。二是灵活运用第一种形态，抓小抓早，防微杜渐。截至 2021 年末，谈话提醒 57 人、批评教育 48 人、责令检查 7 人、诫勉谈话 21 人、通报批评 14 人、调整岗位 6 人、经济处罚 28 人、追缴 40 个单位及个人违纪款及经济处罚，为本钢集团

公司挽回经济损失 309.717 万元，对 19 个单位及个人实施限期整改。三是开展处分决定执行情况专项检查。共检查 394 份处分决定送达、薪酬待遇调整、装档等执行情况，对发现的问题及时进行整改；下达纪律检查建议书 1 份、监察建议书 15 份、纪检监察建议书 1 份。四是严把干部选拔任用"党风廉政意见回复"关，出具干部廉政审核意见 2120 人次。五是"室组地"办案首次采取留置措施，成立"7·29"联合专案组，开展了纪律审查和联合监察调查。

【落实中央八项规定精神】 一是在元旦、清明、五一等重要时间节点，针对公车私用多发易发问题和隐形变异问题下发纪律要求，营造守纪律、讲规矩、崇尚节俭的节日氛围。二是持续贯彻落实党员领导干部婚丧喜庆报告制度等纪律要求，接收并监督本钢集团管理的党员领导干部办理婚丧喜庆事宜报告 28 人次。三是在高招录取前，重申严禁领导人员、党员和管理干部违规操办或参加"升学宴"的纪律要求，摸清子女参加 2021 年高考的党员领导干部情况，逐一提醒谈话 671 人。四是持续开展"厉行节约、杜绝浪费"专项整治工作，进行现场监督检查，督促推动各单位党委履行主体责任。

【整合融合】 积极落实聚焦"要素管控＋管理移植"要求，坚持高站位谋划、高标准设计、高效率开局、高质量推动的"四高原则"，在鞍钢集团纪委指导下加速推进管理过渡期各项工作。根据专项整合实施方案及工作计划，在过渡期结束时，2 项工作标的和 6 个工作节点均按期完成，提前完成 1 项首月工作标的，完成了 38 项承接制度的修订转化工作，11 项原有制度的"立改废"

判定工作,11项政策性文件承接与转化工作,完成了《本钢纪检工作制度立改废方案》等材料的起草。本钢纪委积极配合推进各项工作,实现"全天候""敞开式办公""全方位对接",各业务室、各派驻纪检组聚焦主责主业,确保在过渡期内乃至整合后的改革期的各项工作平稳顺行。10月15日,本钢纪检工作正式纳入鞍钢纪检监察体系,实现了从省直管理到中直管理的跨越。

【自身建设】 一是完善纪检监察管理制度。修订并下发监督执纪监察工作规程,从信访受理到组卷归档全流程规范岗位职责、审批权限和执纪问责流程。二是规范本钢纪委(监察专员办)发文字号、用印审批和发文发函流程。实现纪律检查建议书、监察建议书的OA线上流转审批和送达,提高监督执纪质效。三是加强对纪检工作人员的教育培训。扎实开展党史学习教育,组织学习党内政策法规以及纪检监察系统应知应会知识题库,提高自身政治素养和业务素质。(王树新)

统一战线工作

【概况】 本钢集团党委统一战线工作由本钢集团党委宣传部(统战部、企业文化部、团委)具体实施。2021年,深入开展学习贯彻习近平总书记关于加强和改进统一战线工作的重要思想,贯彻落实《中国共产党统一战线工作条例》文件精神,宣传贯彻党的统一战线的路线、方针、政策以及上级党委统战工作会议精神;负责围绕企业生产经营中心工作,夯实基础,丰富载体,创新思路,充分凝聚党外各界人士,调动统战成员积极性,努力发挥统战工作在企业改革发展中的作用;负责省、市、区政协委员,党外人大代表的推荐、考核和管理工作;负责协调指导本钢各民主党派和无党派人士、党外知识分子以及民族、宗教、对台、侨务等统战各项工作。

【统战活动】 一是本钢集团党委及时调整了统一战线工作领导小组成员,有效推进了党委负责、统战部门牵头协调、有关部门配合的大统战工作格局的构建。二是加强统战工作自身建设,制定下发了《本钢集团有限公司统一战线工作经费实施办法(暂行)》;加强基层统战干部队伍建设,举办基层统战干部培训班,进一步提升业务能力和服务水平;加强统战管理考核,每季度政工例会,汇报统战工作。三是结合中国共产党成立100周年主题,加强党外人士党史学习教育,积极开展传承红色基因活动。组织党外人士集中观看了《1921》、党史教育片《初心》等红色教育影片;分批次为党派成员发放了《中国共产党简史》《习近平新时代中国特色社会主义思想学习问答》等党史学习资料;邀请民主党派人士列席本钢集团七一表彰大会、党史学习教育宣讲报告会等活动。四是结合本钢三项制度改革及鞍钢重组本钢协同工作相关要求,加大对统战成员的宣贯力度,坚持正确引导,传递正面声音,广泛凝聚支持改革、支持重组的思想共识。五是推动统战工作理论创新,高质量完成了题为"实施两个工程,推进统战创新,为本钢高质量发展汇聚强大合力"的统战实践创新项目,并荣获2020年度全省实践创新成果奖。

【政协工作】 一是配合市、县区统战部开展政协换届工作,推荐35名党外人士担任市、县区政协委员,其中常委7名;二是积极促进本钢籍政协委员建言献策，履行参政议政职能，全年被市政协采纳提案 12 件。

【民主党派工作】 一是围绕学习宣传贯彻习近平总书记"七一"重要讲话精神、《中国共产党统一战线工作条例》以及党的十九届六中全会精神等内容，组织党派成员举办了习近平总书记"七一"重要讲话精神和《中国共产党统一战线工作条例》专题培训；以基层民主党派组织为单位，开展了党的十九届六中全会精神专题学习。二是支持民主党派自身建设，配合各民主党派市委完成换届选举工作，积极与各民主党派市委沟通，推荐本钢 7 名党派成员当选各民主党派市委委员、常委，助推本钢党外人士提升政治荣誉感和社会影响力。

【党外知识分子工作】 一是结合企业生产经营中心工作，充分调动统战成员工作热情，深入开展了"立项攻关、科技创新""庆百年、献良策、做贡献"等活动。2021 年，以本钢板材技术研究院为代表的党外知识分子立项攻关活动，开展课题立项 22 项，择优推荐 4 项参加鞍钢集团党外人士"庆百年、献良策、做贡献"评选活动。二是针对极端天气，号召本钢广大统战成员结合岗位实际，主动请缨，积极参与本单位"除雪保产"除雪专项行动；广大党外人士积极组织党派成员参与本钢志愿服务队除雪活动，围绕铁路运输、厂区道路等重点区域为本钢生产保供、职工出行提供便利。三是深入挖掘本钢党外人士优秀代表，以统战宣传月为契机，利用《本钢日报》开辟专栏，对本钢党外人士优秀事迹进行了宣传报道，充分发挥引领示范作用；推荐刘宏亮等 4 名优秀党外人士代表入选《本溪统战人物志》，进一步扩大本钢统战成员的影响力。

【民族宗教工作】 认真开展中央民族工作会议精神学习宣贯工作，利用《本钢日报》开辟专栏，积极宣传"中央民族工作会议精神"、民族区域自治制度、《中华人民共和国民族区域自治法》等内容。广泛开展宣传教育，增强实效性，扩大覆盖面，纳入职工思想政治教育全过程。

【对台侨务工作】 关心本钢侨眷政治生活，积极与市侨联沟通争取省侨代会代表名额事宜，推荐 2 名本钢侨眷代表出席辽宁省第十次归侨侨眷代表大会，进一步助推本钢侨眷成长，提升政治待遇。

【本钢各民主党派概况】 本钢集团现有"民革本钢支部、民盟本钢总支、民建本钢委员会、民进本钢总支、农工党本钢支部、致公党本钢支部、九三学社本钢委员会"等 7 个民主党派，共有基层委员会（总支）、支部（社）等组织 29 个，民主党派成员 305 人；无党派代表人士 53 人；党外知识分子 8177 人；归侨侨眷、三胞眷属 12 人；归国留学 5 人；市级党外人大代表 6 人；党外政协委员 22 人；基层兼职统战干部 70 人。民革本钢支部下设 3 个支部，现有党员 46 名，市、区政协委员 3 名；民盟本钢总支下设 8 个支部，现有盟员 83 名，市、区级人大代表、政协委员 7 名；民建本钢委员会，现有会员 56 名，市、区级人大代表、政协委员 6 名；民进本钢总支下设 3 个支部，现有会员 44 名，市、区级人大代表、政协委员 4 名；农工党本钢支部现有党员 6 名，市、区级政协委员 2 名；致公党本钢支部现有党员 16 名，市、区级政协委员 3 名；九三学社本钢委员会，下设5个支社，现有社员63名，市、区级人大代表、政协委员6名。一是理论学习方面。7月1日，各民主党派积极参加党史学习教育，组织成员收听收看了庆祝中国共产党建党100周年大会，深入学习贯彻习近平总书记"七一"重要讲话精神；民革、民盟利用微信群学习党史百年微课堂系列内容，九三学社组织社员参加线上党史竞赛活动；各民主党派积极参加上级党委统战部门组织的基层统战干部及党外人士培训班。二是组织建设方面。民进本钢总支研究制定了2021年组织发展计划，共发展3名新会员；九三学社组织发展了6名新社员；致公党发展党员1人。2021年7月13日，中国国民党革命委员会本溪市第七次代表大会胜利召开，民革支部共有8名代表参加会议，圆满完成换届各项议程。组织发展党员1人；在新一届人大、政协换届选举中，成为新一届政协委员2人；民建支部完成下设4个支部划分方案，定期开展形式灵活多样的组织活动。三是参政议政方面。民革综合支部联合溪湖支部、本钢厂区支部、本钢北营支部对本溪溪湖地区旅游资源进行考察，并走访本溪鹤腾科技有限公司对企业发展进行调研，并提出意见和建议。民盟本钢总支报送议案、提案8件，其中3项建议被市政协采纳。民建本钢委员会通过各级政协组织提建议和提案3件，参与社会调研、视察活动9人次；2名会员分别担任市、区各级特邀参政议政监督员；2人入选市政协专业技术人才库。九三本钢委员会围绕本溪市经济和社会发展中的重点、焦点和热点问题，组织社员开展调查研究，对本溪市废钢产业建设发展情况专题调研，上交高质量提案6份，在各级各类媒体上发布信息10余篇，切实加强社情民意信息报送和宣传工作。四是特色活动方面。

民革支部2021年春节前夕走访周志友老党员、积极参与市委组织的青年节讲座、"回家话团圆"主题迎中秋活动等主题活动。民盟北营支部参加了民盟本溪市委开展的"不忘合作初心，继续携手前进"和"学思想凝心聚力·比贡献助力振兴"主题教育实践活动，参观了南芬区大冰沟抗联遗址。民进本钢总支组织会员成立了本溪民进羽毛球俱乐部，举办了多次羽毛球比赛活动，得到了民进市委会和广大会员的认可。九三本钢委员会组织社员开展党史和社史学习以及快问快答活动，在党建主题公园开展庆祝建党百年红色教育主题活动。五是社会服务方面。民进本钢总支举办了走访困难会员、重阳节走访慰问退休老会员等活动。民革本钢综合支部组织党员积极参与民革中央定点帮扶县——贵州省纳雍县特色农产品网购消费帮扶，党员下单4次，购买特色农产品价值近千元。民盟本钢总支捐款捐物、走访养老院、探望困难户、对家庭有变故的盟员给予一定的资助，服务社会奉献爱心。六是岗位建功方面。民进主委王大勇被评为民进全国脱贫攻坚工作先进个人、辽宁省民进先进会员。民进会员文小明荣获"中国金属学会冶金先进青年科技工作者""辽宁省青年科技奖'十大英才'"等多项荣誉，并有多项科研成果在国家级、省级、市级学术评选活动中获奖。民盟盟员徐志强入选本溪民盟盟讯"奉献温暖，看最美笑颜"人物宣传；单斌当选本溪市第十六届优秀人大代表，被推荐为民盟辽宁省委纪念中国民主同盟成立80周年优秀盟员；本钢总支被推荐为民盟辽宁省委纪念中国民主同盟成立80周年先进基层组织。民建会员孙伟娜在冶金技术部刊物上发表的科技论文荣获三等奖。九三学社社员侯珍珠、王闯、朱庆虹撰写了《本钢浦项表面锌灰缺陷形成及控制分析》《本钢浦项热镀锌机组高级别汽车板生产工艺改进》《原子发射光谱测定润滑油中各类元素的实践分析》等论文，被国家期刊《金属世界》收录。　　（顾春明）

工会工作

【概况】　本钢集团有限公司工会（简称本钢工会）内设劳动经济工作、组织民管保障、宣教文体（综合）3个职能单元。2021年末，本钢工会工作人员16人，其中分管日常工作的副主席1人、副主席1人、总监2人、主任业务师5人、专业业务师1人、责任业务师5人、专项工作1人。直属子公司（单位）工会20个、作业区级工会773个、工会小组4584个。

【组织建设工作】　组织召开本钢工会一届七次全委（扩大）会议。会议总结了本钢工会2020年工作，安排部署了2021年工作，补选了第一届委员会委员和常务委员。不断完善工会自身建设，统筹本钢工会权责界面，明确在鞍钢集团工会全面业务领导与监督管理前提下实行属地化管理的双重领导工作思路，建立公司级、子公司级、厂矿级三级工会管控体系，为鞍本工会系统整合融合提供组织保障。指导板材、北营、矿业等板块子公司完成工会组建换届工作。完善基层工会法人资格，为20家单位办理工会法人资格证书。按照鞍本重组管理整合承接制度的工作要求，为推动重组整合融合得到全面落实，以"要素管控+管理移植"为主线，聚焦管控要素及管理职能，全面对接制度文件并实现全覆盖。在鞍本重组推进组的领导下，在鞍钢集团工会的具体指导下，设立了专项整合工作组，制定了专项整合工作实施方案和工作计划，签订了《工会专项整合目标任务书》，全面落实责任主体。深入贯彻落实以组织建设、制度建设、业务对接管控为主要内容的14项工作标的。通过对鞍钢集团工会制度条款有效衔接，精准高效地完成了《本钢职工代表大会管理办法》等8项承接制度的制（修）订工作。过渡期、首月、百日、半年工作目标得以实现，标志着本钢工会工作步入新鞍钢的崭新发展阶段。

【重点民生工作】　本钢工会坚持"学党史、悟思想、办实事、开新局"，以党建带工建深入开展党史学习教育"我为群众办实事"实践活动，围绕职工"急难愁盼"问题，制定《本钢集团工会推进"我为群众办实事、争作贡献促振兴"实践活动10件民生实事工作方案》，围绕项目清单制定工作计划、明确工作任务、完善工作措施、落实工作责任。通过召开专题研讨会、与职工谈心谈话、网络问卷调查、职工满意度测评等多种方式深入基层调研、广泛征求职工意见，促进企业实行全员餐补、厂内公交通勤、职工就餐洗浴设施、外地大学生住宿条件等职工关心的"老大难""硬骨头"问题得以解决。充分发挥工会组织桥梁纽带作用，将10件民生实事与本钢工会工作深度融合。本钢工会全年投入215万元，开展"送清凉"和慰问联检职工活动；投入335万元，救助困难职工348人，为困难职工购置米、面、油等慰问品；投入815万元，参加职工医疗互助保障，有效缓解了职工就医负担；各级工会共投入3874万元，用于传统节日职工集体福利支出。按照鞍钢集团工会要求，开展民生实事评价工作，形成了2021年度民生实事评价报告。

【宣教文体工作】 持续弘扬劳模精神、劳动精神和工匠精神。大力宣传全国劳模罗佳全事迹精神，提升"本钢新时代功勋员工"的感召力、凝聚力和影响力，召开"迎五一"罗佳全事迹劳模专场报告会，发起"向罗佳全同志学习"倡议书，开展"劳模眼中的罗佳全"主题作品征文活动。圆满完成了全总党组书记、副主席陈刚同志到本钢就发挥劳模作用、弘扬工匠精神开展调研接待工作。推荐全国五一劳动奖章获得者郭鹏出席建党100周年庆祝大会，召开"传承红色基因，赓续劳模精神"郭鹏载誉归来座谈会。开展以"辉煌百年征程·建功百年基业"为主题的系列文体活动，举办了庆祝建党100周年职工书法美术摄影展，组织开展羽毛球比赛、棋牌比赛、游泳比赛、"双钢"职工全能大赛、五人制足球比赛、乒乓球团体赛等6项体育赛事。参加全总"网聚职工正能量·争做中国好网民"活动，原创歌曲《平凡》获"声暖人心"歌曲奖。

【劳动经济工作】 坚持"以效益为中心"，落实本钢稳产、高产要求，开展贯穿全年的"当好主人翁、建功十四五、建设新本钢"主题系列劳动竞赛，投入竞赛奖励134万元。以技能竞赛活动为依托，提升职工技能水平，承办省赛工种2个、市赛工种6个，组织公司级竞赛工种20个。参加省、市技能大赛获得了4个省赛状元、11个市赛状元。召开劳模创新工作室工作推进会、精准激励政策宣贯会等创新创效经验交流活动。全年荣获全国五一劳动奖章1人；辽宁五一劳动奖章7人、五一奖状1个、工人先锋号1个。全年荣获省职工职业技能培训基地1个、省劳模（职工）创新工作室5个、省工交农建服劳模创新工作室2个、市劳模（职工）创

新工作室5个。参加全国机冶建材技术创新成果展暨"创新百强班组"发布活动，荣获职工技术创新成果二等奖1个、三等奖3个、创新百强班组1个。开展职工代表安全专项视察、职工报告安全生产事故隐患等活动，报告293条隐患并及时给予处理。在安全月开展"强化安全意识、落实安全责任"安全文化主题活动。

【民主管理工作】 落实职代会职权，强化民主监督，各项改革重组方案均履行了相应的民主程序。召开6次职代会审议了鞍本重组工作情况说明、市场化改革总体方案、混改及二次股权无偿划转有关事项，审议通过了三项制度改革方案、配套方案、混改方案等重大事项，差额选举本钢职工董事、职工监事和出席鞍钢集团职工代表。以新职代会管理办法为依托，圆满完成了本钢一届十二次职工代表大会。做到了重大事项审议率100%，三项制度改革方案、混改方案支持率100%。强化提案监督办理，建立了提案征集、评估、立案、办理、监督、反馈闭环流程，办理可行提案13件，办结10件。"成立多元产业协调管理部门"等多项优化管理、创新创效的提案，经过主管部门认真研究，全部采纳意见，并制定计划推进实施。推行平等协商集体合同制度，召开集体合同协商会议，签订《本钢2022年集体合同》，落实了职工合法权益的"制度保障"。

【普惠服务工作】 不断推进"服务职工温暖人心"的工作体系创建工作，全年发放"送温暖"资金391万元；为382名异地留溪职工发放暖心慰问金和"暖心礼包"，送出款物折合人民币近38万元；开展金秋助学，送出1210份升学纪念品，发放困难职工子

女升学救助金 2.4 万元；接续启动职工健康疗养工作，完成了 50 名劳模和 711 名职工疗养任务；举办第七届职工团购车活动，售出车辆 271 台，为职工节约资金 125 万元。为促进集体福利政策有效落实，不断优化福利采购招议标流程，最大限度满足职工多样化需求。以"价格最低、品质最优、服务最好"为工作目标，在办好传统节日福利的基础上，拓展了会员生日礼、职工退休礼、周边景区、健康疗养、免费法律咨询等本钢职工专享普惠，"心贴心"为职工提供"菜单式"服务。

【女职工工作】 组织一线优秀女职工、女工干部、"三八"红旗标兵代表参加市妇联"不忘初心跟党走"视频录制。完善工会女职工工作，下发女职工工作调查表，形成了"近五年女工特色工作"报告。2021 年开展女职工妇女病普查普治工作，为 3938 名女职工进行专项体检，支付体检费 43.31 万元。制作并下发四期关爱女职工健康科普微信讲堂，向广大女职工普及妇科常见疾病知识。

【财务与经审工作】 坚持优化工会经费支出结构，加强工会资金资产管理，加大向基层的倾斜力度，全年补助基层经费预计 421 万元。发挥审查审计监督作用，完成 60 家基层工会审计工作，督促相关问题的整改落实。举办新《工会会计制度》培训。组织各级工会开展固定资产盘点和债权债务清查工作。 （肖 林）

共青团工作

【概况】 本钢集团团委主要负责本钢共青团工作的开展，承担着团组织建设、青年思想教育、青工安全、青年文化建设以及青年人才培养等职责。截至 2021 年末，本钢集团团委下设直属团委 50 个、基层团（总）支部 261 个。

【青工思想教育】 认真贯彻落实团中央"学党史、强信念、跟党走"学习教育安排，各级团组织累计开展主题团日、专题学习会、专题组织生活会 3000 余次；举办四期"本钢基层团员青年素质能力提升培训班"，两期"五四优秀青年素质拓展培训班"，五期"团干大讲堂"，习近平总书记"七一"重要讲话精神、党的十九届六中全会精神专题学习辅导；组织广大基层团干部和团员青年到本溪烈士陵园纪念馆、东北抗联史实陈列馆、杨靖宇纪念馆等红色教育基地参观学习，举行敬献花篮、重温入团誓词等仪式教育；利用"青春本钢"微信公众号平台开展网络党史知识竞赛答题 5 期，制作并发布《本钢青年说党史》微视频 10 期。

【团组织建设】 结合本钢机构调整及三项制度改革，制定下发《本钢基层团组织优化方案》，指导各直管团组织开展组织优化及换届选举工作；承接鞍钢共青团核心制度，集中开展了鞍钢首届团代会精神及有关核心制度的学习宣贯工作，完善本钢共青团制度体系；将团的经费列入企业费用单独列支并预算管理，人均费用标准从 80 元提升至 200 元，强化团的经费保障机制；完成"智慧团建"网上平台"团支部对标定级""团员先进性评价"、党史学习教育各专题及团员发展的录入工作；编制印发《团支部组织生活纪实》，加强团支部日常团务管理；五四期间，评选表彰 2020 年度先进集体 50 个，优秀青年 132 名，全年累计推荐荣获市级以上荣誉 49 项，本钢建设公司团委荣获"全国钢铁行业五四红旗团委标兵"荣誉。

【服务企业生产经营】 安全月期间，联合安监部开展送荣誉到基层活动，为荣获全国和省级青年安全生产示范岗的青年集体授牌；围绕青安杯竞赛、青安岗创建等工作开展了 2020 年度先进集体、先进个人评选表彰，成功举办"青安杯"竞赛颁奖暨青工安全大讲堂专题培训视频会议；联合规划科技部成功举办"青创杯"本钢首届青年创新大赛，92 名青年参与比赛，10 人脱颖而出，获得荣誉；联合工会、人力资源部开展第三十八届青工技术比武，20 名青年获得"本钢青年岗位能手"荣誉，另有 17 名青年在省、市技能大赛中获奖；"3·5"学雷锋日及本溪"生态文明月"期间，集中开展了"我为青年办实事、清洁家园比贡献"等主题活动，栽种花苗 2000 余株。

【服务青年成长成才】 2021 年春节前夕，广泛开展"就地过年、暖在身边"外地单身青年关心关爱活动；五四前夕，组织召开了"本钢集团 2021 年五四表彰暨优秀青年代表座谈会"，邀请本钢集团党委有关领导面对面与基层优秀青年代表深入交流；联合人力资源管理中心，成功举办了 2021 年优秀大学生表彰暨新生入职典礼活动；中秋、国庆前夕，在严格落实疫情防控要求的基础上，成功举办了本钢第十三届青年大学生趣味运动会，参与青年达 1100 余人；联合本溪团市委集中开展了两期"青友团"单身青年联谊交友活动，共有 100 余名青年参与，16 对青年现场牵手成功；组建、调整了"本钢团委青友团志愿服务团队""本钢青年志愿服务队""本钢青年礼仪服务队""新媒体

青年志愿服务队"等青年组织，完善了相关工作机制。

（王鹏飞）

人民武装工作

【概况】 本溪钢铁（集团）有限责任公司人民武装部下设军事科、人防科。在籍职工 16 人，其中正部级 1 人、作业区级正职 2 人、责任业务师 2 人、操作岗 11 人；高级专业职称 1 人、中级专业职称 2 人、初级专业职称 1 人。本钢集团共 53 家单位设立武装机构，专武干部为兼职。2021 年，本钢集团入选全国退役军人就业合作企业光荣榜、《中国国防报》头版头条刊登本钢武装工作试点经验做法、本钢民兵参加本溪军分区岗位练兵创（破）纪录比武活动，代表队取得了 8 个科目第一，团体总成绩第一的好成绩。

【国防教育工作】 坚持以习近平新时代中国特色社会主义思想为指导，深入贯彻习近平强军思想，紧跟民兵调整改革和国有企业改革发展形势，调动和强化广大职工参与国防的积极性和主动性。在《中华人民共和国国防教育法》颁布实施 20 周年之际，为进一步加强国防教育，弘扬爱国主义精神，本钢集团党委宣传部、本钢集团保卫中心（武装部）联合在《本钢日报》开辟专版，以聚焦"传承红色基因，同心共筑国防"为主题，宣传基本的国防常识及基层单位贯彻落实国防教育的做法，同时各单位按照要求，坚持重点教育与普及教育相结合，运用电子显示屏、网站、微信、QQ 群等多种载体、多种平台加大宣传力度，强化职工群众国防理念，涌现出了许多"拥军、爱军、建军、兴军、强军"典型事迹。为着力解决疫情条件下广

大基干民兵无法集中授课难题，在民兵中广泛开展政治教育学习活动，每季度向基层民兵、专武干部发放政治教育学习活页进行政治教育学习，累计发放政治教育活页4000多份。9月30日烈士纪念日抽调部分专武干部、民兵参加向本溪市烈士丰碑敬献花篮仪式活动。在开展国防教育的同时，注重典型人物的选树，让职工学有榜样。积极参与各项评选活动，先后向全国、省、市推荐"全国最美退役军人""辽宁好人·最美退役军人"等人选，广泛报道罗佳全、任宝纯、丁显军等退役军人的先进事迹，用典型的力量动员激励广大职工立足本岗做贡献，营造了全员参与、长期坚持、讲求实效的国防氛围，推进了本钢集团国防教育的深入普及。

【国防动员工作】　贯彻落实习近平总书记加强国防和后备力量建设的一系列决策指示精神。为加强国有企业民兵队伍规范化建设，促进国有企业国防动员工作有序开展，本钢集团武装部结合企业实际，全面梳理国防动员潜力调查相关数据，协调相关单位及部门，分阶段高质量完成辽宁省国防动员委员会开展的年度国防动员潜力统计调查、国有企业人民武装动员潜力核查、重点企业潜力核查及本溪市国防动员委员会应急物资储备统计工作。扎实开展民兵组织整顿工作。按照本溪军分区编组要求，调整本钢2021年基干民兵编组计划和民兵工作"三落实"的要求，对复转退伍军人进行登记统计，摸清底数，掌握分布情况。按考评标准完成本钢集团856名基干民兵及预编民兵信息采集，重点对专业对口、各项指标数据、编建标准等进行逐项落实，共调整专业对口人员300余人，对特殊民兵岗位协调相关单位新增基干民兵30人，对856名基干民兵及预编人员按户籍区域划分进行政治审查，党员、退役军人、驾驶员岗位分别到市委组织部、退役军人事务局、公安交警支队进行信息审核工作，组织856名基干民兵分批次进行健康体检，合格率达100%。辽宁省军区、本溪军分区深化民兵调整改革考核小组先后对本钢集团基干民兵工作进行检查考评。在全省民兵组织实力全面考核会审中名列前茅。同时，继续抓好军地通用装备物资、后勤保障能力、军队与地方对口专业技术人才的登记统计与核对工作，充实、完善国防动员潜力数据，为战时提供有效的资料依据。

【军事训练工作】　坚决贯彻落实中央军委深化"十四五"时期民兵调整改革的任务部署需求，坚持按纲施训，围绕练精兵、争标兵活动，强化军事训练。本着专武干部、民兵干部带头训，并结合专业集训等活动，提升专武干部、基干民兵的处突应变指挥能力。全面完成年度军事训练、民兵教练员教学、防汛骨干集训、军分区"军事日"等任务。2月1日，抽调应急营25人，参加本溪军分区组织的冬季野营综合演练活动，保障军分区战场勤务等任务，全体参演人员不畏严寒高强度作业，圆满完成演练保障任务。3月份，参加本溪市年度民兵组织整顿动员部署大会，应急营抽调110名基干民兵及骨干参加此次活动，并进行民兵出入队演示汇报，在全市民兵面前，充分展示了本钢民兵队伍军事素质和良好的精神风貌。为备战辽宁省军区民兵教学骨干比武竞赛，4月21日—6月8日分两个阶段抽调9个基层厂（矿）32名应急排民兵进行了封闭训练及比武教学片拍摄任务。在检查验收时，军分区司令员、政治委员对本钢民兵在此次训练中的表现及所取得的训练成果给予了高度评价。9月8—

19 日，抽调 40 家基层单位 120 名基干民兵参加为期 12 天的民兵应急分队全封闭军事训练，并选拔出一批优秀训练尖子，为参加军分区军事大比武活动做准备。在 9 月 28 日参加本溪军分区岗位练兵创（破）纪录比武活动中，经过与 2 县 4 区共 11 个军事科目的比拼，本钢民兵代表队获得了 8 个科目第一、4 个科目第二、团体总成绩第一的好成绩，并在比武开幕式上组织 100 余人参加"捕俘拳"及"盾牌警棍防暴战术"两个科目汇报表演，为本钢争得了荣誉，为本钢民兵赢得了光彩。

【双拥工作】　本钢集团武装部作为本钢集团负责双拥工作的责任部门，认真落实上级党委、本钢集团党委工作安排，紧密结合企业实际，扎实开展双拥工作，始终把关心和支持国防建设作为义不容辞的责任，以强烈的政治责任感和时代使命感完成双拥工作。根据《本溪市春节走访慰问困难退役军人和重点优抚对象工作方案》的通知要求，春节期间本钢集团公司领导及各单位领导走访慰问部分困难退役军人，其中，走访国家、省、市、本钢级困难退役军人 36 人，厂矿级 162 人，作业区级 3 人，各级帮扶、慰问金额总计 302250 元，并发放米、面、油等慰问品。"八一"前夕，本钢集团公司拨付 40 余万元对 7000 余名在职退役军人开展优抚活动。适时以《本钢日报》《今日本钢》电视节目为教育氛围，开辟专栏进行宣传报道基层各单位退役军人、优属对象的典型事迹以及基层各单位好的做法和经验，对双拥工作进行宣传报道，营造、鼓舞广大干部职工"学国防、想国防、爱国防"的氛围，通过活动的开展，增强了退伍军人的荣誉感，提高了立足本岗做贡献的主动性和积极性，增强了全体职工的国防意识和拥军意识。根据《本钢集团民兵规范化建设试点实施方案》相关内容，积极支持响应国家征兵号召，鼓励在职员工、应（往）届大专以上毕业生与企业签订就业协议后应征入伍优待政策，由原单位按不低于原岗位、原岗级安排工作，并一次性给予适当经济补助；落实本溪军分区开展的民兵优待政策，将《本溪市民兵荣

本溪军分区创（破）纪录比武获奖人员合影（刘广军　摄）

誉优待及倡议书》落实传达到每一名民兵；积极开展"全国最美退役军人"评选活动；根据本溪市退役军人事务局文件通知，推荐本钢机电安装公司罗佳全同志为"全国最美退役军人"评选活动人选。在国防建设上，军分区原高炮库暨本钢物资装备库，位于平山区千金沟村，占地面积 39000 平方米，建筑面积 3350 平方米，常年安排 9 名企业职工负责仓库的警卫和看护，每年投入部分资金进行设施和建筑的修缮维护。本溪军分区赋予本钢编组民兵 856 人、预备役部队 900 人、人民防空专业队伍 315 人的任务，2021 年完成军事训练和参加应急行动达 350 余人次。特别是在森林扑火、抗洪抢险救灾等急难险重任务中，本钢集团始终起到了"本钢先行、首战本钢、全程本钢、本钢必胜"的作用。本钢集团 2021 年承接北部战区空军保障部、北部空军器材仓库、航空学院、大连士官学院等 4 家军方单位销毁报废军用装备物资任务。接到省军民融合办函后，本钢集团董事长第一时间批示，要站在讲政治高度"全力支持、精心组织、确保安全"。从 8 月 30 日—10 月 29 日，在辽宁省军民融合办等部门的大力支持下，圆满完成北部战区空军退役报废武器销毁任务，整个销毁过程安全顺利，其间北部战区空军保障部部长李仕奎少将亲临销毁现场检查指导，并赠送印有"军民融合共筑钢铁长城、支持国防弘扬优良传统"的锦旗。2021 年还利用业余时间共抽调民兵骨干完成军分区的武器擦拭保养、应急装备物资整理、军事日保障等任务，为军民融合发展做出应有贡献。"国有战，召必行，战必胜"。在新冠疫情发生后，本钢广大退伍军人、专武干部、民兵本色未变，冲锋在前，出现在疫情防控的第一线，充分发挥整体防控作用、舆论宣

传的引导作用，本钢保卫中心 700 余名退役军人始终冲在"防疫"一线，积极参与疫情防控工作，严格执行防控措施，在重点岗站宣传防疫政策，加强入厂私家车、外来施工人员管控，做到不漏检、不懈怠、严防死守，同时做好内部消毒防护工作，在一线筑牢了阻击疫情的坚固防线，谱写出本钢退役军人在防疫抗疫中的新篇章。

【人防工作】 定期对人防工程进行维护与管理，通过安全检查发现青年山人防工程存在严重山体滑坡安全隐患，经多次与市人防办领导进行有效沟通，市人防办投资 10 万余元对山体护坡进行工程混凝土加固。针对 2021 年雨季雨量偏大的实际情况，重点对德太二马路特钢 7 号住宅楼地下室、本钢报社地下室和荟萃宫地下室及溪湖姚家防空洞进行排水修缮工作。先后 3 次对 3 处人防工程进行前期测量与检测工作；加强人防工程开发利用及平战转换工作，共有 9 处得到有效利用，收取人防使用费 23.1 万元；对警报器进行日常维护与管理，特别是 9 月 18 日之前，对所有警报器进行全面检查与维修，确保国防日试鸣时鸣响率达 100%。对人防专业队进行编兵、整组与训练工作；完成鞍本重组资产摸底调查上报工作、市人防办组织的人防机关参加的人防知识答题活动、全省人防系统网上演练工作；号召各单位结合安全生产月开展《人防法》宣传工作。

【应急战备管理工作】 严格执行战备物资管理的各项规章制度，按库区管理相关要求，做好库区安全警卫、防火用电等工作，完成战备物资春季保养擦拭和周保养、月检查，责任到人，确保所有战备物资合理维护与保养，保持良好的技术状态，保证民兵队伍遂

行训练的需要；2021年1—9月份共接待军警40余批次计2000余人使用靶场进行实弹射击，靶场人员严格按照安全管理规定，履行安全协议，未发生过一起安全隐患；8月份保障军分区完成了本溪市、本溪军分区和本钢集团公司领导在基地开展的"军事日"议军会的接待、后勤保障等任务；收发应急分队冬、夏两季训练物资保障工作，总计发放、回收20多个品种2000余（件、套）装备物资；为保障军事训练任务，及时修缮调整房间满足参训民兵住宿，清除训练场地杂草，使年度训练有序开展；按照本钢集团公司和中心党委疫情防控相关要求，全体员工严格按照防疫要求约束自己，始终坚持防疫接龙，真正达到了零外出，零感染，积极做好疫情防控工作。

【战备工作】　根据军分区战备工作安排，坚持战备值班，在整组工作中，进一步优化组织结构，围绕企业改革发展和生产经营目标，做好春、夏两季防火，防汛，抗震救灾，重大节日、敏感时期易发生安全威胁等时段战备落实工作；根据实际情况及时调整修订和完善民兵应急预案，编组民兵应急分队120人，预备队员50人；全年落实民兵战备值班7次，涉及47家单位，落实人员300多人次，均做到命令下达后，应急队员通信联得上，人员按规定时间集结到位，预案能落实，充分发挥了民兵组织突击队和战斗队作用。

（刘广军）

科协工作

【概况】　本钢集团有限公司科学技术协会（简称科协）（兼本溪市金属学会办公室）有专职工作人员1人（中级职称）。本钢集团共72个单位设立科协组织，专兼职科协干部142人，科协会员10000余人。

【科技之家建设】　2021年6月3日市委副秘书长衣福健、市科协副主席苑景海等一行5人，走访慰问了板材冷轧总厂"劳模创新工作室"带头人刘晓峰、板材技术研发院"劳模创新工作室"带头人刘宏亮、板材热连轧厂中国科协第十次全国代表大会辽宁省代表左远鸿3名科技人员。在《本钢日报》刊发《让"自主"＋"核心"成为发展最强引擎，本钢集团科技人员众心向党自立自强彰显科技力量》的报道，极大鼓舞了广大科技工作者的工作热情。

【学术交流活动】　组织开展2020年度科技论文评审工作，评选出一等奖10篇、二等奖30篇、三等奖30篇；组织开展2021年度本钢优秀科技论文征评活动，共征集论文438篇；奖励2020年度对外发表的科技论文117篇，其中发表在SCI、EI国际级刊物2篇；组织开展2021年全国炼钢－连铸生产技术会暨连铸学术年征文，共征文32篇；组织开展由中国金属学会举办的第十三届中国钢铁年会征文活动，共征文36篇；组织5名科技人员参加由中国冶金教育学会举办的低成本、高效率和精准化炼钢生产关键技术培训班；组织5名科技人员参加由中国钢铁工业协会举办的连铸工艺技术优化及铸坯质量控制高级研修班；组织2名科技人员参加由中国钢铁工业协会举办的钢铁企业绿色制造专题研修班；组织9名科技人员参加由中国钢铁工业协会、北京科技大学联合举办"夹杂物演变机理及钢中夹杂物控制技术高级研修班"。

【科普活动】 组织 20 余人次外出参加各类学术研修班；组织 40 余人次参加了由中国金属学会、钢铁工业协会举办的"绿色制造、低碳减排—新技术新工艺"专题会等各类学术会议；在全公司组织开展了由中国金属学会举办的《钢铁科学与技术前沿》讲座、省科技馆举办的 2021 年前沿技术大讲堂云课堂等线上科普活动 9 次；在《本钢日报》开设"科普之窗"栏目，每周一期，共发表科普文章 43 期，在《健康问答》栏目刊发健康知识 43 期。 （那 英）

机关党委工作

【概况】 中共本钢集团有限公司机关委员会（简称机关党委），是本钢集团有限公司党委下设的直属党委，机关党委书记由办公室主任兼任，日常工作由办公室党群工作室组织开展。具体负责本钢集团公司机关党的组织建设、党风廉政建设、宣传、统战、工会、共青团、计划生育、科协、综合治理、武装等各项工作。截至 2021 年末，下设 4 个党总支、20 个直属党支部、24 个分支部、70 个党小组，有正式党员 1276 人，其中女党员 356 人；研究生学历 124 人、本科学历 618 人、大专学历 332 人、大专以下学历 202 人。2021 年 11 月，根据《本钢集团有限公司总部及主要子公司管理职能和机构优化调整改革实施方案》要求，将办公室承担的机关党委职能调整至党委组织部（人力资源部），机关党委设置在党委组织部（人力资源部）。

【党史学习教育工作】 成立了机关党史学习教育领导小组，制定了方案，4 月 7 日组织召开机关党史学习教育动员部署会，安排布置机关党史学习教育工作；整理《各总支、支部党史学习教育具体工作安排表》，进一步明确了在党史学习教育中各支部应开展的工作；深入开展"我为群众办实事、争做贡献促振兴"实践活动，面向机关全体党员群众广泛征集问题线索和意见建议，共征集到意见、建议及微心愿 19 条，最终形成了 12 项机关党委实事项目清单，制定了可行的措施，目前 11 项已经完成，1 项长期推进；各支部共建立实事项目 21 项，已完成 14 项；庆祝中国共产党成立 100 周年及全面践行本钢集团党史学习教育，开展"传承红色基因永葆奋斗精神"主题党日活动；组织开展"观影《1921》重温百年记忆"活动，机关部分支部书记及党员代表参加了观影活动。

【组织工作】 深入推进"两学一做"学习教育常态化制度化；组织召开机关党员代表大会，补选机关第十四届委员会委员，同时选举出席本钢集团公司第二次党代会代表；按照《机关党委关于深入开展"不忘初心，创建先锋党支部，争当旗帜党员"岗位建功立业活动的通知》，组织评选机关一、二季度旗帜党员及上半年先锋党支部，经过各支部推荐和组织审查，一季度评选旗帜党员 29 名，二季度评选旗帜党员 22 名，上半年先锋党支部 8 个。开展困难党员普查走访工作，在春节前和七一前组织开展机关困难党员走访慰问工作，共慰问困难党员 28 名，发放慰问金 40500 元；组织完成机关各总支、支部开展 2021 年度党费收缴基数核定工作，并按月度做好机关各党（总）支部党费的收缴及上交工作；开展支部评估定级工作，按照"党支部自评、党员群众测评、上级党组织评定"的程序对党支部进行评估定级；发展党员工作，按机关党委年初发展党员计划，严格执行发展党员工作组织程序，2021年7月份共发展预备党员21名；开展庆祝建党100周年机关党委"两优一先"评选工作，经过各支部推荐、组织考察，机关党委会研究最终评选机关级优秀党员63名、优秀党务工作者10名、先进党组织4个；本钢集团公司组织机构调整后，立即组织各党（总）支部开展换届选举工作，机关党委下设到期换届的3个党总支和15家支部均已完成换届选举工作；根据组织部关于平山区第十九届人大代表换届选举工作安排，10月18日，组织机关1169人投票选举平山区第九届人大代表。

【宣传统战工作】 制定了《机关党委理论学习中心组专题学习计划》，根据季度中心组学习安排，并按要求组织学习做好记录；组织科技创新部和运营改善部，配合本钢集团统战部完成对宋涛和郭永全任前考核谈话工作；组织财务部、恒亿公司，按照本钢集团统战部要求做好平山区政协换届民主党派人选考察推荐工作；按照本钢集团统战部要求做好本溪市政协十四届委员会委员人选考察推荐工作；在机关范围内开展新媒体调查登记，并进行自查自纠。

【党风廉政建设工作】 开展机关2019年下半年起至2020年末受处分人员执行情况的调查。本次调查人员13人，其中有3人在调入机关前没有完成执行，按照纪委要求继续执行；落实"升学宴"管理要求，做好学习传达和2021年党员干部、管理人员子女升学情况统计工作；组织开展2021年《领导干部廉洁自律承诺书》和《重点岗位人员廉洁自律承诺书》签订工作，机关共有157名领导干部和435名重点岗位人员签订了廉洁自律承诺书；组织开展签订2021年度党风廉政建设目标责任书工作，实现了本钢集团机关所有党组织、所有党员领导干部签订党风廉政建设责任书全覆盖。

【武装综治工作】 完善机关MB队伍人员基本信息，同时组织各部室优选预编人选，最终形成机关10人的预编名单上报；组织机关MB人员填报《政治审查考核表》和《信息登记表》，配合做好MB人员政审工作；开展退伍军人优抚工作，为机关45名退伍军人购买了慰问品。

【工会工作】 完成了本钢集团公司2020年度先进集体和先进个人、"三八"红旗集体和红旗手评选推荐工作。评选推荐先进集体1个、先进个人70人；组织机关职工参加全市职工党史知识竞赛（线上）答题活动和全国职工党史知识竞答活动；积极开展"我为群众办实事"实践活动，实地走访调研，了解职工日常工作生活中需要解决的问题，为财务部、宣传中心、档案中心分别购置安装了热水器、微波炉和冰箱，切实解决职工洗浴、用水、自带餐问题，为机关1385名职工续保职工互助保险，并首次为机关486名女职工参保女职工特殊险，两项保费机关工会共计补贴12.14万元；保障职工集体福利支出，组织开展了春节、端午节、中秋节职工普惠活动；结合春节疫情形势，向全体职工发放实用、贴心的"爱心防疫包"，守护职工健康；认真落实女职工各项政策，关心关爱女职工工作。

【共青团工作】 开展了"缅怀革命先烈，传承抗战精神"主题团日活动，组织团员、团干部、青年代表28人参观抗美援朝纪念馆；组织 10 名优秀团员和青年参加集团公司团员青年素质能力提升培训班，组织 7 名优秀青年参加 2021 年五四优秀青年素质拓展培训；开展"学习强国"青年学习标兵评选活动，调动青年积极性，营造良好学习氛围；挖掘推荐优秀青年，推荐 4 名优秀青年报名鞍钢集团第 1 期"青马学堂"培训班。

（赵少勇）

栏目编辑 全英实

本钢年鉴 *2022*

特载

大事记

概述

经营管理

综合管理

党群工作

★ 钢铁主业

多元产业

改制企业

统计资料

人事与机构

人物与表彰

附录

索引

ANSTEEL
本钢集团

钢铁主业

本钢板材股份有限公司

【概况】 本钢板材股份有限公司（简称本钢板材）是本钢集团有限公司所属国有控股钢铁主业上市公司（股票简称：本钢板材，股票代码：000761、200761），注册资本3875371532元。截至2021年12月末，总资产551.47亿元，固定资产254.81亿元，净资产225.01亿元。本钢板材下设办公室（党委办公室、董事会办公室、保密办公室）、规划科技部（专项办公室）、安全环保部、财务部、党群工作部（人力资源部、宣传统战、工会、团委、机关党委）、管理合规部、制造部、设备工程部、审计部、纪委（党政督查室）10个职能部门，能源管控中心、质检计量中心、采购中心、销售中心、研发院（技术中心）、储运中心6个直属机构，炼铁总厂、炼钢厂、热连轧厂、冷轧总厂、铁运公司、废钢加工厂、辽阳球团公司、特殊钢厂8个生产厂矿。截至2021年12月末，在岗员工18327人，本科以上文化程度4542人，占员工总数的24.78%；副高级职称以上709人，中级职称2408人，合计占员工总数的17%；高级技师105人，技师2016人，合计占员工总数的11.57%；中共党员6776人，占员工总数的36.97%。

【主营指标】 2021年，本钢板材克服市场震荡和限产限电等不利因素影响，实现营收779.12亿元，同比增长60.03%；实现净利润25.01亿元，同比增长550.77%；工序成本比预算降低5.6亿元。受5#和新1#高炉状态影响，生铁完成983.8万吨，同比降低2.29%；粗钢完成1043.8万吨，同比增长1.24%；热轧板完成1321.7万吨，同比增长8.03%；冷轧板完成610.78万吨，同比增长8.13%；特钢材完成62.2万吨，同比降低13.73%。实现较大生产安全责任死亡事故、较大火灾事故、重大设备事故"三为零"。

【生产运行】 2021年，本钢板材全体干部职工深入贯彻落实习近平总书记关于东北振兴、辽宁振兴的指示批示精神，抓住鞍钢本钢重组、新本钢深入开展国企改革三年行动的有利契机，以实现"五提升、两降低"为目标，认真贯彻落实"5+1"工作格局和"1+4"重点任务，开展了以"做精做强上市公司，推动高质量发展"为核心的一系列卓有成效的工作，取得了较为喜人的经营业绩，实现了"十四五"高起点开局。炼铁总厂5月份产铁93万吨，创日平产量历史纪录，11月份5#高炉燃料比平均510公斤/吨，达到全国先进水平；炼钢厂月产量突破100万吨，创历史最好水平，日产钢量达3.59万吨、铁耗888公斤/吨，均创历史最好成绩；热连轧厂连续刷新产量纪录，最高月产达99.3万吨，年产能突破千万吨级水平；冷轧总厂打破各类月产纪录26次，3#酸轧机组年产230.09万吨，突破设计产能，部分机组产能利用系数达到120%；特殊钢厂轧钢产量逐月增加，日平产量达到2130吨，同比提高165吨；废钢厂回收非生产废钢6.9万吨，节约采购费用2.46亿元；能源管控中心自发电25.06亿千瓦时，创历史新高；质检计量中心严把外购生产物料关，取消让步接收和质量折价扣款2.13亿元；铁运公司刷新单班接发纪录，为稳产高产创造条件；储运中心严把质量验收关，全年退换补赔额1621.26万元，同比增长59%，有效维护了企业利益。

【公司治理】 在本钢板材董事会领导下，严格按照《公司法》《证券法》《上市公司治理准则》及《公司章程》等相关法律法规、规范性文件的规定和要求，不断完善公司法人治理结构和内部控制制度。以上市公司规范运作为基础，完善法人治理结构，清晰董事会、监事会、经理层职权；完成机关部门机构和职能优化调整及二级单位间的整合，调整后处级以上机构压减31个，压减比例42%。审议通过了董事会报告、监事会报告、2021年投资框架计划、内部控制自我评价报告、签订关联交易协议等相关议案，确保股东权利的行使和股东大会运作规范。在议案编撰和信息披露方面，本钢板材严格按照《深圳证券交易所股票上市规则》和《信息披露管理制度》等规定的要求，真实、准确、完整地履行信息披露义务，2021年编撰定期报告4份，各项议案共计80余项，披露文件500余件，被深圳证券交易所评为2020—2021年度信息披露A级单位。按照"三重一大"要求，重新明确董事会决策清单93项，总经理办公会决策清单91项。初步确定公司核心业务82项，业务审批权限143个。按照"管理移植＋要素管控"要求，建立"双跑赢、三区间"步步高赛跑机制；同时通过实施超利共享、"摘牌"奖励等措施，发挥绩效考核"指挥棒"作用，实现公司创效益，职工得实惠。在铁前工序及冷轧工序推进总厂制，规模效应显著，管理效益、效率持续提升；成立能源管控中心，释放集约化合力，指挥更加顺畅；推进特殊钢厂制建设，实现集中一贯管理。

【管理创新】 2021年，本钢板材严格树立以"低成本赢得高效益"的管理理念，各项降本措施取得显著成效。财务系统细化资金管理，节约利息支出1.42亿元；生产系统港途耗比率完成0.71%，比计划降本5508万元；设备系统外委修复备件减少新品采购费用2.6亿元；能源系统通过增加自发电比例、躲峰生产等措施降低电费1.4亿元；计量系统开展电能计量稽查等工作，挽回直接或间接经济损失1295万元；法务系统参与本钢板材各项重大决策、重大事项，避免和挽回经济损失2387万元。实施鞍本快赢项目，注重协同发展，享受重组红利，通过统谈分签，以量换价，采购端降本6805万元；通过统一定价，缩小价差，销售端增效1897万元。完成热轧、冷轧、特钢产品环保检验工作，为产品销售和市场开发提供了有力保障。开展通用泛亚冷轧DP780CR和热镀锌DP780GI的产品认证工作，已同美国EQS公司签订检验协议，相关样品已在北美实验室进行检验。起草《信息安全策略》《安全管理制度》《安全操作规程》相关信息化管理制度，建立本钢板材信息化设备台账。及时同省保密局、省军民融合办沟通，及时解决保密认证过程中的各种问题，10月19日获得保密资质二级证书。

【科技创新】 以质量稳定、成本合理、附加值高以及较强的市场竞争力为目标，紧密结合市场需求与未来技术发展方向，积极开发适销对路的新产品。2021年，开发各类产品49个牌号，新产品合同量达到11.1万吨，实现创效5300万元，创历史最好水平。"免涂层热成形钢"突破专利垄断，实现全球首发；成功开发国内领先水平的1180强度级别双相钢和电镀锌超深冲汽车外板。"中欧班列集装箱用耐蚀钢系列产品的研发"等三项科技成果通过中国金属学会评价，达到国际先进水平；提名荣获省部级科技进步奖

7项，其中二等奖2项。完成认证摘牌项目20项，共计47个牌号。奔驰汽车BQF认证取得突破性进展，电镀锌9个牌号规格样板经德国奔驰总部实验室检测，满足标准要求，具备正式供货条件。与东北大学、辽宁工程技术大学等高校签订"辽宁省钢铁产业产学研创新联盟"合作项目10项。全年征集332个科研项目，并完成了立项评审，推荐其中50个项目纳入本钢集团公司级管理。

【采购管理】 以保供为天职，紧盯市场和现场供需变化，科学采购，群策群力保证供应，达到了保产保供"零影响"。面对钢铁上游大宗原材料市场资源紧张、价格持续走高以及极端天气造成发运困难等不利影响，积极应对市场变化，快速调整采购策略，为生产稳定顺行提供了坚实的物资保障，实现了生产所需的大宗原料品种的连续稳定供应。全年组织发运炼焦煤960万吨，完成率达到101%以上，为本钢板材生产顺行奠定基础。完成了重点工程技改项目及联合检修资材及时供应，先后重点跟踪催发联检备件328项共计51473件，全部按时组织到货。在煤炭、地方矿粉以及废钢等大宗原燃料环比成本大幅上升前提下，通过摘牌立项、正反双向择机采购、鞍本协同采购、联合钢厂降价、推行产线承包、年标等有力措施，全面降低了采购成本。全年实现采购总值604.89亿元，比预算减少14.1亿元。持续推动优质供应商开发，严把供应商入口关，全年共接收中标供应商入网审核763家（含增项），审核合格500家，不合格263家。加大质量问题的处理力度，全年完成质量扣款及索赔4650万元，处理各类异议760笔，处理供应商430家次。

【市场营销】 销售系统面对市场价格快速下滑、需求低迷以及自身限产的局面，抢抓市场机遇，积极开发区域市场，通过开展"走出去、走下去"营销活动，全面贯彻和落实"行销"理念。积极优化出口业务，统筹资源和渠道，完成欧盟汽车钢增加配额的签约4925吨，完成维加诺公司硅钢2000吨采购签约。全力应对退税调整和市场大幅波动的不利影响，努力高位寻求出口订单，提前避险增效2273万美元。快速响应异议处理，平均异议处理周期达到8.1天，同比减少了1.1天。顺利通过日本JIS认证工作，为巩固和深挖日本冷镀市场提供有力保障。加强风险防控体系建设，完成制度汇编、进口供应商梳理、协议户评价、冷系议价流程、异议处理流程等制度修订工作。按照鞍钢本钢重组区域一体化工作部署，根据鞍本各地销售子公司实际情况，围绕本钢集团营销战略布局，对各销售子公司按区域进行整合，于10月15日鞍本销售子公司正式完成合署办公。全年新开发直供用户53家，新增订货量22.8万吨；直供用户订货比例达到61%，同比增长3%；累计签订汽车板合同177.37万吨，同比增长27%。全年累计订货量（期货合同）1279.38万吨，同比增长1.41%，其中出口产品114.82万吨，同比减少26%。

【党群工作】 本钢板材各级党组织认真贯彻落实习近平新时代中国特色社会主义思想和党的十九大二中、三中、四中、五中、六中全会精神，坚持把加强党的政治建设贯穿于全面从严治党的始终，教育引导全体党员干部牢固树立"四个意识"，坚定"四个自信"，做到"两个维护"，突出党建引领作用，群团组织工作展现出新风尚、新作为。完善了党委"三议一报告一执行"决策机制，推动党委"把方向、管大局、保落实"的领导作用组织化、制度化、具体化。召开本钢板材党员代表大会，进一步规范组织建设，实现本钢板材党委与基层党员的同频共振。通过生产经营工作与党建工作深度融合，把"对标先进补短板、对话功勋促提升"主题活动作为企业高质量发展的助推器。各级党委紧密结合生产经营实际设立改善提升项目70项，已完成59项，收效显著。同时，依托党员先锋工程、劳动竞赛等方式，带动全体职工群众攻坚克难、建功立业。强化干部考评和梯队建设，建立以工作实绩为基础的多维度干部考核体系，有效提升领导干部干事创业的原动力。积极推行"两制一契"，扎实开展领导干部竞聘选聘工作，坚定改革目标、把稳改革方向。完善优秀年轻人才库，采取"双轨"制培养模式；两级党委召开年轻干部座谈会34次，委派43人参加本钢集团领导人员轮训班。全面从严治党向纵深推进，与基层党委签订《党风廉政建设目标责任书》，落实本钢集团"整、严、树"推进组要求，扎实开展"靠钢吃钢"专项治理工作。全年查摆问题404项，处理61人；对关键岗位226人进行交流调整，营造了风清气正的生产经营环境。把学党史解民忧落到实处，将党史学习教育作为一项重大政治任务，通过学党史进一步增强了全体党员的历史使命感和政治责任感。各级党组织及领导班子成员为民办实事1420项，获得基层职工普遍认可。板材公司党委与90名困难职工群众结成帮扶对子；七一前夕，两级党委走访慰问生活困难党员203名，发放慰问金17.9万元。

【社会责任】 本钢板材以"履行社会责任，推进民生发展"为愿景，职工荣誉感和获得感不断增强。按照集团公司新冠肺炎疫情防控指挥部统一部署，严格履行各项疫情防控主体责任，全面落实应急响应措施，强化对疫情防控工作的督导检查。坚持开展每日信息管控和防疫措施督导，扎实做好外来人员接待和人员外出管理，以及公共场所消杀和个人防护。与市卫健委和医院建立应急响应联络机制，组织9批次疫苗集中接种，接种比例达到98%，筑牢了防疫屏障。全力保障疫情防控所需物资配给到位，全面推进疫情期间各项工作有序开展。加强职业健康防护，消除职业危害因素、预防职业病发生，全年组织1.05万名岗位接害人员参加职业健康体检。组织11家单位开展职业卫生现状评价，对2245个点位职业病危害进行现场检测。全年组织36人参加年度职业卫生管理培训，通过培训提高了用人单位主要负责人职业病危害防治法制意识和责任意识，职业健康管理各项工作取得显著效果。

（范志成　薛乃斌）

研发院

【概况】 本钢板材研发院（技术中心），承担着本钢新产品、新技术、新工艺的开发推广及应用，属国家级技术中心，拥有国家级实验室。2021年鞍钢集团与本钢集团重组后，研发院负责本钢基地的新产品研发、工艺技术改进及产品质量提升，负责鞍钢钢铁研究院的技术移植（技术落地），同时也向鞍山钢铁进行技术移植等。研发院现有员工180人（研发人员129人），其中博士8人、硕士66人、本科80人，教授级高工18人、高级工程师72人、中级职称45人，国务院政府特殊津贴3人，省兴辽英才拔尖人才1

人，省百千万中"百"层次人才 12 人。目前，研发院拥有中试、工艺研究检验、试样加工、物理检验分析、化学检验分析及应用检测等大型设备共 270 余台。在汽车板、高强钢、硅钢、棒线材等产品的生产和研发领域，研发院的研发能力始终处于国内一流水平。

【产品研发】 2021 年计划研发 36 个新产品，实际完成 55 个 (含摘牌项目 38 个)，比计划增加 19 个，完成全年计划的 152.78%。除预研型冷轧双相钢 DP1180 外，其他 54 个牌号均实现合同销售。预计创效 5300 万元，增利 3000 万元，创同期最好水平。以"汽车梁"和"箱体用钢"为代表的热轧汽车结构用钢实现了强度级别系列化全覆盖，通过个性化精准市场开发，实现了"一材多户"向"一户多材"的转变；突破冷轧 1630 产线设计能力，成功开发国内领先水平的 1180 强度级别的双相钢；开发热镀锌复相钢 CR980T/700Y-MP，使本钢成为国内除宝钢和首钢外为数不多的可以生产该产品的企业；开发轴网用高硬度热轧酸洗板 ZW280，成功替代宝钢同类产品，进一步扩大本钢热轧酸洗板市场应用范围；突破产品大纲设计，采用两次轧制加罩式退火替代常化的工艺，成功开发供宁德特波高性能 50BW470 高效硅钢；成功开发供伊朗赛帕汽车"超深冲电镀锌汽车外板 DC06E+Z"，标志着本钢电镀锌汽车外板实现正式供货；以渗氮汽车用 31CrMoV9 为代表的特钢产品开发，填补了本钢欧标氮化钢的空白；500MPa 高强度抗震钢筋的批量供货，引领建筑用钢市场向高强度级别拓展；打通技术合作壁垒，新材料研发助力全球减碳。由本钢集团、东北大学和通用汽车中国科学研究院共同合作开发的"热轧抗氧化免涂层热成形钢 CF-PHS1500"突破专利垄断并完成工业化试验，实现全球首发；创新提出本钢产品评估标准与体系，运用"五维度"评分方法，对"已研"和"在研"产品进行系统体检找"短板"，对拟新开发产品进行评估以确定是否立项。"已研"产品转产 531 个，最终实现转产率 96% 以上。

【技术支持】 工艺研发为现场提供技术服

"十四五"本钢重点产品规划前期调研讨论会（鲍婕 摄）

务与支持。通过开展高炉长寿研究、烧结机漏风率测试、优化配煤、配矿改善原燃料质量等措施为企业降本增效。围绕重点用户提供个性化服务，为一汽技术中心、一汽模具、吉利商用车等厂家，提供共计20个钢种的冲压仿真 mat 文件、为主机厂轻量化选材提供数据支持。结合《江铃汽车电动物流车轻量化》项目，进行车架、电池包支架以及轮毂的轻量化研究，计划车架总成减重7%。重点围绕汽车用户关注的热点开展"GISSMO失效模型的 PHS1500 断裂行为"研究。推进本钢热成形钢的一体化前门环设计制造，让汽车用户更深入了解本钢和本钢汽车用钢产品，引领用户使用本钢产品，实现双赢。持续为新产品研发提供应用性能技术支撑。完成汽车板新产品三个牌号的应用性能评估；为恒大新能源认证、一汽认证、日产认证及外板泛亚认证预检提供应用性能数据包；为用户提供现场技术服务，为汽车厂试模、提供9个零件的网格应变分析技术服务。开展新型涂装前处理工艺、耐候钢电化学腐蚀试验、铁道用钢全浸腐蚀试验研究及超高强钢电阻点焊工艺开发试验研究工作，为新产品开发及用户服务提供技术支撑。

【科研项目管理】 成功联合申报"十三五"国家重点研发计划《航空关键材料基因工程与人工智能设计》项目，并获批准；《低温、高压服役条件下高强度管线用钢》国家科技部重点研发计划项目已具备结题条件；2021年度第二批中央引导地方科技发展资金定向入库项目《汽车用钢产业专业技术创新平台建设》，通过国家审核，获得国家支持资金30万元。

【产品认证】 认证摘牌48项，涉及汽车厂32个、家电厂5个、机械厂4个、焊线厂3个，共计146个牌号、156个规格。已经完成22项51个牌号。奔驰汽车BQF认证取得新进展，电镀锌产品4个牌号规格样板经过德国奔驰总部实验室检测，满足奔驰相关标准要求，具备给戴姆勒TRUCK正式供货条件；地质钻杆用钢SY550、SW390进入国内工程机械龙头企业，通过徐工集团地质钻杆用钢认证；上汽通用产线、牌号（冷镀）认证取得阶段性成果，镀锌外板CR4检测样件在"美国工程质量解决方案公司"按照通用汽车国际标准GMW14699的要求对样件的表面结构进行检测并出具检测报告，检测结果符合通用要求；上汽大众热镀锌外板认证积极推进，上汽大众斯柯达热镀锌外板认证4个牌号，部分检验样件已被上汽大众接收，等待检验结果；东风日产（尼桑车型）扩大认证取得阶段性进展。结合本钢–日产2021年合作开发计划，成功开发供日产热轧酸洗板SP251–780P，按计划要求完成点焊试验测试和综合性能数据提交并得到日产认可，标志着本钢热轧酸洗板向高强度级别拓展。

【实验室建设】 按照标准要求，研发院（技术中心）通过2021年度评审，在全国1744家国家级企业技术中心中排名558位，比上一年度上升126位。加大CNAS体系运行管理工作力度，确保体系平稳运行。能力验证19项外部质控全部顺利通过，同比增加6项；其间核查、人员比对、设备比对内部质控，按照体系要求严格进行；人员培训、设备校准、内审和管理评审工作按标准开展。

【知识产权】 "中欧班列集装箱用耐蚀钢系列产品的研发""汽车冷成型用薄规格高

强热轧酸洗板研发及应用技术集成""商用车整车轻量化低成本高强度梁罐厢专用系列钢研发与应用""焦化废水强化处理及分质利用技术与应用"等四项科技成果通过中国金属学会评价，达到国际先进水平。2021年，研发院荣获省部级以上科技进步奖6项，其中荣获冶金行业科技进步三等奖1项、提名省科技进步奖项目5项（二等奖1项，三等奖4项）。申报专利34项，受理43项（含2020年），授权12项（发明8项、实用新型4项）。发表省部级论文11篇，EI论文1篇。

【技术交流】 搭建"产学研用"研发平台，强化对外合作技术开发。与辽宁钢铁产业联盟成员东北大学、辽宁科技大学等单位就《耐硫酸腐蚀用钢的腐蚀机理研究及产品开发》《稀土在高品质钢中的作用机理及稳态化控制》《CrMnTi系加硫齿轮钢非金属夹杂物调控关键技术开发》等10个项目已经达成合作，完成合同签订9项，合作金额共计850.65万元。参加轻量化联盟广汽、东风巡展，推广本钢先进高强钢产品。参加"2021中国专用汽车产业发展高峰论坛暨展会"了解专用车发展趋势和用户需求。参加第20届中国国际冶金工业展览会。走访江淮汽车，推进汽车用钢产品的认证以及在热冲压系列特色产品上的合作。派驻专人常驻山东梁山地区，走访梁山地区高强钢市场并提供技术支持，与梁山地区80余家挂车厂及型钢厂进行技术交流，了解用户需求，推广本钢专用车系列高强钢产品。走访齐齐哈尔和平重工集团有限公司等军工企业，调研了解各企业军工用特钢棒材品种、规格、用量、供货厂家等情况。赴沈阳帕卡濑精公司学习无磷化涂装前处理技术，赴瑞士万通公司学习电

化学应用技术。与北科大《二氧化碳绿色洁净炼钢技术及应用》项目团队进行技术交流。积极推进鞍本科研协同工作，先后有技术和管理人员40多人次赴钢研院本部交流对标。

【人才队伍建设】 充实年轻干部队伍建设，招录高学历人才5名，引进高层次人才1名，解决了部分研发所人才紧缺状况。采用多种形式进行干部培养，对新入职人员采用各生产厂矿依次代培方式，提高了新入职人员技术水平和业务能力。2021年，研发院职工中荣获省（中）直企业优秀共产党员1人、本钢劳动模范2人、本钢先进生产工作者3人、本钢优秀共产党员1人、本钢优秀共产党务工作者1人、板材公司优秀党员1人、板材公司优秀党务工作者1人、本钢青年标兵1人、大学生创业标兵1人、本钢优秀团员1人、本钢优秀高校毕业生5人，热成形钢研究室获本钢集团精英团队荣誉称号。

【基础管理】 强化安全管理，吸取事故教训，举一反三，压实安全管理责任，加大安全监管问责力度，推动安全生产主体责任落实，很好地完成全年安全事故"三为零"的工作目标。强化设备、工程管理，落实检维修管理制度。强化能源消耗管控，制定行之有效的管控措施，落实节能主体责任，从源头上杜绝能源的浪费。强化费用管理，完善费用支出管理规定，明确费用审批流程，严格把控费用使用合规性，做到了费用支出合理、透明。

【党群工作】 进一步坚持和加强党的全面领导，深化细化全面从严治党"四责协同"机制，制定《本钢板材研发院党委2021年

全面从严治党工作安排》，以加强政治建设为统领、以全面从严治党为核心、以严肃执纪问责为主线、以强化作风建设为重点，努力营造风清气正的良好环境。在党风廉政建设方面，把带好队伍、抓好落实作为首要职责，坚持重要工作领导班子共同研究部署、重大问题共同研究解决、重点环节共同研究协调，以负总责、管方向、督落实、抓管带的政治自觉发挥院班子的表率引领作用。履行全面从严治党主体责任"21112"重点任务。注重压力层层传导，提升党建工作整体合力。形成"一级抓一级、层层抓落实"的责任体系，层层压实"两个责任"，推进全面从严治党向基层延伸，引导党员干部明确"一岗双责"内容，切实提高思想认识，持之以恒开展日常监督。制定《关于印发〈在本钢板材研发院全体党员中开展党史学习教育工作方案〉的通知》，对板材研发院党委党史学习教育各项工作做了细致的部署。结合实际开展主题突出、特色鲜明、形式多样的实践活动。通过开展党史学习教育活动，不断引导党员干部学党史、悟思想、办实事、开新局，牢固树立以效益为中心理念，聚焦"5＋1"工作格局和"1＋4"重点任务，为本钢集团"十四五"规划开好局起好步贡献力量。强化意识形态引领，发挥宣传阵地作用，聚焦发展成绩、科研项目、先进人物、优秀团队、提升研发院对外形象，共在中国冶金报、本钢日报等媒体发稿27篇，接待采访工作25次；在公司团委五四评选中，1人荣获"青年标兵"、1个集体荣获"精英团队"、1人荣获"大学生创业成材标兵"；在集团公司和板材公司的"两优一先"评选表彰中，5个先进个人、2个先进集体受到表彰。

（董　静）

炼铁总厂

【概况】　板材炼铁总厂是隶属于本钢板材股份有限公司的一家集高炉冶炼、烧结、焦化、原料于一体的大型综合性生产单位，是2021年1月15日由原板材炼铁厂、板材焦化厂、板材原料厂三家单位合并而成。2021年末，板材炼铁总厂行政下设7个管理室和28个作业区，在籍职工总人数3895人，其中管理岗112人、业务岗149人、技术岗220人、操作岗3414人。在籍职工中，副高级职称89人、中级职称339人、初级职称329人。党委下设4个党总支、32个直属党支部，111个党小组，党员1369人。

炼铁工序现有炼铁高炉4座，新1#高炉炉容为4747立方米，六号、七号高炉炉容均为2850立方米，新五炉炉容为2580立方米，年生铁产量1000万吨。烧结工序现有烧结机4台、566.5m^2烧结机、405m^2烧结机各1台、265m^2烧结机2台，年烧结矿产量1441万吨；焦化工序现有焦炉8座，其中6米60孔双联火道复热式焦炉4座、6米45孔双联火道复热式焦炉2座，7米60孔双联火道复热式焦炉2座、干熄焦5座，其中2座处理能力115吨/小时、2座处理能力150吨/小时、1座处理能力190吨/小时，年焦产量466万吨；原料工序主要担负着板材公司生产所需大宗原燃料仓储、管理和供给任务，占地面积72.5万平方米，最大存放能力约为200万吨，全年供应大宗原燃料（燃料、熔剂、含铁料等）达2300万吨，日均达6.3万吨。按生产需求及资源划分为煤、焦输送和含铁料、燃料、熔剂输送2条生产线。板材炼铁总厂主要产品包括：

新一号高炉炉缸浇筑工程顺利完成，高炉一次开炉成功顺利出铁（韩俊辉　摄）

生铁、烧结矿、焦炭、焦油、粗苯、硫铵等。

【主营指标】　全年生铁产量完成983.77万吨；烧结矿产量完成1400.29万吨；全焦产量完成450.2万吨，冶金焦产量完成383.67万吨。大宗原燃料周转量4200万吨，日均11.72万吨。入炉焦比完成396.5公斤/吨，燃料比完成534.5公斤/吨，同比降低4.8公斤/吨；生铁单位成本完成2908.44元/吨，总成本降低6300万元。

【生产经营】　全面深化"以高炉为中心"理念，打破传统工序壁垒，全厂28个作业区以四座高炉为四条主线实施"联动式"绩效考核，每个作业区绩效考核均与对应产线的高炉指标挂钩，凸显总厂整合优势。烧结工序质量稳步提升，碱度稳定率完成76.49%，同比提高2.15%；转鼓指数完成81.37%，同比提升0.25%。焦化工序通过提高干熄率和焦炭质量，供新1号高炉焦炭M40已达到90%，CSR已达到69.09%，供5、6、7号高炉的M40已达到88.4%，CSR

已达到68.47%，同比实现大幅提升。其他化产品煤焦油完成15.84万吨，粗苯完成4.5万吨，硫酸铵完成2.92万吨，焦油精制品完成15.57万吨，均达到历史较好水平。新五炉投产调试于3月份达产后，一直保持在日产7000吨以上水平运行；新一号高炉实现炉缸安全可控、炉况稳定，特别是在市场行情较好的情况下，延后炉缸浇筑，实现了安全稳定生产。

【安全管理】　强化安全履职，厂领导以上率下落实"新安全生产法"，定期到包保作业区进行专项检查，建立安全履职检查表及整改清单，坚决杜绝形式主义。对全厂28个作业区实行"安全百分制考评"，全年安全专业考核累计28万元，安全奖励20余万元，切实发挥了约束和激励作用。开展多种形式的职工安全教育，推行上岗"阅卡"制，下发"五清五杜绝"核查清单，指导检维修作业安全管理措施。加大反"三违"、隐患排查整改力度，编制全厂"违章行为"管控台账1225项，建立"反三违"清单，纠正违章行为 641 项，亮黄牌 41 项、红牌 5 项。建立特殊作业"早会预报制"，强化"旁站式"安全管理，督促和强调各项安全措施的落实。完善重大危险源管控"包保责任制"，确保重大危险源安全可控。对标完善安全管理体系，开展对标鲅鱼圈钢铁、朝阳钢铁等安全管理体系，逐条逐项对标学习、完善整改、补齐短板。围绕安全工作召开专题民主生活会、组织生活会，对照检查找差距，掀起全厂"安全风暴"，促进"安全第一"思想在总厂真正落到实处。

【成本管理】 大力推进"日清日结"工作，成立"日清日结"工作小组，以问题为导向，"日研判、周分析、月总结"，分别对原料管理、动力消耗、辅料备件、成本回冲等成本子项严格把关，实现了成本指标从 1 月份超支 3000 万到全年降低 6300 万元的成绩。充分利用"摘牌"，积极"开源"和"节流"，首先抓住大的，不断研究调整炼焦配煤结构，优化配矿结构，全年配矿降成本 6105 万元；其次努力捡起小的，鼓励全员立足岗位、自下而上、敢于摘牌、降本创效。全厂共计申报摘牌项目 75 项，对其中已经完成的 23 个项目 43 个子项进行了奖励，为总厂降成本、增利做出突出贡献。

【设备管理】 全年高炉设备可开动率 94.33%，烧结机设备可开动率 91.94%，焦炉可开动率 99.64%，均完成公司考核指标。新一号高炉创造了连续 229 天无定修纪录，较定修模型延长 100 天以上，达到开炉以来历史最好成绩。圆满完成了三次大规模联合检修，完成检修项目 1749 个，克服疫情、严寒暴雪、施工立体交叉等困难，新一号高炉炉缸浇筑工程历时 50 天检修，提前一天

"收官"，并且迅速达产达效，实现安全、优质、高效、经济的检修目标。创新思路，统筹考虑，检修了多年未能处理的疑难问题，更换了焦化工序焦炉煤气外送主管路 100 多米、循环氨水管路 200 多米和负压区管路 200 多米；利用新一号高炉大修期间，对焦化工序干熄焦锅炉、主抽烟道及除尘设施等进行中修完善，为生产提供了良好保障。

【技改工程】 2021 年，炼铁总厂超低排放项目按照国家"三法"要求落实环保治理工作，积极克服设计出图晚、工期紧、施工人员不足等困难，按期完成了三个净化作业区的脱硫改造，焦化煤气系统达到二级脱硫，煤气 H_2S 指标实现小于 $200mg/m^3$，为后部工序生产创造了有利条件。焦化 8、9 炉脱硫脱硝、机侧除尘治理完成热负荷试车，系统已稳定并按超低排放要求运行，炼铁总厂以实际行动践行对本溪市的环保承诺，为企业良好可持续发展提供了强力支撑。

【能源环保】 强化能源管控，降低炼铁工序动力费用、降低烧结固体燃耗、提高液体沥青回收率等 7 个项目 12 个子项的实施共创效 917 万余元，为炼铁总厂降本增效做出突出贡献。加强对环保设备的维护和管理，以完善烧结、焦化、回收工序在线设施达标排放为重点，以达到设计功能为最低标准，全面提升环保意识，强化环保设备管理水平提升。持续开展文明生产大检查工作，建立现场管理提升工作群，制定下发《本钢板材炼铁总厂现场管理全面提升活动实施方案》，全年共组织检查 52 次，发现问题 1960 项，已完成整改 1832 项，总厂环境持续改进。

【企业管理】 快速完成三厂整合，一周内

将原有三个厂 17 个管理室和项目部整合成 7 个；一个月内全部集中办公；一个月内整合原有调度系统，同步完善 28 个作业区视频会议制度，实现了统一指挥、集中汇报，全厂各项工作实现平稳过渡。持续对标落实"双跑赢"，主要领导亲自带队，多次到鞍钢本部、朝阳钢铁和鲅鱼圈新区深入开展"对标"学习，全方面找差距、补短板、制定措施，积极整改。积极推进"整、严、树"专项治理，全厂排查存在廉政风险岗位 533 个，逐一签订自查说明与承诺书。上报集团公司"整、严、树"工作组工作台账 35 期，整改跑冒滴漏各项管理问题 115 项。严肃问责追责，下发《问责追责工作通报》21 期，考核 137 人次，扣款 6.53 万元，各级人员的责任意识、担当意识得到有效加强。

【党群工作】　领导班子带头落实组织生活制度，按期召开 2020 年度总厂党员领导干部民主生活会，进一步提升厂班子战斗力、凝聚力、向心力。深入开展党史学习教育，积极开展"我为职工办实事"活动，厂班子为职工解决实际问题 56 项，全厂 35 个党支部办实事 214 件，重点解决部分岗位职工洗浴、洗衣、饮水难问题。深入开展"工序结对、互保共建"工作，发挥党支部的战斗堡垒作用，促进全厂形成"高炉稳、人心顺、效益高、收入增"的可喜局面。创新推出暖心"树洞"网络互动平台，坚持"变堵为疏"方针，正面发声，受到职工的普遍欢迎。厂工会组织发挥"三个服务"职能作用，深入开展劳动竞赛，高质量举办了本溪市及本钢集团职工技能大赛相关工种考试，激发了全厂职工钻研技术的工作热情。

【防疫工作】　全面贯彻疫情防控常态化管理各项措施，持续落实本钢防疫新 30 条，强化对第三方人员排查管控，并且坚持"非必要不出市"原则，严格执行板材炼铁总厂疫情期间职工出市审批制度，班组、作业区、综合办公室、厂领导进行逐层审批把关，及时准确掌握职工出行目的地、出行时间以及乘坐交通工具等信息，切实加强对全厂职工的有效管控，炼铁总厂全年实现疫情防控和生产经营两不误。

（刘清恒）

炼钢厂

【概况】　本钢板材炼钢厂（简称炼钢厂）隶属于本钢板材股份有限公司，是本钢板材主体生产厂之一。下设五室一部（综合办公室、生产技术室、设备管理室、党群工作室、安全管理室、临时项目部）及十二个作业区（原料作业区、炼钢作业区、精炼作业区、钢包作业区、吊车作业区、连一作业区、连二作业区、连三作业区、回收作业区、精整作业区、运行作业区、自动化作业区）。截至 2021 年底，炼钢厂共有在籍职工 2289 人，其中管理人员 50 人、业务人员 50 人、技术人员 103 人、生产（操作）人员 2086 人。主要拥有 7 台铁水预处理站、7 台转炉、5 台 RH 真空精炼装置、1 台 AHF 化学升温装置、5 台 LF 钢包精炼炉、2 台 1600mm 双流板坯连铸机、2 台 1750mm 薄板坯铸机、1 台矩形坯连铸机、1 台 2300mm 单流板坯连铸机、1 台 1900mm 双流板坯连铸机、1 台 1900mm 单流板坯连铸机、1 台铸坯表面火焰清理机等具有国际先进水平的技术装备。可生产汽车板用钢、石油管线钢、电工硅钢、集装箱用钢、冷轧深冲钢等 10 余个系列、600 多个钢种。

2021年共产钢1018.79万吨，创历史最高纪录，其中1号、2号铸机完成399.35万吨，5号铸机完成40.04万吨，3号、4号铸机完成106.85万吨，6号、7号、8号铸机完成472.55万吨。2021年比预算降低成本8766万元，实现了全工序负能炼钢。2021年非计划率为2.16%（目标2.2%），低于集团公司考核指标0.04%。

【生产管理】 构建"以连铸为中心，快节奏、分产线、高效化"生产模式，深入推进多吃废钢降铁耗，全力以赴创造稳产高产局面。炼钢厂5月份月产突破100万吨、6月22日产钢35934吨、6月20日铁耗888公斤/吨，均创历史最佳。此外，8号铸机实现月达产，具备年产150万吨钢的能力。9月份，根据国家限电政策，炼钢厂制定并落实限电突发事故处置预案，确保安全稳定生产。

【安全管理】 2021年，炼钢厂实现安全生产事故为零，千人负伤率为零。一是创新安全管理模式，建立企业微信平台，实现动火票网上审批、安全协议登记等功能。二是全面推进安全生产专项整治三年行动，扎实开展反"三违"工作，持续做好隐患排查治理。三是做好《新安全生产法》的宣贯工作，加强安全教育培训，提升职工安全技能。

【技术创新】 创新项目方面，一是开展降低LF工艺电耗攻关。2021年LF炉工艺电耗平均21.1千瓦时/吨钢，完成22千瓦时/吨钢目标。二是提高铸机拉速。1、2号铸机拉速稳定在1.2米/分钟以上；薄板坯铸机拉速稳定在3.8-4.0米/分钟；6号铸机拉速稳定在1.1米/分钟；7、8号铸机平均拉速达到1.2米/分钟。三是提高单中包连浇

炉数。1、2号铸机最高连浇炉数从12炉提高至20炉，6号铸机实现最高30炉连浇，7号铸机实现最高12炉连浇，8号铸机实现最高19炉连浇。5月份6号机再次实现了256炉连浇纪录。四是提高连铸坯热过率。建立铸机状态监控体系，产线热过率提高5%以上。五是推进钢包加盖。针对钢包扩容后温降大的问题，通过钢包全程加盖使转炉出钢温度降低10℃，提升炼钢指标水平；另外，智能化项目方面，自主开发从铁水预处理到铸机工序的"一键式"操作模型，新区实现全流程智能控制，老区正在稳步推进智能控枪。一键式铁水预处理、一键RH精炼的工作已基本优化结束，满足生产工艺要求。

【质量管理】 一是实行严格控制成分、品种计划实时调整双轨制运行的工作策略，保证当日品种计划的完成率。二是新老区中间包流场优化，缓解水口堵塞问题。三是持续推进倒角结晶器、多段分区配水等新技术的使用，改善了铸坯角部缺陷问题。

【成本管理】 全力开展对标鞍钢，实施模拟市场化利润考核。合金成本实际完成101.96元/吨钢，按钢种结构折算标准成本为103.88元/吨钢，比预算降低1.92元/吨钢；耐材成本完成43.64元/吨，比预算降低7.97元/吨，降低成本8120万元；综合工序能耗完成-2.69公斤标煤/吨钢，比计划降低0.94公斤标煤/吨钢，实现"负能炼钢"。

【设备管理】 设备管理水平稳步提升。一是开展设备系统创新工作，对标行业先进水平，通过创新驱动，解决设备重点和难点问题。通过推进老系统一次除尘风机节能变频改造、实施产线承包、精密点检、设备信息

化管理系统的开发等措施，对设备进行有利于运行、高产、自动化等方面的技术改造。二是强化设备基础管理，全面梳理现存设备隐患，做好日常定修调整计划及备品备件储备工作，确保设备稳定顺行。三是通过提升铸机、辊道运行精度及稳定性减少设备热停，提高定修效率，为优质高效生产奠定坚实基础。

【技改工程】 一是完成老区转炉新建三次除尘系统（同时优化二次除尘）工程的可行性研究等前期技术工作。新区转炉三次除尘以及原料除尘等项目正在进行前期可研审查。二是在 6 号、7 号机离线维修区实施产线承包基础上，加速推进 1—5 号铸机离线维修区产线承包。三是钢包加盖工程在老区正式投入生产运行，新区正在试运行。四是新老区废钢斗改型均已全部完成，为打赢降铁耗攻坚战提供了设备保障。

【能源环保管理】 强化能源管理，深入推进负能炼钢，2021 年全工序能耗 –2.69 千克标煤 / 吨。一是钢包烘烤全部采用节能型烘烤器，缩短烘烤时间，降低转炉煤气消耗，同比降低 0.029 吉焦 / 吨。二是 2 号、7 号转炉一次除尘风机电机变频改造，较改造前节电 18%；炼钢厂在引进新工艺、新技术、技改技革等方面不断加大投入，先进生产工艺及设备陆续投入应用，不仅提高了产品竞争力及节能减排效果，而且为企业可持续发展提供可靠保障，实现了以企业发展促节能减排，以节能减排促企业发展的良性循环。结合环保督察，做好废气、废水、固体废物等专项环保整治工作，保证环保设备达标运行，有效控制厂区感官污染；炼钢厂持续推进文明生产综合整治工作，不断完善文明生

产基础管理，定期开展综合性检查，查摆问题并落实整改。通过以上举措，使生产现场、岗位环境及厂容厂貌得到了较大改观。

【体系审核】 随着集团公司进军高端汽车品牌战略的持续深入推进，炼钢厂严格落实集团公司的统一安排部署，积极开展体系认证准备工作。总结历次模拟审核的经验，针对不足按期整改，修订完善管理制度，提升管理水平，积极做好质量体系及 IATF16949 认证工作，并通过北京国金恒信、莱茵公司及集团公司内部的认证审核，确保质量体系长期高效运行。

【党群工作】 深入推进党史学习教育，通过开展党史学习、参观红色革命教育基地等活动，进一步坚定党员干部理想信念，强化责任担当意识。把学党史解民忧落到实处，累计为职工办实事 120 余件，得到了广大职工的充分肯定。促进党建与生产经营深度融合，以共产党员创新工作室为载体，组织开展劳动竞赛，充分发挥党员的先锋模范作用。大力弘扬劳模精神、工匠精神，营造尊重技术、崇尚技术、向技术要效益的良好氛围。2021 年，炼钢厂党委被评选为本钢集团先进党委。落实全面从严治党主体责任，深入推进"整、严、树""靠钢吃钢"等专项治理和资产清理整治工作，强化警示教育和监督检查，制定了合金、电缆等物料防盗措施，实现对重要生产资材的闭环管理。抓好信访稳定、网络舆情、治安保卫等工作，营造出炼钢厂安全稳定的政治社会环境。充分发挥群团组织作用，开展送清凉活动、实施职工健康疗养、慰问困难职工等暖心举措，建立单身青工婚恋微信公众号，帮助解决婚恋问题。2021 年，炼钢厂还获得本钢集团五人

庆祝建党一百周年"两优一先"表彰大会（刘文斌　摄）

制足球比赛冠军。

【防疫工作】　全面贯彻国家疫情防控指示精神，扎实落实省、市和集团公司各项疫情防控措施。开展"接龙报平安"、上报行程码、疫苗接种工作，整体防控及时有效；严格执行全员戴口罩，职工错峰洗澡，禁止食堂聚餐；班前会、调度会等会议采取视频会方式进行并减少会议频次；严格做好办公室、操作室等重点部位的消毒工作；外来物资配送人员、外来施工人员严格遵守集团公司相关管理规定，厂内疫情防控工作保持稳定态势。

（郑第科）

热连轧厂

【概况】　热连轧厂隶属于本钢板材股份有限公司，是一家以热轧板材为主要产品的现代化生产企业，产品广泛应用于冷轧基材、汽车制造、石油化工、船舶制造等多个领域。热连轧厂现拥有三套热轧机组、两套平整分卷机组。1700 生产线有 4 台加热炉、3 架荒轧机、7 架精轧机、3 台卷板机；1880 短流程生产线有 2 台辊底式加热炉、2 架荒轧机、5 架精轧机、2 台地下卷取机；2300 生产线有 4 座步进式加热炉、1 架定宽压力机、2 架荒轧机、7 架精轧机、3 台卷取机；热连轧厂还配备有 1700、2250 两套平整分卷机组。2021 年热连轧厂全年热轧卷产出 977.95 万吨，缴库 973.62 万吨，相比计划产量缴库超产 11.02 万吨，同比增加 28.06 万吨，增幅 2.9%，实现历史最高年产。热连轧厂现有在籍职工 1274 人，其中管理人员 41 名、专业技术人员 139 名、业务人员 47 名、生产操作人员 1047 名，高级职称 44 人、中级职称 199 人、初级职称 237 人，高级技师 790 人、中级技师 140 人、初级技师 16 人。下设 5 个职能室、12 个作业区、1 个改造项目部。热连轧厂党委下设 2 个党总支、17 个党支部，党员 522 人。

【降本增效】　热连轧厂建立组织架构，制定管理制度，并根据市场价格动态积极与制造部及国贸公司配合优化资源配置，确保产品结构符合高利润高产能需要，实现规模效益最大化。按照模拟市场利润考核口径，仅1—9月份热轧厂实现就实现销售利润37.89亿元，实现净利润33.08亿元，其中5月份热轧厂实现销售利润10.7亿元，净利润10.2亿元，为公司创效做出了巨大贡献。全方位对标鞍钢找差距，全面提升指标控制水平。多次派人到鞍钢本部、鲅鱼圈和朝阳公司调研学习热轧工序，从经济指标、管理体制、绩效考核、安全体系、质量管控、设备管理和先进技术等方面全方位、多角度对标，拓宽思路，深挖潜力，向管理要效益，实现了产量、质量、成本控制能力的全面提升。全年合计降成本3403.89万元，吨钢降成本3.50元，降幅2.2%，其中4—5月份连续两个月完成月降成本500万元攻关目标。全年职工人均月工资收入同比提高18.39%。

【生产组织】　面对良好的钢铁市场形势以及前部工序的持续改善，热连轧厂狠抓生产组织，不断刷新日产、月产纪录。5月份全厂轧出99.3万吨，首次突破90万吨大关，刷新月产纪录；5月11日全厂日产37749吨，刷新日产纪录；2300线5—6月份连续实现了月产50万吨攻关目标；8月10日2300线日产20095吨，年度内第6次刷新日产纪录，也是首次站上20000吨历史大关；7月份1700线月产36万吨，刷新三台炉生产月产纪录，6月27日1700线日产14408吨，年度内第5次创刷新日产纪录。热连轧厂发货也屡破纪录，分别为5月25日1700线创出日发14819吨纪录、6月5日2300线创出日发20565吨纪录、6月27日2300线再次创出日发20934吨纪录。产品高效的发出，减少库存积压，加速资金回笼，为公司整体经济利益做出巨大贡献。

【安全管理】　2021年，热连轧厂安全生产工作以全面反"三违"和设备设施本质化安全为核心，以安全生产专项整治三年行动为重点，以双重预防机制建设为主要抓手，全面落实安全生产主体责任，夯实安全基础管理，不断提高各项安全管理水平。制定《反"三违"工作指导意见》和反"三违"行为辨识安全管控台账，实现全员自查自纠，共计查出严重违章4起，一般违章409起，对违章人员进行相应处罚。细化重点防火部位安全管理工作。每周组织对各生产线开展安全隐患排查工作，尤其是对各生产线液压站、油库及电缆隧道等进行安全隐患排查；并组织对高压油管、液压缸、防火阀、液压急停等多种关键设备设施进行专项检查。共排查出安全隐患558项，其中防火类隐患159项，均进行了整改，进一步梳理完善了《热连轧厂消防档案》。自主创新建立安全生产信息化平台，可实现浏览、查询、上传、下载、录入、修改、提醒等诸多功能，将繁杂的安全管理工作实现了标准化、模块化、动态化和共享化。根据实发案例制作了安全事故警示微电影，通过违章人员讲述自己切身经历，以及还原事故现场，使得职工更容易接受，为职工敲响了安全警钟。2021年，热连轧厂职业健康体检计划执行率达到100%；职业危害检测计划执行率达到100%；安全资格持证上岗率达到100%；安全生产实现"三为零"，未发生轻伤及以上事故。

【质量管理】　通过三级质量管理机制，明确质量红线意识，以产品质量控制中存在问题反观生产过程，对质量指标进行超前控制，三条产线和平整机组质量攻关效果突出。依托日清日结，形成厂级→作业区级→班组级的三级质量管理机制，对每日质量指标实现实时监控。建立内部网盘，实现每日指标实时共享。将质量指标层层分解，责任落实到人，达到质量指标的超前控制和职工的有效激励，实现各生产要素的合理配置，确保效益最大化。1700线板形、卷型全面提升，其中2、5月份两个月无外部异议；1880线板形异议大幅降低；2300线对异物压入、冷轧高强钢板形等缺陷开展专项攻关，各项质量工作稳步推进；平整机组与鞍钢对标后引用新材质轧辊，有效减少铁皮粘辊带来硌印缺陷。通过公司IATF16949质量体系内审、日本JIS认证、质量/环境/职业健康安全/能源/两化融合五体系外审、上海大众产线认证、IATF16949质量体系外审、公司过程审核内审。通过严格认证审核，生产过程控制水平进一步提高，文件有效性等方面得到明显改进，关键指标防错系统进一步完善规范。搭建综合工艺技术管理平台，为科技创新提供舞台。热连轧厂积极推进合理化建议、技术攻关、小改小革、金点子等专项工作。申报公司科技进步奖8项、申报专利申请10项、获得公司专利奖励21项、申报合理化建议立项34项，较好完成了《1700线卷取提升泵站系统升级》《2300线定宽机轧制侧弯项目攻关》《2300线精轧机组前导尺精度恢复攻关》等6项重点攻关项目。

【设备管理】 2021年，热连轧厂三条产线设备运行整体平稳。一是"全员看设备"管理理念（即设备管理人员、点检员、维护人员、操作员全部参与点检）为设备稳定运行筑牢了安全防线。二是预修工作为稳定运行打下坚固基础，尤其是检修质量和备件质量管控两方面起到决定性作用。三是通过设备改造消除设备隐患，尤其体现在1700线

改造调试后迅速达产达效，设备故障率和设备可开动率均超过历史最好水平。开展点检技术培训、设备管理人员考评以及点检员之间互评，提高了全员履职能力。全年三条产线设备故障时间359小时，对比去年同期降低155小时；设备故障611次，对比去年同期减少232次。优化调整检修模型，压缩检修时间，提高了设备作业率。1700线检修周期由10天延长至14天，2300线检修周期由7天延长至10天，两条线将原月42小时检修时间压缩至38小时。1700线和2300线4—9月份月平均检修时间分别为33.47小时和34.97小时，设备作业率得到有效提高。1700线、1880线、2300线年修按时保质保量完成。消除了1700线4#加热炉汽包、铁皮沉淀池水管路等重大隐患，恢复了设备精度，为完成全年生产任务提供设备支撑。

【党群工作】 认真推进支部标准化建设，严格党员教育管理，组织完成1个党总支、15个党支部换届工作，按计划完成发展党员工作。认真落实"三会一课"等组织生活制度，完成党支部评估定级工作，目前全厂支部评估定级为"好"的有10个，占比53%。开展党史学习教育读书班，以报告会、观看纪录片、参观红色纪念馆等多种形式推动党史学习教育走深走实。此外，还为17个支部、527名党员购买学习书籍、为基层制作党史学习课件6期，通过微信公众号发布党史学习教育资料14次。开展了"学党史、践初心、我为群众办实事"意见建议征集活动，共征集意见44项。依托"共产党员创新工作室"等平台，发挥示范引领作用，申请国家专利2项，轧辊党员创新工作室《降低1880线复合铸钢支承辊非计划辊耗》攻关项目，每

年可减少支承辊消耗资金 76 万元。围绕"整、严、树"和"靠钢吃钢"治理工作，厂党政一把手到基层进行廉政约谈，201 名重点岗位人员都签订"廉洁承诺书"，并全部进行了谈话。工会、共青团组织充分发挥特色作用，助力生产经营中心工作，维护职工权益，为广大职工办实事，做好事。公司实施超利共享和职工工作餐餐补，使广大职工实实在在地提升了获得感和幸福感，激发了团结奋进的活力。 （边　杨）

郭鹏同志参加全国五一劳动奖章表彰大会
（刘铁　摄）

冷轧总厂

【概况】　本钢板材冷轧总厂（简称冷轧总厂）由原本钢冷轧薄板厂、本钢浦项冷轧公司和本钢板材第三冷轧厂于 2018 年 1 月整合而成。现拥有 3 个厂区、30 条生产线，年设计生产能力 595 万吨。2021 年末，冷轧总厂职工总数 2452 人（管理岗 107 人、业务岗 154 人、技术岗 303 人、操作 1888 人），其中研究生学历 50 人、大学学历 820 人、大专学历 887 人，高级职称 75 人、中级职称 349 人。冷轧总厂下设 6 个管理科室、1 个基建项目部（临设机构）、13 个作业区。本钢浦项公司相对独立运作，下设 2 个部、6 个 Team 和 5 个作业区。总厂党委下设 5 个党总支、23 个党支部、60 个党小组，党员总数 866 人，党员人数占全厂职工总人数 35%。冷轧总厂作为具备冷轧板、热镀锌板、电镀锌板、彩色涂层板、酸洗板、电工钢等多元产品生产能力的大型冷轧产品生产企业，核心技术和设备装备均达到世界先进水平。多元化优质终端产品广泛应用于汽车制造、家电、石油化工和建筑等行业。汽车板获得了奔驰、日产、通用、一汽、上汽等知名汽车用户的青睐，家电板直供美的、格力、西门子等知名企业，并出口"一带一路"沿线 50 余个国家和地区。

2021 年，冷轧总厂克服市场震荡和限产限电等不利因素影响，主要生产经营指标与 2020 年相比全面提高。完成总产量 610.78 万吨，同比增产 45.76 万吨，增长 8.1%，首次突破 600 万吨大关，创历史新高，实现增利 8300 万元；质量非计划率完成 2.73%，比计划降低 0.07%，减少质量损失 126 万元。

【降本增效】　健全和完善管控制度，提升全员对标的内生动力和主动意识，构建"内外兼修、齐头并进"的对标工作模式，实现对标工作的制度化、常态化。深化精细对标，科学精准降本。与鞍钢冷轧厂、首钢京唐冷轧部开展多次精细化对标，从"对数据"转变到"对方法""对模式"，使管理更加精细化，大幅提升了管理效率。以成材率、锌耗、能源消耗等成本大户为突破口，抓大不放小，不断细化各项降成本攻关措施，实施精准激励，取得显著成效。其中，锌耗比预算降低成本 1757.03 万元，同比降低 1431.52 万元；能源消耗比预算降低成本 3419.50 万元，同比降低 5549.28 万元；辅料消耗比预算降低 3329.56 万元，同比降低 1431.52 万元。

【生产管理】 优化产线分工，实现高效生产。用好集团超利共享分配机制，深入推行汽车板一贯制管理模式，根据合同的品种规格和产线特点，科学排布生产计划，严格工序服从制度，坚持以市场为导向，推进产品增效。每月对各钢种的盈利能力进行细致分析并排序，按照效益最大化原则指导资源下达和合同订货。在生产一线广泛开展劳动竞赛，激发职工干劲，打通生产"瓶颈"。

各机组累计打破产能纪录 44 次，其中打破月产纪录 26 次，3# 酸轧机组年产量达到 230.09 万吨，突破设计产能。8月份，完成总产量 55.62 万吨，刷新总厂月产量纪录，硅钢连退机组、3#、4# 镀锌机组实现超设计产能 120%。

【安全管理】 运用"体系"思维建立横向到边、纵向到底的安全绩效综合考评体系，切实将日常安全管理实绩与职工收入和干部岗位紧密挂钩。同时修订完善安全规程和安全生产责任制，有效促进各级人员的安全履职。细化安全绩效，推动全员管理。深入开展安全生产专项整治三年行动，实行安全工作绩效评价，夯实基础，筑牢屏障。广泛开展安全合理化建议征集活动，让全体员工将对安全的思想认知转化成为行动自觉，由"要我安全"转变为"我要安全"。另外，进一步加大对相关方的管理力度，实行行业主负责制及末位退出机制，将管理权下放到作业区和班组。坚持"双重预防机制"常态化、规

3# 酸轧机组完成年度产量230.09 万吨，一举实现机组达产目标（郑洪涛 摄）

范化管控，加强对重点时段和重点部位的隐患排查和整改，为全厂生产经营工作奠定了稳定可靠的安全基础。

【技术质量管理】 以 JIS 认证和奔驰红旗认证为契机，实行"摘牌制"，切实发挥以总厂技术委员会为代表的技术体系作用，系统总结本钢浦项一贯制管理经验，并向三冷工序平移，大大提升了汽车板等高附加值产品的生产稳定性，三冷工序汽车外板轧成率同比提高 17.3%。由总工程师牵头每周对产线工艺纪律执行情况进行督导检查，严格全流程过程管控、推进标准化操作。组建多个专业化攻关团队，积极开展技术攻关，切实解决"堵点"问题。酸轧焊机专业化小组对行走轮进行改进，实现了焊缝断带率为"零"的目标。此外，首席工程师分兵把守各工序，带头解决了 3# 酸轧机组板形攻关、5# 镀锌机组高强钢批量稳定生产等制约性的"卡脖子"难题，为提升产品实物质量和生产效率提供了坚强保障。

【设备管理】 夯实设备基础，提升运行效率。以目标和结果为导向，建立自主设备管理思维。推进调度系统、设备运行管理系统信息化进程，客观真实准确反馈真实运行数据，促进设备管理精细化，有效提高机组开动率等设备关键指标。完善绩效考核管理标准，发挥绩效管理履职监督职能，督促作业区自主管理。学习落实"五制配套"相关要求，在推进点检定修制的同时强化设备功能和隐患管理，有效提升机组作业率。全厂综合设备可开动率完成 94.35%，超计划 4.38%，部分机组运行指标达到行业先进水平。其中，1# 连退机组实现连续 84 天无故障运行、4# 镀锌机组实现连续 61 天无故障运行、3# 连退机组实现连续 52 天无故障运行，为提质提产创造了有利条件。

【技改工程】 快推技改工程，补足发展短板。研判当前市场及行业发展形势，积极争取政策和资金支持，精准、快速推动冷轧技改工程。已完成对一冷新改造方案的论证；酸轧机组改造初步排布工期为 173 天；酸再生机组土建试桩施工和检测工作已结束；完成 1# 热镀锌机组电控系统、气刀、炉子改造技术谈判，公辅废水站及其他站所改造项目已签订技术协议，均具备招标条件。硅钢改造可研获得公司批复，委托申请已递交中冶南方。其余技改项目和专项工程按计划紧密实施，为冷轧未来绿色可持续发展奠定了基础。

【能源环保管理】 深挖能源成本，做实环保管控。采用"管理 + 技术"的手段有效降低能耗成本。一方面细化低产状态下的经济运行方案，加大奖惩力度，提升全员节能意识，杜绝跑冒滴漏；另一方面推进产品能耗标准成本管理，根据产线特点开展 17 项降本攻关，合计降低成本 1736.58 万元。建立健全能环管理责任制，明确管理职责；搭建线上管理 OA 模块，实现各区域实时动态管控。将环保设备设施等同于主线生产设备进行管理，保证有效投入；同时对环境风险点进行全面排查，累计整改问题 285 项，顺利通过国家和省市环保督查。全年实现检测计划执行率、危险废物合法处置率、达标排放率 100%，重大突发环境污染事件为零。将环保、文明生产和厂容环境治理等工作紧密结合，形成分工明确，重点突出的网格化管控体系，对关键部位和重点问题进行跟踪落实，确保措施有效、管控得力，现场管理水平和员工素养逐步提升。

【企业管理】 依托与浦项合资合作的独特优势，以本钢浦项为试点，导入浦项MBO、QSS+和百分制评价等管理方式，全方位学习吸收韩国浦项的先进经验。通过与浦项中国的深入交流，以及到张家港浦项调研学习，确立了"1+2+3"的本钢浦项管理体系，按照浦项管理模式进一步打造本钢浦项。一是QSS+攻关效果显著。在韩方经理的支持推动下，开展了主要产线提升效率和能力攻关，以2#酸轧产线为重点，推进设备改善项目，机组作业率进一步提升，实现年产量202.69万吨，刷新历史纪录，超设计产能6万吨。二是管理与文化不断融合。学习浦项评价激励制度，初步完成MBO全员评价体系导入和完善，并推进线上运行。建设了本浦"楼梯文化墙"，记录企业发展史，激励员工与企业共同进步。三是明确目标持续推进。开展学习浦项、交流培训回头看活动，重拾初心，梳理成熟的浦项管理经验和工艺诀窍，融入到本钢浦项日常经营和汽车板生产全过程，以此带动冷轧总厂整体管理水平提升，促进企业更高质量发展。

【人力资源管理】 贯彻落实"以人为本"的发展理念，将职工的个人成长与企业的发展紧密联系，互促互进。一是树立正确的选人用人导向，积极实施优秀年轻干部梯队建设和岗位挂职锻炼机制，按组织程序选聘了18名优秀人才到管理岗位进行历练。二是建立人才培养和使用长效机制。为新入职的高校毕业生量身定制职业发展规划，配备职业规划指导师，开展个性化培养。三是建立重点岗位干部轮岗和突出工作业绩的考评机制，激励广大党员干部担当作为。另外，对薪酬、备件等关键岗位人员进行了制度性轮岗。四是把员工培训放在首要位置。开展厂级以上培训15项，作业区级培训273项；组织编撰冷轧应知应会教材，为规范、充实员工培训内容提供有力支撑。传承工匠精神，充分发扬劳模创新工作室和大师工作站的引领作用，承办辽宁省轧钢工技能大赛，取得了除亚军外包揽前五名的好成绩，营造了浓厚的"学知识、比技术"的良性竞争氛围。

【党群工作】 冷轧总厂党委一直以加强企业的思想政治建设、基层组织建设、干部队伍建设和党风廉政建设为宗旨，以党史学习教育和建党百年为契机，为努力实现企业生产经营目标和提升管理水平提供了坚实的组织保障。一是筑牢思想政治根基。建立三级联动学习模式，举办各级党史学习教育读书班33期，厂党委理论中心组开展集体学习22次。二是将学党史、解民忧落到实处。厂领导班子成员带头定期到一线开展调研，征集到各类关系民生问题17项，已全部解决；基层党支部深入开展"我为群众办实事、争作贡献促振兴"活动，合计征集问题120项，已全部解决。三是营造风清气正的发展环境。全面落实从严治党主体责任，与重点风险岗位78人进行廉政谈话，建立干部廉政档案828份，组织773名领导干部和风险岗位人员签订《廉洁自律承诺书》。四是打造宣传阵地，强化思想引领。积极开展全员性的形势任务教育，利用各种会议、办公网络、微信公众号等方式宣贯企业重组的重要意义，树立正确的舆论导向。五是将关爱职工落到实处。持续开展"送温暖"工程，累计慰问职工共计183人，金额15.8万元。

【防疫工作】 深入贯彻执行集团公司疫情

防控指挥部的各项工作部署，建立健全防控机制，压实各级人员工作责任，主动出击、不等不靠，自筹防疫物资，保障了职工队伍稳定和生产经营顺行。组建督导组，由厂领导牵头采取"包干到人"的管理模式，各基层单位按照属地管理原则，形成统一指挥、分兵把守，全厂上下"一盘棋"的防疫工作氛围。推动疫情防控实现常态化。将防疫工作当成首要的政治任务抓牢抓实，严格执行集团公司各项防疫政策，厂疫情防控督导组定期对生产现场、办公区、食堂和浴池等重点部位开展防疫检查，各区域均能够按要求实行常态化管理。截至2021年末，全厂2818人（含劳务）完成了新冠疫苗接种，其中在籍职工接种比例达到97.95%。

（王　灿）

特殊钢厂

【概况】　本钢板材特殊钢厂（简称特钢厂）隶属于本钢板材股份有限公司，是本钢板材五大生产厂之一。主要产品以轴承钢和齿轮钢为主，生产优质特殊钢钢锭、方坯和优质特殊钢棒材。特钢厂下设5个管理室1个临时项目部，8个作业区；党委下设35个党（总）支部，其中党总支6个、直属党支部4个，分党支部25个。2021年11月，本钢集团下发《本钢集团有限公司总部及主要子公司管理职能及机构优化调整改革实施方案》，组建板材公司特殊钢事业部，给予产品销售职能。截至2021年末，在籍员工1642人，其中管理岗41人、业务岗55人、技术岗118人、操作岗1428人，研究生学历9人、本科学历272人、专科学历516人，正高级职称1人、副高级职称34人、中级职称166人、

初级职称127人，高级技师9人、技师156人。特钢厂主要设备包括50吨交流电弧炉2座、50吨LF精炼炉2座、50吨VD精炼真空炉1座、R15米3机3流方坯铸机一台、蓄热步进式加热炉2座、φ1150mm/φ850mm/φ480mm系列轧机各1套。

2021年，特钢厂全面落实"以效益为中心"理念，积极构建"5+1"工作格局、推进"1+4"重点任务。紧紧围绕生产经营、技术改造两条主线，建立提升生产效率、释放产能的有效措施体系，实现减亏1.65亿元；完成电炉钢25万吨，特钢材62.25万吨；职工与企业共享发展成果，职工人均月收入同比增长18.36%。

【对标降本】　2021年，特钢厂深入推进"日清日结"体系建设，精准对标石钢、凌钢等行业先进，强化对标挖潜，生产成本持续降低。全工序成本总额比预算降低1056万元。1—7月份处在满产状态，成本总额比预算降低1492万元，其中辅料成本降低1445万元。通过实施经济运行方案，炼钢动力电首次降低到90kWh/t以下，自产蒸汽回收等有效措施积极推进，全年能源降本500万元。

【生产组织】　2021年，特钢厂快速建立适应市场变化的有效生产模式，科学组织，生产效率效益大幅提升。年初，面对高价位的钢价市场，而轧机生产处于欠产状态，钢材在制量高达3万吨的突出矛盾，眼睛向内，深挖潜力，推进"以轧钢为中心，精整为重点，设备为保障"的生产组织模式，制定16/38/40的生产目标，组织"大干45天"竞赛攻坚，全方位释放产能，彻底解决汽车运输、检化验等制约环节，积压库存大幅降低，一举走出生产困境，生产形势逐月好转。

上半年，特钢材实现超产2.14万吨，实现盈利3764万元，创历史最好纪录。三季度，面对限产限电的形势要求，本钢板材按照每月3万吨平衡特钢资源。面对新形势，攻坚克难，统筹兼顾，精准建立起集中生产、错峰生产、单双加热炉交替生产适应新形势的高效模式，全力保证效益水平。四季度，对标1880产线、对标沈阳市场，大力开展以"降低成本、提高质量"为核心的运行模式，钢包加废钢、配吃渣钢、烧损攻关等一系列举措取得了可喜的成绩。12月份，按照本钢板材提高粗钢产能的要求，积极发挥"调节器"作用，为本钢板材战略目标的完成做出了积极贡献。2021年共打破班产、日产、月产记录27次，释放产能的管控能力得到了大幅提升。

【提质创效】　重点品种轴承钢平均氧含量达到6.91ppm，轴承钢达到了高级优质钢的质量水平。供法士特20CrMnTiH齿轮钢夹杂物控制水平大幅提升，夹杂物一次检验合格率达到96%，创历史最好水平。成功开发汽车用钢31CrMoV9、出口材100Cr6等特色品种，首次实现了供货欧洲的突破；正开发供鞍钢专用方钢ZY80等新品种，为改造后积累了品种技术基础。树立"品种效益、市场效益"意识，优化品种结构，优化市场区位。机械用钢同比提高0.78%；合结钢同比提高1.07%；汽车用钢同比提高1.55%；热处理材比例同比提高0.6%。20CrMnTiH系列降低到64.13%，降幅15.93%。根据区域效益，开发高附加值的汽车用钢、出口钢、工程机械用钢市场。东北地区碳结钢销售量提高到10.24%，增幅1.36%；出口材提高到4.42%，增幅2.84%，效益最大化工作成效显著。

【安全管理】　持续强化向安全要效益、向环保要生存的管理思维。从强化安全履职、加强隐患整改等多方面入手，全面压实管理责任。完善重大危险源管控"包保责任制"，对大棒综合管廊等37个重大危险源定期检查、跟踪整改。强化安全网格化管理，查处并整改各类问题1360项。以技改工程和限电生产为重点，排查较大隐患52项，督促施工单位100%整改，组织厂级应急演练2次、作业区级130余次。深刻吸取"11.23"事故教训，举一反三，安全生产实现"三为零"。

【设备管理】　2021年，特钢厂强化队伍管理，夯实设备基础，设备功能保障和济运行水平显著提升。建立有效的岗位点检、专业点检、精密点检管控机制，科学编排检修计划，持续优化检修模型，严格履行标准化作业程序，切实加强事故分析和考核，创新实施专业点检培训，设备运行稳定可控。全年设备可开动率完成94.96%，提高4.01%；故障停机率完成14.7‰，降低12.69‰。深入开展设备状态评估，积极开展设备功能缺陷整治，加热炉燃烧系统、均热炉烧钢功能、VD拖链行走不畅等46项问题得到有效整改，高质量完成178项电炉、铸机、轧机等大中年修项目，为设备稳定运行和产品质量提升提供了有效的设备支撑；组织开展中棒锯改造、变电所及水泵站无人值守等专项工作，年创效益642万元；组织开展历时5个月的机旁物料盘点，盘活检维修备件2312万元。持续强化备件管理，完成外委修复备件率8.06%，节约备件采购资金545万元；完成备件自修复1056件，降低采购资金559万元。

【技改工程】　定位于国内一流优特钢基地建设，特钢厂以高质量规划为目标，对冶炼、轧制、精整、库区等各产线工艺流程、生产规模进行了细致研究和校核，对全厂总图、物流、金属平衡等进行了统筹规划。优化了成品钢材库建设、均热炉建设等 6 个方案，为实现高水平的生产目标，发挥规模效益创造了有利条件。鞍本重组，工程由缓建调整为提速。特钢厂以高质量的施工为目标，按照工程提速要求，排出网络计划，制定工程限制环节推进措施。克服物资原材料涨价等多重困难，派驻专人，紧盯设计和制造周期，24 小时连续作业。围绕冬季施工难的问题，特钢厂科学制定优先满足 1# 电炉实现热试的施工方案，工程项目取得了突破。7 月 15，连铸机土建开工；8 月 8 日，电炉设备安装开工；9 月 17 日，小棒分线改造工程二次过渡一次过钢成功；10 月 15 日，一期四架轧机移位一次热负荷试车成功。电炉集控、小棒一线一室的项目进入可研及初步设计阶段，MES、加热炉自动化烧钢、三级能源计量、设备在线检测、SPC 系统均按计划推进。

【机制改革】 从组织结构、营销管理、采购、财务等全面对标宝钢、凌钢、鞍钢等事业部制运行模式，初步形成了以利润为中心的事业部组建方案；结合"五力"分析，明确了发展的短期、中期、长期目标，企业发展路径和发展方向更加明确。

【党群工作】 特钢厂党委以政治建设为统领，坚持融入中心，推动党建工作提质增效。深入学习习近平新时代中国特色社会主义思想，严格落实学习制度，通过"第一议题"、中心组学习等载体，深刻领悟"两个确立"的决定性意义，坚定信仰信念信心，增强"四个意识"、坚定"四个自信"、做到"两个维护"。加强党建引领，丰富党建载体，充分发挥了党组织在融入中心、建功立业中的战斗堡垒作用。扎实开展党史学习教育，组织庆祝建党 100 周年系列活动。以党史学习教育为契机，用心用情开展"我为群众办实事"活动，实施办实事项目 45 项。在集团公司的支持下，解决了在岗职工工作餐补贴、职工浴池生活设施改善等民生实事。大力组织困难职工支助和普惠活动，购发西瓜 7400 余斤、发放防暑降温电器 100 余台，支出普惠资金 99 万元。积极推进舆论的正面引导，传递正能量，为企业的发展营造了良好氛围。共青团、科协、信访、预备役等组织富有成效地开展了一系列工作，为特钢厂的发展和稳定做出了积极贡献。

（黎 伟）

发电厂

【概况】 本钢板材发电厂是中国钢铁行业较大型的自备热电厂之一，担负着板材公司生产所需的风、电、蒸汽、除盐水、余热水的生产供应任务，具有高炉鼓风、热电联产、余热发电、化学制水、冬季供暖等多项功能，是板材公司普钢系统主体单位。下设 6 个管理室、9 个作业区、72 个班组。党委下设 1 个党总支、12 个党支部、45 个党小组、404 名党员。2021 年 12 月 24 日本钢板材党委会审议、董事会讨论通过，将能源总厂、发电厂与原能源环保部能源管理职能整合，组建能源管控中心，撤销能源总厂、发电厂。截至 2021 年末，在籍职工总数 1114 人，（3 人保留劳动关系）其中管理岗 35 人、业务岗 42 人、技术岗 66 人、操作岗 971 人、研究生学历 8 人、本科学历 90 人、专科学历 310 人、副高级职称 17 人、中级职称 75 人、初级职称 56 人，高级技师 5 人、技师 148 人、助理技师 45 人。主要设备有锅炉 14 台、汽轮机 15 台、燃气轮机 1 台、发电机 16 台、汽动鼓风机 3 台、电动鼓风机 2 台、蒸汽管网 80 千米。固定资产原值 24.30 亿元，净值 10.56 亿元。主要产品为风、电、蒸汽、除盐水、余热水。2021 年，发电厂完成发电量 209004 万千瓦时，比计划超产 12004 万千瓦时，创历史最好水平。鼓风量、供热量、外供水均满足用户生产需求。板材自发电比例为 45.5 %，发电厂占板材公司总发电量的 85%。全年降成本 4664 万元，创利润 50729.2 万元，实现增加额 3441.13 万元。

【生产组织】 根据气温变化，挖掘机炉潜力，在完成发电量同时满足供热需求，特别是在煤气不足时，充分发挥燃煤炉能力高负荷运行。科学调整运行方式，根据气温情况提前将 265 烧结余热机组供汽方式改为发电运行，30 号机组备用，32 号机组运行，两项运行方式的调整日增发电量 25 万千瓦时；31 号机组建议焦化工序利用检修期间对逆止门拆除，提高小时发电量 3000 千瓦时；33 号机组定修期间，余热水改循环水运行，干熄焦蒸汽全部回收并入中压母管，避免干熄焦蒸汽放散。为减少限电带来的损失，从保证设备稳定运行出发，提出稳产高产，大干 20 天，全力组织多发电。非采暖期增烧煤气，减少高焦炉煤气放散，全厂锅炉以烧煤气为主，日耗煤仅 200—300 吨。

【经营管理】 以工序服从为原则模拟市场，制定《板材发电厂"对标宝武、参考鞍钢、学习浦项"对标工作实施方案》，组织全口径对标。坚持以效益为中心的管理体制机制，围绕利润、产量抓好生产运营，通过加强培训逐步适应公司考核新要求，用摘牌制度激励各项工作开展，按照集团公司降本创效管理办法要求，2021 年 6 月份确定了首批摘牌项目，7—12 月份摘牌项目超效益 219.93 万元。成立利润攻关小组，每周对利润完成情况进行分析，以问题为导向，制定措施并对实施情况进行跟踪，确保完成增利任务。制定工艺技术参数分级管控制度，利用能效平台对工艺技术参数实施分级管控，并进行点评，对存在问题进行提醒提示，以达到降本增效、安全生产的目的。制定《板材发电厂降本创效项目制管理办法》，全员树立效益意识、全工序精益管理，促进发电厂效益水平提升。发电厂申报公司级提产创效项目 4 项，厂内项目 8 项，均取得较好效果。

【安全管理】 强化量化考核，推行网格化管理，层层签订安全生产责任状，认真开展第三阶段安全隐患"清零工作"，全年共查出隐患问题 525 项，全部整改完毕。开展"职工查找身边隐患"活动，查出隐患问题 296 项，奖励金额 4690 元。深入开展反"三违"工作，组织联合检查 57 次，发现违纪 13 人，对违纪人员依规处罚，并对所在作业区相关管理人员进行了追责，全年组织反"三违"落实情况专项检查发现问题 309 项。组织开展了多层次"我在事故防范中应当承担什么责任"大讨论活动，全员参与率达 100%。针对歪矿"11·23"工亡事故，制定下发《本钢板材发电厂职工工伤事故应急救援体系》，组织全体职工认真学习谭成旭董事长的讲话精神，完善各项规章制度，补充急救药品，并对骨干人员进行急救知识培训。2021 年安全生产实现了"生产人身伤害事故、火灾事故、重大设备事故、重大生产事故"四为零的安全生产目标。

【设备管理】 全年设备总体运行平稳,设备可开动率完成95.80%,比计划增加0.36%;设备故障停机率完成1.47‰,比计划降低1.76‰;设备故障时长661.06小时,比计划降低838.94小时。组织编写检修作业指导书,形成管理体系,对检修全过程进行管控,真正将安全、质量验收落地。对A类设备近5年故障进行分析,针对8项造成故障的因素分析原因,制定整改计划,明确降低设备故障的工作思路及方法,降低故障时长。

【技改工程】 CCPP工程项目是本钢集团重点环保工程,充分利用高炉、焦炉混合煤气为燃料,年可发电约13亿千瓦时,可有效提升本钢板材厂区自有发电率,实现节能减排、清洁生产。CCPP工程8月3日开始调试工作,10月6日21点46分,CCPP工程燃机首次点火成功。12月7日燃机定速实现了首次并网,整个工程进入热态调试阶段。

【能源环保】 加强能源环保管理,强化环保设施检维修质量,以废水为重点开展专项监察,对环保指标排放严格管控,保证各项污染物达标排放,顺利通过中央环保督察期间各项检查。全年5台燃煤锅炉环保设施在线达标率为100%,4台燃气锅炉在线达标率为99%。上交环保税额为322.02万元,减免118.54万元。

【专项工作】 一是积极推进数字化、智能化工作与生产保供有机结合。开展电气一键并网项目技术讨论,确定试验机组;计划实施高炉鼓风系统实现自动拨风并开展工作调研;召开专项会议对除盐水离子交换系统智能化项目进行论证;对高压、鼓风、热化等作业区控制室集中合并开展现场调研,对各控制室的大小、控制系统的参数、监控设备等进行落实;推动能效平台功能模块创新的工作,制定设备模块创新规划方案,深度开发利用能效平台。二是制定《板材发电厂"整、严、树"工作推进组实施方案》和《板材发电厂三职群岗位人员管理考核办法》,严格

本钢集团重点环保工程CCPP工程(高辉 摄)

贯彻执行，切实转变工作作风。三是"安全生产确保钢铁主业良性运转"工作推进组，模拟市场，广泛对标，保障生产，效益明显。以市场为导向，关注动力煤价格走向，每周召开利润完成分析会，对存在问题查找漏洞、制定措施、逐项落实形成闭环。以对标宝武，参考鞍钢的工作思路，同马钢、鞍钢进行了全方位的对标。遵照以炼铁工序为中心的工序服从原则，全力保障鼓风机安全运行，在面临高工况运行的不利情况下，发电区域通过提高蒸汽参数及机组真空，既取得了良好的经济效益，又实现了供风零影响。四是积极采取措施开展治理"靠钢吃钢"问题打击偷盗维护国有资产安全专项整治工作。特别是对老380V配电室低压电源区域5处开放孔洞进行封堵，严防电缆失窃发生。

【人力资源管理】 规范劳动合同制度，详细排查不胜任岗位人员，开展劳动合同制认定工作。认真核查职工电子考勤，加强对不集中或偏远岗位人员管控，做到不落一人。下发《板材发电厂操作岗职工兼工种作业奖励办法》，鼓励全厂职工跨专业学习掌握多项操作技能，解决电厂人员专业不均衡的问题。举办厂内培训班54个，培训1641人次，组织275名职工参加特种作业培训取证；开展职业技能等级评价，3人晋级技师，7人晋级高级工；开展新型学徒培训，32人取得汽轮机运行值班员高级工证书；修订燃气轮机值班员职业技能鉴定题库，适应燃机岗位职工培训需要。大力开展两级机关作风建设工作，进一步加强劳动纪律管理，迟到早退现象明显减少。

【党群工作】 开展党史学习教育，举办党史学习教育读书班5次、党史专题学习8次、专题研讨12次，邀请市委党校刘敏教授讲授《在百年党史中汲取智慧和力量》党史教育专题党课；开展"最佳党课"评选，组织党员代表参观抗美援朝纪念馆、观看红色影片，举办党史知识测试答题和党史知识竞赛；开展"我为群众办实事、争作贡献促振兴"实践活动，解决了困扰多年的夜班职工通勤车问题，恢复了爱心洗衣店，逐步更换操作室桌椅。强化宣传引导，推进精神文明建设，全年热泉公众号和《发电简报》发表文章185篇、《本钢日报》刊发电厂新闻稿件48篇、"本钢新闻"微信公众号发送电厂新闻8篇，由发电厂职工自己编撰了《本钢板材发电厂厂志》第二卷。2人被评为"本溪好人"、1人被评为"本钢好人"。认真落实《党支部工作条例》，13个党支部完成换届改选，5名入党积极分子被发展为预备党员。以"党员责任区"为平台开展形式多样的生产实践，围绕现场管理各党支部共组织突击奉献活动80余次，改善了发电厂环境。厂工会成功举办公司汽轮机运行值班员技能大赛，成立"刘文志"劳模创新工作室，组织反事故演习最佳案例评选活动，开展"当好主人翁、建功十四五、建设新本钢"系列劳动竞赛。厂团委在市图书馆举办"学党史明理增信，读史书崇德力行"读书推广公益活动，向留守儿童服务站捐赠图书150余册。常青藤爱心团队开展公益征集活动，通过腾讯公益共募集捐助2863.1元，所得善款由壹基金购买20个温暖包向本溪的贫困学生发放。认真组织合理化建议征集和奖评，全年征集合理化建议117条，采纳101条。

【防疫工作】 按照集团公司疫情防控指挥部要求，加严各项防控措施，落实好本钢疫情防控30条和《假期防控工作通知》等要求。及时传达疫情防控相关文件及会议精神，1—12月共计宣贯集团疫情防控文件、通知、意见及重要文件363份。落实疫情防控制度，形成常态化管理模式，对瞒报漏报迟报等问题严格考核。抓好日常排查，做到排查到位、管控到位，持续做好"接龙报平安"工作和每周对全体员工进行"疫情防控行程码"核验，行程码存档备查。严格落实常态化防控措施，各区域张贴测温、扫码等措施提示标识，营造全民防疫的氛围。强化应急管理，做好防控准备与处置，梳理完善防控应急预案，做好应急防控物资储备，提高全体职工应急防控能力。持续做好疫苗接种管理，截至12月14日，1082人已接种疫苗。

（孙秀春）

铁运公司

【概况】 本钢板材铁运公司隶属于本钢板材公司，承担着本钢板材厂区生产所需的原燃料到达货物运输，各厂矿工艺间货物运输，产品外发货物运输职能。截至2021年年底，本钢板材铁运公司下设5个管理室、12个作业区、88个班组。党委下设13个党总支、直属党支部、20个基层分支部、72个党小组，党员807人。本钢板材铁运公司职工总数1711人，其中管理岗49人、业务岗51人、技术岗54人、生产操作岗1557人、研究生学历7人、本科学历155人、正高级职称1人、副高级职称10人、中级职称84人、初级职称127人、高级技师2人、技师142人。固定资产原值11.12亿元，净值2.92亿元。主要设备有内燃机车51台、电力机车22台、铁道车辆771辆、铁道线路238公里、电力架线140公里、信号楼14座、道岔912组（其中电动道岔884组）、信号机1298台。2021年，铁运公司完成运输量5961万吨，货物周转量89369万吨公里，路局车在矿一次停时18.48小时。设备故障停机率0.34‰，机车工序能耗0.81公斤/吨，吨钢耗柴油0.33公斤/吨、吨钢耗电0.84千瓦时/吨。

【运输组织】 一是紧紧围绕集团公司生产大局，通过强化运输组织、精准商管分车、提升运输效率等措施，强化各环节的有序衔接和车辆周转，完成大宗原燃料接卸和产品外发工作。全年共接入原燃料364891车，外发主要产品191357车。二是科学运输、合理调配，加强厂内物料平衡，发挥鱼雷罐跟踪系统作用，提高运用效率，鱼雷罐周转率由2.15提升至2.29。全年鱼雷罐加废钢任务完成10460罐。三是开展行业对标，优化高炉下配罐方式，新一号高炉由"4+4"模式改为"4+2"模式，五、六、七炉"2+2"模式改为"2+1"模式正逐步探索实施。四是持续加强路局车在矿管理，严格控制各项铁路费用支出。五是开展检查，将文明生产主题日活动贯穿全年，下发通报50期，对问题项逐一整改。六是强化成本意识，严格审核各项铁路费用，节约临时机车77台次，降低外部铁路运费530.77万元。七是顺利完成防寒防汛工作。在极端恶劣的天气环境下，及时启动保产应急预案，运输保产平稳运行。

【经营管理】 一是编制完成板材铁运公司《深化改革三年行动计划》，优化劳动组织结构，通过削减班组、撤并岗位、智能调度、信号楼合并等举措，优化人力资源。二是调整倒班班制，制定实施机车单乘方案，缓解人力资源不足问题。三是健全薪酬分配机制，完善全员绩效考核体系。四是落实"以效益为中心"理念，转变成本考核为利润考核，通过收入与成本双轨并行，全年实现利润1789万元。推进"降本创效项目摘牌制"工作，确定摘牌攻关项目8项。五是研究制定员工超利共享分配原则，按照贡献程度精准激励，实现"企业获利、职工受益"。六是合理制定年度培训计划，结合实际组织开展不同类别教育培训，全年累计培训11000余人次。七是稳妥推进法制教育、治安巡查、维稳防控等各项工作任务，切实维护企业良好的内外部环境。

【安全管理】 一是落实安全生产主体责任，健全完善规章制度，修订全员《安全生产责任制》，更新《生产安全事故管理办法》，开展《安全生产法》《刑法修正案（十一）》宣贯和安全教育培训，组织制定管理岗位职责及履职清单463条，反违章责任履职清单3407条。二是以"三年专项整治"工作为统领，开展"隐患清零"专项治理，整治各类隐患535项，抓拍闯道口车辆278台次，并移交本钢交管大队处理。三是进一步加大安全整治力度，开展反"三违"及综合性安全大检查，查处各类违章违纪人员1030人次；累计防止事故87起；签订安全协议20份；约谈8个作业区，问责追责管理岗位人员18人次。四是深化安全文化建设，安全月活动期间组织开展安全防火、道口应急处置演练等11项主题鲜明的特色活动。五是扎实推进职业健康安全管理体系运行，重点推进双重预防机制建设，强化重点时段和特殊时期的安全整治工作。全年现有613项危险源状态可控。职工持证上岗率、职业卫生健康体检率、职业危害检测合格率达100%，安全生产实现"五为零"目标。

【设备管理】 一是设备系统践行"重基础、强管理"的管理理念，深化PDCA闭环管理体系建设，加强"三支队伍"履职能力，增强设备基础保障能力。二是牢固树立"八保十六"理念，强化设备点检定修制，完善点检员评价体系和标准，主体设备设施安全稳定运行。三是自主设计应用道口控制程序软件，把三热轧1号、2号道口改为区段控制模式，解决了无人看管道口自动报警的难题。四是积极推进"智慧铁路"建设，提升铁路运输数字化、自动化、智能化、集约化水平，完成铁路运输调度指挥系统智能化改造一期工程，实现鱼雷罐跟踪系统、智能调度系统上线运行，遥控机车调乘一体化在车站系统稳步推进。五是对标同行业，按照工时定额核定维保工作量，开展铁道线路"百日专项整治"活动，全年累计消除线路隐患1100项。六是密切关注太子河铁路大桥技术状态，制定防范措施，消除大桥隐患问题9项。七是实施库存管理提升计划，盘点出库存物料2279万元，完成全年上缴废钢任务。

【党群工作】 一是充分发挥党委"把方向、管大局、促落实"的领导作用，全面落实党委"三议一报告一执行"决策机制，将党的领导融入企业治理各个环节。二是巩固"不忘初心、牢记使命"主题教育成果，强化党建制度落实。三是把深入开展党史学习教育作为一项重大政治任务，以"我为群众办实事"实践活动为抓手，聚焦职工"急难愁盼"具体问题，完成"办实事"项目104项，切实解决职工群众实际困难。四是持续强化意识形态工作责任制落实，以网格化管理明确包保责任，通过正面宣传引导，为企业发展提供良好舆论生态。五是围绕企业中心工作，不断提升基层宣传队伍能力，以加强新闻宣传为手段，为安全运输保产增添动力。六是强化干部履职担当，注重干部培养与考核。修订完善《本钢板材铁运公司作业区级班子及管理人员考核办法》，制定尽职合规免责事项清单，完善后备人才队伍建设工作机制，加大青年骨干和大学毕业生的培养和锻炼。七是履行全面从严治党主体责任，根据重点任务和责任清单，专题研究部署专项整治工作，聚焦问题，累计整治"整、严、树"及"靠钢吃钢"各类典型问题45项，问责追责作业区管理人员18人次。八是落实中央八项规定精神，开展经常性警示教育，签订年度《廉洁承诺书》239份，对20名有子女升学的党员同志进行教育提醒谈话。针对集团党委巡察反馈的36项问题，制定整改清单，按时完成整改。九是各级群团组织充分发挥桥梁纽带作用。工会创新开展劳动竞赛和技术比武活动，发挥省职工创新工作室培养技术能手作用；举办系列文体活动，丰富职工业余文化生活。共青团组织发挥生力军作用，开展"青"力奉献系列活动。

【防疫工作】 常态化开展疫情防控工作。按照集团公司"防疫30条"等文件要求，及时与集团公司和街道社区对接，防疫排查、环境消杀、测温管控、健康接龙等防疫任务有效落实。稳步推进疫苗接种工作，职工疫苗接种率达到97%。组建高效统一的防疫工作机制，政出一门、务实高效、全员行动，实现了防疫工作的总体稳定、协同推进，全力维护职工健康。 （刘 嵩）

能源总厂

【概况】 板材能源总厂从事各类能源介质的生产、转供和平衡工作，主要负责为本钢工源厂区及矿业公司部分厂矿输送水、电、氧、氮、氩气体及高炉、焦炉、转炉、混合煤气、氢气等能源介质，并承担着工源厂区污水回收处理及本钢通信系统、信息化网络的运行维护等工作任务，代行板材公司能源系统生产指挥和各用能单位能源使用的监督

板材铁运公司组织集中收看习近平总书记"七一"重要讲话（刘 嵩 摄）

检查等职能。下设7个管理室、15个作业区、92个班组。党委下设19个党支部、71个党小组，党员616人。2021年12月24日本钢板材党委会审议、董事会讨论通过，将能源总厂、发电厂与原能源环保部能源管理职能整合，组建能源管控中心，撤销能源总厂、发电厂。截至2021年末，在籍职工总数1394人（3人保留劳动关系），其中管理岗60人、业务岗56人、技术岗126人、操作岗1152人，研究生学历12人、本科学历302人、专科学历509人，正高级职称1人、副高级职称59人、中级职称164人、初级职称160人，高级技师14人、技师177人、助理技师35人。主要设备有主变压器89台、电缆回路873条、电缆总长416.02千米、架空线路127条、线路总长共计325.48千米、66kV铁塔785基座、固定电话包括窄带用户8803门、宽带用户576门、中继电路27个、核心交换机797台、制氧机组5台、29万立方米高炉煤气柜1座、9万立方米焦炉煤气柜1座、8万立方米威金斯型转炉煤气柜2座、4套PSA制氢系统、高炉放散塔2座、焦炉放散塔1座、主体直供水泵221台、污水系统环保设备设施187台、供水管网300千米、下水管网40千米。固定资产原值53.128亿元，净值18.767亿元。2021年高炉煤气放散率0.15%，比计划降低1.85%；氧气放散率1.95%，比计划降低1.05%；焦炉煤气损失率0.51%，比计划降低0.99%；基本电费支出39417万元，比计划降783万元；吨钢耗新水2.68吨/吨，比计划降低0.32吨/吨；液体销售3662万元，对比同期增加1501万元；累计降成本15717.64万元。

【生产运行】 以效益为中心，积极推进模拟市场化利润的工作，建立中心党政领导牵头的领导机构和三级利润核算体系，指标逐级分解至班组，形成周分析、月总结工作制度，中心克服用量不受控制、介质定价偏低等困难，实现较好的盈利目标。采用煤气动态平衡手段，做好用户增减量调配工作，高炉煤气放散率和焦炉煤气损失率均创同期最好水平；合理安排TRT检修模型、控制定修标准，减少无计划停机检修频次，TRT发电量超发4142万kWh；严格执行与主体生产单位的信息沟通制度，及时调整配出量，确保转炉回收炉数。严格执行提前制定的供电运行方式，两条供电线路间不得随意倒负荷；66kV双回路电源线路及供电设备尽量利用电业局停电和公司联检机会进行检修扫除，减少最大需量发生，基本电费少支出783万元；循环水系统严格按水质指标要求上线运行，控制系统补工业新水量；系统产线停机，及时关停供水冷却设备，减少循环水蒸发和飘散水量，吨钢耗新水降低0.32吨/吨；制氧系统结合公司用氧需求，优化制氧机运行，既保节电同时兼顾液体销售，控制制氧机开机时间在谷时或平时，并创新采用开机使用液氧返充的节能手段，缩短开机时间2—5小时。

【安全管理】 以"整、严、树"工作为契机，深入开展反"三违"活动，建立完善三违行为管控考核体系。深入开展新《安全生产法》的学习，安全工作实现闭环管控。在冬季"五防"工作中，下发危险介质报警器报警处置台账，规范报警器报警的处置。加强联检、日常检维修、工程施工安全管理，实现不伤一个人、不着一把火的安全目标。安全培训效果显著，8名班组长进入集团公司班组长安全知识竞赛决赛，并在前10名中分别荣获第1名、第8名、第9名的好成绩。认真贯彻落实集团公司 1 号文件精神，签订 2021 年作业区级安全生产责任状 38 份，安全责任落实到位，坚决防止发生各类事故，2021 年实现人身、火灾事故"六为零"。

【设备管理】　牢固树立保产保供就是"最大效益"的理念，设备系统以目标计划管理为核心，以故障管理、基础管理、激励机制为手段，圆满完成三次大型联合检修任务。在集团公司范围内率先开展精密点检工作，完成 317 台套设备的 4702 个检测点运行与离线检测，自主检测率达 95%，其中电动机大修故障率降低 68%，小修故障率降低 33%。结合国网限电实际情况，动态完善应急预案并组织演练，内部设备故障等同影响公司生产事故级别管理，列入绩效考核分配机制中，设备故障时间对比前三年平均水平降低了 11 小时 53 分，下降率达 27.1%。围绕向现代化、专业化、精细化管理要效益的工作理念，高效推进能源管控中心二期功能完善，加快远程集控及无人值守项目实施。

【技改工程】　以 220kV 变电所本体及线路、CCPP 及工程接网、薄板变负荷摘转、转炉煤气回收提效、配套第四加压站改造等为主的各项技改工程全部实现工期节点要求。一是转变观念，突破常规，加速推进技改工程建设。克服工程前期设计滞后的不利影响，合理优化施工方案，确保工程整体工期不受影响。建立并完善工程施工过程中的安全、质量及文明生产工作管理制度，主动开展工作，使各项工程管理水平不断提升。二是迎难而上，全力确保工程达产达效。2021 年 12 月 15 日，总投资 3.15 亿元，集绿色环保、运行方式创新、降本增效、可持续发展于一体，本钢首个 220kV 变电站完成主体设备验收调试并通过国网公司正式验收，成功送电正式投入运行。这是本钢集团在"双碳"背景下，坚持绿色发展理念，大力提高用能效率，不断构建低碳环保企业的一个缩影。转炉煤气柜回收提效工程新建加压站已安全过渡投入运行，新建 15 万立方米转炉煤气柜土建基础施工完成具备煤气柜本体安装条

本钢首个 220kV 变电站（孙秀春　摄）

件。三是配套 CCPP 接网、第四加压站、薄板变负荷改造等项目按既定工期有序开展。

【能源环保】 通过增发电降电耗、直购电、躲峰生产、大电机错峰启停、无功补偿完好投运等措施，年降电费 1.5 亿元。加大中水回用，专业队伍查漏堵漏，推行洗浴 IC 卡，关停 20 人以下小浴池等措施，吨钢耗新水完成 2.68 吨，降低水费 1440 万元。将环保与生产同等对待，出色完成生态环境部东北督查局和中央第二轮环保督查回头看迎检任务。各项环保指标均在可控范围内，全年处理工业水 5306 万吨，控制达标外排量在 943 万吨，COD 外排量 228.11 吨，氨氮排放量 3.16 吨。能源稽查重点围绕小用户稽查、专项稽查、提升水质化验及时准确性开展工作。全年累计各类现场稽查 1000 余户次，查出各类问题 650 项，追缴用能违约金共计 17 万余元，有效地促进了全公司节能降耗工作，能源管理和使用的规范性再次提升。

【对标工作】 在鞍钢本钢重组后，迅速落实公司领导对标鞍钢的工作指示，厂长亲自带队先后到鞍钢鲅鱼圈能源管控中心、鞍钢本部能源管控中心、鞍钢朝阳钢铁能源管控中心开展对标工作，从管理架构、能源设施、能耗指标、安全工作、设备系统等方面查找差距，逐项制定整改措施，提升总厂自身管理水平。

【三项制度改革】 2021 年 12 月 24 日，板材能源管控中心成立。截至 12 月 31 日，中心有效完成原板材能源总厂、发电厂及能源环保部能源管理职能部分的整合，并按照"揭指标竞聘，带契约上岗"竞争方式选拔制氧、供电 2 名首席工程师，体现了领导干部带头实行"两制一契"管理模式。

【人力资源管理】 完成了 1992 年至 2014 年期间，以政府安排方式分配到本钢的退役士兵的身份认定和资料查询工作，并组织好职工进行补费。在全厂范围内建立电子考勤与常规考勤相结合工作制度，为全厂各作业区、班组配备电子考勤设备。坚持多劳多得原则，制定超利共享分配方案，不断调动职工积极性。认真开展劳动纪律督察工作，通过现场检查、微信视频、电话等相结合的检查手段，保证职工在岗工作状态，杜绝因违纪造成影响生产的现象发生。以岗位需要什么、职工应会什么为原则，深入开展每周一题培训工作，通过日常培训、师徒结对、定期考核等方式加强职工岗位操作技能。

【党群工作】 以习近平新时代中国特色社会主义思想为指导，紧紧围绕保产保供和效益"双中心"开展党史学习教育，将我为群众办实事活动落到实处。制定《本钢板材能源管控中心"第一议题"制度》，把学习贯彻习近平新时代中国特色社会主义思想作为首要政治任务。坚持把党的政治建设摆在首位，严格执行《关于新形势下党内政治生活若干准则》《中国共产党重大事项请示报告条例》等党内法规，针对鞍钢重组本钢、钢铁市场的新常态及集团公司经济形势等及时开展形势任务教育。加强干部队伍建设，建立科学完善的考核体系，制定了《板材能源总厂各级各类干部日常考核办法》和《板材能源总厂各级各类干部考核细则》，积极搭建人才成长渠道和建立培育机制，通过营造学习氛围、鼓励技术职称晋级和合理化建议征集等具体工作手段，广泛号召专业技术人员积极参与，创造"学技术、懂技术、用技术"

的良好氛围。继续做好巡察整改工作，配合集团党委做好省委巡视"回头看"工作，对集团党委巡察整改反馈的问题督促相关管理室进行整改，打通巡察整改"最后一公里"。认真开展"整、严、树"和"靠钢吃钢"问题专项治理工作，不断规范职工行为，加强干部作风建设，堵塞管理漏洞，维护国有资产安全。工会承办了本钢集团第二十四届职工技能大赛暨第三十八届青工技术比武泵站运行工的比赛，积极发挥"半边天"作用，女职工冯琳琳被评为全国巾帼建功标兵。共青团以青安杯竞赛为主线，积极组织团员青年围绕生产经营发挥青年生力军作用，同时青年志愿者在疫情防控、文明生产、文明出行等工作中表现突出。信访维稳、保卫武装、宣传统战等群团组织，按照各自职责和使命，结合板材能源总厂发展需要，积极发挥自身作用，为板材能源总厂高效完成生产经营任务做出贡献。

【防疫工作】 按照"谁主管、谁负责"和"属地管理、业主负责"原则，准确及时通过微信群和 OA 传达疫情防控通知及相关措施要求，宣贯传达到每名职工，让职工了解疫情形势及相关防控政策，并落实到位。严格执行疫情防控制度，要求职工"非必要不出省，非必要不审批离市，非必要不接触省外市外人员"，出市必须提前报备审批，返岗前经审核同意方能上岗。做好职工外出、接触信息统计，坚持日报告、零报告、随时报。持续做好"接龙报平安"工作和对全体员工进行"疫情防控行程码"核验。在各区域张贴测温、扫码等措施提示标识，认真执行戴口罩、测温、扫码、消毒、登记等防控措施，落实门禁、快递、通勤车等重点环节防控，办公场所、操作室、公共区域进行消毒、通风，建立消杀记录。梳理完善防控应急预案，提高全体职工应急防控能力。持续做好疫苗接种管理，做到应接尽接，形成免疫屏障。

（孙秀春）

废钢厂

【概况】 本钢板材废钢加工厂（简称废钢厂）为公司双重职能单位，是本钢板材股份有限公司下属主体厂矿之一。主要承担板材公司炼钢生产所需废钢铁的接收、加工、仓储、供应工作及公司内部废钢铁回收管理。废钢厂位于兴安白石厂区，占地面积 14.1 万平方米。2021 年末，废钢厂职工总数 265 人（包含正信 4 人），其中管理岗 16 人、业务岗 13 人、技术岗 7 人、生产操作岗 225 人（229 人），研究生学历 3 人、本科学历 40 人（全日制本科 6 人），副高级职称 3 人、中级职称 26 人、初级职称 15 人，高级技师 1 人、技师 4 人。厂部下设 5 个职能室和 3 个作业区，15 个班组。党委下设 4 个党支部、10 个党小组，党员 123 人。主要生产设备 39 台（套），其中废钢打包机 1 台、QA91Y-800 废钢剪切机 1 台、液压抓钢机 16 台、桥式起重机 13 台、龙门起重机 6 台、T446-20×2150mm 开卷矫平剪板机组 1 套、切割除尘系统 1 套。生产工艺主要有火焰切割、冷剪加工、打包压块及精料加工。固定资产原值 24578.71 万元，净值 10905.64 万元。

【主营指标】 2021 年废钢铁调入量 155.35 万吨，其中外购 100.88 万吨，内部回收 54.47 万吨；废钢铁供应量 154.42 万吨，其中供应炼钢厂 135.31 万吨，供应特钢厂 6.65 万吨，其他 12.46 万吨；综合能耗 0.69 千克标煤/吨。

【生产组织】 一是认真领会董事长调研精神，按照工序服从原则，加强与职能部门的信息沟通，科学制定配比方案，确保炼钢工序降耗提产需求，克服人员少、料斗扩容改造、设备超期服役，有劣化趋势等不利因素，全年供应量计划135.95万吨，实际完成154.42万吨，超计划18.47万吨，实现优质保供"零影响"。其中几项生产指标连创新高：①5月份直配料斗达5456斗，12.71万吨；日均达176斗/天、23.29吨/斗，超计划31斗/天；②5月份全月日均供炼钢厂5516吨/天，日均供两钢厂5853吨/天，其中有15天单日供应超6000吨/天；③6月22日，供炼钢厂6760.78吨（直配料斗数206斗，5170.06吨），供应特钢厂391.8吨，全天废钢供应量7152.58吨，均为历史新高；二是实行兼工种作业、外委切割、夜间延时、周末出勤等措施，有效规避环保压力及用能高峰，提高加工量，减少待加工库存，同时充分利用剪切机功能，加大小规格废钢的剪切力度，解决精料短缺问题。全年废钢加工11.8万吨，其中切割7.9万吨，打包压块3.45万吨，剪切0.45万吨，加工废油桶22883个。三是坚持以效益为中心理念，加大内部废钢铁回收力度，厂领导亲自带队深入各厂矿开展"地毯式"排查，现场解决回收废钢实际问题，开通"绿色通道"，确保内部废钢铁应收尽收，全年共计回收内部废钢54.47万吨，其中生产回收47.54万吨，非生产6.93万吨（超计划3.16万吨），为公司节省外采资金约10712万元（按3390元/吨测算，不含税）。四是时刻关注钢厂需求及库存变化，加强与相关部门信息沟通，按计划合理调配，组织各单位抢卸外采废钢，确保卸车及时，全年接卸外采废钢100.88万吨，有效缓解供料压力。五是积极响应公司多吃废钢降铁耗、提高钢产量号召，创新鱼雷罐加废钢方式，实现15吨/罐的攻关目标，废钢加入量达1000吨/日，降低铁耗30公斤以上。全年鱼雷罐加废钢11670罐共计161964.7吨，有效助力公司降耗提产增效工作。

【安全管理】 一是坚持"零事故，零伤害"的安全管理理念，贯彻落实"三管三必须""五清五杜绝"等安全管理要求，形成责任明确、风险共担的安全管理模式，实现安全生产"六为零"。二是树立"隐患无处不在，成绩每天归零"的意识，完善"三违"风险分级、考评机制及考核标准，激发和调动全员安全履职的主动性和积极性，切实做到真查、严管、重罚，形成上下同心，凝聚合力的安全生产工作局面；根据《板材废钢厂安全生产专项整治三年行动实施方案》，明确工作措施、完成时限及量化管理；废钢厂涉及42项工作措施，现已完成23项，19项按计划有序推进。三是严格执行安全生产保障措施，积极开展春节安全综合大检查、安全防火、检维修联系确认制、危险介质作业安全、特种设备等专项检查。全年组织开展检查整治工作50余次，排查隐患534项，开出9份《安全管理监督指令书》限期整改，现整改完毕532项，暂未整改2项，已制定相应措施。四是积极开展"安全生产大讲堂活动"，领导干部上讲台传授安全知识及技能，提高全员的安全责任意识，使安全生产管理工作得到有效提升，全年各类培训教育达3000余人次。五是以"落实安全责任，推动安全发展"为主题开展"安全生产月"活动，利用安全展板、《本钢日报》《废钢之声》、LED大屏幕等媒体，全方位宣传报道废钢厂开展安全活动情况；同时组织开展"安康杯"、安全知识竞赛等，营造全员参与安全生产管理氛围，打造"齐抓共管"新格局。六是严把废钢铁出厂关，加强封闭物、爆炸物、不明物挑选，全年回收销毁封闭物1704枚，妥善保管爆炸物、不明物12枚。

【设备管理】 一是强化与产线承包方的沟通及管控，制定设备特护计划，增加专业点检频次，对操作管理及设备两次定修间的重复故障进行严格管控和考核，确保设备管理工作落实到位。二是不断优化设备定修模式，为设备设施安全经济运行提供有力保障。全年共组织设备抢修65次，缺陷处理913项，完成定修152次共计703项；完成3台吊车、1台抓钢机年修。三是不断推进设备管理制度化、使用设备规范化、操作设备标准化、设备岗位点检常态化，全年实现主要生产设备开动率为99%，事故、故障停机率为0.0065‰，设备完成好率100%。四是强化设备事故、故障管理，完善设备事故、故障管理及文明生产管理办法，实现缺陷整改全过程跟踪管理，做到责任到人、措施到位、闭环管理，确保安全生产顺行。五是加强三支队伍建设，成立技术攻关小组，以创新、创效为目标，以小改小革及修旧利废为抓手，将电气故障降低至80小时以内，液压故障减少400小时；积极组织对下机备件重组修复，对各管路老化渗油问题进行全面整治，完成3个液压缸和1个主泵的自修再用，节约采购成本约7.2万元，降低油品消耗约4.25吨。六是加强能源管控，将指标分解到各作业区、班组及个人，使能源工作层层有人管、处处有落实；积极参与以"低碳生活，绿建未来""节能降碳，绿色发展"为主题的节能宣传活动，推进废钢厂节能、

降本、增效工作，确保年度节能目标攻关圆满完成。七是全力推进设备设施完善改造工程。①为满足钢厂的废钢供应需求，分别于中心车场及彩西建立废钢供应站点，中心车场于4月15日完成布置，现可完成直配料斗40斗/天；彩西项目于6月份顺利开工；②8月27日7#炉湿法除尘区域鱼雷罐加废钢项目完工投入使用；③在公司大力协助下，废钢浴池、食堂改造10月底完工投入使用。

【成本管理】 一是坚持"以效益为中心"经营理念，本着"经济运行降成本"原则，以强化考核管理为突破口，采用模拟市场化考核、狠抓关键环节、层层推进落实等立体式管理，切实提高职工的工作积极性和降本增效主动性。二是不断完善"日清日结"和三级计量体系，深入开展周分析、月评比经济分析活动，实现全流程降本增效。全年考核成本降低834.81万元，成本管理"零超支"。三是严格控制定额消耗和各项费用支出，严格执行躲峰生产、设备经济操作，全年能源定额累计降低94.81万元；通过采取运费招标、减少二次倒运、废钢均衡调入等有效措施，全年节约运费448.79万元；按照工序利润考核分析全年实现利润额541.84万元。

【综合管理】 一是结合五个专项推进工作要求，狠抓基础管理，进一步夯实管理基础，提高管理效率，提升管理水平。二是继续推进文明生产管理工作，实行网格化管理，目前办公区域达到窗明几净，现场定置、库房、机旁库、物料摆放等方面都有了长足的进步。三是坚持"以效益为中心"的经营理念，严格"一贯制"和工序服从管理，落实"超利共享""摘牌"等举措；开展合理化建议征集，营造"对标先进寻突破、深挖内潜提效

益"氛围，激发职工参与企业发展热情，提升工作效率。四是抓好信访稳定工作，完成敏感时期的维稳任务，为公司的稳定大局做出应有贡献。五是积极推进"靠钢吃钢"整治工作，加强有色金属管理及处罚力度，采用人防与机防有机结合，有效杜绝物资流失风险；加强对各作业现场治安防范，维护厂区治安秩序。

【党群工作】 一是以政治建设为统领，引导党员干部旗帜鲜明讲政治，以"整、严、树"及"靠钢吃钢"专项治理行动为抓手，营造风清气正的企业生态环境，以强化意识形态管控为途径，确保职工队伍稳定。二是深入开展"党史学习教育"主题活动，做到学史明理、学史增信、学史崇德、学史力行。同时把学党史解民忧落到实处，各级党组织和厂领导班子成员为职工群众办实事共计23项。三是积极推行"五好支部"创建和"两学一做"活动，充分发挥考核评比的导向、激励、鞭策作用，使基层各支部工作明显上了一个台阶，支部的战斗堡垒作用和党员的先锋模范作用得到了充分发挥。四是纵深推进全面从严治党工作落实，严格执行集团党委"21112"任务目标，不断加强党员干部廉政教育，查找廉政风险防控点23处，设立风险台账，做到定期梳理常态化监控，确保万无一失。五是群团组织针对各自工作特点，开展形式多样的系列活动，凝聚职工力量，激发职工干劲，为促进企业生产经营助力。

【防疫工作】 面对疫情的严峻形势，废钢厂高度重视，快速反应：一是坚持疫情防控常态化，严格执行公司三十条要求。实行"日报告、零报告"制度，落实联防联控机制，减少人员聚集，利用电话、微信、学习强国视频会议等手段安排生产工作，做到生产、疫情防控两不误；积极开展疫情防控演练，增强职工自我防范意识。二是多措并举，积极筹措防疫物资。先后购置了消毒液、体温计、测温枪、喷洒设备、一次性手套等物资。三是采取灵活管理，坚持每天开展微信接龙报平安活动。对直接接触或间接接触人员以及重点地区返溪人员居家隔离达40余人次，并按照省、市、集团公司要求落实核酸检测；随着疫情防控的变化，严格执行人员出市报备审批制度。四是完善门禁管理规定，严格检测外来人员。认真做好外部送货人员及本钢内部送废钢人员体温检测、口罩佩戴及三码联查的检查工作，严格执行一车一人制度。五是制定相关管理规定，做好各环节防控。对食堂、浴池实行分时分段开放，并对就餐人员进行实名登记；发挥乘车代表作用，认真做好司乘人员疫情防控工作，建立人员体温检测登记记录；制定公共区域及办公区域定期消毒管理规定，建立职工健康档案，对公共区域、办公区域定期进行消毒，要求职工上岗必须戴口罩，对重要岗位实行窗口办公。

（管兴兵）

检化验中心

【概况】 本钢板材股份有限公司检化验中心（简称检化验中心）是隶属于本钢板材股份有限公司的厂矿级单位，负责板材公司、北营公司、矿业公司的检化验业务。2021年11月，本钢板材股份有限公司检化验中心与计控中心整合，成立本钢板材股份有限公司质检计量中心，北营、矿业检化验业务整体划出。主要承担本钢板材股份有限公司外购原燃料、过程产品采制化及产成品质量检验等工作。板材检化验中心下设机关管理室 6 个、作业区 9 个。党委下设 10 个党支部,共有党员 293 人。截至 2021 年末,在籍职工总数 726 人,其中管理人员 40 人、业务人员 41 人、技术人员 64、生产操作人员 581 人,副高级以上职称 13 人、中级职称 96 人、初级职称 119 人。2021 年,检化验系统可控成本费用累计节支 188.3 万元;实现进厂原燃料含辅料检验率 100%、检验准确及时率 100%;实验室认可体系有效运行;外购生产物料取消让步接收和质量折价扣款累计近 2.13 亿元。

【检化验管理】 强化中心层面督查管控,建立中心级领导参与外购重点物料督查的纵向督查机制,全年共开展常规督查 1771 车(批)次、内外部联合督查 139 次、中心级领导参与督查 42 次。每周对外购物料进行质量趋势分析,每月发布质量督查工作通报,落实质量管理的鉴别、把关、预防及报告职责。坚持问题导向和目标导向,关注生产需求,积极配合生产厂矿开展各项试验的检验工作。在铁前工序,针对铁水前后工序质量波动问题,持续开展炼铁炼钢工序检验比对,组织跟踪鱼雷罐运行过程,掌握质量波动趋势,为公司推行成本补偿机制提供数据支撑。配合公司对外购地方粉精矿锌含量、焦炉煤气硫化氢和含氨等指标进行抽检,为高炉顺产做好保障。在钢后工序,开展帘线钢、焊线钢的检验比对,围绕钢轧产品高产、保证产品外发等工作,积极配合产品研发和销售服务,为公司高产运行提供有力的检验保障。积极开发检验能力,成立检验攻关组,积极开展水处理药剂检验攻关,自 2021 年 7 月 1 日起本钢水处理药剂正式投入生产检验。

对冷轧厂设备在用油进行检验,全力推进设备在用油检验落地落实。组织对 94 个品种、446 项外购原燃辅料及合金理化指标进行全面梳理,陆续开发完成了水处理药剂、轧制油、碳化硅、低钛增碳剂 4 个品种 85 项指标的检验。自主研发解决了应用等离子发射光谱仪检测硅铁和金属锰中 Ti 元素、X-荧光仪检测矿粉中锌元素等 10 项新方法,目前已用于生产检验。2021 年,检化验系统完成检验工作 285 万批次。

【安全管理】 持续推进安全生产专项整治三年行动,贯彻落实"双重预防机制",推进第三阶段隐患"清零"行动。开展安全联锁装置运行情况检查、开展反"三违"专项治理、开展通风橱设施排查和隐患整改,严格落实各级管理人员安全履职,不断完善安全生产责任体系建设。深刻吸取矿业歪头山铁矿"11·23"事故教训,在全中心范围内开展"安全风暴"专项行动。对所有作业活动进行安全评估,查隐患、查违章、查标准化作业,修订完善各类规程 683 项、检维修作业标准 106 项,安全标准作业卡 642 项、安全规章制度 32 项。加大安全督导检查力度,严格检维修作业管理。叫停不符合准入条件的检维修作业,对 15 家外来检维修队伍的准入资质进行全面梳理、重新审核,目前检维修队伍准入手续齐全,正常开展检维修作业。建立和完善中心级、作业区级两级工伤职工救治责任体系,规范救治流程,明确救治责任。组织开展现场应急救护培训 97 次,1128 人参加了培训。配备配齐基层作业区应急救护装备和药品,配置担架 46 个、急救箱 92 个及应急救护药品,确保满足事故应急救护的要求。

【成本管理】 按照集团公司总体部署，承接鞍钢集团成本管理模式，重新划分为十七个成本中心。按照三级成本核算体系对指标进行日统计、周分析、月考核的闭环管理模式。同时按照公司吨钢降本要求开展"日清日结"工作，按十日、月、季度对吨钢降本情况进行分析总结。积极开展利库和降低费用工作，对作业区库存情况和费用申报采用层层把关，并制定降库存和降费用指标，推行辅料定额管理，开展降本工作。

【设备管理】 持续加强设备基础管理，依据设备管理评价体系评定细则和标准细化完善规章制度、梳理流程、厘清工作程序。秉承质量一贯制管理理念，对标先进企业，建立点检定修制，形成以点检为核心的全员设备检修管理体制。严把设备检修质量关，及时召开隐患、故障分析会，逐一分析研究，形成设备分析报告，及时解决、消除设备隐患，确保设备稳定运行。定期组织开展关键检验设备技术状态评估，提高设备分析精度性能。创新设备管理模式，推进订单计划、建立联储机制，进行库房管理资源整合、开展修旧利旧、降低备件储备库存，降低备件采购成本。积极推进重点项目按期投产达效，将电炉升级改造配套检化验项目和北营一钢产能置换项目的快分系统升级为全自动系统；特钢电炉改造小棒配套工程及一、二冷实验室整合等项目均按照工期计划有序推进。2021年检化验中心通过集团公司下达的零购计划采购设备共计24台，其中到货安装完毕17台、待送货4台、采购中3台，为检化验智能化、自动化发展提供物质保障。

【人力资源管理】 按照工序对应的原则，对板材、北营两厂区外购原料系统作业区4名作业长进行对调，开展中心内部交流学习，全力推进中心外购原料系统智能化、自动化进程，实现板材、北营厂区操作标准、管理流程和厂区文化的深度融合，交流学习效果显著。加强干部队伍建设，按照"靠人品、靠实绩、靠公认"的用人理念和为985、211高校毕业生搭建成长成才平台的工作要求，提拔选用5名优秀专业技术人才和高校毕业生。组织中心各工种专业技术人员编制了《钢铁质量检验技术》教材并委托辽宁冶金职业技术学院印刷培训用书800本，用于中心各管理室、作业区、定向委培学生的教育培训，促进中心培训工作正规化，调动职工学习技术的积极性，拓宽职工技术业务领域。组织开展技术比武，提供技能交流和展示平台，切实提高职工技能水平和创新能力，积极传承劳模精神和工匠精神。

【党群工作】 认真履行党委从严治党主体责任，严格落实"一岗双责"，切实抓好职责范围内落实中央八项规定精神、省委十项规定、集团公司相关规定和纠正"四风"等专项工作。周密部署党风廉政建设和反腐败工作，推动全面从严治党向纵深发展。坚持对重点风险岗位人员进行廉政谈话，对干部进行任前谈话，建立干部廉政档案，签订党风廉政责任书，筑牢干部职工思想防线，营造风清气正的良好环境。始终把政治建设放在首位，深入开展党史学习教育。坚持每周三党委理论学习中心组学习制度，制定并执行季度理论学习计划的同时，及时跟进学习习近平总书记最新讲话精神，持续推动学习贯彻习近平新时代中国特色社会主义思想。切实开展"我为群众办实事、争作贡献促振兴"实践活动，全力抓好职工就餐、洗浴等民生实事。坚持党管意识形态，把握正确舆论宣传导向，营造良好氛围。认真贯彻落实党中央、国务院和省委省政府关于鞍本重组的决策部署，围绕板材、北营和矿业板块质检计量机构整合和业务拆分，围绕深化三项制度改革，做好正能量导向。了解职工诉求，解决职工"急、难、愁、盼"的问题，从源头上预防和减少不稳定因素，做好舆情管控，全力营造和谐稳定的工作环境。

【防疫工作】 检化验中心高度重视疫情防控工作，成立5个督导工作组下沉到作业区、班组进行督导检查。加强物资储备，做好后勤保障，多渠道筹备资金，协调采买应急防疫物资，保障职工的健康和中心疫情应急处置的需要。检化验中心坚决贯彻执行"本钢集团疫情防控30条"，积极安排部署，落实主体责任。广泛宣传疫情防控科普知识，维护职工思想动态稳定。

（王庆军　吕东苣）

储运中心

【概况】 本钢板材储运中心隶属于本钢板材股份有限公司，负责板材公司、北营公司、矿业公司各厂矿小原料、辅料、备件、矿业公司大宗原燃料的验收、仓储、配送工作及集团公司废旧物资回收工作。2021年本钢板材储运中心有职工787人，其中管理岗位52人、业务岗位72人、技术岗15人、生产操作岗位648人，具有副高级职称7人、中级职称83人、初级职称90人，研究生学历7人、本科学历134人。下设6个管理室、13个作业区、86个班组。党委下设15个党支部、24个党小组，党员315人。2021年11月23日本钢板材储运中心拆分，分别成立板材储运中心、矿业储运中心、北营储运中心，业务及人员按原所属区域进行了划拨，其中划拨北营储运中心5个作业区269人、矿业储运中心4个作业区152人、板材储运中心6个管理室、4个作业区367人。共有设备146台套，主要在用设备有起重机29台、叉车10台、电梯2台。拥有固定资产原值17251.08万元，净值9875.31万元。储运中心紧密围绕"四保一降一树"目标，实现仓储管理创新和保产保供零影响。

【主营指标】 2021年，储运中心共收入各类物资94.9亿元，发出97.14亿元。账内库存11.78亿元，库存总额为12.43亿元，其中，账内库存比年初下降2.23亿元，利库工作收效显著。全面完成了成本和利润指标，2021年费用控制目标为1151万元，实际发生970万元，降成本181万元，降本比例为15.7%。自实行模拟利润考核以来，完成目标利润计划。

【验质管理】 严把物料质量关，严格执行《非合格品入库处罚办法》和《物料质量验收奖励办法》等管理制度，建立专业抽查、纪检监察和责任倒查管理机制，有效杜绝不合格品入库。2021年退、换、补、赔异议共440笔，同比增加172笔，增幅64%，涉及金额1621万元，同比增加604万元，增幅59%。拉入黑名单3家，停止招标选厂、供货资格83家、警告53家、约谈供货商321次。

【仓储管理】 摸家底，扩职能，为集团决策提供依据。开展钢铁主业机旁物资盘点工作，此项工作于2021年1月8日启动，历时3个月17天。共盘出各类物资34.36亿元，若剔除循环品和修复品10.84亿元，盘点总额下降为23.52亿元。在23.52亿元中，一年以上无动态物料为16.76亿元，占比71.3%。开展非钢子公司物料盘点工作。此项工作于2021年4月30日启动，历时3个月。共盘出物料6.29亿元，其中账外物料2.01亿元，5年以上物料4.04亿元，占比高达64.2%。落实对大宗原燃料的监管工作。2021年4月份，根据集团公司赋予的新职能，储运中心对大宗原燃料展开了有效监管。通过深入调研、现场盘点、定期检查、跟踪巡查、数据对比分析等方式，促进了一些问题的整改。2021年，累计查出在港超期存储物料35船次、超期港存费887.59万元。

【配送管理】　2021年储运中心进一步完善了以中心调度室为核心，各作业区24小时值班值宿的保供应急体系建设。同时强化储位准确率和配送及时率的考核，为保供"零影响"，尤其是联检和事故性紧急配送提供了保障。

【物回管理】　储运中心积极开展和鞍钢及关联企业的对标工作，先后通过"挂牌立项"和严格落实"领新交旧"等措施开展回收和销售准备工作。2021年组织回收入库319车共计1303.26吨；销售1578车共计39445.43吨，金额12980万元，超计划指标3588万元；非钢协同板块单位废旧物资回收销售288.73万元。同时，加大下机件的核查力度，共抽查4159项，下机件57814件，累计上报设备部停发备件82次。

【安全管理】　一是持续开展"反三违，查隐患"活动，解决安全生产"最后一公里"问题，涉油作业周循环检查共查出涉油隐患125项，整改125项；"反三违，查隐患"

共检查出问题238项，出示黄牌5张，查出防火隐患115项，全部完成整改；岗位安全操作规程现场考问，共考问职工395人次，合格率为99%；二是围绕防火、抢险、拉闸限电等紧急情况，组织专项演练35场，参与人数400人。针对涉油、起重、班组长等重点岗位开展了系列安全培训工作，开展了中心领导上讲台活动，共160多人次参加了培训。

【设备管理】　一是实行班组、作业区、管理室三级评价制度，进一步夯实点检定修制，实现了全年设备事故为零、设备故障率低于2%的工作目标；二是开展设备设施排查工作，全年共排查和处理一般性问题132项，处理设备隐患问题34项；三是组建了"工程项目部"，组织"大带工程"辅料总库搬迁等重点工程推进。

【综合管理】　储运中心在发挥管理职能的同时，不断强化基础管理，实现管理工作的稳定提升。一是严格成本控制，全年实际发生费用比预算降低15.7%。二是加强劳动纪律管理，通过组建的稽查队、值班管理人员、中心领导带队等形式开展检查，全年共开展了中心及作业区级工作纪律检查703次。三是强化文明生产工作，树立文明生产示范区，基本实现了库内无积灰、库外无杂草的工作目标。四是严格开展疫情防控工作，坚持微信接龙报平安、出市审批都能管控制度，定期结合动态疫情管理要求开展检查考核，保证了疫情防控和保产保供工作"两不误"。

【党群工作】　储运中心党委不断夯实党建基础，压实主体责任，努力提高党建工作水平。一是抓好党史学习教育，推动学习走深走实。召开专题会议，传达中央、省委、集团党委党史学习教育动员会议精神。二是参观红色基地，充分利用红色资源，丰富多种宣传形式。组织党员到革命烈士纪念馆参观，开展党史知识网上答题、党史知识竞赛等丰富党史学习教育形式。鞍钢重组本钢后《板材储运中心打出物资提质管理"组合拳"》等3篇宣传报道在《鞍钢日报》刊登。中心党委加强舆情管理与收集意见建议和了解供应商满意度相结合，设置两个二维码，对内"红码"主要用于收集职工的意见、建议和信息反馈；对外"蓝码"主要用于了解供应商对中心相关人员服务情况。三是强化组织作用，围绕生产主线强基铸魂。中心党委开展了"星级党支部"评比，各支部因地制宜创新工作。为深入推进党建创效，中心党委开展了建功立业"区、岗、队"建设和下步设想等情况进行调研，对15个党员示范区、20个先锋岗和16个突击队进行授牌。为生产经营服务，组织了百名党员清理大河库区现场"大会战"。四是中心党委围绕庆祝建党百年组织系列活动，组织了党史、党建、党务知识竞赛，参加"辉煌百年征程·建功百年基业"庆祝建党100周年书法美术摄影展、安全系列文化作品征集活动，举办了储运中心建党100周年职工乒乓球比赛。完成了中心各党支部的换届、组建、委员补选和2021年度预备党员发展工作。五是中心党委开展了"我为群众办实事，争做贡献促振兴"活动，党委承包的21项问题，基层党支部承包的31项问题已全部解决。六是坚持强化宣传教育，落实一岗双责。中心党委严格落实"一岗双责"，层层压实工作责任。强力推进"整、严、树"和"靠钢吃钢"专题治理工作，组织开展"整、严、树"百日整治活动，签订了党风廉政责任书537份，

向供应商发放告知书等具体文本300余份。七是落实职工集体福利，适时开展温暖工程。做好重大节日集体福利工作，端午节为822名职工购买了咸鸭蛋和节日挂件，为一线岗位职工购买防暑降温西瓜2000斤、防暑降温药品67份、电风扇46台、洗衣机2台、微波炉2台。　　　　　　（王远航）

辽阳球团公司

【概况】 本钢板材辽阳球团有限责任公司（简称辽阳球团公司）系本钢板材有限公司全资子公司。设有综合办公室、党群工作室、生产技术室、设备管理室、安全管理室5个职能科室，原料、焙烧、除尘三大作业区。党委下设5个党支部，共有党员151人。截至2021年末，全厂共有职工509人，其中管理人员46人、业务人员24人、技术人员15人、操作人员424人，具有高级职称9人、中级30人、初级31人，技师24人、助理技师5人，具有研究生学历3人、大学（本科）42人、大专163人。2021年全年生产优质球团矿215.87万吨，降成本1327万元，利润5458万元，增利2708万元，创历史最好成绩。

【生产管理】 推行实施生产、设备一体化管理，充分发挥科室指挥协调职能，三个作业区密切配合。原料作业区精心组织铁精矿接卸工作，精准配料，加强造球质量管控，保证原料系统顺行。焙烧作业区加强工艺操作纪律的检查，推行岗位标准化操作；严格执行热工制度，提高筛分效率和链算机布料的均匀性。除尘作业区力保产线风、水、电、汽供应和三大风机平稳运行。

【安全管理】 全面承接鞍钢安全管理制度，贯彻落实"五清五杜绝""四个一刻也不能放松"管理要求，全年制定并下发安全文件56个；重点解决了制煤皮带系统无防爆警铃、架空电缆横穿柴油站、造球室外部滑坡山体加固、拆除脱硫旁路烟囱腐蚀金属爬梯四项较大的安全隐患；开展厂级教育培训13次，累计培训1126人次。在公司班组长安全知识竞赛中，两人晋级集团前十名；设立全员安全奖纳入绩效考核，树牢全员安全管理理念；开展岗位员工"隐患随手拍"活动，共排查事故隐患392项，已整改386项。全年职工全员安全培训率达100%；较大以上风险受控率100%，实现年千人轻伤率为零。

【成本管理】 全面开展成本对标挖潜工作，制定实施方案。开展与鞍钢弓长岭球团厂对标工作，通过选标杆、找差距、分析原因、制定相应攻关措施，实现节能降耗目标。通过三级计量能效软件，掌握制煤、强混机躲峰用电执行情况，合理调整工艺风机、热工设备运行参数，间断运行四段冷却风机，节能效果显著。全年膨润土累计单耗为9.74kg/t，降低成本702.21万元；生产煤累计单耗17.21kg/t，降低成本202.78万元；电单耗30.22kWh/t，降低成本218.62万元，上述指标均创历史最好水平；深入内部挖潜，全年修旧利废节约费用159万元；废钢回收536吨，降本175万元。

【设备管理】 围绕"八项能力"提升，不断强化设备管理。生产设备运行检修实施一体化，杜绝管理内卷、提高运行效率。合理优化检修项目，不断修订检修模型，提高检修效率；通过油品检测，减少设备换油频次，降低油品消耗；扎实推进点检定修全员设备管理体系建设；大力开展改造项目，提高设备运行效率。设备开动率完成88.7%，比计划提高了2%；故障率2.17‰，比计划降低4.11‰；设备完好率100%。9月9日，球团公司正式布料生产，标志着设备年修工作圆满结束，比计划工期提前5天零30分，比目标工期提前30分钟。此次年修，首次开展回转窑、环冷机、链箅机、电除尘同步施工，检修项目达772项。工期紧、任务重，球团公司上下勠力同心，直面挑战，经过科学组织、协调奋战，高效优质完成年修工作，为全年创高产提供了有力保障。

【工程管理】 精心组织工程改造，提高效率节约成本。实现机械化操作替代人力搬运卸车。优化除尘管路、管径，节约人工成本，减少作业环境污染，每年节约成本72.83万元；造球机更新改造后，每台盘提升产量约1t/h，全年提升产量2.59万吨；电除尘器、3#皮带等改造工程完成后有效延长了维修周期；完成了成品堆场扩容工作，目前可储存球团3万吨，为保证球团供应创造了条件。

【环保管理】 推进节能降耗达标排放，提升厂容环境。完善各项环保制度，编制了一厂一策应急预案，对煤场、结圈料堆场进行苫盖，控制感官污染；积极与辽阳、灯塔环保局对接、沟通，保生产平稳运行；加强污水泵站运行管理，实现废水零排放；脱硫系统运行平稳，确保稳定达标排放。加强环境治理，打造花园式工厂。清理闲置场地3600平方米；绿植面积3200平方米；完成厂区1#、2#马路、厂1#大门外停车场地沥青17000平方米摊铺工作，厂区环境明显改善。

【党群工作】 按照学史明理、学史增信、学史崇德、学史力行的目标要求，扎实有序推进党史学习教育，全面贯彻落实党的十九届六中全会精神，深入学习习近平新时代中国特色社会主义思想、习近平总书记在庆祝中国共产党成立100周年大会上的重要讲话精神，较好完成学党史、悟思想、办实事、开新局任务。深入践行群众路线，围绕企业中心工作，设立"我为职工办实事"项目35项、"对标先进、对话功勋"项目14项全部完成，党日活动、建功立业主题突出，成效显著。发挥宣传平台作用，自创《球团在线》视频播报15期，弘扬身边正能量，在《本钢日报》刊登新闻稿件12篇，树立球团公司良好形象。全面贯彻从严治党，持续开展"整、严、树"和"靠钢吃钢"专项治理工作，自纠自查问题22项，其中15项已整改，7项持续推进。开展党风廉政教育，签订了领导干部廉洁自律承诺书42份，坚决做到"六个严禁"。建立健全舆情管控工作机制，舆情监督员延伸至每一个党小组。工会、团委发挥桥梁纽带作用，举办了球团公司首届职工趣味运动会，围绕设备年修开展送清凉、战地立功竞赛、"青安杯"竞赛等活动，引领积极向上的正能量。（王 宇）

不锈钢丹东公司

【概况】 本钢不锈钢冷轧丹东有限责任公司（以下简称不锈钢公司）是本溪钢铁（集团）有限责任公司的全资子公司。截至2021年末，不锈钢公司行政下设5个科室，分别是综合办公室、党群工作室、生产技术室、设备管理室、安全管理室，另设财务室，相关人员由集团公司派驻。在籍职工共有220人，其中管理岗18人、业务岗14人、技术岗15人、操作岗173人，硕士毕业生3人、本科毕业生88人、专科毕业生106人。公司党委下设4个党支部，分别是综合党支部、生产党支部、设备党支部和公辅党支部，共有党员91人。产品品种以304、316L为代表的AISI300系和以430、409L、410、439代表的AISI400系的不锈钢冷轧产品，表面等级为2B/2D，带钢厚度0.20 ~ 3.0mm，带钢宽度970 ~ 1350mm。主要工艺设备包括1条准备机组、2台20辊森吉米尔轧机、1条冷带酸洗退火机组、1条平整机组、1条重卷拉矫机组和磨辊间设备及起重运输设备等。2021年1—8月生产碳钢冷硬产品1268吨，吨钢变动成本2614.72元/吨，综合成材率为99.87%，一级品率为100%；9—12月生产不锈钢产品7139吨，吨钢变动成本3417.71元/吨，综合成材率为95.43%，一级品率为87.22%，全年实现销售收入1.57亿元，比2020年实现减亏1688万元。

【生产组织】 一是积极与同行先进企业开展对标。分别赴鞍钢联众、青岛浦项和酒钢不锈钢进行对标，涉及工艺、设备、质量、成本和安全等方面，共梳理复产准备相关事项26项，制定了40项对标改进措施，现已全部完成，其中，产出的400系产品表面质量及性能较复产前均有大幅提升；二是继续与中铝沈阳有色金属加工有限公司开展钛合金轧制带料加工合作，实现钛板3.0mm厚度原料轧制0.5mm成品一次轧程，突破钛板极限压下率。全年共轧制钛合金卷板40.66吨，增加收入16.55万元；三是完成了SUH409L、441、SUS430产品调试和SUS304钢种0.39mm、0.29mm、0.19mm厚度硬态钢试制工作，品质达到同行业先进水平；

四是开发 SUS304 精密带不锈钢，顺利轧制 0.087mm 规格不锈钢，成功实现硬态产品交货；五是通过进一步优化退火机组设备功能，成功生产 0.2mm 极限规格产品，完成退火机组设计规格极限的调试工作，并在 0.15mm 和 0.1mm 两个规格产品的调试上取得阶段性成功。

【安全管理】 深入贯彻 1 号文件精神，有效落实安全风险分级管控和隐患排查治理双重预防机制，突出抓好特殊时段关键时期安全形势的稳定，紧密围绕生产隐患"清零"专项治理行动，共组织开展安全专项检查 42 次，累计排查并整改隐患问题 89 项。落实岗位安全生产责任制度，有针对性地组织各类安全培训教育、应急处置演练 26 场次，累计参加人数达 980 余人次。

【成本管理】 切实贯彻钢铁行业微利时代的成本控制理念，把谋求经济效益最大化作为首要任务，持续加强成本管控。一是通过与华源燃气有限公司洽谈，煤气价格较 2020 年降低了 0.37 元 / 立方米，降价幅度达到 25%，共减少费用支出 202 万元；二是集中各区域人力，对辅料、备件库及建设调试期账外废品库进行清理，共清理出可用物资价值约 11.4 万元；三是加强未轧段、梯形段管控，提高头、尾引带焊接质量，使用碳钢引带，提高成材率，省成本 4.1 万元；四是开展备件修旧利废工作，组织轧机挤干辊自主磨削处理，节约磨削费用 10 万元。修复准备机组交换机、退火机组小机加车床等设备，节约维修费用 5 万元；五是根据天气变化和厂房温度情况及时调整供暖煤气流量，共节约煤气 21.2 万立方米，降低成本 25.4 万元。通过合理减少厂区部分采暖面积，

整合职工公寓房间等措施，减少采暖费用支出 69.3 万元。

【设备管理】 2021 年各机组总体运行稳定，实现设备可开动率 98.2%，故障率控制在 0.93% 以下。一是结合公司复产需求，组织各区域编制中修计划，克服时间紧、任务重、专业广等诸多困难，按期完成涉及机械、电气、防腐、炉窑、磨床等专业共计 177 项的维护项目。快速推进 135 项辅料、备件采购工作，为顺利复工复产奠定了坚实的基础；二是完成四大标准的修订工作，合计修订相关标准 422 项。重新制定维检、维保人员管理制度。调整各科室、作业区对该类人员的管理范围和考核权限，并重新划分了设备分工，使各单位的职责更加明晰；三是制定了不锈钢公司的自主采购流程，根据采购额度分级以不同方式进行采购，保证复产后的备件、辅料供应；四是按期完成全厂物料盘点，根据库存及库位情况，将原各作业区机旁库全部整合至主备件库，进一步强化了备件管理。

【企业管理】 积极推进三项制度深化市场化改革工作。一是推进组织机构改革，取消作业区管理模式，将原有生产、设备人员分别划归生产技术室和设备管理室，实现厂管班组；二是进一步强化制度建设，重新修订了《不锈钢公司规章制度管理办法》，制定、修订各类制度 68 项；三是依据《鞍钢集团有限公司合同管理合规指引》，重新修订了《不锈钢公司合同管理办法》，梳理了合同会签流程，全年重新签订各类合同 93 份。

【市场开发】 按照本钢集团关于不锈钢公司独立市场化经营运作的工作要求，快速承

接了原国贸公司负责的原料采购、产品销售和采购中心负责的辅料、备件采购业务，并根据复产经营实际，制定了原料采购实施管理办法和销售政策，保证了独立市场化经营的顺利进行。一是在原料采购方面共开发3家SUS304原料供应商，2家400系原料供应商；二是在产品采购、销售方面开发了SUS304内贸用户2家，主要使用0.5mm以下薄规格产品，用途为保温杯和太阳能热水器。开发SUS430用户1家，用途为厨具制造。开发硬态钢新产品用户1家，用途为电子产品。此外与2家东北市场用户达成了409L和441超纯铁素体汽排用钢的试用合作协议。

【党群工作】 一是深入开展党史学习教育活动。开展"我为群众办实事"活动，推动不锈钢公司党史学习教育切实落实到实效上，引导广大党员牢固树立以职工群众为中心理念；二是结合丹东市社科联主办的"辽海·鸭绿江讲坛"百堂党史精品课基层宣讲活动，邀请学院教授来厂进行党史学习专题讲座，共186人次到会听课；三是组织职工充分利用"庆祝建党百年，党史学习教育"频道、辽宁日报"聊事说理"微信公众号等方式学习党史，同时组织职工观看党史题材优秀电影10余场次，共300余人次参加；四是组织党员和积极分子80余人到丹东抗美援朝纪念馆参观，开展缅怀英烈，传承红色基因，弘扬抗美援朝精神教育；五是结合公司实际，针对全员建立"员工接待日"谈心谈话制度，共接待职工群众百余人次，收集67项问题，组织相关部门解决了28项，解答39项。"员工接待日"制度的建立，搭建了班子与职工间的交心平台，正确引导并切实解决了职工群众提出的问题和困难，营造了和谐的工作氛围，极大地提高职工队伍的凝聚力；六是开展"整、严、树"工作。成立"整、严、树"工作推进组和"机构臃肿、人浮于事""跑冒滴漏""监守自盗""不担当不作为、败坏本钢形象"四个工作组，实行网格化管理，共排查出11项问题，截至2021年底，除岗位定员工作外，其余10项问题已全部整改完成；七是以主题团日为载体，组织45名青年团员开展"春暖本钢，'青'力奉献"学雷锋活动；八是组织参加本钢集团首届青年创新大赛，申报10项青年创新项目；九是组织15名单身青年参加与中国黄金集团联合开展的"青春相约，缘聚不锈"联谊会；十是组织27名女职工参加两癌筛查体检，为女职工健康保驾护航。

【防疫工作】 严格执行国家、省市和本钢集团公司关于新型冠状病毒防疫的工作要求，坚决落实本钢疫情防控新30条内容，积极配合属地政府和集团公司，严格执行常态化疫情防控各项措施，做好人员扫码、测温、登记，加强食堂、办公室、宿舍、通勤车辆等重要场所的消毒通风，执行出市审批、接触报备制度，落实每周核酸检测，强化重点岗位人员和关键环节的防控。持续开展对接送货、后勤服务、驾驶员、门禁管理等关键岗人员的周核酸检测工作，共进行核酸检测686人次；组织开展全员新冠疫苗接种工作，截至2021年底，除4人因禁忌病症无法接种外，其他正式职工、劳务人员、外协单位全体人员完成了两针疫苗接种，接种率为98.8%。

（曾　铮）

栏目编辑　　刘　欣

本溪北营钢铁（集团）股份有限公司

【概况】 本溪北营钢铁（集团）股份有限公司（以下简称北营公司）位于本溪市平山区北台镇，是本钢集团有限公司的控股子公司，成立于 2002 年 4 月 5 日，注册资本 60 亿元。设置机关部门 8 个、直属机构 4 个、生产厂矿 7 家。拥有烧结、焦化、炼铁、炼钢、轧钢、铸管、发电、公路、铁路运输等完善的钢铁工业生产系统。具备年产生铁 780 万吨、钢坯 800 万吨、钢材 850 万吨（含代管产能）、球墨铸管 25 万吨的综合生产能力，是东北地区最大的线材生产基地，国内大型球墨铸铁管生产企业。2021 年 11 月重塑北营公司管理架构，明确各项审批流程及权限界面，实现规范管理。截至 2021 年 12 月末，北营公司资产总额 601.2 亿元，负债总额 437.2 亿元，所有者权益 163.9 亿元，资产负债率 72.38%；全年实现营业收入 372 亿元，实际亏损 4.25 亿元，营业利润率 –0.9%，实现税金 10.2 亿元，比去年同期增加 3.6 亿元；在岗职工 16450 人；产品产量完成生铁 693 万吨、钢坯 701 万吨、板材 348 万吨（1780 线）、线材 235 万吨、棒材 91 万吨、铸管 10 万吨。

【生产组织】 加强生产全过程控制，紧密围绕高炉"2+3"到"2+1"生产模式，精准调控系统内部生产组织，实现挖潜增效。开展能源系统全流程控制，找准关键节点，降本创效，烧结燃耗完成 53.1kg，负能炼钢降至 –2kgce/t，吨钢电耗完成 537kWh/t，同比降低 6.7kWh/t，累计减少电费支出 4667 万元；生活水日消耗量由 1.4 万吨降至 1.1 万吨以下，累计减少生活水费支出 480 余万元，吨钢耗新水指标由 3.3t/t 降至 2.9t/t 以下，中水回用率由 90% 提高到 93% 以上。深入开展对标，提升生产经营效益，对标鞍钢炼铁、炼钢、轧钢等指标，结合实际制定对标工作实施方案，形成了符合生产实际情况的"工序 + 成本"对标方案，打造了降低钢铁料消耗、降低耐材消耗、改变铸坯切割介质等多个快赢项目。按照本钢集团统一部署，开展技术攻关，执行品种研发计划，组织开展新产品研发轧制，顺利通过汽车板 IATF16949 体系外审、CE 产品审核等多项产品质量认证，开发线材 H06E、板材 510L 等近 40 余个牌号；保持"本钢牌"铸管的新、特品牌地位，顶管等产品实现量产，尤其 DN1200、DN1400 等品种，形成了企业新的利润增长点。抢抓市场机遇，增强盈利能力。面对持续走高的钢铁市场形势，积极紧跟市场走势，提升高附加值产品比率，生产棒材（10—14mm）小规格产品 27.86 万吨，占比 30.55%；线材（5.5—6.5mm）小规格产品 107.76 万吨，占比 50.15%；板材（2.0mm 及以下）薄规格产品 13.67 万吨，占比 4.4%。

【降本增效】 加强"一贯制"管理，以生产顺行为中心，实现降本增效，按照"先产线后品种"原则，细化钢种、规格和 GK 号，结合生产实际选择最优方案，生产实现稳定顺行。从全工序出发，开展全流程"工序服从"管控，全面开展质量评价、指标攻关、成本控制，每周通报工序原料验收及实物质量抽检情况，进行质量评价，促进稳产、高产，达到提升终端产品质量的目标。以"日清日结"为抓手，有效降低生产成本。精准掌控每道工序运行成本，对重点工序和环节内主要成本指标细化分解，对每日消耗、成本情况进行统计分析。跟踪各运行工序"日清日结"数据，围绕原料、燃料、能源等关键项目，及时发现指标异常，通过不断纠正和完善，实现"日清日结"对生产经营的指导。

【考核工作】 以模拟市场利润方式，从顶层设计着手，健全模拟市场考核体系。制定并下发生产经营月计划，按照"上道工序服从下道工序，整个工序服从市场"原则，构建以"年度预算、效益、工资总额预算、完善创新"为核心的考核体系，有效把职工收入与企业效益、劳动成果紧密挂钩。以基层为落脚点，模拟市场化运行精准量化。通过"工序＋成本"摘牌制效益考核，增强员工效益观念，形成企业与职工利益共同体。炼铁总厂本着"先算再干、边干边算，干完再算"的原则，根据当期市场价格、资源，开展配煤、配矿。以激励政策为补充，完善市场化考核体系。推行降本创效专项激励政策，落实鞍本协同快赢项目，通过"增量提奖""指标摘牌制"等方式，以钢坯加工费、钢铁料消耗、铁水消耗等46个"场景化攻关"项目为突破点，制定精准激励考核办法，打破"大锅饭"的平均分配方式，实现指标到位、责任到位、激励到位，提升职工工作积极性，进而实现指标控制的全员化。

【安全环保】 提升安全管理水平，贯彻落实鞍钢集团"五清五杜绝""四个一刻也不能放松"安全管理要求，从严抓安全为核心，层层落实安全责任制，大力开展"反三违"、安全生产专项整治三年行动、隐患清"零""安全生产月"等活动，把安全责任目标细化、量化，切实保证有岗必有责、有责有人担、人岗相适应，将安全隐患从源头抓起。强化安全教育培训，进一步规范员工标准化操作，提高员工安全意识。提高风险防范意识，积极开展安全专项检查，加强现场检查督察力度。强化环保管理，以中央环保督察为契机，全力推进厂容厂貌整治及环保问题整改，提升防污治污能力及环保管理水平，厂区环境进一步得到了改观。围绕生产经营目标，层层落实环保管理责任，切实抓好污染源点管控，以环保设施为切入点，以设施稳定运行为抓手，污染物排放指标效果显著，厂区环境质量显著改善。

【党群工作】 北营公司党委筹建组始终坚持两个"一以贯之"，将党的领导融入到治理各环节，按照本钢集团落实国企改革三年行动，推动市场化改革相关要求。组织召开北营公司党委筹建组工作会议，以习近平新时代中国特色社会主义思想为指引，深入贯彻落实党的十九大和十九届历次全会精神，全面加强党的自身建设，充分发挥党的领导核心和政治核心作用。按照党史学习教育安排，开展党史学习，执行党委理论学习中心组学习、第一议题等制度。开展"我为群众办实事、争做贡献促振兴"实践活动，实现党建工作与生产经营深度融合，增强职工群众的获得感、幸福感、安全感。落实本钢集团"1+2+N"系列改革方案、常态化疫情防控等工作，坚持底线思维，增强忧患意识，深化理论武装，加大日常监管，及时关注职工诉求，把握职工舆情，对重大事件、重要情况、重要社情民意中的倾向性问题，及时进行引导。以"整、严、树"和"靠钢吃钢"工作为切入点，持续作风改进，堵塞管理漏洞。

（潘玉红）

炼铁总厂

【概况】 本溪北营钢铁（集团）股份有限公司炼铁总厂（简称炼铁总厂）于2021年1月15日由原北营炼铁厂、北营焦化厂、北营原料厂合并成立，由炼铁、烧结、焦化、原料四个分厂组成。截至2021年末，下设7个管理室、28个作业区；共有职工5586人（在籍5092人、辽煤协力266人、建设协力116人、正信62人、劳务50人）；管理岗位114人、业务岗位181人、技术岗位136人、生产操作岗位5155人；副高级以上22人、中级206人、初级542人；研究生学历14人、本科学历396人、大专学历1186人。党委下设党总支4个、党支部40个，中共党员1393名，共青团员90人。主要设备包括炼铁高炉5座（9号、10号、11号高炉容积为530立方米，新1炉、新2炉高炉容积为2850立方米）、喷煤中速磨6台、烧结机3台（300立方米、360立方米、400立方米烧结机各1台）、75万吨球团系统生产线2套、焦炉8座（6m-50孔焦炉2座、4.3m-65孔焦炉2座、4.3m-72孔焦炉4座）、配套干熄焦系统4套、煤气净化系统3套、RH-FJ-110翻车机1台、FKJ—3A型翻车机2台、FZ1—10B型翻车机2台、双螺旋单侧卸料机2台、DQLK1100/1200.27.5型斗轮堆取料机6台。固定资产总值163.33亿元，固定资产净值107.95亿元。主要产品有炼钢生铁、冶金焦、烧结矿、球团，副产品主要有高炉水渣、煤气、脱硫石膏、焦油、粗苯、硫铵等。

【主营指标】 全年生铁产量完成693.16万吨，铁水合格率100%，高炉有效利用系数2.50吨/（立方米·天），入炉焦比实现391.5千克/吨，喷煤比145.4千克/吨，燃料比536.9千克/吨；烧结矿产量完成1036.26万吨，烧结矿品位稳定率100%，烧结矿合格率99.54%，烧结有效作业率97.66%；球团产量完成167.60万吨，球团抗压强度2564N/个球；TRT发电量29987.8万千瓦时；焦炭产量完成315.91万吨，焦炭合格率99.67%，干熄率94.09%；化产品硫铵回收率0.67%，粗苯回收率0.76%，煤焦油回收率2.68%。

【生产组织】 紧紧围绕以高炉为中心，全工序树立保产意识，研究落实精细化管理、降本增效、安全运行、对标挖潜、优化改造等工作任务，逐项查找差距，加紧补齐短板，全力以赴抓生产、保目标。全年生铁产量693.16万吨、烧结矿产量1030.26万吨、球团产量167.60万吨、焦炭产量315.91万吨，全面完成生产任务。全力组织高炉安全停炉，通过多次对11号高炉炉皮测温，科学计算出炉缸侵蚀情况，精确确定残铁口位置，放残铁共123.32吨，历年来小高炉放残铁最多的一次，顺利完成大修停炉放残铁工作。9号、10号高炉安全顺利实现无爆震煤气回收、降料面等工作，9号高炉首次实现料面降到风口高度，减轻后期扒料工作量并降低安全风险。

【技术质量】 树立以高炉为中心，不断完善原燃料预警机制，把住原燃料入厂关，掌握原燃料质量变化情况，及时调整，避免波动。制订焦煤清底制度，随时跟踪清底情况，稳定焦炭质量。焦化工序克服了进口焦煤通关受限，内贸主焦煤资源、运力紧张，炼焦煤长期低库存运行等不利因素，通过调整优化焦炭、烧结、球团配比，确保质量稳定，为高炉长期稳定顺行奠定基础。新 1 号、新 2 号高炉引进热风炉自动烧炉技术。自从投入使用高炉热风炉自动烧炉技术以来，解决原有热风炉人工手动设定烧炉各项参数带来的送风始末温差较大、各炉蓄热量不平衡等问题，现在热风炉运行稳定，安全性能提高，热风炉各控制数值达到规定值，系统软件运行自控率达到 99%，煤气用量节省 4%，年创经济效益 600 余万元。焦化一区在夏季高温季节使用观音阁低温水约 200 立方米 / 小时，循环水系统温度由 38℃降至 32℃，低温水供水温度由 20℃降至 16℃，系统供水温度降低有效地保证了焦炉煤气净化效果和煤气质量，同时提升了化产品收率，提高经济效益。北营炼铁总厂焦化废水处理项目正式运行，该项目采用零稀释、零排放集成创新技术，有效减轻水体污染，焦化污水处理问题，提高污水回用率，进一步改善当地的水环境质量及地区的生态平衡。

【安全管理】 规范安全管理，梳理整合安全消防各项管理制度，结合炼铁总厂安全生产实际，修订安全管理规定 92 项，安全操作规程 309 项，安全生产责任制 271 项。成立 4 个安全检查小组对各作业区开展安全、防火检查，从现场安全管理、防火管理、安全基础工作管理等方面开展重点排查，每月进行评比考核。全年反"三违"工作共计查出 1458 项问题，相关方被亮黄牌 25 项、红牌 2 项。开展本钢集团公司重大危险源火灾事故应急救援演练 1 次、厂级消防演练 6 次、作业区级消防演练 52 次，通过演练形成联动，提高岗位人员逃生自救和应对突发事故的应急处置能力。根据《北营炼铁总厂安全生产专项整治三年行动实施方案》，认真落实 2 个专题和 7 个专项整治实施方案，明确"四个清单"工作任务，确认安全风险清单内容 93 项（重大风险 9 项、较大风险 84 项），均处于可控状态。

【成本管理】 通过挖潜降耗降成本，围绕铁矿粉市场价格变化，实行周价格经济性排序，适当降低入炉品位，尽量多用经济性好的矿粉；开发塞矿 4.5 万吨，回配小品种料 62.4 万吨，增配南芬矿粉 39.5 万吨，全年烧结配矿降低成本 1.8 亿元。研究高炉增产降耗，优化布料矩阵，增加矿批重，降低中心焦比例，燃料比大幅下降，产量大幅提升，持续保持高产低耗状态，5—8 月份炼铁工序增产降耗 3606 万元，6 月份各项指标达历史最好水平。开展降低烧结固体燃耗摘牌奖励，制定燃耗攻关方案，通过优化配矿结构、厚料层烧结、严格控制烧结返矿率、选择合理的烧结矿亚铁含量等措施，烧结燃耗降低成本 1674 万元。化产品回收按固价多冲减成本 989 万元。

【设备管理】 为确保全厂设备稳定运行，根据设备不同的运行周期，合理安排计划检修，全年共计完成 18 条产线计划检修 78 次，用时 6803.14 小时，检修项目完成率 100%，未出现重复检修事故。梳理设备台账，修订编制四大标准、设备规程，结合全厂 6774 台设备状况制定点检等各类标准、规程 2753 台套。开展设备事故案例学习，吸取以往事故教训，先后开展桥式起重机专项检查，发现问题 12 项，整改措施 3 项；对重点设备传动轴等部位采用探伤仪进行离线和停机探伤检测共计 176 件。2021 年度检维修计划资金 11690.72 万元全部实施。2021 年 9 月 18 日对新 1 号高炉 9 段冷却壁采取在线方式进行更换，解决冷却壁的漏水隐患，确保炉缸安全生产。11 号高炉的重要设施耐材腐蚀严重，已到炉役末期，存在较大安全隐患；结合本钢集团公司限产政策临时安排大修，通过优化施工工序、制定耐材保温施工等措施克服冬季施工困难，确保大修质量和工期，12 月 24 日送风开炉，用时 113 天，复产后高炉各项参数正常。

【工程建设】 不断推动装备升级，优化环境治理，为建设花园式工厂持续接力。北营焦化废水气味处理改造工程，总投资 6594 万元，2021 年 9 月 1 日开工，11 月 25 日顺利竣工投运，达到设计标准。北营焦化厂 1 号焦炉烟气脱硫脱硝工程项目，总投资 4102 万元，2021 年 7 月 15 日开工建设，12 月 31 日竣工投运，按时完成了向省政府的承诺。北营焦化厂"煤气净化系统温度参数达标改造，提高化产品收率工程"既是环保工程又是降本增效工程，2021 年 9 月 20 日实施，总投资 5700 万元，测算运行一年后即可收回全部投资。北营公司汽暖改水暖工程，总投资 1865 万元，2021 年 10 月 26 日开工建设。焦炉大型化、智能化料场项目前期论证、设计同步开展，为明年的工程建设奠定坚实基础。

【能源环保】 以迎接中央环保督察为工作中心点，强化环保管理责任制的落实，确保环保设施稳定运行。更换除尘布袋约 14515 条，确保除尘设施稳定运行；包补吸煤气管道 37 处，焦炉无组织排放得到有效控制。严格落实废水源头管控，保证新投入的废水处理系统稳定、水质达标，通过强化各产生高浓度污染物作业区日常废水管控，保证外排废水在线数据合格率达到 99% 以上，实

现历史最好水平。开展环保法律法规、案例学习培训工作，着重对违规案例进行分析，提高全员环境保护管理意识。"以效益为中心，以能源管控为抓手"，对标先进找差距，制定经济运行管控方案，实行避峰就谷运行管理制度，炼铁全工序峰谷比对比计划平均降低 0.046。以能源介质保供为基础，深挖潜力，降低消耗，杜绝能源浪费，研究降耗措施。实行日清日结管理，精准管控，2021 年能源消耗成本对比计划降低 1100 余万元。

【科技成果】 积极开展技术合作，"北营新 1 号高炉布料矩阵研发降燃料比研究及应用"和"炼焦煤质量控制与优化配煤炼焦技术开发及应用"项目均获本钢集团科技进步奖二等奖；"降低北营新 2 炉入炉焦比攻关"获本钢集团科技进步奖三等奖；"一种干熄焦水封槽"获国家发明专利；"一种减少高炉冷却壁破损水管水量的新型装置"等 9 项获国家实用新型专利。全年征集科技论文 30 余篇，王光亮撰写的"本钢北营新 1 号高炉生产操作及管理的优化"在《炼铁》杂志 2021 年第 4 期上发表。

【创新管理】 在 2021 年本钢集团管理创新成果评审中，组织立项实施的《融合优化资源，构建绩效、成本一体化管理，提升总厂制经营效益》项目荣获管理成果二等奖殊荣。

【人力资源管理】 深刻领会炼铁总厂制的内涵，遵循大力推行的"钢铁主业以效益为中心，模拟市场化运作，坚持工序服从、专业集中，资源优化、利于协同，推行总厂制，实行业务专业化、区域集中化管理"的管理理念，借鉴国内一流钢铁企业的管理经

验，积极推进内部整合工作。北营炼铁总厂2021年1月15日成立后，在完成原北营炼铁、焦化和原料3个厂岗位定员核定的基础上，迅速整合统一建制，设立7个管理室（原15个）、31个作业区，5798人的全新北营炼铁总厂。通过认真调研规划，整合原料系统，将原料9个作业区按生产工艺、产线布局、专业特点调整合为6个作业区。整合后生产工序衔接更加紧密，有效解决了以往炼铁和焦化工序间的矛盾，为生产顺行奠定基础。全面开展人资系统文件优化整合修订工作，编制《北营炼铁总厂劳动人事管理规定》等9个文件，覆盖全部人力资源管理职能，确保有章可循、有规可依。

【党群工作】　以庆祝建党100周年为契机，开展以"讲述党史故事、重温光辉历程"为主题的党支部书记讲专题党课、五个100活动、参观红色教育基地、党史知识竞赛等主题活动。邀请刘晓芳教授给全厂党支部书记、党员代表上专题党课。以党支部评估定级为

抓手，严格党的组织生活，推动组织生活制度常态化、经常化。深入开展"两学一做"学习教育，将"两学一做"学习教育与落实第一议题制度有机结合，达到学用结合、活学活用的效果。紧紧围绕本钢集团公司"5+1"工作格局及"1+4"重点任务，采取党员佩戴党徽、设立"党员责任区"103个、"党员先锋岗"30个、组建党员志愿服务队36支等形式，激励党员把形象树起来，把作用发挥出来的建功立业活动。庆祝建党100周年暨"两优一先"评选表彰会，表彰先进党支部3个，先进个人100名。开展"我为群众办实事、争做贡献促振兴"活动，2021年炼铁总厂党委办实事项目20项、领导班子成员149项、各党支部533项。注重领导班子中心组学习制度落实，强化学习的规范性，全年完成60个议题的学习研讨，中心组成员参学率达到了100%。全面加强从严治党，加强党风廉政建设，扎实抓好党风廉政建设宣传教育，通过从腐败案件中汲取教训、深刻反思，强化了党员、干部廉洁自律

首届本钢好人盛典中北营炼铁总厂四人荣获2021年度本钢好人（关锋　摄）

的戒尺，从内心深处筑牢"防腐之墙"。加强新闻宣传报道工作，对外树形象，对内聚力量，全年在上级媒体发表宣传稿件195篇，本钢集团排名第一。四人次被评为2021年度"本钢好人"。组织承办本钢集团公司"工匠杯"2个工种的赛事，开展4个厂级工种的比赛，并积极组织优秀职工参加本溪市及板材赛区的比赛。北营炼铁总厂团委全面启动"安全生产防疫情，炼铁青年在行动"主题团建活动，87名青年疫情防控志愿者服务。焦化分厂—炼焦干熄焦中控室青安岗、原料分厂转料作业区乙班青安岗被评为优秀青年安全生产监督岗。

【防疫工作】 严格贯彻本钢集团防疫指挥部的要求，坚决执行"防疫三十条"不放松，北营炼铁总厂防疫办公室根据防疫标准和要求对各作业区、管理室进行防疫检查，密切关注国内疫情动态，严格按属地政府要求对重点管控、重点关注地区人员执行隔离管控。全面宣传疫苗接种的重要性，积极动员全厂职工进行疫苗"加强针"接种工作，接种率达97.0%。员工养成测体温、戴口罩、每日健康接龙、出行信息报备、返溪核酸检测等防疫习惯。推进全员核酸检测工作，培养核酸检测志愿者50多人，参检职工累计4300余人次。　　　　　　　　（吴　蕾）

炼钢厂

【概况】 北营钢铁（集团）股份有限公司炼钢厂（简称北营炼钢厂）是北营公司主体生产单位之一，产品涵盖低合金钢、优质碳素钢、爆破用钢、焊接用钢、绞帘线、冷镦钢、弹簧钢、船板钢、焊瓶钢、冷轧用钢、管线钢、耐候钢、汽车结构用钢等30多个系列，千余个品种，年产能达到800万吨。2021年末，下设5个职能室、1个临时机构、15个作业区。在岗员工2638人，其中厂班子成员7人、首席工程师1人、专务1人、管理人员48人、业务人员95人、技术人员69人、操作人员2417人，女职工262人；博士研究生学历1人、硕士研究生学历2人、本科学历108人、大专学历286人；高级职称2人、副高级职称8人、中级职称121人、初级职称367人；操作岗高级技师3人、技师58人。党委下设3个党总支、23个党支部、63个党小组，共产党员637名。现有固定资产原值49.38亿元，净值18.88亿元。拥有40T单线双工位倒罐站1座、135T双线双工位倒罐站1座、120T铁水预处理系统3套、50T顶底复吹转炉4座、120T顶底复吹转炉3座、120T-LF精炼炉3座、RH精炼炉2座、板坯连铸机3台、方坯连铸机6台。

【主营指标】 2021年北营炼钢厂共计生产钢坯701.03万吨，其中方坯329.34万吨、板坯371.69万吨；钢铁料消耗完成1075.57千克/吨，同比降低1.88千克/吨，达历史最好水平；耐火材料消耗完成35.82元/吨，降耗2999万元，达历史最好水平；合金消耗完成117.676元/吨，降低消耗2862万元；白灰消耗完成39.5千克/吨，同比上升2.69千克/吨；白云石消耗完成18.4千克/吨，同比降低2.6千克/吨，达历史最好水平；炼钢工序全年较年初预算目标降低成本2.36亿元。

【生产管理】 以"效益为中心"，优化生产组织，产量纪录持续被刷新，全年完成钢坯产量701.03万吨，5、7、8月份连续刷新

北营炼钢厂新区六机六流方坯连铸机（吴静　摄）

历史最高月产纪录，其中 8 月 15 日钢坯产量 23178 吨，创日产最高纪录；8 月份钢坯产量 697986 吨，创月产纪录。以市场为导向，坚持效益优先的原则，合理提报品种资源计划，提高盈利品种调品指数，逐步向全精炼模式转变，实现了品种钢经济效益最大化，2021 年新区生产精炼品种 346.06 万吨，精炼比完成 75%，对比去年同期提高 9%，其中 1 月份生产方坯精炼品种 6.67 万吨、7 月份生产板坯精炼品种 26.37 万吨，均创历史最好水平。通过改造转炉出钢口、提高供氧强度、系统温度补偿、缩短钢包热停传隔时间、优化物料结构等一系列措施降低钢铁料消耗，完成指标 1075.57 千克 / 吨。推进公司级摘牌项目——"降铁耗"工作，持续降低系统温度，铁耗指标完成 920.35 千克 / 吨，对比摘牌指标 950 千克 / 吨，降低 29.65 千克 / 吨，实现增产 103541 吨，按单位固定费用效益测算，降铁耗增利 1799.07 万元。

【安全管理】　以"3+3"（3 项强化管理、

3 项重点推进工作）目标措施为重点开展安全管理工作，严抓管理、务实创新，强化全员化、专业化、本质化安全管理，通过开展安全教育和隐患排查治理，职工安全意识不断提升，作业环境有了较大改善。落实《炼钢厂领导干部安全履职管理办法》，层层签订安全生产责任状，实现目标责任分解，按照"一岗双责""三管三必须"的原则对各级领导干部履职情况进行不定期检查及责任倒查，实现领导干部、管理部门由被动安全履职向主动安全履职的转变。深入贯彻落实新《安全生产法》，提升干部职工学法、遵法、知法、守法意识，提高广大干部职工的安全意识和预防能力，更好地发挥法治引领和规范作用。开展"隐患清零"专项行动，各单位针对自己所辖区域内设备、设施、重点部位、安全生产等各类问题、隐患，全面开展细致排查，共查出隐患问题 167 项，整改 167 项，提升了北营炼钢厂危险因素安全管控能力。

【技术质量】 2021 年北营炼钢厂加大新品种钢的研究和开发，全年共开发了 7 个系列、13 个牌号钢种，成功率 100%。针对冷轧料推行一贯制技术，与标杆厂进行对标找差，全面梳理完善"冷轧料一贯制控制要点"，从工艺控制和管理负责制两个角度实现了产品质量的提升；将质量管理与设备状态监管相结合，成立专项管理小组，及时了解铸机状态及铸坯质量，同时针对板坯 4#、5# 铸机年久失修情况，组织铸机中修，保证铸机状态，为质量提升奠定了基础。通过完善优化转炉、LF 炉造渣制度、提高供氧流量攻关、复吹工艺、出钢口扩径、五孔氧枪等先进工艺技术的应用，进一步降低钢水氧化性，提高钢水洁净度，缩短转炉冶炼周期，累计降低生产成本约 1000 万元；通过对重点品种生产工艺技术的不断完善、气体含量等的控制攻关，重点品种（帘绞线、焊丝系列）质量稳定、创效显著，增利 9982 万元。为顺利通过整车厂质量认证，北营炼钢厂持续推进质量改进工作，最终顺利通过年度审核，同时完成了自愿性产品认证审核、ISO9000 质量体系审核、螺纹钢产品认证审核等工作。

【工艺优化】 1. 超低碳钢实现批量生产。通过 RH 精炼炉设备的升级改造及工艺技术的完善，超低碳钢生产全面实现 RH 双工位供双流板坯生产，大大缩短了冶炼时间，连浇炉数达到 10 炉次，达到历史最好水平，大大满足了开拓汽车板市场的要求。2. 高钛焊丝钢 ER50-TiJQ 冶炼成功。通过含钛钢种先进生产工艺的研究与应用提高了含钛钢的钢水可浇性，并通过气体含量控制攻关，有效控制氧氮含量；引进高钛保护渣等物料，提高了保护渣的使用效果，解决了铸坯卷渣问题，确保铸坯质量满足要求，标志着北营炼钢厂工艺技术方面取得了实质性提高，为进一步拓展新的产品市场、实现企业高质量发展再加码。3. 帘线钢质量得到客户高度好评。通过对各工序调碳工艺、控氮措施的完善与优化，有效降低钢水氮含量，其实物质量得到客户的高度认可，并获得贝卡尔特公司三季度唯一"A 级优质供应商"的高度评价。4. 推行 LF 造渣工艺优化及液态渣回收利用，降低 LF 炉生产成本。提高炉渣流动性及冶金效果，降低了石灰、萤石消耗约 60%，液态热炉渣回收率达 30.4%，回收炉次降成本约 3.71 元/吨钢。

【成本管理】 深入开展"对标找差"工作，先后与板材炼钢厂、宝钢梅山钢厂、鞍钢、中天钢厂、鞍钢朝阳、凌钢等企业在指标管控、智能制造等方面开展交流，特别是利用鞍本重组优势，与鞍钢对照，形成了"工序 + 成本"对标方案，确定了降低钢铁料消耗、降低耐材消耗、改变铸坯切割介质等多个快赢项目，实现快赢增利 1.5 亿元。对照增利排序，有效利用目前装备，实现了"效益最大化"，模拟市场考核利润完成 6.81 亿元，超计划 3.83 亿元。做好"日清日结"管理工作，依托场景化攻关项目、合理化建议征集制度，严格落实责任，营造了全厂积极向上的降耗氛围。定期召开"经济运行分析会"，按照"知行合一、自我突破、流程优化、精准考核"的管理方法，取得阶段性成果，钢铁料消耗、铁水消耗、耐材消耗、钢坯产量等关键指标均呈现跨越式发展态势。

【设备管理】 北营炼钢厂以"5+3"规划为依托，夯实设备基础管理，强化点检定修，科学合理优化使用资金，强化过程管理，实现设备的长期、高效、经济、稳定运行。全年共实施主体产线设备年修 14 台次，提高设备精度，稳定设备运行，为生产和质量提升提供切实保障；对标行业先进企业定修模式，对转炉、铸机定修模型进行优化，现老区 4 台转炉定修周期实现从 15 天延长至 30 天；新区 3 台转炉定修周期实现从 15 天延长至 25 天，新区 3 台板坯连铸机定修实现周检延长至旬检；清仓利库工作，全年合计完成移交库利库、储运库利库指标 1239 万元，超额完成 636 万元的年度计划指标。

【技改工程】 2021 年北营炼钢厂在建重点技改工程 3 项。北营炼钢厂一区产能置换项目系本钢集团 2021 年重点工作任务之一，计划于 2022 年 12 月投产，计划投资 19.38 亿元，截至 2021 年 12 月末，完成投资 2.46 亿元，主要完成主厂房区域土建工程施工量约 60%、钢结构工程施工量约 25%，主要深基坑连铸机漩流井项目于 2021 年 8 月 10 日开工建设。炼钢二区生产提效改造工程子项——RH 精炼炉双工位改造，于 2021 年 2 月 5 日热试车并交付使用，待一区产能置换项目投产后计划实施二期建设。炼钢二区转炉一次除尘改造项目，于 2021 年 11 月 13 日完成了 1-3# 转炉全部改造任务。

【能源环保】 加强能源环保管控，通过炼钢二区转炉一次除尘新 OG 改造项目的实施，转炉煤气回收能力由 110 立方米 / 吨钢提升至 125 立方米 / 吨钢；截至 2021 年末，实际钢产量 371 万吨，对比未改造前削减颗粒物排放量 67 吨。针对新区煅烧工序的白灰窑除尘器布袋使用寿命短、排放口间歇发生粉尘排放超标问题，组织环保厂商开展调研，确定将两座白灰窑除尘器布袋材质全部更换为 "50%PI(超细纤维)+50% 芳纶 /PTFE 基"

布袋，使用期从原来的 3 个月延长至 9 个月，达到预期效果。此外，北营炼钢厂自筹资金 15.5 万元用以改造老区机加厂房作为危废暂存库房，该库房建设面积 200 平方米，可容纳 180 桶废油，满足国家有关危险废物贮存场所建设的相关要求及标准。

【基础管理】 北营炼钢厂采用厂内公开招聘方式增设工程改造办（临时机构）作业区层级，经过笔试、面试、组织考察、厂长办公会讨论审定等程序，最终完成聘任 15 人。深入宣贯本钢集团三项制度改革系列文件，组织职工细致研读，并做好舆论导向，确保职工真正了解与把握改革政策；制定了《本溪北营钢铁（集团）股份有限公司炼钢厂机关及作业区管理职能及机构优化调整改革实施方案》（草案），并开展岗位职责细化、人员优化等相关工作，为推进三项制度改革奠定基础。建立以重点指标及工作量化为基础的不同层级的绩效考核体系，形成 "横向靠指标，纵向靠系数，内部有考核" 的奖金分配体系、"场景化攻关"、关键指标 "摘牌制" "四一制" 劳动竞赛、"提产增效" 劳动竞赛、核心岗位绩效管理、合理化建议、超额利润奖分配、工资总额承包等多种类型的绩效激励机制，提升了各层级员工的工作积极性。

【科技成果】 2021 年北营炼钢厂 "一种卷弹簧装置" "一种转炉废钢炉内热平衡系统" 项目获得 "实用新型" 国家级专利；"一种 H08A 系列钢种脱磷生产工艺" 项目获得 "发明型" 国家级专利。确定了 "产用研一体化在降低铁料消耗上的综合应用" "系统构建转炉提产增效的过程管控模式" "合理利用脱硫渣铁降低成本的工艺研究和实践"

等多个管理创新和科技创新项目，均取得实效，仅利用板材脱硫渣铁一项就为集团公司节约采购资金 6200 万元，其中"系统构建转炉提产增效的过程管控模式"基本解决了北营厂区"铁钢不平衡"的局面，被评选为本钢集团管理创新成果三等成果，北营炼钢厂被鞍钢集团评选为"管理提升标杆企业"，是北营公司唯一获得荣誉单位。"帘线钢小方坯夹杂物控制实践与研究""RH 冷轧基料转炉硅脱氧工艺探索与实践"两篇论文分别获得本钢科技论文二等奖和三等奖；"转炉工艺优化提产增效的研究与实践"荣获本钢集团首届"青创杯"优秀项目称号；提报的"关于生铁渣补的合理化建议"于 2021 年 6 月被评为集团级合理化建议特等成果奖。

【党群工作】 北营炼钢厂党委深入开展党史学习教育，组织广大党员集中观看中国共产党成立 100 周年庆祝大会；举办"学党史、促振兴"党史知识竞赛，开展以"百年初心、红船精神、钢铁意志"为主题的党史微视频评选和党委书记上党课等活动，党员干部学习培训覆盖面达到 100%；针对"我为群众办实事、争作贡献促振兴"实践活动方案，召开劳模座谈会、大学生座谈会、各职能室、作业区调研会 30 余场，列出厂党委、班子成员及各党支部为群众办实事清单 255 项，均已全部实施完成。开展"筑堡垒、践承诺、争先锋"主题实践活动，完善党建与生产经营的深度融合，以月监督、季度检查、半年排名的模式，综合考评支部党史学习教育与党建工作的落实。按照业绩考核、正向测评、横向测评、逆向测评四个方面对全体中层干部量化打分排名；全年发展预备党员 19 人，提报青年大学生干部 24 人作为后备干部储备人选。认真贯彻执行党委履行全面

从严治党主体责任"21112"重点任务，党委书记和班子成员、各党支部书记逐人签订《党风廉政建设目标责任书》，制定"整、严、树"专项治理和"靠钢吃钢"问题专项治理工作方案，确定廉政要害岗位 97 个，签订"廉政责任状"。在重点工序开展"提产降本增效"劳动竞赛，共发放奖励 22.4 万元；组织开展"安康杯"竞赛、职工代表安全视察及"查身边隐患、反三违行为、保职工安康、促企业发展"等群众性隐患排查活动；承办本钢集团二十四届职工技能大赛，连铸方坯工和转炉炼钢工均取得了第一名的好成绩。北营炼钢厂充分发挥科协组织的主观能动性，通过新技术的应用与推广、优化工艺、强化过程监管，开展技术交流和对标活动，在转炉冶炼周期、复吹冶金效果、品种质量、提产增效以及水质环保等方面取得了显著成效，连铸一作业区"降低 4# 铸机非定尺率"和连铸二作业区"降低 5# 铸机吨钢耐材成本"两项 QC 质量攻关，均获得辽宁省三等奖；六西格玛攻关项目"缩短普碳钢冶炼周期"获得本钢集团公司三等奖。 （杨丽颖）

轧钢厂

【概况】 本溪北营钢铁（集团）股份有限公司轧钢厂（简称北营轧钢厂）是隶属于北营公司的生产厂，共设 5 个管理室，12 个作业区。截至 2021 年末，在籍职工 2696 人，其中研究生 9 人、本科 254 人、大专 994 人；管理岗 50 人、业务岗 88 人、技术岗 58 人、操作岗 2500 人；副高级以上职称 7 人、中级职称 142 人、初级职称 486 人；高级技师 1323 人、技师 410 人、助理技师 417 人。党委下设 6 个直属党总支、22 个基层党支部、

57 个党小组，党员 664 人，共青团员 168 人。拥有 7 条生产线（3 条棒材生产线、3 条高速线材生产线、1 条 1780 热连轧生产线），年生产能力在 850 万吨以上（棒材 150 万吨 / 年、线材 300 万吨 / 年、热轧卷板 400 万吨 / 年），成材率等指标位居国内同行业前列，是目前我国东北地区最大的建筑钢材生产企业。北营轧钢厂生产工艺及装备水平国内领先，四高线精轧机组、夹送辊、吐丝机、控冷均采用意大利达涅利设备，四高线精轧最高终轧速度达 105 米 / 秒，Φ5.5 ㎜钢帘线 LX72A 作为金属制品中生产难度最大的品种，装备处于国际先进水平；1780 热卷品种包括花纹带钢、冷轧及冷轧镀锌用钢、耐候钢、管线钢（X65 以下）、石油套管用钢、汽车大梁钢、汽车箱板钢、工业链条用钢、船板钢、焊瓶钢等品种，创造出了较好的经济效益。在高速线材品种上现已开发了包括硬线、焊丝用盘条、冷镦钢、预应力钢丝及钢绞线用盘条等多个新品种，市场占有率大幅提高，产品除满足国内市场需求外，还远销欧美、东南亚、中东、非洲、日、韩等 10 多个国家和地区。

【主营指标】 北营轧钢厂全年生产钢材 672.4 万吨，对比本钢集团公司经营计划超 8 万吨，其中棒材超 2.7 万吨、线材超 1.4 万吨、板材超 4 万吨。2021 年各产线运行稳定，并实现稳产、高产，对比历史稳步提升，生产纪录不断刷新。其中 1780 线完成 348.1 万吨，创历史最好水平，较纪录提高 22 万吨；三棒材 55.4 万吨，创历史最好水平，较纪录提高 7 万吨；四高线 76.2 万吨，为近 5 年最好水平；轧材月产量 6 次突破 60 万吨；两条棒材 6 次突破月产纪录；线材 Φ5.5mm 规格 31.21 万吨，占线材产量比例 13.3%；热轧卷板 2.0mm 以下薄规格 14.62 万吨，占热卷产量比例 4.2%；棒材 Φ14mm 以下规格产量 27.86 万吨，占棒材产量 30.1%；轧材出口总量 58.1 万吨，占总产量比例 8.6%。板材供冷轧料 78.83 万吨，占热卷产量比例 22.6%。总成本对比本钢集团预算降 8242 万元，降 12.21 元 / 吨；2021 年综合可控加工成本完成 149.64 元 / 吨，同比降低 8.32 元 / 吨，降低 5618 万元。

【降本增效】 以"以效益为中心"为工作核心，以提高设备精度，稳定设备运行，确保产品质量，全面释放产能为主要工作方向，持续扎实开展"日清日结"活动，夯实三级成本管理体系基础工作，推进降本增效工作开展；通过开展全流程、全方位对标攻关，从成材率提升、能源管控、热送等方面查找差距，有针对性地采取措施开展降耗工作。2021 年节约成本 8242 万元，鞍本协同快赢项目创效项目共 5 项，实际全年创效 383 万元。

【生产组织】 1. 2021 年受限电及疫情影响，生产组织难度大于往年。北营轧钢厂运用一系列科学、合理的组织方式、方法，在各产线稳定顺行的基础上，确保了经济运行，取得了良好的效果。积极与本钢集团公司生产部、国贸、进出口等部门提前沟通相关合同事宜，提前做好相应工艺、设备要求。积极与上级部门确定检修计划安排、资源计划申报，明确交付条件。2. 生产技术室牵头对下达合同交期、特殊要求、合同结构等项目进行评审，结合各产线排布及各线检修情况内部排布规格、品种更换时间。出口合同、内贸重点按照交期提前 10 天安排。积极与上级部门及炼钢厂沟通坯料组织安排，确定具体产线规格品种生产时间，在满足合同交期情况下组织坯料供应。3.建立了合同跟踪管理小组，形成计划执行、跟踪闭环管理体系，对日计划、周计划执行情况进行跟踪统计。具体掌握生产量、产出状态、库存状态、发货时间等信息，明确各部门职责，逐个工序管控，对出现质量问题、设备问题等原因影响合同执行问题，及时作出调整。4.每周对重点合同、重点品种及邻近交期合同进行核对，提前做逾期预警，及时提醒各产线组织生产、外发。

【安全管理】　2021年北营轧钢厂紧紧围绕"一条红线、两个重点、三项机制、四个提升、五项措施"等重点安全生产工作任务，实施全面从严安全管理。以夯实安全基础管理为主线，以强化责任制落实、全面反"违章"、安全教育培训、事故隐患风险分级管控及排查治理、班组标准化建设、消防系统精细化管理为重点工作，不断强化安全监管，推进工作创新，努力探索和构建长效管理机制，杜绝较大事故的发生，确保安全生产稳定顺行。组织开展安全生产专项整治三年行动、重点时段安全管控工作；全面开展起重设备、煤气系统、电气系统、消防系统等安全专项检查工作；逐级签订安全生产责任状，确保安全责任到位、安全投入到位、安全培训到位、安全管理到位、应急救援到位。2021年北营轧钢厂安全培训率100%，职业健康体检率100%。消防工作始终坚持预防为主，防消结合原则，落实消防安全责任制，不断提升消防安全管理水平。补充完善厂级各类消防规章制度，测试消防自动报警系统感烟感温探头，组织开展煤气泄漏、火灾救援、细水雾自动喷淋等应急救援演练活动，坚决遏制火灾事故发生。

【技术管理】　为有效地对影响产品质量问题进行管控，修订专业质量管理办法和生产岗位工艺技术规程和岗位操作规程，明确责任，确保各个质量关键点得到有效管控，保证产品质量稳定。2021年实际质量非计划0.05%，完成计划指标0.06%。顺利通过IATF16949体系外审及内审工作、ISO9000质量体系外审工作、北营公司质量体系内审工作、日标JIS产品审核工作、英标CARES螺纹钢产品审核工作。全年长材开发新牌号12个、板材开发新钢种29个，延伸了产品链条，拓展了盈利空间，客户反馈良好；帘线产量为5.2万吨，整体质量水平稳定，三季度获得"贝卡尔特季度优秀供应商"称号；征集科技论文50篇、六西格玛项目2项、QC小组项目2项，其中六西格玛项目《提高1780生产线DQ1J钢种终轧温度命中率》《降低二高线工艺堆钢次数》和QC小组项目《提高三高线H08AJQ焊线一次合格率》《提高四高线ER50-6JQ焊丝钢产品合格率》均顺利完成评审；顺利完成两项科技成果《薄规格轧制稳定性研究与实践》《本钢高碳系列盘条轧制工艺进步》项目答辩，并参与本钢集团技术创新成果奖申报工作；申报科技项目4项，其中《北营轧钢厂二棒材加热炉智能烧钢技术的研究与实践》项目被选为本钢集团公司项目，其余3项为单位自管项目。

【设备管理】　根据本钢集团公司三项制度改革工作推进要求，制定设备系统三支队伍改革优化方案。通过梳理落实点检队伍架构、维检队伍整合、设备管理队伍完善等工作，逐步推进设备系统三项制度改革工作，有效调动了各层级人员的工作态度，使队伍从架构到管理层级等方面得到了有效提升。1.按本钢集团公司设备部整体安排，北营轧钢厂成立精密点检小组，参加精密点检培训23人，共计完成精密点检计划29项，由外委本溪市检验检测服务中心，对锅炉、加热炉水梁裂纹、精轧辊锥箱、主轧线供水管道等设备进行了检测，及时消除了事故隐患。2.设备系统分别与鞍钢板材产线、朝阳1700产线、鞍钢线材厂进行了四次对标，主要从能源管理、设备基础管理、费用管理等方面寻找差距，补齐短板。3.2017年检维修费用20364万元，2018年24880万元，2019年19691万元，2020年18860万元，2021年17699万元，近五年设备修理费用逐年降低。2021年北营轧钢厂检维修备件费用20.3元/吨，对比鞍钢板材备件费低4.97元/吨。4.综合开动率完成94.85%，比计划提高2.95%，同比提高0.4%。按计划组织设备定修65次，合计604.07小时；配合联合检修46次，合计944.68小时；组织二棒材、三棒材、二高线、三高线、四高线、1780年修各一次，合计2316小时；均按计划完成各项检修项目。实际定修准确率99.6%，完成95%的计划指标。5.以"安全、优质、高效、低耗"为工作原则，北营轧钢厂圆满完成了1780线以及棒材、线材六条生产线的年修组织工作，实现了各产线年修安全事故为"零"、检修质量"优"、项目进度"高效"、成本资金"低耗"的总体目标。

【能源环保】 1.2021年制定方案利用架空方式重新铺设生活水管道，使在线运行已近20年的原有生活水管道泄漏现象得以解决。改造完成投入使用后，每月节约生活水约6万m^3，折合成本20.4万元，年节约费用约244.8万元。2.详细制订改造方案，利用检修时间进行改造施工，使三高线化学除油罐排污作业过程中反冲洗用水问题得以解决。

改造完成投入使用后，每月节约生产新水约3600m^3，折合成本3960元，年节约费用约4.75万元。3.强化土壤污染防治规范化管理，按照本钢集团公司制定土壤管理制度，开展土壤地块调查及自主监测工作，并完成轧钢厂土壤隐患排查报告。4.严格按照规范要求，开展自行监测工作，结合本钢集团公司监测计划，做好点位、频次、因子各项指标对照，确保自行监测计划合规。同时对监测过程中发现的问题，快速落实整改。5.在危废放射线管理方面，推进危险废物管理合法化，开展危险废物合规处置危险废物，强化危险废物贮存管理。北营轧钢厂于7月份开始对危废库重新选址，并组织外委施工单位在厂房外新建危废库，12月份已符合本钢集团危险废物贮存管理规定，产生、贮存处置均符合本钢集团要求，通过了本钢集团及市环保部门的验收。

【党群工作】 1.北营轧钢厂党委坚持以习近平新时代中国特色社会主义思想为指导，深入学习贯彻党的十九大和十九届历次全会精神，认真落实新时代党的建设总要求，不断加强党的自身建设，重点加强和发挥党委会的领导核心和政治核心作用，结合本钢集团公司"5+1"工作格局和"1+4"重点工作任务，注重将党建工作引领融入生产经营管理全过程。根据生产经营工作实际，深入推进"建功立业"和"繁星工程"评比活动；将"两学一做"学习教育，学习强国，党支部标准化、规范化建设与庆祝建党100周年相结合，开展了红色经典诵读、红歌赛、文化成果展演等一系列活动，较好地展示了北营轧钢厂职工在各个领域取得的优异成绩，广大干部职工反应热烈。2.在深入贯彻党史学习教育中，厂党委组织全体党员认真学习领会习近平总书记在党史学习教育动员大会上的重要讲话精神，坚持个人自学和集中学习相促进、专题培训与专题党课相统一，用好红色资源与开展特色活动相衔接，积极推进"我为群众办实事"实践活动，有力地推动了党史学习教育走心、走深、走实。厂党委确定的10个办实事事项和各直属党支部确定的49个办实事事项，均已办理完成。3. 北营轧钢厂党委严格履行全面从严治党主体责任及"21112"重点工作任务，认真落实党风廉政建设，坚持用制度管权、管事、管人，注重运用监督执纪的"四种形态"，对党员教育形成常态化，严格执行领导干部问责追责，积极营造了风清气正、干事创业的良好企业氛围。4. 北营轧钢厂工会紧紧围绕产品产量、质量、钢材成材率、品种和规格增利，深化群众性经济技术创新活动。以提高产品质量和降本增效为目标，组织开展劳动竞赛活动，助力生产加速，推动劳动竞赛形式从苦干型、经验型向智能型、创新型方面迈进。以技术比武和劳动竞赛为平台，

为职工搭建成长机制和通道。结合实际制订天车工、点检员、轧辊工和线材轧钢工技术比武活动方案，积极选树轧钢岗位技术先锋。通过职工代表安全巡视作为工会组织参与安全管理的重要手段，有效发挥工会组织在企业安全生产工作中的监督职能。5. 北营轧钢厂团委以"青安杯"竞赛为载体，紧密结合"查隐患、反三违、全面从严抓安全"主线工作，在全厂广大青工中积极开展提安全合理化建议、查找身边安全隐患和"三违"现象活动，广大青工的安全意识得到显著提升。

【防疫工作】　新冠肺炎疫情发生以来，北营轧钢厂紧密关注疫情发展态势，将疫情工作当做首要政治任务，全面贯彻党中央和省、市关于新冠肺炎疫情联防联控工作要求，全面落实本钢集团新冠肺炎疫情防控指挥部下达的各项决策部署，严格执行本钢集团公司防疫"30条"要求，认真推进各项疫情防控工作，2021年完成员工疫苗接种率100%。在防疫防控工作中，按照"谁主管、谁负责"

北营轧钢厂工会举办本溪市2021年本钢特殊岗位职业技能大赛（刘苗　摄）

和"属地管理、业主负责"原则，进一步压实疫情防控主体责任和主要领导人的第一责任，认真推进各项防疫防控工作，高效开展企业安全生产工作，切实做到了疫情防控和生产经营两手抓、两不误。防疫防控工作开展以来，厂党委、工会共计发放防疫资金3.44万元，用于购买消毒液、喷壶、一次性医用口罩等防疫物资。 　　（张　丹）

铸管公司

【概况】　本溪北台铸管股份有限公司（简称铸管公司）是由北营钢铁（集团）股份有限公司、中国信达资产管理股份有限公司、长春燃气股份有限公司、中国三冶集团有限公司、天津五矿进出口有限公司五家股东组成的股份有限公司，主要经营球墨铸铁管及配套管件的制造、销售安装等。注册资本52789.866万元，已形成年产50万吨生产能力，是国内目前同行业设备最先进、规模最大、产品规格最齐全的球墨铸铁管生产厂家之一，已成为中国第二位、世界第四位大型现代化球墨铸铁管生产企业。下设8个管理室（含销售3个）、3个作业区。现有职工789人，女职工22人。其中管理岗29人、业务岗27、技术岗39人、操作岗694人；研究生学历2人、大学本科学历21人、大专学历97人；副高级职称3人、中级职称42人；高级技师3人，技师27人。6个党支部、19个党小组，党员245人（含预备党员5人）。全年完成产量9.9万吨，同比增长24.3%；销售10.2万吨，同比增长18.9%；累计提取折旧2765万元，主要产销指标实现同比大幅增长。

2021年，本钢集团下发《本钢集团有限公司总部及主要子公司管理职能及机构优化调整改革实施方案》，组建北营公司铸管事业部，给予产品销售职能。

【生产组织】　在铸管生产组织方面，坚持"两机精调整"为中心，提高产品内、外在质量，降低残次品。从生产工艺革新和生产效率提升入手，抓住生产线用工不足所衍生的诸多制约产量、质量的拦路虎为切入点，重点破解生产线产能"倒金字塔"的瓶颈问题，同时以销售发货节点为据，倒排工期抢时间，科学组织。根据月度合同量的波动，进行有计划的集中检修、集中生产。筛选效益好的合同品种，实现规格、品种优化生产，通过综合算账，以特殊规格、高附加值品种为主。在铸铁生产方面，树立"铸铁第一、大局为重"的观念，确保钢铁链条稳定顺行，始终把上级领导关于保铸铁的指示精神不折不扣落到实处，保证了全年下炉役阶段的翻铁工作。为保铸铁生产，组织骨干加班，甚至暂停铸管生产线。为弥补"卡铁"缺陷，组织人员到一线捡卡链生铁，保证翻铁顺行，共完成翻铁16.2万吨。积极配合北营铁钢系统回吃废钢降铁耗工作，通过采取组织天车工加班、交接班不停机等措施，实现鱼雷罐回吃废钢2.7万吨。

【安全管理】　一是以全面从严抓安全为核心，狠抓各级人员安全生产主体责任制。按照"有岗必有责、有责有人担、人岗相适应"的原则，落实各管理室、作业区主要负责人是安全生产的第一责任人的安全工作要求，严肃"失职追责"。二是大力开展"反三违"，共查处违章59人次、作业区级95人次。检查隐患73项，作业区级检查160项均整改完毕做到隐患项目制。三是强化安全培训，全年共开展组织安全法规、安全生产责任制、重点岗位、特殊工种、安全规程、双重预防等各类培训，培训人数达到3100人次。四是大力开展推进安全生产专项整治三年行动，阶段性逐条逐项对照落实。

【产品质量】 强化质量管理，严格落实质量缺陷追责，保证有限的铁水生产高质量产品。对出现的质量问题采取倒查方式，从源头查找质量漏洞，问题出现在哪个环节、哪个人，都一查到底，严格处罚。严控表面质量，持续开展工序质量考核，坚决执行工序间自检、互检，提高工序间产品交接质量，提高辅助岗位操作水平。对重点工序实行24小时视频监控，质量问题大幅度降低，全年外销产品未发生质量异议。保持"本钢牌"铸管的新、特品牌地位，积极组织新产品开发，全年已经具备顶管和内自锚管品种的量产条件。DN1200、DN1400顶管一次性试生产成功，并实现量产，全年共生产1264吨，实现增利88万元。实现了多个新产品的成功投放，本钢铸管市场影响力持续提高。

【设备管理】 设备基础管理工作深入贯彻"目标导向、问题导向、结果导向"的管理理念，同时深化PDCA闭环管理，提升三支队伍履职能力。根据专业设备维保人员严重短缺的现实，重新梳理重点设备、重点保障部位。把铸铁机的安全稳定运行、变电所、能源介质的日常检查管理作为日常重点。加强点检定修管理，重复故障要加重考核。通过强化管理，主体设备可开动率完成96.12%，比计划提高0.5%。落实"管专业必须管安全"的要求，认真汲取其他单位同类型检修事故教训，每月组织电气、煤气、特种设备专项检查，共发现各类隐患问题35项，全部按期完成整改，确保实现安全检修100%。

【能源环保】 全年识别并评价环境因素105项，对适用情况进行了合规性评价。针对识别的重要环境因素，建立环境管理方案，对3项重要环境因素制定了管理方案，明确阶段性目标和年度管理目标，全年各月管理目标全部完成。制定有关煤气控制的应急预案，组织开展应急演练2次，针对退火炉煤气泄漏情况及现场危废处置进行了实际操作演习，演练效果达到计划要求。针对重要的环境因素设备设施，建立了21个管理制度。2021年4月份保温炉除尘器环措立项成功，投资336万元，现已完工。改造后处理能力达到14万 m³/时，颗粒物 ≤ 30mg/m³，有效改善了保温炉区域兑铁时的感官污染现象。

【产品销售】 全力配合国贸公司对各区域市场布局和开发，参与"一带一路"建设项目，落实全款模式签合同，持续走访开发具有水务行业背景和资质的工程总包公司，推进重点管网工程和水利、市政项目合作。重点跟踪东北、华北等地区市场项目进展，抢抓资金有保障、付款条件好的项目分期付款的资金有保障的重点项目，以提高销售、拉动产量，摊薄固定费用。积极配合国贸公司，抓信息、跟项目。通过认真分析市场需求，重点关注品种增利管，重点研究高附加值产品，开发直供户，实现多规格自锚管、顶管、环氧陶瓷管快速增长，实现比普通品种增利1000万元。

【党群工作】 北营铸管公司党委坚持"以经济效益为中心"理念，紧紧围绕"5+1"工作格局和"1+4"重点任务，全面加强党的建设，夯实党建工作基础，推动全面从严治党走深走实，创新开展"三保一降一提高"党员先锋工程活动，始终把拥护重组、支持整合、推动融合的思想体现在工作上、落实到行动中，提振精气神、传递正能量，充分发挥党的组织优势和政治优势，有效促进了企业各项工作顺利开展。一是发挥思想引领政治优势，激发职工干事创业热情。通过及时经常的形势任务教育和政治理论学习等形式，把"以经济效益为中心"的经营理念烙印在职工心里，第一时间将精神传达下去，将工作落到实处。党委班子成员始终把本钢集团精神作为政治理论学习"四必学"的重要内容之一，长期坚持认真学习研讨，结合实际工作，谈心得体会，开展调查研究，深入基层抓好落实落地。二是结合实际、活学活用，务求实效，全力开展好党史学习教育。全面部署党史学习教育工作，做到规定动作有序开展，自选动作独具特色。认真贯彻落实党史学习教育总要求，牵头抓总、全面部署、统筹安排，制定工作方案，召开动员部署会，绘制党史学习教育计划图、进度表，编发"党史学习教育要点提示"简报，确保了党史学习教育的高起点开局。创新学习教育形式，加强党史教育，传承红色基因，提升学习教育效果。结合铸管人员紧张现状，开展微课堂，化整为零开展学习教育活动，打破支部和党小组的界限，学习方式自由，学习时间自由；通过"党员之家"微信群，重点学习篇和有关要求能第一时间贯彻到每名党员，及时向职工推荐学习文章、推送党史教育片等；开展线上党史知识竞赛抢答，提高党员学习积极性。7月1日前夕，组织党员代表到丹东抗美援朝纪念馆、鸭绿江断桥等国家和省级红色教育基地参观学习，重温入党誓词，开展党史知识答题，交流参观学习心得，活动收到了很好的效果。三是围绕改善职工工作生活、消除安全隐患、解决人力资源不足问题、提

高生产效率、减轻职工劳动强度和降本增效五个方面强弱项补短板，全方位开展"我为群众办实事、争做贡献促振兴"活动。党委累计制定为职工办实事清单12项，已全部完成；各党支部为职工解决问题58项，改善职工工作生活17项、消除安全隐患12项、提高生产效率6项、降本增效11项、其他12项。1—10月份，各支部党员义务献工1125个，节省人力加班费26万余元。四是"三保一降一提高"党员先锋工程活动效果显现。全年共创建各类别党员示范岗62个、党员先锋队7个、党员责任区12个、党员攻关组6个、党员活动室1个。不仅使各党支部找准了支部工作的切入点和落脚点，增强了支部工作的针对性和实效性，而且最大限度地激发了广大党员责任意识、创新意识和担当意识，基本形成了"党建+生产经营管理"的党建工作新模式，实现了党建与生产经营管理工作的深度整合、同频共振和互促互进。

【防疫工作】 坚决贯彻党中央、省市疫情防控工作文件精神，将疫情防控管理制度落到实处，担负起国有企业的政治责任、经济责任和社会责任，全面部署疫情防控工作，启动联防防控机制，规范疫情防控应急处理，细化疫情防控措施。一是严格落实本钢集团疫情防控30条文件内容，将口罩佩戴、场所卫生整理和消杀等做到管理制度落实到位、日常检查到位、相关事宜记录到位。二是强化健康排查按网格化管理，以健康接龙形式每日报平安。三是加强返溪人员和接触相关人员信息排查及健康跟踪，细化人员行程信息，确保出行人员全程信息可追溯性。2021年对859人次执行了居家隔离、在岗观察等管控措施。全年未发生一起因防控跟

踪落实不到位产生不良后果现象。

（许永春）

矿业公司

【概况】 本溪北营钢铁（集团）股份有限公司矿业公司（简称北营矿业公司）下设 5 个管理室、11 个作业区。2021 年 11 月，本钢集团下发《本钢集团有限公司总部及主要子公司管理职能及机构优化调整改革实施方案》，将原北营矿业公司弗卡斯窑调整至北营炼钢厂，其他业务和人员整建制调整至本钢矿业公司。2021 年末，有正式职工 942 人，生产协力 4 人，劳务工 27 人，其中管理岗位 41 人、业务岗位 35 人、技术岗位 37 人；高级职称 4 人、中级职称 31 人、初级职称 77 人；高级技师 2 人、技师 56 人、党员 278 人。主要设备有四立铲、潜孔钻、挖掘机、推土机、各种运矿车辆、液压旋回破碎机、对辊式破碎机、球磨机、分级机、浓缩机、陶瓷过滤机、800 吨环保回转窑等。主要产品有生石灰、石灰粉、30-80mm 窑石、铁精矿粉、钢渣精矿和钢粒。生产工艺主要有石矿采场开采工艺、石灰石机加破碎加工工艺、生石灰生产工艺、铁精矿过滤加工工艺、钢渣水磨重选生产工艺、土场矿石回收工艺、二选铁精矿生产工艺。固定资产原值 7.44 亿元，净值 3.07 亿元。

【主营指标】 完成采剥总量 308 万吨、石矿矿石 178 万吨、生石灰 39.5 万吨、石灰粉 79.8 万吨；完成 30—80mm 石灰石 109 万吨，满足下道工序需求；完成土场矿石回收 9 万吨；输出铁精矿 147 万吨，其中自产铁精矿 8.3 万吨，对下道工序零影响；完成钢渣处理量 10.7 万吨；变动成本比计划降低 3399 万元。

【降本增效】 推进对标管理，降本增利。增强市场意识，主动"走出去"与相关单位对标，把先进企业的成功经验"引进来"。制定对标管理制度，通过内部及外部对标查找差距，制定措施。加强日清日结，降本增利。成立模拟市场化核算小组，每月召开以效益为中心的月例会，制定日清日结管理制度，完善能源计量仪表，对重点指标实行日统计、周分析、月考核，日清日结管理取得初步成效。控制定额消耗，降本增利。通过提高装载量，优化采场运输线路及修整道路，运矿车辆柴油单耗降低；严格控制喷煤量、温度及压力控制等工艺参数，烟煤指标降低；煤气、铸球、硝酸等定额指标同比也大幅降低。设立摘牌项目，降本增利。积极开展摘牌制工作，鼓励员工全员参与，提出可操作的降本创效项目。强化绩效考核，降本增利。推动全员 KPI 考核，侧重产量、利润、技经等关键指标，设定不同的绩效考核比例，全面实现量化考核。制定产量创日最高纪录等激励政策，充分发挥正向激励作用，提高员工的积极性；同时制定了共享利润奖励办法，职工人均收入同比增长 20%。

【生产组织】 科学组织石矿生产，科学、合理地安排采掘部位，对易产生混岩的矿体部位，明确分层界限，实施分层分采，提高采场新平台贮爆量，加强配矿管理，稳定原矿质量。加强回转窑生产工艺纪律管理，严格执行生产工艺标准，及时调整各项工艺参数，控制风量、温度等措施，生灰 CaO 质量稳定率达到 90% 以上。坚持经济效益优先，积极恢复二选生产，组织对南芬北山矿石进行磨选生产试验，此矿石粒度细，磨选难度大，在南芬选矿、贾矿未能实现磨选的情况下，通过对二选一段进行工艺改造，实现了工艺畅通，质量指标达到预期目标，全年生产铁精矿 8.3 万吨，创效 4652 万元。组织土场回收，稳定二选生产原料，在原有 3 条磁选生产线的基础上新增 4 条磁选生产线，同时通过提前倒运备料及延长工作时间，提高磁选生产效率，提高土场矿石量。文明生产常抓不懈，不断改善矿山环境。积极开展生产现场和办公环境卫生整治，设备和建筑物外形粉刷，标识牌统一标准，目视效果明显提升，员工休息和生产现场环境全面改善，文明生产工作在矿业板块排名始终处于前列。

【安全管理】　紧密围绕"安全第一，预防为主"安全生产方针，严格落实新《安全生产法》和对标鞍钢安全管理制度，践行"三管三必须"，进一步落实"五清五杜绝""一图三表""四个一刻也不能放松"工作要求，严格按照标准组织生产操作、设备维修、工程施工安全监督检查。贯彻落实本钢集团文件精神，压实安全生产主体责任，形成一级抓一级、层层抓落实，纵向到底、横向到边

的安全管理网络。推行设备检修双挂牌制度，各作业区在电控箱开关安装防护板，安装双锁、悬挂双牌，确保设备检修停电措施落实到位。开展双控工作，编制完成安全风险辨识四色图，提高员工安全风险管控意识。坚持安全实操性培训，应急演练，组织员工开展了使用风力灭火机、佩戴空气呼吸器等应急救援器材实操培训。组织员工开展尾矿库回水井堵塞、煤气泄漏、物体打击、触电、机械伤害、火灾应急预案演练活动，进一步提高员工应急救援实战能力。开展隐患清零活动，制定安全隐患清零方案，逐项检查、逐项整改。

【设备管理】　以"安全、稳定、高效、经济"运行为目标，以本钢集团公司 PDCA 管理模式和"5+3"管理重心为载体，稳步推进设备系统"三支队伍"建设。强化设备点检定修，降低设备故障。严格执行设备点检定修制度，合理制定设备检修计划和上报备件计划，减少非计划停机，两次定修期间实现"零故障"。全年主要产线设备可开动率达到 99%。加强自动化改造，提高设备效率。对泵站、破碎机等关键部位仪表移改至岗位

北营矿业公司回转窑作业区（孙涛　摄）

操作室，便于及时掌握设备运行状态；对选矿3#泵站进行自动化报警改造，实现泵站自动启停，并对电机加装PLC系统，通过电机电流曲线变化实现实时监控，减少设备故障，提高设备效率。张家沟清水泵站实现无人值守，可视化会议系统现已实现。利用交流学习，学习先进企业智能矿山建设经验，不断推进数字化、智能化矿山建设。强化物资闭环管理，严控维修费用。开展全面盘点机旁库工作，高标准完成自盘和上级部门机旁库盘点验收，做好库存分析和利库工作。

【环保管理】　强化对环保设施运行的监督检查及定修工作，确保现场粉尘排放达设计标准；做好料场苫盖、道路清扫和洒水抑尘，减少石粉落地扬尘。本着"绿水青山就是金山银山"的理念，制定绿化复垦规划，对矿区进行绿化复垦、植树，绿色矿山取得新进步。

【矿山可持续发展】　积极推进后备矿山开发和重点项目建设，矿权办理等各项工作取得阶段性成果。推进石矿矿权办理工作。矿产资源工作组主动与本溪、辽阳区市级自然资源局等部门沟通，积极组织石灰石矿矿权办理相关资料，取得石矿采矿证，取得石矿安全生产许可证。继续推进石矿深部扩采相关工作。推进铁矿矿权办理工作。积极配合本钢集团战略规划部办理铁矿采矿证的延续，目前已完成铁矿深部扩界勘探公开招标工作；尾矿库安全生产许可证已取得。推进矿山重点项目建设。尾矿综合利用可研合同已经签订，东北大学已完成钻孔取样工作，正进行尾矿实验工作。恩菲设计院编制的《大张北铁矿露天转地下充填法开采方案》已提交给战略规划部及制造部，目前正在拟定技术协议。辊磨预处理工艺项目长沙矿冶研究

院专业人员来现场进行交流及踏勘，正稳步推进中。

【党群工作】　以习近平新时代中国特色社会主义思想为指引，扎实开展党史学习教育和品牌党建活动，助力生产经营任务全面完成。丰富学习教育形式，扎实开展党史教育。党委理论学习中心组学习坚持做到"四必学一必讲"，全年组织党委中心组学习12次，专题学习6次，党史学习教育专题读书班2期。建立党员学习群，每天发送党史知识；邀请"本钢新时代功勋员工"罗佳全到北营矿业公司做事迹报告，近距离感受榜样的力量；组织党员到丹东抗美援朝纪念馆、锦州辽沈战役纪念馆、大梨树红色教育基地参观8次，400多人次受到了教育；组织党史知识竞赛、书画摄影作品展、观看影片《长津湖》等活动，增强了党史学习教育的多样性、趣味性。深度融合生产实际，开展品牌党建活动。开展党员"1+1"岗位创效活动，年创效80多万元；开展"我为群众办实事、争做贡献促发展"活动，各级党组织为群众办实事68项；举办读书、征文、书画摄影、诵读等建党100周年系列活动；深入开展"整、严、树"和"靠钢吃钢"专项治理工作，自检自查问题18项，全部完成整改；开展职工思想动态调研和形势任务教育，抓好意识形态，做好舆情管控，保证职工思想稳定；加强党风党纪教育，落实监督考核机制，党员干部全年未发生违规违纪行为。发挥群团组织优势，文体活动取得新突破。工会举办了"工匠杯"职工职业技能竞赛，过滤工和司窑工共48人参加；慰问职工15人，关爱职工37人，慰问金额3.42万元；开展羽毛球、象棋、"双钢"职工全能大赛、书法美术摄影展，取得了历史最好成绩；在本

钢集团团委举办的青年大学生运动会中，20名运动员参与了8个大项的全部比赛，其中"抛绣球"项目获得第6名，实现了历史突破。

【防疫工作】 全面提升常态化下疫情防控能力，提高政治站位、高度重视疫情防控工作，加强组织疫情防控工作，提高职工个人防护意识，遵守地方政府和企业疫情防控相关规定。成立疫情防控领导小组，制定疫情防控应急预案，为确保生产建立保产保供方案。储备防疫物资，发放口罩10130个、消毒片151瓶、消毒液200瓶、酒精10瓶、配备隔离服20套、测温枪32把、护目镜20个、喷壶55个、消毒手套2000支。严格执行职工出行审批流程，积极开展新冠疫苗加强针的接种工作，接种率已经达到93.33%。

（王　玉）

冶金渣公司

【概况】 本溪北营钢铁（集团）股份有限公司冶金渣公司（简称北营冶金渣公司）隶属于本溪北营钢铁（集团）股份有限公司。截至2021年末，北营冶金渣公司占地面积10.6万平方米，主要负责北营炼铁厂、炼钢厂产生的尾渣回收加工处理和北营公司内部废钢组织回收加工及外部采购废钢的仓储、倒运工作。设置五个管理室（生产技术室、设备管理室、安全管理室、综合办公室、党群工作室）、四个作业区（废钢作业区、干渣作业区、焖渣作业区、回收作业区）。现有员工390人，其中管理岗19人、业务岗19、技术岗6人、生产操作岗346人；中级职称14人、初级职称40人；高级技术等级56人、中级49人、初级118人。党委下设6个党支部，党员118人，占职工总数的30%。拥有固定资产原值6421.59万元，净值3728.08万元。

【生产组织】 落实工序服从原则，以保炼钢厂、炼铁厂生产为己任，实现保产保供零影响。一是科学组织生产，围绕多吃废钢、降低铁耗工作，及时调整产品结构，满足炼钢生产需求。二是为降低库存资金占用，在制造部的大力支持下，在确保当日钢渣处理完毕前提下，加工四百平格筛大块，累计加工32.82万吨。三是实施厂内废钢资源应收尽收工作，成立废钢回收小组，深入各单位现场检查、落实、督促各单位上交，并积极组织车辆、场地、加工等协调工作，回收厂内废钢6.66万吨，并全部加工消耗完毕。

【经营管理】 1.以效益为中心、模拟市场化考核，实现经营持续向好。一是转变工作思路，由原来抓成本向抓效益转变，将四个成本中心按照工艺相关性合并为三个利润中心，对制度、考核机制进行调整，指标分解落实到管理室、作业区、班组，以"日清日结""对标挖潜"工作为基础，以周分析、月总结形式全面开展市场化考核。二是积极推进"摘牌"项目落实工作，在本钢集团级项目鱼雷罐加废钢项目上，又内部实施挑选小型合格料代替破碎料、加工格筛大块、含铁物料回收等项目，开拓新的利润增长点，截至12月末，累计鱼雷罐加废钢6.47万吨，其中7月份克服雨季和施工影响，加废钢1.32万吨，创历史月度最高纪录。2.创新思维、强化管控，为生产经营保驾护航。一是贯彻落实本钢集团公司以经济效益为中心理念，重新调整我厂绩效考核办法，通过全员责任落实和绩效考核，以经济收入为杠杆，适当拉开收入，体现多劳多得分配原则。二是结合生产经营情况，经过现场调研、征求意见后，对四个作业区班组进行优化设置、整合，减少班组长 11 人、作业区级调度 27 人，压缩管理层级及不合理岗位设置，调动了工作积极性。三是通过与板材废钢加工厂、本钢冶金渣公司、鞍钢资源经营中心等单位对标找差距、补短板，逐步解决工艺落后、环保不达标等瓶颈问题。四是按照"整、严、树"工作要求，对外重树北营冶金渣公司窗口形象、对内严控尾渣粉质量、监督采样环节、实施装车监装、全过程监控等手段，确保尾渣外销安全，同时加大保卫系统检查力度和频次，坚决打击监守自盗、内外勾结行为，确保企业资材不流失。五是积极开展合理化建议、小改小革及修旧利废工作，累计征集合理化建议 151 条；修旧利废创效 65.5 万元。

2021 年主要产品产量和成本完成情况

（单位：万吨）

指标项目		2021 年完成量
含铁物料	复用废钢	6.42
	回炉铁	3.26
	脱硫渣块	3.31
	大块废钢	3.06
	粒钢	6.33
	小计	22.38
加工废钢	切割废钢	5.83
	北营压块	1.43
	小计	7.26
接卸废钢	合格废钢	26.58
	破碎废钢	27.04
	汽车板打包块	1.13
钢渣加工		106.94
外发尾渣		37.64
外发水渣		282.54
回炉铁筛选物		35.62
利润增加额		2671 万元

【安全管理】 坚持以人为本发展理念，构建大安全格局，实现安全稳定运行。一是持续开展"反三违"整治活动，严抓人的不安全行为，反三违 211 项，逐项分析原因、落实解决措施，达到规范行为的目的。二是落实"三管三必须"要求，形成齐抓共管氛围。三是实施安全正向激励政策，在安全员考评、作业区月度考评、隐患排查整改等方面实施专项奖励，调动全员参与安全管理的热情。四是响应本钢集团抓培训的要求，对所有岗位围绕岗位操作规程、风险辨识、应急处置、事故案例等五个方面制作岗位应知应会卡片，使培训更有针对性和可操作性。

【设备管理】 一是为保证设备设施安全平稳运行，结合本钢集团公司开展"反三违""春季安全大检查""安全生产三年专项整治""安全生产月"等专项检查工作，制定《北营冶金渣公司设备设施隐患管理流程及相关要求》，组织开展设备安全管理专项检查，每月制定各专业安全隐患排查计划，共查隐患问题 95 项，全部整改完毕。二是保证特种设备安全投入使用，检验检测合格率 100%。按照特种设备、机械工程车辆检验相关要求，2021 年共对起重设备 3 台、压力容器 5 台套、压力管道 1 条、渣罐 8 台、固定（便携）报警器 12 台、工程机械车辆 12 台开展年度检验，全部完成检验计划，检验首检合格率达到 100%。三是开展点检定修及设备运行工作，2021 年制订定修计划共计 124 项，计划定修时间为 348 小时，实际完成 124 项，实际定修时间为 295.45 小时，通过定修工作的有力开展，确保设备设施安全稳定顺行，保证了设备运行率，有效降低设备故障率。四是为确保汛期设备设施能够安全稳定顺行，由本溪中本天象防雷检测公司及能源总厂电气试验班对北营冶金渣公司共计15处防雷接地部位开展防雷检测工作,经检测全部合格。五是根据本钢集团公司《关于板材与北营优秀点检员交流的通知》工作安排,北营冶金渣公司按照要求积极组织推进点检员交流工作,分别于6、7月同板材废钢厂进行优秀点检员交流学习。同时,为加强点检员队伍建设管理,每季度对点检员进行考评,每月对点检员进行专项检查。通过本钢集团推进优秀点检员交流学习及开展专项管理,有效提升专业点检员业务能力及专业水平。

【党群工作】 夯实党建基础,认真落实深化改革三年行动计划,激发企业内生动力,提升改革综合成效。一是按照本钢集团公司党委理论学习总体安排,北营冶金渣公司党委坚持中心组学习制度,实现中心组学习制度化、规范化和常态化。党委中心组学习以班子成员轮流领学、集中学习与个人自学相结合的学习方式开展学习。截至2021年末,党委中心组共组织集中理论学习20次。二是按照本钢集团公司党委的工作安排,北营冶金渣公司党委组织本单位党员干部和重点岗位人员,开展了签订廉政协议书活动。共签订廉政协议书242份,进一步增强了党员干部和重点岗位人员遵规守纪的意识和理想信念。三是在鞍本重组期间,党委下发通知要求各党支部、作业区及管理室,组织员工认真学习贯彻鞍钢集团有限公司党委书记、董事长谭成旭,总经理、党委副书记戴志浩及本钢集团公司党委书记、董事长杨维关于鞍钢重组本钢相关讲话精神。各支部、作业区及管理室利用午休、工余等时间,采取多种形式,将领导讲话精神,传达到每一名员工,并组织广泛的讨论,并以实际行动拥护

重组、支持整合、推动融合,以高质量的工作确保鞍钢重组本钢工作取得扎实成效。

【防疫工作】 面对疫情,严格贯彻落实省、市和本钢集团公司各项决策和部署,按照《本钢集团公司关于进一步做好疫情防控的工作要求》(30条),全面开展新冠肺炎疫情防控工作,取得了抗击疫情的全面胜利。通过钢钢好等媒介将疫情防控指示精神,落实到每名员工,让广大员工真实了解目前防控疫情的情况。多次组织召开由班子、各管理室、作业区参加的疫情防控专题会议,落实部署疫情防控工作。建立疫情防控群进行健康接龙,严格执行对外省、市返溪人员建立档案政策,返溪后自行在家隔离14天再返岗或在岗观察政策。建议员工少聚集、勤洗手、勤通风、勤消毒、"非必要不出市""出市必须提前报备"政策。 (刘有方)

公运公司

【概况】 北营公运公司是本溪北营钢铁(集团)股份有限公司下属单位,主要承担北营公司客运、货运、特殊设备及工程机械作业任务。下设5个科室、7个作业区,其中一、五、六作业区承担各类生产物料运输任务,四作业区承担工程机械作业,二、三作业区承担职工通勤、公务车及厂内生产服务用车任务,维检作业区负责车辆的维护及检修业务。2021年末,在职职工总数972人。党委下设8个党支部、29个党小组,党员280名。资产总额1.61亿元,净值0.46亿元。拥有各种车辆560台,运行505台(工程机械设备87台、运输车辆418台)。2021年完成行驶里程898万公里,货物周转量16188万

吨公里，通勤客车运行22万趟次，客运量1102万人次，全年成本消耗1.46亿元（含工资）；重大人身、火灾、设备、交通事故为零。

【降本增效】 把经济管理意识贯穿各项工作中，把挖潜降耗、经济管控指标分解落实到每个环节，指标完成情况与绩效挂钩考核，有效降低成本，实现经济运行。采取就近返带物料，减少往返空运趟次，提高作业效率降低成本。进行车辆优化，提高运行效率。加强油耗管理，实现"日清日结"，对比本钢集团计划降低252吨，节约燃油成本151万元。积极推进修旧利废工作，下机备件、轮胎再利用节约资金67.15万元。

【生产管理】 强化生产组织和管理，核实两百多个运输项目，做到能检斤必须检斤，堵塞管理漏洞，夯实台班及运量。建立与驻在单位走访联系确认制，改进服务质量。全年运量1082万吨，累计行驶里程898万公里，货物周转量16188万吨公里。主动承接外部运输任务，运费收入14369万元。

【安全管理】 编制岗位安全职责清单和岗位安全履职清单303项。按《鞍山钢铁集团安全违章计分管理办法》，重新对违章行为进行分类、分级，制定全员履职责任清单；开展"三违"整治460人次，对违章职工及其管理者进行三违安全培训；建立并推行三级安全考评体系，量化排序、奖优罚劣，正向激励，安全考核28.5万元，安全奖励158.5万元。抓好"双预防"与安全履职相结合，排查隐患435项，整改率100%；安全专项整治23类、发现并整改问题150项，"安全讲课"34场。层层包保落实安全履职，

开展"安全红袖章"等活动，安全现场应急演练35场次。持续推进安全生产专项整治三年行动，更新"四个清单"，确定风险清单7项、隐患和问题清单5项、任务清单24项、成果清单29项；组织32人新安全法考试；评估470项作业方式、472项危险源、修订115项规程、68项习惯性违章作业；完善安全规章制度165项，梳理完善生产安全事故应急预案8个，应急救护技能专题培训17场，培训838人次，相关方15人次。实现轻伤及以上生产安全责任事故、一般火灾事故、重大交通责任事故、千人负伤率"五为零"。

【设备管理】 强化设备基础管理，加强设备故障事前防范和检查，将"三检制"列入班前会必讲内容，树立"管好、用好、养好、修好"理念，教育驾驶员精心维护、精心使用、精心操作，做到行车前、行车中、收车后检查，消除车辆安全隐患，杜绝"带病车"上线，做好现场监护、现场隐患检查与处理，提高设备技术状况，保证车辆的安全性能，为生产组织提供设备保障。车辆计划检修率98.52%，完好率95.78%，点检17563台次，一级维护4529台次，二级维护789台次。参检253台，一次性通过检验182台。申报车辆更新工程机械及公路车辆零购计划29台（其中转年计划8台、新开计划21台），形成合同19台，已经进厂12台。

【能源环保】 抓源头，明确物料装载标准、控制车速、确保运行设备本体完好，教育驾驶员从思想上重视环保工作。加强环保设施、设备管控，强化自卸车苦盖装置与箱堵的日常点检，发现问题及时处理，故障车辆严禁出车运行，运行中突发故障，立即停驶进行检修。积极开展厂容环境综合整治、车容车

貌、6S 检查，整改 36 台问题车辆；完成 7 个危废临时贮存库房改造工作，建设导流槽、收集井；对危废标识、危废贮存、危废标签信息、管理制度、危废台账等加大检查考核力度，促进危险（固体）废物管理规范化。利用 GPS 定位监控与专人上线稽查相结合方式，对运行车辆超速、违章监控，重点监管弯道、铁路道口、减速带等易发生洒料部位，及时制止违章超速，减少洒漏料发生。

【对标管理】　着眼于工作难点和重点，对标三级管理体系，制定下发了《公运公司对标实施方案》，以车型、作业区为单位，每周召开专题分析会议，不断提出优化措施，提升管理水平。组织相关人员到鞍钢汽运实地对标学习，对标内容 35 项，涉及企业概况、设备系统、生产系统、人力资源、财务、能源环保 6 个方面。经汇总分析，形成对标报告及建议。其中受体制、运行模式、实际生产状况等因素限制，有 16 项属公运特色，另有 19 项应向鞍钢汽运对标学习。

【综合治理】　结合本钢集团公司"靠钢吃钢"专项整治工作，制定方案，开展重点岗位、部位、人员排查，建立台账，签订承诺书。对车辆重点部位及仓库的防盗设施、危货车监管、合金料运输监管、通勤车 GPS 等方面检查。强化车辆进出厂管控，制定《北营公运公司车辆运行治安管理规定》，对车辆出厂检修、执行生产任务，严格执行"派遣单"制度，在重要路口设置高清录像监控，升级厂外作业区门禁系统，实现一车一杆自动识别，使各种进出厂车辆处于受控状态。规范含铁、合金料运输车辆及油槽车运行管理，设定运输路线，安排专人监装和监护，杜绝各类违纪违法行为滋生。

【特色管理】　按照专业化、区域化管理原则，对车辆整合优化，提高运行效率，主动承接原本钢汽运承运任务，为本钢集团公司节省外部运费 234 万元；改变通勤客车 12 年运行模式，实行新老区合并循环运行，提高运行效率，每日节省外部通勤费用 7300 元；工程机械及运输车辆，24 小时不间断作业，全面完成破碎废钢运输及上料工作；打破各作业区机旁库管理壁垒，实行全公司物资共享，缓解部分检修待件问题，降低备件长期无动态和库存储备资金占用；推进公路运输信息化管理，向实现精准激励和单车核算迈进。一区、二区信息管理平台已初步建成，管理效果已初步显现；整合两个作业区补胎作业，缓解维修人员不足的压力；因地制宜调整维检地点，方便各区就近维保车辆，有效减少车辆运行里程和下线违章概率，使车辆损耗、油耗及成本全面下降。

【人力资源管理】　全面推行人资基础管理，在北营公运公司内部分层级、按业务要求全面、及时准确、系统地记录及留痕，严格实行公开、公示制度，促进薪酬管理制度化、规范化、标准化、流程化，受到本钢集团公司关注并在全集团内交流经验。通过推行单车利润考核，实行精准激励，多劳多得，调动了职工积极性，强化了薪酬管理。2021 年，评定通过了工程师 1 人、助理工程师 6 人、技师 8 人、高级工 20 人、中级工 42 人、初级工 3 人，有效拉动了职工总体业务、技能素质。2021 年退休 17 名职工，按规定解除合同 6 人。

【党群工作】　加强党的政治建设为统领，以助力生产经营为目标，全面落实从严治党主体责任，规范党内政治生活，抓实党委巡察反馈问题整改，夯实党建工作基础。落实"一岗双责"，坚持"一把手"末位表态，将制度建设贯彻党建工作始终，提高议事决策的民主科学水平。建立健全意识形态研判机制，不断增强党员干部的责任意识。把党史学习教育与"两学一做""整顿工作作风+严肃工作纪律+树立本钢形象"、提振干部职工群众精气神相结合，融入到常态化工作中，推动党建工作水平不断提升。开展"我为群众办实事、争作贡献促振兴"实践活动，全面完成职工群众关心关注的问题75项；积极开展"整、严、树"工作，坚持问题导向、目标导向，自查整改机构臃肿、人浮于事类问题3项，跑冒滴漏管理漏洞类问题12项，内外勾结、监守自盗类问题1项，不担当不作为、败坏本钢形象类问题20项。把本钢集团党委巡察反馈问题整改工作作为重大政治任务，全面完成47项具体问题两轮巡察整改任务。认真落实本钢集团党风廉政建设"21112"重点任务，把党风廉政建设工作与业务工作同步推进，纳入生产经营绩效考核，压实从严治党主体责任，推动全面从严治党向纵深发展。认真落实党内监督各项制度，在重大决策，干部任免，重要建设项目和大额资金使用等方面，坚决做到集体讨论、民主决策。落实中央"八项规定"，抓住重要节点，持续强化廉洁从业教育和案例警示教育，督促党员不触底线、不越红线为北营公运公司持续、健康、稳定发展提供保障。坚持党建带群团，打造和谐稳定环境，加强工会基础建设，围绕企业中心工作，以知识竞赛活动、技能培训、劳动竞赛为抓手努力提高职工素质；规范工会经费使用审核及资产管理工作，加大对工会经费收缴、管理、使用和资产管理情况的监督力度；落实困难职工帮扶救助，走访慰问困难职工和节

日期间坚守岗位一线职工；开展关爱女职工健康知识讲座、"三八"知识竞赛、庆祝建党100周年书画摄影诵读、漫画书法、安全全家福、安全寄语征集等活动，丰富职工文化生活，激发了职工队伍活力，充分发挥职工的积极性和创造性，助力企业生产经营顺利开展。

【防疫工作】　建立联防联控网络，层层落实责任，领导分区包保，按照"生产防疫两不误、生产防疫两手抓"要求，加强防疫工作指导、检查，严格落实通风、测温、接龙报平安、全员日排查日报告、区域消毒、个人防护、通勤客车集中消杀通风、门禁外来人员登记等防疫措施，把疫情防控工作作为首要工作进行贯彻落实，北营公运公司上下联动引发全体职工的高度重视，并对全公司范围内人员动态排查，及时做好报备管理，做到人数清、信息明、防控措施到位，提高职工防范意识，收到了较好效果。

（禚晓霞）

铁运公司

【概况】　北营铁运公司是北营公司的辅助生产单位，主要承担北营公司进厂大宗原燃料接入、厂内物料倒运、铁水调运、产品外发等铁路运输任务。下设5个管理室（生产技术室、安全管理室、设备管理室、党群工作室、综合办公室）、11个作业区（机务、内燃、车辆、工务、电务、机车检修、原料站、炼铁站、炼钢站、道口、调度室），服务于全厂运输生产。2021年末，在籍员工954人，其中管理岗位人员34人、业务岗位人员20人、技术岗位人员24人、操作岗

位人员 876 人；研究生 2 人、本科 38 人、专科 190 人；高级职称 2 人、中级职称 64 人、初级职称 175 人；技师 10 人、高级工 226 人、中级工 188 人、初级工 334 人。党委下设 12 个党支部、24 个党小组，中共党员 251 人。团委下设 3 个团支部，共青团员 32 人。固定资产 8.29 亿元，净值 3.91 亿元。主要设备、设施有 GK1C 型内燃机车 15 台、GKD1A 型内燃机车 20 台、DF10D 型内燃机车 6 台、63T 轨道吊车 1 台、普通车辆 227 辆、冶金车辆 98 辆、微机联锁系统 5 套、电动道岔 325 组、信号机 643 架、铁路总延长 102 公里、解冻库 7 座、配电室 13 座等。

【运输组织】 北营铁运公司根据高炉高产势头，优先做好铁水调运组织工作，把技术骨干和良好设备向铁区倾斜。铁区调度密切与铁厂、钢厂联系，科学合理调度，特殊情况采取走行换乘、现场交接、调整配罐方式等措施，紧盯鱼雷罐周转率和铁水温降指标，保证正点运行，满足高炉正点和炼钢铁水保供需要，并积极配合鱼雷罐加废钢降铁耗工作，累计加废钢 7214 罐，约 8.44 万吨。在保证局车接卸和产品外发方面，厂调与铁路北台站严格执行"预确报"制度，实现路企信息共享，加强内部生产组织，保证接、交车组织顺畅。铁路接车 202155 辆，交车 203267 辆，日均周转 1228 辆；产品外发 68002 辆，日均 206 辆，较好地完成了大宗原燃接卸和产品外发工作。在完成厂内物料倒运和两钢调料组织方面，各区调度紧密与生产单位信息沟通，详细掌握供料品种、数量、时间，提前组织备料、组织调运，完成厂内物料倒运 141 万吨；两钢调料 1221 车，约 8 万吨，满足生产需求。持续抓好卸车清车底各项管理工作。协调好劳务公司合理配备各货场卸车人员，保证车辆清底及时。9 月份北营厂区大量接入安平矿期间，为缓解清车底人力不足，动员干部职工 350 余人次，持续近一周时间参与清车底工作，保证了进厂物料正常接卸。

【安全管理】 以落实主体责任，强化各项管控措施为主要抓手，开展安全管理工作。开展"安全生产专项整治三年行动"，涉及的两项专题六项方案共 37 项工作任务中，完成 34 项，其中 18 项持续性工作任务已阶段性完成，达到预期目标。完善构建"双重预防"体系，涉及各类风险共计 153 项全部采取合理管控措施，应急体系完备，安全防护落实到位。实施安全管理正向激励政策，对作业区专职安全员、班组长安全绩效评比，共发放安全管理绩效奖励 88580 元，基层管理者累计 407 人次获得安全绩效奖励。落实安全培训工作，先后组织管理人员新修订《安全生产法》解读学习、领导干部上讲堂安全培训、安全生产事故回头看专项培训、安全大讨论等各项培训工作，组织开展公司级、作业区级、班组级安全培训 11 次，共计 1579 人次，培训时长共计 120 学时，广大干部职工安全责任意识得到大幅提升。安措专项费用投入 76 万元，安装内燃机车车载监控系统 20 台，提升本质化安全管理水平。剩余 19 台内燃机车计划于 2022 年完成安装。8 月份鞍本重组后，安全管理工作迅速转变观念，强化政治站位，将"三管三必须""四个一刻不能放松""五清五杜绝"理念贯彻落实到实际工作中。按照鞍钢集团安全管理工作要求，制定"反违章"安全专项工作方案，查处各类违章 146 起，共计 223 人，相关方亮红牌清退 1 人、黄牌 7 张。转化修订安全相关文件 12 项，遵照执行 2 项。

【成本管理】 2021 年，本钢集团公司在各分厂推行"模拟市场化利润考核"工作，以强化各层级"市场化"意识，调动广大职工工作积极性，增加企业效益。北营铁运公司结合铁路运输生产实际，成立"利润管控中心"，下设"铁路运输收入"项目组和"降本创效"项目组。每月组织召开生产经营分析会，通报成本、利润完成情况；每周以"经理办公会"形式召开"日清日结"分析会，对主要消耗指标和生产指标进行总结分析，严抓过程管控，寻找差异，制定管控措施。铁路运输收入项目组（生产系统）围绕原燃料进厂、产品外发、铁水调运、物料倒运等环节，强化工序管控，在完成收入计划的同时，通过提高优化生产组织，压缩运用机车，全年节约柴油消耗约 78.5 万元。降本创效项目组（设备检修系统）结合修旧利废、清仓利库、自修自改等大力开展攻关增效活动，实施项目 232 项，共节约资金 40.3 万元；积极抓好废钢回收及上缴工作，全年累计上缴废钢 1005 吨，多冲减成本 186 万元。坚持以"市场"为导向，聚焦铁路运输主责主业，完善绩效考核分配制度，使职工岗位贡献度与薪酬分配相匹配。在行车作业区中试行按"作业量"对个人进行绩效考核，多劳多得，打破平均主义、"大锅饭"思维，职工个人收入差距拉大，进一步调动职工工作积极性，在一定程度上能缓解因自然减员导致的岗位缺员问题，为推行"三项制度改革"打下基础。

【设备管理】 设备管理工作紧紧围绕"一重点，两加强，一降低"的思路开展工作。"一重点"：重点做好设备点检定修工作，提升设备检修计划准确率和执行率。"两加强"：加强设备运行管理、加强设备检修现场管理，提升设备检修质量及检修现场文明生产管理水平。"一降低"：合理规划修理费使用，降低设备维修成本。一是夯实设备基础工作管理，全面开展 KPI 绩效考核机制，以三大规程、四大标准、全员培训、标准化操作为基础，以设备春秋检及点检业绩考评为手段，全面开展设备基础管理工作。在2021 年春、秋季设备大检查工作中，共计自检自查出缺陷及隐患 76 项，整改 76 项，整改率 100%。二是强化主体设备点检定修工作。建立以设备管理室为中心，以机务、内燃、车辆、工务、电务、机车检修等作业区负责的设备检修、保养维修体系。全年点检计划执行率 100%，设备定修计划执行率100%。其中，内燃机车检修 134 台次，冶金车辆检修 126 辆，铁路线路检修 189 公里、道岔 545 组，铁路信号设备 2300 台套，各承修作业区均保质保量完成了检修任务，保证了铁路运输设备的稳定运行。三是强化设备运行管理，做好设备劣化趋势管理及设备技术状态评估工作，提高月份检修计划准确率和设备完好率，为年度检维修计划编制提供有力依据。四是全力做好设备修理费管控工作，降低维修成本。以本钢集团公司核定的储备定额为攻关目标，参照行业标准，对标鞍钢，科学分析现有库存结构，通过内部挖潜、严格管控、合理调整检修项目等手段，充分利用现有库存物资，降低备件、材料费用支出。全年共计利库 672 万元，其中备件448 万元，辅料 224 万元。

【工程建设】 全年各类检维工程共计11项，均按进度计划完成施工任务，11 项竣工决算工作全部完成。对相关方考核方面，解冻库维保项目考核 2.03 万元。技改、专项类工程7 项，5 项已完成施工任务，竣工决算工作全部完成，其中"北营铁运公司鱼雷罐温度在线监测系统工程", 施工单位选择上报及审批完成, 正在组织议标材料, 计划 2022 年 5 月末完成施工投入运用。"架车机零购项目", 已流标 1 次, 等待转年投资计划。

【环保管理】 大力开展厂容环境整治工作。抓住生产间隙时间对厂内 13 处铁路平交道口铺面进行改造, 更换整体道床式铺面, 解决积水和扬尘问题; 先后组织人员 600 余人次, 对办公场所、铁路基础设施等进行粉刷亮化, 对所辖生产区域进行杂物、垃圾清理, 上半年共计粉刷道口护栏约 1200 米、铁路线路标线 3000 余米、信号设备 500 余架、建筑物外墙 1500 平方米、建筑物内墙、走廊、楼梯以及安全通道标识 1300 平方米, 使厂区环境得到较大改善。

【基础管理】 以本钢集团"5+1"工作格局和"1+4"重点任务为引领, 深入开展"整顿工作作风、严肃工作纪律、树立本钢形象"和"靠钢吃钢"专项治理工作。全年累计自查问题 53 项, 已全部落实责任人整改完毕, 干部职工工作作风得到明显改善。持续开展制度立改废释、补充完善工作。2021 年新下发管理制度 18 项、修订 22 项、废止 2 项, 并结合新发布的《安全生产法》, 重新修订各岗位安全生产责任制, 修订岗位操作规程 26 条, 形成适应企业当前生产经营的制度体系, 提升企业管理效能。规范职工考勤管理工作, 增设电子考勤机 10 台, 实现职工考勤电子化。定期组织劳动合同清理工作, 对不能履行劳动合同人员（执行医疗期 4 人、解除劳动合同 3 人、终止合同 1 人）进行清理, 以达到净化队伍, 剥离冗岗。优化内部人力资源, 采取并岗、兼岗等方式, 调整 9 人充实到核心岗位, 缓解缺员问题。广泛征

集合理化建议, 发动职工参与企业管理。全年共收集合理化建议 102 条, 采纳 53 条, 实施 42 条, 奖励 2860 元, 对提升管理、优化工艺发挥重要作用。继续做好疫情管控工作。按照本钢集团公司总体部署, 积极稳妥地做好常态化疫情防控和职工管控工作, 实现防疫、保产两不误。

【党群工作】 坚持党委"把方向、管大局、促落实"原则, 切实发挥好党委领导核心和政治引领作用。认真执行党委理论学习中心组学习第一议题制度, 全年开展党委理论学习中心组学习 21 次, 学习习近平总书记系列讲话 28 篇。带头履行全面从严治党主体责任, 深入基层调研解决企业发展难题, 全年召开专题党委会 2 次, 集中调研 10 次, 撰写调研报告 5 篇, 解决职工生产生活问题 33 项。将党委主题活动与生产经营中心充分融合; 深入开展党史学习教育特色活动, 党委完成"我为群众办实事、争作贡献促振兴"实践活动项目 11 个, 基层党支部完成活动项目 22 个; 将"对标先进补短板、对话功勋促提升"活动与"整顿工作作风、严肃工作纪律、树立本钢形象"工作充分结合, 对标查找整改各类短板问题 8 项; 组织各管理室、作业区 143 人签订了 2021 年党风廉政建设责任书; 组织 10 名党员针对"升学宴"事宜进行了廉政集体谈话, 做出了不操办升学宴的承诺; 以"我为党的百年华诞献礼"为主题, 将志愿服务活动贯穿全年。北营铁运公司工会开展以"铁路运输保产保供零影响"为主题的全员劳动竞赛、机车司机、调车员、信号工等工种技术比武、推进落实"帮扶"体系建设和"送清凉"等一系列活动, 增强了职工归属感和幸福感。共青团组织青工开展了系列生产实践活动, 充分发挥团员

青年生力军和突击队作用。 （周　田）

发电厂

【概况】 北营发电厂是热电联产型企业自备电厂，主要任务是向北营公司内部各单位及三冷轧提供蒸汽和电力能源，是北营公司辅助生产单位。下设五个管理室、五个作业区。2021 年 11 月，本钢集团下发《本钢集团有限公司总部及主要子公司管理职能及机构优化调整改革实施方案》，将发电厂与能源总厂整合，组建能源管控中心。2021 年末，拥有职工总数 762 人，其中本科以上学历 46 人、大专学历 170 人、中专学历 86 人；各类专业技术人员 117 人，其中高级职称 5 人、中级职称 36 人、初级职称 76 人；工程系列 100 人、经济系列 1 人、政工系列 10 人、统计系列 1 人、执业资格系列 5 人。党支部 6 个，党员 232 名。拥有固定资产原值 13.88 亿元，净值 8.75 亿元。主体设备有汽轮发电机组 14 台、燃气锅炉 10 台、干熄焦余热锅炉 4 台、烧结余热锅炉 3 台，装机总容量为 26.9 万千瓦，锅炉产汽总容量为 1154 吨。

【主要经济技术指标】 全年计划发电量为 136000 万 kWh，实际完成发电量 138083 万 kWh，完成计划的 101.53%。全年实现增利 562.03 万元。

【降本增效】 坚持模拟市场考核，从 4 月份起，北营发电厂每月都走出去到板材、鞍钢、营口等地进行同行业对标学习，找到了差距，明确了内部主攻方向，并制定了一系列考核激励措施，来提高内部管控和运行水平。每周定期组织召开利润分析会，对全厂的能源定额指标完成情况进行分析，对照先进指标找出指标异动的根源，并制定解决方法，为全厂月份利润指标的完成奠定基础。一是增产创效。北营发电厂通过实施二电 3# 机组中压抽汽管道改造、一电 C6 机组重新启动等 4 项厂内摘牌攻关项目，每月创利 200 多万元。二是降本增效。对全厂节水节电进行全方位管理，通过重点管控水封、集水池、射水箱溢流、风机冷却水、集水池排污，有效地控制了工业水消耗，全年工业水节约近 100 万吨，创效益 120 万元。在节电方面，主要加大了对给水泵、循环泵、风机等大型用电设备的管控，要求停炉 30 分钟内立即停风机，这样做使锅炉自然降温，不仅保护了热力设备，还节约电能。对给水泵、循环泵等设备，要求必须根据需要及时调整运行台数，根据循环水温度调整冷却塔风机数量，使厂用电率逐年减少。三是节支提效。通过大力开展修旧利废活动、实施进口备件国产化、加大检验频次、科学投放水处理化学药剂等措施，全年主要大宗物料消耗比计划节支 200 万元。通过实施三大增利措施，经济运行质量不断优化，利润指标完成情况大幅改善，盈利能力持续增强。

【生产组织】 克服设备陈旧老化、发电效率低下等不利因素，紧紧抓住外部煤气资源较为充足有利时机，通过优化内部运行方式，保证煤气发电效益最大化。根据炉机特点及时合理调整运行方式，优化资源配置，在满足外部生产单位用汽需求的前提下，通过采取积极掺烧混合煤气多发电、保证烧结余热机组稳定运行多发电、充分利用干熄焦余热回收多发电、实现五电安全保供多发电、降低检修影响多发电、大力开展发电量竞赛活动多发电等措施，强化标准化操作和管理，在保证对大高炉、焦化、烧结、三冷轧生产零影响的同时，实现了发电产量的极大攀升。尤其通过实施增发电创效益摘牌项目，全厂上下精心调整，充分发挥三电高效率机组发电优势，上半年实现发电 7.5 亿千瓦时，创历史同期新高。9 月份以后，突如其来的限产限电令，给全厂生产节奏带来冲击，高炉运行模式改为"2+2"，为了实现低产期多发电，让三电开足马力全负荷运行，以充分发挥其高参数、高效率的特点来多发电。让二电作为煤气调节用户来平衡管网，让一电作为供汽调节单元来保证外网的蒸汽需求，通过一系列的科学调整，真正做到了低产期产量不低，为圆满完成全年生产任务指标打下坚实基础。

【安全管理】　深入开展春季安全生产大检查、安全生产隐患"清零"安全生产集中整治、冬春火灾防控专项整治及春节前安全检查工作等专项检查和安全培训工作，将安全生产日常管理融入到疫情防控之中，做到生产与防控两不误。严格执行《集团公司二十条禁令》和《发电厂安全管理七条禁令》将反"三违"工作贯穿全年，加大对作业现场违章作业排查整治力度，提高标准化作业水平，实行常态化管理。制定并下发了《北营发电厂 2021 年全国防灾减灾日实施方案》，组织开展作业区级演练 5 次。8 月份根据《本钢集团有限公司现场应急处置管理规定》(本钢发安字〔2021〕63 号)制定并下发《北营发电厂现场应急处置管理规定》，结合实际情况，组织各单位完成较大危险源现场应急处置方案 25 项编制工作。同时，针对拉闸限电组织各单位认真开展应急培训和现场应急处置演练。有针对性地开展煤气安全、电气安全、特种设备、人员密集场所、消防重点部位等专项检查；加大动火作业、煤气作

业、有限空间作业、高空作业、大型吊装等高风险作业审批制度落实情况的检查，规范危险作业管理。其中春季安全生产检查发现隐患问题 132 项，完成整改 131 项；春节、五一等节前专项检查发现隐患问题 158 项，完成整改 157 项；厂内安全生产大检查发现隐患问题 149 项，完成整改 146 项；"清零行动"检查发现隐患 80 项，完成整改 79 项；防火检查和危化品检查共 76 项，全部完成。进入 9 月份以来，在鞍钢集团安全文化指引下，移植鞍钢安全管理成型经验，制定《本北营发电厂反违章管理规定》，实施赋分制考核，推动安全管理工作迈上新台阶。

【设备管理】　不断夯实设备管理基础，对设备管理制度进行全面梳理、修订和完善，使设备系统各项管理工作做到了有章可循、有法可依。按照本钢集团公司统一部署，结合实际情况，开展点检人员到板材发电厂、板材冷轧厂、板材热轧厂交流培训和学习工作，积极组织设备管理人员参加点检定修制理论培训工作，组织 60 人次参加谭洪柱副总师讲课，组织 30 人次参加公司组织的为期一周的点检培训，9 月份又由设备管理室主任结合点检管理现状，对点检员开展了集中培训，重点阐述设备管理理念，理清思路、明确职责，从而使点检人员对工作状态、能力、管理理念有了深刻的认识，更加正确地定位自身，为强化岗位点巡检，充分巩固设备管理第一防线起到了重要作用。实施联合检修深度融合，合理安排发电主体设备检修，年初在煤气不足的情况下安排了三电 50MW 机组跨年检修及二电 3# 炉大修工作。9 月份利用 1# 大高炉联检 8 天契机，完成了三电全停产检修工作，消灭了公共系统的设备缺陷。11 月份完成了四电 2# 干熄焦余热锅炉年修任务，使之提前 7 天

投入生产使用，为创高产提供有利条件。同时每季度将主体设备定修与高炉检修结合在一起实现了联合检修，有效地减少了重复停产、减产，在保证设备系统稳定运行的同时，将检修对产量的影响压缩到最低。

【环保管理】　受前端工序影响，燃料中的SO_2和颗粒物时常超标，尤其是高炉启动期间，烟气在线监测数据频繁报警。面对这种情况，要求作业区加强烟气在线的监控，及时调整过剩空气系数，降低折算后的数值，必要时减负荷也要控制烟气排放达标；及时与上级部门沟通，查找燃料中的污染物来源，从源头上实施控制，保证了烟气在线的达标排放。同时，不断完善危废物资管理制度，将危废物处理纳入制度化管理轨道。强化危废物资现场管控，增设影像监控设备，达到全厂物资库房有效覆盖和环保部门检查要求，全年共外排废树脂80.12吨、废机油7.55吨。

【党群工作】　北营发电厂党委按照本钢集团党委的各项工作部署，认真学习贯彻党的十九大和十九届历次全会精神，深入落实全面从严治党主体责任和监督责任，紧密围绕发电厂生产经营工作实际开展各项党建工作，使企业党建工作充满生机和活力。一是深入贯彻落实《在本钢集团全体党员中开展党史学习教育工作方案》要求，把学习党史同对照现实、推动生产经营工作结合起来，以工作成效检验学习成效，助推企业高质量发展。二是深入落实意识形态责任制，通过开展思想动态调研和每月各支部上报的职工思想动态报告等形式，了解掌握党员干部、职工群众所思所想，以行之有效的形势教育和舆情引导凝聚力量，提升整体战斗力和向心力。三是加强干部管理和考核，推动作风建设。按照《北营发电厂中层领导干部考评方案》《发电厂党建责任制考核方案》，督导中层干部各项工作和各支部党建工作的落实情况，并将督导结果纳入到考核之中。教育引导党员干部职工绷紧纪律之弦，不触红线、不越底线。严格执行"党员领导干部与直接下级每半年至少一次、与下级的下级每年至少一次并主动接受约谈"的谈心谈话制度要求，开展了端午节、建党节等节前廉政谈话，提升全部党员干部防腐能力。并紧盯关键人、关键事、关键岗开展专项监督，从苗头性、倾向性问题抓起，持续保持高压态势，形成"不敢腐"的强烈威慑。四是发挥工会组织服务职工的桥梁纽带作用，贯彻落实上级工会"安康杯"竞赛活动相关要求，充分调动广大职工参与安全生产的积极性和主动性，防范遏制各类安全生产事故的发生。开展"送清凉"活动，为高温、露天等艰苦岗位职工送去7000余元的电器和2800多斤西瓜；开展联合检查以及重点工程建设慰问，为参加联检人员发放了170箱牛奶；开展3个工种的技能竞赛，参与职工达190余人，获奖职工17人，参加市级技能大赛1人（卢永福），获得了第五名；关心关爱职工生活，持续开展困难职工帮扶、职工福利发放、职工健康疗养和各项文体活动，不断提升职工的获得感、幸福感和满意度。五是坚持"党建带团建"原则，紧盯"服务企业、服务青年"工作主线，开展"发挥聪明才智，尽情展现人生价值，请党放心，强国有我"主题团课和"请党放心、强国有我"主题党日活动，带领全厂团员青年开展党史学习教育工作，充分激发青年职工干事创业的工作热情；多方位关心关爱外地大学生，以撰写季度思想动态报告的形式聆听新入职大学生的心声，定期组织座谈会，及时了解大学生工作、学习及生活状况,掌握大学生的思想动态和真正需要,切实解决青年职工的实际困难;做好"为青年办实事"活动,在技能大赛活动中专门为新入职大学生设置了技能新秀奖,重点培养有志有为青年职工;稳步推进志愿服务工作,各支部定期开展主题团日活动,组织团员青年参与到厂环境卫生整顿和修旧利废工作中,鼓励青年职工为社会做贡献。

【防疫工作】 落实防疫工作常态化,实施防治和整改相结合,职工工作生活环境不断改善。面对国际疫情不断反弹和国内局部风险管控升级的严峻形势,发电厂按照本钢集团公司统一部署,严格落实《本钢集团关于进一步做好疫情防控工作的安排意见》(30条)措施和相关工作要求,坚持专业化防控、流程化办理、全员化参与的工作原则,持续做好疫情排查、隔离、信息报备和健康接龙等联防联控工作。认真执行外出人员报备制度、隔离制度、分时错峰打餐制度、定时凭票洗浴制度、外来人员健康登记制度,实现对全厂职工全覆盖,实时动态监控,发现异常情况及时报告,保证了防疫抗疫工作常态化。同时,以疫情防控为切入点,发电厂持续开展"四室"清理和环境整治活动,对办公室、会议室、休息室、操作室以及公共区域实施大清理、大整顿,实现了物品定置化管理,极大改善工作环境和个人卫生条件,使厂区环境优美、生产现场整洁有序,目视管理效果大幅提升,抗疫工作更上一个台阶。

(韩立伟)

能源总厂

【概况】 本溪北营钢铁(集团)股份有限公司能源总厂(简称北营能源总厂)承担北营公司供电、变电、供水、污水处理、制氧、制氮、制氩、转供煤气、空压风、路灯、影像、电话等工作任务,是北营公司能源介质保供单位。2021年11月,本钢集团实施三项制度改革,北营能源总厂与北营发电厂合并组建为北营能源管控中心。下设5个管理室、1个临时工程项目部、12个作业区。在籍员工929人,其中管理岗43人、业务岗48人、技术岗25人、操作岗813人;硕士学历6人、本科学历67人;副高级职称2人、中级职称71人、初级职称159人;技师28人。党支部15个,党员328名。主要工艺设备有主变压器26台、高压柜1210面、高压线路杆塔143座、水泵135台、制氧机5套、气体存储器16座(总容量达7930立方米)、液体储槽13座(总容量9550立方米)、煤气柜4座、电除尘8座、煤气加压机29台、空压机23台、脱硫塔9座、脱萘塔6座、6KV架空线路17条、导线63根(总长约110910米)、电缆回路169个、电缆419条(总长357741米)。拥有固定资产总值29.575亿元,净值16.7亿元。

【主要经济技术指标】 2021年利润指标对比目标增利10405万元,增效幅度45.27%。液体销售实际完成24742.7吨,增效1466万元;发电量计划136000万千瓦时,实际完成138083万千瓦时,超2083万千瓦时;转炉煤气回收量计划107立/吨,实际完成105.58立/吨。

【降本增效】 通过优化生产系统调度指挥,强化各专业间联动配合,全流程、全工序降低生产成本。一是在各能源系统开展全工艺降成本工作,找准降耗工艺关键点,降本创效实现新突破。在本钢集团公司给定预算成本 77977 万元基础上，完成成本 69535 万元，降低成本额 8442 万元，降本幅度 10.82%。二是立足自身实际，多角度、全方位降低外购综合电价，实现供电系统经济运行。在能环部的领导下，通过直购电结算创效 1864 万元；通过及时调整无功补偿设备运行方式，力率电费获奖 372 万元；通过电网运行方式管控，降低基本电费占比，减少基本电费支出 1336 万元。三是加强操作、细化管控、增加液体销售。在保证各气体产品稳定供应的同时保证充足的可汽化量，在节电的前提下，最大程度上提高空分机组液体产量，日常做好储槽液位的管理，通过进行液体产量攻关、积极开展液体销售工作，全年实现液体销售 24742.7 吨，创收 2410.32 万元。

【生产组织】 围绕北营高炉"2+3"到"2+1"生产模式，实时关注铁钢产量，捕捉制氧机运行方式调整的最佳时间，通过停两万机组氧透、一万二氮透到五万机组半负荷运行、六千机组运行三台氮透压缩三万五氮气，优化了制氧机经济运行方式，较好地完成综合气体电单耗及氧气放散率等各项生产指标。强化煤气使用平衡，将剩余高炉煤气均用于发电锅炉使用。加大焦炉煤气调节力度，积极采用过程净化来维持发电机组生产，降低了焦炉煤气放散率。9 月 28 日完成对转炉煤气外供接点改造，彻底解决管网阻力大的问题，有效提高了转炉煤气回收率。合理调整运行方式，以全量回用中水并稳定观音阁水源水量为主，11 号井区域水源调控平衡水量为辅，从而减少频繁调整给水平衡带来的波动及耗能现象。同时，制定出切实可行的保三冷轧、保大高炉用能措施及生产应急处置方案，并定期开展应急保供预案的演练，提高调度、生产岗位人员的应急处置能力。

【安全管理】 北营能源总厂将"三管三必须""五清五杜绝"贯穿于安全日常管理全过程，并依据新《安全生产法》对安全生产责任制进行修订，完善各项安全规章制度。开展"实操微视频"竞赛和各项事故应急处置方案演练，全面提升了职工安全素质。组织作业区、班组开展安全风险辨识和隐患排查双重预防建设，辨识安全风险 748 项，现场设立了四色图图版、安全告知板。组织厂内注册安全工程师、注册消防工程师、专业技术人员成立安全专家组，每月对职工进行违章作业检查，对重大危险源、重点区域部位、检维修作业、工程项目等安全、消防隐患排查，共查出违章 288 项，考核 28638 元，排查各类安全隐患 1015 项，并全部实现整改。持续开展安全整治三年行动，建立了领导干部上讲台、相关方安全准入、联合检查等相关机制，解决了特种设备使用证不全、煤气管线腐蚀等问题。

【设备管理】 一是开展设备专业化管理工作，成立高压电气、低压电气、自动化、机械、介质五个设备专业化管理小组，先后开展了高压电机、直流屏、UPS、起重设备的专业化管理，对"易发故障"的设施实施重点管控。二是以保产保供为天职，按照"逢修必改，逢改必升级"要求，做好设备检修及升级改造工作。围绕新 1#、2# 高炉以及小高炉开展设备联检 12 次，执行检修 742 项，检修中处理隐患 196 项，极大地避免了设备事故故障发生。完成 4 大制氧机组、电气系统、煤气设施、介质管道等检修 657 项。对全厂特种设备安全隐患进行整改，已完成 101 项，完成 95%，余下 6 项随设备停产检修陆续进行，促进了特种设备整体管理水平提升。完成电缆冷缩头改造 547 套、电缆更换 3900 米、5# 变综保改造、二焦高压柜改造等电气项目；更换污水截污管道 430 米、水管道 4570 米等，消除各类较大设备设施隐患。三是全面推进点检制，提升点检人员业务水平。完善点检和隐患管理体系，形成体系管理，对点检出的问题实行分级管控和跟踪整改，形成预防、整改的双重闭环管理，2021 年隐患排查合计 367 项，全部整改完成。积极组织开展精密点检工作，利用"超声波测厚仪""红外热像仪""电池测量仪"等开展 198 项精密点检，发现 10 余项较大问题，及时得到彻底解决。四是强化点检员专业培训，全年进行专业化培训和取证考试 37 人，全部具备专业点检资格。五是提升优化降库存工作。夯实基础数据，明确管理室和作业区的职责分工，形成物料人员对照表，明确管理责任人，负责库存物料的利用和备件技术状态的确认；科学设定本单位库存季度和年度利用指标，削减备件计划指标，减少采购资金支出；组织作业区根据产线、设备联检定修时间，合理消耗老库存。2021 年全年利库 514 万元，完成利库指标的 162%，超额完成利库。

【技改工程】 全面铺开技改工程建设工作。一是中水深度处理回用安装工程，除盐系统于 3 月份投入生产运行，达标外排系统于 5 月份养菌调试完成，实现外排水质达标。二是投资总额 3.8 亿元的新 3.5 万立制氧机工程土建施工于 2021 年年底收尾，其中 13500 米氧气、氮气外线施工已完成。设备安装和调试工作 24 小时全力推进。截至 12 月底，调试出产的氧气、氮气产品纯度已合格，氧气、氮气已实现并网输送。三是三区 8 万立电除尘及增加回配风机改造工程通过不断优化调整施工方案，在保证炼钢生产前提下，将不可能平衡的 4#、5# 白灰窑停产 60 小时分解成三次施工过渡，解决了生产与工程施工的矛盾，做到对炼钢生产零影响。目前，两台电除尘器已安装完成并顺利投入生产使用。

【环保管理】 加大对各废水排放用户的监控，在全厂各污水排放点和污水处理厂进出口设置在线监测设备，对污水各项数据进行 24 小时监控，第一时间反应并妥善处置异常情况。同时，利用年初细河枯水期间，组织重新砌筑新污水观察井、铺设部分新管道 430 米，更换破损管道及修正污水回收管道路径，有效解决漏水点及淤堵问题，增加了污水回收量。重新完善危废存储管理制度，对污水处理、危废存储、在线监测设备重点管控，有效保证了环保设施稳定运行，水质达标排放，顺利通过了国家环保部门的现场检查。

【综合管理】 一是疫情防控常态化工作全面落实。全厂上下认真执行本钢 30 条疫情防控要求，通过接龙报平安、测温、验码、非必要不离市、全员接种新冠疫苗等措施，有力构筑新冠病毒的免疫屏障。二是重新梳理完善工作制度，共计制定修订下发各项制度 243 项，并充分利用早调会、班前会等各种会议开展宣贯，有力促进厂各项工作的程序化与规范化。三是优化绩效考核，健全薪酬体系，完善人资信息。修订完善《北营能源总厂 2021 年专业管理考核办法》，制定《北营能源总厂 2021 年绩效考核管理办法》，更好地实现了科学、动态的管理，激发员工潜能和工作热情。专项清理整顿人资信息系统数据，并按照本钢集团规划"岗位状态对照表"对应关系变换为"鞍钢 HR 系统的名称"，共计完成了机构、岗位等 4300 多条信息，内部异动申请作业完成 845 名操作岗异动的线上申请，为本钢集团完成鞍钢 HR 系统正式上线奠定了良好的基础。四是开展职工培训，提升业务素质。认真组织开展厂内培训班 34 期，培训学员 1120 人次，培训成绩全部达标。五是细化降本增效项目管理方案，实施阶梯型激励机制，鼓励引导基层作业区、班组摘牌创效，全年共申报 20 项方案的立项、评审，目前已经实施完成 6 项成果，共计审核通过的创效为 310 余万元，已兑现摘牌团队奖励 18240 元。六是鼓励广大职工广泛参与提报合理化建议活动。2021 年共计收集、整理评审合理化建议 264 项，采纳达 224 项。

【党群工作】 北营能源总厂党委围绕生产经营工作中心持续抓好党建工作。一是强化理论学习，持续抓好思想引领和党员教育。严格执行党委理论学习中心组学习制度、第一议题制度，以专题党课、廉政党课和开展党史学习教育专题读书班等方式，提高政治理论素养。扎实开展党史学习教育活动，充分利用党史书刊、"学习强国"、微信群、《党史百年天天读》等学习平台及早例会后 20 分钟时间，组织厂班子成员以及各中层干部观看党史视频"党史故事 100 讲"，深刻铭记中国共产党百年奋斗的光辉历程。在"七一"党的生日期间，组织全体党员开展了"参观红色教育基地，传承红色精神"主题党日活动。通过开展"我为群众办实事"实践活动，共完成为职工群众办实事 148 项，得到了职工的认可。通过开展"对标先进补短板、对话功勋促提升"主题活动，3 项对标先进、对话功勋项目已全部达成攻关目标，

实现了经济效益的大幅度提升。二是强化基础工作，不断提高基层党建质量。2021 年，共新发展党员 28 名，预备党员转正 14 名，全面消除了党员空白班组。各支部严格落实"三会一课"制度，通过支部评估定级工作，进一步规范和推动了支部建设。三是加强党风廉政建设，切实推进全面从严治党工作。组织党员干部及重点岗位人员签订廉洁自律承诺书 193 份、党风廉政建设目标责任书 323 份，实现所有党员、干部全覆盖。针对 13 名有子女升学的党员干部和元旦、春节等重要节日，及时提醒谈话，强化廉政警示教育，坚决防止"四风"反弹。通过"整、严、树"、"靠钢吃钢"专项整治、"打击违规决策专项行动"等工作的开展，进一步推动了中层干部增强履职尽责意识。四是强化舆论宣传，树立良好形象。刊发《能源之声》内刊 12 期，积极在《本钢日报》等新闻媒体发表文章及短视频，外树形象、内强素质，为能源总厂营造了良好的生产经营环境，牢牢把握意识形态的主动权。五是扎实开展群团工作，不断提升企业凝聚力。组织参加本钢工会开展的"辉煌百年征程、建功百年基业"庆祝中国共产党成立 100 周年系列文体活动，丰富了职工文化生活，提振了能源总厂工作士气。团委以"青"力奉献、"春"暖能源为主题，学习雷锋事迹，开展公共区域环境整治，参加"本钢青年大学生运动会"，开展"青春筑梦、不负韶华"大学生座谈会，组织青年团员到抗联教育基地开展"学党史、强信念、跟党走"主题团日活动等，展现了新时代能源总厂青年团员的责任和担当。其中煤气救站"青安岗"荣获了"全国优秀安全监督岗"称号。

（韩立伟）

栏目编辑　　全英实

本溪钢铁（集团）矿业有限责任公司

【概况】 本溪钢铁（集团）矿业有限责任公司（以下简称本钢矿业公司）是本钢集团的全资子公司，组建于1995年12月28日。因集团公司调整组织机构设置，于2020年5月进行机关整合；鞍钢本钢重组后，于2021年11月10日重新组建。截至2021年底，在籍职工8888人，其中博士学历1人、硕士学历55人、本科学历965人，正高级职称3人、副高级职称119人、中级职称624人、高级技师35人、技师686人、高级工4661人、中级工1033人。本钢矿业公司分布在本溪市、辽阳市两个地区，公司下属9家基层单位，分别为南芬露天铁矿、歪头山铁矿、南芬选矿厂、石灰石矿、贾家堡铁矿、北台铁矿、辽阳球团厂、炸药厂、储运中心，8个机关部门。本钢矿业公司管理设备12749台（套），其中主体设备352台（套）、进口主体设备62台（套）。拥有固定资产原值106.98亿元，净值48亿元。

【主营指标】 1. 主要产品产量：铁精矿完成819万吨；生石灰完成136万吨，同比增产4万吨；球团矿216万吨，超产11万吨。2. 主要经营指标（管理口径）：营业收入111.8亿元，全年实现降低变动成本7371万元，实现经营利润26.19亿元，营业利润率23.43%，资产负债率60.74%，主业实物劳动生产率925吨/人；"两金"占用2.85亿元，全年经营性现金净流量13.69亿元。3. 主要产品质量：南芬选矿厂铁精矿品位67.39%，稳定率完成92.08%；歪头山矿铁精矿品位68.31%，稳定率完成85.35%；贾家堡铁矿铁精矿品位63.10%，稳定率完成91.13%；马耳岭球团矿合格率90.29%；石灰石矿活性灰CaO含量90.25%，粉灰稳定率97.89%；北台铁矿粉灰稳定率96.20%。

【生产管理】 强化生产组织，克服露天矿特大滑体、歪矿扩帮滞后、贾矿露采末期等诸多问题，深入挖掘内部潜力，全面落实保产措施。其中：露天矿实现采剥总量8366万吨，完成计划的107.5%；歪矿实现采剥总量3242万吨，全年完成铁精矿254.4万吨，超计划5.4万吨。选矿全年完成精矿量445万吨。贾矿全年完成铁精矿111.1万吨，同时开展技术创新，进行轧制钢球替代铸球试验，单耗降低22%，运行成本降低1.3%。北台铁矿按照集团公司要求，积极恢复二选生产，全年完成铁精矿8.34万吨。石矿及球团厂强化日常生产操作及设备管理，确保生产稳定顺行，实现保供"零影响"。设备修造厂、汽运分公司、炸药厂等单位紧紧围绕矿山生产，全面完成各项工作任务。

【安全管理】 深入开展安全专项整改，吸取歪矿"11·23"事故教训，以"风暴行动"为抓手，制定整改要求，进一步堵塞管理漏洞；深入评估作业方式277条，完善三大规程525部，修改安全标准化作业卡1110个；完善医疗救护体系，补充应急救护装备和药品，覆盖所有班组，5510人参与现场应急救护专题培训及演练。层层压实各级安全管理责任，各级领导干部实施包保履职，坚持"四不两直"的方式深入基层检查；按照"三管三必须"原则，完善岗位安全责任清单和岗位安全履职清单，开展安全整改"回头看"，促进各级安全管理人员主动履职作为。

与鞍钢矿业和齐大山铁矿开展安全专项对标工作，明确"一心一意学鞍钢"的安全管理思路，制定整改措施。

【设备管理】 承接本钢集团的授权体系完成矿山设备系统制度建设，加强设备基础管理，精准点检，准确掌握设备技术状态；球磨机作业率完成93.24%；对露天矿200吨级矿用汽车、20立、10立电铲、250孔径钻机、歪矿100、60吨级矿用汽车、4立电铲及石矿回转窑、竖窑进行了大修，对辽阳球团厂进行了系统年修；开展梳理带式输送机现状和现有运输带库存专项工作，合理制定运输带消耗规划；结合推进智慧矿山的建设要求，组织厂矿结合各自实际做实方案。

【重点工程】 全年计划投资13.8亿元，其中技改23项，投资9.6亿元，完成2.9亿，完成率30.2%；专项215项，投资4.2亿元，完成131项，完成率60.9%。未放行14项，投资68.1亿元；超低排6项，投资1.5亿元。全年矿业技改及专项工程共计219项，完成191项，完成率87.2%。重点工程歪头山铁矿低品位矿及废石辊磨干选资源综合利用工程和歪矿花岭沟地下开采工程完成安全设施设计批复；歪矿高压辊磨工程进入试生产阶段；选矿厂的精矿管输项目取得了工程规划许可、河道建设方案批复，正式列入鞍钢集团第一批快赢项目并提前放行；大型化改造项目整体方案已经明确，取得了立项备案手续，两个项目进入实施阶段。

【能源环保】 强化环保管理，做好迎接省级环保督察的各项准备工作，以关键部位为着力点，顺利通过各项检查。

【财务管理】 全面贯彻鞍本整合财务管理新发展理念，多维度提升财务管理水平。开展全面预算管理，强化日清日结成本管控，制定并落实降本增效措施，2021年变动成本降低7371万元；强化资金管理、资金预算执行分析；加大外部债权管理和考核、内部债权债务对账、"两金占用"管理，建立常态化工作机制；依法合规纳税，确保税收优惠政策应享尽享，2021年度通过合法利用税收政策享受政策红利约1670万元；夯实会计核算基础工作，2021年首次纳入鞍钢财务决算，切实履行财务决算主体责任，落实财务决算安排、财务报告编制、报告审核、财务分析及年终决算审计等各项工作，确保真实、准确、完整、及时地反映矿业公司财务状况、经营成果和现金流量等财务信息，稳步推进财务各项管理工作。

【资源规划】 完成"鞍本重组"矿产资源评估工作。配合鞍钢矿业完成《铁矿资源开发利用规划》。完成2022年度12.8亿元投资预算编制工作。

【后备矿山开发】 取得南芬露天矿、歪头山铁矿、贾家堡铁矿扩界及花岭沟地采4个采矿证，共增加可采矿量3.2亿吨，为矿山后续发展打下良好基础，其中花岭沟铁矿取得了项目核准、安全设施设计批复等核心要件，具备复工条件；徐家堡子铁矿完成采矿可研，按时间节点推进。

【制度规范】 全面承接上级管理制度，完成《本钢矿业公司章程》及党委会、董事会、经理办公会议事规则等制度的制定以及报送审查工作，实现矿业公司制度化、合规化的独立规范运行条件；下发《矿业公司深化市场化改革网格化管理实施方案》，根据方案要求，逐级设置矿业公司网格化包保管理体系。

【深化改革】 全面落实"1+2+N"系列改革方案，按照精简高效、层级压缩的原则，完成机关部门和直属机构的设立；通过选聘和竞聘相结合的方式选贤任能，让素质高、能力强、业务好的人员走上领导岗位；完成设备修造厂和汽运分公司撤销拆分工作，将人员、资产划拨至矿业公司所属厂矿，承接北台铁矿、储运中心和质检、计量工作。建立完善绩效考核体系，在经营者绩效方面，推行"两制一契"的考核模式，以差异化、个性化的方式分解，积极构建形成"双跑赢""三区间"的赛跑机制；在组织绩效方面，坚持以效益为中心，结合三项制度改革工作要求，落实"说到做到，干到给到"的刚性考核原则，为实现增产降本、提质增效奠定基础；在专业管理考核方面，与集团公司的思路方向保持一致，建立形成新标准考核管理体系。

【党群工作】 现有基层党委 8 个、党委筹建组 1 个、直属党总支 1 个、党支部 132 个，党员 3498 人。2021 年，公司党委筹建组深入学习贯彻习近平新时代中国特色社会主义思想，认真开展党史学习教育，传达学习贯彻党的十九届六中全会精神，将学习成果转化为强劲的工作动力，助推企业发展。召开本钢矿业公司第四届第一次工会会员代表大会和第四届第一次职代会，选举产生了两委委员、工会主席、职工董事等，完成工会换届选举，进一步提升各级组织履职能力。强化纪委监督职能，承接鞍钢纪委、本钢纪委各项规章、制度，完成各基层单位纪委筹建

组的组建工作，制定矿业公司职工罚则，切实发挥纪检监察作用。群团组织作用突出。积极做好信访维稳、武装保卫、工会、共青团、科协等工作，确保企业和谐稳定发展。

【防疫工作】 做好常态化疫情防控工作。健全各级疫情防控体系，明确职责，严格执行疫情防控管理制度，确保疫情防控始终处于高压管控状态，实现疫情防控和生产经营两不误。

（陈丽晶）

南芬露天铁矿

【概况】 本溪钢铁（集团）矿业有限责任公司南芬露天铁矿（简称露天矿）隶属于本钢（集团）矿业有限责任公司，是本钢重要的铁矿石产出基地之一。截至 2021 年底，露天矿在籍职工总数 1626 人，其中管理岗位 56 人、业务岗位 53 人、技术岗位 64 人、生产操作岗位 1453 人。下设 8 个职能室，13 个作业区。党委下设 25 个党（总）支部、71 个党小组，党员 614 人。主要设备有 WK-10B 电铲 7 台、295B 电铲 3 台、WK-20 电铲 2 台、9350E 液压电铲 1 台、YZ55 钻机 6 台、YZ35 钻机 3 台、KY310 钻机 2 台、KY250 钻机 1 台、PV351 钻机 1 台、MT3700 电动轮汽车 17 台、MT3600B 电动轮汽车 6 台、MT4400AC 电动轮汽车 4 台、789C 矿用汽车 9 台、TR100 矿用汽车 2 台、倒装站系统 1 套、岩石站系统 1 套、矿石站系统 1 套。固定资产原值 30.62 亿元，净值 10.05 亿元。全年生产矿石 1104 万吨，回收矿石 192 万吨，满足选矿厂生产需求；剥岩 7262 万吨，超产 630 万吨。变动总成本降低 1890 万元。

【降本增效】 树立市场化思维，围绕经济效益最大化纵深推进"日清日结"和降本措施落实等工作，实现柴油、轮胎降成本1010万元；动力电降成本120万元；炸药单耗降成本220万元。坚持成本三级核算，实行管理室和作业区双重考核，将预算分解到单位、班组、机台，并指导作业区细化考核，实现对点管控，精细化考核。深入开展对标挖潜，完成与齐大山铁矿的对标，工序单位成本、设备效率等指标均好于对方；开展行业横向对标，完成部分油品的整合替代等挖潜工作，轮胎、动力电等指标达到行业平均水平。

【生产组织】 坚持矿石保供，科学制定矿石保产方案。通过调整出矿部位、加大下扩南部开采强度、组织开采采场中部高品位矿石等措施，保证矿石质量和产量，实现矿石品位超计划1.83%，合格率超计划0.2%，贫化率比计划降低1.39%，满足选矿厂生产需求。加强沟通协作，与选矿厂联产合作，创造利润30.66亿元。优化设计扩容土场，制定4号土场大规模排土方案，优化运输线路，缓解土场空间不足压力。强化推采释放

作业空间，加快北山推采，实现与主采场连片，释放矿石平盘作业空间；组织北山外扩及上扩南部推采，为新建矿石站、岩石站开拓空间；形成通往190水平路堑，为南部矿石推采创造条件。

【安全管理】 完善制度和体系建设，按照《鞍钢重组本钢管理整合实施方案》承接鞍钢管理制度，修订完成全员《安全生产责任制》等45项安全管理制度；全面推广"两清单一日志"电子履职模式，编撰履职清单654条，填写隐患检查日志1888条；深入贯彻新《安全生产法》等内容，按"三管三必须"要求不断提升全员法治意识和管理人员履职能力；组建全市唯一一家矿山蓝天救护队，开展应急救援培训和防疫救护活动45场次，培训1800余人次。保证安全重点项目投入，新增1235块安全行车警示牌、补充1500根警示杆、配置太阳能照明灯12套，共计投入费用100余万元；投入防暑降温费用65万元，同时，为职工购买防暑降温药品150包，担架30副、医疗急救箱120套。开展安全专项工作，推进安全生产专项整治三年

露天矿采场生产实况（蒋忠敏 摄）

行动，完成工作任务65项，隐患全部实现"清零"；深刻领会习近平总书记关于安全生产重要论述，组织全矿职工集体观看《生命重于泰山》专题片，撰写论文28篇；开展全国第二十个安全生产月活动，举办大型专题活动12项。加大危险源管控力度，委托武汉所在708进行钻探取样工作；在610、574修筑拦水坝，保证边坡安全稳定。加强相关方管理，严格履行开工许可制度；坚持每日对80余名相关方生产服务车辆司机轮流进行"体感式"安全教育。全年安全生产实现"四为零"，千人负伤率为"零"。

【设备管理】 引进生产及辅助设备11台，其中YZ55型钻机2台、320马力推土机2台、随车吊等工程车辆7台，合计金额1388.51万元。超额完成各项任务指标，主体设备可开动率较计划提高4.1%，故障率比计划降低2.61‰。全年上交废钢铁3185.96吨，超出计划任务2185.96吨。推进精密点检，深化点检员产线承包等管理模式；将管道壁厚等项目纳入点检内容；开展钻机电气远程监控系统智能化改造等工作，保证了设备运行状态良好。强化检修工程管理，完成工程21项，施工费总计1702.4万元。提高备件管理水平，严格执行备件计划，计划合同签订率达到100%，备件到货率达106%；完成295B电铲直流切换柜等备件的国产化替代改造。科学管控能源，加强用电管理，峰谷比完成0.82；组织大车柴油经济配比工作，获经济效益约500万元。

【重点工程】 按时间节点完成重点工程项目，完成乡村公路迁移工程，与南芬区政府办理了移交手续；代家店工业场地竣工，已投入使用；采场排水工程按期完成，实现汛期生产稳定顺行；382岩石站正进行拆除工作；新建4条矿石回收产线，已投入使用。积极推进矿产资源开发，完成徐家堡子铁矿地下开采可研编制工作，通过内部和外部专家评审，正在推进安全评估和选矿可研编制工作；完成采场深部勘探的全部外业工作。

【环保工作】 深化环境治理，加强洒水喷淋设备、设施管理，保证除尘效果；加大采场防尘设备考核，提高防尘洒水质量；强化监督检查，实现危废管理规范化。持续更新设备，取缔5台燃煤锅炉，减少大气污染，实现环保指标达标。推进矿区绿化、净化工作，完成复垦面积150亩，栽植乔木172棵、草花6200盆；修剪草坪4万平方米；保洁路面7.1万平方米；清运垃圾1800余吨，维护和改善了职工、居民的工作生活环境。

【企业管理】 深化改革创新，释放发展新活力，在矿业公司指导下，完成安全、成本等各系统与鞍钢管理体系的初步对接。按照集团公司"1+2+N"改革系列工作的要求，开展政策宣传解读等舆论引导工作，统一改革发展新思想；深入贯彻管理人员"契约化"、从业人员"精干化"、激励管理"价值化"等新理念，提高职工思想认识。妥善安置设备修造厂、汽运分公司拆解后人员，充分激发和释放矿山发展新活力。

【党群工作】 以党史学习教育为契机，全面贯彻落实党的十九届六中全会精神，深入学习习近平新时代中国特色社会主义思想、习近平总书记在庆祝中国共产党成立100周年大会上的重要讲话等内容，以先进思想为指导，扎实推进矿山党建工作。落实党委党风廉政建设主体责任，制定并印发《2021年南芬露天铁矿党委落实全面从严治党、党风廉政建设主体责任工作方案》，实行领导区域承包、单位分管负责；坚持任务考核和责任追究机制，逐级签订《党风廉政建设责任书》和《党风廉政建设承诺书》。发挥党群组织作用，助力生产经营，深化党内"八比八争做"建功立业活动，创造价值900余万元，结安全互保对子335个。指导群团组织开展促生产活动，工会承办了辽宁省职工技能大赛暨重型汽车司机实操比赛，取得了包揽前四名的优异成绩；开展"黄金季节创高产"劳动生产竞赛等竞比活动；共青团开展"争当岗位能手"等活动；科协围绕效益中心，深化了"讲比"内容，共同推进降本增效，助力生产经营。坚持关心关爱职工，开展重大节日福利发放、职工医疗互助保险续保等福利普惠工作；组织冬季送温暖、夏季送清凉等特色活动；开展帮贫扶困，自主帮扶困难党员42人（次），救助困难职工35人（次）。创建矿山精神文明，依托本钢日报、微信公众号等平台，深入开展宣教工作，在上级媒体发表稿件90余篇、视频80个，"铁山之歌"微信公众号推送微文17篇；自主创作大型MV音乐作品《脊梁》、拍摄专题片《党旗飘扬》；积极参加集团"双钢"职工全能比赛等文体活动，取得良好成绩；组织开展劳模徒步走等活动，引领积极向上的正能量。

【防疫工作】 结合实际开展疫情防控工作，严格执行本钢防疫三十条；制定"露天矿防疫办公室检查须知"等制度，系统推进疫情防控；制定并落实疫情防控应急演练方案，开展矿级演练3次，作业区演练8次；贯彻日常消毒、微信接龙等具体疫情防控工作；组织全员接种疫苗，完成要求指标。及时购买、发放防疫物资，累计购买一次性医用口罩42500个、84消毒液126桶、喷壶160个、额温枪38把、防护服25套。 （陈 亮）

歪头山铁矿

【概况】 本溪钢铁（集团）矿业有限责任公司歪头山铁矿（简称歪头山铁矿）隶属于本溪钢铁（集团）矿业有限责任公司，下设生产技术室、设备管理室、安全管理室、计划工程室、综合办公室（退管室）、党群工作室、地质测量室、保卫室8个职能室；采矿作业区、运输作业区、选矿作业区、汽车作业区、马选作业区、爆破作业区、工程作业区、精尾作业区、水汽作业区、电讯作业区、棉花作业区、维修公司作业区、北山作业区、碎石作业区、建材作业区、矿石回收作业区16个作业区。6个党总支、13个直属党支部、36个非直属党支部，党员923人。截至2021年在籍职工2165人，其中管理人员71人、业务人员83人、技术人员86人、生产操作人员1925人，具有正高级职称1人、副高职称24人、中级职称163人、初级职称167人。固定资产原值22.47亿元、净值10.63亿元。主要设备有穿孔设备8台，其中YZ-35D型4台、ZY-35C型3台、KY250D型1台；铲装设备19台，其中4立方米、5立方米、10立方米电铲分别为14台、1台、1台，4立方米、10立方米液压铲分别为1台、2台；汽车运输设备30台，其中TR50型6台、TR60型8台、SRT55C型6台、SRT95型2台、TR100型8台；机车运输设备ZG150-1500型28台。全年铁精矿、采剥总量、矿石、岩石、土场回收矿石量均超额完成计划，各项产量指标均创历史新高，其中铁精矿全年完成 254.4 万吨，超产 5.4 万吨，连续 4 年实现大幅度超产；采场矿石完成 653.7 万吨，超设计产能 153.7 万吨；扩帮岩石完成 2148 万吨，超设计 798 万吨，近 4 年扩帮量完成 6815 万吨，扭转了扩帮欠产的被动局面，首次连帮出矿 90 万吨；土场回收矿石完成 249.9 万吨，超产 19.9 万吨，同比增产 21.6 万吨。2021 年集团公司对歪头山铁矿按照变动成本降低额和模拟市场利润两种方式考核。2021 年变动成本比计划多降低 1139 万元，其中定额辅料降成本 248.42 万元，定额能源降成本 516.74 万元。模拟市场利润完成 18.95 亿元，比计划多完成 8.2 亿元。

【降本增效】 以日清日结为主线，全面开展对标挖潜工作。层层分解落实降本任务，每日消耗数据信息可视化，增强成本紧迫意识，同时加大考核力度，真正使降本措施落到实处、取得实效。大力开展技术攻关，向技术要效益。通过工艺改造、采场排水回收利用等方式，铁精矿耗新水攻关降成本 206 万元；选矿开展自磨能力攻关实现工序耗电降成本 226 万元；采取柴油经济配比等方式，实现降成本 76 万元。大力开展废钢及废旧物资回收工作，降成本 875 万元。全年回收废钢 2219 吨，超计划 1469 吨，废旧物资回收 309 万元，超计划 209 万元。大力开展修旧利废工作，创效 1145 万元。完成铲斗、铲杆、主机构等备件自修 2966 件。

【生产组织】 以集团公司精矿需求为己任，以稳产、高产为目标，强化采掘管理和矿石开采，采掘计划执行率 95.5%，主采场完成 -40 ~ -52 米台阶掘沟工程，全年开段沟长度 650 米，增加开拓矿量 160 万吨；重点组织主采场上部台阶靠界工作，全年靠界 4 个台阶；加快扩帮进度，实施横向开采，南北两端各下降 4 个台阶，比设计提前两年半连帮出矿；在扩帮区与主采场南部利用爆破前冲形成 56 ~ 32 米联络通路，降低运距，实现主采场和扩帮区设备近距离调动。深挖土场潜力，自主设计马耳岭土场开发方案，新建 3 条矿石回收生产线，提高回收产能；严抓回收矿石质量，采取日巡查、周化验、月考核、质检员与监控相结合等措施，全年回收矿石品位 19.5%，同比提升 2%。强化工艺管理，合理配矿，实现磨机作业率 95% 以上；加强选矿工艺操作纪律监督检查，严格落实工艺技术参数分级管控方案，金属回收率完成 80.93%，比计划提高 0.11%。抓住尾矿库制约生产瓶颈，最大限度延长尾矿库使用时间。组织完成尾矿库池填法筑坝 80 万立方米、宽顶子坝施工 40 万立方米；投入 1018 人次，用时 52 天，自行设计施工新建马选干堆皮带 117 米；利用春秋两季大停车时间，组织完成主厂房改造及尾矿高浓度输送项目供水管路、尾矿管路生产过渡工作，组织 4 个作业区会战，历时 9 天完成 5 条共 1500 米工艺管路迁移，为尾矿库停止排尾前辊磨干选及配套工程顺利投产赢得了时间，避免了停产过渡。

【安全管理】 做"实"安全教育培训工作。以"落实安全责任，推动安全发展"为主题，全年组织消防安全、行车安全、爆破安全、特种作业人员、安全管理人员、反三违事故案例宣讲、安全生产法等培训 4728 人次，其中外请专家培训 785 人次。强化领导安全履职，结合新安法和鞍钢本钢重组的要求，按"三管三必须"的原则重新修订了全员安全生产责任制、编制了管理岗位安全履职清单，在全矿管理岗位人员中推行电子化安全履职。推进安全生产专项整治三年行动。以反"三违"为切入点，全面排查安全风险和事故隐患，开展2个专题和8个专项安全整治，对违章行为进行分类、分级，落实责任人和管控措施，全年检查"三违"行为共扣分1538分，考核13.8万元。投入安全专项资金853万元。修建140米大车降温池及5处生产道路避险区；修筑6处道口休息室钢轨防护栏；新增采场3430米公路照明，在主选、马选、104米临时倒装站等处安装塔灯16座；在5000米的崖边道路安装反光警示柱；新增及更换铁路防护网1150米。强化双重预防机制和安全标准化建设。通过考评验收，取得了小西沟尾矿库、主采场和选矿厂三个安全生产标准化二级企业证书。依法依规落实外委项目安全监管和建设项目"三同时"工作。针对辊磨干选、采场岩石运输、铁路维保等外委项目，严格执行安全准入制度，督促钢联办理了安全生产许可证，向辊磨干选工地派驻专职安全监督员，及时纠正违章作业，保证施工安全，完成花岭沟建设项目安全设施设计审查。

【设备管理】 严抓设备基础管理，结合设备技术状态及检修实际，修订完善"设备规程"、"四大标准"、检维修安全标准化作业卡共计369项。推行自主维保，节省检修时间，提高检修效率。尾矿在线检测系统、监控系统等4项原外委检修项目改为自修，有效提高了检修效率，同时培育了自有专业技术人员，增强了自有检修队伍技术能力，全年维保费用同比降低52万元。以"数字本钢、智造强企"为指引，矿山自动化建设取得新进步。自主完成4#、6#、马耳岭高压室无人值守改造，实现高压室远程信号传输、抄表、监控等功能，节约人员编制18名；自主完成电动机、变压器维修跟踪系统，全方位跟踪、记录，实现检修质量"可视化"管理。建立歪矿库存联储机制，全年实现利库801万元。

【重点工程】 歪头山低品位矿及废石辊磨干选资源综合利用主体工程于2月23日开工，12月16日重负荷试车调试；辊磨干选资源综合利用辅助配套项目完成主选尾矿输送系统改造工程建设，完成歪矿铁精矿提产新增尾矿处理工艺改造工程厂房基础建设，完成主选工艺改造工程设备招标和设计，完成辊磨干选干尾堆存工程可研设计。完成采场排水三期工程项目建设，并组织全矿人力物力对采场排水管路进行改造，新铺设管路1900多米，实现采场汇水用于选矿工艺、青山工程绿化及防尘，解决环保部门不允许采场积水外排问题。完成116米矿石破碎站下方104～56米台阶滑坡治理工程。100吨级汽车保养间工程项目竣工投产。与辽宁工程技术大学合作确立《歪头山矿区边坡滑体智能识别监控系统研究》《歪头山铁矿外排土场增高可行性与扩容方案研究》《歪头山尾矿库下复合膏体充填开采关键技术研究》三个科研项目。9月15日取得花岭沟和主采场深部扩界采矿证。

【环保工作】 2021年歪头山铁矿共缴纳环保税14.3万元；加强环保检查，严格控制粉尘污染，出动洒水车2700余台次、尾矿库铺设防尘网20万平方米、喷洒抑尘剂20吨；杜绝尾矿外溢，完成二、四泵站事故池、三水泵站透水坝及岱金峪河清淤2.1立方米；美化矿区环境，共计种植苗木11万余株，绿化面积10万余平方米；5月取得辽宁省

歪头山低品位矿及废石辊磨干选资源综合利用工程全貌（张家彬　摄）

自然资源厅颁发的《矿山地质环境治理恢复验收合格证》。顺利通过中央第二轮环保督察及省级环保督察"回头看"。

【人力资源管理】　优化人力资源配置，将电讯作业区牵引外线班与通讯电缆班进行合并，充分发挥检修人员集中作业优势。顺利完成年度技师层级等级评价工作，共计26人通过考核，取得技师等级资格；共计30对师徒完成校企合办新型学徒制3期学习任务，学员中28人取得高级工证书，2人取得中级工证书，较好地完成我矿技能人才队伍的建设，不断增强人才队伍的活力。全力推进退休人员社会化管理工作，累计移交退休人员档案共计100余卷。

【党群工作】　扎实开展党史学习教育。成立党史学习教育读书班，全年党委班子开展专题研讨5次，组织庆祝建党100周年文艺汇演，基层组织专题学习219次，参观红色教育基地活动45人次，组织观看红色电影300人次，展播党史故事6期，撰写心得体会60余篇，"两优一先"表彰先进基层党组织5个、优秀共产党员92人、党务工作者6人，为群众办实事21项。通过开展支部评估定级、支部记录检查通报、精品党课评选等活动，持续推进支部标准化、规范化建设。围绕生产经营，开展"乘风破浪，再建新功"主题实践活动，评选出30个党员示范岗，25名党员突击队先进个人，12个共产党员先锋工程项目先进个人和10个红旗党员责任区，在全矿党员中征集合理化建议65项。积极组织"当好主人翁、努力创高产"劳动竞赛活动。组织开展职工职业技能竞赛，承办本溪市级"磁选工"、本钢级"调车长"工种的职工技能大赛，获得了年度集团公司职业技能竞赛先进单位的荣誉称号。继续夯实创新工作室基础工作，围绕生产检修开展技术革新工作。以创建"五型"班组为目标，持续推进班组建设工作，全年共评出三星级班组9个，二星级班组14个，一星级班组19个。在集团公司组织的职工

桥牌、游泳、双钢趣味比赛中，取得第一名的好成绩。 （郝光红）

南芬选矿厂

【概况】 本溪钢铁（集团）有限责任公司南芬选矿厂（简称南芬选矿厂）隶属于本溪钢铁（集团）有限责任公司，是本溪钢铁（集团）有限责任公司分公司，是本钢主要原料生产基地之一，主要产品为磁铁精矿。主要设备有碎矿机27台套、球磨机56台套、皮带机52台套。南芬选矿厂下设7个职能室、10个作业区。截至2021年末，在籍职工总数1264人，其中管理人员53人、业务人员63人、专业技术人员60人、操作人员1088人，具备高级职称29人、中级职称96人、初级职称31人，高级技师3人、技师162人。党委下设党（总）支部19个、党小组66个，党员总数463人。固定资产原值22.50亿元，净值9.72亿元。

2021年，南芬选矿厂铁矿石处理量完成1277.63万吨，铁精矿产量完成445万吨，铁精矿单位成本完成537.85元/吨，实现销售收入52.17亿元，创利润22.28亿元。精矿品位完成67.28%，金属回收率实现79.48%。实现安全生产"三为零"目标。工业废水废气排放处理率为100%。

【生产组织】 以调度指挥为中心强化生产组织。实时与露天矿沟通协调，实现信息共享，稳定来矿性质；根据原矿槽存合理安排主体设备系统计划修，提高磨机效率和作业率；加强用水管理，减少新水用量，降低尾矿输送系统负荷；克服铁路专组运力不足问题，2021年组织汽运发出17万吨；积极开展日清日结工作，实现工艺参数合理管控；有针对性地开展流程考察，增加检化验频次，保证精矿质量长期稳定达标。

【安全管理】 深入学习贯彻习近平总书记关于安全生产的重要论述，强化红线意识，全面贯彻新《安全生产法》，落实全员安全生产责任。大力开展反"三违"专项整治工作，严肃惩治违章行为，规范了现场操作、检维修作业。积极推进安全生产三年专项整治行动，全年共完成19项措施。升级完善电机车、铁路道口监控系统，进一步提高铁路运输安全性。抓实基层安全教育培训，通过领导上讲台授课、安全知识竞赛、视频案例学习，不断增强职工安全意识、提升安全技能。加强应急处置管理，编制预案并组织演练，提高了选矿厂应急处置能力。有序开展"三同时"工作，完成三磨安全验收评价、精矿管输安全预评价、卧龙沟尾矿库安全现状评价。加强安全生产标准化建设，南芬选矿厂及卧龙沟尾矿库通过省级评审验收，取得了二级企业证书。安全文化建设成果显著，被评为辽宁省安全文化示范企业。

【技术改造】 积极推进技术工艺改造。完成四选磁选柱异地升级改造，组织实施叠层筛改造、选别设备更新，进一步提高流程适应性；一次磨矿安装自动加球机，降低球耗、提高磨机效率；增加6台尾矿回收机，完善再磨再选工艺流程，保证低粉回收效果。

【成本管理】 围绕模拟市场化利润核算及考核总体目标，按综合奖10%比例与模拟市场利润完成率相挂钩。通过开展日清日结，做到日统计、周分析、月总结，严控归口费用及变动成本。落实工艺设备改造、修旧利

卧龙沟尾矿库安全现状评价会议（吕志刚　摄）

废等 17 项降本措施，实现全工序、全过程降低各项消耗，全年降本增效 2405 万元。

【设备管理】　加强设备基础管理，全年修订设备三项规程 50 条、优化点检四大标准 27 项、定修模型 42 项。以点检定修为中心，大力推行标准化检修、标准化润滑，精心组织设备大年修、计划修，全年完成设备大年修 13 台，计划执行率 100%，有效改善设备技术状况。推进信息自动化工作，全年投资 1584 万元，完成细碎矿仓自动布料、精尾四泵站变频器等改造项目。严抓备件、材料管理，全年计划准确率达 100%；加大机旁库清理整治力度，全年共利库 204 万元。集中力量开展设备设施隐患治理 500 余项，其中重点更新改造静压回水管路 260 米、运输牵引网 11 公里，消除了威胁安全生产的两大隐患。全年设备故障率比计划降低 1.4‰；设备可开动率比计划提高 1.64%；设备完好率比计划提高 0.3%。

【重点工程】　加快推进重点工程建设。精矿管输项目完成了可研设计批复、工程规划许可、河道建设方案批复等前期工作，已正式列入鞍钢集团第一批快赢项目；首端拆迁及 EPC 总承包招标工作有序开展；选矿大型化改造项目可研报告已通过评审；尾矿库工艺完善改造项目，完成了双金属耐磨管路施工、泄洪洞渗漏第一阶段治理，剩余子项目正在积极推进。

【能源环保】　加大能源管理力度，实施日清日结、躲峰运行等措施。2021 年每吨铁精矿电耗比计划降低 2.2 千瓦时，精矿耗新水比计划降低 0.84 吨，两项共节约费用 682 万元。强化环保管理，重点做好迎接中央、辽宁省两轮环保督察，细化迎检方案、落实管控措施，圆满完成了迎检工作。规范危废管理，完成危废库房集中改建。严控感官污染，铺设防尘网 5 万余平方米。履行环保"三同时"手续，完成 65 吨锅炉环保验收工作，精矿管输项目环评、水保报告得到政府批复。

【管理创新】　大力推进管理首责制、室主任负责制、作业区包干制、工资总额承包制"四项制度"，各层级人员履职尽责能力和工作积极性得到有效提升，选矿厂呈现出团结一心，勇挑重担的良好氛围。创建职工创新工作室，开展专业培训 7 次，从职工提议中审核评定出挂牌项目 55 项、合理化建议 63 项，全年共创效 1718 万元。

【党群工作】 认真履行全面从严治党主体责任，强化"四责协同"工作机制，严明政治纪律和政治规矩。完成"省委巡视回头看"问题对照整改；大力开展"整、严、树"及"靠钢吃钢"专项整治工作；加强了备件质量索赔等效能监察，减少经济损失 230 余万元。开展党史学习教育，深入贯彻学习习近平总书记系列重要讲话精神，深刻感悟百年党史思想伟力。深刻领会习近平总书记"七一"重要讲话精神；学习十九届六中全会精神；组织参观抗美援朝纪念馆；举办庆祝建党 100 周年"七一"文艺汇演。在"我为职工办实事"实践活动中，为职工解决急难愁盼问题 67 项。深入推进"两学一做"学习教育常态化制度化，严格落实党组织会议"第一议题"制度，提升党委会、中心组学习、"三会一课"理论学习效果。深入开展以"一增三保五推进"为主题的建功立业活动，实现党建与生产经营深度融合。坚持党管意识形态的原则，制定意识形态信息反馈制度。开展形势任务教育，全年在《本钢日报》和《今日本钢》发稿 136 篇、印发《选矿工作信息》12 期、发送"魅力选矿"微信 382 条。2021 年南芬选矿厂被评为市级文明单位，两名职工被评选为"本钢好人"。工会组织开展星级班组建设，2021 年评选出 69 个星级班组，二星级以上班组占比 43%；开展"小改小革"31 项，创效 126 万元；全年发放普惠福利 82 万元；帮扶困难职工 6 人次，发放慰问金及物品 5 万余元。共青团组织开展"青安岗"建设，选矿助学团队资助 5 名困难中学生。武装保卫加大厂区治安防范管理，抓获偷盗人员 110 人次，处理 60 人次，向公司上缴罚没款 1.1 万元。加强信访稳定工作，积极协调化解矛盾，维护企业和谐稳定。

【防疫工作】 严格落实常态化疫情管控措施，组织重点人员每周进行核酸检测。投入资金 1 万元购置防疫物资，积极组织全厂职工疫苗接种，接种率达到 99.5%，实现疫情防控和生产经营两不误。 （王学思）

石灰石矿

【概况】 本溪钢铁（集团）矿业有限责任公司石灰石矿（简称石灰石矿）是集采矿、运输、破碎筛分和煅烧于一体的现代化冶金石灰基地。截至 2021 年末，在籍职工总数 1138 人，其中管理岗 40 人、业务岗 69 人、技术岗 53 人、生产操作岗位 976 人，硕士研究生 5 人、本科学历 122 人，具有副高级职称 12 人、中级职称 88 人、初级职能 39 人。下设 10 个职能科室和 14 个作业区。党委下设 3 个党总支、22 个党支部，党员 447 人。固定资产原值 8.6 亿元。主要设备有 600t/d 回转窑 2 座、500t/d 套筒窑 1 座、300t/d 套筒窑 1 座、280m³ 竖窑 1 座、250m³ 竖窑 4 座、YQ150A 潜孔钻机 7 台、WD–400 等型号挖掘机 14 台、BZK3530 等型号自卸式载重汽车 21 辆等。主要产品有成品石灰石、成品生石灰、活性石灰。2021 年完成采剥总量 435.89 万吨、石灰石原矿 298.81 万吨、生石灰总量 108.81 万吨；生灰稳定率 97.89%，活性灰 CaO 含量 90.16%，均高于公司计划指标；累计降成本 1026 万元；安全生产实现"五为零"目标；粉尘达标排放，污染因子合格率达100%。

【降本增效】 落实集团公司模拟市场考核政策，更新观念，转变管理模式，强化全员降本增效成本管理意识，制定合理有效的降成本方案，压缩生产流程各环节成本费用。不断加强与同行业领先企业对标交流学习，推进摘牌攻关项目和降本创效项目，优化组织生产，全面贯彻以效益为中心，力求效益最大化的原则，在抵消因焦炭价格上涨带来燃料成本上升2272万元的基础上，实现全年累计降低成本1026万元。

【生产组织】 2021年，在克服内外部各种不利因素的制约和新冠疫情带来的影响下，不断优化生产组织预案，有效结合集团公司联检情况，科学组织生产，合理编制采掘推进计划、生灰煅烧计划和炉窑大修计划，保障安全生产稳定顺行。同时，加强生产指挥协调，保证生产工序间的衔接顺畅，高效完成生产考核指标，充分满足炼钢、炼铁的需求，实现保供钢铁零影响。克服运距较长，设备维修等不利因素，为北营公司发送生灰3.31万吨，为公司降低外购灰成本做出突出贡献。

【安全管理】 强化安全责任体系建设，明确安全责任，全面贯彻落实"安全第一，预防为主，综合治理"的安全方针，遵循"横向到边、纵向到底、责任到人、不留死角"的安全生产工作原则，牢固树立安全重于泰山的责任意识，充分发挥领导包保履职作用，逐级签订安全生产责任状、全员安全承诺书，确保每一项安全风险管控，责任到人，措施落实到位。有效结合《中华人民共和国安全生产法》，修订完善各项安全管理规章制度，确保安全管理有章可循、有据可依。开展安全教育培训18场，累计参加10205人次，职工安全意识和安全技能有效提升。安全风险分级管控和隐患排查治理双重预防机制建设工作持续推进，502项风险全部建档入账，均在管控范围内。开展20项专项检查，排查隐患5652项，全部在期限内整改完毕，有效降低安全风险。"反违章"工作常态化开展，对重复发生及整改不及时问题进行考核，三级考核累计1619项。同时，对表现突出的单位和个人进行奖励，累计嘉奖47项，激发全体员工主动参与安全管理的积极性。

【技术管理】 消石灰实验取得成功，已作为集团公司的技术储备进行备案；广泛发起合理化建议征集活动，获得集团公司合理化建议"优秀组织者"和"建议王"荣誉称号；两项专利申报成功。

【质量管理】 贯彻落实集团公司质量工作方针，扎实做好技术质量管理基础工作，根据生产工艺优化和设备性能运行的实际情况，及时更新、修订工艺技术规程和指标标准。狠抓产品质量管理，根据钢铁厂的质量反馈情况，加强对原矿质量管理力度，严把外购矿石入口质量关，加强生灰煅烧工艺过程控制，确保质量管理体系运行的有效性，成品矿石、生灰质量稳定率稳步提高。

【设备管理】 紧紧把握钢铁联检、设备春秋季大检查等契机，针对矿属设备、设施运行开展全面、细致检查，掌握设备运行状态。充分发挥岗位点检第一道防线作用，将强化日常点检和专项检查落到实处，有效提升主体设备、设施技术状况，确保设备本质化安全；修旧利废工作成效明显，设备三率指标高标准完成124%，从根本上降低了运行成本。克服新冠疫情不利影响，完成3座炉窑大、年修工作，为达产、高产奠定基础。

【后备矿山管理】　组织专业人才，成立调研小组，在高台子、田师傅镇等地区进行勘探调研，形成后备矿山调研报告，为集团公司锁定优质石灰石资源提供有效决策依据。

【环保管理】　有效结合国家标准、行业标准修订完善环境保护相关制度，不断推进"绿色矿山"项目的实施，为环保标准化、规范化管理提供保障。围绕"从源头抓起、从基础抓起、严格控制、重点整治、全面达标"的总体要求，始终坚持"环保工作与生产经营同步规划、同步实施"的方针，以中央、省市环保监察要求为抓手，立足自身解决问题，完成洒水雾炮、喷淋设施等抑尘项目，顺利通过国家级、省市级环保督查检查。

【人力资源管理】　合理配置人力资源，按照"相同相近工种、相邻工种区域"原则，对原101个班组整合规划为87个，优化操作人员配备，提高在岗人员可开动率；充分发挥协力工作管理特点，以公司生产为需要，从各方面加强炼铁厂协力人员安全管理，严格实施考核，完善各项基础工作，全面完成协力工作任务；有效结合反"违章"工作，强化职工组织纪律意识，引导职工学习企业的纪律和制度，有针对性开展劳动纪律检查工作，全年共计集中检查150余次，及时纠正违规违纪现象。在公司多次抽检中均无违纪情况，受到好评；水泥厂善后办各项工作平稳有序开展，干部职工队伍保持思想稳定。

【党群工作】　石灰石矿党委紧紧围绕生产经营中心，充分发挥党委的政治核心作用，全面加强企业党建工作，矿党委积极为职工群众办实事、解难事，一是改善职工工作、生活环境，改造6处职工浴池，安装34台净水器；二是以建功立业活动为抓手，深入推进"共产党员先锋工程"，积极发挥"共产党员之家"等综合服务阵地作用，引领广大党员在企业生产经营和改革发展的主战场上凝心聚力、履职尽责；三是以集团公司党委巡察为契机，进一步规范党建各项工作，围绕巡察暴露的问题，设定整改期限，研究建立"一层抓一层，层层抓落实，责任全覆盖"的整改工作体系，逐项整改落实，做到真改、实改；四是以"整、严、树"工作为重点，加强组织建设，加强干部队伍建设，深入推进"靠钢吃钢"专项治理；五是积极发挥群团桥梁纽带作用，以工会开展主题劳动竞赛和"安康杯"竞赛活动为激励手段，促进企业安全生产，开展精准帮扶和走访慰问活动，让职工感受到组织温暖；六是团委激发青年创新活力，助推青年快速成才。科协、保卫、武装、信访维稳、综合治理等各项工作稳步开展，为生产经营顺行提供保障。

【防疫工作】　石灰石矿疫情防控领导小组进一步提高政治站位，切实把思想和行动统一到党中央、国务院决策部署上来。严格执行市、集团公司疫情防控政策，持续抓好以"预防为主，防控结合"为着力点的常态化疫情防控工作，多次结合疫情发展特点修订相关预案，贯彻落实"外防输入，内防反弹"工作思想；加密重点岗位、重点人群核酸检测频次，对重点区域、场所消杀毫不松懈，确保各类防疫物资储备充足、规范发放，保障企业生产经营处于安全稳定的环境，平稳度过疫情防控常态化"考验期"。

（吴宇行）

辽阳贾家堡铁矿有限责任公司

【概况】 辽阳贾家堡铁矿有限责任公司（简称贾家堡铁矿）隶属于本溪钢铁（集团）矿业有限责任公司。10月15日完成鞍钢集团本钢矿业贾家堡铁矿挂牌仪式。截至2021年末，在籍职工367人，其中管理人员22人、业务人员26人、技术人员18人、操作人员301人。贾家堡铁矿下设5个管理室，4个作业区。党委下设8个党支部，党员133人。设备751台（套），其中主体设备124台（套），固定资产原值14.4亿元，净值11.8亿元。2021年，贾家堡铁矿全年完成采剥总量601万吨，其中矿石421万吨、岩石180万吨；剥采比完成0.43吨/吨；全年铁精矿完成111.1万吨；铁精矿单位成本完成389.51元/吨。

【生产组织】 加强采矿、选矿生产组织的协同性，从减小采场矿石爆破粒度、可视化配矿、缩小细碎筛网参数、分矿仓应急配矿、磨选岗位操控全流程精准作业，为精矿稳质高产低耗创造了条件。强化配矿管理，制定稳定质量、提高精矿产量措施和配矿具体实施管理办法，针对矿石性质差、磨机能力不平衡、精矿质量波动大等问题，开展适度提高磨矿介质充填率、增大各段磨机排矿细粒级含量、加强球磨机磨矿浓度控制、提高淘洗机操作标准等7项选矿工艺技术改造。提高磨选岗位人员的操作技能和责任意识，收窄精矿质量波动范围。全年铁精矿稳定率完成91.13%，比计划提高16.13%。

【安全管理】 夯实基础管理，严格落实新《安全生产法》，认真践行"三管三必须"。完善管理制度，落实责任，真正做到"四个一刻也不能放松"，把"五清五杜绝"固化到各项工作程序中。全面开展"11·23"事故案例学习，吸取事故教训，认真查找专业管理上存在的问题、短板，实现2021年轻伤以上人身事故、重大设备事故、重大火灾及交通事故"三为零"。按照"管行业必须管安全、管业务必须管安全、管生产经营必须管安全"的要求，落实各级人员的管理职责。重点督导"一岗双责"、较大危险源、较大风险包保、反违章以及相关方监管等履职落实，依托公司推行并建立的电子履职记录为载体，及时考核查处履职存在的各类问题，推进各级管理人员履职尽责，消除管理漏洞，促进安全生产各项工作扎实有效落实。

【成本管理】 坚持眼睛向内，采取减少运距、优化采选工艺流程、增加精矿产量、提高金属回收率、降低定额消耗等九项措施，实现生产成本大幅降低。2021年模拟市场利润计划指标22689万元，实际完成34764万元，增利14489万元。全年劳动生产率3002吨/人。

【设备管理】 通过强化点检定修管理、优化定修模型、落实三级点检绩效考核，实现两次定修无事故，为生产打下坚实物资保障。受辽阳供电局限电影响累计停机202.4小时，球磨机作业率完成93.98%，比计划降低0.69%。以保证球磨机作业率为中心，优化定修方案，缩短检修时间，定修计划完成率100%，全年21次定修，583个项目，全部按时完成，为设备稳定运行创造条件。一段球磨机端衬橡胶衬板、精矿增压泵等技术改造取得新进展，为增产创造条件。备件管理水平稳步提高，2021年备件计划1088万元，计划执行率96.48%、合同签订率96.5%、到货率97.7%，消耗率93.22%，均创较好水平，储运、机旁库完成公司计划指标。9月份国家实施限电政策，贾矿制定紧急应急预案，严格执行公司限电指令，没有出现被拉闸限电情况。同时与辽阳市经信委和供电局积极进行沟通，争取供电负荷供量，最大限度满足了贾矿单、双系生产连续性，同时也为马球限电期间不停产做出贡献。2021年修理费指标2690万元，全年实际消耗2409.03万元，比计划降低280.97万元。

【矿山规划】 贾矿露天转地下开采项目于2021年4月22日完成开发利用方案评审；9月15日取得新采矿证（露天/地下），准许0米以上扩界部分露天开采（即采场北部扩界8#矿718万吨），这是2018年省委49号文颁布实现露天采场平面扩界的首例；9月16日完成地采可研专家评审；2021年9月30日完成采场北部两个个体小选厂动迁工作，彻底解除辽阳市应急管理局在2017年给贾矿设置的200米禁爆红线（这也是制约贾矿多年来采场生产的瓶颈），使得采场近200万吨优质矿石具备采出条件。

【基础管理】 全力克服露天开采末期生产困难、小选厂动迁滞后导致作业空间狭小制约生产能力等一系列困难，科学制定提产保质降本措施，通过加强科学生产组织、岗位精准操作、工艺设备优化改造及正向激励等

措施，提高了矿岩贮量，增加了精矿产量，稳定了精矿质量，较好地完成了生产经营目标。全年申报专利3项、推荐科技论文5篇、征集采纳应用合理化建议37项，创效益659万元，在矿石资源回收利用、提高磨机作业率、节能减排、三大规程修订完善等方面做出了突出贡献。在安全、环保等方面取得了显著的综合效益，极大地调动了广大职工的积极性，形成了群策群力、共建共享的生动局面。加大对考勤工作的检查、管理力度，全年累计检查岗位500多次，检查岗位作业人员1100多人次，考核扣款10450元，有力保证了疫情期间生产作业秩序。技能大师工作站通过制作尾矿自动取样装置、水平衡工艺改造、一系增设细筛改造、磨机静压油站冷却水用管路改造等措施，完成技术攻关，为节能创效提供有力保障。碎矿作业区郑晓东荣获本钢集团公司劳动模范并获鞍钢劳动模范；生产技术室曾朋毅荣获鞍钢集团先进生产者荣誉称号；选矿作业区刘兆国、邱松分别荣获本溪市技能大赛钳工第三名和第七名。为深入贯彻落实中央、省、市及集团公司对新冠病毒感染的肺炎疫情的重要指示精神，矿党委高度重视，以高压态势推进新冠病毒疫情防控工作。根据疫情的变化，及时修订贾矿疫情防控工作方案及应急预案，建立健全网格化疫情防控体系，执行"四防"工作制度。利用"两个走遍"开展疫情防控工作检查，全方位落实疫情防控各项措施，有效切断病毒传播途径，确保贾矿生产经营零影响、职工疫情零发生。

【环保管理】 重视环保设备运行日常管理，完善各项环保设施运行及检维修记录，规范各项台账，定期对运行情况进行检查维护，杜绝除尘灰外排。强化检查和考核，发现问

党委带领60余名党员代表参观丹东抗美援朝纪念馆（崔煜东　摄）

题立即整改，顺利完成国家环保督察迎检工作。规范生活垃圾处理程序，实现环保合法排放。强化危险废物管理，对贾矿4个危废库房进行标准化改造；积极开展矿区绿化，补植各类乔灌木、果树和花草11000余株。

【党群工作】　矿党委紧密围绕庆祝建党100周年主线，加强理论武装，树牢初心使命责任，增强"四个意识"、坚定"四个自信"、做到"两个维护"，紧跟集团公司"5+1"工作格局和"1+4"重点任务安排，全面推行"1+2+N"方案落实，坚持做好党建工作与生产经营的深度融合，坚持抓基层打基础，增强党组织战斗力、创新力、凝聚力，以企业发展成果检验党建工作成效，取得了较好效果。一是深入推进党史学习教育，加快落实国企改革三年行动，确保高质量完成目标任务。开展"我为群众办实事"活动，全年办实事81项，完成率达100%。二是制定新岗位契约化指标，发挥市场机制作用，激发企业活力。根据2022年产量、成本、劳动生产率指标，编制具体岗位考核指标，为下

一步"两制一契"的实施做好准备。三是矿党委成立"整、严、树"工作推进组，整治"机构臃肿、人浮于事"工作4项；整治"跑冒滴漏"管理漏洞工作54项；整治"警风警纪、打击内外勾结监守自盗"工作45项；整治"不担当不作为、败坏本钢形象"工作1项。

（刘焕诚）

矿产品厂

【概况】　本溪钢铁（集团）矿业有限责任公司矿产品厂（简称矿产品厂）是矿业公司下属生产厂矿之一。拥有一条年设计生产能力200万吨的链箅机—回转窑球团生产线，于2015年11月23日关停，2021年处于停产留守状态。2021年11月8日，根据《本钢集团有限公司总部及主要子公司管理职能及机构优化调整改革实施方案》，撤销矿产品厂，相关业务及人员调整至板材公司辽阳球团公司。撤销前有留守职工6人。

【**安全管理**】　根据停产后制定的安全管理工作方案，对停产厂房的治安防范设施进行检查，在各重点部位、路口设置巡更器进行巡查。严格执行门禁管理规定，加大出门车辆检查力度，确保停产后资材不流失。对存在安全隐患的基础设施建筑物进行排查与整改。

【**设备运行**】　2021年本溪钢铁（集团）矿业有限责任公司与本溪南芬华润燃气有限公司签订工业用户供用气合同，华润燃气为矿产品厂2台燃气锅炉供应天然气。2021年本溪钢铁（集团）矿业有限责任公司与本溪钢铁（集团）机械制造有限责任公司签订《生产运行承包合同》，由矿山机修厂承包矿产品厂部分设备存续运行工作。2台2吨燃气蒸汽锅炉及相关辅助设备运行维护良好，为周边本钢内部全民企业提供冬季供暖，实现保供零影响。厂内浴池、变电室、厂区门卫及监控设施运行良好。

【**留守工作**】　按照两级公司部署，全面做好疫情防控各项工作。按集团公司要求，完成本钢土地、房产资产评估及清查工作，完成板材物资盘点工作。完成监控系统维保、厂设备维护检修等2个检修工程。保证矿产品厂资产和设备完好完整。

（王艳新　郭志刚）

设备修造厂

【**概况**】　本溪钢铁（集团）矿业有限责任公司设备修造厂是本溪钢铁（集团）矿业有限责任公司所属国有企业分支机构，下设党群工作室、综合办公室、安全管理室、设备管理室、生产技术室5个管理室及工矿、电修、修加、汽修、备件、检修、机修、运修8个作业区。2021年末在籍443人，其中在岗431人、长病休6人、保留劳动关系6人，党员181人。管理岗28人，其中作业区级正职20人、副职8人；业务岗20人，其中主任业务师2人、专业业务师5人、责任业务师13人；技术岗13人，其中主任工程师1人、专业工程师4人、责任工程师8人；高级职称7人、中级职称38人、初级职称15人。2021年12月16日设备修造厂建制撤销。2021年底，自有固定资产492项，原值为84428619.43元。新进固定资产15项。

【**生产管理**】　2021年，设备修造厂积极贯彻落实省、市和集团公司党委在疫情期间的保产工作安排，克服重重困难，在集团公司的正确领导下，边防疫边生产，有效避免了新冠疫情对生产工作的影响，严格按照公司计划会议确定的目标任务开展工作。2021年完成电机车年修11台，自翻车138台；整修、碎修设备238台次；机加、电修、修旧产值2252万元；维保碎修设备1127台次；协助主体厂矿大停车抢修、临时性抢修、泄洪塔封堵会战11次。全年为主体抢修设备、制作加工备件、维保碎修、临时性急活加班298天，出勤3916人次，保证了主体厂矿生产需求。根据公司"以效益为中心"模拟市场利润考核工作要求，制定下发了设备修造厂《推进模拟市场考核工作管理办法》积极拓展活源，增加产值，提高职工收入。一是为保证露天矿生产顺行，组织职工修理了排岩机下矿漏嘴。二是结合铁精矿持续高价，为最大的配合选矿厂实现极限生产，满足公司对铁精矿的需要，先后组织职工参与选矿大停车检修2次、抢修加固浓缩机2次，共参与抢修人员 100 余人次。三是协助贾家堡铁矿大停车更换一段溢流管路 1 次。四是为板材铁运公司抢修内燃机车轮对 8 组，为歪头山铁矿加工制作分级机大、小叶板、法兰等备件，极大地体现了设备修造厂的责任与担当。五是干当前，谋长远，先后组织汽修作业区 15 名职工到露天矿运岩作业区学习运岩设备的总承件、电动轮修理工作，为更好地服务主体，提高产值奠定基础。

【安全管理】 2021 年共编制下发设备修造文件 23 个、安委会文件 27 个、各类通知 43 项，调整安委会机构、重新划定领导干部安全生产责任制分片承包。签订安全生产目标责任书，联防互保责任书，组织开展班组安全建设评优竞赛活动。实现了安全生产"四为零"。持证上岗率 100%，安全教育培训率 100%，共组织日常安全（防火）综合性检查 26 次，专项检查 31 次，厂、作业区、班组共排查不符合项 565 项。同时认真开展安全专项整治工作，共排查厂级不符合项 6 项，作业区、班组级不符合项 39 项，均已整改完毕。根据集团公司工作部署，积极开展安全生产隐患问题"清零"工作，全厂共排查出"应急照明、疏散指示、安全出口""防火门"等各类隐患达 3 项已全部"清零"。安全生产月中，制定并下发《设备修造厂 2021 年安全生产月活动方案》、安全展板巡展；全厂职工安全签名；悬挂安全条幅，更换安全旗，利用 LED 显示屏、各级安全群等形式宣传安全生产月相关内容，积极营造安全月期间良好宣传教育氛围。全面落实"反违章"大检查，持续开展反"三违"、"隐患清零"，深入推进"安全生产专项整治三年行动"。开展"我在事故防范中应该承担什么责任"大讨论活动。积极开展"安全生产月"活动，并组织了安全承诺签字、"安全知识擂台赛""班组安全活动小视频大比拼""作业长安全谈""平安全家福"等活动。

【设备管理】 设备修造厂可用设备 424 台，封存设备 75 台，设备运行状态良好。设备开动率完成 74%，比上年提高 1%；故障停机率 3%，完好率完成 100%。检修费全年计划 548 万，其中备件费 28 万元、检修材料费 483 万元、施工费 30 万元、检测费 4 万元、润滑油品 3 万元。修理费全年消耗 558.16 万元，其中备件费 21.1 万元、检修材料费 503.24 万元、施工费 30 万元、检测费 3.19 万元，润滑油品 0.63 万元，检修消耗费用全部完成计划指标。检测起重机 17 台、压力容器 3 台、氧气、乙炔、压力表 167 块、一氧化碳报警器 2 个、千分尺游标卡尺 85 件，均按要求进行定期检测，检测合格率 100%。

【能源环保】 认真加强能源使用和消耗管控，2021 年总用电量为 154.68 万千瓦时，汽油 12.68 吨，柴油 11.45 吨。认真开展节能宣传周活动，完善了各项能源计划及考核办法。高耗能设备能够按照要求躲峰运行，有效节约能源消耗。全年完成废钢铁指标 280 吨，超额完成了公司下达的指标任务。完成了三级计量电表和超声波流量计的安装。各作业区紧紧围绕第 34 个爱国卫生活动月，通过 LED 电子显示屏、用各种方式宣传爱国卫生知识和爱国卫生常识。全年各作业区栽种花草树木 500 余棵（株），成活率 100%，进一步美化了厂区环境。

【人力资源管理】 共采集 454 名（含当年退休人员）在职职工工资总额，保险基数

2544401 元。为 1 名职工申请办理失业保险补助金 1200 元。办理退休 12 人，办理新入职职工劳动合同签订 2 人，调出 1 人，死亡 5 人。根据生产、安全实际需求开展各类培训班 13 期，共培训职工 456 人，组织开展师带徒 7 对。申报 2021 年技能鉴定工作，共有 22 人申报晋级考试。

【党群工作】　认真学习贯彻十九大精神和习近平总书记系列重要讲话精神，牢牢抓住思想建设主阵地，紧紧围绕生产经营中心，开展党建工作，充分发挥党委政治核心作用。为庆祝中国共产党成立 100 周年，设备修造厂党委在全厂各级党组织和全体党员中开展形式多样、主题鲜明、成效显著的庆祝活动。相继开展了"淬炼党性守初心，牢记使命我奉献"主题实践活动、重温入党誓词、主题党日、"特色党课""我是党员我奉献"义务献工活动，150 余名党员参加了"党旗红、初心在、使命坚、再出发、健康徒步走"主题党日活动，组织开展"铭记历史、感受荣光、接续奋斗"党史知识竞赛、"新时代、新生活、心体验"手机摄影比赛、党务工作者"讲述党史故事·重温光辉历程"微党课评选、"把企业党的基层组织建设得更好"党建论文评选等 14 项庆祝建党 100 周年系列活动。在"我为群众办实事、争作贡献促振兴"实践活动中，为职工群众解决热餐难、洗浴难、卫生饮水难等群众急需解决的难事、实事 16 项，基层党支部为群众解决实际问题 20 项。出台《设备修造厂政工例会制度》《设备修造厂领导班子成员联系点制度》《关于进一步加强设备修造厂宣传思想工作队伍建设实施方案》和《本钢矿业设备修造厂党委网络意识形态工作责任制分工方案》等党建制度，组建"三支队伍"。每月定期召开政工例会，

党建工作进一步规范。开辟"修造风采"微信公众号。编辑并推送厂服务矿山生产、内部各项管理、党史知识、职工文学和基层好人好事等微信资讯 200 余篇，10 万字左右，图片 400 余张。对《修造简报》进行了升级改版，由原来 B4 黑白版，改为 A3 彩版，印制修造简报 14 期，1200 余份。认真落实本钢集团公司党委巡察工作，针对存在的 41 项问题逐项进行研究，逐条制定整改措施，倒排时间进行整改。设备修造厂工会开展了为生产一线职工送清凉活动，购买电水壶、电风扇防暑降温用品共计 3 万余元。发放慰问金 6000 余元。走访困难职工 5 人次，发放慰问金 2500 元；2021 年春节期间，帮扶困难职工 68 人次，分别发放各级工会帮扶款 10 万余元，大米、面粉、油等 2200 多斤。共青团积极组织团员青年开展"学党史、强信念、跟党走"主题团日、"青年网上大学习"和"爱岗敬业，奉献企业"座谈活动。

（李　欣）

汽车运输分公司

【概况】　本溪钢铁（集团）矿业有限责任公司汽车运输分公司是集道路客货运输、土石方挖运、起重吊装和危险品运输为一体的完全服务于矿山生产的综合性运输企业，隶属本溪钢铁（集团）矿业有限责任公司。下设 4 个管理室 5 个作业区。2021 年 10 月 28 日本钢集团党委常委会审议、董事会讨论通过《本钢集团有限公司总部及主要子公司管理职能和机构优化调整改革实施方案》撤销矿业汽运分公司，相关业务及人员调整到矿业公司各厂矿。矿业汽运分公司与各厂矿于 12 月 16 日完成人员、设备和业务交接。

截至 2021 年 11 月底，职工总数 307 人，其中男职工 293 人、女职工 14 人，管理岗 19 人、业务岗 18 人、专业技术岗 6 人、操作岗 264 人，副高级职称 1 人、中级职称 12 人、初级职称 28 人，技师 13 人、助理技师 11 人。另外，项目承包相关方劳务 87 人，其中驾驶员 85 人、历史遗留本钢中兴气体乘务员（女）2 人。运行车辆 227 台，其中客车 62 台、吊车 18 台、粉物料运输（罐）车 8 台、重型自卸车 21 台、工程机械 14 台（含拖车、铲车、钩机、推土机）、油槽车 8 台、普通货车（客货车）96 台。1—10 月份计划产值 3156.49 万元，超计划 147.34 万元。2021 年年初考核变动费用总额为 798 万元，1—3 月份变动费用累计完成 146 万元，降低费用 53.5 万元。从 4 月份开始集团公司改为利润考核，考核计划指标为零利润，目标计划 108 万元，4—10 月累计实现利润 141.5 万元。各项运输服务工作满足用户需求，实现安全生产"六为零"，保产保供零影响。

【生产管理】 牢固树立责任意识、大局意识、服务意识，妥善应对交通、运输、环保等多部门专项集中整治活动频繁对运输生产造成的不利影响，前移管理关口，下移工作重心，深入开展现场调研，组织召开保产协调会，深挖人员潜力和设备潜能，全力组织运输生产，竭力满足矿山需求。制定、完善和修订设备"三大规程""问责追责"管理办法等制度，强化"学贯用"工作落实，加强工作纪律和文明生产管理，不断提升工作效率和运输服务质量。坚持"抗大洪，防大汛"思想，制定防汛方案，24 小时全天候关注雨情汛情，做好两级领导班子和当值人员排班，加强值班值宿，对防汛重点部位实行网格化管理。成立 4 个工作组、5 个运输队、组织

100 余人的应急抢险队伍，配备抢险车辆 40 余台，确保矿山安全度汛。组织人员、设备连续作业近 4 个小时，为社区居民排洪沟清淤 90 多立方米。加强生产信息的动态关注，节假日、双休日不休息，把矿山职工通勤、两灰保供、燃油供给、动力煤冬储、重点大型设备检修服务等工作作为"生命线工程"来抓，确保 24 小时用车随叫随到。在抢运硝铵、防洪防汛、防滑保产等突发性、临时性任务面前，分公司主要领导昼夜值守，靠前指挥，科学组织，各作业区不计得失，密切配合，人员到岗，车辆到位，为矿山系统生产平稳顺行提供了坚强有力的保证。打通运输服务"最后一公里"，竭尽全力满足各家厂矿作业区职工进班组、到机台交接班需求。

【安全管理】 坚持"安全第一，预防为主，综合治理"方针，紧紧围绕安全生产"六为零"目标，落实《安全生产专项整治三年行动实施方案》，制定两级"反三违"实施方案，梳理安全生产专项整治行动"四个清单"，列出任务清单 64 项，按时间节点完成成果清单 35 项。对 32 个岗位 319 名在籍职工及检维修相关方人员进行安全风险告知和签字确认，与 5 家作业区签订《安全生产责任状》、与 8 家通勤客车用车单位签订《安全协议》。开展"春（秋）季安全防火综合检查""雨季电气设备设施安全检查""高空悬浮物专项检查"、反"三违"专项检查以及"第三阶段隐患清零"等检查 15 次，整改查出各类隐患和问题 200 余项，已全部整改；出资近 3 万元，为作业区更换防火门 41 扇（组）。结合季节变化，针对采场、通勤客车驾驶员进行安全行车教育，结合"9·18""9·19"等事故案例开展大讨论大学习，举一反三，提升全员安全意识；结合新《安全法》做

好《安全生产责任制》修订和宣贯落实；安全生产月期间围绕"落实安全责任、推动安全发展"主题，开展安全宣誓、安全旗签字启动仪式，组织车辆应急防火演练 5 次，安全管理人员上讲台讲安全 37 人次。严格执行"三管三必须"，认真落实"五清五杜绝"，规范作业流程，加大对《安全规程》和《安全生产责任制》执行情况抽查，提高全员安全履职意识和能力。以集团公司"四部门"通勤客车专项检查为契机，以提高通勤客车技术状况为根本，强化专业点检落实与执行，进一步完善大客车安全运行管控体系，形成分公司、作业区、运输班组三级联动，为通勤安全提供强有力保障。加强疫情常态化管控不放松，针对国内和周边省市疫情发展态势，坚持外防输入，内防感染原则，持续加强职工行程码日报、人员排查和出行报备工作，重点做好通勤大客车和浴池、调度室、会议室消毒，阻断病毒传播。采购储备 1.2 万元防疫物资，对 64 名客车驾驶员实行全员核酸检测，广泛动员职工参与疫情防控宣传，新冠疫苗接种率达 99%。

【设备管理】 提升设备管理人员、点检人员、检维保人员"三支队伍"履职尽责能力。修订"三大规程"，完善车辆技术档案、设备台账，规范岗位点检卡，加强门检制度执行，印制成册《车辆维护管理制度》等 35 项制度。完善点检计划、事故故障、点检考核评分制度，形成闭环管理。强化点检员培训，组织两级点检和岗位点检培训 30 人次。点门检检查项目与标准、专业点检路线和岗位点检路线全面实施。严格执行设备检查制度，推进"红旗设备评比"，对所有运行设备实行作业区点检员与驾驶员、车辆承包，确保专业点检执行和落实。1—10 月份共完成各类型车辆门检 28890 台次，月检、临检、专检 4920 台次，完成车辆二级维护保养 290 台次，保养计划执行率 100%。推进 2021 年矿山维简计划执行，所有设备全部完成招标。

【成本管理】 本钢集团实行以效益为中心进行模拟市场考核工作后，分公司上下认清形势，统一思想，明确目标，层层传导压力，增强职工危机意识、市场意识和成本意识，"不讲怎么难，只想怎么干"，成立两级模拟市场利润考核工作领导小组，加强"模拟市场利润考核"宣贯，深入调研讨论，反复修改论证考核方案，按作业区逐台车辆实打实进行成本利润核算。提高作业区降本增效、拓展市场的积极性、主动性，基层广大职工成本意识、市场意识、竞争意识、服务意识普遍提升。深入开展降本增效工作。健全备件、能源等成本核算体系，开展三级成本核算和日清日结，细化核算单位，由事后核算变事前算账，事中管控，激发基层降成本积极性。1—10 月份汽柴油消耗比计划降低近 80 吨；完成修旧利废 1997 件，节约备件费 39.2 万元；回收废钢铁 118 吨，废旧轮胎、机油和胶管等物资 35.24 吨；完善固定资产管理台账，加强资产盘点，办理固定资产报废 35 台。

【党群工作】 以习近平新时代中国特色社会主义思想为指导，深入学习领会习近平总书记在庆祝中国共产党成立 100 周年大会上的重要讲话精神，聚焦集团公司"5+1"工作格局和"1+4"重点工作任务，扎实开展党史学习教育，通过开展读书班、红色教育基地参观、"对标先进补短板、对话功勋促提升""我为群众办实事、争做贡献促振兴"等活动，用职工群众看得见、摸得着、立得住的实招硬招,将学史力行总要求付诸岗位实践。认真召开民主生活会和组织生活会,党委班子成员对照检视、查摆问题 15 项。加强制度建设,修订《党委会前置研究讨论事项清单》《党内定期谈心谈话工作实施细则》等规章制度。加快党支部标准化规范化建设,综合考评优秀党支部 4 个。落实党风廉政建设工作目标,贯彻落实中央八项规定,加强重要节日期间党风廉政教育宣传和监督检查,层层签订《党风廉政责任书》和《廉洁自律承诺书》。做好重点领域关键环节监督管理,完成岗位交流 7 人。全面贯彻集团公司“整、严、树”工作要求,自查整改问题 38 项,开展“靠钢吃钢”典型案例警示教育 300 余人次。加大对外宣传,在《本钢日报》等媒体发稿(视频)60 余篇(条)。加强意识形态和舆情管控,构建“四位一体”防控体系。落实民生工程,投入近 14 万元,发放集体福利,走访慰问结婚、患病和去世职工及家属 342 人次;为职工办理互助保险理赔 38 人次,理赔金额 3.5 万元。诗朗诵《党代表》获集团公司红色经典咏读三等奖,有 4 名职工作品入围“辉煌百年征程建工百年基业”书画美术摄影展。 (李 洪)

炸药厂

【概况】 本溪钢铁(集团)矿业有限责任公司炸药厂(简称炸药厂)隶属于本溪钢铁集团矿业有限公司,现有职工 167 人,其中操作岗 141 人、管理岗 9 人、业务岗 10 人、技术岗 7 人、高级职称 5 人、中级职称 11 人、初级职称 18 人,工人技师 6 人。炸药厂党委下设 3 个党支部、7 党小组,党员 74 人。下设 5 个科室、2 个作业区,分布在南芬矿

和歪头山矿。拥有特种混装炸药车 11 台,主要为南芬露天矿、歪头山矿、石灰石矿提供爆破所需炸药生产。2021 年完成炸药量 38117 吨,全年完成考核费用 583.69 万元,较预算降低 209.93 万元;安全生产实现“五为零”。

【生产组织】 针对矿山高产运行,露天矿爆区分散、石矿送药、人员紧张、生产压力大等困难,全厂干部职工不讲条件、不打折扣,通过双休日出勤、延时加班等方式满足矿山爆破需求,南芬作业区全年累计双休日出勤 20 次,延时加班 2227 小时;歪头山作业区精细生产组织,全年组织双休日出勤 695 人次,确保炸药供应。

【安全管理】 全面推进民爆安全标准化建设,建立健全 77 项安全生产规章制度;推进安全生产专项整治三年行动,完成安全生产许可证变更申报及年审申报工作;积极做好新《安全生产法》宣贯,开展全员新《安全生产法》集中学习培训和闭卷考试;开展了安全隐患查改、反违章排查治理、吸取歪矿“11·23”事故教训、春秋安全大检查等专项安全检查 55 次,发现并整改隐患问题 278 项,下发 PPT 通报 34 期,安委会考核总计 36760 元。

【质量管理】 严格按照《工艺技术规程》加强炸药全过程质量控制,强化对炸药原材料、半成品和爆区现场的日常质量跟踪及检测工作;定期测试混装车炸药爆速,测试结果远高于国标;针对乳化炸药质量波动问题,积极邀请奥瑞凯公司和山西惠丰公司专家进行现场诊断和研究分析,编制详细的攻关方案,实现乳化炸药质量连续稳定。

【设备管理】 完善设备管理制度，坚持周检点和日常检查相结合制度，建立设备隐患台账，完善民爆专用设备台账，定期对民爆设备检查维修，及时更换轴承、密封等易损部件。组织机旁物资清查，实现两作业区联存、联储。组织开展特种设备、检维修等检查25次，下发PPT通报30期，查出各类安全问题95项，考核2250元。

【工程管理】 积极推进歪头山旧生产线和南芬4台混装炸药货车销爆工程，12月25日通过省行业主管部门和专家验收。歪头山炸药生产线改造工程完成收尾、验收和后评价工作。完成南芬作业区生产道路及作业场地路面摊铺工程2021年的工程计划。组织摘牌项目推进，2021年炸药厂降本增效项目集团级1项、厂级3项，目前已经完成3个项目，全年创造效益42万元。

【党群工作】 落实党委主体责任，加强思想引导，教育党员干部在工作中履职尽责、担当作为，塑造求真务实的工作作风；在建党100周年之际，组织党史知识竞赛、参观红色教育基地、党史诵读比赛等活动；积极开展"整、严、树""靠钢吃钢"等专项治理工作，促进我厂各项工作全面提升。加强舆情引导管控，严格落实意识形态主体责任，教育职工在思想上与公司改革保持统一。积极开展"我为职工办实事"活动，为职工购买电磁炉、风扇、冰柜等用品；厂工会为职工发放米面油等生活物资，共支出4万余元；开展下基层解难帮困活动，全年走访慰问困难党员、困难职工13人，发放慰问金7000余元。

【防疫工作】 严格执行集团公司防疫"三十条"文件要求，做到疫苗接种、核酸检测、隔离、出市报备等有审批、有记录、有备案，对违规出市人员严肃考核。 （侯明辉）

矿产资源管理办公室

【概况】 本溪钢铁（集团）矿业有限责任公司矿产资源管理办公室成立于2020年5月，负责集团公司矿产资源开发工作。随着集团公司机构改革，2021年11月，4名员工先后解聘，而后聘任至其他相关单位。

【矿权办理】 1.2021年7月19日取得北营石灰石矿延续采矿证。2.2021年9月15日取得南芬露天矿、歪头山铁矿、贾家堡铁矿扩界采矿证。3.2021年9月15日取得了花岭沟铁矿采矿证。

【资源评估】 完成"鞍本重组"矿产资源评估工作。

【党群工作】 党委下设党支部1个，党员4人。2021年，认真开展党史学习教育，传达学习贯彻党的十九届六中全会精神，将学习成果转化为强劲的工作动力，助推企业发展。

【防疫工作】 做好常态化疫情防控工作。健全各级疫情防控体系，明确职责，严格执行疫情防控管理制度，保持常态化疫情防控高压态势，实现疫情防控和生产经营两不误。 （孙 雷）

栏目编辑 刘 欣

本钢年鉴 *2022*

特载

大事记

概述

经营管理

综合管理

党群工作

钢铁主业

☆ 多元产业

改制企业

统计资料

人事与机构

人物与表彰

附录

索引

ANSTEEL
本钢集团

多元产业

本钢集团国际经济贸易有限公司

【概况】 本钢集团国际经济贸易有限公司是国有独资企业，是本钢集团有限公司全资子公司，承担本钢集团生产的各类钢铁产品、焦化产品、气体产品、各类钢铁副产品的国内外销售及设备、大宗原燃材料的进口采购，以及对外劳务输出、工程承包、技术引进等工作；还承担集团公司物流服务、反倾销等贸易救济案件的预警、组织与协调等工作。2021年12月，本钢集团有限公司调整组织机构设置，国贸公司为集团公司直属单位。下设综合管理部、产品贸易部、原料贸易部、设备备件贸易部、物流事业部、非钢产品销售部、期货贸易部、财务部8个部门。境内在天津、本溪设立2家钢材加工配送公司，境外在香港、欧洲、美洲、韩国、越南、日本等地设立6个境外贸易子公司。国贸公司在岗职工233名，其中女职工55名；管理岗81名，其中部门正职1名、部门副职9名、职能负责人11名、区域正职42名、区域副职18名；业务岗151名，其中高级业务师1名、主任业务师2名、专业业务师17名、责任业务师131名，操作岗1名；硕士22名、本科164名、大专40名；职称：正高级2名、副高级35名、中级84名、初级52名。国贸公司党委下设1个党总支、33个党支部、36个党小组，党员403人（含板材市场营销中心党员）。

【出口工作】 2021年本钢出口189.7万吨钢材（其中国贸132.1万吨，大连进出口57.6万吨），同比下降0.3%；创汇13.8亿美元（其中国贸10亿美元，大连进出口3.8亿美元），同比增长46.8%。

【进口工作】 1.疫情之下，确保大宗原燃料低成本稳定供应。在1月国内煤紧张时开始供应，第一时间采购了蓝湾7号、橡树岭焦煤，开发瑞文、鹿景等优质非澳煤，协同海关和港口及时通关卸货回运，全年消耗159万吨非澳煤替代国内同类产品降本5490.43万元。同时，通过密切关注和不断沟通，三船滞留的澳煤在2021年末实现全部放行，节约采购资金2.5亿元以上；开发塞拉利昂铁矿降本1430万元；矿价高位时减少或推迟执行长协矿降本2407万元。2.高效有序开展网内进口供应商审核工作。2021年组织开展两次供应商核查，全年共淘汰供应商229家，淘汰原因主要为多年无合作、代理资质到期后淘汰、鞍本整合供应商后退出、开发原厂后代理商淘汰等，2021年度考核后进口设备备件供应商共515家，其中生产型279家，代理型192家，代理型和电商44家。3.创新开展备品备件采购工作。一是坚持原厂采购原则，协议品牌及原厂直采2.6亿元，直采占比67.7%。二是解决了快递备件送货客户端打印抵库单事宜，提高工作效率。三是落实缩短采购周期要求，按月跟踪计划签约进度，合同进度提高30.33%，实现无转年计划。四是推进进口备件订单采购模式，建立与重点客户的战略关系，开发14个品牌以及矿山车用滤芯和轴承等16个品种的订单计划。4.与招标公司和项目部紧密配合，开展成套设备和单体设备引进工作。及时沟通供应商、设备部、财务部和项目部，在疫情影响下，保障工程项目需要。其中歪头山铁矿辊磨干选项目用圆锥破碎机，在整体工期提前的情况下到现场催货，按期送货。

特钢轧机改造工程小棒分线改造项目经过六轮艰苦谈判，降价幅度达 6.3%。CCPP 项目与设备部、发电厂一起克服困难保证货期。

5. 开展保函总担保和汇总缴税业务。国贸公司代理进口货物全部使用财务公司保函，开展税款担保、汇总缴税、海关技术性减免税、对美加征关税排除等，有效减少资金占用 12.30 亿元，节省财务成本 1990.51 万元，进口设备贴息创效 980 万元。

【非钢产品销售】 2021 年全年销售副产品 942.17 万吨，同比减少 0.98%。销售收入（不含税）完成 22.95 亿元，同比提高 47.59%。

【电商销售工作】 2021 年国贸公司开拓欧冶云商线上线下平台相关业务，以效益为中心，提升电商业务规模，在电商平台交易、仓库货物监管、客户服务、物流园建设、进口采购招标等方面保持了良好的发展势头。在完成钢材产品全年在电商平台竞价销售的任务外，同时继续扩大了非钢产品电商销售的品类和数量，通过欧冶云商的化工宝和循环宝实现非钢产品的电商销售。

【物流管理】 北方恒达物流有限公司成立于 2018 年 8 月，注册资本金 15000 万元，由本钢集团有限公司全额出资。北方恒达物流有限公司依托新建的北方恒达产业园项目，产业园总占地面积 450 亩，总投资 5 亿元。项目总体规划、分期实施，一期于 2019 年春全面开工，2020 年底基本建成，2021 年 1 月正式投入试运营。运营当年实现钢材销售量 54.1 万吨、吞吐量 178.4 万吨、剪切加工量 9.3 万吨；实现营业收入 26.17 亿元、利润总额 3118 万元。实现了项目当年运营当年达产当年实现盈利的好成绩。二期主要规划是扩大仓储和通过招商吸引钢铁深加工企业，目前建设正在进行中。2021 年恒达公司以销售为牵引的一体化营销模式得到市场的积极响应。银企直连、供应链融资、网络货运等新业态、新模式在稳步推进。贸易商和运输企业积极加入产业园经济平台，深加工企业开始进驻园区投资建厂，汽配、加油、快捷物流等服务行业也在积极申请加盟，恒达公司形成了平台经济的雏形。资源集聚效应、产业集聚效应和市场影响力已初步显现，为打造东北区域最大、具有本钢特色的绿色、环保、可持续的"数字化、智慧化"钢材集散基地，形成以产业园为核心的钢材消费生态圈，初步打下了基础。

【党群工作】 一是聚焦主责主业，着力提升党建工作水平。全面落实本钢集团党委决策部署，持续提升把方向、管大局、保落实能力，以党建引领推动经营工作高质量发展。扎实开展党史学习教育，深入学习贯彻习近平总书记"七一"重要讲话精神，落实习近平总书记关于东北振兴和对鞍钢"凤凰涅槃、浴火重生"重要要求，自觉用习近平新时代中国特色社会主义思想武装头脑、指导实践、推动工作。二是贯彻"第一议题"要求，推动理论学习走深走实。年内开展党委理论学习中心组学习 22 次，基层党组织书记上党课 140 场次，各级党组织举办党史学习教育读书班 72 期，邀请省委党校教授作专题讲座 2 期，深入学习贯彻习近平总书记系列重要讲话和党的十九届六中全会精神，学懂弄通做实习近平新时代中国特色社会主义思想，引导党员干部以实际行动增强"四个意识"、坚定"四个自信"、做到"两个维护"。三是推进党史学习教育见行见效。国贸党委精心制定学习教育推进方案，各级党组织对照目标要求，结合实际开展主题突出、特色鲜明、形式多样的学习活动；国贸层面开展"走出去、走下去"主题活动，贯彻落实变"坐销"为"行销"工作理念，推动党史学习教育落地生根，促进了效益再提升；紧扣为企业、为职工办实事，公开招聘组成新一届技术服务组、解决职工洗浴难等办实事9项；聚焦人才成长，开展直供开发项目团队、青年精英销售团队、销售尖兵等评选活动，激励青工在营销工作中建功立业；在第四届"辽沈最美翻译官外语演讲大赛"中，国贸4人获奖，其中特等奖1名，一等奖2名，二等奖1名，为企业争得了荣誉。四是以落实整改省委巡视、集团党委巡察"回头看"反馈意见为契机，促进党组织和党员作用的发挥，促进企业高质量发展。针对省委巡视反馈指出的9项问题制定了详细的工作计划，按时完成整改任务，做到件件有落实；针对本钢集团党委巡察及巡察"回头看"反馈指出的问题，坚持实事求是，分类整改，全部完成整改；从巡视、巡察整改得到启发和受益，建立健全了制度，坚持民主集中制、坚持群众路线、坚持依法决策；把"三重一大"民主决策制度作为贯彻落实党风廉政建设责任制的一项根本性制度，从源头上预防腐败，确保权力正确行使。五是推动全面从严治党向纵深发展。根据国贸业务特点开展"靠钢吃钢"专项治理，融入本钢集团"整、严、树"工作一体化推进，对供、销、运等各项业务流程进行全面梳理完善。进口招标采购全部实现平台招采、应招尽招；冷系产品销售建立议价产品联席会制度，规范议价、竞价、招标等合同业务；非钢产品实现竞拍销售；水路运输推行预配载制尽可能实现船和货无缝对接；汽车运输招标工作逐渐过渡到招标公司，推进公开招标。通过以上有针对性的措施防控市场风险和廉政风险，也从源头上铲除"靠钢吃钢"的腐败土壤。

（贺　聪）

在第四届中国国际进口博览会鞍钢集团现场签约仪式上，国贸公司与西门子公司签订年度合作意向书（刘佳丽　摄）

本钢板材股份有限公司采购中心

【概况】 采购中心主要负责集团公司生产、基建、技改所需大宗原燃料、设备备件、辅料等物资的采购经营工作。采购中心下设14个部门，分别是焦煤、燃煤、原料、矿粉废钢、金属建材、电气化工材料、生产备件、工程设备8个专业采购部，计划管理、供应商管理、质量监督管理、技术商情、财务结算、综合管理6个管理部。2021年采购中心在岗职工205人，其中管理人员63人、业务人员142人、研究生学历24人、本科学历140人、专科及以下学历41人，副高级及以上职称42人、中级职称128人、初级职称28人。采购中心党委下设14个党支部，共有党员167人。

【降本增效】 2021年年初，受钢材市场带动，同时受澳煤进口受阻、"双碳"环保压力上升等因素影响，国内大宗原燃料价格持续走高，导致采购成本不断攀升。在煤炭、地方矿粉以及废钢等大宗原燃料成本大幅上升前提下，采购中心快速调整采购策略，通过摘牌立项、鞍本协同采购、正反双向择机采购、联合钢厂降价、推行产线承包、年标等等有力措施，全力降低采购成本。煤炭方面，通过增加国内长协采购量和积极开发新资源，全年开发古交焦煤1.7S、外蒙5#煤、经坊瘦煤等个22新煤种，补充进口煤缺口40万吨。充分利用国矿长协价格大幅低于地方焦煤价格的有利条件，加大国矿长协煤炭发运实现降本。在保产的前提下，积极开发新资源进行品种替代降本，用白壁关瘦煤

替代凯嘉瘦煤、吕家坨替代平岗焦煤、兴庆肥煤替代两渡肥煤等。全年实现焦煤品种替代降本1.95亿元。废钢方面，全年废钢价格总体以偏强运行为主，主要是钢材价格整体处于涨势，且北方废钢资源总体供应偏紧。尤其是在今年前三季度，按照公司降低铁耗总体部署，加大废钢采购力度，全力拓展采购渠道，采购废钢较比去年同期多采购75万吨，按公司盈亏平衡点测算预计给公司创造效益6.8亿元。辅料方面，重点推进扩大产线承包、引入供应商进行公开招标以及战略合作等有力措施，特别是耐材通过产线或区域承包，预计全年耐材降本1.12亿元。备件方面，通过续签年标、集中谈判以及国产化等措施降本降价，但由于前期钢材价格整体涨幅较大，部分备件价格出现上涨，备件环比降本额逐步减少。全年备件品种环比降本6900万元。鞍本协同采购方面，自鞍本重组以来，建立了协同采购管理制度，两地采购中心进行了全品种打开对标，全面统一采购标准、全面共享供应商资源，协同采购规模逐步扩大，快赢项目由最初的10项增加至17项，并推动快赢项目进一步落地实施，全力降低采购成本。2020年实现降本5.05亿元。

【采购经营指标】 2021年，全年实现采购总值601亿元，比公司预算降低14亿元。对比市场及同行业均有降低或持平。保产、保供实现"零影响"。质量指标、途耗指标、库存指标全部完成公司考核指标。

【保产保供】 密切关注重点物资，保障生产稳定运行。一是在煤炭方面，紧盯供需双方，提前着手统筹资源布局，强化了与大型国矿合作力度，通过增加国内长协采购量和

积极开发新资源，一年来，紧跟公司生产经营节奏，稳定供货主渠道，力保重点物资稳定供应。尤其是在"春节""建党100周年"及"国庆节"等特殊时段造成个别煤矿停产、限产以及极端天气导致运输受限等情况下，快速制定了煤炭各煤种的保供预案，组织人员到各煤矿各矿点及各路局，克服诸多困难，合理组织发运，全年组织完成发运煤炭1321万吨，完成率达到100%以上，为公司生产顺行奠定基础。二是在地矿方面，以生产消耗为目标，制定适应市场变化的应急保产方案，开展地矿动态采购，全力抢抓本溪周边地区地矿资源，同时大力开发了齐大山矿粉、东方沈家低硅矿粉等新资源。全年采购470万吨，有力地满足了生产需要。三是在废钢方面，年初，集团公司制定了以效益为中心工作理念，通过规模要效益的大布局，同时进一步降低铁耗，采购中心加大废钢采购力度，通过开发新的供应商来增加废钢的资源量，特别是创新思路，开发了各煤炭矿务局的废钢。在今年前三季度开发新增废钢供应商23家，完成废钢铁采购数量137万吨，完成两厂区铁耗在900公斤以下工作目标，圆满完成公司下达多采购废钢任务，为集团公司高产增效提供有力支撑。四是在合金方面，2021年受能耗"双控"影响，国内合金和有色金属等品种原料实际产量受到严重影响，尤其是下半年形势更加严峻，特别是合金保供十分困难。采购中心多次到内蒙古乌兰察布地区催发锰硅合金等合金品种，在本钢保供关键时期向本钢倾斜发货数量共计0.5万吨，为本钢炼钢对锰硅合金需求提供了有力保障。紧盯技改检修项目，协调双方服务现场。一是在联合检修方面，围绕板材公司6#、新1#高炉和北营公司新1#高炉、"1780"产线等为核心的2021年度联合检

修任务，从源头做起，跟踪计划下达，建立联检台账，实行周例会制度，加强了过程管控，密切跟踪主要工序时间节点，加大催发力度，同时做好现场服务。特别是重点关注高炉冷却壁、转炉烟罩、轧机齿轮机座、卷取机卷筒等核心备件328项共计51473件的到货，保证了公司各厂矿联检的顺利完成。二是在工程技改方面，围绕板材CCPP发电工程、北营3.5万立制氧工程、歪头山铁矿废石辊磨干选工程等56项重点工程项目，主动深入制造现场，加强重点设备质量和工期控制，保证了重点设备全部按需到货，实现了重点工程按期组织热负荷试车。另外，全部按时完成了技措、环措、能措、安措等336项专项措施项目资材到货，为公司快速达产增效提供了有力支持。提前策划随时应变，应急防汛及时到货。一是在应急抢修物资方面，围绕厂矿现场发生各类突发抢修任务，按照"应急通道"进货方式，组织抢修过程中急需用料，保证了公司最短时间恢复生产。尤其是春节期间板材冷轧总厂急需油膜轴承，因疫情造成运输环节出现问题，经多次协调"太重集团"，通过雇专人专车，3天送达本钢现场，满足现场所需。二是在危化品物资方面，提前制定了《易制毒危险品的保供方案》，特别是在"建党100周年"大庆期间，根据"危化品"现场消耗、市场变化随时调整保供方案，克服途经北京方向"危化品"禁运以及运力不足、高速限行等困难，确保重大节日期间硝酸铵、盐酸、液碱等危化品的稳定供应。三是在防汛物资方面，按照集团公司防汛总体部署，建立了防汛应急物资预案，6月份，由采购中心到防汛物资储备供应商现场实地考察，防汛物资储备情况，在汛期来临之前完成了编织袋、锹及潜水泵等防汛物资全部到货。另外，建

立了防汛物资供应商联络机制，全力做好防汛物资储备，有力地保障本钢各生产单位2021年安全度汛。

【党群工作】 1.党建工作。一是按照集团公司党委工作要点，制定了采购中心2021年党委工作要点，按时限按标准逐步完成工作任务；二是突出开展具有采购特色的党建载体活动。"七一"前夕组织开展了纪念建党100周年"两优一先"表彰、党的知识竞赛大会，新党员入党宣誓、老党员重温誓词，全体党员配备党徽"亮身份"上岗位；三是突出思想引领，对外宣传积极主动，不断激发职工干事创业的动力。通过《本钢日报》、采购e家园微信公众号等途径积极宣传疫情防控期间中心员工克服困难，保产保供的先进模范事迹，以此激励员工爱岗敬业、拼搏奉献的精神。2.党史学习教育。一是按照集团公司党委的要求，召开了党史学习动员大会，下发了《采购中心党史学习教育工作方案》，通过悬挂、张贴宣传标牌、标语以及通过电子屏幕不间断滚动宣传口号等方式，努力营造良好的党史学习范围；二是组织党史学习教育专题培训工作，特别邀请了本溪市党史学习教育宣讲团成员刘晓方教授为采购中心全体党员干部做题为"从坚持问题导向着眼，在党史中汲取继续前行的智慧和力量"的专题培训，提高了学习党史的热情和积极性，为党史学习教育工作走深走实奠定了基础；三是中心各党支部依托主题党日、"三会一课"、参观红色基地等组织广大党员开展"党旗在基层一线高高飘扬——以实际行动庆祝中国共产党成立100周年"活动，增强仪式感、参与感、现代感，营造团结奋进、开创新局的浓厚氛围。3.廉洁教育。一是按照集团公司"靠钢吃钢"专项工作要求，结合发生在身边的案例，提高廉洁意识、规范职业行为。在元旦春节、五一、端午等节前，组织召开节前廉洁教育大会，发布了致供应商的廉洁公开信，避免违反"四风"问题反弹回潮。签订廉洁承诺178份。深入贯彻落实"八项规定"精神，先后五次下发通知，组织各支部学习中纪委、省纪委、市纪委和集团公司纪委关于违反中央八项规定精神典型问题通报，检查了各支部学习情况和学习记录；二是立足采购强化监督。组织各支部签订《个人廉政档案》，强化一岗双责职责。4.群团工作。各群团组织积极发挥桥梁纽带作用，紧紧围绕采购工作，创新开展主题实践活动，促进了采购经营工作的顺利开展。工会还开展了以"保质保供保效益 强化采购促管理"为主题的劳动竞赛活动。另外，科协、共青团、武装、统战、信访、计划生育等系统围绕采购中心经营工作，积极创新工作方式，有力促进了本钢集团公司及采购中心的平稳运行。

(孙玉娟)

本钢集团财务有限公司

【概况】 本钢集团财务有限公司（以下简称"财务公司"）于2014年12月25日成立，注册资本30亿元（含1000万美元），是由本钢集团有限公司（以下简称"集团"）、本溪钢铁（集团）冶金渣有限责任公司、本溪钢铁（集团）实业发展有限责任公司共同出资设立，经辽宁银保监局批准的非银行金融机构。2021年9月，本钢集团与鞍钢集团实施重组，财务公司与鞍钢集团财务有限责任公司开始进行业务、人员等方面的全面整合，并预计于2022年10月末解散注销公司。财务公司下设综合管理部、信贷部、结算营业部、风险管理部、审计稽核部、计划财务部6个部门。截至2021年末在籍职工25人，其中研究生学历3人、本科学历22人，高级职称6人、中级职称11人、党员18人。2021年财务公司累计实现营业收入4.84亿元，营业成本4.23亿元，实现利润总额2.29亿元（贷款减值准备冲回1.85亿元），资产总额37.68亿元，负债总额3.25亿元，缴纳税金0.4亿元。

【结算业务】 在集团财务部的组织下，财务公司秉持高质量服务的核心理念，强化日资金的归集与调度，同时与银行深化合作，在风险管控前提下，统筹业务操作，通过量价匹配协商、时点贡献协商等，增强比价、议价能力。2021年，日均存款44.04亿元，综合利率2.32%，与企业存银行协定利率1.15%对比，高1.17%，累计为集团增加资金收益5159万元。2021年，财务公司继续发挥了整合资金资源和提高资金使用效率的职能作用，操作内部结算业务6518笔共计5409.26亿元；代理支付业务24438笔共计735.52亿元；资金回拨业务6079笔共计1746.45亿元；结算业务总量72021笔共计11592.7亿元。

【信贷业务】 2021年，财务公司紧密结合成员单位融资需求情况，充分发挥平台功能，通过对成员单位贷款利率价格让利等手段，向成员单位提供信贷支持。2021年末，财务公司自营贷款余额32亿元。

【票据业务】 2021年，财务公司与集团财务部、采购中心等部门高效协同，强化顶层设计，统筹电票支付计划和指标设计，保障电票最大开具能力，同时积极协调银行，保证客户贴现授信总量，消除客户收票疑虑，打通票据流通渠道。截至12月末，银行授信总量52亿元，全年开具承兑汇票58.22亿元，平均期限6.25个月，累计为集团节约融资成本1.3亿元，极大地缓解了集团的支付难题，有效降低了资金运营成本，进一步体现了财务公司金融服务的作用。

【保函业务】 财务公司配合国贸做好关税保函到期续作工作，保证关税保函额度持续满足国贸公司需求。截至2021年12月末，公司汇总缴税、关税总担保保函合计余额6.67亿元，与企业在银行开具保函对比（按保函金额每季度收取2.5‰的手续费，且需交100%保证金），累计为集团节约财务费用3000余万元。

【风险管控】 2021年，财务公司审计稽核部针对各部门的业务活动和管理活动开展内部检查工作，完成审计稽核项目共16个。内部审计稽核范围包括公司评级授信业务、自营贷款业务、电子银行承兑汇票业务、存放同业业务、与成员单位对账业务、担保业务、账户管理、风险管理、合规管理、授权管理、薪酬管理、公司治理、资产风险分类、反洗钱管理、信息科技管理、重空管理等项目。充分发挥财务公司"三道防线"作用。在日常风险管理中，设定各类监管指标20项，对其进行日监控、日报送，确保财务公司各项业务合规稳健开展，全年无重大问题发生，无风险案件发生。

【信息化建设】 根据监管要求和业务发展需要，财务公司积极推进信息系统建设并取得阶段性成果。2021年，公司全面升级核心业务系统，并于12月份完成全部功能的上线投产，具体功能包括网上银行、客户信息系统、结算管理、信贷管理、数据分析平台等。新核心业务系统的数据分析平台为公司决策信息和数据分析提供依据，并通过对监管指标的实时监测，为公司提高内控管理水平提供强有力的支撑。

【党建工作】 财务公司着力落实党建工作，财务公司党支部按照上级部门的要求，认真学习、贯彻上级部门的文件精神，开展落实党务各项工作。不断完善党组织建设，建立健全党支部领导班子，认真履行党章规定的职责，贯彻执行十九大和十九届六中全会精神。财务公司党支部带领全体党员学习集团领导重要讲话、廉政教育学习材料，不断增强党员政治意识、纪律意识、廉政意识和大局意识，影响和带动了全体员工积极向上的精神风貌。 （董 越）

辽宁恒亿融资租赁
有限公司

【概况】 辽宁恒亿融资租赁有限公司（以下简称恒亿公司）是经辽宁省外经贸厅批准成立的辽宁省内首家外商投资融资租赁公司，是由本钢集团有限公司及本钢集团香港有限公司于2014年9月9日共同出资设立，恒亿公司注册资本3.5亿美元。经营范围包括：融资租赁业务、租赁业务、向国内外购买租赁财产、租赁财产的残值处理及维修、租赁交易咨询和担保。下设综合管理部、财务部、业务部、风险稽核部四个职能部门，公司董事会下设立风险评审委员会专门机构，主要负责公司租赁业务的风险控制和评估工作。在籍人员19人，其中本科及以上学历16人，高级职称1人、中级职称5人。

截至2021年末共发生直租业务金额19.65亿元，因鞍钢集团金融板块面临整合，预计2022年末恒亿公司将会注销，大部分直租业务提前终止。租赁业务不良率为零。总资产为26.86亿元，所有者权益为16.43亿元，实现营业收入4.29亿元，实现利润0.48亿元。

【直接租赁业务情况】 根据财政部与国家税务总局下发的财税〔2016〕36号文件，恒亿公司不断创新业务模式，依据集团公司采购有形动产的总体情况，将直接租赁业务的标的物从原有改扩建工程的机器设备拓展至备品备件类设备，充分发挥直接租赁业务模式的优势。目前融资租赁标的物已涵盖集团公司固定资产投资、设备零购、备件采购等所有范围。集团公司有形动产投资类直租业务全面展开，额度逐步提高。2021年末，累计已签署直租业务合同共计3515笔，直接租赁业务合同余额累计2.44亿元。

【财务管理】 2021年，恒亿公司继续加强财务工作科学规范化管理，提高财务综合管理机制和经费使用效益，严格按照集团公司财务管理要求，建立专业化的财务团队，使公司财务管理日趋严谨。

【风险管控】 2021年，恒亿公司始终坚持把风险管控作为公司高质量、可持续发展的重中之重，将风险管控机制贯穿到经营管理的各方面，将风险防控意识强化到每名在籍员工。恒亿公司不断强化"三会一层"为主体的法人治理结构，完善公司基本治理制度，定期召开董事会，决策公司"三重一大"事项及公司经营管理重大事项，确保集团公司的方针政策、董事会各项决议、公司经营计划的贯彻落实。加强业务全流程封闭化管理，通过全流程的稽核审查管理，有效地规范业务流程，合理防控风险，为公司下一步战略发展夯实基础。

组织开展向人民英雄敬献鲜花活动（吴岩 摄）

【党建工作】 2021年，作为"十四五"开局之年，还是建党一百周年，更是鞍本重组的首年，肩负着重大历史的责任。在全球新冠疫情大暴发局势下，国内疫情呈多点散发态势，恒亿公司坚决执行集团公司的各项防疫决策部署，以习近平新时代中国特色社会主义思想为指导，全面贯彻党的十九大和十九届二中、三中、四中、五中全会精神，努力用马克思主义立场、观点、方法分析和解决实际问题，不断提高政治素养和理论水平。严格遵守党的政治纪律和政治规矩，积极参加"不忘初心、牢记使命"主题教育，进一步增强"四个意识"，坚定"四个自信"，做到"两个维护"。对党忠诚，立场坚定，

自觉在思想上、政治上、行动上同以习近平同志为核心的党中央保持高度一致。

（宋洪阳）

辽宁恒基资产经营管理有限公司

【概况】 辽宁恒基资产经营管理有限公司（简称恒基公司）是本钢集团有限公司全资子公司，注册资本300万元人民币，主要负责对本钢集团授权的部分对外投资产权、股权和外埠经营性房产的经营和管理，2021年末共有在职员工13人，其中本科学历13人，高级技术职称8人。设有综合办公室、经营管理、财务3个科室。

【"僵尸"企业处置】 按照省国资委、本钢集团"僵尸"企业处置工作要求，恒基公司2021年主要任务是对本钢集团长春钢模厂实施清算注销。面对长春钢模厂及所属四个分（子）公司的财务、印信等资料全部丢失，法定代表人无法说清楚相关情况、当事人不愿意配合等不利因素影响，理清思路，积极协调税务、市场监督部门，认真细致开展工作。在清算过程中，在市不动产中心发现长春钢模厂所属分（子）公司名下的两处闲置多年的住宅，为避免资产流失，通过公开招标评估，在沈阳产权交易所挂牌受让，办理了过户。目前已完成本溪市申本工贸公司、兴钢金属加工厂注销工作，本溪经济技术开发区本钢建筑施工部、本溪经济开发区本钢上海工贸公司和长春钢模厂清算注销工作也正在同步实施中。针对第三方审计对本溪经济开发区本钢上海工贸公司存货、货币资金、股东出资等问题，多次与第三方审计

部门、银行沟通，找寻上海工贸原企业负责人和当事人询证，提出解决方案。配合破产管理人和受买人，完成了本溪富乐多制管有限公司相关实物资产验装、监装到物资出门等相关工作。

【控（参）股企业监管】 深入对大耐公司、波罗勒制管公司土地、股权、生产经营、税务等情况进行调研。对大连摩根耐火材料有限公司股权退出事项及时研究对策，并及时向集团公司相关部门汇报，确保大连摩根耐火材料有限公司股权有序平稳退出。针对参股企业海南冶金矿山联合公司在前期自主清算和强制清算过程中，存在个别清算组成员和强制清算负责人损害公司、债权人利益的行为，联合股东鞍钢矿业、攀钢矿业及相对控股海口腾宏联房地产咨询公司向海口市中级人民法院、海口市检察院进行申诉抗辩，维护本钢出资人权益。目前，海口腾宏联房地产咨询公司已向海口市中级人民法院申请撤回强制清算后再转为自主清算。参加本溪高新钻具制造有限公司第一届第二十次董事会，审议通过了该公司相关议案，按时收取分红；对北京中联钢电子商务有限公司2021年第一次股东会议提出的"渤海钢铁公司股份无偿划转至渤海钢铁融资租赁公司"等事项进行了研究，提出了出资人意见，按要求请示集团公司后进行了表决。

【应对诉讼纠纷和历史遗留问题】 2014年，集团公司董事会决议将原本钢珠海工贸公司（已吊销多年）早年购买的位于珠海市吉大区百莲新村一处100平方米的住宅划归恒基公司管理，由于历史原因现仅有购买协议一份，未办理产权证，且原开发商已经改制。多年以来，我们一直在研究此住宅确权方式，争取最大限度避免本钢损失。在集团公司财务部、法务部的大力协助下，经过多方收集、查找原本钢珠海工贸公司与本钢往来的货款凭证等证据，最终确定本钢以货款纠纷起诉本钢珠海工贸公司，再将房产执行回本钢。目前本溪市平山区法院已完成民事调解工作。针对原海南东有实业公司原法定代表人主张"清腾当年纪委办案移交的海口永南苑住宅"的无理要求，恒基公司协调集团公司法务部、纪委，本溪市中法对其再次进行查封，维护本钢合法利益。积极配合集团公司法务部、三业律师事务所应诉杨凤海、张树玉、王志东清理大连现代轴承债权劳动报酬纠纷案。

【外埠房产管理】 对于所有能够出租的房屋，想尽一切办法对外招租，根据市场行情，及时上调了租金，做到应收尽收，全年累计收取房租26.65万元。对于因消防原因不能使用的珲春房产，刊登出租出售广告，寻求对外合作。

【调查清查】 按照集团公司鞍本重组相关审计的要求，先后完成了集团公司年度审计、集团资产清查工作、省审计厅有关经济责任审计和恒基公司及下辖25家控股、参股公司尽职调查工作；同时，按照三年国企改革任务目标，对所管理的参股公司逐个进行了分析，形成处置意见。

【党建工作】 继续不断强化党建工作。按集团公司成立恒基公司党委托管4家改制党委的要求，恒基公司克服人员严重不足的实际困难，积极做好各项党建工作。恒基公司党委先后开展了警示教育和强化党史学习教育等活动。为做好疫情防控工作，恒基公司党支部深入学习贯彻落实习近平总书记关于新冠疫情防控工作的重要指示精神，充分发挥关键时刻党组织战斗堡垒和广大党员干部先锋模范作用，做到坚定信心、同舟共济、科学防治、共抗疫情。保证了恒基公司各项工作的有序开展。

（东 风）

辽宁恒汇商业保理有限公司

【概况】 辽宁恒汇商业保理有限公司（以下简称"恒汇公司"）是经辽宁省国资委批准，由本钢集团有限公司出资设立的全资子公司。2017 年 11 月 22 日公司注册成立，注册资本 10 亿元人民币，实缴 2 亿元。注册地点位于中国（辽宁）自由贸易试验区沈阳片区，日常经营场所位于本溪市东明路 10 号本钢集团金融中心。恒汇公司设立业务部、风险部、财务部、综合部四个职能部门。根据《商业保理公司管理办法》等相关规定，主要经营以下业务：以受让应收账款的方式提供贸易融资；应收账款的收付结算、管理与催收；销售分户账管理；与本公司商业保理业务相关的信用风险担保；资信调查与评估；相关咨询服务。

【经营情况】 2021 年，恒汇公司紧密结合集团公司资金形势开展业务，服务上游客户，通过办理上游供应商保理业务，解决上游中小企业的融资困难。全年保理业务金额 2.4 亿元，实现利润总额 870 万元，净利润 620 万元。此外，恒汇公司资金来源有所突破，已经获得盛京银行 5000 万元再保理业务授信、兴业银行 7 亿元联合保理授信，其他金融机构等授信业务也在申报、审批中。

恒汇公司自成立以来，所有业务均围绕服务集团公司上游供应商开展，无违约业务发生，2021 年度在全省保理企业中综合排名名列行业前茅，获得了省金融监管局的认可。

【主要职能】 恒汇公司核心职能是应收账款的转让，目前业务开展主要围绕本钢集团为核心的上游中小企业，即上游供应商将应收本钢集团的应收账款转让给恒汇公司，恒汇公司收取一定的利息后对上游供应商提供融资，协助卖方解决流动资金短缺问题，而后通过再保理、联合保理等业务模式，将受让的应收账款转让给外部金融机构，引入外部资金，缓解集团资金压力。在赚取外部利润的同时，不仅解决了本钢集团上游供应链中小企业的融资问题，而且促进了整个供应链的健康高效发展。与此同时恒汇公司还拥有以下 3 项基本功能，分别是应收账款管理、应收账款催收和坏账担保。1、销售分户账管理。恒汇公司可以根据卖方的要求，定期向卖方提供应收账款的回收情况、逾期账款情况、账龄分析等，发送各类对账单，协助卖方进行销售管理。2、应收账款的催收。恒汇公司有专业人士从事追收业务，根据应收账款逾期的时长采取合法、有效的手段，协助卖方安全回收账款。3、坏账担保。恒汇公司可根据卖方的需求为买方核定信用额度，对于卖方在信用额度内有销售活动所产生的应收账款，保理商提供 100% 的坏账担保。

【内部控制情况】 恒汇公司自成立以来坚持"稳健经营、科学发展"的经营方针，以确保公司持续、快速、健康发展。2021 年恒汇公司接受了辽宁金融监督管理局现场检查，对监管部门提出的宝贵意见非常重视，进一步强化了内控管理力度。主要从以下两方面着手：首先，完善内控制度。恒汇公司新增内控制度 10 项，截至 2021 年末累计起草制度 24 项，其中业务制度 10 项、风险及稽核制度 5 项、计财制度 4 项、综合管理制度 5 项。在业务控制管理方面，恒汇公司根据国家有关部门规定，制定了《保理业务管理办法》《综合授信管理办法》等业务管理办法，建立了评审和业务相分离、分级审批的保理融资业务管理体系。制定了《利率管理办法》，对业务评审委员会的人员构成、职责及议事规则等做出明确规定。建立了完整的业务档案，包括申请、调查、评审委员会审批记录、业务合同等，并定期进行稽核检查。在风险管理控制方面，制定了《风险管理办法》等风险管理制度，建立了统一领导、独立监控、贯穿过程、量化指标、综合考核、奖惩分明的风险管控体系。实行全面风险管理战略，以服务为核心，通过在公司管理的各个环节和经营过程中执行风险管理基本流程，培育良好的风险管理文化，建立健全风险管理体系，建立风险管理的识别、计量、监测和控制机制，包括风险管理策略、风险应对措施、风险管理的组织职能体系、风险管理信息系统和内部控制系统，从而有效控制信用风险、操作风险、市场风险、流动性风险等。在未来的经营管理过程中，恒汇公司仍会不断完善内控体系建设，适时更新和完善相关制度。其次，强化尽职调查环节。恒汇公司在完善业务制度的基础上，强化尽职调查环节的细节要求，并在每笔业务开展前依据制度对主债务人及重要相关方开展尽职调查，了解借款人行业特点、经营状况、财务数据、信用状况等信息，强化业务前端控制力度，尽早管控风险。

（董 磊）

辽宁容大投资有限公司

【概况】 辽宁容大投资有限公司（简称容大公司）成立于 2009 年 8 月，是本钢金融板块的重要组成部分，是本溪市唯一一家集投资、典当、担保、物流和经济信息服务为一体的综合性准金融机构。容大公司注册资本 5.5 亿元人民币。公司全资或控股子公司有辽宁容大融资担保有限公司、辽宁容大典当有限责任公司、辽宁容大物流有限公司和辽宁容大经济信息服务有限公司。公司主要经营本钢商票质押典当、本钢商票融资担保、本钢财务公司电票质押典当、本钢上游应收账款质押典当、中小企业贷款、银行贷款担保和短期融资等业务品种。公司下设业务一部、业务二部、科技市场部、风险合规部、资产管理部、计划财务部和综合管理部。在籍职工 37 人，其中管理和业务岗 32 人、操作岗 5 人，本科及以上学历（含在职教育）32 人，具有中级职称 17 名，注册会计师 1 名，公司律师 1 名。2021 年，容大公司坚持以效益为中心，坚持以党建为引领，巩固扩大本钢上游客户服务规模，积极研发下游业务品种，强化清收清欠，构建信息平台，实施全面风险管理等举措，公司经营管理水平再上新台阶。2021 年操作业务 1037 笔，同比增长 16%；业务总额 11.69 亿元，同比增长 52%；实现考核利润 1483.80 万元，完成考核利润指标 114%，同比增长 47%，全年业务零风险；实现清收回款 317 万元，租金 65 万元，职工收入实现稳步增长。

【市场开发】 本钢供应链金融业务惠及中小微企业 304 家，其中本溪地区 187 家、省内外市 62 家、省外 55 家，覆盖国内 19 个省。全年开展本钢上游业务 982 笔，业务总额 10.9 亿元，业务额同比增长 50%。其中以本钢上游应收账款和票据典当方式操作业务 480 笔，放款 4.6 亿元，同比增长 49%。以本钢上游应收账款和票据担保方式操作业务 502 笔，担保额 6.3 亿元，同比增长 50%，所有担保业务零保证金运转。在做强做大本钢上游供应链金融的基础上，以本钢恒达物流园为载体，2021 年 3 月份启动本钢下游市场的开发工作，实地到鞍山市中小保、攀钢天府惠融、攀钢达海产业园调研学习，陆续推出本钢下游企业钢材采购质押典当业务、钢材仓单质押典当业务、钢材采购质押委贷业务、钢材贸易等新业务品种，已开展业务 10 笔，业务金额稳步上升。通过开展本钢下游新业务品种试点，及时对业务质押率、费率以及贷后监管措施进行优化完善，不断积累业务和风控经验，逐步提升业务规模，构建上、下游全产业链金融服务新格局。

【行业合作】　容大公司合作授信银行增至 9 家，授信总额 14.5 亿元，涵盖国有、股份制、城商行、民营银行、村镇银行，丰富了中小微企业的融资选择。不断优化授信条件，实现所有银行担保授信零保证金。为进一步提升小微企业金融服务效能，容大公司与振兴银行合作共建"核兴惠供应链资产服务平台"成功上线，实现了担保业务线上发起和线上签约，并顺利完成首笔线上电子保函开具。启用了农行和兴业银行的担保授信，实现与国有和股份制银行的担保合作。对标鞍钢金融板块，与鞍钢天府惠融对接开发"惠信典当"和"惠信担保"两个线上供应链融资业务，制定业务操作规程。与非银行金融机构国信小贷公司合作，成功开展本钢供应链业务。

与辽宁省担保集团常态化开展再担保业务合作，再担保授信使用率 100%，预计实现再担保补贴 23 万元。获批财政部和工信部小微企业融资担保业务降费奖补资金 42 万元。

【信息化建设】　致力于建设信息化经营管理平台，提升企业管理效能。实施"创新智能驱动"战略，与本钢信息自动化公司合作，实质推进容大公司信息平台（一期）建设，平台于 8 月线上试运行，经过 4 个月线上线下并行磨合，系统操作问题全部解决，系统基本功能趋于稳定，适时取消线下环节，全部转为线上操作。下一步将外网访问和手机客户端等功能作为系统重点优化内容，切实提升系统用户体验，提升企业管理效能。

【项目清收】　按照"应诉尽诉、应执尽执、应封尽封、应收尽收"原则，全面开展清收清欠和资产处置工作，全年诉讼立案 6 笔、申请执行立案 8 笔、执行开庭 1 笔、提出执行异议 1 笔、实施司法评估 2 笔、提起司法拍卖申请 2 笔、终本 2 笔、处置破产清算案件 6 笔、查封 8 笔。截至 2021 年底，尚有 24 笔历史逾期业务诉讼案件，陈欠本金债权 5.44 亿元；衍生案件 5 笔，标的额 2153 万元。2021 年全年清收回款 317 万元，租金 65 万元。针对长期困扰上海和平茶城出售、长期租约问题，以原承租人拖欠租金和物业费为契机，在上海虹口区法院立案，9 月份取得法院终审判决，解除租赁关系并向容大公司支付欠缴租金及房屋占用费。容大公司立即筹划全面接管上海和平茶城房产，经周密安排部署，10 月份成功进驻接管上海茶城房产，派驻管理团队负责统筹过渡期内相关事务。同时积极推进房产出售工作，已完成房产价值预评估，正在进行房产出售的集团内部审批手续。

【风险防控】 严守法律底线，严格按照省、市金融监管机构要求，依法合规开展经营管理工作。完善以容大公司章程为核心的董事会制度体系，按照议事规则及议事清单，规范议题的申报和审核，严格落实"三重一大"制度，重点事项实行跟踪督办管理。完善容大公司规章制度体系。全面地梳理历年规章制度，集中对现有的3大类别7个系统84项制度进行了梳理归类，4月份正式形成了《容大公司规章制度汇编（第三版）》。后期结合制度实际执行情况，制定及修订相关制度20次。全面梳理本钢集团转发可直接执行的鞍钢政策性文件。

【基础管理】 在绩效考核方面，严格执行《2021年度绩效考核办法》，按照职工贡献维度，差异化分配月度奖金以及季度超利共享奖，薪酬激励作用逐步显现。实行资金预算管理，落实各部门当月资金计划及上月计划完成情况，提高资金使用效率。强化档案管理，修订档案管理办法，制定档案移交考核办法，统一移交目录清册，规范接收和归档各类档案。配合鞍钢本钢重组第三方机构开展尽职调查、配合省审计厅做好对集团公司领导离任审计和外部债权专项审计、配合北钢公司完成清产核资工作、配合集团审计部做好北钢公司领导离任审计和容大公司领导年薪审计。针对审计中提出的问题，认真分析研究，制定相关的整改措施。扎实做好省委巡视"回头看"工作，所涉问题均已全部整改到位。进一步加强疫情防控工作，严格落实本钢疫情防控30条及相关制度，坚持每日接龙和测温消杀，严格执行出行报备制度，落实返溪职工防控措施，做好疫苗接种和物资储备等工作。

【党群工作】 深入开展党史学习教育，积极为职工办实事。面向容大公司全体党员，以领导班子成员为重点，坚持"第一议题"制度，严格执行"三会一课"、主题党日等组织生活制度，组织领导班子集中学习11次、专题学习研讨5次、举办专题读书班3次。以党员大会形式集中收看建党百年庆祝大会、宣讲党的十九届六中全会精神等内容，召开党员大会12次。组织党史知识测试，讲授专题党课，召开专题组织生活会。举办瞻仰革命烈士纪念碑、重温入党誓词、党员过政治生日、唱红歌等活动，参观本钢职工书画作品展，组织参加上级单位开展的党史理论、七一讲话和十九届六中全会精神集中宣讲会，充分利用《学习强国》等平台积极开展党员自学。深入开展"为职工办实事"活动，免费为职工提供午餐和浴室、更换职工办公电脑、购置工装衬衫、发放劳保用品，持续开展送职工生日蛋糕、免费职工医疗互助保险，暑期雪糕冷饮充足供应。深入征集职工意见建议，持续推动办实事工作走深走实。严格落实支委会研究讨论作为容大公司董事会、经理会研究决策重大问题的前置程序，严格执行"三重一大"集体决策等制度。定期分析研判全面从严治党工作形势和职工意识形态工作。认真贯彻落实北钢党委履行全面从严治党会议精神，成立"整、严、树"专项工作领导小组，提出"十不准"纪律要求，强化每周劳动纪律检查和通报力度。开展"靠钢吃钢"问题专项治理和打击违规决策专项行动，建立健全规章制度体系。签订党风廉政建设目标责任书，签订《领导干部廉洁自律承诺书》32份，深入落实中央八项规定精神，尤其在节假日、升学季开展廉政教育提醒。推荐参评上级党组织"两优一先"，容大公司党支部荣获本钢集团先进党组织荣誉称号。推荐1名年轻科级干部参加本钢集团优秀年轻干部综合能力提升培训班，1名年轻科级干部入选鞍钢集团青马学堂培训班。在本溪市国防知识竞赛决赛中代表本钢集团取得第二名的优异成绩。完成党支部换届工作和上级党代表补选、平山区人大代表选举等工作。　　　　（陈利军）

机械制造有限责任公司

【概况】　本溪钢铁（集团）机械制造有限责任公司（简称机制公司）是本溪钢铁（集团）有限责任公司所属的全资子公司。下设综合办公室、党群工作（人力资源）部、经营技术部、财务部、销售部、采购部等6个管理和业务部室。下辖第一机修厂、矿山机修厂、第三机修厂三家专业化生产厂和全资子公司本溪爱科液压密封有限公司，与英国合资创办本溪威尔堆焊制造有限公司。机制公司占地43万平方米，主要从事矿山、冶炼、轧钢、水泥、焦耐、液压、化工、运输等行业部分成套设备及备品备件的加工制作，是与本钢钢铁主业关联度最高的非钢企业之一。具备球磨机、自磨机、高炉冷却壁、环冷烧结机组、大板坯火焰清整、酸轧连退硅钢机组、高速棒材机组、堆取料机及矿山机械设备备件的全部或部分设计制造经验，具有较强的传统生产优势和历史成功经验。2021年，机制公司与辽科院专家团队共同开发高端铸钢件——轧机轴承座、汽轮机汽缸，标志着机制公司迈向高附加值精品铸造行列。

截至2021年底，机制公司在岗职工1486人，其中管理岗76人、业务岗116人、技术岗71人、操作岗1223人，大专及以上学历165人，高级职称33人、中级职称108人、初级职称98人。机制公司下辖3个党委、党总支1个、党支部19个，党员484人。拥有固定资产原值27055.93万元，净值4880.46万元。

【企业定位】　机制公司紧紧围绕"以效益为中心"的理念，用实际行动去践行"三个转型、两个升级"，秉持"重实干、强执行、抓落实"的工作态度，围绕"5+1"的工作格局和"1+4"重点任务，以精品铸造基地建设推动产品结构从低附加值向高附加值的产品质量效益型转变，实现高质量发展。以项目拉动增产创效推动主营业务从单一备品备件生产向成台套设备承制、环保工程建设、轧制球段生产基地、高端备件修复基地、产线总包服务等主业多元化效益转变，实现高效益发展；以全业务流程信息化建设推动经营模式从粗放式经验管理向数字化智能制造、精益化管理转变，实现可持续健康发展。确保人均产值和利润逐年提升，确保中高端附加值产品比例稳步提升。强力推进"三大基地"建设，打赢"三大攻坚战"。

【生产组织】　确保本钢集团重点项目四大工程：板材环冷、北营环冷、北营台车、北营冷却壁的按期完成。合理组织生产，通盘合作，克服工期紧、任务重、资金不足、疫情影响等不利因素，确保四大工程保质按期完成。机制公司调整经营模式，发展高端铸件产品，按期交付8组宝菱轧机轴承座，得到用户好评。全年各单位抢制急件、事故件6.79万件，总工时23.32万小时，合同金额1685万元；中修件8591件，总工时5.2万小时，合同金额831万元。一机修连续作战

3天2夜完成马球环冷台车修复，3个昼夜完成板材炼钢厂扇形段修复及更换。三机修仅3天时间现场测绘并抢制一冷轧电机转子底座，与鞍钢重机双晟风机公司联手抢修焦四风机叶轮。

【安全管理】 安全生产形势总体稳定，实现"三为零"。有效控制在指标范围内。全年编制修订安全、消防各类管理制度26项，堵塞了管理漏洞。开展安全生产集中整治工作专项检查17次，查摆问题78项，各生产单位自行查出并整改问题215项。隐患清零专项整治行动累计自查问题58项，消防、危化品累计检查消防隐患问题53项，全部落实了整改。完成机制公司安全生产许可证的办理。

【技术创新】 2021年完成15项新产品研发工作，创产值2900万元，为机制公司创造了可观的经济效益。一机修与辽宁科技学院联合完成了铸钢轴承座铸造工艺技术开发项目，获得集团25万元合作联盟资金支持，为高端铸件生产奠定了基础，并自主开发了炼钢厂铁水罐倾翻车项目；矿机修自主开发了本钢歪头山矿WK-10B电铲铲斗总成的研制，利用消失模制作耐磨衬板及矿山备件修复项目；爱科公司完成了冷轧硅钢乳化液喷嘴阀芯研发和冷轧运卷小车鞍座制作项目；威尔公司完成了八号铸机辊子修复项目的开发，已开始大批量修复。2021年，知识产权方面取得了可喜的成果，其中《一种炉篦条的制造方法及制造装置》和《一种制备具有铸入钢管的铸铁件方法》获得了国家专利局发明专利授权，《一种采用铸造方法制备16.8B电铲铲斗》获国家专利局实用新型专利受理；工程技术人员发表技术工艺论文

4篇，其中国家级期刊发表2篇、省级期刊发表1篇、《本钢技术》发表论文1篇；向科协投稿参加优秀论文评选2篇，其中《干熄焦旋转密封阀易损部位修复与改进》获得2020年度本钢科技论文征评活动二等奖。这些成果，不仅填补了机制公司技术创新史上的空白，而且有效提升了企业科技实力。

【科技引领】 2021年通过哈尔滨汽轮机有限责任公司认证，签订铸造行业高端顶级产品——汽轮机铸件230吨，总价800余万元的订单。通过与国内高科技企业和院校合作，攻克多项技术难点，形成了适合现有装备和技术特点的铸造工艺，该订单于年底交付使用，完成了百年机修在高端铸件产品制造上的历史性飞跃。第一机修厂总工办联合辽科院设立"铸造专家工作站"，应用计算机模拟浇注技术，实施轧机轴承座研发工作，首批8组宝菱轧机轴承座完全满足超声波2级探伤要求，工艺出品率达到50%以上，处于同行业较好水平，标志着机制公司中高端铸钢产品结构调整的新篇章已正式开启。第三机修厂利用区位优势和市场资源，以联合体方式开展水泵、风机、阀门等高附加值备件的修复工作，部分产品已经试制或上机验证；与鞍钢重机公司合作开发鞍钢水泵修复业务，首次打入鞍钢备件修复市场；新增修复阀门32台、风机4台、水泵15台，预计后续将增加合同额800余万元。

【市场拓展】 与大连华锐、常州宝菱、大连大山签订战略合作协议；与鞍钢重机签订全面战略合作协议；与辽科院签署校企研发合作协议。以联合体形式分别与宝冶五钢、沈阳远大、营口环境等专业厂家在环保设备制造和工程建设、产线维保等新创效领域

自主研发高端铸钢产品轧机轴承座 （张维锋 摄）

开展合作，全年联合承制模式实现承揽 1.61 亿元，占总承揽额的 34%，实现销售收入 1.22 亿元，占总营收的 32%。

【党群工作】 机制公司两级党委组织中心组理论学习 69 次，班子成员共参加学习 345 人次，党总支、支部组织集体学习 838 次，学习人数 18340 人次。将全体党员的政治觉悟和政治能力统一到党中央的决策部署、本钢党委的工作要求和机制公司脱困攻坚中心工作上来。强化全面从严治党主体责任，开展了两轮巡视、巡察反馈问题自查整改工作，梳理出 36 项问题清单，细化出 97 项问题并逐项整改。落实"21112"工作要求，完成"整、严、树"和"靠钢吃钢"专项治理工作，共查摆问题 88 项，完成整改 88 项。传达学习集团纪委工作要求和警示教育案例，落实党组织书记讲廉政专题党课、利用政工例会定期听取党组织从严治党履职情况汇报，强化了党员干部廉政意识。组织"走近毛丰美、

弘扬实干精神"主题党日、党史知识竞赛、新进党员宣誓仪式、党史学习专题党课、庆祝中国共产党成立 100 周年暨"两优一先"表彰大会，组织观看"七一"建党百年大会直播，教育引导党员干部重温建党百年历程。开展"我为群众办实事"实践活动，启动了"改善职工厂内生活条件专项行动"，共修缮浴池 6 个、休息室 26 个、卫生间 15 个、食堂 1 个，切实改善了职工厂内生活条件。全年两级党委共制定"为群众办实事"项目 88 项，完成 88 项。第一机修厂成立了陈俊良电气技能工作站，是机制公司历史上首次以个人名字命名的技术工作站。不到 3 个月，该工作站解决了日本进口锯床长期存在的电气故障，恢复了设备全部功能；对 10 吨工频炉增设了检测和报警装置，使 10kV 自动柜短路和越级跳闸重大安全隐患得到了有效控制；对天车遥控器实施厂内自修，缩短了停车时间，节省了维修资金。工作站还将机制公司党委对其的奖励购买了伺服驱动器、

电机、PLC、电动滑台等设备，改善了培训和实验的条件。机制公司党委开展了作业区级副职岗位见习锻炼和师带徒工作，公开甄选、择优培养，20名年轻骨干人才走上了副职管理岗位见习，18对师徒开展技术传承，为企业未来发展，提供人才保证。机制公司党委牵头，公司工会组织实施"三比三看三保证"劳动竞赛，通过对经营攻关指标完成情况考核，兑现奖励优秀职工共计1万元。机制公司工会出资10.2万元，全年为1199名职工办理《在职职工住院医疗互助保障计划》，有225人次获得赔付，赔付金额16.8万元。发放救济款、温暖金合计15.6万元，救助困难职工237人次。使用"温暖助学"活动资金1.39万元为高考入学的35名职工子女购置了箱包。开展夏季送清凉活动，为基层单位发放西瓜8000斤，同时积极与集团公司工会沟通，为基层单位配置了医药箱、冰柜、微波炉、电风扇、电水壶、开水桶、洗衣机等价值3万余元。积极发放职工集体福利，在重要的节日，利用集团招标平台为职工购买米面油等，全年发生90.76万元。

（张维锋　李伟奇）

修建（维检）公司

【概况】　修建（维检）公司（以下简称公司）是本钢集团的部级全资子公司，是集冶金设备大中修、定修、小修、生产设备维护、钢结构件制作、运输和吊装为一体的大型综合专业化公司，具有国家冶炼工程施工总承包一级资质。修建（维检）公司在籍职工总数3717人，其中修建方向在籍职工总数891人，维检方向在籍职工总数2826人；管理岗90人、业务岗155人、技术岗88人、操作岗3384人，具有正高级职称的1人、副高级职称的29人、中级职称的202人、初级职称的314人，高级技师42人、技师553人。下设8个部（室），29个队（站、厂）、作业区。党委下设14个党总支、10个党支部，203个党小组，共有中共党员1423人。拥有德国产250吨吊车、美国产林肯焊机、数控切割机、卷板机、千吨压力机等一系列施工设备。固定资产原值11298万元，净值1195万元，其中修建方向固定资产原值7881万元，净值838万元；维检方向固定资产原值3417万元，净值357万元。

2021年，修建（维检）公司实现各项收入6.07亿元，其中修建方向3.12亿元，比计划增加了1.31亿元；维检方向2.95亿元，与计划持平。全年实现利润98万元，比计划多盈利41万元。可控费用发生1294万元，比计划降低了225万元。企业资产负债率为91%。国有资产保值增值率为100%，实现了保值增值。实现了安全生产"三为零"和保产"零影响"的目标。

【检维修管理】　修建（维检）公司以集团公司生产大局为重，强化服务保产，确保了本钢集团主体设备安全、稳定、经济运行。2021年共完成产线设备定检712次，定检计划执行率100%；发现并整改处理设备隐患569项；完成事故抢修234次；完成板材联检项目5954项、北营联检项目812项；组织工程检修项目34项，组织跨区域协作59次。在检修方面，不讲条件，不计代价，全面完成了各项急、难、险、重任务，充分发挥了集团公司检维修主力军作用。一是板材热连轧厂4#加热炉汽包更换工程，修建（维检）公司在多家施工单位均无法承接情况下，承担了此项任务，经过技术研讨、精心准备，仅用 10 天就完成了更换工作。二是克服远途作业困难，优质完成了马耳岭球团厂链箅机回转窑年修工程，打造了公司品牌。三是在原承担板材炼铁总厂新 1 号高炉炉身喷补工作的大连摩根公司因疫情原因不能来溪施工的情况下，修建（维检）公司紧急组织购置了 2 台喷涂机等设备，参战职工吃住在现场，24 小时连续作业，比计划工期提前 5 小时完成了施工任务。四是北营炼铁厂 11# 高炉大修工程，参战单位克服了工期紧、施工难及雨雪天气等不利因素，24 小时连续作业，历时 105 天，按计划工期顺利点火烘炉，为集团公司创高产奠定了基础。五是在国家限电、限产的宏观政策下，板材、矿业和北营公司同时转入到大面积检修状态，面对这一突发形势，在公司统筹协调下，各单位克服人力紧张、24 小时随时检修等困难，团结协作，奋勇拼搏，确保了限电、限产期间检修任务的按期优质完成，为集团公司限电、限产后恢复高产状态做出了突出贡献。在维保方面，公司各单位持续增强主人翁意识，认真开展产线承包工作，实现了维护保产"零影响"的目标。加强设备巡检，强化工作考核，促进了维保人员责任心的进一步增强。在此基础上，实现快速抢修，确保了产线快速恢复生产。公司不断提升公司调度系统的管理能力，做好节前准备和节日期间管理，使各生产厂节日期间事故抢修率同比降低了 50%。

【安全管理】　一是强化安全生产责任体系建设。公司与各基层单位签订了安全生产责任书，作业区级以上管理人员安全履职每月 2 次，全面压实了安全履职。二是对标鞍钢集团标准修订相关管理制度 15 项，严格落实"三管三必须""五清五杜绝"和"四个

一刻也不能放松"等安全工作要求，牢固树立责任意识。三是积极推进《安全生产专项整治三年行动计划》，深入开展"反三违"工作，共检查各类违章行为 306 项，排查各类隐患 500 余项，全部整改完毕。重点检查违反"二十条禁令"行为，全部按照事故考核，累计考核 12.1 万元。四是承接鞍钢集团安全管理模式，加强安全自主管理，严格落实旁站式安全监督管理，及时消除安全事故隐患。编制标准化作业指导书 1066 份，覆盖全部 B 类以上作业项目。五是开展"安全风暴"专项行动，公司班子成员和管理部门采取"四不两直"方式对安全生产开展督导检查，推动了安全生产基础工作有效落实。六是加大安全资金投入，全年投入劳动保护费 191 万元，防暑降温费 76 万元。

【质量管理】　在质量管理方面，建立健全质量管理体系和质量管理制度，2021 年维修作业标准的覆盖率达到 100%，编发《质量管理周报》24 期，促进了质量理念的落实。

【技改工程管理】　在技改工程方面，修建（维检）公司承担的板材炼铁总厂中水回用工程、板材特殊钢厂退火炉改造工程均出色完成。

【企业管理】　一是积极拓展市场，增加效益。一方面，坚持依托和服务本钢，积极拓展本钢检维修市场。积极参与产线承包，新增北营轧钢厂 1780 荒轧区域、板材炼铁总厂烧结分厂一烧区域等维保工作。另一方面，积极拓展外部市场。与石钢进行了对接，为下一步开拓石钢市场打下了基础。2021 年，修建（维检）公司实现合同额累计增加 957 万元，外部市场份额为 652 万元。公司增收，

职工收入也同步增长,2021年公司人均职工收入同比增加10.6%。二是坚持降本增效战略,牢固树立过紧日子思想。公司不断加强成本管控力度,增强资金使用的计划性、效率性和安全性。稳步提升应收账款周转率、存货周转率,加强对"两金"管控。加大外部债权清理力度,加快资金回笼速度,不断推进降资产负债率工作。强化招标管理,严格贯彻执行本钢集团"应招尽招"的要求,2021年共完成招标97项,节约资金313.8万元,投(议)标65项。加强劳务费审核,全年共审减劳务费18.31万元。三是不断优化绩效考核体系。积极优化外部绩效考核,多次与本钢集团及主线厂沟通,尽最大努力为职工争取利益。严格内部绩效考核,重点加强了安全、工程承包责任考核,深入开展了服务满意度回访工作,并将满意度测评结果与职工的收入挂钩,促进了职工服务意识的进一步增强。四是对标先进企业,积极推进制度流程修订。公司对103项规章制度和生产经营流程进行了重新梳理和完善,特别是对合同预算管理、工程管理、劳务用工管理、资材管理等13项管理制度进行了修订,并对管理流程进行了细化,规范了核决权限,使各项管理流程衔接更加顺畅,提升了工作效率,提高了公司整体运营效能。到宝武智维进行了学习考察,积极推进与其战略合作。到鞍钢进行了学习考察和对标,找到了存在的差距和短板,在此基础上,重新确定检修人员和工作范围,全面提高职工的工作效率,公司全员劳动生产率提升了3.27万元/人年。五是加强资材和固定资产管理。完成了资产盘点,对公司各基层单位历史上陈年存放的物料摸清了底数,实现利库14.4万元。对可调剂物料动态管理,实现了备件材料的资源共享,降低了采购成本。六是加强督察督办工作。对于公司安排的重点工作,做到了事事有着落,件件有回音,2021年共督办落实工作65项,确保了公司政令畅通,提升了工作效率,增强了执行力。

【综合管理】 在法律事务方面,公司积极沟通,全力办理诉讼案件,有效地维护了企业的资产损失。在综合治理和信访稳定方面,公司按照"整、严、树"工作要求,积极开展了治安防范工作自查自纠工作,并顺利通过集团公司交巡管理处检查组的检查验收。在计划生育、科协、统战、武装保卫等各领域工作也都为公司生产经营和改革发展提供了有力支撑。

【人力资源管理】 一是加强干部队伍建设。修建(维检)公司坚定地遵循"以德为先、业绩突出、人岗相适、开拓创新"的用人导向,选拔确定了公司中青年后备干部15人。实施了核心关键岗位交流轮岗工作,完善了相关管理制度,调整了部分关键岗位人员。开展了干部年度考核工作,根据公司发展需要,调整干部30人。二是加强工作作风建设。公司认真落实本钢集团"整、严、树"工作要求,在两级机关开展了"加强履职尽责、推进作风建设"工作,促进了两级机关工作人员履职尽责。重新优化了机构设置和三类职群岗位编制设置,对劳务人员开展了身份认证。加强对"靠钢吃钢"行为监管,没有发生"靠钢吃钢"现象。三是加强人才队伍建设。积极推进省级技能大师站基础建设,建成了占地二百余平方米的焊工培训基地,举办了内训班。"灰领计划"初见成效,200人的青年技术骨干梯队已经形成,开展了学历提升培训工作,现已完成辽宁科技学院网上报考高升专43人,专升本57人。

【党群工作】 一是坚持全面从严治党。认真做好党风廉政教育工作，锲而不舍地落实中央八项规定精神，坚决反对形式主义、官僚主义，营造了风清气正的良好氛围。二是加强群团组织工作。公司各级群团组织开展了民主管理、职工维权、建功立业、劳动竞赛、施工现场慰问、班组建设、青安岗等活动，有力促进了生产经营工作的开展。开展了职工健康疗养、走访救济困难职工活动，组织参加了集团公司组织的各项体育活动、本溪市"工匠杯"职工技能大赛，开展了主题团日活动，建立了职工信息员工作联络群等，满足了职工多样化文化需求，推进了公司和谐发展。开展好常态化疫情防控，确保了稳定的工作局面。三是以促进企业生产经营和为职工办实事为核心，扎扎实实开展党史学习教育。公司紧紧围绕生产经营中心工作，以两项主题实践活动为载体，切实把党史学习教育的成果运用到加强党的建设和企业改革发展中，强弱项补短板、化风险应挑战，推动了公司高质量改革发展。七一前夕，公司党委组织召开了庆祝中国共产党成立100周年暨"两优一先"表彰大会庆祝活动，使全体职工备受鼓舞，坚定了为企业发展做贡献的信心和决心。在开展"我为群众办实事、争作贡献促振兴"实践活动中，公司党委完成14项实事，特别是针对板材炼钢厂连铸检修现场夏季60℃—70℃高温的实际，及时购买冰马甲送到职工手中，确保了高温季节职工生命健康安全。推动各级党组织共完成254项实事。四是坚持以人为本，切实保障了职工的根本利益。公司以保障职工利益为出发点，确保了职工工资收入稳定和各个节日及特殊专项奖的下发。全面实施了职工餐补、采暖费改革等福利工作，2021年累计发放在岗职工午餐补助588万元，职工取暖费已挂账847万元。加强后勤福利设施建设，完成了发电作业区热化工段党员活动室的维修改建、铁检作业区鲍家工段、烧结作业区360夜班工段、机检一队办公楼、机检二队职工浴室、公司北营指挥部等屋面防水维修，为职工创造了良好的工作及休息环境。

【防疫工作】 在疫情防控方面，认真贯彻落实集团公司总体部署，认真做好排查、报备工作，积极组织好公司职工疫苗接种，全年组织在职员工3584人次、第三方人员789人次接种了第三针疫苗，建立了第三方人员情况统计台账，对工作、休息场所、通勤大客车等进行全面的消毒和卫生清理，建立消杀记录，并储备大量防疫物资，确保了疫情防控形势稳定。 （吕彧鹏）

建设有限责任公司

【概况】 本溪钢铁（集团）建设有限责任公司（简称建设公司）成立于1996年10月15日，是本钢全资子公司，公司下设矿建公司、机电安装公司、路桥公司、天宇消防公司、高级装修公司、检测公司等子公司和建筑分公司、矿山分公司、金结分公司、协力分公司、设备供销分公司、混凝土分公司、市场经营分公司、青海分公司、抚顺分公司、深圳分公司等专业化分公司。目前拥有国家建设部颁发的总承包资质有建筑工程、冶炼工程、机电安装工程、矿山工程、市政工程、水利水电工程、公路工程等；专业承包资质有钢结构工程、消防工程、电子与智能化工程、装饰装修工程等。

2021年，企业注册资本3.2亿元。在籍职工 3520 人，其中管理岗 225 人、业务岗 370 人、技术岗 246 人、操作岗 2679 人，正高级职称 2 人、副高级职称 89 人、中级职称 382 人、初级职称 321 人、高级技师 23 人、技师 208 人、国家一级注册建造师 110 人、二级注册建造师 166 人、注册安全师 19 人。下设 8 个党委、4 个党总支，共有党员 1236 人。

【主营指标】 2021 年，在本钢集团公司党委的坚强领导和大力支持下，建设公司以习近平新时代中国特色社会主义思想为指导，坚持"以效益为中心"，努力适应鞍本重组的新形势和新业态，企业改革发展平稳运行，拓展市场格局迈出新步伐，管理创新、科技进步成效显著，全过程管理坚实有力，"管理型、专业化"持续推进，圆满地完成了各项工作任务，实现了"十四五"良好开局。全年签订合同 546 项，合同金额 13.7 亿元。完成施工产值 18 亿元，超计划完成 4.5 亿元，实现经营利润 781.64 万元，超计划完成 3400 万元，实现了当年扭亏为盈目标，创造了近 10 年来最好水平。干部职工的企业归属感和获得感明显增强，建设公司的企业声誉、形象和影响力显著提升。

【管控运营】 一是建立了"差异化"管理模式，实现企业发展战略与人力、物力、财力资源的合理流动与优化配置。坚持"注重收入公平，收入分配向勤奋工作者、有突出贡献者倾斜"的分配原则，强化岗位责任和绩效考核，完善责任与收入挂钩、绩效与薪酬挂钩的市场化薪酬体系，通过绩效考核，加大考评力度，严格兑现奖惩，实现绩效考核合理、公正的激励作用。所属各单位一企一策、因企制宜，按照各自的核心发展方向，不断为企业注入了新的发展内涵。机电安装

公司积极发挥资质优势，强化核心技术，打造"铁军"品牌，不断优化维保业务，使自身的核心主业能力充分得以释放；矿建公司做精、做强核心主业，切实发挥资质市场功效，立足打造专业精干、门类齐全的综合性企业，市场外延不断放大；路桥公司有效发挥道路、市政等专业优势，面对市场压力和严峻的困难形势，不等不靠，积极拓展外部市场，实现了逆境突围，市场驾驭能力有所增强；高级装修公司瞄准设计施工一体化发展目标，不断提升项目管理能力，装修市场份额实现了历史性的突破；建筑工程公司不断锤炼品质，在人力资源匮乏、资金极其紧张的情况下，按期完成了各项重点工程的节点任务，在困境中筑实了企业的根基；矿山实业分公司克服矿山采剥价格下调、设备陈旧老化等困难，全面实施"低成本"战略，重新核定工序流程，全面压缩生产运行成本；金属结构分公司有效发挥新建钢结构基地优势，不断增强加工制作能力，有力推进了装配式钢结构建筑产业基地建设；混凝土分公司跟随建设公司外部市场步伐，在龙新矿业、北方华锦等市场加大资源投入，企业发展后劲和活力得到初步彰显；市场经营分公司强化内部预算管理，在提高工程咨询业务能力上，实行业务人员注册管理，加强预算业务人员考核评价，努力尝试工程造价、工程咨询市场化运行，为建设公司全力开拓外部市场提供了前期业务、政策等有效支撑；设备供销分公司认真落实本钢集团"应招尽招"管理制度，全面推行设备"四定制"与"二维码"管理，大力推进固定资产的整合与盘活创效，努力实现存货占用压缩和周转料具的产品升级与市场创利。二是全面加强要素管控。完善修订合同管理、项目管理、资金管理、采购管理、技术管理、文明施工管理、

薪酬管理、劳务管理等制度 28 项，进一步实行分级授权、简政放权。制定了项目部管理办法，进一步明确了项目部组建、项目经理的权责、项目管理运行、人力资源及薪酬管理、安全环保管理、采购设备管理、资金收支管理、项目监管与审计等各个环节。积极做好工程款回收和存货管理，"两金"压缩取得较好成效，确保工程款应收尽收，努力实现库存应用尽用，"两金"增幅控制在合理区间。夯实资产工作取得实质性进展，通过审计摸清资产底数，按本钢集团和中介机构审计要求，处理了历史年份大额资产损失，进一步夯实了资产，保证了会计信息质量的真实性。三是全力开拓外部市场。实施"走出去"战略，不断激活外部市场开发的动力系统，加强与国内建筑施工知名企业的沟通、交流与合作。以本钢集团与北方华锦集团就工程建设已达成合作意向为契机，适时成立了建设公司北方华锦工程项目领导小组，全面展开工程项目的对接工作。中标河钢集团环保搬迁工程、石钢环保改造工程等工程项目 8 项，标的额 1.4 亿元；分包承建了广州市清污分流工程项目，工程产值 1.06 亿元；持续跟踪落实大连造船厂钢结构等工程项目 10 余项，工程产值从 3000 万元到 5 亿元不等，为未来的外部市场开发奠定了坚实基础。四是坚持创新驱动引领。切实增强企业发展活力，着力核心竞争力建设。运用绿色、环保、智能的施工理念，有效解决施工现场文明施工问题；深挖内潜，新取得地基基础、消防工程一级和爆破工程二级等企业资质，为进一步开拓外部市场奠定了基础；推进科技创新，获得本钢集团管理创新成果 2 项、取得省级工法 5 项、专利 5 项、本钢集团科技立项 11 项。BIM 技术在实践中得以利用，促进技术与管理深度融合，使工程

管理更为精准，能够充分指导施工；二维码技术已充分运用到合同、安全、质量、技术、工期、设备、劳务管理等诸多领域。放大金属结构改扩建厂房功能，不断推进装配式建筑产业基地建设，新增固定资产 40 余项，投入资金 2500 余万元，新建辽宁地区首座装配式建筑——金属结构实验楼，解决了职工多年祈盼的作业、休息、吃饭、洗浴问题，也标志着建设公司装配式建筑产业进入一个新的阶段，赢得了干部职工的广泛赞誉，巩固了企业快速发展的群众基础。五是强化全流程管理。秉承"精细化"管理理念，不断强化工程项目全流程管理的整体效能，进一步实现从静态到动态，从粗放型到精细化的转变；强化预算管理，建立完善预算和预算审批跟踪管理制度，注重预算编制与协调，有效控制项目成本，促进项目效益最大化；强化安全管理，落实"三管三必须"原则，牢固树立红线意识，促进安全生产责任体系运行；强化工程管理，树牢现场管理、文明施工理念，推进责权利管理体制落实，加强施工过程中的成本控制，通过施工方案、施工组织设计评估，合理配置施工资源，促进项目管理的实质性运行；强化核算管理，推进核算指标和成本计划的比较对照管理，不断提高核算的规范性和可操作性；强化资金管理，推进"两金压缩"和债权债务清理，有效盘活闲置资产，降低可控成本和费用，以此提高资金使用效率；强化招标采购管理，落实本钢集团"应招尽招"要求，提报招标案 1006 项，中标 549 项，降低采购成本 3793 万元；强化项目督察管理，推进"整、严、树"及"靠钢吃钢"专项治理，实现全流程督察审计管控。六是精心干好本钢工程。服从、服务于本钢集团公司技术改造、检维修工程建设和生产运维保障，在资金困难的

情况下，确保了特钢电炉、歪矿高压辊磨、5号高炉干煤棚、发电厂CCPP、北营炼钢产值置换等重点工程按计划推进。强化文明施工管理，高标准规划施工现场施工介质设置，有力地提升了建设公司的品牌形象。建筑工程公司承建本钢工程项目50余项，其中本钢宝锦（沈阳）汽车新材料加工配送工程荣获辽宁省"优质结构"和沈阳市"新貌杯"两项殊荣；矿建（天宇消防）公司承建工程项目25项，其中歪头山高压辊磨工程是本钢重点项目，建安产值过亿元。矿建公司主要领导亲临现场，靠前指挥作战，确保工程项目按计划稳步推进；机电安装公司承担的板材热连轧长1700生产线重点设备检修项目，勇于克服时间紧、任务重、作业面分散、立体交叉作业等诸多困难，检修人员连续昼夜奋战11天，提前两天圆满完成检修任务，体现了建设人的良好风采和责任担当。

【企业改革】 深入贯彻落实本钢集团"十四五"规划发展纲要和深化改革三年计划，按照"坚持和加强党的领导、坚持经营权全面下放、坚持全面去行政化、坚持问题导向和效果导向"的工作原则，完成了建设公司深化改革实施方案的制定。继续推行简政放权、分级分类授权，完善了三级分级授权管控架构设置和功能定位，进一步厘清了权责边界，构建了资源协同、要素管控、审计监督三位一体管理体系。推进装配式建筑产业，4次南下，与杭萧钢构进行深入交流，为双方股权合作和建立装配式产业基地奠定了基础。积极推进"僵尸企业"处置工作，完成了一建、三建公司存货实物资产处置管理人工作对接，房产处置已进入挂拍阶段，二建公司所属子公司南京溪铁公司股权在沈阳交易所成功挂牌转让，处置方案已进入批复流程。

【党群工作】 认真全面加强党的领导，推进党建工作走深走实，与企业生产经营工作深度融合，充分发挥了各级党组织在企业经济运行中核心作用。切实抓好党委班子自身建设，充分发挥示范带动作用，统筹安排好中心组学习，带头讲形势、讲任务、讲责任、

承建特钢厂电炉改造工程（马庆伟　摄）

讲措施。聚焦党的十九届六中全会精神，深化党史学习教育，完成"为职工办实事"项目 36 项，走访慰问职工 2347 人次，发放物资及资金 100 余万元；保证了免费工作餐的落实和两节奖金的及时发放，使广大职工感受到企业的归属感；夯实党建基础，抓好组织建设，通过优化结构、样板引路等形式，设立共产党员先锋工程 15 个、党员示范岗 40 个、党员责任区 45 个，提合理化建议 30 条，确定技术攻关项目 11 项，管理创新成果 2 项，推选本钢党员创新工作室 1 个，季度"本钢好人"1 名，团委荣获"全国钢铁行业五四红旗团委标兵"，新建立党建活动阵地 11 个，提升了党员活动场所电教化水平，抓好青年干部培养，组织了"建设公司首届青春风采大赛"，组织召开无任用考核调研座谈会 11 场，为青年成长成才搭建了平台。着力压实全面从严治党主体责任，健全完善了党委议事规则和"三重一大"决策制度。开展了庆祝建党 100 周年系列活动。以罗佳全技能大师工作室为导向，带动矿山实业劳模创新工作室、机电安装技能大师工作站接续发展，促进国家级、省级、市级技能大师工作室（站）、省级、市级劳模创新工作室，建设公司职工创新工作室不断成熟与进步，有效提升了企业创新创效能力和人才培训能力。健全完善意识形态工作责任制，构建了网格化管理体系，确保意识形态全面管控。

（冯忠志）

辽宁恒通冶金装备制造有限公司

【概况】 辽宁恒通冶金装备制造有限公司是生产轧辊及铸铁异型件的制造企业，承担着本钢及其他大型轧钢企业所需各种轧辊等备件生产和开发的主要任务。公司下设生产部、技术质量部、设备部、采购部、财务部、销售部、综合部 7 个职能科室；热轧辊作业区、冷轧辊作业区、加工作业区、维检作业区、磨辊间运维技术服务中心等 5 个作业区。截至 2021 年末，公司职工 359 人（女职工 51 人），其中管理人员 22 名、业务人员 20 人、工程技术人员 24 名、生产操作人员 293 名，专业技术职称人员：高级职称 5 人、中级职称 40 人、初级职称 39 人，工人技术等级：技师 16 人、助理技师 13 人。公司党委下设热轧辊、加工、维检、冷轧辊及机关 5 个党支部，15 个党小组，现有党员 130 人。

2021 年公司固定资产原值为 48169.62 万元，净值为 35837.88 万元。固定资产总数量为 703 台（套、条、座），建筑面积 60012 平方米。2021 年实现销售收入 23553 万元，比预算增加 3753 万元，增长 18.95%；由于受到生铁、废钢及贵重合金价格大幅度上涨、轧辊转年合同价格低迷及限产限电政策等因素不利影响，实现利润 –2135 万元，其中政策性变更计提减值准备 363 万元，全年实际利润为 –1772 万元；上交税金 846.25 万元。

【挖潜降耗】 在保证产品质量的前提下，恒通公司热轧辊作业区用"废钢铁＋增碳剂"合成法冶炼，有效降低成本 78 万元；推行"镍铁"替代"镍板＋生铁"降本措施，节约成本约 110 万元；实施夜间开炉躲峰用电，节约费用 175 万元，持续为降低生产成本做贡献。全面实行招标公司集中采购，目前参与招采项目涵盖我公司采购所有篇别，新增供货商 4 家，降低采购成本 97 万元。此外通过提高集团内部废辊回收循环利用率、破碎废旧轧辊及冷型、降低非生产性费用支出等措施，均取得显著成效。

【产品结构调整】 恒通公司组织力量进行技术攻关，产品结构调整初见成效，高速钢、高铬钢及大型中板辊等高附加值产品达到33%；扎实开展集团公司督导项目技术攻关，与板材热轧厂技术人员组成联合攻关组共同确定耐磨型轧辊生产工艺，完成四支（规格 Φ750×1700）耐磨高镍铬轧辊试制生产，等待板材热轧上机试验；高铬铁平整轧辊试制、试用成功，研发球铁过度高速钢轧辊（规格 Φ750×2000轧辊两支），试制取得阶段性成效。

【经营模式】 截至12月30日，恒通公司累计承揽总额18597.33万元，其中外部6952.95万元，同比减少39.62%（金额不含税），外部回款率88.85%。2021年年初以来，公司认真研究解决企业经营管理中的薄弱环节，明确工作关键点，贯彻落实生产经营各项措施，实现了生产经营建设全链条新业绩。结合实际积极调整营销策略，以"加强集团公司内部包线及维保服务"为工作重点，在外部市场成功对柳钢及安阳中板厂实现产线承包基础上，参照对标宝武重工及鞍钢轧辊的成功经验，积极探索商业模式转变，2021年1月完成板材2300线进行产线承包，12月完成1700、1880热轧产线承包。此外还参与了通化钢铁、唐山港陆、沧州中铁、营口中板、陕西宝钛、山东钢铁、河北敬业等投标并中标。

【生产组织】 首先坚持以"提产、保供"为工作目标，恒通公司在毛坯辊数量不足的情况下，采取毛坯互相改制、成品互相改制等措施，适时提升成品数量基本保证客户需求；克服限产限电等因素不利影响，四季度提出"大干100天"的号召，加快生产组织节奏，高效协调各生产单元，满负荷组织生产。全年完成各类型轧辊毛坯17406吨，轧辊成品15146吨，分别比去年同期增加3386吨和2838吨，同比增长24.15%和23.06%。其次针对轧辊机械加工等的生产瓶颈，主动联系鞍山诚瑞、本溪成套、辽宁鞍冶等单位组织外委轧辊粗车、半精车，有效保证生产计划顺利完成。第三充分发挥MES生产制造系统管理功效，生产数据反馈及时准确，为公司管理决策提供翔实的科学参考。第四质量检验人员强化过程控制，严把产品质量关，探伤、硬度、金相检测均按照加工作业区班次配备连班作业，完善了外购合金原料的现场成分采集判定管理流程，做到了与进料同步建档。第五物资采购人员密切跟踪生产消耗及市场资源动态，适时调整采购策略，找准市场切入点优质低价采购，全年采购金额1.14亿；同时物流人员全力做好物资验收、配送工作，全年累计接收各种物料1.63万吨，发出物料1.77万吨，外发轧辊1530支，为公司生产稳定顺行提供了可靠的保障。

【安全管理】 持续加大工作力度，严抓狠抓安全生产。恒通公司贯彻落实新《安全生产法》、刑法修正案宣贯培训及组织安全规程背诵考试，全年完成791人次考试；完成"隐患清零"第三阶段自检自查工作，查出问题34项（已全部整改）；强化危险源及贯穿全年反"三违"工作，开展各类安全隐患专项检查，全年检查现场隐患问题267项，其中"三违"问题99项，下发隐患整改通知单84份，公司内部考核金额14万余元；

规范安全管理，加大资金投入，全年安全投入共计花费 70 余万元。

【质量管理】 一是结合实际高镍铬钼轧辊通过关键参数细节的管控，在铁水防氧化、用设备代替人工确定停机状态等方面，来提升过渡层结合强度，使弱结合现象得到有效抑制；改进高铬钢铸造工艺，优化高铬钢外层及芯部材质性能，提升结合质量，使铸造合格率提升 10% 以上。经过前期质量攻关，公司高铬钢轧辊铸造合格率为 97.95%，比计划提高 13.95%；轧辊加工一级品率为 96.26%，比计划提高 1.26%。二是通过制定了各机架各道工序质量看板及精车、镗铣工序抛光亮化标准，优化新双面铣数控程序，有效促进操作标准化加工作业；充分利用热轧四条线检维修期间，全力检测现场轧辊使用状态及收集数据，保证热轧线稳定运行，同时根据客户现场轧辊问题，追溯公司内部制造过程，制定了一系列标准及规定，对标准化制造控制起到积极作用。三是坚持服务生产经营建设不偏离，恒通公司主要领导带队外出与邢台德龙、中钢邢机轧辊专家对标交流，改进工艺提高产品质量；伴随着鞍钢本钢重组工作推进，12 月初，公司主要领导再次带领相关管理业务技术人员深入鞍钢轧辊，全方位全流程开展工作对标。四是恒通公司还被溪湖区质量技术监督局正式推荐为 2021 年"本溪市市长质量奖"申报单位；以规范现场管理为前提，公司质量、环境、职业健康安全三体系 2021 年顺利通过北京国金衡信外部审核并获得证书。

【设备管理】 坚持以"精控设备"为目标，强化设备精准稳定运行管理，完成了 66kV 变电所 10kV 供电系统的继绝保试验、富士

20 吨炉线圈水泥更新、8 吨炉感应圈大修、利旧 20 吨中频炉大修改造等任务；持续做好设备点检定修和设备故障预知性维修工作，通过设备维保维修招标、修旧利废，降低备件及修理费直接降低成本 50 余万元。2021 年，设备检修部门利用节假日及生产间隙时段，完成设备检修计划 127 项，计划完成率 100%；设备故障停机率控制在 1.27‰，总停机率 1.27‰，开动率为 99.38%，满足生产需求。

【风险管理】 恒通公司认真落实鞍钢集团和本钢集团有关内控合规及风险防范要求，开展内部控制评价；进一步加强合同管理，持续完善客户风险评估体系，按照信用等级分类，在用户排产和发货安排上结合风险评估信息组织开展工作，有效实现风险关口前移；通过强化合同评审、开展客户信用评价、完善预警机制和考核机制，有效规避了系统性重大经营风险。

【能源环保】 强化能源消耗管控，深入开展能源介质对标攻关，全面减少水、电、气等能源介质消耗，完成集团公司下达的各项能耗指标。环保工作持续改进，以超低排放改造为抓手，落实环保设施等同主体设备的管理要求，全年除尘设备开动率达到 100%；完成网上固废申报工作，取得排污许可证副本，完成年度环境监测工作，购买降尘雾炮 1 台，投资 15 万元新建危废库，全年转移危废品 9.9 吨；对重点排放口继续进行环保升级改造，废气、生活污水及噪声均达标排放，顺利通过省环保督察组环保督察。

【人力资源管理】 坚持群众公认、注重业绩原则，加大优秀年轻干部培养选拔工作力

度。2021年3月,恒通公司进行干部调整8人,其中李明达、单玉文等6名同志(青年骨干大学生)工作均独当一面,赋予工作重任。广开渠道招揽符合企业发展需要的各类人才,全年招聘高校及高职专毕业生14人。开展工作纪律检查督查工作,加大劳动纪律的日常检查和节假日及夜班抽查的力度。采取外委培训、自行组织培训等多种方式,开展职工教育培训7期80余人次,组织22人参加职业技能鉴定培训考试、17人新型学徒制培训办证考试工作,培训支出9.2万元,进一步提升员工队伍整体素质。

【党群工作】 一是持续加强思想建设。贯彻执行中心组学习制度,恒通党委理论学习中心组带头每月一次集中学习,公司班子成员通读了《习近平总书记"七一"重要讲话》和《党的十九届六中全会公报》等重要文献,贯彻落实习近平总书记关于辽宁振兴和对鞍钢"凤凰涅槃、浴火重生"的重要要求,在学习中自觉对表对标,认真解决思想根子问题,做到学深悟透、融会贯通;自觉树牢"四个意识",坚定"四个自信",践行"两个维护",在政治上、思想上、行动上同党中央保持高度一致。截至2021年12月末,公司党委理论中心组学习26次、基层支部开展集中学习60余次,党小组也按照规定安排进行了学习;同时公司党委还将集团公司生产经营分析会议精神、党委会议精神、集团公司领导讲话精神等内容以职工大会、广播站、宣传栏及微信新媒体等多种形式进行全面宣贯,传达到每名党员、每名干部、每名职工群众,坚定信心,扎实工作,不断推动公司生产经营建设稳定顺行发展。二是深入开展党史学习教育。围绕"学史明理、学史增信、学史崇德、学史力行"总要求,把"学史、悟思想、办实事、开新局"贯穿始终,深入组织党史学习教育,开展"对标先进补短板、对话功勋促提升"和庆祝中国共产党成立100周年等系列主题活动,激发了广大党员和全体职工爱党、爱国、立足岗位做贡献的热情。扎实开展"我为群众办实事、争作贡献促振兴"实践活动,聚焦民生解决职工关注问题,以"主题党日"形式研究制定落实"我为群众办实事、争作贡献促振兴"项目清单;建立"办实事"项目台账,公司党委项目清单6件实事、基层支部项目清单15件实事,目前已全部完成;组织开展"党员责任区"和"党员示范岗"创建活动,实现全体党员"在区、上岗"的目标,鼓励全体党员职工立足本岗,干出业绩。公司微信公众号创建党史讲堂"百炼成钢""党史百年读党史"定期推送,共计发出50期。三是突出党组织政治核心地位。公司党政班子坚持把严明政治纪律和政治规矩放在首位,把政治素养和政治站位切实融入到公司生产经营建设发展工作中;坚持党委会集体议事制度,面对重大问题,通过全面的分析讨论研究形成一致的工作思路并形成全体班子成员共同的责任担当;严格执行"三重一大"决策机制,坚持公司重大问题党委会研究决定,明晰了党委会、董事会、监事会和经理层的权责边界,为行政领导正确行使权力提供了组织保障。年初至今累计召开公司党委会35次。四是深入抓好廉洁自律工作。落实管党治党主体责任,5月28日,公司党委专题研究、部署安排党风廉政建设和反腐败工作,履行全面从严治党"一岗双责"主体责任;8月28日,审议通过《恒通公司党委领导班子2021年上半年履行全面从严治党主体责任情况报告》,已上报集团公司组织部。重大案件及时研究、重大问题及时解决、重要情况及时听取汇报，做到有案必查、有腐必惩。目前，公司因安全工作问题而查处的违纪问题 1 起，处理 1 人。贯彻实行"三谈两述"制度，公司班子及 50 余名三管六外人员签订了廉洁自律承诺书，全公司 132 名中共党员签订责任状，进行干部任前谈话 6 人次，建立 50 人廉洁档案。五是持之以恒落实中央八项规定精神。全面贯彻集团纪委及派驻组工作部署，公司党委积极发动群众着力开展"整、严、树"专项工作及"靠钢吃钢"问题专项治理，构建起专项治理长效机制。持续开展制止餐饮浪费行为、培养节约习惯，自觉践行"光盘"行动和落实"文明餐桌"行动；持续开展了操办升学宴、清查业务招待费等党风专项治理；加强组织协调，深入开展企业清欠工作；开展多种形式反腐倡廉教育，促进各级党员干部筑牢思想防线，推进党风廉政建设和反腐倡廉工作全方位覆盖，有效提振了干部职工干事创业的信心和士气。六是民心工程建设不断推进。全面推行在岗职工午餐餐补、下发餐补卡，费用总计达 46 万余元。持续发放春节、五一节、国庆节奖金 5000 元 / 人；为 341 名职工办理医疗互助保险，32 名职工获得理赔，赔付金额达 6.67 万元；建立健全困难职工档案，全年累计发放各级专项帮扶资金 4 万多元；持续开展金秋温暖助学及外地单身大学生慰问等多种形式的活动；投入专款 16 万余元，为基层作业区、班组及职工个人购置了微波炉、冰柜、拉杆箱、保温盒、生日卡及米面油等物品。

【防疫工作】　持续加强疫情防控工作。按照集团公司疫情防控指挥部相关要求，恒通公司以作业区为单位，实行网格化防控。一是严格按照集团公司要求，传达集团公司防疫会议和文件精神，严格执行集团公司疫情防控相关措施。二是明确防疫责任，压实担子，各作业区已成立应急分队。三是针对生产和疫情情况，适时启动应急预案，时刻做好准备保证生产顺行。四是每日开展接龙报平安、体温检测、重点区域消杀工作、取消堂食、分时段洗浴等。全年公司疫情防控整体形势稳定，企业生产经营也保持了平稳顺行态势。

（徐洪国）

辽宁恒泰重机有限公司

【概况】　辽宁恒泰重机有限公司（简称恒泰公司）是本钢集团有限公司非钢板块的子公司，是集研发、设计、制造、安装、大中修为一体的起重运输机械设备制造企业。拥有国家 A 级特种设备（起重机械）制造许可和 A 级特种设备（起重机械）安装改造维修许可及建筑业起重设备安装工程专业承包一级资质、钢结构工程专业承包三级资质；具有电磁搅拌装置及成套设备的销售与维修，机械式停车设备制造、安装、维修，起重机安全监控和起重机设备安全保护装置、定子异常失电保护装置和单片机控制产品的设计制造维修销售资质；拥有省级技术中心和市级研发中心。截至 2021 年末，恒泰公司有职工 590 人（项目劳务 250 人），其中在籍职工中管理岗 17 人、业务岗 25 人、技术岗 16 人、操作岗 282 人，副高级职称 5 人、中级职称 38 人、初级职称 27 人，高级技师 2 人、技师 16 人、助理技师 4 人。下设 6 个职能室和 3 个作业区。党委下设 4 个党支部、8 个党小组，共有党员 83 人。2021 年实现收入 7007.23 万元，同比 2020 年增加 1609.78 万元；实现利润 –1017.49 万元，同比 2020

年减亏3311.77万元；上缴税金395.33万元；治安综合治理及计划生育工作等项均完成上级考核指标；安全生产实现"三为零"。

【市场销售】 2021年，为打赢企业控亏、减亏、扭亏攻坚战，恒泰公司把市场销售工作放在龙头地位，群策群力，全面拓展营销渠道，加大营销力度。全力巩固本钢内部市场，恒泰公司领导带头深入走访各业主单位，挖潜业主需求，积极提供全方位服务，对项目生产及服务情况全过程跟踪，获得业主方的认可，重新抢回销售市场阵地，实现应销则销，应揽则揽。在维保项目上，新增板材三热轧、特钢、焦化、发电、能源总厂和原料厂等新项目；在设备制作项目上，新签订板材废钢厂8台起重机制作和板材特钢厂2台16+16吨起重机制作等合同；在检修、安装项目上，新增板材特钢厂13台和板材废钢厂8台起重机安装合同；在起重机改造方面，新增板材炼钢的50+50吨吊车改造、板材热连轧厂3台吊车的改造、板材炼铁总厂布料机改造、取料机改造和板材炼钢厂3台63吨起重机改造合同。本钢内部市场新增市场合同额达6222万元。积极拓宽外部市场销售空间，积极拓展新项目，精心运作，销售合同的经济利润增长点大幅提高，尤其是天津铁厂鱼雷罐项目毛利率达50%以上。2021年共签订合同额8858.69万元，比去年同期增加6091.14万元，其中本钢内部市场8512.91万元，外部市场345.78万元。

【研发攻关】 积极推进校企合作，引进先进人才和先进技术，聘请大连理工大学起重机专业教授为技术顾问，对起重机技术创新、设计优化工作进行指导，进一步提高研发设计的优化创新能力。加入沈阳工业大学校企合作委员会，加入本溪市机械工程学会，本溪市检验检测协会，通过行业交流进一步开拓自身技术设计思路。加强同河南大方公司现场对标，针对起重机轻型化技术方面，查找企业技术设计短板；针对护栏和隔热板，查找技术工艺改良短板，积极推进生产工艺统一标准化，更便于安装和更换。结合自身实际，积极推进战略合作，同上海联达、北科大签署战略合作协议，共同开发智能化起重机；同大连美恒电气、南京科远智慧科技、ABB等就恒泰公司起重机智能化、无人化进行交流，加强合作；积极参与三冷轧无人驾驶起重机项目。

【采购管理】 突破原有供应商范围束缚，全方位引入有竞争力的优质供应商，全年共引入新供应商29家，打破被固定几家供应商围猎的被动局面。完善修订《物资采购定价管理规定》《物资采购流程及管理办法》《废旧物资销售管理规定》《供应商管理办法》《物资采购计划管理规定》等采购管理制度，优化采购流程，调整人员结构，为采购管理工作奠定坚实的基础。严格执行集团的"应招尽招"采购原则，借助本钢招标公司平台、鞍钢招标公司平台、欧贝招标平台及京东电子商务采购平台等公共平台，全方位招标比价，采购成本大幅下降。全年实现采购总值环比上年下降86万元；采购产值占比由2020年的51.6%降为2021年的38.5%，采购成本降低效益显著。

【生产组织】 针对多笔合同工期执行带来的挑战和新任务，恒泰公司从提高计划组织管理力度和提高生产组织效率为抓手，一方面加强制度流程的梳理，编制《制造项目工作流程》《改造项目工作流程》《内部投标评审会工作流程》《项目生产计划会议工作流程》《后评价会议流程》等;梳理生产管理制度,明确生产考核办法,制定《备件生产管理规定》《单项工程奖励办法》《节点工期管理规定》《利库物资管理规定》等管理办法,从制度和流程上为生产组织衔接更流畅提供保障。另一方面主抓生产的副经理每周主持召开两次周生产例会、专题会,以销售合同工期倒排各道工序的节点,重点破解制约施工进度和产品质量的瓶颈问题,一项一策,合理组织,实现了工程进度有序快速推进。历史上违约的9项达6800万元的合同在10月末全部实现交付,东北特钢200吨铸造起重机安装项目,恒泰公司班子带头现场指挥,公司上下努力克服时间紧、任务重、质量要求高、安装难度大、现场施工寒冷等困难,提前7天完成交付;特钢180吨起重机装配,采取班组承包方式,生产周期由计划的20天减少到15天;歪矿高压辊模项目实现按期交付,实现了集团重点工程的"零影响"。全年共完成制作项目11项、安装6项、改造3项、检修28项、备件10项、维保14项。

【安全管理】　强化安全发展理念,狠抓安全生产责任制的落实,全面承接集团各项管理制度,修订完善公司安全管理制度,实现安全管理制度全覆盖。开展新《安全生产法》宣贯、学习,提升全员安全法制意识。全面实施安全生产专项整治三年行动,坚持重大危险源与风险点多点管控。持续开展安全隐患清零活动,整改安全隐患6项。全面推进反"三违"工作检查,有针对性地采取整治措施,杜绝"三违"行为,全年共查出问题187项,考核263.7分。积极开展应急救援预案演练,提升实际操作技能,扎实推进安全培训,全年共组织安全培训596人次,各项安全管理和安全措施落实工作均处于可控状态。

【质量管理】　从原材料、外购件源头抓起,加强质量检查,不合格产品全部返厂处理,并对合格率较低的供货商就质量问题进行约谈,外购产品的质量得到进一步保障。全年共检测大五金3096件、外协件813件、外购机电件232件。加大生产过程中质量控制与检查力度,注重细节控制,质量控制点进一步细化,严格把关出厂产品,终检不合格坚决不予出厂,产品终检合格率达100%。2021年,新制20台设备出厂检验,零部件276件、4台吊车改造出厂检验全部合格。17项起重机监督检验,全部通过技术质量监督局验收。积极推进回访工作,通过"服务质量征询意见函"的形式,对维保服务的十几家业主厂家基层管理人员提出的8项问题限期完成了整改,得到甲方认可,恒泰公司整体形象得到稳步提升。

【降本增效】　积极落实降本指标,压缩各项管理费用,严控各项费用支出,全年管理费用、财务费用、税金及附加共节约207万元。毛利率从2020年-6.32%提高到11.71%;其间费用占比从2020年的29.51%降至18.44%,净利润从2020年的-54.17%提高到-6.8%,毛利率、期间费用占比及净利润均创近三年最好水平。大力清理库存积压物资,在生产下发施工任务时,组织储运作业区、研发设计室对可用部件进行确认,优先使用库存物资;作业区施工时通过修旧利废等方式利用库存材料50余吨,降低采购成本80余万元。

【机制创新】 恒泰公司深刻认识到企业创新改革早改早主动、早改早受益的必要性，积极推进同行业对标，通过向建设公司及同行先进企业学习，找差距，补短板。按照"项目单元最小化，运营模式市场化"的思路，创新经营模式。大力推进项目经理负责任制，公司指派部分优秀机关部室干部兼职重要合同项目经理职务，合同签订后由项目经理牵头负责从产品采购、研发设计、生产组织、成本控制直到产品交付等全方面运营管理，形成工作闭环。施工组织中，全方位精细管理，仅采购一项，每个项目平均降低采购成本10%。大力推行班组承包模式，深化授权+同利，把公司预算作为竞标的最高限额，在低于限价的前提下通过竞标程序确定承包人，使《项目经理负责制》的承包单元向基层班组和个人延伸。北营铁运公司鱼雷罐项目维保班组承包后，人员数量由23人减至16人，人均劳动生产率明显提高，职工干劲十足，真正实现了能者多劳，多劳多得。大力推行项目部形式运作，成立运输项目部和机加项目部，每个项目部作为独立的核算单元。运输项目部打破从以往等靠要活源的模式，积极开拓市场找运输活源，实现自给自足的同时还为公司上缴30万的经济效益；机加项目部从9月份组建以来，加大外揽活源力度，稳步提升经济效益，各项目部逐步从企业的失血点打造为企业的造血点，展现良好的发展态势。

【企业管理】 积极推进合同交付，完善回款机制。积极办理合同回款工作，累计回款9362.81万元，极大地缓解资金压力。加大清欠工作力度，加强清欠责任的落实，每周召开清欠工作布置会，逐项落实历史陈欠款的清理工作进度，多项历史陈欠款取得了新进展，共清回外部历史欠款205万元，有效规避经营风险，维护企业利益。坚持周例会、周协调会的工作机制，研究防疫和生产经营任务，积极协调各项工作存在的问题，布置工作任务和完成时间节点，形成每周督办清单，全年共下发督办工作简报52期，完成督办重点工作36项，工作效率和效果明显得到提升。切实改进工作作风和工作质量，围绕质量和服务找差距，补短板，通过开展每半年一次的甲方满意度回访工作，不断完善企业在设计、施工、销售、服务等方面的不足，形成闭环管理。坚持不断优化管理体系和业务流程，进一步梳理管理制度52项，明晰了管理职责，各职能室和各作业区工作效率和工作衔接明显加快。

【党群工作】 切实加强党建工作，充分发挥企业党组织在深化改革、经营发展工作中的核心作用。落实党管干部党管人才原则，加强重点岗位重点人员的交流，调整采购、生产等重要岗位6人次，调整干部3人次。深入开展党史学习教育，在3月末制定下发《辽宁恒泰重机有限公司党史学习教育工作方案》，围绕指定学习篇目开展专题学习9次，党政班子成员、支部书记累计讲党课7人次，组织召开党史学习教育专题组织生活会。丰富活动载体和方式方法，筑牢全员思想根基，组织全体党员到本溪市烈士陵园纪念馆开展"学党史、强信念、跟党走"主题党日活动，充分利用红色资源开辟"第二课堂"；组织集中观看了习近平总书记在庆祝中国共产党成立100周年大会上的重要讲话直播。结合党史学习教育，办好民生实事，开展"我为群众办实事"项目10个。积极执行集团各项福利政策，发放餐补换购卡46.07万元，发放取暖费72.07万元，实现当年餐补费、取暖费不欠；为员工发放超额利润奖 49.99 万元；并在"三节"为员工发放节日奖金 160.97 万元，职工的幸福感明显增强。突出责任担当，强化队伍自身建设。组织全体党员开展民主评议党员，召开 2020 年度组织生活会并开展民主评议党员。七一前夕召开党员大会，对 8 名优秀党员、1 名优秀党务工作者、1 个先进党支部进行表彰；积极开展庆祝建党 100 周年活动，激励党员干部不忘初心、牢记使命。深入落实集团公司对恒泰公司党委的巡察整改落实"回头看"工作，涉及立行立改问题 5 项、持续整改问题 1 项，恒泰公司党委坚持以问题为靶向，以解决问题促进整改落实为目标，按期完成整改落实工作。关心职工群众生活，以人为本，积极为职工办理互助保险、女工重疾保险、送清凉、送温暖、走访困难职工、发放微波炉等物品，工会全年支出 7.03 万元。贯彻落实党风廉政建设，加强警示教育，组织全体党员及重点岗位人员签订廉洁自律承诺书 124 人次，防止"四风"问题回潮，营造风清气正良好氛围。　　　　　（王　红）

信息自动化有限责任公司

【概况】　本溪钢铁（集团）信息自动化有限责任公司（以下简称信息自动化公司）成立于 2003 年 11 月 27 日，本钢集团公司全资子公司，注册资金 5000 万元。是国家级高新技术企业、辽宁省计算机"双软"企业、辽宁省省级企业技术中心、辽宁省专精特新小巨人企业、辽宁省"企业上云"综合服务商、中国软件诚信示范企业辽宁省五家企业之一，辽宁软件产业 20 年优秀企业。

2021 年末，信息自动化公司在籍员工 150 人，专业技术人员 106 人，其中高级职称 32 人、中级职称 45 人、中高级职称人员占技术人员总数的 72.64%。2021 年实现销售收入 2.48 亿元，同比增长 45.03%；实现利润总额 1331 万元，同比增长 9.55%；实现净利润 1214 万元，同比增长 19.25%；资产负债率为 60%；收入利润率为 5.36%；劳动生产率为 25.52 万元 / 人；研发投入强度为 6.86%；各项经营指标均创历史最好水平。

【发展思路】　信息自动化公司紧紧依托本钢集团"5+1"工作格局和"1+4"重点任务，立足鞍本重组实际，积极开展与上海宝信、江苏金恒和鞍信公司等行业优秀企业的对标对表，明确提出了以"创效益、学技术、树形象"为核心，以满足钢铁主业制造需求，支撑本钢改革发展，提升核心竞争力为导向的发展思路。编制了本钢信息自动化公司"十四五"发展规划纲要。形成机制体制、人力资源、市场开发、科技研发、产品化、核心竞争力提升等 6 个方面措施，全方位支撑公司高质量发展。

【推进改革】　信息自动化公司成立三项制度改革项目组，统筹推进相关改革工作。构思了面向未来的架构模式，研究了"两制一契"实施路径，规划了人力资源发展方案，探讨了科改、股改、上市等方式方法。实施关键岗位人员交流和管控模式优化，梳理公司关键核心岗位 10 个，完成第一轮采购类、工程和销售业务和岗位的调整，交流管理和业务职群人员 7 人。按照技术研发人员薪酬水平"内部领先"的原则，制定了《本钢信息自动化公司科技研发项目摘牌制管理办法》，解决科技研发项目管理、协同瓶颈和激励短板。完善利润导向型薪酬分配机制和二次量化的 KPI 绩效考核分配方案，坚持绩效向创效、科研和外部市场倾斜的工作原则，激发激励员工创效热情，2021 年实现人均创利 8.3 万元，员工收入同比增长 19.6%。

【技术支撑】 信息自动化公司强力推进重点工程项目建设。信息化专业实施的食堂售饭一卡通系统实现了板材、北营、矿业各区域 52 个食堂、配餐中心和换购超市的互联互通；自动化专业全力推进歪矿高压辊磨、发电 CCPP 等项目建设，为本钢集团提产、降本、增效提供了有力的技术支撑；智能化专业将 5G 网络、数字孪生和无人行车深度融合，实际应用于三冷轧行车智能化改造，有效提升智能制造核心竞争力。同时不断提升服务质量，主动承担北营炼铁厂 11# 炉大修、板材炼铁总厂原料分厂抢修任务；处理板材冷轧厂 S120 传动系统问题；解决北营轧钢厂、板材特钢厂 PLC 系统 CPU 故障；积极应对外部限电对钢铁主业生产系统的影响，制定全厂区 UPS 运维应急预案，加大巡检频次，为基础网络、自动化和信息化系统稳定运行提供了保障。

【技术创新】 信息自动化公司围绕本钢集团"数字本钢、智造强企"的总体布局，从数字矿山、集控技术、数据中心、5G 应用、智能装备等 5 个方面设立研发立项 7 项，旨在下大力气解决制约企业发展的关键技术短板，进一步突破发展"瓶颈"。《皮带无人值守控制系统》被评定为辽宁软件产业 20 年优秀产品和辽宁省专精特新产品，公司荣获辽宁软件产业 20 年优秀企业和辽宁省专精特新小巨人企业荣誉称号。本着"不求所

有、但求所用"的指导思想，与阿里达摩院、中兴通讯、华为、宝信、鞍信等 30 余家国内知名企业、科研院所构建广泛的技术交流渠道。全年围绕钢铁自动化集中控制、多场景多用途机器人、自动采样制样验质、数字孪生和大数据等开展技术交流 80 多次，编写数字矿山、废钢智能判级等技术方案 100 余份，新技术应用取得实质性突破。

【市场开发】 信息自动化公司结合本钢集团提升生产制造能力、成本管控能力和智能装备水平的实际需求，实施方案先行工程，合作完成热轧、冷轧区域机器人设计方案 37 份；北营 8# 变电所等无人值守和集控技术方案 5 份；板材冷轧、板材热轧无人行车技术方案 5 份。全年签订内部合同 28598.45 万元，同比增长 33.54%。通过与设计院、高科技公司合作开发外部市场，全年参加外部投标 32 项，签订 CCPP 发电工程 PLC 系统、营口嘉晨 265 ㎡ 烧结机改造等合同 1431.5 万元。完成山西晋钢转炉三电自动化控制等系统调试，实现外部收入 1289.86 万元，同比增长 272.44%。开发营口嘉晨、山西电力勘探、中冶华天及安徽紫朔等新客户，外部市场明显改善。

【基础管理】 信息自动化公司以合规管理建设为基础，不断增强管理效能。科技系统成功申报 4 项软件产品和 4 个软件著作权；申报本钢科技进步成果奖 4 项；发掘《利用机器视觉和 AI 图像识别技术获取钢卷标签信息》等 2 项实用新型专利和 1 项发明专利；企业信用等级由 AA 级提升到 AAA 级；被中国软协授予中国软件诚信示范企业。财务系统发挥资金统筹作用，全年实现营运资金周转率 2.33，同比提高 0.83；与兴业银行就

票据拆分达成业务合作，减少了现款支出，保证了现金流的安全；持续清理长期呆滞外部账款，全年清回历史欠款 70.66 万元，维护了公司利益。采购系统引进合格供应商和施工队伍 72 家，清退不合格施工方 19 家，拉黑供应商 1 家，规避了经营风险；深化与华为、海康、宇视、京东等品牌商合作，通过签订年度框架协议获得 10% 的价格优惠。人资系统组织各专业与东北大学自动化院、辽宁科技学院等就人员培训、人才引进等进行了深入研讨，全年组织网络培训 63 学时，培训员工 100 余人次。安全系统完善"安全生产责任制"等安全管理制度 18 项；强化落实"党政同责""一岗双责"安全生产责任制，全年组织领导履职等专项检查 147 次，考核涉及劳动保护穿戴、现场违规操作等问题 43 项，累计考核 6520 元，实现安全奖惩与安全责任人挂钩的考核目标。

【党群工作】 信息自动化公司党委坚持党建引领、群团共促，发展根基更加扎实。快速完成党委组建和支部换届；规范基层党支部标准化建设，开展新任党支部书记业务培训考核和支部书记抓党建述职评议；改造完成公司首个党员活动室建设；分 3 批次完成党员集中轮训工作；设立党员先锋工程 7 个，组建党员先锋队 3 个，促进党建工作与生产经营深度融合。扎实推进党史学习教育，制订覆盖 10 大方面 35 项工作内容的学习教育方案；组织开展参观红色教育基地、知识竞赛、红歌颂党恩等十大庆祝中国共产党成立 100 周年系列活动；解决职工停车难、加班员工就餐、文化阵地建设等民生实事 14 件，突出了以职工为中心的发展理念。组织全体干部深入学习、领会和贯彻集团公司"5+1"工作格局和"1+4"重点任务，将思想统一

到两级集团总体要求和"创效益、学技术、树形象"中心工作上来；持续优化以业绩、能力和担当、忠诚为考评依据的干部考核机制，作业区级管理人员年度考核平均得分同比提高 0.89 个百分点，干部整体素质和工作业绩均有所提高。以"整、严、树"专项工作为抓手，结合"21112"重点任务和责任清单，制定全年从严治党目标计划和工作措施，层层推进压实全面从严治党责任；严肃领导干部双重组织生活和联系点制度，落实从严治党、意识形态和安全生产的"一岗双责"；加强党员党风廉政教育，开展警示教育典型案例学习，为公司高质量发展营造风清气正的经营环境。积极发挥群团组织服务大局、服务群众和推进民主管理作用。组织参加集团篮球、乒乓球比赛和大学生趣味运动会，丰富了员工文娱生活。建立职工健康电子档案，重新配置救心丹、体温计等急救药品，让职工切身感受到企业的人文关怀。对生活困难、生病住院等职工进行走访慰问，全年累计发放慰问金 18000 元，有效凝聚了企业改革发展合力。 　　　　（王大鹏）

新实业发展有限责任公司

【概况】 本钢新实业发展有限责任公司为本钢集团有限公司多元产业发展板块下属公司。下设 9 个职能科室、23 个分（子）公司及后勤服务区。在籍职工总数 1613 人，其中管理岗 80 人、业务岗 230 人、技术岗 101 人、操作岗 1202 人，劳务工 1421 人。党委下设党支部 25 个、党小组 65 个，党员 636 人。研究生 10 人、本科学历 188 人、专科学历 450 人，高级职称 54 人、中级职称 165 人、初级职称 140 人。主要生产及生活服务项目

有：炼钢辅料、炼钢生铁、炼钢炉料、烧结配料、渣罐涂料、氧化锌粉、钝化镁粉、增碳剂、尘泥干粉、劳动防护工装、特种作业防护用品、防尘滤袋、印刷制品、工业水处理剂及冷饮制品、公路运输、设备维修、工业管道清洗、厂容绿化美化及厂区环境综合治理、防寒防汛工程施工、工程设备维修、厂区职工生活服务（食堂、浴池）、办公用品销售、媒体广告宣传、职工公寓及物业管理、宾馆餐饮住宿及会议接待、幼儿管护及教育等。

【主营指标】 2021年，新实业公司全年实现销售收入7.95亿元，利润1343万元，超计划完成859万元。实现重大人身、设备、交通、食品安全事故、治安案件为零的安全工作目标。主要产品完成情况：生产服务主要产品产量均超额完成计划，其中脱锌回收料产量8.96万吨，氧化锌粉产量0.89万吨，低品位混合料产量16.74万吨，铝粒产量0.67万吨，钝化镁粉产量0.55万吨，供水沉泥高锌灰18.65万吨。

【生产经营】 实现产能、效益最大化，坚持提产、提质、降本增效工作。通过提升管理，从细节入手，打好管理基础，合理组织生产，使效益稳步提升。克服各种制约因素，优化组织攻克难关，实现产能升级任务，达到效益产量目标。东风湖分公司成立脱锌线提产增效项目组，针对脱锌窑结圈影响生产课题进行攻关，1号、2号窑实现连续运转210天，日处理高锌尘泥358吨，创历史新高；3号窑通过工艺技术改造，日处理高锌尘泥315吨，超设计产能10%；新研发的45 mm×55 mm铸锻项目已完成产品试制，进入规模生产阶段。回收分公司通过加装挡料皮带、铺设清运通道等方式解决压球生产线上料系统漏料问题，实现高质高效生产，铁碳球项目于6月1日起正式上线生产，生产运行状态良好。炉料分公司通过对镁粉厂供电设施进行增容改造，使原430W供电容量增容到630W，实现三台切削设备同时运行，有效提高工作效率，降低生产成本。汽水厂新增1条PET塑料瓶盐汽水生产线，现2条盐汽水生产线设计产能可达到年生产900万瓶。

【后勤服务】 食堂管理方面，全面落实集团免费一餐政策。按照本钢集团整体部署，6月1日起全面实行免费一餐，所涉及各板块单位、部门130余个，食堂及供餐点50余个。为保障政策有效落实，克服各种不利因素，在相关部门及单位配合下，实现本钢集团5万余名职工正常供餐。食堂管理室克服时间紧、信息化系统没有建立等因素，及时抽调人员专门负责餐补人工充值统计工作。全年共完成8891万元餐补费用分解充值。坚持食品安全管理制度，统一采购合理配送，合理制定菜谱，满足职工需求。因部分生产单位职工不能离岗就餐，结合实际情况送餐到岗工作。食堂加工制作的猪爪、肘子、香肠、鸡翅、鸡腿等特色熏酱熟食得到职工肯定和好评。先后接收了技校食堂、退管中心食堂、浴池，以及矿业公司各食堂，本钢集团所属餐饮、住宿、洗浴首次实现集中统一专业化管理。在住宿管理方面，物业分公司按照杨维董事长2月16日到新五宿现场指示精神，与战略规划部共同敦促实华集团2月23日起对"新五宿"工程尾工进行完善处理。经集团业务部门与市自来水公司、供电公司、燃气公司、特种设备监测站等市政部门的协调，经过7个多月的协调推进，全面完成了尾工施工。新五宿实现水、电、燃气的正常供应，电梯安全运行，9月29日实现职工搬迁入住，已回迁入住大学生428人。接收矿业公司、北营公司大学生公寓，统一进行管理。

【城市服务】　生活服务分公司在市区增设的食品售卖网店，服务山城百姓，增加经营收入，使"本钢品牌""本钢食品"进入寻常百姓家；本钢宾馆全年共接待省委巡察组、团市委、鞍本联合推进组及本钢集团重大会议562次，17292人次；住宿11766人次；餐饮15526人次。宾馆的优质服务得到鞍本联合推进组的领导和工作人员的好评，为迎接10月15日鞍钢、本钢挂牌仪式，对金山宾馆进行装修改造后，顺利完成鞍本挂牌仪式服务；幼教中心开展"牛气冲天、童心童乐""童心映世界·艺海炫未来""梦想启航、童心飞扬"等特色教学及宣传活动，吸引幼儿入园，充实幼儿园内生活，增加经营收入；职工换购超市满足广大职工换购的需求，在五宿、平山、南芬、水塔、歪头山、北台等地区设置职工换购超市，整体进行装修改造后运营。换购超市商品2000余种，全部是粮油类、洗化类、百货类等民生商品，因数量充足、供货及时、购货便捷等特点，得到广大职工群众的一致好评；中石油合资公司积极参与本钢采购平台竞标，利用自身优势稳定客户，科学定价，实现本钢建总设备供销分公司润滑油线上采购中标。

【资产盘活】　对低效闲置资产进行摸底调查，完成烟台疗养院、三宿舍、金山宾馆、北台岭下村厂房、北营宾馆等五处低效闲置资产的评估，形成处置方案。完成天弘善宾馆、文体中心、计控电子仪表公司3家全民所有制单位的公司制改革工作；注销锦程、

鹏程、新兴、通达、永发、机电修造、机关餐饮洗浴服务中心7家分公司（分支机构）；亨通公司正在履行注销手续；沈阳冷轧型材厂按破产程序推进。

【财务管理】　指标分解到基层各单位，合理制定计划及考核方案，每季度召开经济分析会，及时发现问题、解决问题；规范资金管理，定期召开资金平衡会，规范资金支付审批程序，明确审批权责和各单位费用支出计划，有效控制成本费用，提高资金使用效率，各项生产经营资金合理支付；加强外部债权清收，对新实业公司应收账款进行分类，加大清收回款力度。

【安全管理】　制定完善《新实业公司安全绩效考评标准》《新实业公司反"三违"工作方案》等相关制度文件，规范《新实业公司反三违工作管理台账》《新实业公司安全检查"四个清单"》《新实业公司特种作业人员台账》等管理制度26个，推进开展安全生产专项整治三年行动及安全生产月总体工作，抓好施工现场安全管理；常态化开展人员密集场所消防安全检查，对宾馆、食堂、幼儿园、公寓、办公楼以及高层建筑进行消防安全检查。

【设备管理】　完善《新实业公司设备点检定修管理办法》，完成设备点检定修及维护保养，提高设备开动率；细化运行岗位及点检岗位人员职责范围、工作标准、绩效考核等内容，使点检工作有章可循、有据可依，设备安全运行。

【环保管理】　检查和督导东风湖、回收、焦化开发等单位危废管理工作，检查、督导

危废相关制度、台账、专库及标识的建立和进行，推进危险废弃物的专业化管理；以生态环境部东北督察局及中央第二轮环保督察为契机，开展环境隐患排查整改及厂容绿化美化工作。脱锌 3 号窑在线监测系统联网设备的调试及环保验收工作顺利完成；环保绿化分公司承担板材、北营厂区共 95 万平方米道路清扫保洁、洒水、绿化管护、垃圾清运、防寒防汛、冬季除雪、道路铺设、公共设施维修维护等工作。全年厂区干线路段安全畅通，两厂区道路清洁达标，绿化、硬化、亮化全覆盖，厂区环境"颜值"得到提升。

【人力资源管理】 完成北营宾馆 22 名合同制员工转正手续办理，解决历史遗留问题；全年开展劳动纪律检查 18 次；办理在职及劳务用工门禁卡 1460 张；完成 1585 名员工体系认证工作，涉及 561 个岗位；因"四定"后岗位变化，组织 246 名员工重新签订劳动合同；薪酬管理及发放执行闭环管理，并按规定标准及时发放。

【采购管理】 重新修订并下发《新实业公司招标采购管理办法》《新实业公司物资直接采购管理办法》，扩大招标采购范围，发挥招标平台采购优势，广泛进行招议标项目调研，最大限度为公司节约成本。全年完成招议标采购项目共计 483 项，降低采购成本 226 万元。

【党群工作】 坚持把方向、管大局、保落实，班子成员工作重心下移，倾听职工呼声，为职工办实事解难题。用"党建工作思维导图"指导基层工作，严格执行政工月例会制度；深入开展党史学习教育，以党史学习教育为契机，开展"我为群众办实事"活动，

聚焦重大民生任务，落实本钢职工补贴供餐、本钢青年公寓回迁、本钢职工换购超市建设等"办实事"项目 14 个，党委班子成员全部参与"办实事"任务落实工作，相关单位和部门积极攻坚克难、全力推进，14 个项目全面实施完成；开展"整、严、树"专项治理行动，打造风清气正的良好政治氛围；工会全面履行各项职能，围绕工作重心、结合实际，积极参与民主管理和维护职工权益，推动各项工作的顺利开展；团委围绕新实业公司发展和稳定的工作大局，通过开展专题辅导、主题团日、青年知识竞赛、网上主题团课等一系列活动，为推动文明建设及健康发展注入了生机勃勃的活力。

【防疫工作】 按照本钢集团关于持续抓好常态化疫情防控工作要求，进一步完善防控预案，持续织密防控网，常态化、持续性开展消毒消杀工作，严格落实精准防控举措，坚持筑牢疫情防控防线。2021 年，组织在职和劳务人员开展 9 个批次的新冠疫苗接种工作，接种人数 2976 人，接种率达到 98% 以上。

（金艳琪）

冶金渣有限责任公司

【概况】 本溪钢铁（集团）冶金渣有限责任公司为本钢集团有限公司下属公司。下设 6 个职能科室、3 个分（子）公司、7 个作业区。在籍职工总数 415 人，其中管理岗 32 人、业务岗 33 人、技术岗 27 人、操作岗 323 人、劳务工 131 人。党委设党支部 10 个、党小组 16 个，党员 209 人。大专以上学历 215 人，其中研究生 4 人、本科学历 89 人、专科学历 122 人，具有高级职称 10 人、中级职称 56 人、

初级职称 47 人。主要承担本钢炼钢过程中产生的冶金渣加工处理及综合利用职能。

【主营指标】 2021 年，本钢冶金渣公司全年实现销售收入 5.56 亿元，利润 4102 万元，超计划完成 1236 万元。实现重大人身、生产、设备、事故、治安案件为零的安全工作目标。主要产品完成情况：渣铁、粒铁 24.19 万吨，精矿粉 B 产量 29.5 万吨，铁坨、铁粉产量 11.74 万吨；废钢产量 1.89 万吨。

【生产组织】 一是紧跟本钢集团高产节奏，以"排渣保产、含铁料增供"为主线，不断优化生产工艺流程，强化生产全流程管控，全面实现保产增供创效目标。翻排渣罐 55773 罐，翻排固态渣翻车 2882 节，实现了保炼钢高产"零影响"目标。同时实施渣块二次闷渣，降低大块渣数量，效果明显。二是积极落实本钢集团"内回含铁料、降低采购成本"工作要求，通过细化指标分解、落实责任人、优化作业班次、设备小改小革、提高设备作业率、精准激励等措施，实现增产创效。渣铁、粒铁从 3 月份之前供炼钢厂日平 600 吨，4 月份起实现日平保供 800 吨的攻关目标；磁选粉从 3 月份之前供炼铁总厂日平 750 吨，4 月份起实现日平保供 1000 吨的攻关目标（4 月份日平超 1200 吨）。

【安全管理】 一是贯彻落实本钢集团 2021 年安全生产工作任务，结合实际情况制定安全生产工作目标，层层分解落实。更新完善领导班子安全承包网络表，定期进行检查、监督和指导。持续开展安全管理综合考评评比工作，提升安全管理水平。二是推进"双重预防"机制建设，全面提升安全风险管控能力。健全完善危险源辨识、风险评价与控

制清单，明确管控责任人；狠抓安全隐患整治，严查"三违"行为，查改隐患问题 317 项；成立业务、技术人员反"三违"和隐患排查专项检查组，开展检查 225 次，纠正违章 28 人次，为公司实现安全生产稳定顺行提供有力保障。同时，通过安装天车桥厢处防护门连锁装置、制作天车端梁内侧防护栏、对磁选线皮带启动延时改造等措施，提升了设备设施的本质化安全水平。三是强化安全教育和培训，提升全员安全意识。开展领导干部上讲台讲安全、白帽子培训等 23 期安全教育培训班，累计培训 591 人次。安全活动月期间，组织 500 余人次开展形式多样的安全培训、演练、答题、观看教育片等活动，提高了全员安全意识。

【成本管理】 强化财务成本管理，有效降低各项费用。将成本指标细化分解到作业区和子公司，实行月累计考核。强化资金管理，加大对可控成本的考核力度，严格审核、把关，预计全年可控费用比计划降低 800 万元，定额成本比计划降低 200 万元。利用各种有效手段积极开展债权清理工作，全年清理陈欠款 157 万元。依靠国家资源综合利用优惠政策，减免所得税 1227 万元。

【设备管理】 一是解决钢渣区域生产现场架空供电线路劣化严重，存在安全隐患影响生产问题。对 900 米架空供电线路进行优化改造，采用钢管电杆替换水泥电杆，解决水泥电杆易断裂问题，保证生产用电安全。二是解决部分产线配套设备低效，影响生产连续运行问题。对油耗高、故障高、低效的产线配套设备进行更新，利用集团"一厂一策"政策，购置 4 台装载机、5 台自卸汽车、2 台永磁滚筒、2 台振动给料机、1 台振动筛，

解决了产线配套设备影响生产连续运行的问题，提高了产线作业效率。

【能源环保】 一是实施三级计量数据统计、分析工作，实现对油、电、水、氧等能源介质成本有效管控。二是积极做好中央环保督察迎检工作。制定迎检工作方案，从基础资料、危废管理、厂容环境整治、感官污染管控四个方面，识别环保风险点39项，逐条制定针对性管控措施。成立检查督导工作组，全体管理人员24小时带班督导管控措施落实，圆满完成了迎检工作。三是加强废旧物料的回收管理，完善物料的全过程管控，防止废旧物料流失。充分利用和回收废旧资源，做到应收尽收。按程序处置危险废物3吨。加强现场抑尘、控尘措施的落实，充分利用2台洒水车、7台雾炮进行抑尘，苫盖料堆5.5万平方米，不断改进现场环境。

【矿粉公司管理】 一是找差距补短板，提高企业盈利能力。主动与鞍钢矿渣微粉公司对标，提升经营水平。加强内部管理，实行合同会审、资金计划支付、先款后货的销售政策等，最大限度降低经营风险。二是积极采取应对措施，解决制约生产的瓶颈问题。利用预销售矿渣微粉的形式解决冬储水渣资金问题，积极与本钢国贸沟通，增加水渣协议量，采购周边小厂地产水渣，解决水渣资源量不足问题。创新销售方式，在稳定老用户开发新用户的基础上，与合资方亚泰集团协商，加大矿渣微粉销量。三是积极开展清欠工作。抓住下游欠款客户陆续开工生产的有利时机，主动寻求法院部门支持，积极开展清欠工作，1—9月份共计清理陈欠款108万元。

【综合治理】 强化综合治理管理，营造良好经营环境。加大治安风险检查、抽查力度和频次，堵塞管理漏洞。通过视频监控、GPS定位，增加抽检和回放次数，加大重点部位和运输车辆的监控力度，有效地杜绝了含铁料流失，达到"整、严、树"工作的总体要求。加强治安防范风险点动态管理，重新梳理治安防范风险点，全部落实管控措施。加强职工法制教育、日常检查、夜间巡查及特殊时期安保工作，为企业生产经营创造良好治安环境。

【人力资源管理】 强化人力资源管理，不断提高劳动生产率。深入开展人力资源调研，优化人力资源配置，撤销基层班组1个，岗位优化调整10人。加强职工技能培训，开办培训班42期，累计培训1565人次；参加本钢集团组织的各类培训累计71人次，通过培训有效提升了员工操作技能和工作效率。

【党群工作】 一是持续推进"两学一做"学习教育常态化、制度化，党员党性得到锤炼，思想自觉和行动自觉不断提升。二是做好党费、党建工作经费的管理和使用工作。落实党费收缴、使用制度，确保党费收缴、使用规范化。三是开展庆祝中国共产党成立100周年系列活动。组织集中观看庆祝大会实况、开展"两优一先"评比表彰及建功立业、重温入党誓词、党建论文征集、"五个一百"等活动，进一步增强了党员意识，凝聚党员力量。四是围绕公司安全生产、保产保供、降本增效等重点工作，开展了以"学党史、强信念、比业绩、献厚礼"为主题的建功立业活动，把党史学习教育运用到加强党建、完成生产经营任务和推进企业改革发展中，助推企业高质量发展。五是按照省委巡视整改落实"回头看"要求，做好巡视相关材料的准备及迎检工作，对反馈的问题及时落实整改工作。

【防疫工作】 确保生产稳定顺行。全面落实本钢集团疫情"30条"防控措施。坚决做好常态化下的疫情防控工作。及时传达国家、省、市和本钢疫情防控精神、工作部署。积极宣传贯彻疫苗接种工作，共有556名职工（包含相关方人员）接种疫苗，接种率98.4%。切实落实本钢集团疫情排查部署，开展重点大排查56次、日排查273次，共排查出涉关人员104人，按规定安排核酸检测、居家隔离观察，建立返岗人员健康监测台账等，实时掌控各类人员信息，确保入厂人员身体健康。 （于　雷）

辽宁冶金职业技术学院

【概况】 辽宁冶金职业技术学院（简称职业技术学院）是经辽宁省人民政府批准、国家教育部备案的省属全日制普通高等学校，2010年实现首届招生。学院在职职工433人，其中管理岗57人、业务岗98人、技术岗187人、操作岗91人，本科学历及以上职工336人，中级职称157人、副高级及以上职称138人。学院内设机构22个，分别是机关职能板块5个、教学辅助板块5个、职业教育板块8个、职业培训板块2个、实习实训板块2个，设23个党支部，有党员322人。

【教学管理】 1.专业（群）建设实现新突破。技术学院获批辽宁省高等职业教育兴辽卓越院校立项建设单位，三个专业群获批兴辽卓越专业群。钢铁智能冶金技术专业被评为辽宁省现代学徒制示范专业，钢铁产业学院获批辽宁省职业教育兴辽产业学院。在辽宁省中等职业教育优秀学校和优质专业建设项目遴选中，技师学院被评为优秀学校A等级，排名第一。2.产教融合助推技能人才培养。以钢铁冶炼、电气自动化设备安装与维修专业为核心，申报辽宁省职业技能培训示范基地建设项目，为学院争取专项建设资金300万元。成功承办本溪市"工匠杯"职业技能大赛，按照国赛标准完成直播销售等9个赛项的竞赛任务。3.构建"三全育人"体系，推动思政课程与课程思政有机结合。第十届省高校思想政治理论课教学大赛，学院荣获优秀组织奖，学院教师荣获二等奖；2人入选全国行业职业教育教学指导委员会。全省职工技能大赛、市"工匠杯"职业技能大赛均获奖。发挥校企一体办学优势，与集团人力资源管理中心携手，形成专兼结合、德技双馨的"双师型"教师队伍。对接主流生产技术，校企合作开发专业课教材。4.坚持产学研用相结合，教科研工作硕果累累。学院荣获"第十届钢铁行业职业教育培训课件大赛"优秀组织奖和"第十届钢铁行业职业教育和职工培训有奖征文活动"优秀组织奖。荣获省体育科学学会科研项目一等奖1项，荣获省首届高职高专院校思政理论课教师育人成果案例评选三等奖3项，荣获省首届高职高专大学生讲"四史"微课比赛二等奖3项，荣获第三届辽宁省大学生网络文化节和全省高校网络教育优秀作品推选展示活动5项。学院连续三年荣获钢铁行业职工培训和职业教育优秀多媒体课件大赛优秀组织奖和冶金行业论文评选活动优秀组织奖。

【学生管理】　1.落实全员全过程全方位育人，推动学管队伍专业化、职业化发展。2021年作为辅导员队伍建设年，学院组织17名辅导员参加省级辅导员工作专项培训，开展班主任工作经验交流，切实提升辅导员、班主任的专业能力。积极推广使用易班网络思想政治教育平台，实现学院网络思政教育全覆盖。2.发挥以赛促教促学的引领作用，提升学院的影响力和美誉度。以庆祝建党百年为契机，开展"青春向党 奋斗强国"纪念五四青年节主题宣讲展演和"请党放心 强国有我"开学第一课活动；组织参加省教育系统献礼建党百年体音美活动展演活动，展现了辽冶学子献礼建党百年的青春风采。在党史学习教育活动中，组织青马社团学生参观抗联纪念馆，发挥青马社团成员骨干带头作用，以点带面，学生学习氛围显著提升。全年共有13名学生荣获省第三届大学生网络文化节奖项；省第十八届职业院校技能大赛中，学院学生荣获二等奖3项。3.健全学生资助制度，建设发展型资助体系。建立"助学·筑梦·铸人"常态化宣传教育机制，把解决学生学习生活实际困难与促进学生全面发展、健康成长结合起来。全年共计完成高职奖助学金发放234万元，182人荣获国家级奖学金；中职助学金发放8万元，3人荣获国家级奖学金；学院减免21名孤儿学生的学费、住宿费10.7万元。

【招生就业】　1.精准化招生新模式，满足生源个性需求。利用抖音、视频号、直播平台等媒介形式开展招生宣传工作。开办职普班、天职升学班、3+3升学班等满足学员个性需求。与东北特钢、北方亚拓能源公司等多家企业签订培养协议，校企合作开展订单定制定向培养，有力拉动学院招生。在生源持续减少的情况下，高职实现招生1453人，中职实现招生485人。2.拓展就业基地，扎实提升就业率。确保就业工作部署到位、拓岗到位、指导到位、服务到位。学院与东北特钢集团、本钢耐火公司、本溪龙新矿业公司、辽宁民盛重工、本钢电气公司等企业达成合作意向；组织召开本钢集团、东北特钢、中船重工（沈阳）辽海输油设备、京东物流等企业专场招聘活动，2021届高职毕业生就业率为98.2%，中职毕业生就业率为97%。

【职业培训】　1.紧扣企业战略，发挥党校功能，提升培训内涵。学院与市委党校合作，深度参与课程研发，2名青年教师参与培训教学，全年开班四期，培训学员179名，培训效果得到集团领导的高度认可。组织教师赴市委党校、省委党校开展业务交流学习，强化课程研发。落实本钢集团党委书记、董事长杨维同志"七个思维"的讲话精神，开发领导干部素质提升课题8个，助力集团领导干部构建科学思维体系。研发党史教育精品课程，为6家基层单位300余名党员开展党史教育培训。主动做好鞍钢党校培训协同工作，承接鞍钢中青年干部轮训班实践培训项目。自筹资金，改善本钢党校办学条件，设置标准教室、研讨室、图书馆、健身中心、休息室等设施，提升党校培训保障能力。2.引领中国特色企业新型学徒制新实践，推进企业培训再创新。学院企业新型学徒制培训经验入选人社部出版的《中国特色企业新型学徒制工作指南》，对集团公司技能人才培养起到打基础、储人才的作用。3.升级培训综合管理系统，研发精品培训项目，开拓培训新领域。利用"互联网＋培训"，解决工学矛盾问题，充分发挥云计算、大数据等信息化手段全面提升培训管理水平，综合培训管理系统得到省应急厅肯定并在全省推广。新开发高危行业主要负责人及管理人员培训项目，培训学员767人次。为集团定制新安全法线上培训和危险区域作业专项培训，培训安全管理人员1552人次。研发工程造价4个专业培训项目，助力集团设备系统人员业务能力提升。4.开拓外部培训市场，增加创收新亮点。承接职业技能培训券试点任务，以适应新产业新技能要求，与企业签订技能提升培训合作协议，开展技能培训900余人次。与东北特钢签订培训合作协议，为企业1800多名员工开展技能提升培训合作。积极筹备，科学组织，首次开展"马兰花计划"创业培训项目，开办GYB创业培训14期，培训学员550人。5.技能等级增资质，继续教育取得新成效。申办行业技能等级认定资质，成功获批53个工种（职种），增加冶金行业14个工种，成为我市唯一一家可进行多行业、多工种技能等级认定的社会培训评价组织，继续教育通过增设函授站、走访企业拉动招生，目前已建立12个省内函授站及校外学习中心，函授及培训总人数达3000人；与多家高校合作开展成人教育项目，扩大服务类、信息类专业的办学范围，弥补化工类专业的短缺。

【技术服务】 1.生产技术服务抢抓机遇，争产创效。亿通公司谋求多元化发展，新增液压备件产品维修项目，成功签订液压检测合同。以鞍本重组为契机，补偿器产品成功进入鞍钢市场。为通钢培训机构研发生产冶金煤气实训工作台，获得成功。高远公司已获批国家级高新技术企业，在计量系列产品、数据采集平台、培训平台三个产品方向持续发力。主动开拓外部市场，智能计量项目已与中天钢铁南通公司开展合作，打造新经济增长点。2.打造生产性实训基地，降低办学成本。不断强化教学模式改革创新，学院成立汽修生产性实训基地，实现"前厂后校、工学结合、产教融合"的人才培养新模式。响应集团学党史办实事的号召，学院从提升学生动手能力和服务本钢职工、惠及本钢职工出发，依托汽修基地，为本钢职工提供服务。

【安全管理】 1.全面贯彻落实疫情防控要求，实行封校管理。组织开展疫情防控应急演练6次，建立应急预案保障机制；积极迎接集团疫情防控指挥部工作检查，不断提升疫情防控水平。全年组织10个批次的新冠疫苗接种，其中入校接种三次。截至2021年12月末，教职工接种率96.37%，高职学生接种率97.97%，中职学生接种率97.26%，累计完成加强针接种1480人。2.提升保障举措，完善安全管理制度，建设平安校园。全面修订安全规程，落实"安全隐患清零"工作，加强安全生产（实习）、防火、校舍、食品卫生等安全管理工作。开展师生安全和法制教育，做好信访稳定工作，持续强化校园及周边治安综合治理，扎实推进平安校园建设。

【综合管理】 1.全面提升内部治理能力。深入开展全方位全流程对标工作，找差距，补短板，以内控工作为抓手，查摆问题13项，以督办形式跟踪落实。继续优化绩效考核体系，实现"业绩、薪酬、职位"三挂钩。分层分类推进制度修订，梳理制度清单160条，逐步完成学院制度体系建设。全面升级智能校园系统AIC平台，开发办公流程管理，发挥数据分析潜能，全面提高管理效率。2.着力推进招标采购规范。严格落实本钢集团"应招尽招"工作要求，修订学院招标采购管理制度，开展招标采购管理人员培训，规范项目实施过程。通过集团招标平台进行招标项目26个，已实现定标12项，降低采购成本29万元。通过工程项目验收审计和后评价管理为学院节约资金46.5万元。建立标准价格平台和合格供应商清单，完善采购询比价程序，全年累计节约采购资金12万元，采购成本比上年降低4.33%。压缩利用库存2.5万元，盘盈积存物资161万元。3.实施后勤精细化管理，全面提升服务能力。学院食堂与新实业公司合作，规范食堂经营行为，落实食品安全与监管机制，确保师生食品安全。开展节水型高校建设，做好校园绿化美化工程，种植银杏、元宝枫等树木42棵；绿化草坪200余平方米；购置防腐实木凳18个，为师生提供优美舒适的工作和学习环境。

【党群工作】 1.全面加强党的政治建设。组织各级党组织系统学习中国共产党史、习近平总书记"七一"重要讲话精神和十九届六中全会精神，继续推动"两学一做"学习教育常态化制度化，以基层党支部评估定级为契机，加强党支部规范化建设。继续深化"讲奉献、比业绩、创一流"党员建功立业主题活动，建立共产党员先锋岗62个、党员责任区28个，共产党员先锋队13个，共产党员先锋工程项目10个。开展庆祝建党100周年系列活动26项，大力营造浓厚的政治氛围。2.扎实做好党史学习教育。开展党委书记专题党课2次，各基层党支部组织党史学习180余次。围绕"七一"重要讲话和十九届六中全会精神，成立宣讲团队宣讲课题15个。学院党委全年为师生办实事10件、各党支部办实事39件，查找短板32项，提出整改措施41项，开展技术技能培训12

项，努力把党史学习教育成果转化为干事创业的强大动力。3.加强新时代思想宣传工作。严格落实意识形态工作责任制，修订、制定意识形态工作文件10份，守住课堂教学意识形态安全底线和红线。围绕学院中心工作，全年对外媒体宣传27次，更新校园网、公众号、微博信息400余条，制作反邪教宣传展板14张，全面更新校园宣传栏内容。《中国共产党为什么能》宣讲报告荣获省委宣传部2021年度优秀宣讲报告。充分发挥职代会作用，维护职工利益。坚持集体协商制度，签订并严格执行《2021年集体合同》，维护职工的权利和义务。发放春节、五一节、国庆节奖金216.47万元。积极推进职工医疗互助保障工作，全年理赔38人次，理赔金额达4.3万余元，缓解了职工因病带来的经济负担。持续开展"冬送温暖""夏送凉"活动，为职工购买微波炉、冰箱、冰柜等23件。全年为教职工发放生日祝福卡、米面油等福利51.8万元，创历史新高。

【防疫工作】 科学研判疫情态势，中高职开展线上教学。本学期为保证疫情期间校园健康安全、平稳顺行，学院经请示属地防疫部门和省厅，决定利用"超星学习通"等网络平台积极开展在线学习，确保各项教育教学工作稳定运行。学院全面贯彻落实省教育厅、本钢集团疫情防控工作要求，修订校园疫情防控应急预案，开展疫情防控应急演练，制定隔离转运、网格化管理工作机制，严格落实核酸检测等工作要求。 （谭艳艳）

房地产开发有限责任公司

【概况】 本溪钢铁（集团）房地产开发有

限责任公司（简称房地产公司）是本钢集团全资子公司。注册资金5亿元。是一家集房地产经营、开发、销售、工程建筑设计、工程建筑施工、产品生产、矿山开采加工及房产物业管理为一体的多产业、综合性房地产开发企业，具有国家房地产开发三级资质、房屋建筑安装施工二级资质、房产物业管理三级资质。截至2021年底在籍职工共110人。下设综合办公室、党群工作室、人力资源（组织）室、财务管理室、开发管理室、合约预算室、工程技术室、计划管理室8个科室；好佳物业公司、微细粉公司、海口公司、经营分公司、清欠办5家分子公司。全年实现营业收入1632.74万元，利润 –2784.87万元。实现安全生产"三为零"。

【经营管理】　本钢集团公司加大授权放权力度，激发非钢企业参与市场竞争热情。房地产公司按照年初编制的生产经营计划，积极有效地组织各部门及分（子）公司开展工作，克服种种困难，保证各项指标按计划完成，确保全年经营工作顺利进行。2021年共实现销售收入523.82万元，其中现金收入399.18万元，抹账收入124.64万元。清欠办为了确保房地产公司利益不受损，坚定不移地执行公司房产清欠的方针政策，结合房地产公司所辖区域管理现状制定有效的实施方案，全年电力稽查支出电费380万余元，实现电费收入473万余元，全面完成房地产公司年度所下达目标任务；房产监察按照公司要求对平东园多年陈欠的房费和电梯费进行收缴工作，追缴陈欠55万余元。清欠追缴现金24万元，为房地产公司增加收入及减少经济损失作出了贡献。

【主业开发】　按照施工建设计划，千金嘉合园一期工程严格按照施工进度，保证施工质量，该工程楼本体已竣工验收，配套工程基本满足使用要求。千金嘉合园二期工程8栋楼已完成，楼本体具备进户条件，配套工程如供电、供暖、供水、下水达到使用要求，室外环境配套工程绿化、挡墙、台阶、路灯、路面等在2022年陆续完成。合作项目中，溪湖东山幼儿园完成不动产登记证办理工作；泉涌玉枫园经济适用房指标已经补发完成，已与本溪市规划院签订日照分析及测绘合同；溪湖明翠山庄合作收益对账基本完成，对部分存在异议的账目继续跟进梳理。

【企业改革】　扎实推进国企改革三年行动计划，按照省国资委的要求推进亏损企业治理工作，为避免风险及给企业造成损失，在集团公司统一领导下开展"僵尸企业"处置工作，对列入集团公司下属企业计划内的房地产公司所属的12家壳企业进行注销清理，8家注销工作已完成，还有4家正在办理中。按照集团公司要求，全面理清与集团公司内部企业之间的债务往来，梳理债权债务，全面开展资产清查，债权清收工作。

【多元产业】　好佳物业公司，全年以维修促收费、以质量要效益、以服务求生存、以管理求发展，全年完成收入556万元，完成房地产公司下达的全年计划收入指标。飞腾矿业按照年初房地产公司下达的工作任务开采矿石3万吨，全年开采矿石30760吨，实现销售收入309万元，利润30万元。积极与本钢集团公司环保部、县环保局、林业局等部门沟通，妥善处理松树台铁矿环境治理工作。鑫汇微细粉公司收入租金92.4万元，厂房设备完好。

【信访维稳】 2021年是中国共产党建党100周年，维稳压力增大，房地产公司信访稳定工作任务艰巨，同时矛盾主体成分复杂，包含未安置动迁户、提前退休、退养群体、缠访闹访老户等多个群体。在积极办理回迁房建设前期手续的同时，稳妥地做好动迁户信访稳定工作，主动化解动迁安置矛盾，全年货币化回购22户动迁协议。和平、泰运、广山等地区办理房票更换安置协议书311户。发放陈欠租房补助费76.8万元。全年市长热线受理55件，办理回复率97%。省市交办信访积案30件，办结率100%，行风热线全年45件，办结率90%，民心网52件，回复率100%。去省上访1批次4人次，与去年同期相比批次明显下降，进京非访为零。截至2021年12月末，房地产公司本部及子公司正在办理未结案件20件，标的额34882万元，其中包括主要主诉案件乾易公司利润分成案20678万元和大连双菱公司仲裁案3536万元，主要被诉案件华昕公司仲裁案10222万元。未执行案件91件，标的额约21628万元。其中乾易案件原起诉标的额3.83亿，经过辽宁省高法、最高法两次审理最终判决为4400万元。

【人力资源管理】 根据本钢集团公司要求，推进多元产业整合和改革实施方案，制定三项制度改革实施方案，按照"分级统筹、分类实施"的原则，积极妥善安置人员，进一步压减组织机构。薪酬的管理和发放严格按照房地产薪酬管理办法执行，按照考核结果执行绩效工资分配方案，充分发挥绩效考核工作的激励作用。加强劳务用工管理，对劳务用工进行了摸底清查工作，进一步规范劳动用工管理，对相关分子公司劳务岗位落实减编核岗，减少了劳务总人数的50%，同时也降低了劳务费支出，进一步提高了工作效率；加强劳动纪律管理，整顿考勤管理制度，提高职工的出勤率和工作效率。

党史学习教育——参观红色教育基地（黄卓 摄）

【党群工作】　扎实开展党建和群团工作，2021年房地产公司党委在本钢集团公司党委的正确领导下，持续深入贯彻党的十九大精神，坚持以习近平新时代中国特色社会主义思想为指导，加强党建引领，充分发挥企业党组织在深化改革、重组整合、经营发展工作中的核心作用。一是贯彻落实习近平总书记在建党100周年大会上的讲话和建党100周年央视特别节目的重要讲话精神，引导党员从党的百年奋斗历程中汲取智慧和力量，团结和带领广大党员干部职工为企业发展提供坚实的政治保证，实现党建工作与企业发展共进共融。二是认真贯彻落实集团公司党委的决策部署，充分发挥党委"把方向、管大局、保落实"的领导作用，将党的领导融入房地产公司治理各环节；重新梳理进三项议事规则和"三重一大"决策机制；及时传达学习《三项制度改革方案》，推进基层岗位优化，提高劳动效率，为下步多元板块推进三项制度改革打下基础。三是切实加强基层党组织建设，开展"基层党建工作建设年"和"基层党建制度落实年"活动，各党支部认真落实《中国共产党支部工作条例》，严格党的组织生活制度，丰富党建工作载体，组织开展党员活动。四是促进党建工作与生产经营深度融合，紧紧"围绕生产经营抓党建，抓好党建促生产"这个主题，深入基层开展调研工作，把生产经营工作的重点，作为党员建功立业活动的着力点，组织引导党员立足岗位作贡献、当先锋，不断推进创先争优活动，引领企业发展得到全面提升。五是严格落实党风廉政建设责任制，加大反腐倡廉教育力度，以案明纪，用身边的典型案件营造不敢腐、不能腐、不想腐的氛围，督促各级干部知敬畏、存戒惧、守底线。六是认真贯彻集团公司工会下达的各项工作任务，把工会工作扎实有效地贯穿到房地产各项工作之中，提高职工的整体素质，维持企业正常稳定发展，创建和谐稳定的职工之家。开展惠及全体职工的福利，全年为职工发放福利3.43万余元；职工住院二次报销45人次，报销金额3.24万余元；在突发新冠病毒疫情期间，积极为职工购置口罩、测温仪器、消毒洗手液等应急物资，以保证职工的人身防疫安全；工会给女工部划拨专门经费，保障女工费的按时发放。普及女性健康知识，2021年公司继续为每位女职工购买了女工特殊疾病保险，充分保障了女工特殊权益。积极向集团工会申请"送清凉"为基层办实事活动中的用品，为基层配置了常用电器，解决了一线职工的燃眉之急；房地产公司工会坚持开展盛夏酷暑领导走基层送清凉活动，为基层一线职工购买降温物资。

【防疫工作】　坚决贯彻落实辽宁省、本溪市、集团公司新冠疫情防控指挥部的具体工作要求，成立了本钢房地产公司新冠肺炎疫情联防联控工作领导小组。按照科学应对、联防联控、防治结合的原则，检查公司各单位防控工作部署情况，督促落实疫情防控责任，提高疫情防治水平和应对能力，各单位、部门根据工作情况适时做好生产经营与疫情防控两不误。建立房地产公司临时疫情通报微信群，把国家、省、市、集团公司相关文件及要求在群内下发，要求落实执行到位，落实信息报送制度，按每日时间节点要求，坚持"日报告""零报告"制度。各单位重点对往来高风险地区人员及其接触群体信息进行收集、排查、建档、监测，将排查信息情况及时上报。对本单位公共场所卫生管理和消毒，对所辖会议室、食堂、浴池等人员密集场所实施严格消毒，并实施封闭管理。

全力组织采购口罩、消毒物品、测温仪等防控物资共计 2.1 万元。 （黄 卓）

热力开发有限责任公司

【概况】 本溪钢铁（集团）热力开发有限责任公司（简称热力开发公司）为本钢集团公司的全资子公司，是集工业余热开发、余热供暖和锅炉集中供暖为一体的专业化公司，供暖区域涵盖市内的南地、平山、东明区域、市郊的南芬、歪头山地区，2021 年末供暖面积 752.9 万 ㎡，供暖用户达 10.19 万户。热力开发公司下设 8 个职能科室、4 个双职能单位、8 个作业区级供暖分公司。2021 年末，在籍职工总人数 509 人，在岗 507 人，其中管理岗 39 人、业务岗 43 人、技术岗 14、操作岗 411 人，副高级职称 14 人、中级职称 40 人、初级职称 22 人。党委下设 13 个党支部、24 个党小组，党员 206 人。

【生产管理】 2021 年春冬供暖季，在“保民生，促稳定”原则的指导下，依托生产指挥平台，发挥调度指挥作用，持续强化供暖运行管理。利用生产运行控制系统，动态调整运行参数，保证各条管网水力工况平衡；根据天气情况适时调整热源供给量，保证热源均衡供应；制定并落实生产运行应急预案，高效组织抢修队伍，为生产稳定运行提供了保障。特别是在“两节、两会”的重点供暖时段，热力开发公司把“保供暖、促稳定”作为重大政治任务，党政班子齐抓共管、靠前指挥，生产系统制定并落实保供方案和应急预案，全体职工同心协力，圆满完成了各项保供任务。

【经营管理】 树立“一切工作以效益为中心”的经营理念，通过与基层签订绩效考评责任书，持续强化经济责任制的落实工作，全面提高运营效率。通过与同行业先进指标对标，采取根据天气情况动态调整运行、组织外网查漏堵漏工作、查处私接私放等违章行为、开展技术攻关和优化运行工艺等项措施，有效地降低了能源消耗。同时，不断完善能耗指标“日报表、日分析”制度，加大对运行参数动态监控力度，并通过早、晚两次例会认真分析研究，发现异常情况，立即落实整改。为了压实成本费用归口管理责任，分别对 60 余项成本费用管控指标，逐级分解落实到各职能部门、分公司及班组。每月按期召开专题分析评价会，对照分析指标情况，加大绩效考评力度，严格落实奖惩制度。通过兑现超利共享激励政策，极大地鼓舞全体职工降本增效的干劲，为实现全年扭亏增盈目标提供了保证。通过采取一系列的降成本措施，全年能耗指标实际比计划降低了 11.24%。除了煤炭受大幅度涨价因素影响以外，水耗比计划降低了 4.61%；电耗比计划降低了 20.46%；热源比计划降低了 21.49%。通过严格履行招标程序，全年物资采购成本支出比计划降低了 29.77%。全面强化收费管理。一是加大清缴工作力度，安排专人对挂账、缓交的单位逐户排查，逐户张贴催费单共计 6026 份，全年超收比例 2.1%，取得预期效果。二是提前布置新费收缴工作，开通网上微信、支付宝、辽事通和线下银行窗口等收费渠道，方便广大用户交费，确保当年新费应收尽收。三是持续加强对违章采暖现象的整治工作。通过对办理报停手续的用户逐户拍照、取证，并于 8 月底完成了新一轮小公建普查和图纸标注工作，坚决杜绝私开、私接、供人情暖等违规行为。

四是努力开拓市场，积极争取潜在用户。分别到市区及郑家工业园区走访了50家单位，争取入网用户94家，新增供暖面积近24万平方米。

【安全管理】 围绕年初制定的《本钢热力公司安全生产工作规划》，一是完善安全基础管理，多措并举，持续强化全员安全教育培训；二是深化安全隐患排查治理，扎实开展重点专项整治；三是按照"窗口前移、重心下移"的要求，深入推进班组安全标准化建设；四是防治并举，落实安全风险分级管控；五是严格工程准入，加强相关方安全管理；六是强化安全生产监督，严肃事故问责追责。通过加强重点时段、重点领域的安全检查，开展了电气、锅炉、建筑物安全检查及"二十条禁令"、反"三违"工作检查等14项，查出各类安全问题84处，全部按期完成整改任务。同时，持续加大对违章行为的查处力度，共下达现场安全防火监察表76份、安全管理监督指令书7份、安全管理处罚通知单9份、安全履职工作联络单2份，对发现的所有隐患严格依据有关规定严肃处理。通过上述工作，圆满地完成了全年各项安全管理任务。

【工程管理】 坚持"效益管理"原则，提早安排部署各项夏检任务，专门制定了《本钢热力公司2021年夏季检维修作业文件》，结合春季运行情况，以问题为导向，制定切实可行的检维修、专项和技改计划。夏季检维修项目完成机械设备、电气、土建、环保、管网、仪表等共计1973项；专项工程项目完成了大学生公寓外网、八组团二期外网、郑家新用户入网工程共计3项；重点技改项目完成了平西锅炉房拆迁改造项目、歪头山

干煤棚及烟囱改造项目、5#高炉冲渣水余热利用项目共计4项，这些项目实际投运均达到了预期效果。此外，积极争取国家配套老旧小区改造资金，共计完成6个小区59栋居民楼庭院供暖管网的改造任务。

【企业管理】 全面加强对企业内部管理存在问题的整改落实工作。针对资产审核中发现的历史问题，热力开发公司高度重视，安排责任部门逐项核实情况、分析成因、制定并落实整改措施。为加强固定资产实物管理，按照新修订的《本钢热力公司固定资产实物管理规定》，规范固定资产实物闲置、调拨、出租、出借、报废等管理流程，严格落实相关责任，提高固定资产实物管理水平。为加强工程管理，按照新修订的《本钢热力公司工程管理办法》，强化工程计划的制定、审批、执行等环节的管理，严肃考评纪律，杜绝工程建设中的超支现象，完善竣工项目转固程序，保证固定资产及时转固。此外，不断加强企业制度建设，全年新出台管理制度14个，修订7个（含《修订防范五个领域经营风险制度》5个），为防范和化解企业经营风险提供制度保证。

【法务管理】 严格依法办案，依规办事，有效预防和规避企业法律风险，依法维护企业权益。2021年共办理法律诉讼案件23件，其中理赔诉讼案件14件（已结案8件，摘除责任胜诉3件），避免经济损失51.76万元。合同管理从严从实，健全合同管理制度，严格合同会签审批流程，加强合同合规性审查，强化合同履行跟踪，切实做好合同管理全过程管控，有效规避合同风险。全年共签订合同201份，继续保持合同会签审核率和合格率"双达百"。

【服务管理】 从"服务百姓、保证民生"的大局出发，利用客服平台，全体职工提高政治站位，努力克服困难，全力提升服务质量。充分发挥客服职能，加强内部协调和外部沟通，耐心解答用户的咨询，及时反映用户诉求，准确提供相关信息，快速解决用户提出的问题。特别是在"两节、两会"期间及供暖运行出现波动等重点时段，从职能部门到供暖分公司，再到班组，全面提速，加急办理，做到工单办结率100%、回访率100%。在保供工作中树立优质服务理念，全体员工真情付出，热情服务，用亲民的方式加强与用户交流沟通，全力确保无差评件、反馈率、按时分转率、办结率、满意率实现100%。同时，通过各类媒体平台，加大网络舆情的管控力度，持续强化"行风及服务"考评，最大程度地降低投诉率，助力供暖平稳运行，为山城百姓提供优质服务。

【党群工作】 2021年，热力开发公司党委严格按照上级党委各项工作部署，从服务企业的大局出发，认真抓好党务工作，确保党组织的政治核心作用得到了发挥和加强。一是深入学习习近平新时代中国特色社会主义思想、习近平总书记系列重要讲话等思想理论，充分发挥党委示范引领作用，提升了全体党员的政治站位和理论水准。二是坚持将党建工作与企业生产经营、改革同步发展和谋划，制定并落实《本钢热力公司党建群团工作百分制考核细则》，扎实开展"基层党建工作建设年"和"基层党建制度落实年"活动，深入推进"两学一做"教育常态化、制度化。在项目落实上建立"党员先锋工程"，在对外服务的窗口设立"共产党员示范岗"，还通过学习先进模范事迹、评选"感动热力人物"等活动，促进供暖生产和经营管理工作快速提升。三是重点组织学习了习近平总书记在党史学习教育动员大会上的讲话，通过各网络平台优选党史学习教育材料，采取组织读书班、观看小视频和影片、参观本钢科技成果展及抗联纪念馆活动等形式，以实际行动引领基层党员干部提高政治站位，庆祝建党100周年。特别是在深入开展"我为群众办实事、争做贡献促振兴"活动中，对征集到基层组织、职工群众共同关心的问题43项，逐项制定落实整改措施，真正把党史学习教育同解决实际问题结合起来。四是按照《本钢热力公司2021年度党风廉政建设和反腐败工作计划及任务清单》，完善了"三类台账"，建立了各级领导干部个人家庭重大事项报告制度；组织各基层党支部签订《党风廉政建设责任书》，同39名作业区级正副职人员及106名重点岗位人员签订了2021年度《领导干部廉洁自律承诺书》及《重点岗位人员廉洁自律承诺书》，建立健全反腐倡廉的长效机制；通过建立组织综合考核和绩效考核相融合的考核体系，完成对部分基层班子和管理人员的岗位调整；通过宣贯落实本钢集团"整、严、树"专项工作，制定下发了相关文件，成立了5个专项工作推进组，加强对党员领导干部的监督检查力度；通过开展讲一堂"廉政教育党课"活动，提醒和督促党员领导干部廉洁自律；通过开展"靠钢吃钢"问题专项治理活动，坚决杜绝企业内部"吃、拿、卡、要"行为。五是通过组织学习研讨，聘请党校资深教授对全体党员进行强化培训，让广大党员深刻领会党的十九届六中全会精神，更好地结合全会精神为企业的发展建设贡献力量。群团工作扎实开展。一是宣传工作，热力开发公司党委于4月26日举办了党史学习教育读书班专题辅导，邀请本钢党校教授讲授题目为《从

全体党员参观庆祝中国共产党成立100周年书画摄影展（潘首阳　摄）

坚持问题导向着眼 在党史中汲取继续前行的智慧和力量》党史专题辅导。创办了"精彩热力"微信公众号，全年共推送专刊268期，宣传报道热力开发公司生产、经营及发展情况，传递正能量。二是舆情管控工作，2021年下半年，热力开发公司按照本钢集团公司工作部署做好各项工作，坚守正确的政治方向，为避免因供暖问题引发一些不良思潮和负面言论而给企业和社会造成不良影响，安排专人负责关注、收集网络和"本钢吧"上有关供暖方面的舆情22件，及时发现问题，快速处理和解决，得到百姓的认可，有效避免了网络平台上的负面影响。三是团委工作。雷锋纪念日期间组织党员志愿者、工会志愿者、青工开展志愿服务活动；按照本钢集团团委要求，完成了"五四"评先推荐工作和择优评选出5名"最美青工"；组织青工参与本钢集团公司团委青年大学习与"青创杯"青年创新大赛活动；推荐4名

优秀青工参加本钢集团团委素质能力提升培训班。四是工会工作，供暖前下发2021年"送温暖"活动调查问卷，充分征集并采纳一线职工意见。将方便面、饼干、火腿肠、卤蛋、咸菜等慰问品送到了一线职工手中，使一线职工感受企业温暖和关爱。2021年底集体福利采购中，热力开发公司工会采取线上线下并行的方式，充分兼顾了职工不同消费的需求，得到了广大职工的一致好评。工会组织还积极为住院职工和直系亲属去世职工发放慰问金、为女职工义务办理女性安康保险、为全体职工参保市总工会互助保险等，使广大职工倍感温暖，为企业健康发展集聚奋进力量。

【防疫工作】　2021年新冠疫情防控工作贯穿全年。按照上级部门及本钢集团公司的部署，热力开发公司各单位积极响应号召，全面落实各项防控工作措施，全力以赴做好日

常疫情防控和特殊时段疫情管控工作。2021年，热力开发公司疫情防控领导小组宣贯、下发各类防控通知 250 余个、接龙排查 365次；特殊时段集中疫情排查 12 次，排查各类人员 618 人、安排重点人员核酸检测 75 次；办理外出人员报备审批手续 586 人次，劝退外出人员 40 余人；组织对基层督导检查 2 次；组织接种疫苗 507 人，二针接种率 100%。全力做到组织得力、排查到位、管控严格、防控有效，圆满完成了热力公司 2021 年阶段性防控任务。　　　　　（吕景慧）

北台钢铁（集团）有限责任公司

【概况】　北台钢铁（集团）有限责任公司（简称北钢公司）隶属于本钢集团有限公司，注册资本 40.468 亿元。截至 2021 年末，总资产 27.11 亿元，其中固定资产净值 5.58 亿元。北钢公司设有办公室、人力资源处、财务处、纪检监察处等 4 个职能部门，下设全资子公司 6 家，控股子公司 3 家，在岗员工 1826 人。2021 年，北钢公司立足鞍钢本钢重组大局，依托集团公司"5+1"工作格局和"1+4"重点任务，转作风、凝共识、抓管理、强效益，各项工作高质量落地走实，实现"十四五"良好开局。全年完成工业总产值 3.78 亿元，其中主要产品合成氨完成 5.88 万吨、折计尿素 9.87 万吨、钢管 2.6 万吨，实现营业收入 6.23 亿元，税金 2284 万元，安全生产实现"三为零"。

【经营管理】　一企一策精细管理，企业经营取得较好成效。一是压实减亏增盈责任。把效益作为全年主攻方向，成立扭亏增盈专项工作推进组，立足各单位实际，明确目标、强化措施、落实责任，建立起子公司班子、作业区、员工三级考核体系，群策群力，打响扭亏增盈攻坚战，全年实现减亏 4400 万元，创历年最好水平。二是努力向市场要效益。北钢公司上下不等不靠，克服疫情影响，摆脱依赖，竭尽全力抢抓市场机遇。辽煤化公司紧紧抓住尿素市场利好时机，与市场同频，适时调整生产品种和销售价格，实现效益最大化；北重公司调整营销政策，加大外部市场开发，中标新抚钢、营口五矿、承德建龙集团等单位订单，并在汽车配件市场及成台套产品销售上实现新突破；钢管公司立足减亏，深耕国际、国内两个市场，保持经营稳定；容大公司进一步做强本钢上游供应链金融业务，在典当、担保等业务上实现稳定增长；工业装备公司加强运营保障，积极拓展产线承包维保业务，增加业务量；窗业公司全力以赴开展清欠清收工作。三是精心组织确保稳产。辽煤化公司积极应对焦炉气减量供应和组分不好等难题，科学调配尿素、合成氨、氨水等产品生产比例，开展大干"300"天活动，吃干榨净原料气；北重公司积极应对钢铁价格上涨不利影响，在稳产基础上通过研发成台套新品种扩大减亏成效。四是深入开展对标提升。辽煤化公司对标锦天化公司查不足、找差距，制定出 8个方面 19 项具体工作措施，通过提高设备保运能力、降低能耗指标、招标压价采购等措施，深挖企业内部潜力；北重公司以成台套新产品设计开发为突破口实施技术对标提升，研发出多项大型成台套产品；钢管公司加大计件考核比重，实现减人不减产；容大公司对标鞍钢金融板块，推进信息化平台建设。五是扎实推进招标采购工作，规范优化招标采购流程，扩大招标范围，实现"应招尽招、能招全招"。

【企业改革】 扎实推进国企改革，管理创新迈出重要一步。一是积极推动国企改革三年行动。结合非钢多元企业特点，系统梳理制约发展的堵点、难点问题，细化工作任务73项，年内完成了3家厂办大集体改制企业股权划转、工商登记变更，以及8家关闭集体企业资产和遗留事项移交地方工作。全面梳理北投等公司历史沿革等相关材料，理清股权关系。制定出台《北钢公司所属各级法人企业处置实施方案》，积极推进吊销未注销及长期无业务、无法律纠纷公司注销工作，6家公司完成注销。二是以合资合作、混改等途径尝试推动企业改革和资产盘活。北重公司紧紧抓住与天津银隆公司合作研发新能源矿用汽车项目的契机，完成了60吨新能源宽体车在歪头山铁矿空载和重载运行试验等合作；钢管公司对产品结构和产能重新评估定位，完成了大口径旋螺焊管机组项目前期论证工作；与有意向的战投方积极接洽，推动辽煤化公司混改工作。三是完成夯实资产及专项审计。按照鞍钢本钢重组工作部署，推动完成了以2021年6月30日为基准日的整体评估审计和外部债权债务梳理统计工作，计提减值准备金40.73亿元。四是高质量开展"整、严、树"和"靠钢吃钢"专项整治工作。深入排查各基层单位存在的人浮于事、跑冒滴漏、监守自盗、内外勾结等一系列不担当、不作为、败坏本钢形象的各种不良行为问题，共查摆整改各类问题34项。重新清查各单位机构设置、定员定编和核心关键岗位情况并进行整治。北重公司内设机构设置由原来的18个压缩为16个；钢管公司压缩富余人员27人，并成功进行分流安置，降低了用工成本。五是2021年

10月15日，按照集团公司统一部署，北钢公司及各子企业成功举行了鞍钢本钢重组揭牌仪式。

【安全环保】 持续深化安全管理，实现安全生产"三为零"。一是全面夯实安全生产主体责任。认真贯彻落实安全生产责任制实施细则、领导干部问责追责管理办法等规章制度，严格执行"零事故，零伤亡"安全方案，大力开展"反三违"、安全生产专项整治三年行动、隐患清"零"、"安全生产月"等活动，全面提升安全生产工作水平，全年检查整改安全隐患200余项，确保企业安全生产平稳运行。二是强化生态环保工作。以辽煤化公司为重点，深入开展"污染天气应急响应"、环保在线监测基础管理、环保重点设施、危化品库存管理等工作，针对各基层单位在线设施、废水、危废及重点部位感官污染等环保风险进行排查整改，确保清洁生产。

【党群工作】 全面加强党的领导，党建统领作用充分发挥。一是突出发挥党建统领作用。坚持服务生产经营不偏离，把提高企业效益、推动改革转型作为党建工作的出发点和落脚点，围绕中心，科学谋划，严格党委前置程序，为企业发展把关定向，深化"党员一帮一""双百竞赛""三比一争"等建功立业活动，推动党建工作与生产经营深度融合。二是扎实开展党史学习教育。坚持统筹谋划、挂图推进，建立起"党委组织、党支部落实、党员参与"的三级学习联动机制，创新特色学习形式，严格"第一议题"、理论中心组学习制度，坚持用"三会一课"、主题党日、专题研讨、读书班、参观抗美援朝纪念馆等多种形式，采用"宣讲＋党课"

庆祝建党100周年 "追寻抗美援朝印迹、传承党史红色基因"（赵晓东　摄）

创新深入学、用好手机媒体线上天天学、用好红色资源切身感受学、对标先进典型勇于赶超学、运用答题竞赛夯实学等特色学习方式，开展建党百年系列活动，引导广大党员学党史，悟思想，办实事，开新局，推动党史学习教育全覆盖。在"对标先进补短板、对话功勋促提升""我为群众办实事、争做贡献促振兴"实践活动中，聚焦职工群众"急难愁盼"难题，推动解决了辽煤化公司食堂饮用水过滤、北重公司职工食堂硬件环境改善、钢管公司职工浴池改造等一批职工群众期盼解决的难题。三是持续强化干部管理。坚持严管和厚爱结合、激励和约束并重的基本原则，遵循以德为先、业绩突出、人岗相适、开拓创新和靠人品、靠实绩、靠公认的鲜明用人导向，按照干部管理权限，在加强日常跟踪考察和干部人才选拔培养的基础上，完成自管领导班子和领导人员年度综合考评。重新梳理各基层单位核心关键岗位，分类建立核心关键岗位及非领导人员名录，其中采购销售类58人、生产设备类39人、计量检

验类38人、财务类32人、保卫类等40人，进一步完善了人员监管和轮岗机制，干部队伍作风和整体能力素质得到有效提升。四是驰而不息正风肃纪。以贯彻执行党委履行全面从严治党主体责任"21112"重点任务和学习贯彻《本钢集团党委关于"四责协同"压实全面从严治党政治责任的实施意见》为重点，结合省委巡视"回头看"、集团党委巡视反馈问题及各项规章制度落实，进一步夯实主体责任，着重围绕"两节"、清明节、端午节和中高考等时点，紧盯"四风"问题，严格贯彻落实中央八项规定精神，进一步严明节日纪律，让警钟长鸣，震慑常在。7月份，组织全公司272名党员干部及重点岗位人员签订了《党员领导干部廉洁自律承诺书》，北钢公司党委与各直属党组织签订了《党风廉政建设目标责任书》。五是加强群团工作领导。围绕中心和建党百年活动，结合疫情防控形势，充分发挥各级工会组织作用，广泛开展形式多样的劳动竞赛、安康杯竞赛、送清凉、"两节"困难职工走访

慰问及"三八节"女工系列活动和各类征文、文体等活动,竭诚维护职工合法权益。青年团、科协、统战、武装等组织积极开展工作,把全体员工思想和行动统一到公司各项决策部署上来,为各项工作成绩的取得作出了应有的贡献。

【防疫工作】 群防群治严防死守,新冠肺炎疫情防控有力。坚决贯彻落实"外防输入、内防反弹"总体防控策略,以集团公司疫情防控信息采集系统为依托,在扎实做好疫情常态化管理工作的基础上,重点针对不同时点省内、省外疫情多点散发实际情况,第一时间开展全员排查和布控,严防死守,确保万无一失。积极组织疫苗接种工作,北钢公司共有1400余名职工完成两针疫苗接种,切实保证了员工身体健康和生命安全。

(白文泉　赵晓东)

本溪钢联发展有限公司

【概况】 本溪钢联发展有限公司(以下简称"钢联公司")是本钢综合工业公司为推进自身实体化、安置本钢占地职工和解决厂办大集体职工再就业而创办的,成立于2011年7月。2018年10月至2019年底,本钢集团公司根据国家政策、按照辽宁省政府的统一部署,实施了本钢厂办大集体改革。为保证厂办大集体企业的存续项目持续健康发展,在岗职工有业可就,本钢集团公司将本钢厂办大集体的有效资产与钢联公司进行了重组改制,钢联公司成为国有全资公司。2021年4月29日,根据省委省政府对本钢厂办大集体改制企业划转本溪市的批示精神,本钢集团与本溪市政府正式签署《本

溪钢联发展有限公司国有股权无偿划转协议》等一系列文件,将本溪本钢物资经销有限公司持有的钢联公司100%国有股权无偿划入本溪市国资委,(基准日为2020年12月31日)划转资产总额为10.9亿元,负债总额为9.3亿元,所有者权益合计为1.6亿元,被划转企业在职职工3720人,退休人员(与改制企业签订劳动合同后达龄退休人员)1150人。至此,钢联公司正式成为市属国有企业。重组改制并转属的钢联公司,下设综合管理部、创新管理部、运营管理部、财务管理部、纪委工会等5个专业部室和行政管理中心、财务管理中心、人力资源管理中心、资产运营管理中心、党建指导中心等5个业务中心,下属62家子公司。

【生产经营】 截至4月29日转属前实现产值情况。钢联公司实现社会总产值5.06亿元。17家规模以上企业实现产值累计4.35亿元,其中钢联金属资源公司产值达到1.15亿元、聚丰发展公司实现产值8567万元、钢联矿产品公司实现产值1783万元、钢联矿产品加工公司实现产值4094万元。5家板块子公司与上年同期相比,产值有所增长,钢联发展实业公司实现产值1741万元;钢联建筑工程安装公司实现工程产值1568万元;钢联高温耐材公司实现产值1232万元;钢联精细化工公司实现产值581万元;钢联机电设备制造公司实现产值1100万元。整体改制子公司保持固有规模,其中钢联矿石精选公司实现产值2598万元、钢联土石方公司实现工程产值1452万元、钢联金属铸造公司实现产值2860万元、钢联安装维修公司实现产值1447万元。项目建设方面,金资公司投资1500万元的废钢加工二期改造工程、矿产品公司投资近600万元的移动

313

破碎和固定破碎矿石回收生产线、高温耐材炉料分公司的增碳剂发泡剂生产线等一批重点项目有序推进，其中高温耐材炉料分公司的增碳剂发泡剂生产线总投资额2000万元，设计年产量8万吨，年产值9000万元。国企改革方面，进一步深化管理体制改革。管理层级由五级减少为二级，公司机关管理人员由930人减少至391人。改革薪酬分配制度，以基薪加绩效为模式定岗定薪，以企业盈利水平确定绩效工资，形成公平科学的收入分配新模式。

【安全环保】 截至4月29日转属前，钢联公司实现较大人身伤亡事故、较大火灾事故、重大设备事故、重大交通事故"四为零"，无新增职业病例，无环境污染事故，无新增新冠肺炎病例。1.开展春节、两会前安全隐患自检自查及整改工作。对钢联公司所属子公司消防设施、电器设备、特种设备、车辆、配电设施、取暖设施等101个项目进行检查，共查出隐患97项。各子公司出动人员242人次，投入资金近3万元完成隐患整改工作。2.完成2020年度安全生产抵押金考核兑现及2021年度安全风险抵押金上缴工作。钢联公司35家企业及安全管理人员上缴安全风险抵押金200.8万元。3.落实集团公司《迎接中央环保督察重点工作布置会议纪要》精神，开展安全、环保隐患自检自查及整改工作。启动重污染天气黄色预警，采取路面洒水、苫盖、扬尘污染企业限制产能等有效措施，最大限度减少不利气象条件带来的影响，其中钢联聚源矿渣炉料公司回转窑减产活性炭灰90余吨。4.开展春季火灾防控自检自查工作，加强职工安全意识及消防知识培训，将重点区域、重点部位火灾隐患整改落实到位。钢联公司所属矿石精选、金属铸造、电

器设备、金属资源、发展实业等子公司通过防火安全教育培训，更换、补充消防设施及器材，制定火灾应急预案，加强值班值守等措施，确保春季火灾防控工作取得实效。5.开展以"共创健康中国，共享职业健康"为主题的《职业病防治法》宣传周活动。6.开展常态化疫情防控工作，确保职工生命健康安全。

【厂办大集体改革】 2021年，本钢综合工业公司（留守机构）在本钢集团厂办大集体改革领导小组的领导下，加快推进厂办大集体改革遗留工作。1.关闭企业职工档案接收及管理。对档案实行标准化管理，做到职责清晰、管理到位、操作规范，确保档案安全。2021年，留守机构接收厂办大集体改革299家关闭企业人事档案14896卷。对现有未达龄退休的7325名职工的人事档案进行重新整理、装订，为转灵活就业人员重新就业办理档案移交22人次，其中市内17人、跨市5人。2.退休审核及上报审批工作。完成转灵活就业达龄退休审批1128人（含特岗、病退职工30余人）。特殊人员转市劳动局就业服务中心退休4人，档案及参保信息问题不全退休2人，本钢综合工业公司机关及留守人员达龄退休11人。统计上报2018年9月至2020年12月期间以灵活就业身份达龄退休职工，为其办理发放退休证2700余本。3.死亡职工家属公证、见证工作已基本完成。本钢厂办大集体改革死亡职工家属公证、见证工作，曾受疫情等因素影响中断，2021年9月再次启动。此项工作涉及168户职工家庭，除76户因家属失联、意识不清等原因无法进行公证外，已基本完成。4.法律事务方面。综合管理部法律事务人员办理诉讼案件25件，其中合同纠纷12件、劳动

纠纷 12 件、行政诉讼 1 件；与法院交流案件 4 件；法律咨询 36 件；起草法律文书 13 件；办理信访案件 3 件；协助钢联纪委办理案件 2 件。5. 强化基础管理。加强资产管理。对关闭企业的房产土地进行了全面清查。开展走访和巡查，对本钢精密冷轧带钢厂、本钢南芬轧钢厂等重点企业的房产进行梳理，建立资产台账，盘清资产，做到账物相符。对闲置的资产及已出租的资产分别登记建账，掌握资产的使用情况。加强关闭企业中没有存续业务的单位账户、印章的监管。收缴关闭企业已封存的财务档案，督促各管理区做好保管。对关闭企业未注销的单位账户开展对账工作。加强人员管理，2021 年 7 月清退关闭企业部分已退休仍在岗的劳资和财务人员 67 人。6. 残疾职工管理（残联工作）。为钢联所属 4 家福利企业申请辅助性就业补贴 32 万元。走访残联负责管理的本溪钢联福安资源利用有限公司 81 名残疾职工，做到底数清情况明。组织残疾职工走上街头销售溪望泉汽水饮品，增加残疾职工收入。收集、整理、完善申办残疾证职工资料 251 份，组织职工鉴定 22 人，办理残疾证 16 本。7. 信访稳定工作。加强企业主体责任的落实，形成集团公司、钢联公司、留守机构、留守人员共同化解信访矛盾的工作新机制。落实信访稳定领导包案制。加强网上信访案件的办理力度，回复网上信访件 49 起。加强信访队伍自身建设，不断提高新形势下信访稳定工作能力。对改革时点前替企业垫付社保的退休职工等 12 个群体的信访问题进行分析研判，已落实解决死亡职工家属公证、见证等 4 个群体问题。

【党群工作】 2021 年 3 月 1 日本钢集团党委印发《关于调整部分基层党组织设置的通知》，同意建立中共本溪钢联发展有限公司委员会（简称钢联公司党委）。通知规定，在实行转属移交前，钢联公司党组织隶属集团公司党委管理，同时撤销本钢综合工业公司党委，其所属党组织隶属钢联公司党委管理。钢联公司党委随即履行完善组建基层党委相关程序，组建直属基层党组织 27 个，其中党委 3 个、党总支部 8 个、党支部 16 个。3 月 20 日，本溪钢联发展有限公司第一次党员代表大会召开。117 名正式代表、8 名列席代表参加会议。会议选举产生钢联公司第一届党委委员和纪委委员，明确了钢联公司"十四五"发展定位和中期目标。钢联公司第一次党代会结束后，分别举行第一届党委、纪委全体委员会议，选举李太博同志为钢联公司党委书记，选举王鹤飞同志为钢联公司纪委书记，胡宗泉同志为钢联公司纪委副书记。在钢联公司党委安排部署下，钢联公司 26 个基层工会组织组建工作继续完成。4 月 26 日，本溪钢联发展有限公司首届一次工会会员（职工）代表大会召开。钢联公司党委成员，124 名职工正式代表、2 名列席代表参加会议。选举产生钢联公司首届工会委员会、首届经费审查委员会、首届女职工委员会。同日，召开工会全委会议，选举李太博为钢联公司工会首届委员会主席，胡宗泉为工会首届委员会副主席；选举胡宗泉为钢联公司工会首届经费审查委员会主任；选举石雪梅为钢联公司工会首届女职工委员会主任，钢联公司工会工作进入新发展阶段。

（王军民）

栏目编辑 刘 欣

本钢年鉴 *2022*

特载

大事记

概述

经营管理

综合管理

党群工作

钢铁主业

多元产业

★ 改制企业

统计资料

人事与机构

人物与表彰

附录

索引

改 制 企 业

本钢耐火材料有限责任公司

【概况】 本钢耐火材料有限责任公司是本钢酸性球团和耐火材料的重要生产基地，位于本溪市溪湖区彩北路59号，占地面积30.6万平方米，建筑面积6.7万平方米。耐火公司成立于2005年12月30日，注册资本3269.24万元，国有资产占股比例为21.41%，其余78.59%的资产由564名参与改制职工的经济补偿金及经营者个人投资构成。下设10个专业部室、4个生产分厂和2个全资子公司（其中全资子公司之一——本溪南芬鑫和冶金炉料有限公司因环保问题仍处于关停状态）。现有职工502人，其中管理人员54人、专业技术人员13人。党群组织关系隶属于本钢集团公司，党委下设党群工作部、5个党支部，党员168人。主要产品和服务项目有球团、耐火材料的生产销售、鱼雷罐整体承包。2021年拥有固定资产原值20250.22万元，净值1461.4万元，净资产8804.55万元。全年（不含子公司）完成球团64.48万吨，其中带料加工55.94万吨、商品化模式8.54万吨；耐火材料8776吨，其中不烧砖6680吨、不定型及散状料完成2096吨。全年共砌筑鱼雷罐49个，拆除47个，中修160个。实现销售收入21265.26万元。

【生产管理】 球团生产方面，年产量同比降低了26610吨，主要原因是上半年更换回转窑耐材、10月份检修期间由于电力供应问题停产时间延长6天、从10月份开始球团结算方式由带料加工调整为商品结算、11月份市场需求降低。通过对球团粘结剂配方进行调整，回转窑结圈速度明显减缓，生产周期提高到接近三个月，球团产量明显提高。耐火公司全资子公司——本溪鑫钰冶金炉料有限公司全年共完成产量62.05万吨，销售收入7995.36万元。年产量同比减少85424吨，产量减少的主要原因是市场需求减少、合同量不足，导致鑫钰公司全年停机历时97天。耐火材料生产方面，由于多个原料产地出现疫情，原料价格和运输成本上涨，加上资金短缺因素，耐火原料采购难度越来越大。为此，采购部门根据生产计划合理组织进货量，尽力降低库存；及时了解市场信息，全力降低采购成本。技术部门通过工艺调整，开展成本攻关，寻求品种替代，确保了原料的有效供应。生产单位对成型操作岗位人员合理组合、科学搭配，机台单机生产效率提高24.1%；尽量保证每个操作小组按照固定机台、固定符号生产，促使其对所属机台和模具、模板精心维护和使用，减少设备"小耽误"。结合各符号产品库存量对机台生产计划统筹安排，尽量减少换料、清仓、换模等环节，有力保障了生产效率的提升。

【安全管理】 按照上级安全管理部门的要求，聘请有资质的专业机构进行安全标准化和双预控机制的评审工作，被评定为安全标准化三级企业。结合《安全生产三年专项整治方案》开展自查活动，针对应急救援预案不符合现行国家标准的问题，重新进行岗位危险源辨识，形成安全生产事故风险评估报告，编制了《安全生产综合应急预案》和《火灾、爆炸事故专项应急预案》《机械伤害事故专项应急预案》《中毒窒息事故专项应急预案》《自然灾害事故专项应急预案》等四个安全生产专项预案。坚持以人为本的安全管理理念和零事故、零伤害工作目标，继续巩固各项基础工作。认真开展全国安全生产活动月的各项活动，紧紧围绕"落实安全责任，推动安全发展"的主题，严格落实安全生产责任，大力传播法制文化和普及安全知识，将事故隐患消除在萌芽状态。认真落实新工人入厂三级安全教育制度，逐级分步进行教育培训。严格落实特种作业人员持证上岗制度。全年共组织新工人厂级安全培训60人次，特种作业人员新办、复审培训35人次，安全管理人员资格培训7人次。认真执行国家职业卫生政策，邀请专家对104名岗位相关人员进行职业卫生知识培训，对职业卫生现场危害情况进行检测和评价，组织接触粉尘职工进行职业健康体检，共计151人。实现了安全生产"五为零"目标。

【质量管理】 质量管理方面，针对原料采购困境，质量管理部门及时合理调整生产工艺，加强工艺纪律的检查执行。加强对入厂原料主要指标的控制，在确保产品实物质量的前提下，优化产品原料的替代方案，保证了耐材制品使用寿命的稳步提高，本钢板材炼钢厂180吨钢包全年平均使用寿命99.095次，其中钢包包壁砖、渣线砖、包底砖等主要耐材制品的使用寿命稳定，满足了炼钢厂钢包整体承包考核要求。坚持经常性的用户走访制度，及时掌握耐材制品的具体使用情况，发现问题及时解决和处理。加强对原料入厂后的取样、外观检查工作，主要对88矾石、硅微粉、金属铝粉、鱼雷罐喷补料、水泥等关键原料进行重点控制，外购原料质量扣款合计30万元左右。修订完善了各种技术文件，顺利通过质量管理体系的重新审核认证。

【设备管理】 针对汽车衡传感器磨损及支撑点不够的问题进行整体加高改造，保证了计量的准确性。球团生产线自动化控制系统由于运行时间较长，故障率相对较高，管理部门和生产单位注重在日常维护中不断发现和解决问题，减少设备"小耽误"。对磨煤工序自行设计安装了一套煤粉装车系统，满足了子公司球团生产用煤粉的需要。对两台630吨压力机进行改造，节约了耐火材料生产中的备件费、人工费和电费的同时，故障率和停机率也下降到最低水平。加强备品备件的修旧利废工作，并根据设备检修计划和库存情况，合理制定备件加工和采购计划，在资金不足的条件下，确保生产安全可持续运行。

【能源环保】 球团生产线为实现超低排放的要求，自主设计、制造和安装了一套脱硝系统，经调试后投入运行，效果良好。通过对环冷机一段风入窑口改造，使窑内火焰形状发生改变，气流更为合理，煤粉在窑内能够充分燃烧，降低了煤耗。耐火球团生产线位于"双20"地区，环保压力大，耐火公司加强物料运输及管理，原料场地和成品场地实施苫布覆盖，严防严查无序排放疏漏之处。严格执行排污许可制度，实现了排污环节合法透明。自行监测工作完成及时，定期完成监测并上传。

【人力资源管理】 加强对工资、奖金的管理和发放的工作，监督各分厂、科室工资和奖金分配情况，每月对工资奖金认真核算，确保工资及奖金的合理足额发放。为满足生产需求，2021年累计招聘劳务人员62人次，现留用40人，其中按技校生管理的21人。办理劳务转正44人次，其中按技校生转正

13人次。截至年底，劳务人员共计145人，并为其中95人缴纳了社会保险，劳务参保率达到65.52%，为没有参保的劳务职工缴纳了意外伤害保险，切实保障了劳务职工的合法权益。加强劳动合同管理，按照《劳动合同法》的相关规定，全年新签劳动合同44人次，续订劳动合同17人次，解除劳动合同2人次。全年申请以工代训补贴款23.98万元、申请稳岗补贴款7.7万元。

【党群工作】 耐火公司党委着重突出党建工作的统领作用，将党的建设和企业管理进行有机结合，不断加强组织建设、党员队伍建设、制度建设、思想建设和党风廉政建设，引导党员干部依法办事，廉洁勤政；牢固树立政治意识、大局意识、核心意识、看齐意识，带领全体员工不忘初心、砥砺奋进，全力以赴把企业做实、做强、做大，促进和保障各项工作任务的圆满完成。始终坚持把履行全面从严治党主体责任深入到学习贯彻党的十九大及十九届历次全会精神中去，落实到"不忘初心、牢记使命"主题教育和党史学习教育中去，把全面从严治党工作与企业的中心工作统一部署、统一实施、统一检查、统一考核，推动全面从严治党不断向纵深发展。班子成员从加强班子队伍建设上着手，不断提高自身和班子的领导能力，认真履行工作职责，推进"两学一做"学习教育常态化、制度化。强化政治功能，推进基层党建工作。贯彻《关于开展党支部评估定级深入推进党支部标准化规范化建设的实施方案》，提高基层党组织建设质量。参加本钢集团公司组织的支部书记和党务工作者线上培训，印发《党支部工作基础与实务》等讲义，组织支部书记学习，提升理论水平。履行基层党建工作责任，特别是履行党委主体责任、

党委书记第一责任人职责。关注困难党员和困难职工的日常生活，全年走访慰问困难党员25人次，救助金额9000元；参加职工医疗互助534人次，报销医疗费56人次，报销金额62978元；申请市级、本钢级困难职工救助7人次，救助金额100247元；温暖助学11人次，助学金额6990元；其他救助15人次，救助金额4500元。

【防疫工作】 按照省、市、区及本钢集团公司关于疫情防控的相关要求，坚决贯彻企业防控标准，指派专人负责防疫工作，及时关注疫情防控动态。加大疫苗接种宣传力度，尽最大努力做到应接尽接。坚持疫情防控和生产经营"两不误"的工作方针，严格控制人员外出，要求企业员工非必要不离溪，确需离溪必须按规定报备。加强对外来人员及车辆的管理，加强测温、扫码制度，并做好登记，确保信息真实可追溯。扎实做好上岗人员的监测防护、工作现场和生活区的消杀等基础工作，取消非生产经营性活动，最大限度降低疫情带来的不利影响。 （陈树伟）

本钢汽车运输有限责任公司

【概况】 本钢汽车运输有限责任公司是以承担本钢生产、基建、生活等公路运输为主，对外运输为辅的专业运输企业，具有铲、吊、装、货运、客运、修理、机械加工、备件供应综合配套作业能力以及进出宽敞便利的仓储运输能力。汽运公司总部位于解放路南端，总占地面积84759平方米，房屋建筑总面积20182平方米。截至2021年末，总资产12393万元，总负债10608万元，净资

产 1785 万元，产值收入 17171 万元，成本 17033 万元，实现利润 138 万元。更新设备 44 台约 1086 万元。下设 7 个机关科室（党群工作部、办公室、生产科、安全科、机动科、供应科、计划财务科）、5 个基层单位（客运队、货运队、机械化队、土石方队、检修车间）。在籍职工 508 人，劳务用工 233 人，其中在岗职工 712 人，生产操作岗 666 人、管理岗 75 人。客运队拥有大客、中客、危货及 5 吨以下小型车，主要负责本钢职工通勤、日常工作联系及主体厂矿的油料、危险货物运输；货运队主要是 10 吨以上货车，专门负责本钢三冷轧各类生产用车；机械化队主要是挂车、吊车，负责本钢卷板等大型物件的运输；土石方队主要是铲车、自卸车，负责本钢主体厂矿球团、碎石、渣粉等货物运输；检修车间负责本钢各主体厂矿的车辆维保及各种工程机械的大修及联轴器制造加工等。汽运公司各类机动车辆 303 台；2021 年货运量 1190 万吨，周转量 4741 万吨公里。

【运输服务】 运输主业继续以保本钢生产链条用车为主，稳固两钢调料等现有的活源，积极主动为本钢生产服务。根据市场活源变化，多渠道组织协调，努力降低本钢限产及燃油涨价的不利影响，千方百计增产增收。客运队克服炼铁厂退车等不利因素，积极寻找活源，承接冷轧及发电厂客车通勤任务，采取定量加油，低峰充电，多措并举，挖潜增效，全年实现产值 1466 万元。土石方队在保证驻在活源的前提下，积极组织二次派车，提高单车作业率，组织抢运北重焦炭、原料、废钢等活源，全年实现产值 1096 万元。机械化队面对路面治理力度加大及本钢限产带来产值减少的实际情况，竭尽全力克服因本钢生产节奏改变给车队产值收入带来的巨大影响，全年实现产值 4198 万元。货运队主要承担冷轧厂运输废次材工作，2021 年顺利完成三冷突发紧急抢运任务及日常的保产保供，全年实现产值 530 万元。检修车间在做好炼钢厂维保的前提下，积极寻找与本钢各主体厂矿签订车辆维保及机加合同的机会，全年实现产值 480 万元。

【设备管理】 汽运公司设备分为机械设备和动力设备。如下表所示。1. 设备管理。严

汽运公司设备明细表

序号	类别	种类	小类
I	机械设备	金属切削设备	车床、铝床、刨床、磨床、铣床、镗床、插床、滚齿床、锯床、数控车床、数控铣床
		锻压设备	液压机、锻锤、剪板机、滚筒机等
		起重运输设备	各类汽车、吊车、铲车、挖掘机、桥式吊车、电动客车等
		木工铸造设备	木工刨床、锯床
		其他机械	光鼓机、骑马螺栓拆装机、电动轮胎搬子
II	动力设备	动能发生设备	锅炉、空压机、水泵
		电器设备	地沟举升机、充电机、变压器、电焊机、发电机、清洗机、启动器等
		其他动力设备	潜水泵、高压泵试验台、发动机磨合机等

格执行车辆三检制度，发现隐患及时整改；建立车辆技术台账，做好日常检查、维修、保养、记录工作；加强二级维护保养，保证车辆安全技术状况，做到车辆不带病运行。2.油耗管理。继续加大油耗管理力度，各单位对自用车、驻在车和零派车均采取不同的加油方式限油控油，减少燃油流失现象。在产值大幅增加的情况下，汽运公司整体油耗基本维持上年水平。3.备品备件管理。严格履行备件领用、交旧领新程序，实行报告审批、坚持日清日结等措施，努力控制备品备件费用。4.车辆运行管理。贯彻落实车辆运行管理制度，充分利用 GPS 管理平台，强化车辆运行的动态监管，对超速驾驶、违章行车、下线运营等行为及时纠正。加强车辆的日常管理，提高车辆利用率，生产指挥上下联动，产值收入日清日结。2021年四季度对现行规章制度进行全面梳理，此次整理规章制度共计 79 项。

【安全管理】　加强安全工作目标管理，层层签订目标责任状。开展新入职职工三级教育共计 77 人次，对车辆、消防、压力容器等专项检查 15 次，排查隐患 20 余处，整改率100%。加强"两客一危"应急预案和消防应急预案演练，联合本溪市综合行政执法队做好常态化疫情防控保障演练，努力提升对突发事件的应急处理能力。突出重点、强化教育，降低企业经营风险，汽运公司及各基层单位开展多样化的安全教育活动，着重提高全员的安全意识和事故防范能力，通过加强各项安全管理工作，增强驾驶员的安全行车教育和法律观念，提高路检路查频次，加大对违章违规驾驶员的处罚力度，全年无重特大事故，一般事故9 起，同比下降 30.8%，安全工作取得较好的效果，2021 年安全形势总体平稳。

【财务管理】　继续坚持每月一次经济活动分析会制度，努力提升内外资金管控水平；加强货币资金支出管理，以保生产、保职工工资等刚性支出为中心，千方百计清欠并按月结算；进一步规范会计基础工作，完善财务管理内控制度，为经营决策提供依据，开源节流，紧缩支出，确保生产经营运行的资金链条不断。财务管理工作本着开源节流、紧缩支出的原则，精细测算单车成本，为决策层确定市场导向提供数据。加强财务指导和监审，发现问题及时进行查处和纠正，为汽运公司正常的生产经营提供保障。

【人力资源管理】　在人力资源管理上，本着降低人工成本和充分调动广大职工工作积极性的原则。一是加强日常考勤管理；二是严格新职工录用的准入制度，实际操作、安全教育、健康体检，层层把关；三是鼓励兼工种作业，减少用工成本；四是从劳务人员中择优录取 61 人，与汽运公司签订劳动合同，有效缓解用人紧张的状况，新老员工交替，传帮带、承上启下工作起到一定作用；五是按规定辞退 6 名员工，履行了相关手续，按时为 22 名职工办理退休手续，采集 710人信息完成进入本钢主厂区人脸识别工作；六是对 66 名管理人员进行德、能、勤、绩、廉五个方面的考核评价，通过互评、主管打分、组织部征求意见等方式进行年度考核。

【职工福利】　2021 年投资 20 余万元维修自来水管道、办公楼进线电缆、变压器、南地院内路灯、食堂外墙及雨搭、1-5 号充电桩、办公楼和检修车间供暖管网等；组织 482 名在职职工健康体检 8 万余元，"两节"及端午节期间发放粮油及鸭蛋 17 万余元，全年加奖及发放福利 86.4 万元。职工为企业创造价值，企业为职工提高待遇，实现了双赢。

【动迁还建】 自 2011 年 7 月拆迁至今，院内所承建工程施工项目业已结束，部分建筑物已经投入使用。汽运公司多次协调市交通局、征迁办及有关部门，沟通还建工程消防设施和主体建筑物进行竣工验收的相关收尾工作及新建加油站的选址、建设工作，此项工作由于改制单位与本钢没有土地证使用协议，土地不属于汽运公司，还建手续办理无法进行。

【党群工作】 汽运公司党委以庆祝建党 100 周年活动为契机，加强党史学习教育，做到学史明理、学史增信、学史崇德、学史力行。认真学习习近平讲话和十九届六中全会精神，以围绕抓好党建促生产为目标，将思想政治工作贯穿于生产经营活动中，相继组织开展"我为群众办实事、争做贡献促振兴""对标先进补短板、对话功勋促提升"主题实践活动，教育职工转变观念，认清形势，降本增效，诚信服务，为实现生产经营目标营造氛围。汽运公司党委积极推动"两学一做"学习教育，坚持领导班子每月一次学习制度；组织党员观看习近平在庆祝建党 100 周年大会上的讲话直播盛况；组织部分党员参观丹东抗美援朝纪念馆；发放党史学习教育指定书籍 14 种；按期发展 6 名党员；全年走访慰问困难党员 10 人次，发放慰问金 5000 元；为党员发放新冠防疫物资 3050 元；工会救助住院及家庭困难职工 40 多人，发放救助金 4 万余元。持续为职工做好事、办实事、解难事，把职工所急、党政所需、工会所能的事办好，为完成全年经营目标提供坚实的政治保证。

【防疫工作】 严格按照国家、省、市及本钢防控要求，落实疫情防控相关规定，制定汽运公司防控预案。特别是疫情常态化管理阶段，客运队根据本钢生产需要，每日及时对客车消毒，驾驶员做好个人防护，扫码乘车，保障本钢职工厂内通勤安全，保证疫情期间本钢的生产，受到本钢集团公司好评。

（李玉萍）

本钢电气有限责任公司

【概况】 本钢电气有限责任公司（简称电气公司）是本钢集团公司参股的有限责任公司，电气公司以交直流电机、冶金阀门、电气备件、变频器检修和各类电力、电炉变压器修造以及冶金炉料、铝制品生产销售为主营业务，依托本钢，辐射周边的电气设备专业检修企业，具有设备维修、配电、电力变压器制造资质。下设 7 个部室、4 个分厂、2 个分公司。2021 年末，在籍职工 349 人，其中管理岗 64 人、技术岗 5 人、操作岗 280 人；高级职称 2 人、中级职称 25 人、初级职称 9 人；工人技师 11 人、工人助理技师 8 人。党委下设 6 个党支部、15 个党小组，党员 113 人。资产总额 9640.29 万元，固定资产原值 5120.5 万元，净值 1244.55 万元，净资产 3842.32 万元。

【主营指标】 2021 年是专项运营承包的第二年，年初本钢集团公司继续降低检修费用，与电气公司签订电机、变压器检修合同额为 3755 万元，在 2020 年减少了近 1000 万元的情况下 2021 年再次减少了 23.6 万元。全年共检修电机 6028 台，变压器检修 204 台，新增内、外部合同额为 1545 万元。累计实现主营收入 24744.6 万元，同比超 3975.4 万元。其中炉料分公司实现收入 18211.9 万元，同比超 2639.6 万元（销量减少 772.886 吨）；自动化公司实现收入 487.6 万元。截至 2021 年底，本钢集团公司将多年拖欠的修理费全部结清，加上国家的政策性补贴，电气公司 2021 年实现净利润 696 万元，同比增加 569 万元。

【生产组织】 北营发电厂 50000kW 发电机是电气公司历史上检修最大容量的电机，面对人员不足、施工难度大、现场施工周期长、气温高的诸多不利因素，施工分厂 24 小时作业，各工序通力合作，电气公司高质量按工期完成该项工程。北营轧钢厂 650kW 变频电机抢修，是电气公司首次检修的大容量变频电机，各部门紧密配合，工期比用户要求提前三天完成，该电机修复为检修变频电机积累了经验。在北营轧钢 16000kVA 变压器大修工程中，职工放弃十一长假，连续加班，提前一天完成任务。2021 年春节，北营能源总厂 10 万 kVA 及 10.5 万 kVA 变压器互换移位拆装，施工人员从初一早 7 点到初二早 9 点，在低温环境下连续作业 28 小时，确保了该变压器初三具备送电运行条件。2021 年的重点工程还有北营轧钢厂 1300kW 立棍电机抽芯检修；北营轧钢厂 F3、F4 同时进行现场抽芯更换导条；迁安轧一年检项目；邯郸新金轧钢厂 F3、F6 轧机现场光车换向等。

【安全管理】 各部门将安全生产工作纳入日常的管理工作之中。现场施工前进行安全教育，组织职工学习安全告知、安全交底，提高安全意识与自我保护意识。电气公司于 2021 年 10 月 13 日出台施工现场内人员必须佩戴安全帽的规定，打破有史以来现场不用佩戴安全帽的惯例，消除了安全隐患，2021 年实现较大人身伤亡事故、较大火灾事故、重大设备事故、重大交通事故和重伤事故"五为零"。职工职业病发病率为零，职业健康体检率、职业危害因素达标率、班组安全标准化达标率、事故隐患整改率、从业人员安全培训普及率、特种作业人员持证上岗率均为 100%。

【技术质量】 技术人员全年完成重点工程 11 项，其中通过对绝缘和通风结构的改造，解决与处理了北营轧钢 2800kW 电机上线温度高的问题；北营能源总厂 3 号制氧机组 5700kW 氮透电机定子绕组大修后温度达到 120 度，不能正常使用，该电机自投入使用以来一直处于 80 度高温状态，定子铁芯已经老化，经现场查验发现电机内部风扇叶很小，风量不够，技术人员通过对该电机结构改造，使该电机绕组温度由 120 度降到带载运行 53 度；排除了北营轧钢 F6 电机定子稳钉断裂的重大隐患；解决了北营炼钢 1400kW 电机轴承发热等问题。

【设备管理】 一是针对电气公司设备老旧、零部件采买难的情况，继续推行了"故障前置预警"的巡检理念和分片负责制。二是积极自制和改造采买困难的备件，最大程度保障了各分厂的设备正常运行。通过上述举措，更换 63 吨四柱液压机液压活塞缸体全套密封圈；CW6163B 30 车床更换尾座总成，并连夜处理尾座中心高；X8126 工具铣更换内部变速箱，利用旧件二次更换变速箱传动轴；更换真空浸漆罐开关盖及松紧盖全部液压活塞密封圈；对 1#、3# 干燥室的刀闸开关进行二次更换；维修对试验台内的高压真空断路器并更换户内高压真空断路器等百余项故障。

【人力资源管理】 一是通过辽宁冶金技师学院、人才市场进行四次招聘，最终在18人的面试中，招聘7人，已到岗做学徒。同时与辽宁冶金技师学院签订订单班，分三次共面试48人，最终34人成班。二是完成了2021年以工代训的申报和初审工作，共获得补贴资金180450元。三是对保留劳动关系人员进行全面清理，有5人返岗上班，7人解除劳动关系。

【党群工作】 一是电气公司党委把推动企业经济发展作为深入贯彻习近平新时代中国特色社会主义思想的第一要义，紧握"抓党建聚合力"这条主线，围绕稳定与发展两大主题，通过搞好企业文化建设、员工队伍培训、调整经营思路、搞好生产组织等举措，进一步增强了党组织的凝聚力和电气公司的市场竞争力。二是以中国共产党建党100周年为契机，开展上一堂"红色精品党课"；选一批"红色先锋"；办一场"红歌合唱"；观一回"抗美援朝纪念馆"；组织一次"书画摄影"比赛等活动，其中职工芦岩的作品《承载城市记忆·回味百年沧桑》入选本钢集团公司工会举办的"辉煌百年征程·建工百年基业"庆祝中国共产党成立100周年本钢职工书法美术摄影展。三是电气公司工会通过"扶贫帮困送温暖"活动，进一步增强了广大员工的归属感和向心力。四是解决了多年的压月开支问题；同时为全体职工发放了专项补助及各项奖励，共计支出125.6万元。五是节假日为职工发放福利品，全年共计支出40.72万元；在正常发放防暑降温费的基础上，发放消暑盐汽水、慰问重点工程一线员工7次，合计支付2.2万元。六是为职工购买生日大礼包及会员福利品，走访慰问生病住院职工及直系亲属去世15人次，共计支出6.6万元。七是为5名符合市级困难标准的职工申请了困难救助；为1名患重病职工倡议捐款25950元。八是重新打造安装下水井，彻底解决食堂下水堵塞问题；对电气公司的各个通道安装保暖门帘及对管道进行保温处理，提高厂房温度。

组织党员参观抗美援朝红色基地活动（刘书萍　摄）

【防疫工作】 面对疫情常态化，在电气公司疫情防控领导小组的领导下，一是做好疫情防控信息的收集上报、资源调配与落实；二是积极采购、储备和发放口罩、消毒液、洗手液、测温枪等物资，并把免洗洗手液放置在公共区域，以便于员工个人卫生清洁；三是对入厂快递采用指定地点存放，定时消杀；四是对外来人员进行严格管控，按规定测温、查行程码；五是第一时间将溪湖区下达的防疫工作信息转发给电气公司疫情防控工作群，及时向员工通报重点管控与重点关注地区的疫情变化；六是积极组织职工进行新冠疫苗集中接种。　　　　（王　茹）

本钢设计研究院
有限责任公司

【概况】 本钢设计研究院有限责任公司（简称设计院）是本钢集团公司参股企业之一，下设四个管理部门（综合管理部、财务部、经营部、工程部）、六个专业设计室（总图规划室、工艺室、环保动力室、自动化室、工民建室、技术经济室）和三个子（分）公司（监理公司、岩土公司、检测公司）。在籍职工123人，其中管理人员25人、专业技术人员84人、操作人员14人；高级职称38人、中级职称59人、初级职称8人。党委下设三个党支部，党员55名。注册资本1960.63万元，拥有冶金行业甲级、建筑行业建筑工程甲级、市政行业（给水工程、排水工程、城镇燃气工程、城镇热力工程）专业乙级、勘察行业岩土工程专业乙级、压力管道、工程总承包、工程咨询、对外承包、土地复垦等多项资质。

【经营管理】 2021年新冠疫情仍然在全国范围内出现，给各行各业都带来了巨大的冲击，严重影响了设计市场的经营工作。设计院现阶段市场覆盖辽宁、江苏、山西、河北、内蒙古、安徽等省，项目特点是投资规模偏小，设计工期紧，设计收费低。设计院本着以矿产资源和节能减排项目为市场目标，以氧化球团项目为重点突破，认真梳理，明确任务，落实责任，实施市场开拓和回款及清欠工作常态化管理，已赢得一定的市场地位和口碑。截至2021年末，组织项目投标6项，新签订设计合同金额1713.85万元。全年实现营业收入2149.99万元，其中实现设计收入1538.83万元、其他业务收入611.16万元；实现营业外收入5.06万元。子分公司产值近400万元。

【工程管理】 2021年度，共发出施工图1534份，计14977张，折合7840.69张A1。全年完成河北唐银球团、山西代县球团、内蒙古新太元铬铁球团等项目的设计任务47项，其中可研3项、初设（含专篇）2项、方案3项、施工图（含方案）39项。

【企业管理】 一是实施设计岗位分级工资，提供特殊津贴，设置全勤奖励，使设计一线员工固定收入显著提高，对一线设计岗位员工队伍起到了稳定作用。二是全年投入近8万元用于专业软件升级、硬件升级和规范、标准更新，有效地保证了设计生产效率的提升。三是办公楼设施维修改造70余次耗资33万余元，办公、停车环境能够保障设计生产需求。四是先后投入11万元用于员工福利待遇，人均福利894元左右；为员工报销采暖费22.07万元。五是疫情防控，组织5批次350人次完成新冠疫苗接种；采购口罩、洗手液、消毒液、酒精等防疫物资，加强防范意识，对往来人员登记、扫码、测温并及时向社区报备。

【党群工作】 设计院党委把学习贯彻党的十九大精神、习近平新时代中国特色社会主义思想作为首要政治任务。强化党委中心组理论学习制度，主持制定党委中心组理论学习要点，提高班子成员的政治意识。全面抓好基层党建工作，推动党组织履行抓党建工作主体责任，领导班子成员履行分管领域基层党建工作，形成齐抓共管的党建格局。建立3个基层联系点，班子成员定期深入基层调研、倾听职工心声、上主题党课、互动交流，各尽其责，履行责任。带领党员干部学习贯彻《中国共产党支部工作条例（试行）》，组织全体党员登录辽宁先锋号、学习强国等网络学习平台。认真组织开展党史学习教育活动，原原本本地传达学习习近平总书记党史学习教育动员大会重要讲话精神并开展专题学习。严格党的组织生活制度，提升领导班子民主生活会、各党支部"三会一课"、组织生活会和民主评议党员等组织生活质量，持续开展"党员过政治生日""重温入党誓词"等党日活动。2021年6月，组织党员干部参观东北抗联史实陈列馆，参加庆祝建党100周年"学党章、知党史、做合格党员"主题党日活动。认真贯彻落实"两个责任"，明确班子成员责任，确立了落实主体责任的保障措施，切实把主体责任落到实处。理清党委主体责任，健全责任体系，结合设计院实际情况加强党风廉政体系建设。关心职工群众生活，为职工发放节日福利61894元；春节走访困难、退休职工，发放慰问金2500元；为职工办理生日卡13346元；三八节慰问女同志6290元；慰问生病员工600元；发放防暑降温物品2450元；参加市总工会职工医疗互助保险13920元。 　　（李　锋）

栏目编辑　　全英实

本钢年鉴 *2022*

特载

大事记

概述

经营管理

综合管理

党群工作

钢铁主业

多元产业

改制企业

★ 统计资料

人事与机构

人物与表彰

附录

索引

ANSTEEL
本钢集团

统计资料

工业总产值及主要产品产量完成情况

产品名称	计算单位	2021 年实际	2020 年实际	同比增减 %
一、工业总产值	万元	8580671	5958489	44.01
二、工业增加值	万元	1824396	1294686	40.91
三、主要产品产量				
1. 生　铁	吨	16769317	17326113	−3.21
板　材	吨	9837735	10069205	−2.30
北　营	吨	6931582	7256908	−4.48
2. 钢总计	吨	17459631	17358293	0.58
板　材	吨	10438295	10310091	1.24
北　营	吨	7010335	7038688	−0.40
机　总	吨	11001	9514	15.63
电炉钢	吨	261383	294701	−11.31
板　材	吨	250382	285187	−12.20
机　总	吨	11001	9514	15.63
转炉钢	吨	17198248	17063592	0.79
板　材	吨	10187913	10024904	1.63
北　营	吨	7010335	7038688	−0.40
3. 钢材商品量	吨	16759739	16629784	0.78
板　材	吨	13490177	12643818	6.69
北　营	吨	3261167	3979415	−18.05
丹东不锈钢	吨	8395	6551	28.15
板材特钢材	吨	622502	721276	−13.69
热轧板生产量	吨	13216924	12235137	8.02
板材热轧厂	吨	9736161	9455568	2.97
其中：一热轧	吨	3575163	3000049	19.17
二热轧	吨	1007941	1815329	−44.48
三热轧	吨	5153057	4640190	11.05

产品名称	计算单位	2021 年实际	2020 年实际	同比增减 %
1780 热轧机组	吨	3480763	2779569	25.23
冷轧板生产量	吨	6116266	5655243	8.15
其中：一冷轧	吨	1870103	1710642	9.32
二冷轧	吨	2015338	1878612	7.28
三冷轧	吨	2222430	2059438	7.91
不锈钢	吨	8395	6551	28.15
北营：钢　筋	吨	911827	1391251	−34.46
线　材	吨	2349340	2588164	−9.23
4. 铁矿采剥总量	吨	122099167	132044307	−7.53
南　芬	吨	83662448	91632463	−8.70
歪头山	吨	32422414	32864674	−1.35
贾家堡	吨	6014305	7547170	−20.31
北　营	吨			
5. 铁矿石	吨	21791684	22288601	−2.23
南　芬	吨	11043606	11356809	−2.76
歪头山	吨	6536762	6473480	0.98
贾家堡	吨	4211316	4458312	−5.54
北　营	吨			
6. 铁精矿	吨	8160131	8381376	−2.64
南　芬	吨	4422199	4647823	−4.85
歪头山	吨	2543847	2498278	1.82
贾家堡	吨	1110706	1235275	−10.08
北　营	吨	83379		
7. 人造富矿	吨	29359390	30598911	−4.05
板　材	吨	14002990	14419834	−2.89
马　球	吨	2158741	2165772	−0.32
带料加工球团（耐火厂）	吨	538171	694710	−22.53
北　营	吨	12659488	13318595	−4.95
8. 焦　炭	吨	7661081	7821398	−2.05

产品名称	计算单位	2021 年实际	2020 年实际	同比增减 %
板 材	吨	4502022	4665096	-3.50
北 营	吨	3159059	3156302	0.09
9. 石灰石采剥总量	吨	7436014	7656438	-2.88
矿 业	吨	4358931	4739954	-8.04
北 营	吨	3077083	2916484	5.51
10. 成品石灰石	吨	4733268	4567997	3.62
矿 业	吨	2948505	2779347	6.09
北 营	吨	1784763	1788650	-0.22
11. 发电量	万千瓦时	380383	372274	2.18
板 材	万千瓦时	250648	235768	6.31
北 营	万千瓦时	129735	136506	-4.96
12. 水 渣	吨	6260505	6269348	-0.14
板 材	吨	3853031	3848242	0.12
北 营	吨	2407474	2421106	-0.56
13. 工业水	万吨	86571	87136	-0.65
板 材	万吨	80713	81300	-0.72
北 营	万吨	5858	5836	0.38
14. 氧 气	万立方米	168635	175942	-4.15
板 材	万立方米	100700	105532	-4.58
北 营	万立方米	67935	70410	-3.52

主要技术经济指标完成情况

指标名称	单位	2021 年实际	2020 年实际	同比增减
1. 剥采比	t/t	4.6	4.92	−0.32
露天矿	t/t	6.58	7.07	−0.49
歪头山	t/t	3.96	4.08	−0.12
贾家堡	t/t	0.43	0.69	−0.26
北 营	t/t			
2. 选矿实际金属回收率	%	78.7	81.10	−2.40
选矿厂	%	79.48	82.37	−2.89
歪头山	%	80.93	80.95	−0.02
贾家堡	%	72.73	76.69	−3.96
北 营	%	57.27		57.27
3. 高炉利用系数	$t/m^3.d$	2.5142	2.5015	0.01
板 材	$t/m3^3.d$	2.3708	2.3047	0.07
北 营	$t/m^3.d$	2.7503	2.8375	−0.09
4. 转炉日历利用系数	t/ 公称 t.d	25.89	25.66	0.23
板 材	t/ 公称 t.d	22.15	21.80	0.35
北 营	t/ 公称 t.d	34.3	34.34	−0.04
5. 转炉平均炉龄	炉 / 次	7718	10275	−2557
板 材	炉 / 次	7595	11672	−4077
北 营	炉 / 次	7817	9577	−1760
6. 板材特钢成材率	%	94.45	94.59	−0.14
7. 热轧板成材率	%	97.86	97.86	0.00
板材连轧厂	%	97.73	97.79	−0.06
一热轧	%	97.78	97.71	0.07
二热轧	%	96.41	97.24	−0.83
三热轧	%	97.95	98.06	−0.11
北营 1780 轧机	%	98.13	98.08	0.05

续表

指标名称	单位	2021 年实际	2020 年实际	同比增减
8. 板材一冷轧成材率	%	93.11	94.46	−1.35
9. 板材二冷轧成材率	%	95.28	95.34	−0.06
10. 板材三冷轧成材率	%	94.81	94.87	−0.06
11. 不锈钢成材率	%	96.04	99.06	−3.02
12. 北营钢筋综合成材率	%	101.16	100.57	0.59
13. 北营线材综合成材率	%	98.04	98.07	−0.03
14. 冶金焦率	%	85.72	86.36	−0.64
板　材	%	85.22	86.53	−1.31
北　营	%	86.44	86.10	0.34

主要产品质量完成情况

指标名称	计算单位	2021年实际	2020年实际	同比增减
1. 生铁合格率	%	100.00	100.00	0.00
板　材	%	100.00	100.00	0.00
北　营	%	100.00	100.00	0.00
2. 生铁一级品率	%	82.08	86.28	−4.20
板　材	%	91.87	90.74	1.13
北　营	%	68.18	80.10	−11.92
3. 烧结矿合格率	%	97.33	98.79	−1.46
板　材	%	95.69	98.07	−2.38
北　营	%	99.54	99.73	−0.19
4. 电炉钢合格率	%	99.93	99.93	0.00
5. 转炉连铸坯合格率	%	99.91	99.99	−0.08
板　材	%	99.89	100.00	−0.11
北　营	%	99.95	99.97	−0.02
6. 钢材合格率	%	99.60	99.75	−0.15
（1）特钢材合格率	%	99.75	99.74	0.01
（2）热轧板合格率（连轧）	%	99.57	99.67	−0.10
（3）热轧板合格率（1780）	%	99.93	99.95	−0.02
（4）一冷轧合格率	%	99.47	99.60	−0.13
（5）二冷轧合格率	%	99.77	99.75	0.02
（6）三冷轧合格率	%	98.59	99.52	−0.93
（7）不锈钢合格率	%	100.00	100.00	0.00
（8）热轧钢筋合格率	%	99.97	99.99	−0.02
（9）热轧线材合格率	%	99.96	99.97	−0.01
7. 冶金焦合格率	%	100.00	100.00	0.00
板　材	%	100.00	100.00	0.00
北　营	%	100.00	100.00	0.00

续表

指标名称	计算单位	2021 年实际	2020 年实际	同比增减
8. 冶金焦抗碎强度 M40	%	89.53	89.79	−0.26
板　材	%	89.24	89.46	−0.22
北　营	%	89.93	90.28	−0.35
9. 冶金焦耐磨强度 M10	%	5.79	5.64	0.15
板　材	%	5.83	5.63	0.20
北　营	%	5.75	5.67	0.08
10. 冶金焦灰份	%	12.63	12.42	0.21
板　材	%	12.62	12.44	0.18
北　营	%	12.65	12.38	0.27
11. 冶金焦硫份	%	0.90	0.89	0.01
板　材	%	0.90	0.87	0.03
北　营	%	0.91	0.93	−0.02
12. 铁精矿品位	%	66.98	66.93	0.05
南芬选矿厂	%	67.28	67.21	0.07
歪头山铁矿	%	68.28	68.25	0.03
贾家堡铁矿	%	63.10	63.18	−0.08
北　营	%	62.54		62.54

主要消耗指标完成情况

产品名称	计算单位	2021 年实际	2020 年实际	同比增减
一、铁矿采矿				
1. 铁矿采总耗火药	千克 / 万吨	3132	3257	−125
露天矿	千克 / 万吨	3245	3359	−114
歪头山矿	千克 / 万吨	2958	3170	−212
贾家堡子	千克 / 万吨	2509	2393	116
北营	千克 / 万吨			
2. 采矿耗电	千瓦时 / 吨	1.01	0.89	0.12
露天矿	千瓦时 / 吨	0.90	0.71	0.19
歪头山矿	千瓦时 / 吨	1.40	1.47	−0.07
贾家堡子	千瓦时 / 吨	0.41	0.50	−0.09
北营	千瓦时 / 吨			
二、铁矿选矿				
1. 处理原矿耗电	千瓦时 / 吨	33.96	33.46	0.50
选矿厂	千瓦时 / 吨	34.87	35.16	−0.29
歪头山矿	千瓦时 / 吨	28.46	28.53	−0.07
贾家堡子	千瓦时 / 吨	41.32	38.30	3.02
北营	千瓦时 / 吨	56.08		56.08
2. 处理原矿耗水	吨 / 吨	11.57	11.74	−0.17
选矿厂	吨 / 吨	10.54	10.64	−0.10
歪头山矿	吨 / 吨	14.61	15.38	−0.77
贾家堡子	吨 / 吨	7.95	7.73	0.22
北营	吨 / 吨	13.56		13.56
3. 处理原矿耗钢球	千克 / 吨	0.62	0.66	−0.04
选矿厂	千克 / 吨	0.62	0.62	0.00
歪头山矿	千克 / 吨	0.21	0.21	0.00
贾家堡子	千克 / 吨	1.47	1.68	−0.21

产 品 名 称	计算单位	2021 年实际	2020 年实际	同比增减
北 营	千克 / 吨	1.38		1.38
4. 处理原矿耗铁球	千克 / 吨	0.66	0.65	0.01
选 矿 厂	千克 / 吨	0.85	0.88	−0.03
歪头山矿	千克 / 吨	0.67	0.63	0.04
贾家堡子	千克 / 吨	0.00	0.00	0.00
北 营	千克 / 吨	1.63		1.63
三、烧 结				
1. 烧结耗固体燃料	千克 / 吨	52.93	54.92	−1.99
板 材	千克 / 吨	52.35	53.91	−1.56
北 营	千克 / 吨	53.71	56.26	−2.55
2. 烧结耗电	千瓦时 / 吨	49.83	49.57	0.26
板 材	千瓦时 / 吨	47.73	47.38	0.35
北 营	千瓦时 / 吨	52.65	52.48	0.17
四、炼 铁				
1. 综合焦比	千克 / 吨	508	502	6
板 材	千克 / 吨	509	501	8
北 营	千克 / 吨	506	513	−7
2. 入炉焦比	千克 / 吨	362	348	14
板 材	千克 / 吨	351	336	15
北 营	千克 / 吨	377	365	12
3. 煤 比	千克 / 吨	141	154	−13
板 材	千克 / 吨	138	154	−16
北 营	千克 / 吨	145	153	−8
4. 电力消耗	千瓦时 / 吨	82.86	79.49	3.37
板 材	千瓦时 / 吨	44.25	38.54	5.71
北 营	千瓦时 / 吨	137.66	136.31	1.35
五、炼 焦				
1. 吨焦耗湿煤	千克 / 吨	1403.58	1396.39	7.19
板 材	千克 / 吨	1395.69	1395.63	0.06

续表

产品名称	计算单位	2021年实际	2020年实际	同比增减
北 营	千克/吨	1414.82	1397.51	17.31
六、电炉炼钢				
1.电炉钢耗钢铁料	千克/吨	1118.78	1104.91	13.87
2.电炉钢耗生铁	千克/吨	660.56	737.43	−76.87
3.电炉钢耗废钢	千克/吨	458.23	367.48	90.75
4.电炉钢综合耗电	千瓦时/吨	235.05	360.90	−125.85
七、转炉炼钢				
1.转炉钢耗钢铁料	千克/吨	1046.99	1058.78	−11.79
板 材	千克/吨	1054.2	1061.94	−7.74
北 营	千克/吨	1036.51	1054.27	−17.76
2.转炉钢耗生铁	千克/吨	953.84	992.01	−38.17
板 材	千克/吨	946.90	981.98	−35.08
北 营	千克/吨	963.93	1006.30	−42.37
3.转炉钢耗废钢	千克/吨	93.15	66.77	26.38
板 材	千克/吨	107.3	79.96	27.34
北 营	千克/吨	72.58	47.97	24.61
4.转炉钢耗氧气	m^3/吨	57.94	56.10	1.84
板 材	m^3/吨	59.18	56.14	3.04
北 营	m^3/吨	56.15	56.05	0.10
八、转炉钢连铸				
1.连铸比	%	100.00	100.00	0.00
板 材	%	100.00	100.00	0.00
北 营	%	100.00	100.00	0.00
2.合格连铸坯收得率	%	98.74	98.46	0.28
板 材	%	98.64	98.21	0.43
北 营	%	98.90	98.81	0.09
3.连铸机台时产量	吨/小时	182.83	176.32	6.51
板 材	吨/小时	210.73	206.61	4.12
北 营	吨/小时	153.33	145.86	7.47

续表

产 品 名 称	计算单位	2021 年实际	2020 年实际	同比增减
九、热轧钢材				
1. 钢材综合耗电	千瓦时 / 吨	82.36	83.83	−1.47
板 材	千瓦时 / 吨	73.64	75.59	−1.95
北 营	千瓦时 / 吨	95.77	110.67	−14.90
2. 钢材耗轧辊	千克 / 吨	0.52	0.51	0.01
板 材	千克 / 吨	0.64	0.62	0.02
北 营	千克 / 吨	0.33	0.15	0.18
十、冷轧钢材				
1. 钢材综合耗电	千瓦时 / 吨	120.13	113.88	6.25
一冷轧	千瓦时 / 吨	117.41	97.60	19.81
二冷轧	千瓦时 / 吨	117.80	111.62	6.18
三冷轧	千瓦时 / 吨	119.98	125.60	−5.62
不锈钢	千瓦时 / 吨	889.31	644.02	245.29
2. 钢材耗轧辊	千克 / 吨	0.28	0.25	0.03
一冷轧	千克 / 吨	0.26	0.19	0.07
二冷轧	千克 / 吨	0.42	0.42	0.00
三冷轧	千克 / 吨	0.22	0.21	0.01
不锈钢	千克 / 吨	0.18	0.20	−0.02

总能耗及工序能耗

指标名称	计算单位	2021 年实际	2020 年实际	同比增减
一、总能耗	万吨			
板　材	万吨	612.68	636.24	−23.56
北　营	万吨	453.71	459.07	−5.36
二、吨钢综合能耗	kg/t			
板　材	kg/t	586.34	616.53	−30.19
北　营	kg/t	647.2	652.2	−5.00
三、吨钢可比能耗	kg/t			
板　材	kg/t	517.44	547.77	−30.33
北　营	kg/t	540.42	535.81	4.61
四、万元产值能耗	t/ 万元	1.24	1.85	
五、万元增加值能耗	t/ 万元	5.75	9.09	
六、工序能耗				
1. 采矿工序：	kg/t			
露天矿	kg/t	0.93	0.89	0.04
歪头山	kg/t	1.18	1	0.18
北　营	kg/t	停产	停产	
2. 选矿工序：	kg/t			
选矿厂	kg/t	5.29	5.19	0.10
歪头山	kg/t	3.58	3.68	−0.10
北　营	kg/t	25.52	停产	
3. 石灰石工序	kg/t			
矿　业	kg/t	0.95	0.88	0.07
北　营	kg/t	1.72	1.68	0.04
4. 焦化工序	kg/t			
板　材	kg/t	90.03	119.03	−29.00
北　营	kg/t	100.09	91.31	8.78

续表

指标名称	计算单位	2021 年实际	2020 年实际	同比增减
5. 烧结工序	kg/t			
板　材	kg/t	48.13	49.5	−1.37
北　营	kg/t	51.12	51.81	−0.69
6. 炼铁工序	kg/t			
板　材	kg/t	360.11	367.55	−7.44
北　营	kg/t	386.40	370.36	16.04
7. 电炉炼钢工序	kg/t	62.40	62.53	−0.13
8. 转炉炼钢工序	kg/t			
板　材	kg/t	−21.22	−20.19	−1.03
北　营	kg/t	−11.40	−12.90	1.50
9. 连铸工序				
板　材	kg/t	4.69	5.05	−0.36
北　营	kg/t	13.62	10.86	2.76
10. 轧钢工序：				
特钢厂	kg/t	92.40	98.60	−6.20
热轧厂	kg/t	57.19	51.60	5.59
一冷轧	kg/t	41.54	45.28	−3.74
二冷轧	kg/t	82.68	93.44	−10.76
北　营	kg/t	54.67	55.89	−1.22
11. 废钢加工工序				
板　材	kg/t	0.69	0.79	−0.10
北　营	kg/t	0.14	0.14	0.00
12. 发电总汽煤耗				
板　材	kg/GJ	38.02	37.44	0.58
北　营	kg/GJ	40.11	40.02	0.09
13. 供水吨钢能耗				
板　材	kg/t	3.01	2.91	0.10
北　营	kg/t	3.24	3.23	0.01
14. 供电能耗				

续表

指标名称	计算单位	2021 年实际	2020 年实际	同比增减
板　材	kg/ 万 kwh	23.30	23.30	0.00
北　营	kg/ 万 kwh	22.80	22.80	0.00
15. 有效氧能耗				
板　材	kg/m^3	0.13	0.12	0.01
北　营	kg/m^3	0.11	0.11	0.00

主要钢铁工业产品产、销、存实物量

单位：吨

指标名称	年初库存	本年调入	本年生产	本年自用	本年销售小计	其中：本年出口	盘盈(+)/盘亏(−)	年末库存
铁矿石原矿	28509	0	21791684	21798684	0	0	0	21509
矿业公司	28509		21791684	21798684				21509
北营公司	0		0					0
铁矿石成品矿	151708	0	8160131	8169038	0	0	−127901	14900
其中：铁精矿	151708	0	8160131	8169038	0	0	−127901	14900
矿业公司	151708		8076752	8085659			−127901	14900
北营公司	0		83379	83379				0
烧结铁矿	27450	0	24365618	24348062	0	0	0	45006
板材公司	27450		14002990	13985434				45006
北营公司	0		10362628	10362628				0
球团铁矿	0	0	4993772	4993772	0	0	0	0
板材公司	0	0	2696912	2696912	0	0	0	0
马耳岭球团厂	0		2158741	2158741				0
带料加工（耐火）	0		538171	538171				0
北营公司	0		2296860	2296860				0
生铁	16863	0	16769317	16785925	0	0	0	255
板材公司	0		9837735	9837735				0
北营公司	16863		6931582	6948190				255
粗钢产品	198261	0	17459631	17501710	0	0	0	156182
板材公司	81439	0	10438295	10454407	0	0	0	65327
特钢厂	8336		250382	245639				13079
炼钢厂	73103		10187913	10208768				52248
机械制造	0		11001	11001				0
北营公司	116822		7010335	7036302				90855

续表

指标名称	年初库存	本年调入	本年生产	本年自用	本年销售小计	其中：本年出口	盘盈 (+)/盘亏 (−)	年末库存
其中：连铸坯	198090	0	17443476	17485384	0	0	0	156182
板材公司	81268	0	10433141	10449082	0	0	0	65327
特钢厂	8165		245228	240314				13079
炼钢厂	73103		10187913	10208768				52248
北营公司	116822		7010335	7036302				90855
钢材	243632	0	16759739	0	16810162	1696008	0	193209
板材公司	231990	0	13490177	0	13538718	1220393	0	183449
北营公司	9837	0	3261167	0	3263506	475615	0	7498
丹东不锈	1805	0	8395	0	7938	0	0	2262
棒材	16159		622502		626950	24525		11711
钢筋	1652		911827		913027	58774		452
线材	7730		2349340		2350479	416841		6591
冷轧薄板	3733		174960		177407	10363		1286
中厚宽钢带	111229	0	6964885	0	6983865	834235	0	92249
板材公司	110774	0	6964885	0	6983865	834235	0	91794
热连轧厂	43821		4249115		4246922	706483		46014
1780 热轧机组	66953		2715770		2736943	127752		45780
北营公司	455		0					455
冷轧薄宽钢带	68899	0	3669991	0	3680769	127834	0	58121
板材公司	67094	0	3661596	0	3672831	127834	0	55859
一冷轧	15538		1042801		1041865			16474
二冷轧	24994		820503		827550			17947
三冷轧	26562		1798292		1803416			21438
不锈钢	1805		8395		7938			2262
镀层板 (带)	33058	0	1877365	0	1888341	216948	0	22082
其中：镀锌板 (带)	33058	0	1877365	0	1888341	216948	0	22082
一冷轧	5383		462460		466338			1505

续表

指标名称	年初库存	本年调入	本年生产	本年自用	本年销售		盘盈 (+)/盘亏 (−)	年末库存
					本年销售小计	其中：本年出口		
二冷轧	20206		992449		997341			15314
三冷轧	7469		422456		424662			5263
涂层板（带）	132		−13		119			0
电工钢板（带）	1040		188882		189205	6488		717
焦 炭	3774	0	7661081	7643701	18332	0	0	2822
板材公司	3774		4502022	4484642	18332			2822
北营公司	0		3159059	3159059				0

基层单位安全情况

序号	单位名称	千人负伤率‰	
		2021 年	2020 年
1	本钢集团合计	0.465	0.676
2	板材公司	0.549	0.324
3	北营公司	0.467	0.974
4	矿业公司	0.325	0.961
5	北钢公司	0	0
6	建设公司	0.281	0.272
7	机械制造总公司	0.638	1.253
8	修建（维检）公司	0.784	1.026
9	新实业公司	0	0.722
10	恒通公司	2.84	2.777
11	恒泰公司	0	0
12	热力公司	0	0
13	本钢冶金渣公司	0	0
14	信息自动化公司	0	0
15	房地产开发公司	0	0
16	职业技术学院	0	0
17	丹东不锈钢公司	0	0

环境保护主要指标完成情况

指标名称	计算单位	2021 年实际
污染物综合排放合格率	%	98.17
板　材	%	100.00
北　营	%	99.95
矿　业	%	88.00
厂区降尘量	吨 / 平方公里·月	30.73
板　材	吨 / 平方公里·月	37.00
北　营	吨 / 平方公里·月	36.54
矿　业	吨 / 平方公里·月	18.64
大气中可吸入颗粒物浓度	mg/Nm^3	0.09
板　材	mg/Nm^3	0.03
北　营	mg/Nm^3	0.15
大气中一氧化碳浓度	mg/Nm^3	2.65
板　材	mg/Nm^3	2.60
北　营	mg/Nm^3	2.70
大气中二氧化硫浓度	mg/Nm^3	0.010
板　材	mg/Nm^3	0.006
北　营	mg/Nm^3	0.004
工业粉尘排放量	万吨	0.9584
板　材	万吨	0.5498
北　营	万吨	0.5200
矿　业	万吨	0.1100
工业粉尘回收量	万吨	88.2064
板　材	万吨	56.6220
北　营	万吨	30.2673
矿　业	万吨	29.7200
工业用水量	万吨	421589.56

指标名称	计算单位	2021 年实际
集团厂区总计	万吨	393425.56
集团矿区总计	万吨	28164.00
板材厂区	万吨	209695.56
矿业矿区	万吨	28164.00
北营厂区	万吨	129964.00
北营矿区	万吨	0.00
新水量	万吨	6343.96
集团厂区总计	万吨	5062.96
集团矿区总计	万吨	1281.00
板材厂区	万吨	2798.96
矿业矿区	万吨	1281.00
北营厂区	万吨	2264.00
北营矿区	万吨	0.00
环水量	万吨	415245.6
集团厂区总计	万吨	388362.6
集团矿区总计	万吨	26883.0
板材厂区	万吨	206896.6
矿业矿区	万吨	26883.0
北营厂区	万吨	127700.0
北营矿区	万吨	0.0
厂区废水排放量	万吨	1306.6252
板 材	万吨	1249.9400
北 营	万吨	55.3039
达标排放量	万吨	1306.6252
板 材	万吨	1249.9400
北 营	万吨	55.3039
废气排放量	万立方米	37603627.28
板材厂区	万立方米	22840740.00
北营厂区	万立方米	13486339.00

指标名称	计算单位	2021 年实际
厂区噪音		
昼间		
板　材	分贝 A	60.00
北　营	分贝 A	58.00
夜间		
板　材	分贝 A	49.00
北　营	分贝 A	50.00
厂区绿化覆盖率	%	
板　材	%	8.00
北　营	%	8.00
全年完成环境保护投资	万元	107721
板　材	万元	70900
北　营	万元	32000
矿　业	万元	3039
老 本 钢	万元	1782

生产设备完好情况

设备名称	年末考核设备台数			在册完好设备台数		不完好	完好率
	合计	在用台数	封存台数	一级	二级	设备台数	%
烧结机	7	7	0	7	0	0	100%
板材公司	4	4	0	4	0	0	100%
北营公司	3	3	0	3	0	0	100%
高炉	9	9	0	9	0	0	100%
板材公司	4	4	0	4	0	0	100%
北营公司	5	5	0	5	0	0	100%
转炉	14	14	0	14	0	0	100%
板材公司	7	7	0	7	0	0	100%
北营公司	7	7	0	7	0	0	100%
电炉	2	2	0	2	0	0	100%
连铸机	18	18	0	18	0	0	100%
板材公司	9	9	0	9	0	0	100%
北营公司	9	9	0	9	0	0	100%
棒材轧机	3	3	0	3	0	0	100%
线材轧机（北营）	3	3	0	3	0	0	100%
热连轧机	4	4	0	4	0	0	100%
板材公司	3	3	0	3	0	0	100%
北营公司	1	1	0	1	0	0	100%
冷轧薄板轧机	6	6	0	6	0	0	100%
一冷轧厂	2	2	0	2	0	0	100%
二冷轧厂	1	1	0	1	0	0	100%
三冷轧厂	2	1	0	1	0	0	100%
不锈钢厂	2	2	0	2	0	0	100%
焦炉	16	16	0	16	0	0	100%
板材公司	8	8	0	8	0	0	100%
北营公司	8	8	0	8	0	0	100%

固定资产投资完成情况

单位：万元

项目名称 甲	开工年月 1	建成投产年月 2	计划总投资 3	自开始建设累计 完成投资 4	新增固定资产 5	本年完成投资合计 6	建筑工程 7	安装工程 8	设备购置 9	其他费用 10	基本建设投资 11	铁矿采选 12	烧结 13	球团 14	炼铁 15	炼钢 16	电炉 17	转炉 18	连铸 19	轧材 20	铁合金 21
去年同期			2799108	1581022	89885	423987	103430	87205	191881	41471	0	48157	1570	0	65791	98578	29456	69122	0	86812	0
合　计			3051533	2086920	931492	595783	159361	86891	283381	66150	0	117329	6691	0	59584	199400	119056	80344	7579	103809	0
冷轧高强钢工程	2013.04		610000	603900	603900	0	0	0	0	0									0		
南芬矿扩帮延深（矿业）			322851	239758	239758	55733	4687	1095	2087	47864		55733									
北营炼钢一区产能置换工程	2019.09		215000	60463	60463	39822	29689	5743	3722	668						39822		39822			
特钢电炉升级改造工程	2019.09		220000	157757	157757	109757	41984	11042	55654	1077						109757	109757				
炼铁厂5号高炉产能置换工程	2017.12		150000	138000		21000	8560	5440	5830	1170					21000						
本钢工业余热暖民工程一期（替代城市燃煤锅炉）	2016.05		101100	18238	18238	0	0	0	0	0										0	
CCPP发电工程项目	2019.03		98827	94521		40166	9874	10064	19040	1188											
三冷轧厂热镀锌生产线工程	2020.06		86918	86621	86621	64891	3972	5714	54015	1190										64891	
歪头山主采场扩帮延伸	2019.10		85313	45286		6895	3531	1006	1978	380		6895									
一冷轧改造工程	2019.09		84000	15120		840	0	40	800	0										840	
发电厂三电车间热电联产改造项目	2014.07		71134	56721	56721	0	0	0	0	0											
炼钢厂8号铸机工程	2019.03		65000	64050	64050	6850	1890	910	3410	640						6850		6850			
歪头山铁矿产采、选工艺优化改造	2020.04		60000	2039		250	250	0	0	0		250									
本钢矿业公司花岭沟铁矿地下开采工程	2021.05		56373	3678	3678	3678	1037	239	547	1855		3678									
北营建设年产60万吨优质线材生产线	2019.09		55900	3354		0	0	0	0	0										0	
1700热轧完善改造	2018.07		54000	23750	23750	3000	0	900	1825	275										3000	
特钢轧机改造			50000	49900		11400	2867	1868	5965	700						11400		11400			
北营能源总厂新建3.5Nm³/h制氧机	2019.09		38000	34288		10728	1480	2228	6990	30					10728						

续表

项目名称	开工年月	建成投产年月	计划总投资	完成投资（自开始建设累计）	新增固定资产	本年完成投资合计	建筑工程	安装工程	设备购置	其他费用	基本建设投资	铁矿采选	烧结	球团	炼铁	炼钢 电炉	炼钢 转炉	连铸	轧材	铁合金
歪头山低品位矿及废石辊磨干选资源综合利用工程	2020.06		37500	34190		31608	13084	4237	14107	180		31608								
北营发电厂高温超高压机组工程	2020.05		32128	6421		6100	1000	1000	4100	0									0	
4号-6号转炉环保改造	2018.04		27000	25650	25650	4590	1035	678	2160	717							4590		0	
220千伏变压站工程	2021.04		25862	24897	24897	24897	8229	4018	11700	950										
北营钢渣处理环保改造及资源综合利用	2019.08		25000	2850		350	350	0	0	0							350			
板材厂转炉区转炉煤气回收提效改造	2020.11		17500	13700		13543	3193	3420	6498	432							13543			
能源总厂中水深度处理回用	2019.11		17290	16426	16426	0	0	0	0	0									0	
北营能源总厂中水深度处理回用工程	2020.04		14640	13908	13908	0	0	0	0	0									0	
北营新1号高炉及300平烧结机节能环保改造	2019.10		14010	12609	12609	700	700	0	0	0					700					
本钢废钢厂彩西特钢供料站	2020.05		12500	9036		8955	4529	300	0	4126						8955				
歪矿排土场加高	2019.10		11467	3464		253	253	0	0	0	253	253								
焦化厂新增一塔式脱硫改造	2019.11		10986	9339		440	330	110	0	0										
钢渣处理环保改造及资源综合利用	2019.08		10000	800	800	0	0	0	0	0										
北营1780热轧提质调结构改造工程	2019.08		9900	6930	6930	2660	1420	840	400	0									2660	
焦化厂8、9号焦炉烟气脱硫脱硝改造	2020.12		9898	9443		9392	1214	639	7428	111										
本钢板材厂能源总厂硅钢变电所及线路改造	2021.07		9000	5058		5058	2898	860	1300	0									5058	
本钢北营炼铁总厂11号高炉改造	2021.11		8815	6610		6610	0	1860	4750	0					6610					
北营公司汽暖扩水暖工程	2021.11		8750	2660		2660	1420	840	400	0										
本钢板材炼铁总厂新1号高炉炉缸安全生产改造	2021.11		8200	8120	8120	8120	220	1600	6300	0					8120					
本钢辅项冷轧提质完善改造	2019.09		7900	6640		2690	0	40	2630	20									2690	
热力厂歪头山地区供暖改造	2019.10		7834	6375	6375	500	450	50	0	0									500	
冷轧厂（本钢辅项）连退、镀锌机组功能完善改造	2020.11		6600	500	500	0	0	0	0	0									0	

续表

项目名称	开工年月	建成投产年月	计划总投资	自开始建设累计		本年完成投资合计														
						按构成成分				基本建设投资	按投资方向分								
				完成投资	新增固定资产	建筑工程	安装工程	设备购置	其他费用		铁矿采选	烧结	球团	炼铁	炼钢 电炉	炼钢 转炉	连铸	轧材	铁合金
本钢白楼修缮工程	2021.07		6568	2030	2030	1630	200	200	0									2030	
炼钢厂2#、7#铸机设备更新改造	2020.11		6372	6268	5768	199	2372	3197	0								5768		
焦化厂净化二作业区脱硫系统改造	2020.11		6209	5278	5161	696	1395	2755	315										
本钢矿业南芬露天矿2021年矿山维简	2021.11		6140	1706	1706	0	0	1706	0		1706								
冷轧厂（三冷工序）酸轧、连退镀锌机组功能完善改造	2020.11		6000	500	0	0	0	0	0									0	
北营焦化厂煤气净化系统温度系数达标提升化产品收率改造	2021.04		5998	5150	5150	1795	1380	1870	105										
本钢生产制造管理整体提升	2019.09		5600	4740	260	0	0	0	260									260	
炼铁厂360平方米烧结机环保提效改造	2021.02		5573	5295	5295	129	650	4365	151			5295							
冷轧厂（一冷工序）硅钢产线功能完善改造	2020.11		5320	500	0	0	0	0	0									0	
50-5000万元项目小计			240557	132383	52579	6186	14953	46052	1746	0	17206	1396	0	12426	4133	3789	1811	21880	0

355

续表

本表列示续接上页，本页列项目编号为 22—43 栏。分组表头：本年完成投资合计（按投资方向分：焦化、耐火、炭素、金属制品、其他；其中：增加产能、增加新产品、改进工艺、节约能源（材料）、提高产品质量、保护环境、其他）；本年新增固定资产；本年固定资产投资实际到位资金（上年末结余资金、国家预算资金、国内贷款、债券、利用外资、自筹资金、其他资金来源）；房屋面积（米²）（施工面积、竣工面积）。

项目名称	焦化	耐火	炭素	金属制品	其他	增加产能	增加新产品	改进工艺	节约能源（材料）	提高产品质量	保护环境	其他	本年新增固定资产	上年末结余资金	国家预算资金	国内贷款	债券	利用外资	自筹资金	其他资金来源	施工面积	竣工面积
甲	22	23	24	25	26	27	28	29	30	31	32	33	34	35	36	37	38	39	40	41	42	43
去年同期	24428	0	0	0	98651	21730	98944	77202	10846	28416	102230	84619	0	0	0	0	0	0	351454	0	0	0
合　计	30228	0	0	0	71163	68840	156429	51670	31121	5690	77862	204171	0	0	0	0	0	0	595783	0	0	0
冷轧高强钢工程													0						0			
南芬矿扩帮延深（矿业）												55733							55733			
北营炼钢一区产能置换工程							39822												39822			
特钢电炉升级改造工程							109757												109757			
炼铁厂5号高炉产能置换工程								21000											21000			
本钢工业余热暖民工程一期（替代城市燃煤锅炉）												0	0									
CCPP发电工程项目					40166						40166								40166			
三冷轧厂热镀锌生产线工程						64891													64891			
歪头山主采场扩帮延伸												6895							6895			
一冷轧改造工程								840											840			
发电厂三电车间热电联产改造项目								0											0			
炼钢厂8号铸机工程							6850												6850			
歪头山铁矿扩采、改造工艺优化改造								250											250			
本钢矿业公司花岭沟铁矿地下开采工程						3678													3678			
北营建设年产60万吨优质线材生产线						0													0			
1700热轧机改造										3000									3000			
特钢能源机改造									11400										11400			
北营能源总厂新建3.5Nm³/h制氧机												10728							10728			

续表

项目名称	焦化	耐火素	金属制品	其他	增加产能	增加新产品	改进工艺	节约能源(材料)	提高产品质量	保护环境	其他	本年新增固定资产	上年末结余资金	国家预算资金	国内贷款	债券	利用外资	自筹资金	其他资金来源	施工面积	竣工面积
	本年完成投资合计 按投资方向分				其中:							本年新增固定资产	本年固定资产投资实际到位资金							房屋面积(米²)	
歪头山低品位矿及废石辊磨干选资源综合利用工程				31608							31608	31608						31608			
北营发电厂高温超高压机组工程				6100			6100												6100			
4号-6号转炉环保改造										4590									4590			
220千伏变压站工程				24897							24897	24897							24897			
北营钢渣处理环保改造及资源综合利用										350									350			
板材厂区转炉煤气回收提效改造								13543											13543			
能源总厂中水深度处理回用工程										0									0			
北营能源总厂11号高炉煤气深度调干回用工程										0									0			
北钢新1号高炉及300平方烧结机节能环保改造										700									700			
本钢废钢厂彩西特钢供料站											8955	8955							8955			
歪矿排土场加高											253	253							253			
焦化厂新增一塔式脱硫改造	440						440												440			
钢渣处理环保改造及资源综合利用										0									0			
北营1780热轧提质调结构改造工程									0										0			
焦化厂8、9号焦炉烟气脱硫脱硝改造	9392									9392									9392			
本钢板材能源总厂硅钢变电所及线路改造											5058	5058							5058			
本钢北营铁总厂11号高炉改造											6610	6610							6610			
北营公司汽暖皮水暖工程							2660												2660			
本钢板材铁总厂新1号高炉炉缸安全生产改造											8120	8120							8120			
本钢铺项冷轧提质完善改造									2690										2690			
热力公司歪头山地区供暖改造											500	500							500			
冷轧厂(本钢铺项)连退、镀锌机组功能完善改造											0	0							0			

续表

项目名称	本年完成投资合计	按投资方向分				其中:							本年新增固定资产	本年固定资产投资实际到位资金							房屋面积（米²）	
		焦化	耐火素	金属制品	其他	增加产能	增加新产品	改进工艺	节约能源（材料）	提高产品质量	保护环境	其他		上年未结余资金	国家预算资金	国内贷款	债券	利用外资	自筹资金	其他资金来源	施工面积	竣工面积
本钢白楼修缮工程												2030							2030			
炼钢厂 2#、7# 铸机设备更新改造								5768											5768			
焦化厂净化二作业区脱硫系统改造		5161									5161								5161			
本钢矿业南芬露天矿 2021 年矿山维简												1706							1706			
冷轧厂（三冷工序）酸轧、连退镀锌机组功能完善改造										0									0			
北营焦化厂煤气净化系统温度系数达标提升化产品收率改造		5150						5150											5150			
本钢生产制造管理整体提升												260							260			
炼铁厂 360 平方米烧结机环保提效改造											5295								5295			
冷轧厂（一冷工序）硅钢产线功能完善改造										0									0			
50-5000 万元项目小计	10085	0	0	0	0	271	0	9462	6178	0	12208	40818	0	0	0	0		0	68937	0		

主要财务状况

指标名称	单位	本年	去年同期
一、期末资产			
流动资产合计	万元	5414691	5541774
固定资产原价	万元	12927067	13500706
累计折旧	万元	6125048	5816087
其中：本年折旧	万元	424366	404619
固定资产净值	万元	6802019	7684619
资产总计	万元	14793822	15559646
二、期末负债			
流动负债合计	万元	9708665	9884675
非流动负债合计	万元	1989342	1374993
负债合计	万元	11698007	11259669
三、期末所有者权益			
所有者权益合计	万元	3095815	4299978
其中：实收资本	万元	1895549	1800772
国家资本	万元	882378	1800772
集体资本	万元	0	0
法人资本	万元	1013171	0
个人资本	万元	0	0
港澳台资本	万元	0	0
外商资本	万元	0	0
四、损益及分配			
营业收入	万元	9068672	6159631
其中：主营业务收入	万元	8748425	6068193
营业成本	万元	7675358	5357918
其中：主营业务成本	万元	7407390	5290370
税金及附加	万元	124169	74533

指标名称	单位	本年	去年同期
其中：主营业务税金及附加	万元	124169	74533
其他业务利润	万元	52278	23891
销售费用	万元	14176	24545
管理费用	万元	403143	263035
财务费用	万元	427788	359611
投资收益（损失记"")	万元	−3120	22779
营业利润	万元	112508	59416
营业外收入	万元	22951	13275
营业外支出	万元	101097	26778
利润总额	万元	34362	45913
所得税费用	万元	123182	15668
五、增值税			
应交增值税	万元	316546	148632
六、产值资料			
工业总产值（当年价格）	万元	8580671	5958489
工业销售产值（当年价格）	万元	8599983	5948887

产品销售利润构成

指标名称	销售量 （吨）	销售收入 （万元）	销售成本 （万元）	销售费用 （万元）	销售税金 及附加 （万元）	销售利润 （万元）
铁矿石成品矿						
其中：铁精矿						
烧结铁矿						
球团铁矿						
生铁						
直接还原铁						
粗钢产品						
其中：连铸坯						
钢材	17003555	8397711	7057403	195061	123069	1022177
铁道用钢材						
大型型钢						
中小型型钢						
棒材	626424	302500	279287	7544	4433	11236
钢筋	922979	401246	340006	8477	5880	46883
线材（盘条）	2472517	1097966	999982	22708	16091	59185
特厚板						
厚板						
中板						
热轧薄板						
冷轧薄板	483469	244444	195770	5822	3582	39270
中厚宽钢带	7022852	3317578	2697364	84573	48619	487022
热轧薄宽钢带						
冷轧薄宽钢带	3390961	1810851	1521440	40836	26538	222037
热轧窄钢带						

指标名称	销售量 （吨）	销售收入 （万元）	销售成本 （万元）	销售费用 （万元）	销售税金 及附加 （万元）	销售利润 （万元）
冷轧窄钢带						
镀层板（带）	1896664	1096997	930619	22841	16077	127461
涂层板（带）	111	61	49	1	1	9
电工钢板（带）	187579	126067	92886	2259	1848	29074
无缝钢管						
焊接钢管						
其他钢材						
钢丝						
钢丝绳						
钢绞线						
铁合金产品						
焦炭	23881	1063	931	25	13	94
炭素制品						
耐火材料制品						

劳动工资情况

指　标　名　称	计量单位	代码	本　年		去年同期	
			全部人员	主业人员	全部人员	主业人员
一、从业人员年末人数	人	1	57465	29660	59824	31504
其中：女性	人	2	6661	3603	7176	3693
其中：非全日志	人	3				
（一）在岗职工	人	4	57465	29660	59824	31504
（二）劳务派遣人员	人	5				
（三）其他从业人员	人	6				
二、离开本单位仍保留劳动关系的职工年末人数	人	7	3343	651	3265	419
三、单位从业人员年平均人数	人	8	58257	28750	60761	32215
（一）在岗职工	人	9	58257	28750	60761	32215
（二）劳务派遣人员		10				
（三）其他从业人员	人	11				
四、离开本单位仍保留劳动关系的职工年平均人数	人	12	3449	635	3313	429
五、从业人员变动情况	－	－				
（一）增加人数	人	13	9596	7753	3487	1003
1.从农村招收	人	14				
2.从城镇招收	人	15	25	1	121	36
3.录用的退伍军人	人	16			178	25
4.录用的大、中专、技工学校毕业生	人	17	595	444	528	139
5.调入	人	18	5	1	1	
其中：由外省、自治区、直辖市调入	人	19				
6.其他	人	20	8971	7307	2659	803
（二）减少人数	人	21	11955	9597	6106	2613
1.离休、退休、退职	人	22	2171	1088	2964	1343
2.开除、除名、辞退	人	23	41	28	50	31

指　标　名　称	计量单位	代码	本　年		去年同期	
			全部人员	主业人员	全部人员	主业人员
3. 终止、解除合同	人	24	140	71	122	68
4. 离开本单位仍保留劳动关系的职工	人	25				
5. 死亡	人	26	176	93	187	102
6. 调出	人	27	3	1	2	
其中：调到外省、自治区、直辖市	人	28				
7. 其他	人	29	9424	8316	2781	1069
六、从业人员工资总额	万元	30	509123	286661	427166	231756
（一）在岗职工	万元	31	509123	286661	427166	231756
（二）劳务派遣人员	万元	32				
（三）其他从业人员	万元	33				
七、离开本单位仍保留劳动关系的职工生活费	万元	34	7403	1439	6901	935

公有经济企业专业技术人才基本情况

项目（甲）	序号（乙）	合计 1	女 2	少数民族 3	中共党员 4	博士 5	硕士 6	港澳台及外籍人士 7	学历 研究生 8	大学本科 9	大学专科 10	中专 11	高中及以下 12	年龄 35岁及以下 13	36岁至40岁 14	41岁至45岁 15	46岁至50岁 16	51岁至54岁 17	55岁及以上 18	专业技术职务 高级 19	正高级 20	中级 21	初级 22
总计	1	9709	2651	1556	7214	19	709	0	728	5502	3034	231	214	1301	1443	1781	2129	1742	1313	1508	68	4457	2353
其中：1.在管理岗位工作的	2	1910	173	316	1713	11	270		281	1116	476	32	5	76	201	373	539	448	273	411	37	884	323
专业技术职称　高级职称	3	1508	514	240	1269	13	354		367	1043	96		2	35	129	258	431	381	274	1508			
其中：正高级职称	4	68	13	11	58	8	29		37	31					2	5	24	19	18		68		
中级职称	5	4457	1180	732	3435	3	261		264	2826	1322	36	9	480	744	886	997	826	524			4457	
初级职称	6	2353	564	390	1611		58		58	1153	975	147	20	516	378	396	453	314	296				2353
未聘任专业技术职称	7	1391	393	194	899	3	36		39	480	641	48	183	270	192	241	248	221	219				
专业技术职称类别　工程技术人员	8	7798	1544	1240	5841	19	588		607	4324	2480	185	202	1158	1241	1442	1587	1310	1060	1076	49	3463	1869
农业技术人员	9																						
自然科学研究人员	10	8	5		6					6	2				1	3		3	1	1		6	2
哲学社会科学研究人员	11	14	5		12					8	5	1		1	1	4		2	6			6	7
卫生技术人员	12	37	25	18	9		1		1	3	15	18		1	0	2	11	18	5	2	1	24	11
教学人员	13	306	202	52	207		36		36	186	74	7	3	5	48	46	68	98	41	140	8	126	40
经济专业人员	14	733	341	115	622		54		54	435	237	5	2	48	65	121	241	143	115	94	2	490	149
会计人员	15	610	405	101	398		24		24	416	157	10	3	71	64	129	169	121	56	172	4	219	218
统计人员	16	41	26	4	27		1		1	17	21			6	2	6	5	19	9	3		20	18
翻译专业人员	17	17	13		9		1		1	16				6	3	5	5	19	10	5		2	10
图书档案、文博人员	18	57	49	8	35	2	2		2	27	28			0	4	13	24	13	3	8	3	45	4
新闻、出版人员	19	65	29	11	37		2		2	52	9	2		8	13	11	14	10	9	5	1	39	21
律师、公证人员	20	9	1	1	7					6	3			0	1	2	3	1	2			9	
播音人员	21																						
工艺美术专业人员	22	8	4		1					3	2		3	3	0	0	1	2	2	1		4	3
体育人员	23																						
艺术专业人员	24	1	1	1							1			0	0	1	0	1	1	1		1	
实验技术人员	25	5	2	1	3					3	1			0	0	1	1	1	2	1		3	1

中国钢铁工业协会重点统计钢铁企业排名

单位：万吨

粗　　钢			生　　铁			钢　　材		
单位	产量	名次	单位	产量	名次	单位	产量	名次
宝武集团	11994.93	1	宝武集团	10369.99	1	宝武集团	11350.56	1
鞍钢集团	5565.33	2	鞍钢集团	5266.22	2	鞍钢集团	5225.38	2
江苏沙钢集团	4422.97	3	江苏沙钢集团	3427.44	3	江苏沙钢集团	4244.22	3
河钢集团	4009.84	4	北京建龙重工集团	3320.00	4	河钢集团	3634.63	4
北京建龙重工集团	3591.17	5	河钢集团	3221.91	5	首钢集团	3396.07	5
首钢集团	3543.20	6	首钢集团	3195.29	6	北京建龙重工集团	3152.01	6
山东钢铁集团	2824.98	7	山东钢铁集团	2658.99	7	山东钢铁集团	2856.43	7
湖南华菱钢铁集团	2621.06	8	湖南华菱钢铁集团	2147.97	8	湖南华菱钢铁集团	2557.15	8
德龙钢铁有限公司	2255.08	9	广西柳钢集团	1842.40	9	德龙钢铁有限公司	2397.08	9
方大钢铁集团	1997.54	10	德龙钢铁有限公司	1795.43	10	广西柳钢集团	2130.63	10
广西柳钢集团	1882.57	11	本钢集团	1676.93	11	方大钢铁集团	2003.94	11
本钢集团	1745.96	12	方大钢铁集团	1640.10	12	本钢集团	1675.97	12
包钢集团	1644.73	13	包钢集团	1505.90	13	包钢集团	1535.68	13
河北新华联合冶金集团	1434.29	14	河北新华联合冶金集团	1390.75	14	河北新华联合冶金集团	1443.56	14
中信泰富特钢集团	1397.49	15	中信泰富特钢集团	1334.53	15	日照钢铁集团	1331.50	15

（运营管理部　供）

栏目编辑　辛　莉

本钢年鉴 *2022*

特载

大事记

概述

经营管理

综合管理

党群工作

钢铁主业

多元产业

改制企业

统计资料

☆ 人事与机构

人物与表彰

附录

索引

ANSTEEL 本钢集团

人事与机构

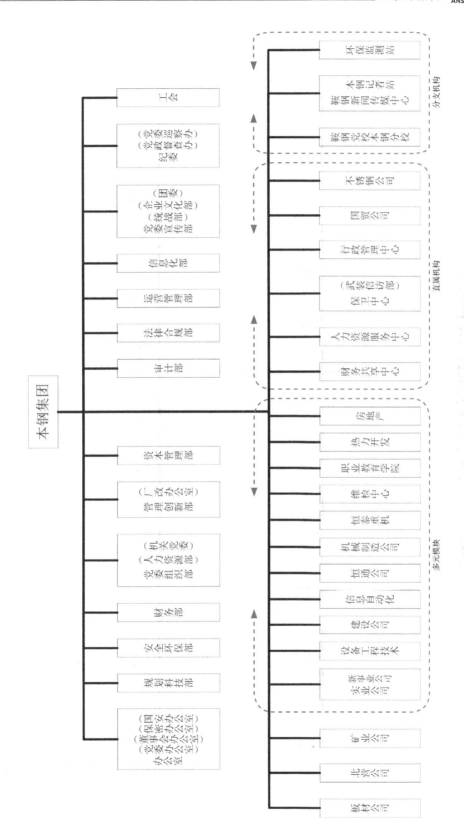

2021 年本钢集团组织机构图

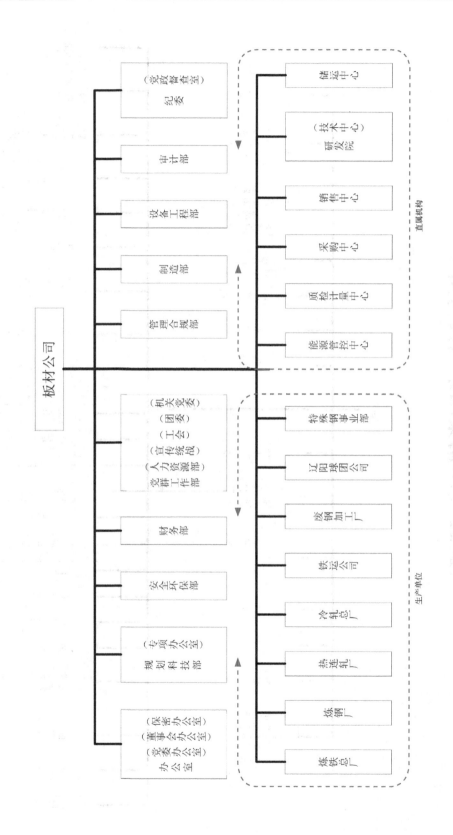

2021 年板材公司组织机构图

2021年北营公司组织机构图

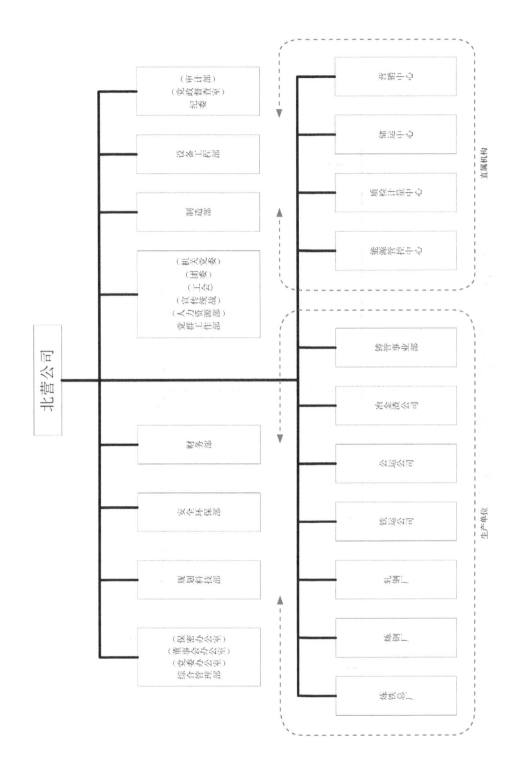

2021 年矿业公司组织机构图

矿业公司

综合管理部
（党委办公室）
（董事会办公室）
（审保密办公室）

规划科技部

安全环保部

财务部

党群工作部
（人力资源部）
（宣传统战部）
（工会）
（团委）
（机关党委）

生产部

设备工程部

纪委委室
（党政督查室）
（审计部）

储运中心

直属机构

炸药厂

石灰石矿

贾家堡铁矿

北台铁矿

歪头山铁矿

南芬选矿厂

南芬露天矿

生产单位

2021年本钢集团有限公司机构变动情况

按照《本钢集团落实国企改革三年行动深化市场化改革总体方案》要求，2021年11月14日本钢集团下发《本钢集团有限公司总部及主要子公司管理职能及机构优化调整改革实施方案》，依据方案对机构、职能进行了调整：

一、机构调整

（一）机关总部

设职能部门14个、直属机构（单位）6个、分支机构3个。

1. 将战略规划部与科技创新部整合，组建规划科技部；

2. 将运营改善部更名为管理创新部；

3. 新组建运营管理部；

4. 安全管理监督部更名为安全环保部；

5. 法律事务部更名为法律合规部；

6. 撤销公司纪委派驻组；

7. 组建财务共享中心；

8. 将档案中心、退管中心、人力资源管理中心整合，组建人力资源服务中心；

9. 新组建鞍钢党校本钢分校，由党委组织部代为管理；

10. 新组建鞍钢集团新闻传媒中心本钢记者站，由党委宣传部代为管理。

（二）板材公司

设置机关部门10个，直属机构（单位）6个，生产厂矿8个。

1. 新组建板材公司纪委；

2. 将原运营改善部与法律事务部整合，组建管理合规部；

3. 人力资源部（组织部）更名为党群工作部；

4. 设备部更名为设备工程部；

5. 科技与规划部更名为规划科技部（专项办公室）；

6. 撤销能源环保部；

7. 安全管理监督部更名为安全环保部；

8. 将能源总厂、发电厂与原能源环保部能源管理职能整合，组建能源管控中心；

9. 将计控中心和检化验中心整合，组建质检计量中心；

10. 组建板材公司特殊钢事业部。

（三）北营公司

设置机关部门8个，直属机构4个，生产厂矿7个。

1. 新组建综合管理部（党委办公室、董事会办公室、保密办公室）、党群工作部（人力资源部、宣传统战、工会、团委、机关党委）、纪委（党政督查室、审计部）、规划科技部、制造部、设备工程部、安全环保部7个部门；

2. 新组建营销中心、储运中心、质检计量中心；

3. 将能源总厂和发电厂整合，组建能源管控中心；

4. 将原北营矿业公司弗卡斯窑调整至北营炼钢厂；其他业务和人员整建制调整至本钢矿业公司；

5. 组建北营公司铸管事业部。

（四）矿业公司

设置机关部门8个，直属机构1个，生产厂矿7个。

1. 新组建综合管理部（党委办公室、董事会办公室、保密办公室）、党群工作部（人力资源部、宣传统战、工会、团委、机关党委）、纪委（党政督查室、审计部）、规划科技部、生产部、设备工程部、安全环保部7个部门。

2. 新组建储运中心；

3. 新组建北台铁矿；

4. 撤销矿产品厂、设备修造厂、汽运分公司。

二、职能调整

（一）机关总部

1. 规划科技部：将原运营改善部困难企业治理、"两非两资"企业清退、"僵尸"企业处置职能调整至规划科技部；将板材公司设备部代行公司资产管理职能调整至规划科技部；将原行政管理中心厂（矿）区外房产管理职能调整至规划科技部；新增海外事业管理职能。

2. 管理创新部：原运营改善部深化国企改革、内部体制机制改革、绩效考核、授权体系、内设机构、规章制度、管理创新成果、体系认证等管理职能保留在管理创新部；将办公室负责的公司章程、"三重一大"、议事规则以及公司董（监）事会运作规章制度制订职能调整至管理创新部；新增组织编制公司社会责任报告职能。

3. 运营管理部：将板材公司制造部、设备部、能源环保部、采购中心、计控中心、储运中心代行公司的部分管理职能调整至运营管理部；将原财务部计划统计职能调整至运营管理部；将原运营改善部对标管理职能调整至运营管理部。运营管理部行使公司生产运营管理、设备管理、能源动力管理、计划统计管理、采购销售管理、对标管理等职能。

4. 安全环保部：将板材公司能源环保部代行公司环保管理、生态环境保护管理职能调整至安全环保部；将办公室应急管理职能调整至安全环保部；将防洪、抗震及地质灾害管理职能调整至安全环保部；将原板材公司能源环保部代管的环保监测站设为公司分支机构，由安全环保部代行管理。

5. 审计部：将原运营改善部负责的问责追责管理职能调整至审计部；将原战略规划部、资本管理部负责的项目后评价（含信息化项目）职能调整至审计部；审计部新增内部控制评价、内控缺陷整改职能。

6. 财务部：将原法律事务部清欠管理职能调整至财务部。

7. 信息化部：将原战略规划部信息化项目规划、投资，子企业信息化投资项目审核职能调整至信息化部。

8. 办公室：新增国安、行政后勤及档案管理职能。

9. 资本管理部：新增投资企业监管及国有资本预算管理职能，代管辽宁恒基资产经营管理有限公司，并负责有序快速推进辽宁恒基资产经营管理有限公司注销工作。

10. 财务共享中心：快速推进鞍钢集团财务共享平台在本钢建设，尽早实现财务信息共享、财务集中管控、财务核算一体化。

11. 人力资源服务中心：将原退管中心（老干部办）管理职能调整至党委组织部（人力资源部），原退管中心业务办理职能调整至人力资源服务中心；将原档案中心管理职能调整至办公室，将原档案中心业务职能调整至人力资源服务中心。

12. 行政管理中心：将行政管理中心行政后勤事务、归口费用、计划生育、办公用品及印刷品采购、公务用车（15辆车）管理职能调整至办公室；将行政管理中心厂区车辆入厂管理职能调整至各产业板块审核审批。

13. 党委组织部（人力资源部）：将办公室承担的机关党委职能调整至党委组织部

（人力资源部）。

（二）板材公司

1. 党群工作部新增宣传、统战、工会、团委、机关党委等职能。

2. 原运营改善部对标管理职能调整至财务部。

3. 原能源环保部环保管理职能调整至安全环保部。

4. 设备工程部新增信息化管理职能，继续代管本溪钢铁（集团）特种设备检验检测站、监理公司。

5. 质检计量中心行使板材公司计量管理职能。

6. 组建板材公司特殊钢事业部，给予产品销售职能。

（三）北营公司

1. 营销中心负责北营公司钢铁产品销售。

2. 储运中心承接板材公司原代管的业务。

3. 质检计量中心承接板材公司原计控中心、检化验中心代管的业务，行使北营公司计量管理、测量体系认证管理职能。

4. 能源管控中心行使北营公司能源管理职能。

5. 组建北营公司铸管事业部，给予产品销售职能。

6. 将原北营矿业公司弗卡斯窑调整至北营炼钢厂；其他业务和人员整建制调整至本钢矿业公司。

（四）矿业公司

1. 储运中心承接板材公司原代管的业务。

2. 将北营矿业公司（除弗卡斯窑外）整建制调整至本钢矿业公司，组建北台铁矿厂。

3. 撤销矿产品厂，相关业务及人员调整至板材辽阳球团公司。

4. 撤销设备修造厂、矿山汽运分公司相关业务及人员调整至矿业公司各厂矿。

5. 原板材公司计控中心、检化验中心负责矿业区域计量、检验业务及人员整建制调整至矿业公司相关各厂矿。

（管理创新部　供）

领导干部一览表

本钢集团有限公司（董事会、党委会、监事会、经理层）

1	董事会	董 事 长：杨 维
		副董事长：
		董 事：王 军 赵忠民
		董事会秘书：高德胜
2	党委会	党委书记：杨 维
		党委副书记：王 军 赵忠民
		工会主席：张彦宾
		纪委书记：曹宇辉
		党委常委：杨成广 曹爱民 高 烈 张景凡 张彦宾 王代先 曹宇辉
3	监事会	主 席：张连义
		监 事：郑东林 崔 贺 王 勇 陶玉民（职工）
4	经理层	总 经 理：王 军
		副总经理：杨成广 曹爱民 高 烈 王代先
		总工程师：蒋光炜
		总会计师：张景凡

本钢集团有限公司（部门）

1	总经理助理	蒋光炜　齐　振
	总审计师	程　斌
	副总会计师	韩　梅
	副总工程师	赵铁林　戴法贞　王凤民　谭洪柱
	首席信息官（CIO）	邵剑超
2	办公室	主　　任：高德胜 副 主 任：王海量
3	规划科技部	总 经 理：黄作为 副 总 经 理：宋　舒　王忠东
4	安全环保部	总 经 理：吴忠刚 副 总 经 理：张国强
5	财务部	总 经 理：韩　梅 副 总 经 理：刘铁成　蒋晓豫
6	党委组织部 （人力资源部、机关党委）	部　　长：王运国 副 部 长：李　明　常　勇
7	管理创新部	总 经 理：刘慧玉 副 总 经 理：孙建益
8	资本管理部	总 经 理：瞿宏伟 副 总 经 理：冯艳玲
9	审计部	总 经 理：白宇飞 副 总 经 理：陈道军
10	法律合规部	总 经 理：康　杰 副 总 经 理：闫洪斌
11	运营管理部	总 经 理：吴华章 副 总 经 理：刘章满　李广忠
12	信息化部	总 经 理： 副 总 经 理：高秀敏
13	党委宣传部（统战部、企 业文化部、团委）	部　　长：陈　军 副 部 长：佟　伟　黄文博
14	纪委 （党政督查办、巡察办）	纪委书记：曹宇辉 纪委副书记：张永帅　张　戬
15	工会	主　　席：张彦宾 副 主 席：陶玉民　王　丹

本钢集团有限公司（直属机构）

1	财务共享中心	主　　任：刘铁成
		副 主 任：王　东　关文辉
2	人力资源服务中心	主　　任：常　勇
		副 主 任：陈国辉　赵　伟　郝轶哲
3	保卫中心	党委书记兼工会主席，武装部长：马文义
		主　　任：张庆党
		副 主 任：李树清
4	行政管理中心	党委书记、主任：郭银辉
		副 主 任：凌　然　吴　宪　刘明文
5	不锈钢公司	党委书记、董事长：徐利民
		总 经 理：李传欣
		党委副书记、纪委筹建组组长、工会主席：方　向
		副 总 经 理：郭立合
6	国贸公司	党委书记、董事长、总经理：孙东升
		副 总 经 理：刘宇方　刘曾昊

本钢集团有限公司（分支机构）

1	鞍钢记者站本钢分站	主　　任：佟　伟
		副 主 任：蒋振宇　夏　智
2	鞍钢党校本钢分校	校　　长：赵忠民
		副 校 长：

板材公司（董事会、党委会、监事会、经理层）

1	董事会	董 事 长：霍 刚 董 事：王世友 牛 力（职工） 林 东 韩 梅 高德胜 董事会秘书：王东晖
2	党委会	党委书记：霍 刚 党委副书记：王世友 牛 力 党 委 委 员：林 东
3	监事会	主 席：程 斌 监 事：赵中华 卢伟军 张艳龙 赵兴涛
4	经理层	总 经 理： 副 总 经 理：王世友 林 东 杨晓芳 荆 涛

北营公司（董事会、党委筹建组、监事会、经理层）

1	董事会	董事长：韩永德
		董 事：李 岩 钱振德（职工） 李乃明 黄作为 冯艳玲
2	党委筹建组	组 长：韩永德
		副 组 长：李 岩 钱振德
		成 员：黄 涛 郭玉伟 丛铁地
3	监事会	主 席：
		监 事：刘慧玉 康 杰 蒋晓豫 孙守礼
4	经理层	总 经 理：
		副 总 经 理：李 岩 黄 涛 郭玉伟 丛铁地

矿业公司（董事会、党委筹建组、监事会、经理层）

1	董事会	董 事 长：吕学明
		董 事：谭海生 孙 震（职工） 代建刚 瞿宏伟 白宇飞 吴忠刚
2	党委筹建组	组 长：吕学明
		副 组 长：谭海生 孙 震
		成 员：林永光 毛卫东 许志中
3	监事会	主 席：
		监 事：左占国 王 红
4	经理层	总 经 理：
		副 总 经 理：谭海生 林永光 毛卫东 许志中

本溪钢铁公司（董事会、党委会、监事会）

1	董事会	董 事 长：瞿宏伟
		董 事：金 戈 冯艳玲 高德胜 陶玉民（职工）
2	党委会	工 会 主 席：陶玉民
3	监事会	主 席：李乃明
		监 事：苑兴垚（职工） 张 星（职工）

北钢公司（董事会、党委会、经理层）

1	董事会	董　事　长：陈天猛 董　　　事：李乃明　代建刚　左占国
2	党委会	党委书记：陈天猛 党委副书记兼工会主席：兰志广 纪委书记：王统河
3	经理层	总　经　理：马海滨 副总经理：宋　潜　王振飞

财务公司（董事会、监事会、经理层）

1	董事会	董　事　长：曹爱民 董　　　事：韩　梅　瞿宏伟　李永全
2	监事会	主　　　席：李晓炜
3	经理层	经　　　理：张其明 副　经　理：郭晓刚　欧继胜

恒基公司（董事会、监事会、经理层）

1	董事会	董　事　长：闻　伟 董　　　事：郭晓刚　张其明
2	监事会	副　主　席：冯艳玲 兼职监事：东　风
3	经理层	经　　　理：张其明 副　经　理：郭晓刚　欧继胜

（组织部　供）

本溪市第十七届人民代表大会代表

王　军	赵忠民	杨成广	曹爱民	程　斌	任瑞忠	付国龙
田　姝	王　娜	陈正林	李天会	吴云发	李宗娜	郑　滢
孟　伟	杨艳春	徐　强	王　萍	宋滋谭	关睿达	高群健
冯玉全	何文元	张颖辉	初玉宏	徐　斌		

（组织部　供）

中国人民政治协商会议
辽宁省第十二届委员会委员

委　员　　郭永全

中国人民政治协商会议
本溪市第十三届委员会常委、委员

常务委员	钱振德	郭永全	赵兴涛	刘惠生		
委　员	张凤臣	李　彬	高延伟	宋　涛	黄玉成	王大勇
	关永久	宁玉涛	王　克	徐海涛	吕原鑫	刘宏亮
	张维安	惠国东	于江洋	霍雪洁	郭　鹏	王世明
	杨　旭					

（宣传部　供）

2021 年本钢集团晋升高级技术职称人员名单

一、正高级

工程系列

王忠东	正高级工程师	陈　宇	正高级工程师	田玉伟	正高级工程师
姜学锋	正高级工程师	刘岩松	正高级工程师	张　勇	正高级工程师
于　涛	正高级工程师	王振飞	正高级工程师	吴忠刚	正高级工程师

会计系列

蒋晓豫　正高级会计师

高校系列

于　涛	教授	吕传红	教授	赵艳英	教授
岳连忠	教授	曹洪利	教授	姬振宇	教授

二、副高级

工程系列

王　刚	高级工程师	商景波	高级工程师	李晓阳	高级工程师
范明孝	高级工程师	张　君	高级工程师	任长坡	高级工程师
王劲松	高级工程师	王忠新	高级工程师	田伟阳	高级工程师
韩　超	高级工程师	王志强	高级工程师	吴彦华	高级工程师
王铁龙	高级工程师	戴　兵	高级工程师	许学利	高级工程师
杨天一	高级工程师	韩　丹	高级工程师	李春诚	高级工程师
孟庆刚	高级工程师	郭晓静	高级工程师	韩　宇	高级工程师
司荣刚	高级工程师	刘赫东	高级工程师	张守喜	高级工程师
赵　喜	高级工程师	丁洪海	高级工程师	高立波	高级工程师
朱亚东	高级工程师	魏　凯	高级工程师	吴　军	高级工程师
刘旭东	高级工程师	刘　哲	高级工程师	魏建华	高级工程师
蒋德进	高级工程师	孙　岩	高级工程师	单春妍	高级工程师
刘远峰	高级工程师	郭志岩	高级工程师	孙家勇	高级工程师
马　进	高级工程师	李鸿友	高级工程师	侯立宁	高级工程师

孙晨航	高级工程师	马 峰	高级工程师	杨 亮	高级工程师
丛占柱	高级工程师	房 斌	高级工程师	韩 博	高级工程师
赵福东	高级工程师	刘云峰	高级工程师	杨 璐	高级工程师
兆 强	高级工程师	贾 锐	高级工程师	李俊星	高级工程师
马永浩	高级工程师	单立伟	高级工程师	曹东鹤	高级工程师
李丽娜	高级工程师	康冬梅	高级工程师	李荟芳	高级工程师
张荣富	高级工程师	陈正林	高级工程师	潘君伟	高级工程师
张成展	高级工程师	安铁锋	高级工程师	刘全生	高级工程师
毛 伟	高级工程师	赵 宇	高级工程师	石增荣	高级工程师
王国海	高级工程师	李晓明	高级工程师	高云虎	高级工程师
李大海	高级工程师	谢焕舜	高级工程师	刘 铎	高级工程师
陈 诺	高级工程师	张喜超	高级工程师	李 永	高级工程师
毛志宏	高级工程师	孙长生	高级工程师	张 浩	高级工程师
李 巍	高级工程师	尹桂宏	高级工程师	郭红生	高级工程师
陈 亮	高级工程师	于良庆	高级工程师	马 超	高级工程师
迟 伟	高级工程师	王铁运	高级工程师	王世刚	高级工程师
郑万军	高级工程师	张 伟	高级工程师	吴云发	高级工程师

会计系列

张冬梅	高级会计师	贾晶乔	高级会计师	李雪源	高级会计师
关春霞	高级会计师	李 亮	高级会计师	李 扬	高级会计师
马 兰	高级会计师	张 智	高级会计师	张 辉	高级会计师
翟金凤	高级会计师	李 兵	高级会计师	杨玉玲	高级会计师
杨玉琳	高级会计师	朱 慧	高级会计师	李文慧	高级会计师

经济系列

孙 峥	高级经济师	秦文鑫	高级经济师	王职营	高级经济师
董 静	高级经济师	马俊挺	高级经济师		

高校系列

韩春秀	副教授	桑金玲	副教授	王 静	副教授
刘 冰	副教授	邱 健	副教授	相玉文	副教授
李 冰	副教授	崔 巍	副教授	何喜梅	副教授
王 革	副教授	康红霞	副教授	吴 芳	副教授
冯阿强	副教授	雷党萍	副教授	牟作云	副教授
李文轩	副教授	于春艳	副教授	张薇薇	副教授

刘　刚　　副教授

技校系列
吴　洋　高级讲师　　时永贵　　高级实习指导教师

（人力资源部　供）

2021 年本钢集团晋升高级技师人员名单

于　洋	电工	景冀东	钳工
乔　刚	电工	张守喜	钳工
邵　强	电工	李晓鹏	钳工
黄　成	电工	代道福	钳工
张　义	电工	孟庆和	钳工
田　野	电工	庄宏伟	钳工
张　军	电工	金学龙	钳工
李广辉	电工	刘　洋	钳工
李德新	电工	乔庆科	钳工
张文飞	电工	李嘉辉	钳工
张兴亚	电工	祁绍波	钳工
闫业伟	电工	季占涛	钳工
衣延鹏	焊工	白鹏俊	钳工
冯芝勇	焊工	李金忠	钳工
周雅臣	焊工	王明庆	钳工
高　军	焊工	金　践	管工
奚延忱	焊工	刘喜宏	选矿工
肖　杨	焊工	刘祥东	炼焦工
冷国深	焊工	王　萍	化学检验员
李明辉	焊工	韩　丽	化学检验员
汤文锋	金属轧制工	王俊生	化学检验员
任　仲	金属轧制工	徐　强	高炉炼铁工
刘秀伟	汽车维修工	史雪飞	高炉炼铁工
翟志民	汽车维修工	张立国	露天采矿工
刘　冰	汽车维修工	席宏伟	露天采矿工
秦显伟	汽车维修工	康　勇	仪器仪表维修工
于钦辉	铁路机车制修工	李功顺	仪器仪表维修工
焦长虹	铁路机车制修工	郭东升	气体深冷分离工
卢铁宏	铁路机车制修工	孙发明	变配电运行值班员
李洪友	金属材料热处理工	邹　军	变配电运行值班员
刘　锋	金属材料热处理工	王　宇	起重装卸机械操作工

马玉刚　　金属材料热处理工　　　苏国明　　电力电缆安装运维工
张澎涛　　金属材料热处理工

（人力资源部　供）

栏目编辑　辛　莉

本钢年鉴 *2022*

特载

大事记

概述

经营管理

综合管理

党群工作

钢铁主业

多元产业

改制企业

统计资料

人事与机构

★ 人物与表彰

附录

索引

ANSTEEL
本钢集团

人物与表彰

先进人物

全国五一劳动奖章获得者

郭鹏 男，汉族，1978 年 6 月生，1997 年 9 月参加工作，中共党员，高级技师，现任本钢板材股份有限公司热连轧厂首席操作。曾获 2019 年辽宁工匠，2020 年辽宁好人·最美职工，2020 年辽宁省五一劳动奖章。

郭鹏先后被公派到美国 GE 公司和日本三菱公司学习热轧生产技术。利用工余时间完成了两个专业的本科学业，利用所学知识编制了两套轧机模拟操作系统，该软件可以真实地对操作联锁进行模拟，此模拟系统同时应用在公司级的技术比武考核中。拥有 1 项国家发明专利和 4 项国家实用新型专利。撰写的论文在《中国冶金》《金属世界》等刊物发表。13 项技术项目获得省部级奖励，

5 项 QC 项目分别获得全国优秀奖、行业优秀奖和省一等奖。共编写了 60 余项标准化作业指导书，录制教学视频 20 余部，培训 800 余人次，2020 年在全国产业工人学习社区工匠直播月中，进行的网上直播吸引了全国 5.4 万余人次观看，收效良好。累计培养操作技能人才 20 余人，三位徒弟分别在本钢集团轧钢工技能大赛上获得第一、第四和第六名的成绩。他主持的《降低 2300 线在线切损》项目，保持着国内宽带钢轧机月均切损率纪录。主持的《本钢 2300 热轧生产线提产增效》项目，获 2021 年钢铁行业职工创新大赛三等奖。几年来，他完成科技攻关三十余项，为企业创效达 6000 多万元。

辽宁省五一劳动奖章获得者

张勇 男，汉族，1971 年 8 月生，1991 年 7 月参加工作，中共党员，高级工程师、高级技师，现任本钢板材股份有限公司冷轧总厂硅钢区域首席操作，辽宁省技能大师工作站领衔人。曾获得 2010 年本溪市政府津贴，2011—2016 年度中国金属学会优秀科技工作者，2016 年国务院政府特殊津贴，2018 年本溪市五一劳动奖章，2018 年本溪

工匠，2019 年辽宁省技术能手，2020 年辽宁工匠等荣誉称号。2019 年"辽宁省科学技术进步奖"三等奖；获 2020 年"全国钢铁行业职工技术创新优秀成果"二等奖；获 2021 年"全国技术能手"称号。

几年来，张鹏同志在工作中完成科研项目 10 余项，累计效益 9098 万元；完成 QC 项目 15 项，累计效益 1413 万元；提出合理

化建议 17 项，分别获得冷轧厂特等、一等、二等奖，累计效益 233 万元；完成发明专利 4 项、实用新型专利 3 项。带领省级技能大师工作站，坚持以提高徒弟的职业素质和职业技能为目的，以冷轧总厂生产经营为中心，指导和带领徒弟共同解决困扰产量、质量、设备运行等疑难问题，开展专业攻关、创新攻关，并取得了骄人业绩。

方春刚　男，汉族，1971 年 10 月出生，1993 年 7 月参加工作，中共党员，本科学历，高级技师，现任本溪钢铁（集团）矿业有限责任公司歪头山铁矿汽车作业区首席操作。辽宁省劳模创新工作室领衔人。曾获 2018 年本溪工匠、2018 年本溪市五一劳动奖章等荣誉称号。

他履职尽责，刻苦钻研，凭借高超的技艺和丰富的经验，多次为本钢及国内同行业解决高难技术问题。相继研发了救援车、防滑车、变速箱试验台。完成了康明斯 QSX15 电控发动机改用 KTA19C 机械发动机替代项目；H6620AR 变速箱和 TR60 矿用车后轮油冷湿式多盘制动器攻关自修；发动机废气管路走向优化；40 吨吊车平衡梁轴孔手工修复；8000 变速箱驱动壳体轴螺纹复扣等革新项目十多项。填补了企业对于艾里逊 6000 和 8000 系列大吨位液压自动变速箱及后轮油冷湿式多盘制动器的检修空白，为企业节省成本 300 多万元。多篇论文在《矿用汽车》杂志上发表，并获得学术论文奖。

张守喜　男，汉族，1966 年 6 月出生，中共党员，高级工程师，高级技师，现任本钢板材股份有限公司炼铁总厂新一号高炉作业区机械点检首席操作。曾荣获全国钢铁工业劳动模范、辽宁省五一劳动奖章、鞍钢集团劳动模范等荣誉称号。

他从事高炉设备维修工作，扎根一线 36 年，从学徒工一步一步成长为一名机械工程技能专家。本钢新一号 4747m³ 高炉液压泥炮和开口机关键设备是由德国 TMT 公司成套引进，使用过程中，经常会因为一些零部件损坏，无配件更换而导致高炉停产，严重制约本钢整个生产线运行。从国外进口零部件，不仅价格昂贵，而且交货时间超长。针对上述存在的问题，张守喜敢于"给洋设备动刀做手术"，对引进技术进行消化理解和吸收，进而对零部件进行国产化改造，最终实现液压泥炮和开口机整机国产化，让洋设备"下岗"，"中国制造"登台。他解决高炉设备疑难问题 100 余项，已获得国家授权专利 48 项，其中发明专利"一种开铁口机钎尾轴的制备方法"为国内已知首创发明，填补了国内空白。发明专利"一种液压泥炮的泥缸的制备方法"解决了我国大型高炉液压泥炮关键共性"卡脖子"难题，打破了国外在该领域的长期垄断地位，整体技术指标达到了国际先进水平，为本钢创造经济效益 1.2 亿元。

尹成宇　男，汉族，1978 年 9 月出生，2004 年 8 月参加工作，毕业于吉林大学计算机科学与技术专业，高级工程师，现任本钢板材信息化中心主任工程师。多次获得本钢科学技术进步奖，发表论文多篇。

尹成宇同志担任部门的项目经理以来，带领项目组全体成员完成多个重点工程项目。北营公司新建烧结料场工程中采用就近设备原则，由于工艺特殊性要求，需要设计两套 PLC 的设备进行联合启动，尹成宇同志在时间紧、任务重的情况下克服种种不利因素，夜以继日地编制 PLC 程序并通过数据交换圆满完成了工艺料线要求。经过反复测试及后期运行，PLC 控制系统运行稳定，控制系统稳定流畅运行的贡献率为 5%，每年创增产经济效益达 11375 万元；北营炼铁厂 10# 高炉大修工程中，尹成宇作为主要技术人员完成了热风炉系统的前期设计、系统集成、程序编制等工作，并亲自带领徒弟完成了布袋除尘系统和水冲渣系统的程序编制及画面组态等工作，控制系统稳定流畅运行的贡献率达 10%，每年创增产经济效益 5233 万元。

尹成宇同志在技术能力提升上狠下功夫，他常常利用业余时间翻阅专业相关的前沿技术资料，在线与同行业专业技术人才进行广泛的学习和交流，为了检验学习成果，更好地巩固专业技能实战本领，他两次参加了辽宁省工业机器人大赛，并崭露头角，2020 年在辽宁省工业机器人大赛中获得了大赛一等奖的傲人成绩。

周军　男，汉族，1971 年 10 月生，1990 年 7 月参加工作，中共党员，技师，现任南芬露天铁矿运岩作业区液压电铲班班长。

他在平凡的岗位上，践行着共产党员"不忘初心，牢记使命"的信仰，在艰苦的一线工作岗位上做出了不平凡的贡献，工作中以身作则、发挥党员模范作用，经常加班加点，无论刮风下雨，还是烈日炎炎，积极靠前指挥，参与检维修工作，经常白班连夜班，几天不下山，工作十分辛苦，起到了很好的榜样和引领作用。工作中、生活中他时刻关心每名职工。管理上，从内部管理和考核入手，制定考核规章制度，强化规章制度落实。从"严、细、实"上下功夫，使班组一切工作有法可依、有章可循。为提高液压电铲的作业率，制定了 24 小时检修抢修计划，随时待命，只要液压电铲出现故障，检修工第一时间上山抢修，使电铲很快恢复正常生产，液压电铲班在他的带领下取得了骄人的成绩，为矿山建设做出了贡献。曾多次荣获矿先进生产者、矿标兵、集团公司优秀共产党员等荣誉称号，被誉为矿山上一面迎风飘扬的"旗帜"。

张帅　男，1987 年 6 月生，满族，2009 年 7 月参加工作，中共党员，高级工程师，现任本钢集团有限公司信息化部首席工程师。曾获全国职工职业技能大赛计算机程序设计员决赛第七名、本溪市五一劳动奖章、本溪市劳动模范、辽宁省青年岗位技术能手和辽宁省职业技能大赛数据应用技能大赛决赛第一名。

2015 年他组织完成了人资系统迁移项目，2017 年主持完成本钢 ERP 系统兼容性改造项目，2019 年主持完成本钢核心消息中间件升级项目，项目过程中与团队共同解决技术难题百余项，为公司创造经济效益 500 多万元。2021 年他重点围绕鞍钢重组本钢，以既满足鞍钢集团的管理需求，又保证本钢基地的稳定运行为原则，推动鞍钢集团的"国资监管""集团监督""管控共享"三大类系统向本钢的覆盖工作。

房晋　男，1983 年 4 月生，汉族，2005 年 7 月参加工作，现任本钢板材股份有限公司冷轧总厂本浦酸轧作业区轧机班长。曾获本溪市职工技能大赛第三名、辽宁省冷轧工技能大赛第一名。

他能牢牢把握好安全生产的底线，切身维护好人身财产安全，工作中发挥"工匠"精神，主动学习探索、勤于思考，在实践中积累经验，提高自身操作技术水平，同时将熟练的操作技能和经验传授给班组同志。他勇于担当，在新型热压成形钢试轧时，凭借熟练的技术操作配合试轧，第一次就试轧成功。在生产电镀锌汽车板时，他及时发现轧后存在条痕缺陷，有效减少了缺陷产品的数量。他带领的团队在轧制高强钢时断带和勒辊率最低，保证了高强钢料的稳定运行，使高强钢的轧成率、成材率等指标得到提高，保证了产品的顺利交付。他坚持学习，把专业书籍反复地阅读，认真地做笔记，学会的内容整理贯通。他多次参加职工技能大赛，并取得优秀的名次，在2021年辽宁省冷轧轧钢工技能大赛中取得了第一名的成绩。他一步一个脚印，稳步前行，在学习和实践中成长为一线操作工人的杰出代表。

（工会　供）

荣誉表彰

获省以上荣誉称号先进集体名单

奖项名称	获奖单位	授奖部门	授奖时间
2017-2020年度全国群众体育先进单位	本钢集团有限公司工会委员会	国家体育总局	2021.9
辽宁省五一劳动奖状	本钢集团国际经济贸易有限公司	辽宁省总工会	2021.4
辽宁工人先锋号	本溪北营钢铁（集团）股份有限公司炼铁总厂新2炉作业区	辽宁省总工会	2021.4
辽宁省劳模创新工作室	郭鹏创新工作室	辽宁省总工会	2021.11
辽宁省劳模创新工作室	高毓山创新工作室	辽宁省总工会	2021.11
辽宁省职工创新工作室	章伟创新工作室	辽宁省总工会	2021.11
辽宁省职工创新工作室	刘宏亮创新工作室	辽宁省总工会	2021.11
辽宁省职工创新工作室	刘晓峰创新工作室	辽宁省总工会	2021.11
辽宁省职工创新工作室	于浩创新工作室	辽宁省总工会	2021.11
辽宁省职工技能提升平台	本溪钢铁（集团）信息自动化有限责任公司	辽宁省总工会	2021.11
全国机械冶金建材行业"创新百强班组"	本钢板材股份有限公司热连轧厂一热轧生产作业区甲班	中国机械冶金建材职工技术协会	2021.8

续表

奖项名称	获奖单位	授奖部门	授奖时间
"网聚职工正能量 争做中国好网民"劳动诵歌献给党主题	本钢集团工会	中华全国总工会 中央网信办	2021.12
《从百年党史中汲取精神动力在学习教育中推进改革发展》获2021年冶金企业党建思想政治工作研究优秀论文一等奖	本钢集团党委课题组	中国冶金职工思想政治工作研究会	2021.12
《提高国有企业党建工作水平研究》获2021年冶金企业党建思想政治工作研究优秀论文二等奖	本钢集团党委组织部	中国冶金职工思想政治工作研究会	2021.12
2021年全省统战工作实践创新成果	本钢集团党委	省委统战部	2021.2
2021年度全省高校、国企、科研院所统战工作案例立项项目	本钢集团党委	省委统战部	2021.11
辽宁青年五四奖章集体	板材炼钢厂转炉生产创效攻关青年团队	团省委	2022.4
全国钢铁行业五四红旗团委标兵	建设公司团委	全国钢铁行业共青团工作指导委员会	2021.5
全国钢铁行业五四红旗团委	板材检化验中心团委、冶金渣公司团委	全国钢铁行业共青团工作指导委员会	2021.5
全国钢铁行业五四红旗团支部	矿业歪头山铁矿运输作业区团支部、新实业公司北营厂区团支部、板材特钢厂大棒作业区团支部	全国钢铁行业共青团工作指导委员会	2021.5
鞍钢集团先进单位	板材热连轧厂、板材铁运公司、板材采购中心、北营能源总厂、信息自动化公司	鞍钢集团党委、鞍钢集团、鞍钢集团工会	2022.1

奖项名称	获奖单位	授奖部门	授奖时间
辽宁工人先锋号	北营炼铁总厂新 2 炉作业区	辽宁省总工会	2021.4
2020–2021 年度辽宁省"安康杯"竞赛优胜班组	北营炼铁总厂原料分厂维修作业区铆焊班组	辽宁省总工会辽宁省应急管理厅辽宁省卫生健康委员会	2021.2
"第十届钢铁行业职业教育培训课件大赛"优秀组织奖	辽宁冶金职业技术学院	钢铁行业协会	2021.11
"第十届钢铁行业职业教育和职工培训有奖征文活动"优秀组织奖	辽宁冶金职业技术学院	钢铁行业协会	2021.11
2020 年度财务结算价格工作先进单位	本钢集团有限公司	中国钢铁工业协会	2021.5
2021 年度钢铁企业"对标挖潜"报送工作先进单位先进单位和优秀信息员名单	本钢集团有限公司	中国钢铁工业协会财务资产部	2021.12
2021 年度财务指标快报工作先进单位	本钢集团有限公司	中国钢铁工业协会	2022.3
班组安全建设优秀成果奖	矿业南芬露天铁矿爆破作业区爆破班	钢铁企业工会劳动保护工作联合会	2021.5
质量信得过班组一等奖	板材炼钢厂转炉乙 2 班	辽宁省质量协会	2021.9
质量信得过班组一等奖	板材冷轧总厂 2# 镀锌生产甲班	辽宁省质量协会	2021.9
质量信得过班组二等奖	板材冷轧总厂连退机组生产丙班	辽宁省质量协会	2021.9

奖项名称	获奖单位	授奖部门	授奖时间
质量信得过班组二等奖	板材冷轧总厂 1630 连退机组生产甲班	辽宁省质量协会	2021.9
质量信得过班组二等奖	南芬选矿厂四选作业区生产四班	辽宁省质量协会	2021.9
质量信得过班组二等奖	板材废钢厂设备室点检组	辽宁省质量协会	2021.9
质量信得过班组二等奖	板材计控中心计量检定作业区电学班组	辽宁省质量协会	2021.9
质量信得过班组二等奖	板材计控中心自动化三作业区运行A班	辽宁省质量协会	2021.9
质量信得过班组二等奖	板材铁运公司机车检修段柴油机班	辽宁省质量协会	2021.9
鞍钢集团三八红旗集体	板材冷轧总厂综合办公室女工小组	鞍钢集团工会	2022.3
鞍钢集团三八红旗集体	板材能源管控中心热化作业区试验班女工小组	鞍钢集团工会	2022.3
鞍钢集团三八红旗集体	板材质检计量中心原料化验作业区化学一班女工小组	鞍钢集团工会	2022.3
鞍钢集团三八红旗集体	北营能源管控中心变电一区 1# 变电所女工小组	鞍钢集团工会	2022.3
鞍钢集团三八红旗集体	北营质检计量中心外发作业区三四高线女工小组	鞍钢集团工会	2022.3
鞍钢集团三八红旗集体	矿业南芬选矿厂生产技术室实验室女工小组	鞍钢集团工会	2022.3
鞍钢集团三八红旗集体	辽阳球团公司除尘作业区总降高压班女工小组	鞍钢集团工会	2022.3

奖项名称	获奖单位	授奖部门	授奖时间
鞍钢集团三八红旗集体	新实业公司炼铁总厂食堂班女工小组	鞍钢集团工会	2022.3
鞍钢集团三八红旗集体	国贸公司产品贸易部冷轧合同室女工小组	鞍钢集团工会	2022.3
鞍钢集团三八红旗集体	本钢财务部会计税务女工小组	鞍钢集团工会	2022.3

获省以上荣誉称号先进个人名单

奖项名称	获奖人姓名	授奖部门	授奖时间
全国五一劳动奖章	郭 鹏	中华全国总工会	2021.4
中华技能大赛	罗佳全	人力资源和社会保障部	2021.6
全国技术能手	张 勇	人力资源和社会保障部	2021.6
钢铁行业学技能知识标兵	孙继成、费通发、马 进	人力资源和社会保障部	2021.6
全国巾帼建功标兵	冯琳琳	中华全国妇女联合会	2021.3
辽宁省五一劳动奖章	张 勇、方春刚	辽宁省总工会	2021.4
辽宁省五一劳动奖章	张守喜、尹成宇	辽宁省总工会	2021.4
辽宁省五一劳动奖章	周 军、张 帅、房 晋	辽宁省总工会	2021.12
辽宁省优秀共产党员	罗佳全	中共辽宁省委	2021.6
辽宁省优秀党务工作者	钱振德	中共辽宁省委	2021.6
2021年度"辽宁好人"	杨治强、陈 军	辽宁省委宣传部辽宁省精神文明办公室	2022.3
辽宁省职工技能大赛职工创新大赛第1名	张守喜	辽宁省总工会、辽宁省人力资源和社会保障厅	2021.11
辽宁省职工技能大赛大数据应用大赛第1名	张 帅	辽宁省总工会、辽宁省人力资源和社会保障厅	2021.11

奖项名称	获奖人姓名	授奖部门	授奖时间
辽宁省职工技能大赛轧钢工（冷轧）第1名	房 晋	辽宁省总工会、辽宁省人力资源和社会保障厅	2021.11
辽宁省职工技能大赛矿用重型汽车司机第1名	周 军	辽宁省总工会、辽宁省人力资源和社会保障厅	2021.11
2021年度辽宁省"最美志愿者"称号	丁天君	辽宁省精神文明建设指导委员会办公室	2021.12
辽宁省优秀共青团干部	王鹏飞	团省委	2021.5
全国钢铁行业优秀共青团干部	胡晓航、高慧妹、万 轩	全国钢铁行业共青团工作指导委员会	2021.5
全国钢铁行业优秀共青团员标兵	罗 明	全国钢铁行业共青团工作指导委员会	2021.5
全国钢铁行业优秀共青团员标兵	胡 明、孙 伟、严 晗	全国钢铁行业共青团工作指导委员会	2021.5
安康杯竞赛优秀个人	董志鹏	辽宁省卫生健康委员会	2022.2
全国公共法律服务工作先进个人	赵树森	中华人民共和国司法部	2021.1
鞍钢集团劳动模范	张守喜、薛长江、叶武山、王海建、任 戈、卢 锐、田 巍、李 强、秦伟成、时圣海、刘宏亮、裘 文、胡建军、兆廷伟、秦显柱、曹 刚、赵雅新、姜永刚、毛忠君、丁 岩、郑晓东、陈豁磊、杨卫平、张恒臣、孙立钢、刘加彬、康立军、孙 杰、李忠诚、瞿宏伟、朴永鹏	中共鞍钢铁集团有限公司委员会 鞍钢集团有限公司 鞍钢集团有限公司工会	2022.1

奖项名称	获奖人姓名	授奖部门	授奖时间
鞍钢集团先进生产（工作者）	刘庆涛、张波、张晓东、李冉、孙继成、刘修成、毕恩君、李丹、李毛宇、姜育男、赵瑛珺、董宇、田耕、黄海鹏、叶方军、郭建军、杨江、任健、杨亮、孟祥辉、周静、康勇、张义斌、杨忠平、宫静、闫吉船、陈萌、刘志璞、张建国、邹德胜、苏红权、付祥志、庄和喜、宋长臣、李晓龙、	中共鞍钢铁集团有限公司委员会 鞍钢集团有限公司 鞍钢集团有限公司工会	2022.1
鞍钢集团先进生产（工作者）	苗强、李海宝、刘阳、任宏伟、崔嵩、张立伟、王鹏、冯勇、韩科章、全奎胜、王国海、赵庆成、辛卫平、刘辉、屈利武、孙震、金贵财、李大海、马士博、赵辉、戴联和、刘冬、陈诺、朱洪军、宋恩刚、吴亚军、曾鹏毅、朴希伟、徐长江、刘波、林宇、李阁、陈俊良、杨巍、宋志辉、徐春雷、马贺亮、石伟、孟志军、王宇、马超、高延伟、王铁运、戴勇、马琳、陈广斌、罗勇、姜滨、曲涛、张可、李海波、张艳、郑亚旭、杨晓芳、刘廷友、张世灿、王东晖、白宇飞、胡文涛、刘小冬	中共鞍钢铁集团有限公司委员会 鞍钢集团有限公司 鞍钢集团有限公司工会	2022.1
省（中）直企业优秀共产党员	任宝纯	省国资委	2021.6
辽宁省"兴辽英才计划"科技创新领军人才	黄健	中共辽宁省委组织部辽宁省人才工作领导小组	2021.1
全国钢铁行业"青安杯"竞赛最佳青安岗岗长	唐珊珊	全国钢铁行业共青团工作指导和推进委员会	2021.12
冶金企业党建思想政治工作研究优秀政研论文三等奖	汪泽凤	中国冶金职工思想政治工作研究会	2021.12

奖项名称	获奖人姓名	授奖部门	授奖时间
辽宁省体育科学学会科研项目一等奖	韩辛	辽宁省体育科学学会	2021.4
辽宁省首届高职高专院校思政理论课教师育人成果案例评选三等奖	张春红	辽宁省教育厅	2021.8
辽宁省首届高职高专院校思政理论课教师育人成果案例评选三等奖	张薇薇	辽宁省教育厅	2021.8
辽宁省首届高职高专院校思政理论课教师育人成果案例评选三等奖	李敏	辽宁省教育厅	2021.8
辽宁省第十八届职业院校技能大赛学生技能比赛获奖名单（高职）--指导学生二等奖	王秀敏	辽宁省教育厅	2021.12
辽宁省第十八届职业院校技能大赛学生技能比赛获奖名单（高职）--指导学生二等奖	洪宗海	辽宁省教育厅	2021.12
辽宁省第十八届职业院校技能大赛学生技能比赛获奖名单（高职）--指导学生二等奖	郑勇志	辽宁省教育厅	2021.12
辽宁省首届高职高专大学生讲"四史"微课比赛二等奖	康红霞	辽宁省教育厅	2021.8

奖项名称	获奖人姓名	授奖部门	授奖时间
辽宁省首届高职高专大学生讲"四史"微课比赛二等奖	张志宏	辽宁省教育厅	2021.8
辽宁省首届高职高专大学生讲"四史"微课比赛二等奖	冯哲	辽宁省教育厅	2021.8
第三届辽宁省大学生网络文化节和全省高校网络教育优秀作品推选展示活动（微课）一等奖	张春红	辽宁省教育厅	2021.5
第三届辽宁省大学生网络文化节和全省高校网络教育优秀作品推选展示活动（微课）	康红霞	辽宁省教育厅	2021.5
第三届辽宁省大学生网络文化节和全省高校网络教育优秀作品推选展示活动（微课）三等奖	王冠华	辽宁省教育厅	2021.5
第三届辽宁省大学生网络文化节和全省高校网络教育优秀作品推选展示活动（微课）三等奖	王颖	辽宁省教育厅	2021.5
第三届辽宁省大学生网络文化节和全省高校网络教育优秀作品推选展示活动（微课）三等奖	康健飞	辽宁省教育厅	2021.5

奖项名称	获奖人姓名	授奖部门	授奖时间
第三届辽宁省大学生网络文化节摄影作品二等奖	王寅仲	辽宁省教育厅	2021.5
第三届辽宁省大学生网络文化节网文三等奖	任奕铭	辽宁省教育厅	2021.5
第三届辽宁省大学生网络文化节非原创组三等奖	尹照中	辽宁省教育厅	2021.5
2020年度财务结算价格工作优秀信息员	于 浩	中国钢铁工业协会	2021.5
2021年度财务指标快报工作优秀信息员	代天元	中国钢铁工业协会	2022.3
2021年度钢铁企业"对标挖潜"报送工作优秀信息员 先进单位和优秀信息员名单	宋 鹏	中国钢铁工业协会财务资产部	2021.2
第三届辽宁省大学生网络文化节短视频二等奖	李宇航	辽宁省教育厅	2021.5
第三届辽宁省大学生网络文化节摄影作品二等奖	刘思彤	辽宁省教育厅	2021.5
第三届辽宁省大学生网络文化节摄影作品三等奖	刘思彤	辽宁省教育厅	2021.5
第三届辽宁省大学生网络文化节短视频一等奖	李 欣	辽宁省教育厅	2021.5

续表

奖项名称	获奖人姓名	授奖部门	授奖时间
第三届辽宁省大学生网络文化节音频作品三等奖	许佳暄	辽宁省教育厅	2021.5
第三届辽宁省大学生网络文化节非原创组三等奖	李 怡	辽宁省教育厅	2021.5
第三届辽宁省大学生网络文化节非原创组三等奖	王 浩	辽宁省教育厅	2021.5
第三届辽宁省大学生网络文化节摄影作品三等奖	刘子源	辽宁省教育厅	2021.5
第三届辽宁省大学生网络文化节网文三等奖	常 兴	辽宁省教育厅	2021.5
第三届辽宁省大学生网络文化节短视频三等奖	丁 宁	辽宁省教育厅	2021.5
鞍钢集团三八红旗手	徐玲枝、刘晓颖、姜艳菲、曹新斌、邓玉红、杨艳玲、李 芹、司明霞、王 红、王 艳、郑 滢、石盛楠、冯 军、王金环、李艳霞、王甲玲、焦春华、李 娜、朱秋荣、马 理、高 媛、孙 睿、陈 芬、赵路征、康健飞、王 旭、韩 爽、朱 丹	鞍钢集团工会	2022.3

2021 年度市级技能大师工作站名单

本钢板材炼铁总厂张守喜技能大师工作站

2021 年度本钢集团先进党委

板材炼钢厂党委　　　　　板材热连轧厂党委　　　　板材冷轧总厂党委
板材发电厂党委　　　　　板材能源总厂党委　　　　板材检化验中心党委
板材采购中心党委　　　　北营炼铁总厂党委　　　　北营轧钢厂党委
北营矿业公司党委　　　　北营铁运公司党委　　　　北营发电厂党委
矿业南芬露天矿党委　　　矿业南芬选矿厂党委　　　矿业石灰石矿党委
矿业贾家堡铁矿党委　　　冶金渣公司党委　　　　　建设公司矿山实业分公司党委
新实业公司党委　　　　　辽煤化公司党委

2021 年度本钢集团先进单位

板材热连轧厂　　　　　　板材能源总厂　　　　　　板材储运中心
板材铁运公司　　　　　　板材采购中心　　　　　　北营能源总厂
行政管理中心　　　　　　信息自动化公司　　　　　冶金渣公司
新实业公司　　　　　　　辽煤化公司

2021 年度本钢集团先进党支部

板材公司

板材炼铁总厂新一号高炉作业区党支部　　　板材炼铁总厂焦三作业区党支部
板材炼铁总厂二烧结作业区党支部　　　　　板材炼铁总厂原料二作业区党支部
板材炼钢厂回收作业区党支部　　　　　　　板材炼钢厂吊车作业区铸钢党支部
板材热连轧厂轧辊作业区党支部　　　　　　板材热连轧厂三热轧生产作业区党支部
板材冷轧总厂一冷 CDCM 作业区党支部　　　板材冷轧总厂三冷酸轧作业区党支部
板材冷轧总厂三冷精整作业区党支部　　　　板材特殊钢厂机关党总支
板材特殊钢厂大棒作业区机关党支部　　　　板材发电厂热电作业区党支部

板材铁运公司焦化站党总支　　板材铁运公司原料站党总支

板材废钢加工厂加工作业区党支部　　板材能源总厂制氧一作业区党支部

板材计控中心维检作业区党支部　　板材储运中心露天作业区党支部

板材检化验中心北营原料检查作业区党支部　　板材采购中心工程设备采购部党支部

板材研发院第五党支部　　板材财务部机关党支部

北营公司

北营炼铁总厂烧结分厂烧结二作业区党支部　　北营炼铁总厂原料分厂维检作业区党支部

北营炼铁总厂焦化分厂一炼焦作业区党支部　　北营炼钢厂原料二作业区党支部

北营轧钢厂生产准备作业区党支部　　北营矿业公司回转窑作业区党支部

北营铸管公司浇铸作业区党支部　　北营能源总厂供水运行作业区党支部

北营铁运公司车辆作业区党支部　　北营公运公司二作业区党支部

北营发电厂生产一区党支部　　北营冶金渣公司焖渣作业区党支部

矿业公司

矿业南芬露天矿爆破作业区党支部　　矿业南芬露天矿穿凿作业区党支部

矿业歪头山矿选矿作业区党总支　　矿业歪头山矿设备管理室党支部

矿业南芬选矿厂三五选作业区党支部　　矿业石灰石矿白灰作业区党支部

矿业贾家堡铁矿选矿作业区党支部　　矿业辽阳球团厂原料党支部

矿业设备修造厂备件党支部　　矿业汽运分公司石灰石车队党支部

矿业炸药厂歪头山作业区党支部

多元板块

行政管理中心平山作业区党支部　　保卫中心（武装信访部）监控指挥中心党支部

退管中心职能党支部　　机械制造公司第一机修厂二加作业区党支部

机械制造公司矿山机修厂铸造作业区党支部　　机械制造公司第三机修厂三加作业区党支部

修建（维检）公司机械检修二队党支部　　修建（维检）公司冷轧作业区党总支

建设公司矿建公司消防工程作业区党支部　　建设公司机电安装公司机械安装三队党支部

建设公司市场经营分公司党总支　　建设公司金属结构分公司作业区党支部

建设公司高级装修公司包装党支部　　建设公司矿山实业分公司南芬作业区党支部

建设公司混凝土分公司党总支　　建设公司矿山实业分公司贾家堡作业区

党支部

恒通公司加工作业区党支部　　　　恒泰公司机电作业区党支部

冶金渣公司运输作业区党支部　　　新实业公司综合土建作业区党支部

新实业公司连轧服务区党支部　　　房地产公司好佳物业公司党支部

热力开发公司供暖稽查队党支部　　信息自动化公司机关党支部

冶金职业技术学院辽宁亿通机械制造　丹东不锈钢公司生产党支部
　有限公司党支部

北钢公司

容大公司党支部　　　　　　　　　钢管公司生产党支部

辽煤化公司合成作业区党支部

国贸公司

国贸公司广州分公司党支部　　　　国贸公司冷轧产品销售部党支部

机关党委

财务部党总支　　　　　　　　　　工会党支部

2021年度本钢集团先进作业区

板材公司

板材炼铁总厂新一号高炉作业区　　板材炼铁总厂二烧结作业区

板材炼铁总厂焦二作业区　　　　　板材炼钢厂连二三作业区

板材热连轧厂三热轧生产作业区　　板材冷轧总厂本浦酸轧作业区

板材冷轧总厂三冷热镀锌作业区　　板材特殊钢事业部精整作业区

板材发电厂热化作业区　　　　　　板材铁运公司轧钢站

板材能源总厂加压作业区　　　　　板材计控中心电力试验作业区

板材检化验中心炼钢检验作业区　　板材储运中心备件作业区

北营公司

北营炼铁总厂炼铁分厂动力作业区　北营炼铁总厂烧结分厂球团作业区

北营炼铁总厂原料分厂原料维检作业区　北营炼钢厂炼钢一作业区

北营轧钢厂1780生产作业区　　　　北营矿业公司石矿维检作业区

北营铸管公司整理作业区　　　　　北营能源总厂空压运行作业区

北营铁运公司调度室作业区

矿业公司

矿业南芬露天铁矿穿凿作业区　　　矿业南芬露天铁矿运岩作业区

矿业歪头山铁矿选矿作业区　　　　矿业南芬选矿厂三五选作业区

矿业石灰石矿加工作业区　　　　　矿业贾家堡铁矿选矿作业区

矿业球团公司焙烧作业区　　　　矿业炸药厂南芬作业区

多元板块

机械制造公司第一机修厂构件作业区　　机械制造公司第三机修厂二加作业区

建设公司矿建公司电装工程作业区　　建设公司机电安装公司机械安装三队

建设公司金属结构分公司标准化金属
结构作业区

建设公司矿山实业分公司贾家堡作业区

修建（维检）公司炼钢作业区　　建设公司混凝土分公司综合项目部

恒通公司磨辊间运维技术服务中心　　修建（维检）公司机械检修二队

新实业公司物业分公司　　　冶金渣公司加工作业区

北钢公司

北重公司金结作业区

2021年度本钢集团劳动模范

板材公司

张守喜　张　波　张晓东　薛长江　叶武山　姜育男　王海建　董　宇
赵暎镐　任　戈　任　健　卢　锐　杨　亮　田　巍　唐伟波　康　勇
张义斌　时圣海　李　强　闫吉船　张明月　秦伟成　陈　萌　刘志璞
刘宏亮　张建国　刘廷友　林　东　杨晓芳　王东晖　李忠诚

北营公司

苏红权　付祥志　庄和喜　宋长臣　邹德胜　裴　文　苗　强　胡建军
崔　嵩　兆廷伟　秦显柱　曹　刚　王国海　赵庆成　辛卫平　刘　辉
屈利武

矿业公司

赵雅新　金贵财　姜永刚　戴联和　毛忠君　丁　岩　郑晓东　朴希伟
孙　震

多元板块

林　宇　李　阁　陈俊良　陈豁磊　宋志辉　杨卫平　孟志军　张恒臣
孙立钢　王铁运　刘加彬　姜　滨　曲　涛　康立军

北钢公司

孙　杰　李海波　张　艳

国贸公司

郑亚旭

机关职能部门

胡文涛　朴永鹏　王运国　瞿宏伟　白宇飞　孙建益　王忠华

2021 年度本钢集团优秀党务工作者

板材公司

赵 喜	王世友	陈 浩	左永军	刘岩松	孙国庆	赵兴涛	秦秀娟
陈 艳	梁庆飞	胡 波	宋秀宇	王明磊	陶 然	吴旭东	姜 楠
李月华	孟 巍	王 剑	左 宏	刘 娜	刘廷友		

北营板块

孙福建	康东妹	孙 雪	邱 娟	赵颖楠	朱新宇	孙吉太	李明石
刘开良	黄光辉	崔国辉	张 斌	秦金博	李长吉	李 克	王 睿

矿业板块

康 宁	谭海生	沙学忠	李 英	徐宗恩	张 军	陈彦宏	赵言勤
颜 君	高 群	李 洪	赵桂红				

多元板块

张笑川	李 阁	于胜连	杨 军	范拥军	王明航	张 弛	张 瑜
梅晓东	谭 鑫	刘建国	刘长宏	陈 芬	朱秋荣	高 峰	陈天猛
蒋晓东	杨品三	邱冬梅	宋 颖	宋晓军			

北钢公司

张 艳	赵英军

国贸公司

史海鸣

机关职能部门

朱 丹	王树新	刘豫晶	庄 重	黄文博	吕君超

2021 年度本钢集团优秀共产党员

板材公司

张启涛	赵 辉	李 振	范茂刚	孙英群	刘琳玮	于海涛	官兵兵
丛铁地	曹国屿	刘远峰	薄 辑	王 平	董宇正	王 庆	王长波
张玉臣	肖荣和	刘 强	陈必英	张兆延	邱明铭	邹建波	宫晓宁
刘春华	时圣海	张士金	娄 颖	党 午	张 霞	王笃坤	林 东

北营板块

庄和喜	李晓龙	付祥志	宋富波	王运国	于海啸	张利新	王 智
罗 明	曲克义	秦显柱	姜延奇	韩 闯	王 伟	秦 刚	张浩龙

矿业板块

| 朱孟宝 | 朱 丹 | 付国龙 | 贾忠明 | 张敬明 | 吴宝军 | 蒋守立 | 丁 波 |
| 刘 娟 | 郑晓东 | 王立明 | 刘 波 | 马 岩 | 汪志东 | | |

多元板块

任宝纯	李家锐	闵家兴	姜 昕	陆 郁	张建平	崔德龙	白鹏俊
张海明	邹 伟	王 宇	宋万喜	孙志洋	邓振波	王 泽	王敬峰
冯玉全	周 伟	郭建锋	范中元	张 鹏	李 伟	赵路征	曹 放
赵 宇	陈宗贵	赵国付	陈 虹				

北钢公司

| 刘 群 | 郑泽军 | 王文艳 |

国贸公司

| 王义强 | 霍 刚 |

机关职能部门

| 于 红 | 刘存友 | 卢伟军 | 毛秀茹 | 史国旗 |

2021年度本钢集团先进生产（工作）者

板材公司

刘庆涛	李 冉	孙继成	刘修成	孟庆林	许乡民	苏再游	姜 伟
刘佩国	于永明	廖代君	曹 威	孙立国	王伟则	李春娜	韩力军
毕恩君	李 丹	李毛宇	孟庆闯	邹 平	孙兴一	赵瑛珺	陈国麟
孙国志	李 野	于 浩	田 耕	黄海鹏	叶方军	任轶男	邵振宇
王大志	张 倩	郭建军	杨 江	白晓东	穆嘉强	王中建	于 洋
王 博	刘井全	刘文治	孟祥辉	张兆延	马继增	杨卫东	金绍全
刘 强	周 静	金 勇	宋晓亮	李晓东	赵 琦	吴齐雄	花维儒
顾金朋	南 军	李永强	杨忠平	宫 静	关明阳	林 丽	刘国旗
王 玮	耿 新	郭 晶	赵鸿波	邢世义			

北营公司

李晓龙	王 军	孙跃东	宋富波	王光亮	滕 兵	孟大江	闫 海
孟 利	林 威	董兴涛	穆晓宇	富东北	朱宏刚	石 峰	富 裕
李海宝	刘 阳	任宏伟	赖 坤	杨东红	郑 朋	曲景贵	赵振洋
张立伟	王 鹏	冯 勇	马宏翔	周井财	徐 岩	高太龙	赵启石
韩科章	高维铁	孙 旭	全奎胜	闫国龙	陈福勇	富成伟	孙洪东
连雪良	李德星	孟 军	蒋 胜	袁志刚	韩 君	马 林	王 威
王强延	詹克宏						

矿业公司

李大海	马士博	赵 辉	戈会臣	孟祥东	陈 涛	陈 诺	刘 冬
姜永丰	杨志杰	初玉宏	刘 辉	闫业伟	朱洪军	关云龙	宋恩刚
刘恒权	湛东华	吴亚军	顾魁洪	冯国刚	田利强	马廷斌	曾朋毅
陈凤鹏	孙成玉	马 军	徐长江	刘 波	李 洪		

多元板块

刘 岩	潘思宏	李军民	赵维刚	宋 严	杨 巍	刘 洋	高广东
刘 畅	王永生	徐春雷	马贺亮	石 伟	樊希秋	尹志刚	孙 军
王振忠	边 科	郭家强	林治国	于志涛	王 宇	马 超	关 磊
魏晓勇	张 剑	李孝昌	吴 越	姚立新	于良庆	高延伟	王敬峰
张 涛	冯卫华	马 琳	陈广斌	戴 勇	聂宏伟	尹宏宇	丁 欣
罗 勇	赵 薇	杜 森	朱春宏	常 烨	孙 涛	史晓奇	

北钢公司

张道伦	李 忠	赵振文	曹喜斌	闫增辉	李翠玲

国贸公司

康建军	相福东

机关职能部门

郝轶哲	刘慧玉	赵洪梅	刘小冬	符艳贺	高 峰	陈金源	卢长虹
翟金凤	胡冬梅	张 磊	范志成	王文芳	宋 军	张世灿	沈显龙

2021 年度本钢集团三八红旗集体

板材炼铁总厂检验作业区女工小组　　　　板材炼钢厂工会女职工委员会

板材冷轧总厂本钢浦项综合部女工小组　　板材热连轧厂三热轧精整作业区缴库班

　　　　　　　　　　　　　　　　　　　　女工小组

板材特殊钢事业部动力作业区工会女职工委员会

板材质检计量中心计量检定作业区工会女职工委员会

板材能源管控中心电讯作业区白楼局女工小组

板材铁运公司工会女职工委员会

板材储运中心本溪备件作业区工会女职工委员会

板材机关财务部女工小组

北营炼铁总厂原料三作业区综合班组女工小组

北营炼钢厂吊车二作业区成品天车乙班女工小组

北营轧钢厂吊车作业区 1780 天车操作丁班女工小组

北营公运公司机关女职工委员会

北营能源管控中心发电生产三区水处理运行岗位女工小组
北营质检计量中心原料检查作业区矿粉采样一班女工小组
北营储运中心通用件作业区材料综合班女工小组
矿业歪头山铁矿电讯作业区马耳岭变电班女工小组
矿业南芬选矿厂生产技术室采化班女工小组
矿业贾家堡铁矿生产技术室检化验班女工小组
矿业储运中心歪矿作业区材料班女工小组
丹东不锈钢公司综合办公室女工小组
建设公司矿建公司财务室女工小组
建设公司市场经营分公司预算编制中心女工小组
机械制造公司第一机修厂结构件作业区天车班女工小组
修建维检公司烧结作业区第一女工小组
冶金渣公司热闷作业区中控班女工小组
新实业公司东风湖作业区化验班女工小组
新实业公司财务室女工小组
热力公司客服中心女工小组
恒通公司技术质量部检化验班女工小组
恒泰公司财务室女工小组
信息自动化公司门禁及食堂配餐系统项目组女工小组
辽宁冶金职业技术学院综合办公室女工小组
保卫中心工会女职工委员会
行政管理中心党群工作（人力资源）室女工小组
辽煤化公司财务室女工小组
国贸公司设备备件贸易部成套设备室女工小组
本钢人力资源服务中心档案馆女工小组
本钢新闻中心记者站报纸编辑室女工小组

2021年度本钢集团三八红旗标兵

王　萍　　石凤丽　　林　琳　　任冬梅　　张博欣　　徐　萍　　范兆玲　　郭春红
王　颖　　李丽娜

2021年度本钢集团三八红旗手

林　坤	靳　凤	王焕娜	高　杰	黎宏辉	滕思炎	赵　蕊	姜玉娥
边　赢	薛桂华	王　珏	李玉梅	李　闯	陈晓丹	陈必英	李冰冰
郝金丹	冯建媛	刘　娜	孙衍伟	徐　敏	刘　苗	王庆荣	禚晓霞
高磊磊	邹庆珣	李　妍	冯岩石	娄　颖	徐守荣	丁　雪	蔡明辉
王　莲	朱　丹	陆瑶远	李丹凤	李远敏	袁丽萍	赵桂红	黄欣欣
焉　巍	叶迎惠	孙　静	高　明	崔　军	董　艳	袭　伟	董　茹
洪　霞	王育红	丁丽荣	杨　苗	侯迎辉	刘　琦	徐　晶	石　莹
叶建霞	萧　宁	徐凤红	于春艳	桑金玲	黄　爽	金　晶	南　华
岳　博	李　蕾	王昭华	毛秀茹	刘久艳			

2021年度本钢集团五四红旗团委标兵

板材炼铁总厂团委	板材炼钢厂团委	板材冷轧总厂团委
北营炼铁总厂团委	矿业贾家堡铁矿团委	辽宁冶金职业技术学院团委

2021年度本钢集团五四红旗团委

板材热连轧厂团委	板材特殊钢事业部团委	板材铁运公司团委
板材储运中心团委	板材研发院团委	北营炼钢厂团委
北营轧钢厂团委	矿业南芬露天矿团委	矿业歪头山矿团委
矿业南芬选矿厂团委	辽阳球团公司团委	本钢建设公司团委
信息自动化公司团委	丹东不锈钢公司团委	国贸公司团委
本钢集团机关团委		

2021年度本钢集团五四红旗团支部

板材炼铁总厂干熄焦作业区团支部	板材炼钢厂吊车作业区团支部
板材冷轧总厂三冷酸轧作业区团支部	板材热连轧厂轧辊作业区团支部
板材特殊钢事业部大棒作业区团支部	板材铁运公司焦化站团支部
板材储运中心板材团支部	北营冶金渣公司团总支

矿业贾家堡铁矿选矿作业区团支部　　　　本钢维检中心炼铁作业区团支部

2021年度本钢集团青年五四奖章

| 勾　旭 | 孙开宇 | 王　博 | 任枭雄 | 陈　庚 | 吕延庆 | 刘　铎 | 高君健 |
| 李林林 | 高明星 |

2021年度本钢集团青年标兵

程　驰	王　威	薄　辑	王嘉璐	戴　博	李浩源	丛占柱	李　强
刘　博	富聿晶	于欣弘	孙洪润	姜洪洋	秦金博	马士博	刘国秋
陆立峰	杜冰琪	赵　尚	赵志强	于　派	张　策	李晗斌	刘先义
孟照君	杨英帅	李诗宇	程　龙	李　磊	王　振

2021年度本钢集团优秀共青团干部

宋伟松	赵　鹏	章英东	李　刚	马克成	李泽仁	王艺锦	庄　涛
崔红蕾	牛　壮	吴　静	关明杨	周　田	佟兴德	李长隆	刘　超
迟　海	孟浮玲	于　雷	孙丽丽	张溪勃	陈利军	金树明	杨兴娇

2021年度本钢集团优秀共青团员

钟　宁	关宝石	郑玉龙	张　鹏	苗津瑞	孟祥锐	田　祎	丛天一
马晓龙	刘芷源	李旭东	陈　博	马阁阁	梁苗苗	梁　璐	赵志伟
包人方	关晓琪	高碧雪	任　航	庞少昆	景惠聪	关智远	富　月
康文涛	魏成志	杜永臣	吕金铎	张永红	张　钧	庞　飞	郭俊宇
刘　朗	牟　赋	李龙飞	刘宣辰	代天元

2021年度本钢集团三好学生

| 李　进 | 赵烽锜 | 刘铁扬 | 邓子林 | 郭莹璐 | 林钰雪 | 陈炳旭 | 罗　文 |

于安一　　吴昊翰

2021 年度本钢集团优秀高校毕业生名单

学习钻研之星

代天元　　王铭泽　　吴佳哲　　王　岩　　刘展岳

王　雷　　曹英楠　　李添奇　　刁琦来

李龙飞

岗位实干之星

滕　飞　　孙　鹏　　宿　杰　　樊建泽　　郝琦琦

孙瑞珩　　刘　宇　　李诗宇　　郑天朗　　栾田野

成长进步之星

张世躔　　庄彩云　　闫　铜　　王治博　　曾祥涛

张正宇　　李志蒙　　董　峰　　孔德华　　于科新

潜力希望之星

于　帅　　杨德翰　　路海涛　　侯佳伟　　韩景超

张珂嘉　　邹　博　　孙泽龙　　马若晨　　魏　波

科技奖项与专利

2021年获行业、省科技进步奖名单

奖项名称及等级	成果名称	完成单位	授奖部门	授奖时间
冶金科学技术奖二等奖	高炉液压设备维修操作法及应用	本钢集团有限公司	中国钢铁工业协会 中国金属学会	2021.8
冶金科学技术奖三等奖	超宽幅高质量冷轧板生产稳定关键技术开发及应用	本钢集团有限公司	中国钢铁工业协会 中国金属学会	2021.8
冶金矿山科学技术奖一等奖	临近重要建构筑物控制爆破新技术	本钢南芬露天矿	中国冶金矿山企业协会	2021.3
中国有色金属工业科学技术奖一等奖	金属露天矿生态化开采设计及低品位资源综合利用关键技术与应用	东北大学，西安建筑科技大学，本溪钢铁（集团）矿业有限责任公司	中国有色金属工业协会	2021.12
本钢科技进步特等奖	超宽幅高质量冷轧板生产稳定关键技术开发及应用	板材冷轧总厂、技术中心	本钢科技进步奖评委会	2022.4
	最高强度与特厚规格热冲压钢研制及其系列化开发	技术中心		
本钢科技进步一等奖	汽车用高品质热镀锌双相钢系列化研发及经济生产技术集成	技术中心	本钢科技进步奖评委会	2022.4
本钢科技进步二等奖	北营新1号高炉布料矩阵研发降燃料比研究及应用	技术中心；北营炼铁总厂	本钢科技进步奖评委会	2022.4
	转炉－精炼－连铸流程高效、洁净、智能炼钢工艺开发与产业化	板材炼钢厂		

续表

奖项名称及等级	成果名称	完成单位	授奖部门	授奖时间
本钢科技进步二等奖	炼焦煤质量控制与优化配煤炼焦技术开发及应用	技术中心、北营炼铁总厂、辽宁科技大学	本钢科技进步奖评委会	2022.4
	1500MPa 级热成形钢高效、环保、经济生产工艺技术创新与应用	技术中心		
	IF 钢热轧高终轧温度的控制与研究	技术中心		
	冷轧热镀锌可视化内板质量提升攻关	技术中心		
	热连轧高强汽车大梁钢关键技术集成创新与应用	技术中心		
	供上汽乘用车冷轧外板开发项目	技术中心		
	本钢 1700 热轧线国产控制系统的自主升级调试与应用创效	板材热连轧厂		
	炼钢多钢种合炉生产信息系统的应用与实践	集团信息化部		
	低成本原料条件下大高炉低燃料比冶炼关键技术开发及应用	技术中心、板材炼铁总厂		
	降低北营新 2 炉入炉焦比攻关	北营炼铁总厂		
	抗震钢筋 HRB400E 铌钒及铌氮"合金替代"工艺研究与生产实践	板材制造部、北营炼钢厂、北营轧钢厂		
本钢科技进步三等奖	1700 线薄规格产品生产稳态控制研究	板材热连轧厂	本钢科技进步奖评委会	2022.4
	1700 线轧辊辊耗及使用周期的控制与研究	板材热连轧厂		
	提升 1880 线轧制稳定性及机组能力的研究	板材热连轧厂		

奖项名称及等级	成果名称	完成单位	授奖部门	授奖时间
本钢科技进步三等奖	电镀锌汽车油箱板生产工艺的研究	板材冷轧总厂	本钢科技进步奖评委会	2022.4
	960MPa 级超高强度热连轧非调质结构钢的开发	技术中心		
	白车身汽车用钢轻量化技术 EVI 研究与推广应用	技术中心		
	汽车用热镀锌烘烤硬化高强系列产品研制开发与应用	技术中心		
	第二代高强度低成本集装箱用钢 BG450C、BG550C 的开发	技术中心		
	低成本高性能冷轧双相钢 590MPa 产品的研制和应用技术研究	技术中心		
	冷成型用热轧酸洗板 BR600–780HE 研制	技术中心		
	本钢集团信息化核心消息中间件的研究与落地建设	集团信息化部		
	能效分析系统在矿山的应用	信息自动化公司		
	板材能源总厂 6#/7# 制氧机增氮工艺技术研究	板材能源管控中心		
	3# 热镀锌机组切边剪功能投入及稳定生产的自主研究与应用	板材冷轧总厂		
	一种低成本高扩孔用 540MPa 级热轧酸洗板的生产方法	技术中心		
	第三代低屈强比薄规格高级别管线钢 X70 研发	技术中心		

奖项名称及等级	成果名称	完成单位	授奖部门	授奖时间
本钢科技进步 三等奖	先进高强钢－汽车用冷轧相变诱导塑性钢系列产品开发及应用	技术中心	本钢科技进步奖 评委会	2022.4
	提高极薄高强特箱集装箱轧制稳定性研究	板材热连轧厂		
	热轧厂轧机轧辊轴承座稳定性提升的研究	板材热连轧厂		

（规划科技部　供）

冶金产品实物质量品牌培育产品认定

奖项名称	获奖单位	授奖部门	授奖时间
金杯优质产品 （冷轧低碳薄钢板和钢带）	板材冷轧总厂	中国钢铁工业协会	2021.12
金杯优质产品 （加磷高强度冷轧钢带）	板材冷轧总厂	中国钢铁工业协会	2021.12

（板材制造部　供）

2021 年度优秀六西格玛项目名单

奖项名称及等级	成果名称	完成单位	授奖部门	授奖时间
六西格玛优秀项目（国家级）	提高 RH 钢成品硫合格率	板材炼钢厂	中国质量协会	2021.11
	降低新 1 号高炉入炉焦比	北营炼铁总厂	中国质量协会	2021.11
辽宁省优秀质量管理小组二等奖	降低 GK1c 型内燃机车冷却系统故障台次	板材铁运公司机车检修段 QC 小组	辽宁省质量协会	2021.7
	降低 1880 线塔型质量缺陷品数量	板材热连轧厂鸿雁 QC 小组	辽宁省质量协会	2021.7
	降低 1# 镀锌机组气动系统故障时间	板材冷轧总厂镀锌 QC 小组	辽宁省质量协会	2021.7
辽宁省优秀质量管理小组三等奖	降低敞车漏货故障台次	板材铁运公司车辆段 QC 小组	辽宁省质量协会	2021.7
	提高 7 米焦炉单炉产焦量	板材炼铁总厂焦炉提产 QC 小组	辽宁省质量协会	2021.7
	提高干熄率	板材炼铁总厂焦三作业区 QC 小组	辽宁省质量协会	2021.7
	降低宽板坯浇次头坯夹杂缺陷量	板材炼钢厂连三作业区 QC 小组	辽宁省质量协会	2021.7
	降低连铸一作业区耐材成本	北营炼钢厂连铸一区 QC 小组	辽宁省质量协会	2021.7
	降低 5# 铸机吨钢耐材成本	北营炼钢厂连铸二区 QC 小组	辽宁省质量协会	2021.7
	降低二高线盘螺 HRB400E 质量异议率	北营轧钢厂二高线 QC 小组	辽宁省质量协会	2021.7
	提高五选小块干选作业率	南芬选矿厂生产室 QC 小组	辽宁省质量协会	2021.7
	提高四选作业区细筛作业率	南芬选矿厂四选作业区 QC 小组	辽宁省质量协会	2021.7
	降低选矿厂浓缩机故障率	南芬选矿厂三五选 QC 小组	辽宁省质量协会	2021.7

（板材制造部　供）

2021 年度授权专利明细

专利名称	申请号	专利类型	申请日	发明人单位	法律状态	授权日
一种镀锌线光整液喷射头结构	2021205305444	实用新型	2021.3.15	板材公司	有效	2021.10.26
一种连接驱动轴与编码器之间的过渡连接装置	2021207359877	实用新型	2021.4.12	板材公司	有效	2021.10.26
一种新型钢卷吊运胶护圈	2021201103833	实用新型	2021.1.15	板材公司	有效	2021.11.26
一种用于冷热轧带钢连续产线的带钢传输辊道台	2021207363393	实用新型	2021.4.12	板材公司	有效	2021.11.30
一种清除氧化铁皮压入的酸洗装置	2021207102798	实用新型	2021.4.7	板材公司	有效	2021.11.16
一种进口液压凿岩机维修工具	2021205060362	实用新型	2021.3.10	板材公司	有效	2021.10.26
组合型花纹板	2021304090807	外观设计	2021.6.30	板材公司	有效	2021.10.8
一种中间辊道过渡保护装置	2021205071780	实用新型	2021.3.10	板材公司	有效	2021.10.26
一种热轧带钢导尺	2021206905898	实用新型	2021.4.6	板材公司	有效	2021.11.26
组合型花纹板用辊	2021214683983	实用新型	2021.6.30	板材公司	有效	2021.12.31
一种具有安全防护功能的皮带机	2021211264795	实用新型	2021.5.25	板材公司	有效	2021.11.19

专利名称	申请号	专利类型	申请日	发明人单位	法律状态	授权日
一种叉车卸料托架	2021211264564	实用新型	2021.5.25	板材公司	有效	2021.11.19
一种拆卸电机联轴器装置	2021211598141	实用新型	2021.5.27	板材公司	有效	2021.11.23
一种电渣重熔氩气保护装置	2021211594282	实用新型	2021.5.27	板材公司	有效	2021.11.23
一种用于堆取料机的自动平衡配重装置	2021207359665	实用新型	2021.4.12	板材公司	有效	2021.11.30
一种液氮罐运送装置	2021215325355	实用新型	2021.7.7	板材公司	有效	2021.12.31
一种减少炼钢转炉出钢过程中下渣量的装置	2020230484033	实用新型	2020.12.17	板材公司	有效	2021.9.21
一种高精度冷轧辊磨削控制方法	2019103918107	发明	2019.5.13	板材公司	有效	2021.1.15
一种专用于带钢的穿带夹持装置	2020203471089	实用新型	2020.3.18	板材公司	有效	2021.1.8
一种换辊车中间辊限位块	2020203581252	实用新型	2020.3.20	板材公司	有效	2021.1.8
一种镀锌机组预清洗碱液防外流结构	2020203630117	实用新型	2020.3.20	板材公司	有效	2021.1.8
一种三维矢量调节传感器支架	2020223398298	实用新型	2020.10.20	板材公司	有效	2021.4.2
一种起重机卷筒防窜位检测控制装置	2020223426989	实用新型	2020.10.20	板材公司	有效	2021.7.9
一种钢卷吊运胶护圈	202022339857X	实用新型	2020.10.20	板材公司	有效	2021.7.9

续表

专利名称	申请号	专利类型	申请日	发明人单位	法律状态	授权日
一种轴承座抽取装置	2020225020024	实用新型	2020.11.3	板材公司	有效	2021.7.20
一种酸轧机组轴承座轴承装配工艺方法	2019104223849	发明	2019.5.21	板材公司	有效	2021.9.7
一种用于热镀锌清洗段设备的调整方法	2020101992315	发明	2020.3.20	板材公司	有效	2021.9.21
一种热镀锌清洗段调整方法	2020100955728	发明	2020.2.17	板材公司	有效	2021.9.21
酸洗槽系统	2020226388300	实用新型	2020.11.16	板材公司	有效	2021.9.28
一种炉下钢轨基础在线改造方法	2018106159293	发明	2018.6.14	板材公司	有效	2021.1.8
一种三点钢丝吊装防磨斗	2018106004729	发明	2018.6.12	板材公司	有效	2021.2.26
一种精炼后的钢包保温、钢水脱氧方法	2019102690926	发明	2019.4.4	板材公司	有效	2021.2.19
连铸机扇形段辊缝控制模式的转换方法	2020102270903	发明	2020.3.27	板材公司	有效	2021.4.20
一种可调节自滴式滑道润滑装置	2020216130222	实用新型	2020.8.6	板材公司	有效	2021.4.2
一种大型冶金铸造起重机起升极限防卷带重砣限位系统	2020216130364	实用新型	2020.8.6	板材公司	有效	2021.4.2
一种矩形铸机轴承座免清洗结构	2020217881426	实用新型	2020.8.25	板材公司	有效	2021.4.2

专利名称	申请号	专利类型	申请日	发明人单位	法律状态	授权日
一种侧面粒化系统防冻装置	2020217888069	实用新型	2020.8.25	板材公司	有效	2021.4.2
一种闭路水系统腐蚀率检测管道挂片架装置	2018106004998	发明	2018.6.12	板材公司	有效	2021.5.11
一种连铸机在中包快换期间扇形段自动躲接痕板坯的方法	2019108902529	发明	2019.9.20	板材公司	有效	2021.7.9
一种连铸坯切头切尾用防护装置	2020229581278	实用新型	2020.12.9	板材公司	有效	2021.8.31
一种铁水脱硫站倾翻车驱动轴连接结构	2020229554105	实用新型	2020.12.9	板材公司	有效	2021.8.31
一种扇形段挡渣装置	2020229554548	实用新型	2020.12.9	板材公司	有效	2021.9.24
一种皮带下清扫装置	2020229556257	实用新型	2020.12.9	板材公司	有效	2021.10.26
一种液压泥炮泥缸	2020217489853	实用新型	2020.8.20	板材公司	有效	2021.4.2
一种开铁口机的花键套	2020217479090	实用新型	2020.8.20	板材公司	有效	2021.4.2
一种开铁口机的钻杆连接装置	2020217479103	实用新型	2020.8.20	板材公司	有效	2021.4.2
一种用于定位开铁口机链条的导轮装置	2020217489590	实用新型	2020.8.20	板材公司	有效	2021.4.2
一种液压泥炮锥体	2020217478967	实用新型	2020.8.20	板材公司	有效	2021.5.11

专利名称	申请号	专利类型	申请日	发明人单位	法律状态	授权日
一种开铁口机的钎尾轴	2020217489815	实用新型	2020.8.20	板材公司	有效	2021.5.7
一种开铁口机钎尾轴的制备方法	2020108423071	发明	2020.8.20	板材公司	有效	2021.7.9
一种喷煤装置	2020223426758	实用新型	2020.10.20	板材公司	有效	2021.7.9
一种用于焦炉加煤口的无耐火泥密封炉盖	2020223243282	实用新型	2020.10.19	板材公司	有效	2021.7.9
一种用于提高高炉残铁孔道角度精准度的开孔装置	2020223243386	实用新型	2020.10.19	板材公司	有效	2021.7.9
一种开口机使用的防冻水雾系统	2020223398921	实用新型	2020.10.20	板材公司	有效	2021.7.9
一种高炉煤枪管件快速拆装装置	2020223535577	实用新型	2020.10.21	板材公司	有效	2021.7.9
一种国产化改造的液压缸铰轴瓦座	2020229554514	实用新型	2020.12.9	板材公司	有效	2021.8.24
一种用于开口机平衡梁销轴的对中基准轴	2020229554035	实用新型	2020.12.9	板材公司	有效	2021.8.24
一种国产化改造的开铁口机支座	2020229551766	实用新型	2020.12.9	板材公司	有效	2021.8.24
一种国产化改造的液压泥炮基座	2020229551516	实用新型	2020.12.9	板材公司	有效	2021.8.24
一种焦炉炉底砖的更换工具	2020230878181	实用新型	2020.12.21	板材公司	有效	2021.8.24

续表

专利名称	申请号	专利类型	申请日	发明人单位	法律状态	授权日
一种立轮支撑结构	2020229580896	实用新型	2020.12.9	板材公司	有效	2021.8.24
一种开铁口机转臂定位装置	2020229580631	实用新型	2020.12.9	板材公司	有效	2021.8.24
一种高炉液压管道堵漏装置	2020227854815	实用新型	2020.11.27	板材公司	有效	2021.8.31
一种高炉液压管道连接法兰的堵漏装置	2020227963808	实用新型	2020.11.27	板材公司	有效	2021.9.7
一种转炉煤气加压站入口管道三网交联运行系统	2020214165335	实用新型	2020.7.17	板材公司	有效	2021.3.12
一种应用于塔型机驱动电机的加固装置	2020215239938	实用新型	2020.7.28	板材公司	有效	2021.3.12
一种塔型机拍头与摆臂连接的加强结构	20202151286 2X	实用新型	2020.7.27	板材公司	有效	2021.4.2
一种用于 PC 轧机无间隙缸柱塞的拆卸装置	2020215067626	实用新型	2020.7.27	板材公司	有效	2021.4.2
一种应用于轧机主传动轴支撑轴承座的定位装置	2020215067151	实用新型	2020.7.27	板材公司	有效	2021.4.2
一种新型轧机导尺立面衬板	2020215124205	实用新型	2020.7.27	板材公司	有效	2021.5.7
一种切割钢板的割炬枪架	2020223398584	实用新型	2020.10.20	板材公司	有效	2021.7.9
一种高压同步电动机转子开路故障检测装置	2020223635359	实用新型	2020.10.22	板材公司	有效	2021.7.9

续表

专利名称	申请号	专利类型	申请日	发明人单位	法律状态	授权日
一种单蓄热式加热炉煤气换向阀零位调节器	2020223398739	实用新型	2020.10.20	板材公司	有效	2021.7.9
一种加热炉炉门周围作业隔热装置	2020223398809	实用新型	2020.10.20	板材公司	有效	2021.7.9
一种热轧加热炉装钢稳定装置	2020223397971	实用新型	2020.10.20	板材公司	有效	2021.7.9
一种热轧机组防异物压入装置	2020223427553	实用新型	2020.10.20	板材公司	有效	2021.8.24
一种热轧粗轧机立辊辊缝测量装置	202022339906X	实用新型	2020.10.20	板材公司	有效	2021.8.24
一种花纹板纹高测量工具	2020223398847	实用新型	2020.10.20	板材公司	有效	2021.8.24
一种转辊装置及方法	2018114638035	发明	2018.12.3	板材公司	有效	2021.8.24
一种支撑辊改制方法	2018114636839	发明	2018.12.3	板材公司	有效	2021.11.9
一种用于棒材加工的梳型辊道	202020358233X	实用新型	2020.3.20	板材公司	有效	2021.1.8
一种小方坯连铸机在线去毛刺装置	2020215142843	实用新型	2020.7.28	板材公司	有效	2021.4.2
一种在线飞剪引导辊道加固结构	201811265873X	发明	2018.10.29	板材公司	有效	2021.8.24
一种点磨机修磨方钢用支撑装置	2020229581757	实用新型	2020.12.9	板材公司	有效	2021.8.24
一种液压插装阀阀套拆卸工具	2020229655962	实用新型	2020.12.9	板材公司	有效	2021.8.24

续表

专利名称	申请号	专利类型	申请日	发明人单位	法律状态	授权日
一种运输辊道盖板保护装置	201810601890X	发明	2018.6.12	板材公司	有效	2021.8.31
一种冷床偏心轮与牙轮配合结构	2020229554590	实用新型	2020.12.9	板材公司	有效	2021.9.21
一种圆轧辊冷却装置	2018112659605	发明	2018.10.29	板材公司	有效	2021.9.17
一种立式轧机导卫支撑机构	2020229581193	实用新型	2020.12.9	板材公司	有效	2021.10.8
一种用于皮带输送机下方漏嘴后侧的刮板式物料清理装置	2020203582397	实用新型	2020.3.20	板材公司	有效	2021.1.29
一种用于钢包保温的真空绝热内衬板	2020206711737	实用新型	2020.4.28	板材公司	有效	2021.1.15
一种低温高韧性耐火钢及其制备方法	2019101966106	发明	2019.3.15	板材公司	有效	2021.1.8
一种硅石矿的磁力精选摇床	2020215142650	实用新型	2020.7.28	板材公司	有效	2021.1.29
一种冷轧双相钢DP780及其柔性化生产方法	2019103422648	发明	2019.4.26	板材公司	有效	2021.4.20
一种电阻点焊接熔核直径测量的金相检测方法	202010188641X	发明	2020.3.17	板材公司	有效	2021.5.11
一种扫描电镜用断口类及横截面类样品夹具	2020221145656	实用新型	2020.9.24	板材公司	有效	2021.7.20
一种预测材料高温高应变速率下的应力应变曲线的方法	2019101967804	发明	2019.3.15	板材公司	有效	2021.8.24

续表

专利名称	申请号	专利类型	申请日	发明人单位	法律状态	授权日
一种950MPa薄规格热轧汽车大梁钢及其制备方法	202010131436X	发明	2020.2.28	板材公司	有效	2021.9.21
一种抗拉强度590MPa级车轮用热轧铁素体贝氏体双相钢钢带及其制备方法	2019101025460	发明	2019.2.1	板材公司	有效	2021.9.21
一种高强度热镀锌淬火配分钢及其生产方法	2019111788800	发明	2019.11.27	板材公司	有效	2021.9.21
一种中、大型汽车轴套用钢SAE4160M及其生产工艺	2019113917524	发明	2019.12.30	板材公司	有效	2021.9.24
一种基于碳配分工艺的一钢两用冷轧高强钢及其制造方法	2019111789184	发明	2019.11.27	板材公司	有效	2021.11.2
一种用于修磨后切边圆盘剪剪刃的储运装置	2020203580175	实用新型	2020.3.20	板材公司	有效	2021.1.8
一种标准溶液振荡器	2020203580137	实用新型	2020.3.20	板材公司	有效	2021.1.29
一种转炉少渣冶炼方法	2019102187617	发明	2019.3.21	板材公司	有效	2021.10.26
一种加热炉输送辊道板坯定位器	2020223398565	实用新型	2020.10.20	板材公司	有效	2021.7.9
一种石油钻杆转换接头及提高其横向冲击韧性的方法	2018112146820	发明	2018.10.18	板材公司	有效	2021.1.15
清理水塔池内淤泥的装置	2019205667062	实用新型	2019.4.24	板材公司	有效	2020.8.11

专利名称	申请号	专利类型	申请日	发明人单位	法律状态	授权日
一种荒轧工作辊的封水装置	2021201688832	实用新型	2021.1.21	板材公司	有效	2021.11.9
一种四辊破碎机螺栓调整装置	2021206995004	实用新型	2021.4.7	北营公司	有效	2021.11.2
一种皮带自清料装置	2021205060381	实用新型	2021.3.10	北营公司	有效	2021.11.9
一种快速修复高炉铁口泥套的工具	2021207360018	实用新型	2021.4.12	北营公司	有效	2021.12.14
一种新型通水拱形高炉渣沟盖板	2021206998873	实用新型	2021.4.7	北营公司	有效	2021.11.30
一种快速更换高炉炉前开口机钻头的工具	2021211134132	实用新型	2021.5.19	北营公司	有效	2021.12.28
一种提高烧结风箱系统矩形补偿器寿命的防护装置	202121115007X	实用新型	2021.5.19	北营公司	有效	2021.12.21
一种减少高炉冷却壁破损水管水量的新型装置	2021207367638	实用新型	2021.4.12	北营公司	有效	2021.12.7
一种检测石灰活性度用搅拌器	2021205311106	实用新型	2021.3.15	北营公司	有效	2021.11.30
一种四辊破碎机调整螺杆组件	2020223649440	实用新型	2020.10.22	北营公司	有效	2021.7.9
一种高炉储铁式主铁沟侵蚀深度测量工具	2020229552275	实用新型	2020.12.9	北营公司	有效	2021.8.24
一种干熄焦水封槽	2016106818342	发明	2016.8.17	北营公司	有效	2021.11.19

续表

专利名称	申请号	专利类型	申请日	发明人单位	法律状态	授权日
一种油风混合供油器	2020215142627	实用新型	2020.7.28	北营公司	有效	2021.4.2
一种卷弹簧装置	2020206093547	实用新型	2020.4.21	北营公司	有效	2021.1.15
一种转炉废钢炉内热平衡系统	2020206228864	实用新型	2020.4.21	北营公司	有效	2021.1.15
一种铁样打磨卡样板	2020223243278	实用新型	2020.10.19	北营公司	有效	2021.4.2
一种连铸小方坯中间包水口砌筑辅助装置	2020229551978	实用新型	2020.12.9	北营公司	有效	2021.8.31
一种1.60米双链带滚轮固定式铸铁机扒铁装置	2020215126056	实用新型	2020.7.28	北营公司	有效	2021.4.2
一种碎矿机油路自动控制报警装置	2021205184863	实用新型	2021.3.10	矿业公司	有效	2021.10.26
一种矿用汽车发动机废气排放连接组件	2021207367623	实用新型	2021.4.12	矿业公司	有效	2021.12.7
一种变速箱鼓式离合器碟形弹簧拆装工具	2021206995466	实用新型	2021.4.7	矿业公司	有效	2021.12.10
一种插钢丝绳扣组合工具	2021207402398	实用新型	2021.4.12	矿业公司	有效	2021.12.7
一种炮孔填塞隔渣垫	2020203620859	实用新型	2020.3.20	矿业公司	有效	2021.3.12
一种矿用汽车定点式多用途灭火装置	2020203620609	实用新型	2020.3.20	矿业公司	有效	2021.1.29

专利名称	申请号	专利类型	申请日	发明人单位	法律状态	授权日
一种手持式炮孔自动测量器	202022339078X	实用新型	2020.10.20	矿业公司	有效	2021.5.11
一种提高选矿用盘式过滤机真空度结构	202021965574X	实用新型	2020.9.10	矿业公司	有效	2021.7.9
一种磁铁矿尾矿回收机用选别装置	2020219661609	实用新型	2020.9.10	矿业公司	有效	2021.7.9
一种 GE788 电动轮的检修翻转装置	2020227854478	实用新型	2020.11.27	矿业公司	有效	2021.9.17
一种用于地面电缆的支架装置	2020213239539	实用新型	2020.7.8	矿业公司	有效	2021.1.15
一种用于选矿小块干选的翻板自动调节装置	2020203629976	实用新型	2020.3.20	矿业公司	有效	2021.1.8
一种矿仓无线网桥监控系统	2020223518302	实用新型	2020.10.21	矿业公司	有效	2021.4.2
一种地面管线支架	2020229552222	实用新型	2020.12.9	矿业公司	有效	2021.9.17
一种用于选矿小块干选的插板式进料调整装置	2020229580222	实用新型	2020.12.9	矿业公司	有效	2021.10.8
自动加球机	2019205671462	实用新型	2019.4.24	矿业公司	有效	2020.8.11
一种电气仪表防护装置	2021215202069	实用新型	2021.7.6	矿业公司	有效	2021.12.7
一种汽车电子防腐蚀装置	2020217121803	实用新型	2020.8.17	矿业公司	有效	2021.7.9
一种配电柜整体平移底座	2021200223861	实用新型	2021.1.6	建设公司	有效	2021.8.31

续表

专利名称	申请号	专利类型	申请日	发明人单位	法律状态	授权日
一种电缆线芯校直钳	202120021160X	实用新型	2021.1.6	建设公司	有效	2021.10.26
一种大型H型钢组对专用胎具	2021213077952	实用新型	2021.6.11	建设公司	有效	2021.12.14
一种PVC管与金属波纹管连接装置	2021213077971	实用新型	2021.6.11	建设公司	有效	2021.12.14
一种水冷风扇	2020213649660	实用新型	2020.7.13	建设公司	有效	2021.6.29
一种适用于开采铁矿石的电铲铲斗	2021211602912	实用新型	2021.5.27	机制公司	有效	2021.12.31
一种炉篦条的制造方法及制造装置	2019102317428	发明	2019.3.26	机制公司	有效	2021.7.20
一种制备具有铸入钢管的铸铁件方法	2019110441022	发明	2019.10.30	机制公司	有效	2021.9.21
一种输送系统断带保护装置	2020223391161	实用新型	2020.10.20	修建公司	有效	2021.7.9

（规划科技部　供）

栏目编辑　辛　莉

本钢年鉴 *2022*

特载

大事记

概述

经营管理

综合管理

党群工作

钢铁主业

多元产业

改制企业

统计资料

人事与机构

人物与表彰

★ 附录

索引

ANSTEEL
本钢集团

附　　录

2021 年度上级文件目录

发文单位	文件字号	文件标题
省委办公厅		国清书记在《本钢集团党委关于深刻汲取刘国强案件教训营造良好政治生态的情况报告》上的批示
省纪委监委组织部		关于本钢集团有限公司纪检监察机构改革方案的审核意见
省委办公厅	厅秘发〔2021〕5 号	中共辽宁省委办公厅 辽宁省人民政府办公厅关于印发《辽宁省制度性创新成果评价奖励工作方案（试行）》的通知
省委	辽委发〔2021〕9 号	中共辽宁省委 辽宁省人民政府关于印发《贯彻落实〈中共中央、国务院关于深化医疗保障制度改革的意见〉若干措施》的通知
省委	辽委〔2021〕37 号	中共辽宁省委 辽宁省人民政府关于表彰辽宁省抗击新冠肺炎疫情先进个人和先进集体的决定
省委	辽委〔2021〕38 号	中共辽宁省委关于表彰辽宁省优秀共产党员和辽宁省先进基层党组织的决定
省委	辽委〔2021〕39 号	中共辽宁省委 辽宁省人民政府关于授予于波等24人"辽宁优秀企业家"称号的决定
省委	辽委〔2021〕64 号	中共辽宁省委关于表彰辽宁省优秀共产党员、优秀党务工作者和先进基层党组织的决定
省委组织部、省委农村工作领导小组办公室、省农业农村厅、省乡村振兴局	辽组通字〔2021〕36 号	关于印发《关于向重点乡村持续选派驻村第一书记和工作队的实施方案》《关于做好全省驻村第一书记和工作队员期满考核工作的实施方案》的通知
省委	辽委干发〔2021〕334 号	关于汪澍同志职务任免的通知

续表

发文单位	文件字号	文件标题
省政府办公厅		省政府领导批示（国清书记在本溪调研时对本钢板材审计出现风险相关情况的明确意见）
省政府办公厅	省直〔2021〕95 号	刘宁同志在《本溪市人民政府关于加快推进本钢厂办大集体改革改制企业股权划转工作进展情况的报告》上的批示
省政府办公厅	辽政办发〔2021〕6 号	辽宁省人民政府办公厅关于加强全省高耗能、高排放项目准入管理的意见
省政府办公厅	省直〔2021〕470 号	副省长姜有为在《省自然资源厅关于本钢集团采矿权审批进展情况的周报告》上的批示
省政府	辽政发〔2021〕13 号	辽宁省人民政府关于 2020 年度辽宁省科学技术奖励的决定
省政府办公厅	辽政办发〔2021〕12 号	辽宁省人民政府办公厅关于提高城乡居民最低生活保障、特困人员救助供养、孤儿基本生活养育和 60 年代精简退职职工生活补助标准的通知
省政府	辽政发〔2021〕12 号	辽宁省人民政府关于奖励"辽宁杰出科技工作者"的决定
省国资委	辽国资规划〔2021〕19 号	关于授权本钢集团有限公司设立日本分公司并支付注册资金的批复
省国资委	辽国资分配〔2021〕23 号	关于做好 2021 年度省属企业负责人履职待遇、业务支出预算和集团总部公务用车预算管理有关工作的通知
省档案局	辽档发〔2021〕1 号	辽宁省档案局关于印发全省档案工作会议文件的通知
省国资委		协调省内银行机构支持本钢集团改革发展会议纪要

续表

发文单位	文件字号	文件标题
省国资委		转发国务院国资委关于加强地方国有企业债务风险管控工作的指导意见的通知
省档案局、省财政厅、省商务厅、省国税局	辽档发〔2021〕3 号	辽宁省档案局 辽宁省财政厅 辽宁省商务厅 国家税务总局辽宁省税务局关于开展增值税电子发票电子化报销、入账、归档试点工作的通知
省国资委	辽国资监督〔2021〕41 号	关于印发《辽宁省国资委国资监管责任约谈工作规则》的通知
省国资委	辽国资监督〔2021〕42 号	关于印发《辽宁省省属企业违规经营投资问题线索查处工作指引》的通知
省国资委		关于转发《关于做好 2021 年全省生活特殊困难离休干部帮扶工作的通知》的通知
省国资委党委组织部		关于本钢集团下设钢联公司党组织关系整建制转出的函
本钢集团采矿权审批工作协调小组		本钢集团采矿权审批工作协调小组会议纪要 2021 年 5 月 11 日
省国资委	辽国资人才〔2021〕60 号	关于印发《关于规范省属企业用工管理及员工招聘工作的指导意见（试行）》的通知
省国资委	辽国资分配〔2021〕73 号	关于本钢集团有限公司 2021 年工资总额预算方案的批复
省国资委党委	辽国资党委组织〔2021〕3 号	关于同意本钢集团有限公司党委暂缓换届工作的批复
省国资委党委	辽国资党委〔2021〕39 号	关于印发《省国资委党委贯彻落实"三重一大"事项集体决策制度实施办法》的通知
省国资委		关于转发《国家发展改革委办公厅关于做好"僵尸企业"处置总结评估有关工作的通知》的通知

续表

发文单位	文件字号	文件标题
省国资委	辽国资财运〔2021〕83号	关于鞍本重组财务专项审计报告事项的批复
省国资委	辽国资〔2021〕42号	关于印发《省属企业防范化解债务风险实施方案（2021—2023年）》的通知
省委组织部、省国资委党委	辽国资党委〔2021〕44号	印发《关于在省属企业推行经理层成员任期制和契约化管理的指导意见》的通知
省国资委党委	辽国资党委〔2021〕43号	辽宁省国资委党委关于表彰省（中）直企业优秀共产党员、优秀党务工作者和先进基层党组织的决定
省国资委	辽国资人才〔2021〕90号	转发《关于中央企业加强子企业董事会建设有关事项的通知》的通知
省应急管理厅	辽应急人事〔2021〕4号	辽宁省应急管理厅关于2021年全省工程系列安全工程专业职称评审工作的通知
省国资委		副省长姜有为在《省自然资源厅关于本钢集团采矿权审批进展情况的周报告》上的批示20210802
省审计厅	辽审企通〔2021〕67号	辽宁省审计厅关于开展省属国有企业应收款项及境外资产管理情况审计调查的通知
省国资委	辽国资产权〔2021〕102号	关于将本钢集团有限公司所持辽宁信恒企业管理咨询有限公司100%股权无偿划转给辽宁交通投资有限责任公司的批复
省国资委	辽国资监督〔2021〕103号	关于印发《关于加强辽宁省省属企业内部审计监督工作的实施意见》的通知
省国资委	辽国资社责〔2021〕106号	转发《辽宁省人民政府办公厅关于印发〈辽宁省火灾事故责任调查规定（试行）〉的通知》的通知
省人力资源和社会保障厅、省档案局	辽人社发〔2021〕9号	关于深化档案专业人员职称制度改革的实施意见

发文单位	文件字号	文件标题
省住房和城乡建设厅、省财政厅、省国资委	辽住建〔2021〕48 号	辽宁省住房和城乡建设厅 辽宁省财政厅 辽宁省人民政府国有资产监督管理委员会印发《关于推进设区城市住房公积金统一管理工作方案》的通知
省国资委	辽国资监督〔2021〕112 号	关于切实做好《关于加强辽宁省省属企业内部审计监督工作的实施意见》贯彻落实工作的通知
省国资委	辽国资财运〔2021〕121 号	关于本钢集团有限公司2021年度财务预算的复函
省国资委	辽国资社责〔2021〕135 号	转发省安委会《关于印发〈辽宁省重大生产安全事故隐患治理挂牌督办办法〉〈辽宁省重大事故隐患及问题倒查追责办法（试行）〉的通知》的通知
深圳市亿众鑫矿业投资有限公司、省地质矿产调查院有限责任公司		关于大台沟铁矿项目审计评估工作安排的函
省国资委		关于转发《关于开展2020年度中央及省属用人单位劳动保障书面审查工作的通知》的通知
省国资委		关于转发《辽宁省工业和信息化厅关于做好2021年辽宁省经济系列和工程系列相关行业专业技术资格评审工作的通知》的通知
丹东市政府		刘国栋同志在本钢集团《关于协调丹东港口集疏港铁路问题的请示》上的批示
省档案局	辽档发〔2021〕12 号	辽宁省档案局关于印发《贯彻落实习近平总书记重要批示推进全省档案重点工作任务措施》的通知
省国资委		关于转发《关于做好2021年辽宁省经济系列知识产权专业高级技术资格评审的通知》的通知

续表

发文单位	文件字号	文件标题
省退役军人事务厅、省委机构编制委员会办公室、省人力资源和社会保障厅、省国资委	辽退役军人安字〔2021〕63号	关于下达2021年度省（中）直单位接收符合政府安排工作条件退役士兵安置计划的通知
省国资委	辽国资社责〔2021〕149号	转发《国务院应对新型冠状病毒感染肺炎疫情联防联控机制关于进一步加强新冠肺炎疫情防控工作的通知》的通知
省档案局	辽档发〔2021〕13号	辽宁省档案局关于印发《"十四五"辽宁省档案事业发展规划》的通知
省人力资源和社会保障厅	辽人社函〔2021〕213号	关于开展特级技师评聘试点工作的通知
丹东市政府		刘国栋同志在《本钢集团关于协助港口提高船舶接卸效率的请示》上的批示
省国资委		关于转发《关于下达2021年度省（中）直单位接收符合政府安排工作条件退役士兵安置计划的通知》的通知
省国资委、省财政厅	辽国资〔2021〕44号	辽宁省国资委 辽宁省财政厅关于贯彻落实《国有企业商务招待管理规定》的实施意见
省国资委	辽国资分配〔2021〕160号	关于本钢集团有限公司2020年度工资总额清算评价的意见
省葠窝水库管理局有限责任公司	辽葠局公司函〔2021〕17号	关于请求本钢集团协助提供占地相关资料信息的函
省国资委	辽国资监督〔2021〕192号	印发《关于加强辽宁省省属企业内部控制体系建设与监督工作的实施意见》的通知
省国资委	辽国资监督〔2021〕193号	关于印发《辽宁省省属企业国资监督与社会监督协同办法（试行）》的通知

发文单位	文件字号	文件标题
省国资委	辽国资产权〔2021〕191号	关于印发《省属国有企业混合所有制改革操作指引》的通知
省档案局	辽档发〔2021〕14号	关于公布2021年度辽宁省档案优秀科技成果通知
省国资委党委	辽国资党委组织〔2021〕25号	关于贯彻落实《关于中央企业在完善公司治理中加强党的领导的意见》的通知
市委办公室、市政府办公室	本委办发电〔2021〕3号	中共本溪市委办公室 本溪市人民政府办公室关于做好人民群众在溪过年服务保障工作的通知
市委办公室		姜小林同志批示（本钢集团党委关于明确本溪钢联发展有限公司转属后干部管理权限的请示）
市委	本委〔2021〕39号	中共本溪市委关于表彰本溪市优秀共产党员、优秀党务工作者和先进基层党组织的决定
市委办公室、市政府办公室		吴澜、吴世民、高巍同志在《关于落实市领导本钢集团调研座谈会精神的报告（钢委发〔2021〕52号）》上的批示
市委办公室		吴澜同志在《本钢集团党委关于进一步理顺钢联集团干部、信访、纪检、群团等工作关系的请示（钢委发〔2021〕62号）》上的批示
市政府办公室		省、市领导在《关于加快推进本钢厂办大集体改革改制企业股权划转本溪市的请示》上的批示
市政府	本政〔2021〕12号	关于商请支持国家电投集团本溪热电分公司利用本钢集团矿区开发清洁能源项目的函
南芬区政府		南芬区人民政府关于恳请支付东沟门铁路道口本钢专用线平改立工程增加施工费用的函
市政府办公室	办公会议纪要第3期	关于推进废钢产业发展有关问题办公会议的纪要

发文单位	文件字号	文件标题
市政府办公室	市级〔2021〕32号	世民、高巍、傲风同志在《本钢集团关于解决医疗保险风险调剂金问题的函》上的批示
市政府办公室	本政办请〔2021〕108号	吴世民、高巍同志在本钢集团《关于拟将北钢集团厂办大集体改制企业划转本溪市管理的函》上的批示
溪湖区政府	溪政函〔2021〕16号	关于本钢耐火厂铁路专用线改线工程项目拟占用本钢房产处车队部分厂院的函
市政府办公室	本政办请〔2021〕252号	吴世民、孟广华、高巍同志在《本钢集团关于申请将花红沟铁矿及永安铁矿列为国家重点建设项目的请示》上的圈阅
市政府		本溪市人民政府关于商请配合开展溪湖区二电水泥厂区域本钢所属土地征收工作的函
市政府办公室	本政办请〔2021〕306号	吴世民、高巍、牟傲风同志在《市医保局关于对本钢集团恢复及补注个人医保账户的意见》上的批示
市政府办公室	本政办发〔2021〕19号	本溪市人民政府办公室关于提高城乡居民最低生活保障、特困人员救助供养、孤儿基本生活养育和60年代精简退职职工生活补助标准的通知
市政府办公室	本政办请〔2021〕352号	孟广华、高巍同志在《本溪市财政局关于辽宁冶金技师学院综合实训楼建设项目财政资金拨款的意见》上的批示
市政府办公室	市级〔2021〕40号	吴世民同志在《本钢集团关于商请本溪市政府向省政府请示协调本钢集团供水单价问题的函》上的批示
市政府、本钢集团公司	本政发〔2021〕6号	本溪市人民政府 本钢集团有限公司关于成立本溪市与本钢合作领导小组的通知

续表

发文单位	文件字号	文件标题
市政府办公室	市级〔2021〕111号	吴世民、高巍同志在本钢集团《关于清理北钢集团下属北方投资公司的函》上的批示
市政府办公室	省直〔2021〕1102号	省发展改革委 省工业和信息化厅关于做好钢铁去产能"回头看"整改有关工作的函
市政府办公室	本政办请〔2021〕569号	孟广华、高巍同志在《关于辽宁冶金技师学院申请职业技能培训专项资金改善培训教学条件的函》上的批示
市文化旅游和广播电视局	本文体旅函〔2021〕2号	关于恳请加快推进本钢一铁厂旧址等文物产权移交加强管理保护的函
市住房和城乡建设局	本住建函〔2021〕29号	本溪市住房和城乡建设局关于提供2020年本钢厂区收集处理生活污水相关数据的商请函
市应急管理局	本应急发〔2021〕7号	转发国家矿山安全监察局关于严格非煤地下矿山建设项目施工安全管理的通知
市厂办大集体改革工作领导小组办公室		关于妥善解决本钢厂办大集体退休人员参加大额医疗补充险问题的复函
市工业和信息化局		关于本钢厂区5G布局建设专题会议的纪要
市蓝天工程工作领导小组办公室	本蓝天办〔2021〕1号	关于印发本溪市钢铁企业超低排放改造实施方案的通知
本钢厂办大集体改制企业划转工作联合推进组办公室	本钢厂改划〔2021〕1号	本钢厂办大集体改制企业划转工作实施方案
市国资委	本国资函〔2021〕30号	关于商请无偿划转国有资产用于本钢集团有限公司退休人员人事档案集中统一管理的函
市自然资源局		关于本钢集团2个省发证采矿权划定矿区范围、采矿权变更复核情况的汇报

续表

发文单位	文件字号	文件标题
辽宁辽东水务控投有限责任公司	辽水控函〔2021〕11号	关于拟向本钢集团调整供水单价的函
市化解过剩产能领导小组	本化解过剩办发〔2021〕1号	关于印发本溪市2021年粗钢产量压减工作实施方案的通知
市工业和信息化局	本工信发〔2021〕65号	本溪市工业和信息化局关于核定确认本钢集团"双高"用电负荷的通知
市国资委		关于对《关于北钢公司为本钢集团提供抵押担保的汇报》征求意见的函
市生态环境局	本环函〔2021〕24号	关于通报省级生态环保督察中鞍钢集团本钢集团有限公司存在环境问题的函
市住房和城乡建设局	本住建函〔2021〕199号	本溪市住房和城乡建设局关于提供2021年本钢厂区收集处理生活污水相关数据的商请函
市发展和改革委员会		市发展改革委关于对本钢集团三个项目节能报告审查意见的函
中国钢铁工业协会	钢协〔2021〕12号	中国钢铁工业协会关于调整部分理事、常务理事的决定
中国钢铁工业协会	钢协〔2021〕36号	关于表彰2020年度财务指标快报工作先进单位和优秀个人的通知
中国钢铁工业协会	钢协信〔2021〕15号	关于推荐2020—2021年度钢铁行业统计工作先进工作者名单的通知
中国钢铁工业协会	钢协〔2021〕125号	关于对2020年度"对标挖潜"主要产品制造成本、加工成本暨吨钢材利润前三名企业给予表彰的通知
中国钢铁工业协会	钢协综〔2021〕8号	关于表彰钢铁企业档案工作优秀论文的决定

续表

发文单位	文件字号	文件标题
鞍钢集团有限公司	鞍钢政发〔2021〕44号	关于本钢集团实施混合所有制改革的通知
鞍钢集团财务部	鞍钢财发〔2021〕19号	关于发布《鞍钢集团有限公司通用核算业务操作指导手册》的通知
鞍钢集团法律合规部、审计部	鞍钢法发〔2021〕10号	关于印发《鞍钢集团有限公司风险管理与内部控制"2+N"工作机制》的通知
鞍钢集团有限公司	鞍钢政发〔2021〕45号	关于命名鞍钢集团有限公司职工创新工作室和授予职工创新项目成果奖的决定
鞍钢集团有限公司	鞍钢干发〔2021〕8号	关于杨维等同志任职的决定
鞍钢集团有限公司	鞍钢干发〔2021〕9号	关于王军等同志职务任免的决定
鞍钢集团党委	鞍钢委干发〔2021〕8号	关于杨维等同志职务任免的决定
鞍钢集团党委组织部	鞍钢委发〔2021〕17号	中共鞍钢集团有限公司委员会关于印发《鞍钢集团有限公司党委工作规则》的通知
鞍钢集团党委组织部	鞍钢委发〔2021〕18号	中共鞍钢集团有限公司委员会关于印发《鞍钢集团有限公司党委全委会议事规则》的通知
鞍钢集团党委组织部	鞍钢委发〔2021〕19号	中共鞍钢集团有限公司委员会关于印发《鞍钢集团有限公司党委常委会议事规则》的通知
鞍钢集团党委组织部	鞍钢委发〔2021〕20号	中共鞍钢集团有限公司委员会关于印发《鞍钢集团有限公司基层党委工作规则》的通知
鞍钢集团党委组织部	鞍钢委发〔2021〕25号	中共鞍钢集团有限公司委员会关于印发《鞍钢集团有限公司直管单位党委党建工作责任制考核评价办法》的通知

发文单位	文件字号	文件标题
鞍钢集团人力资源部	鞍钢委办发〔2021〕13号	关于印发《鞍钢集团党建信息管理网使用、管理和维护相关规定》的通知
鞍钢集团财务部	鞍钢财发〔2021〕21号	关于聘请信永中和会计师事务所为本钢集团财务决算审计机构的通知
鞍钢集团安全环保部	鞍钢安发〔2021〕42号	关于印发谭成旭董事长在安全生产工作约谈会议上讲话的通知
鞍钢集团资本运营部	鞍钢资发〔2021〕19号	关于加强融资担保管理工作的通知
鞍钢集团人力资源部	鞍钢委干发〔2021〕9号	关于段向东等同志职务任免的决定
鞍钢集团人力资源部	鞍钢干发〔2021〕10号	关于段向东等同志职务任免的决定
鞍钢集团管理与信息化部	鞍钢政发〔2021〕47号	关于下发《鞍钢集团深化混合所有制改革实施方案》的通知
鞍钢集团办公室	鞍钢政办发〔2021〕8号	关于印发《鞍钢集团有限公司重大活动和突发事件档案管理办法》的通知
鞍钢集团办公室	应急〔2021〕83号	应急管理部关于印发《企业安全生产标准化建设定级办法》的通知
鞍钢集团纪委	鞍钢纪综发〔2021〕9号	关于印发《2021年度鞍钢集团有限公司直管单位纪委书记履职考核评价工作方案》的通知
鞍钢集团党委办公室	鞍钢委办发〔2021〕15号	关于下发《鞍钢集团有限公司党委关于深入贯彻落实习近平总书记重要指示批示的督查办法（试行）》的通知
鞍钢集团有限公司党委	鞍钢委发〔2021〕27号	关于印发《鞍钢集团有限公司新闻宣传工作管理办法》的通知

发文单位	文件字号	文件标题
鞍钢集团有限公司	鞍钢政发〔2021〕49号	关于鞍本区域核心研发机构优化设置的实施意见
鞍钢集团财务部	鞍钢财发〔2021〕22号	关于调整政府补助账务处理要求的通知
鞍钢集团有限公司	鞍钢政发〔2021〕51号	关于下发《鞍钢集团有限公司资产减值准备管理办法》的通知
鞍钢集团团委	鞍钢团发〔2021〕33号	关于表彰第一届鞍钢青年创新大赛获奖项目的决定
鞍钢集团党委办公室	鞍钢委办发〔2021〕16号	关于下发《鞍钢集团党委常委会直接决策事项清单》的通知
鞍钢党史学习教育领导小组办公室	鞍钢学办发〔2021〕15号	关于做好党史学习教育文件材料收集归档工作的通知
鞍钢集团战略规划部	鞍钢战发〔2021〕81号	关于落实鞍钢集团有限公司与辽阳市人民政府战略合作框架协议的通知
鞍钢集团有限公司	鞍钢政发〔2021〕52号	关于下发《鞍钢集团落实子企业董事会职权工作方案》的通知
鞍钢集团办公室	鞍钢财〔2021〕21号	关于本钢板材新增关联交易额度及签署金融业务相关协议的请示
鞍钢集团党委宣传部	鞍钢委宣〔2021〕25号	关于建立本钢改革思想舆论引导体系助力改革平稳推进的报告
鞍钢集团有限公司	鞍钢政发〔2021〕53号	关于印发鞍钢集团创建管理提升"三个标杆"名单的通知
鞍钢集团党委办公室	鞍钢委办发〔2021〕18号	关于下发《鞍钢集团党委常委会前置研究讨论重大经营管理事项清单》的通知
鞍钢集团办公室	国资发科创〔2021〕93号	关于印发《关于推进中央企业高质量发展做好碳达峰碳中和工作的指导意见》的通知

发文单位	文件字号	文件标题
鞍钢集团资本运营部	鞍钢资〔2021〕51号	关于本钢票据风险排查情况的报告
鞍钢集团法律合规部	鞍钢政发〔2021〕54号	关于下发《鞍钢集团有限公司关于开展法治宣传教育的第八个五年规划（2021—2025年）》的通知
鞍钢集团法律合规部	鞍钢政发〔2021〕55号	关于下发《关于进一步深化法治鞍钢建设的实施方案》的通知
鞍钢集团人力资源部	鞍钢干发〔2021〕12号	关于张鹏等同志职务任免的决定
鞍钢集团人力资源部	鞍钢委干发〔2021〕11号	关于张鹏等同志职务任免的决定
鞍钢集团党委组织部	鞍钢委组发〔2021〕81号	关于印发《关于进一步加强混合所有制企业党建工作的指导意见（试行）》的通知
鞍钢集团有限公司	鞍钢政发〔2021〕57号	关于子企业负责人公务用车改革等有关事宜的通知
鞍钢集团法律合规部	鞍钢法发〔2021〕12号	关于印发《法治鞍钢建设工作协作组管理办法》的通知
鞍钢集团审计部	鞍钢审发〔2021〕55号	关于印发《鞍钢集团有限公司违规经营投资责任追究业务档案管理工作规则（试行）》的通知
鞍钢集团审计部	鞍钢审发〔2021〕56号	关于印发《鞍钢集团有限公司违规经营投资问题线索督办工作规则（试行）》的通知
鞍钢集团团委	鞍钢团发〔2021〕37号	关于印发《鞍钢集团有限公司团委学习宣传贯彻党的十九届六中全会精神工作方案》的通知
鞍钢集团党委宣传部	鞍钢委宣发〔2021〕15号	关于发布《鞍钢集团品牌传播手册》的通知
鞍钢集团法律合规部	鞍钢法发〔2021〕13号	关于印发《鞍钢集团有限公司外聘法律中介机构管理办法》的通知

续表

发文单位	文件字号	文件标题
鞍钢集团办公室	鞍钢政办发〔2021〕11号	关于印发《鞍钢集团有限公司2021年档案工作总结》的通知
鞍钢集团办公室	改革函〔2021〕65号	关于中央企业进一步深化压减工作的通知
鞍钢集团办公室	本钢发办字〔2021〕149号	关于落实谭成旭董事长戴志浩总经理重要讲话精神的报告
鞍钢集团保密委员会办公室	鞍钢密委发〔2021〕5号	关于印发《鞍钢集团有限公司微信使用保密管理规定》的通知
鞍钢集团有限公司	鞍钢政发〔2021〕62号	鞍钢集团有限公司关于优化科技管理提升创新能力的指导意见
鞍钢集团纪委	国资发财评〔2021〕104号	关于认真贯彻落实《保障中小企业款项支付条例》进一步做深做实清理拖欠中小企业账款工作的通知
鞍钢集团有限公司	鞍钢政发〔2021〕61号	关于印发《鞍钢集团改革三年行动重点改革任务评估考核实施办法》的通知
鞍钢集团有限公司	鞍钢政发〔2021〕63号	关于印发《鞍钢集团有限公司审计整改管理办法》的通知
鞍钢集团有限公司	鞍钢政发〔2021〕66号	关于下发《鞍钢集团有限公司董事会授权决策事项清单》的通知
鞍钢集团有限公司	鞍钢政发〔2021〕67号	关于下发《鞍钢集团有限公司总经理议事规则》的通知
鞍钢集团有限公司	鞍钢政发〔2021〕68号	关于下发《鞍钢集团有限公司董事会议事规则》的通知
鞍钢集团有限公司	鞍钢政发〔2021〕69号	关于下发《鞍钢集团有限公司董事会授权管理办法》的通知
鞍钢集团有限公司	鞍钢政发〔2021〕70号	关于下发《鞍钢集团有限公司董事会战略与投资委员会议事规则》的通知

续表

发文单位	文件字号	文件标题
鞍钢集团有限公司	鞍钢政发〔2021〕71号	关于下发《鞍钢集团有限公司董事会提名委员会议事规则》的通知
鞍钢集团有限公司	鞍钢政发〔2021〕72号	关于下发《鞍钢集团有限公司董事会薪酬与考核委员会议事规则》的通知
鞍钢集团有限公司	鞍钢政发〔2021〕73号	关于下发《鞍钢集团有限公司董事会审计与风险委员会议事规则》的通知
鞍钢集团安全环保部	鞍钢安发〔2021〕47号	关于印发《鞍钢集团有限公司2022年环保节能双碳工作要点》的通知
鞍钢集团办公室	鞍钢政办发〔2021〕12号	关于印发《〈鞍钢集团投资管理提升工作方案〉推进实施方案》的通知
鞍钢集团有限公司党委	鞍钢委发〔2021〕29号	关于取消领导人员任职试用期制度的通知
鞍钢集团有限公司	鞍钢政发〔2021〕75号	关于下发《鞍钢集团有限公司子企业董事会工作规则（试行）》的通知
鞍钢集团有限公司	鞍钢政发〔2021〕76号	关于下发《鞍钢集团有限公司子企业董事会和专职董事评价办法》的通知
鞍钢集团党委	鞍钢委发〔2021〕30号	关于印发《鞍钢集团2022年度"我为群众办实事"重点民生项目计划》的通知

（办公室　供）

2021 年度董事会文件目录

文件编号	文件标题
本钢董发〔2022〕1 号	本钢集团有限公司关于调整组织机构设置的通知

（办公室　供）

2021年度党委文件目录

文件字号	文件标题
钢委发〔2021〕1号	关于杨成广等四名同志在企业兼任领导职务的请示
钢委发〔2021〕2号	关于曹爱民同志在中天证券兼任领导职务的请示
钢委发〔2021〕3号	关于印发《本钢集团有限公司管理的领导干部改作专项工作实施意见》的通知
钢委发〔2021〕4号	本钢集团党委2020年意识形态工作报告
钢委发〔2021〕5号	关于调整本钢集团外事工作领导小组的通知
钢委发〔2021〕6号	本钢集团党委关于通报刘国强严重违纪违法问题进行立案审查调查情况的报告
钢委发〔2021〕7号	本钢集团关于呈报领导班子2020年度民主生活会方案的报告
钢委发〔2021〕8号	本钢集团有限公司党委关于高烈同志负责经理层日常联系协调工作的请示
钢委发〔2021〕9号	关于印发《本钢集团有限公司核心关键岗位人员交流轮岗实施意见》的通知
钢委发〔2021〕10号	本钢集团党委 本钢集团关于表彰2020年度先进集体和先进个人的决定
钢委发〔2021〕11号	本钢集团有限公司党委关于领导班子成员工作分工情况的报告
钢委发〔2021〕12号	关于对霍刚等部分干部职务调整的通知

文件字号	文件标题
钢委发〔2021〕13 号	关于对蒋光炜等部分干部职务调整的通知
钢委发〔2021〕14 号	关于调整部分基层党组织设置的通知
钢委发〔2021〕15 号	本钢集团党委关于授予罗佳全同志"本钢新时代功勋员工"荣誉称号的决定
钢委发〔2021〕16 号	本钢集团党委关于开展向"本钢新时代功勋员工"罗佳全同志学习活动的决定
钢委发〔2021〕17 号	本钢集团党委关于调整巡视反馈整改工作领导小组成员的通知
钢委发〔2021〕18 号	关于召开中共本钢集团有限公司第二次代表大会的请示
钢委发〔2021〕19 号	本钢集团关于领导班子实行 AB 角制度的通知
钢委发〔2021〕20 号	关于启用中国共产党本钢板材股份有限公司炼铁总厂委员会和作废中共本钢板材股份有限公司炼铁厂委员会等党委印章的通知
钢委发〔2021〕21 号	关于调整本钢集团党的建设工作领导小组（本钢集团党委履行全面从严治党主体责任领导小组）成员的通知
钢委发〔2021〕22 号	关于印发《本钢集团党委巩固深化"不忘初心、牢记使命"主题教育成果具体措施》的通知
钢委发〔2021〕23 号	关于加强以党建带关工委建设的意见
钢委发〔2021〕24 号	关于成立本钢集团党委党史学习教育领导小组的通知
钢委发〔2021〕25 号	关于调整本钢集团有限公司党委意识形态工作分析研判小组的通知

续表

文件字号	文件标题
钢委发〔2021〕26号	本钢集团党委关于印发《在本钢全体党员中开展党史学习教育工作方案》的通知
钢委发〔2021〕27号	关于印发《本钢集团深化改革三年行动计划（2020—2022年）》的通知
钢委发〔2021〕28号	关于对黄兴华等部分干部职务调整的通知
钢委发〔2021〕29号	关于印发《本钢集团政工例会制度》的通知
钢委发〔2021〕30号	本钢集团关于近期干部调整情况的报告
钢委发〔2021〕31号	本钢集团党委关于明确本溪钢联发展有限公司转属后干部管理权限的请示
钢委发〔2021〕32号	关于支持本钢厂办大集体改制企业发展的若干意见
钢委发〔2021〕33号	关于王学明同志提高享受副省（部）长级医疗待遇的请示
钢委发〔2021〕34号	关于王学明同志提高享受副省（部）长级医疗待遇的请示
钢委发〔2021〕35号	关于印发《本钢集团党委庆祝中国共产党成立100周年系列活动方案》的通知
钢委发〔2021〕36号	关于房地产公司等三家单位对省委巡视整改工作落实不到位的情况通报
钢委发〔2021〕37号	关于矿业设备修造厂和设计院对省委巡视整改工作落实不到位的情况通报
钢委发〔2021〕38号	本钢集团党委关于钢联公司党委组织关系整建制转出的情况报告

续表

文件字号	文件标题
钢委发〔2021〕39 号	本钢集团党委关于"四责协同"压实全面从严治党政治责任的实施意见
钢委发〔2021〕40 号	关于学习传达贯彻张国清书记刘宁省长署名文章精神情况的报告
钢委发〔2021〕41 号	关于做好本钢集团党委庆祝建党 100 周年优秀共产党员、优秀党务工作者和先进党组织评选表彰工作的通知
钢委发〔2021〕42 号	本钢集团有限公司党委关于暂缓换届工作有关情况的报告
钢委发〔2021〕43 号	关于开展第六轮巡察及第三轮巡察 整改落实"回头看"的通知
钢委发〔2021〕44 号	关于"七一"前夕组织开展走访慰问活动的通知
钢委发〔2021〕45 号	关于本钢集团有限公司参与评选"辽宁省五一劳动奖状"用印申请
钢委发〔2021〕46 号	关于印发《本钢集团有限公司党委开展"靠钢吃钢"问题专项治理工作方案》的通知
钢委发〔2021〕47 号	关于本钢集团召开庆祝中国共产党成立 100 周年暨"两优一先"表彰大会的请示
钢委发〔2021〕48 号	本钢集团庆祝中国共产党成立 100 周年组织开展"永远跟党走"群众性主题宣传教育活动的责任分工方案
钢委发〔2021〕49 号	本钢集团党委关于表彰本钢集团优秀共产党员、优秀党务工作者和先进党组织的决定
钢委发〔2021〕50 号	关于印发《中共本钢集团有限公司委员会"第一议题"制度》的通知
钢委发〔2021〕51 号	关于支持鞍钢集团重组本钢集团的意见

续表

文件字号	文件标题
钢委发〔2021〕52 号	关于落实市政领导本钢集团调研座谈会精神的报告
钢委发〔2021〕53 号	本钢集团有限公司 2021 年保密工作要点
钢委发〔2021〕54 号	本钢集团党委关于"整顿工作作风、严肃工作纪律、树立本钢形象"和"靠钢吃钢"专项治理工作进展情况的报告
钢委发〔2021〕55 号	关于调整中共本钢集团有限公司委员会统一战线工作领导小组的通知
钢委发〔2021〕56 号	本钢集团关于 2021 年上半年工作完成情况的报告
钢委发〔2021〕57 号	本钢集团有限公司关于推进经理层成员任期制和契约化管理工作情况报告
钢委发〔2021〕58 号	本钢集团有限公司关于推进经理层成员任期制和契约化管理工作情况报告
钢委发〔2021〕59 号	本钢集团关于协调辽阳县委县政府妥善处理贾家堡铁矿有关问题的请示
钢委发〔2021〕60 号	本钢集团党委关于表彰 2020 年度"本钢好人"的决定
钢委发〔2021〕61 号	关于支持本钢厂办大集体改制企业发展的若干意见
钢委发〔2021〕62 号	本钢集团党委关于进一步理顺钢联公司干部、信访、纪检、群团等工作关系的请示
钢委发〔2021〕63 号	关于对彭飞等同志职务聘任的通知
钢委发〔2021〕64 号	关于签订 2021 年度党风廉政建设目标责任书的通知

文件字号	文件标题
钢委发〔2021〕65号	本钢集团加强保密管理专项整治工作方案
钢委发〔2021〕66号	关于印发《本钢集团重大决策终身责任追究办法（暂行）》的通知
钢委发〔2021〕67号	关于给予张吉恒同志党内严重警告处分的决定
钢委发〔2021〕68号	关于给予王长华同志党内严重警告处分的决定
钢委发〔2021〕69号	关于给予刘青海同志党内严重警告处分的决定
钢委发〔2021〕70号	关于给予郎旭英同志党内严重警告处分的决定
钢委发〔2021〕71号	关于印发《中共辽宁省委巡视办印发〈省委第十巡视组关于对本钢集团有限公司党委开展巡视整改落实"回头看"的反馈意见〉的通知》的通报
钢委发〔2021〕72号	关于印发《本钢集团党委巡察整改工作问责办法（暂行）》的通知
钢委发〔2021〕73号	关于给予韩宏举同志党内严重警告处分的决定
钢委发〔2021〕74号	关于给予刘瑾同志党内严重警告处分的决定
钢委发〔2021〕75号	关于本钢板材保密委员会和保密办公室职责与人员变更的批复
钢委发〔2021〕76号	本钢集团党委关于辽巡办〔2018〕85号文件流转问题的整改报告
钢委发〔2021〕77号	关于推荐本钢集团职工董事、职工监事的通知

续表

文件字号	文件标题
钢委发〔2021〕78 号	关于推荐本钢集团职工董事、职工监事的通知
钢委发〔2021〕79 号	关于推荐本钢集团有限公司党委常委人选的请示
钢委发〔2021〕80 号	关于本钢集团有限公司职工董事、职工监事选举和公示结果的报告
钢委发〔2021〕81 号	关于本钢集团有限公司领导班子成员工作意向的报告
钢委发〔2021〕82 号	本钢集团党委落实省委第十巡视组反馈意见整改方案
钢委发〔2021〕83 号	关于印发《本钢集团有限公司统一战线工作经费实施办法（暂行）》的通知
钢委发〔2021〕84 号	关于给予丛雅娟同志党内严重警告处分的决定
钢委发〔2021〕85 号	关于给予赵文军同志党内警告处分的决定
钢委发〔2021〕86 号	关于给予范洪波同志党内严重警告处分的决定
钢委发〔2021〕87 号	关于本钢集团有限公司提名张彦宾同志为工会主席人选的函
钢委发〔2021〕88 号	中共本钢集团有限公司委员会关于党委行政领导分工调整的报告
钢委发〔2021〕89 号	中共本钢集团有限公司委员会关于总经理助理分工调整的报告
钢委发〔2021〕90 号	关于印发《本钢集团有限公司党委常委议事规则》的通知

续表

文件字号	文件标题
钢委发〔2021〕91号	关于十二届省委第十二轮巡视第十巡视组对本钢集团有限公司党委巡视整改落实"回头看"反馈意见整改落实进展情况的报告
钢委发〔2021〕92号	关于对史旭天等同志职务调整的通知
钢委发〔2021〕93号	本钢集团关于推荐曹爱民同志为本溪市第十七届人大常委会委员人选的函
钢委发〔2021〕94号	中共本钢集团有限公司委员会关于张贵玉同志退休的请示
钢委发〔2021〕95号	关于本钢集团有限公司党组织机构调整的通知
钢委发〔2021〕96号	关于本钢赵华棋反映发放房补问题情况的报告
钢委发〔2021〕97号	关于转发《鞍钢集团有限公司先进个人和先进集体推荐评选工作管理办法（试行）》的通知
钢委发〔2021〕98号	关于开展2021年度本钢集团有限公司先进集体和先进个人评选工作的通知
钢委发〔2021〕99号	关于转发《鞍钢集团公司基层党委书记例会制度》的通知
钢委发〔2021〕100号	关于转发《鞍钢集团公司党政公文处理办法》的通知
钢委发〔2021〕101号	关于调回本钢驻村第一书记张寅光同志的请示
钢委发〔2021〕102号	关于赵忠民同志内部兼职的请示
钢委发〔2021〕103号	关于下发《本钢深化市场化改革网格化管理实施方案》的通知

文件字号	文件标题
钢委发 〔2021〕104 号	关于转发《鞍钢集团有限公司领导人员保密工作责任制规定》的通知
钢委发 〔2021〕105 号	关于调整本钢集团有限公司党委党建工作领导小组（履行全面从严治党主体责任领导小组）成员的通知
钢委发 〔2021〕106 号	本钢集团有限公司党委关于学习宣传党的十九届六中全会精神工作方案
钢委发 〔2021〕107 号	关于鞍钢集团先进单位和先进个人的推荐报告
钢委发 〔2021〕108 号	关于印发《本钢集团有限公司网络安全和信息化领导小组》的通知
钢委发 〔2021〕109 号	关于印发《本钢集团有限公司党委理论学习中心组学习实施细则》的通知
钢委发 〔2021〕110 号	关于转发《鞍钢集团有限公司党委关于进一步加强党建带团建工作的意见》的通知
钢委发 〔2021〕111 号	本钢集团有限公司党委关于纪检体制改革的实施方案
钢委发 〔2021〕112 号	关于启用中共本溪钢铁（集团）矿业有限责任公司委员会筹建组、中共本溪北营钢铁（集团）股份有限公司委员会筹建组两枚党委印章的通知
钢委发 〔2021〕113 号	关于不补充推荐 2021 年度先进单位和先进个人报告
钢委发 〔2021〕114 号	关于转发《鞍钢集团公司党委关于进一步加强基层党建工作的实施意见》的通知
钢委发 〔2021〕115 号	关于转发《鞍钢集团有限公司党委关于进一步加强和改进各级机关党建工作的实施意见》的通知
钢委发 〔2021〕116 号	关于转发《鞍钢集团公司党委关于严格党的组织生活制度的实施意见》的通知

续表

文件字号	文件标题
钢委发〔2021〕117号	关于印发《本钢集团有限公司基层党支部工作细则》的通知
钢委发〔2021〕118号	关于转发《鞍钢集团公司党建工作责任制实施办法》的通知
钢委发〔2021〕119号	关于印发《本钢集团有限公司党委工作规则》的通知
钢委发〔2021〕120号	关于转发《鞍钢集团公司党委关于贯彻落实全面从严治党要求进一步加强和改进党建工作的意见》的通知
钢委发〔2021〕121号	关于转发《鞍钢集团有限公司党委关于加强党的政治建设的实施意见》的通知
钢委发〔2021〕122号	关于印发《本钢集团有限公司直管单位党委党建工作责任制考核评价办法（试行）》的通知
钢委发〔2021〕123号	关于变更《本钢日报》出版刊期的请示
钢委发〔2021〕124号	关于印发《本钢集团有限公司党员领导干部民主生活会实施细则》的通知
钢委发〔2021〕125号	关于印发《本钢集团有限公司基层党委工作规则》的通知
钢委发〔2021〕126号	关于本钢集团领导人员从事专项工作的实施意见
钢委发〔2021〕127号	关于转发《党委意识形态工作责任制实施细则》的通知
钢委发〔2021〕128号	关于印发《本钢集团有限公司党委全委会议事规则》的通知
钢委发〔2021〕129号	关于转发《鞍钢集团有限公司企业文化和品牌建设管理办法》的通知

文件字号	文件标题
钢委发〔2021〕130 号	关于印发《本钢集团有限公司党委关于学习贯彻落实〈党委（党组）落实全面从严治党主体责任规定〉的实施意见》的通知
钢委发〔2021〕131 号	关于印发《本钢集团有限公司党员教育管理工作细则》的通知
钢委发〔2021〕132 号	关于印发《本钢集团有限公司党委构建大监督体系的意见》的通知
钢委发〔2021〕133 号	关于印发《本钢集团有限公司党委关于被巡察单位党组织配合巡察工作实施办法》的通知
钢委发〔2021〕134 号	关于印发《本钢集团有限公司网站管理办法》的通知
钢委发〔2021〕135 号	关于印发《本钢集团有限公司新闻宣传工作管理办法》的通知
钢委发〔2021〕136 号	关于印发《本钢集团有限公司党委党风廉政建设责任考核与追究办法》的通知
钢委发〔2021〕137 号	关于印发《本钢集团有限公司党委巡察工作实施办法》的通知
钢委发〔2021〕138 号	关于印发《本钢集团有限公司党委关于深入贯彻落实中央八项规定精神进一步加强作风建设的实施办法》的通知
钢委发〔2021〕139 号	关于印发《本钢集团有限公司党委关于运用监督执纪"第一种形态"的办法》的通知
钢委发〔2021〕140 号	关于印发《关于推行领导人员岗位分级分类管理的意见（试行）》的通知
钢委发〔2021〕141 号	关于转发《鞍钢集团有限公司国家安全人民防线建设工作规定（试行）》的通知
钢委发〔2021〕142 号	关于印发《本钢集团有限公司党委关于加强和改进保密工作的实施意见》的通知

（办公室　供）

2021 年度行政文件目录

文件字号	文件标题
本钢发安字〔2021〕1 号	本钢集团有限公司关于做好 2021 年安全生产工作任务的通知
本钢发制字〔2021〕2 号	关于印发《2021 年 1 月份生产经营计划》的通知
本钢发规字〔2021〕3 号	关于印发《本钢集团有限公司建设项目工程其他费管理实施细则》的通知
本钢发规字〔2021〕4 号	关于印发《本钢集团有限公司建设项目后评价管理办法》的通知
本钢发规字〔2021〕5 号	关于印发《本钢集团有限公司重点技术改造项目前期工作管理办法》的通知
本钢发办字〔2021〕6 号	关于启用本钢集团财务有限公司新印章的通知
本钢发人字〔2021〕7 号	关于印发《本钢集团有限公司完善"四定"总体工作安排》的通知
本钢发制字〔2021〕8 号	关于印发《本钢集团有限公司生产辅料管理规定》的通知
本钢发国贸字〔2021〕9 号	关于印发《本钢集团矿业公司贾家堡铁矿岩石销售管理细则》的通知
本钢发制字〔2021〕10 号	关于印发《本钢集团有限公司公路运输管理办法》的通知
本钢发科字〔2021〕11 号	关于印发《2021 年本钢集团有限公司产品认证项目计划》的通知
本钢发制字〔2021〕12 号	关于印发《2021 年 2 月份生产经营计划》的通知

文件字号	文件标题
本钢发办字〔2021〕13 号	本钢集团有限公司关于领导班子成员及高管工作分工的通知
本钢发运营字〔2021〕14 号	关于成立北营炼铁总厂的通知
本钢发规字〔2021〕15 号	关于下发《本钢"十四五"发展规划落实推进工作方案》的通知
本钢发国贸字〔2021〕16 号	本钢集团有限公司销售系统市场异动动态应急管理办法
本钢发办字〔2021〕17 号	关于启用本溪北营钢铁（集团）股份有限公司炼铁总厂印章的通知
本钢发运营字〔2021〕18 号	关于印发《本钢集团有限公司采购管理办法》的通知
本钢发监字〔2021〕19 号	关于给予杨林同志记过处分的决定
本钢发监字〔2021〕20 号	关于给予张辉同志记过处分的决定
本钢发监字〔2021〕21 号	关于给予李东旭同志警告处分的决定
本钢发战字〔2021〕22 号	关于板材炼钢厂 1 号 2 号 3 号 7 号转炉新建三次除尘系统项目可行性研究的批复
本钢发制字〔2021〕23 号	关于印发《本钢集团有限公司调料管理规定》的通知
本钢发制字〔2021〕24 号	关于印发《2021 年 3 月份生产经营计划》的通知
本钢发科字〔2021〕25 号	关于成立本钢集团有限公司技术专家委员会的通知

续表

文件字号	文件标题
本钢发科字〔2021〕26 号	关于成立本钢集团有限公司科技创新委员会的通知
本钢发监字〔2021〕27 号	关于给予冯卫东同志警告处分的决定
本钢发办字〔2021〕28 号	本钢集团有限公司关于调整董事会各专门委员会成员及职责的通知
本钢发能字〔2021〕29 号	关于印发《本钢集团迎接第二轮中央生态环保督察工作实施方案》的通知
本钢发运营字〔2021〕30 号	关于特殊时期问责追责补充规定的通知
本钢发制字〔2021〕31 号	关于印发《2021 年 4 月份生产经营计划》的通知
本钢发战字〔2021〕32 号	关于本钢集团有限公司开展 2021 年度建设项目后评价工作的通知
本钢发资字〔2021〕33 号	本钢集团推进鞍本重组工作方案
本钢发科字〔2021〕34 号	关于印发《本钢集团有限公司科学技术保密管理办法》的通知
本钢发科字〔2021〕35 号	关于印发《本钢集团有限公司新产品开发管理办法》的通知
本钢发科字〔2021〕36 号	关于印发《本钢集团有限公司对外合作科技项目管理办法》的通知
本钢发科字〔2021〕37 号	关于印发《本钢集团有限公司科技论文管理办法》的通知
本钢发科字〔2021〕38 号	关于印发《本钢集团有限公司技术创新成果奖管理办法》的通知

文件字号	文件标题
本钢发科字〔2021〕39号	关于印发《本钢集团有限公司技术创新管理办法》的通知
本钢发科字〔2021〕40号	关于印发《本钢集团有限公司政府科技项目管理办法》的通知
本钢发运改字〔2021〕41号	关于下发本钢集团精准激励相关政策的通知
本钢发科字〔2021〕42号	关于印发《本钢集团有限公司科技项目管理办法》的通知
本钢发科字〔2021〕43号	关于印发《本钢集团有限公司产品认证管理办法》的通知
本钢发科字〔2021〕44号	关于印发《本钢集团有限公司科技创新项目效益评价及奖励管理办法》的通知
本钢发运改字〔2021〕45号	关于印发《本钢集团有限公司管理职责汇编》的通知
本钢发科字〔2021〕46号	关于印发《本钢集团有限公司专利管理办法》的通知
本钢发审字〔2021〕47号	关于印发《本钢集团有限公司建设项目后评价审计管理办法（暂行）》的通知
本钢发审字〔2021〕48号	关于印发《本钢集团有限公司审计整改管理办法》的通知
本钢发财字〔2021〕49号	关于印发《本钢集团有限公司研发费用管理规定》的通知
本钢发科字〔2021〕50号	关于印发《2021年本钢集团有限公司科技项目计划》的通知
本钢发制字〔2021〕51号	关于印发《2021年5月份生产经营计划》的通知

文件字号	文件标题
本钢发科字〔2021〕52号	关于下达《本钢集团有限公司2021年第一批新产品研发计划》的通知
本钢发行字〔2021〕53号	关于印发《本钢集团有限公司业务招待费管理规定》的通知
本钢发运营字〔2021〕54号	本钢集团经理层奖励金实施办法
本钢发办字〔2021〕55号	关于启用本钢集团有限公司科技创新部和作废本钢集团有限公司科技发展部等印章的通知
本钢发办字〔2021〕56号	本钢集团超利共享利润奖实施办法
本钢发行字〔2021〕57号	关于印发《本钢集团有限公司职工餐补管理规定》的通知
本钢发信字〔2021〕58号	本钢集团有限公司关于调整信访稳定领导小组及信访稳定工作委员会成员的通知
本钢发制字〔2021〕59号	关于印发《2021年6月份生产经营计划》的通知
本钢发办字〔2021〕60号	关于启用本溪钢铁（集团）矿业有限责任 公司石灰石矿新印章的通知
本钢发监字〔2021〕61号	关于给予孙昊同志警告处分的决定
本钢发办字〔2021〕62号	关于启用本钢集团有限公司档案中心印章的通知
本钢发办字〔2021〕63号	关于印发《本钢集团有限公司现场应急处置管理规定》的通知
本钢发制字〔2021〕64号	本钢集团有限公司2021年防汛工作安排

文件字号	文件标题
本钢发制字〔2021〕65号	本钢集团"数字化、智能化"推进组工作实施方案
本钢发保字〔2021〕66号	本钢集团板材厂区摩托车、燃油助力车、电动自行车入厂管理规定
本钢发资字〔2021〕67号	关于印发《本钢集团有限公司参股股权投资项目后评价管理办法（暂行）》的通知
本钢发制字〔2021〕68号	关于印发《2021年7月份生产经营计划》的通知
本钢发宣字〔2021〕69号	关于印发《本钢集团有限公司信息公开管理制度》的通知
本钢发运改字〔2021〕70号	关于《本钢集团核心业务流程核决权限管理办法》的补充通知
本钢发采字〔2021〕71号	关于印发《本钢集团有限公司外购产品异议管理办法》的通知
本钢发制字〔2021〕72号	关于印发《本钢集团有限公司生产用物料采购技术协议管理实施细则》的通知
本钢发战字〔2021〕73号	关于进一步明确矿产资源开发工作任务及成立本钢集团工作专班的通知
本钢发战字〔2021〕74号	《本溪钢铁(集团)矿业辽阳贾家堡铁矿露天开采转地下开采可行性研究报告》的批复
本钢发制字〔2021〕75号	关于印发《2021年8月份生产经营计划》的通知
本钢发制字〔2021〕76号	关于印发《本钢集团有限公司参股股权投资项目后评价审计管理办法（暂行）》的通知
本钢发采字〔2021〕77号	本钢集团有限公司采购物料料号管理办法

文件字号	文件标题
本钢发财字〔2021〕78 号	关于下发《本钢集团有限公司资产管理整治工作实施方案（试行）》的通知
本钢发监字〔2021〕79 号	关于给予张松岩同志警告处分的决定
本钢发资字〔2021〕80 号	关于本钢宝锦（沈阳）汽车新材料技术有限公司增资扩股的批复
本钢发运改字〔2021〕81 号	关于明确集团公司内部企业采购自产材流程及相关要求的通知
本钢发办字〔2021〕82 号	关于启用本钢集团有限公司战略规划部及本钢集团有限公司矿产资源管理办公室印章的通知
本钢发办字〔2021〕83 号	关于启用辽宁信恒企业管理咨询有限公司印章的通知
本钢发人字〔2021〕84 号	关于印发《本钢集团有限公司首席工程技术岗位聘任管理办法》的通知
本钢发监字〔2021〕85 号	关于给予郎旭英同志撤职处分的决定
本钢发制字〔2021〕86 号	关于印发《本钢集团有限公司 2021 年"质量月"活动安排》的通知
本钢发运改字〔2021〕87 号	关于印发《集团公司核心业务流程核决权限调整》的通知
本钢发运改字〔2021〕88 号	关于印发《鞍钢重组本钢过渡期相关工作落实推进方案》的通知
本钢发监字〔2021〕89 号	关于给予郭玉伟同志记过处分的决定
本钢发监字〔2021〕90 号	关于给予周雷同志记大过处分的决定

文件字号	文件标题
本钢发监字〔2021〕91号	关于给予刘瑾同志记大过处分的决定
本钢发监字〔2021〕92号	关于给予欧继胜同志警告处分的决定
本钢发能字〔2021〕93号	关于印发《本钢集团有限公司低碳发展工作方案》的通知
本钢发能字〔2021〕94号	关于印发《2021年9月份生产经营计划》的通知
本钢发行字〔2021〕95号	关于下发《本钢集团厂（矿）区外闲置房产盘活方案》的通知
本钢发国贸字〔2021〕96号	本钢集团有限公司销售产品异议处理管理制度
本钢发运营字〔2021〕97号	关于印发《本钢集团吊销未注销企业清理工作方案》的通知
本钢发财字〔2021〕98号	关于印发《本钢集团有限公司债权和债务管理制度》的通知
本钢发财字〔2021〕99号	关于印发《本钢集团有限公司外部债权清收管理及考核规定》的通知
本钢发能字〔2021〕100号	关于成立本钢集团有限公司超低排放改造改造领导小组的通知
本钢发制字〔2021〕101号	关于印发《本钢集团有限公司事故信息上报及处置管理办法》的通知
本钢发制字〔2021〕102号	关于印发《2021年10月份生产经营计划》的通知
本钢发监字〔2021〕103号	关于给予赵文军同志记过处分的决定

文件字号	文件标题
本钢发监字〔2021〕104 号	关于给予范洪波同志记大过处分的决定
本钢发办字〔2021〕105 号	关于印发《本钢集团有限公司董事会议事规则》的通知
本钢发办字〔2021〕106 号	关于印发《本钢集团有限公司总经理议事规则》的通知
本钢发办字〔2021〕107 号	关于印发《本钢集团有限公司董事会秘书工作制度》的通知
本钢发审字〔2021〕108 号	关于成立本钢集团违规经营投资责任追究工作领导小组的通知
本钢发制字〔2021〕109 号	本钢集团有限公司关于 2021 年防寒防冻工作安排的通知
本钢发财字〔2021〕110 号	关于做好民营企业欠款清理工作的通知
本钢发制字〔2021〕111 号	关于印发 QBB502–2021《冷轧不锈钢钢带》等 3 项标准的通知
本钢发制字〔2021〕112 号	关于印发《2021 年 11 月份生产经营计划》的通知
本钢发运营字〔2021〕113 号	关于印发《本钢集团有限公司规章制度管理规定》的通知
本钢发运营字〔2021〕114 号	关于印发《本钢集团有限公司落实"三重一大"决策制度实施及监督办法》的通知
本钢发运营字〔2021〕115 号	关于印发《本钢集团有限公司机构编制管理办法》的通知
本钢发人字〔2021〕116 号	关于印发《本钢集团有限公司深化三项制度改革实施方案》的通知

文件字号	文件标题
本钢发运营字〔2021〕117 号	关于印发《本钢集团有限公司差异化管控模式指导意见（试行）》的通知
本钢发运营字〔2021〕118 号	关于印发《本钢集团落实国企改革三年行动深化市场化改革总体方案》的通知
本钢发运营字〔2021〕119 号	关于印发《本钢集团有限公司总部及主要子公司管理职能及机构优化调整改革实施方案》的通知
本钢发能字〔2021〕120 号	本钢集团迎接第二轮第二批省级生态环保督察工作实施方案
本钢发办字〔2021〕121 号	关于集中下发可直接执行的鞍钢政策性文件的通知
本钢发运营字〔2021〕122 号	关于印发《〈本钢集团落实国企改革三年行动深化市场化改革总体方案〉推进实施方案》的通知
本钢发办字〔2021〕123 号	关于印发《本钢集团有限公司董事会薪酬与考核委员会议事规则》的通知
本钢发办字〔2021〕124 号	关于印发《本钢集团有限公司董事会战略与投资委员会议事规则》的通知
本钢发办字〔2021〕125 号	关于印发《本钢集团有限公司董事会提名委员会议事规则》的通知
本钢发办字〔2021〕126 号	关于印发《本钢集团有限公司董事会审计与风险委员会议事规则》的通知
本钢发规字〔2021〕127 号	关于下发 2021 年鞍本科研协同项目实施计划的通知
本钢发审字〔2021〕128 号	关于印发《本钢集团有限公司违规经营投资责任追究实施办法（试行）》的通知
本钢发运营字〔2021〕129 号	本钢集团有限公司企业分级分类评价管理意见（试行）

文件字号	文件标题
本钢发人字〔2021〕130号	关于印发《本钢集团有限公司劳动纪律与职工行为规范管理办法》的通知
本钢发人字〔2021〕131号	关于印发《本钢集团有限公司岗位合同管理办法》的通知
本钢发人字〔2021〕132号	关于印发《本钢集团有限公司劳动合同管理办法》的通知
本钢发资字〔2021〕133号	关于转发《鞍钢集团有限公司国有资产交易监督管理办法》的通知
本钢发办字〔2021〕134号	关于转发《鞍钢集团公司秘密载体管理办法》的通知
本钢发办字〔2021〕135号	关于转发《鞍钢集团有限公司定密管理办法》的通知
本钢发办字〔2021〕136号	关于转发《鞍钢集团公司保守国家秘密管理办法（试行）》的通知
本钢发财字〔2021〕137号	关于印发《本钢集团有限公司付款管理办法》的通知
本钢发财字〔2021〕138号	关于下发《本钢集团有限公司付款政策（试行）》的通知
本钢发财字〔2021〕139号	关于印发《本钢集团有限公司收款管理办法》的通知
本钢发制字〔2021〕140号	关于印发《2021年12月份生产经营计划》的通知
本钢发人字〔2021〕141号	本钢集团有限公司关键人才中长期奖励办法
本钢发人字〔2021〕142号	本钢集团有限公司子公司负责人综合考核评价与薪酬管理办法

文件字号	文件标题
本钢发人字〔2021〕143 号	本钢集团有限公司全员岗位绩效管理实施方案
本钢发人字〔2021〕144 号	本钢集团有限公司工资总额预算管理办法（试行）
本钢发财字〔2021〕145 号	关于印发《本钢集团有限公司职工采暖费改革实施方案》的通知
本钢发管创字〔2021〕146 号	关于印发《本钢集团有限公司总部业务审批权限规范》的通知
本钢发管创字〔2021〕147 号	关于印发《本钢集团有限公司核心业务权限规范》的通知
本钢发办字〔2021〕148 号	关于本钢集团有限公司领导班子成员及助理工作分工的通知
本钢发科字〔2021〕149 号	关于转发《鞍钢集团有限公司科学技术奖管理办法》的通知
本钢发办字〔2021〕150 号	关于启用本钢集团有限公司规划科技部等印章和作废本钢集团有限公司战略规划部等印章的通知
本钢发科字〔2021〕151 号	关于转发《鞍钢集团有限公司科学技术保密管理办法》的通知
本钢发人字〔2021〕152 号	关于规范子企业考核分配管理办法的通知
本钢发审字〔2021〕153 号	关于做好本钢集团违规经营投资责任追究报告工作有关事项的通知
本钢发管创字〔2021〕154 号	关于印发《关于建立行权履职规范及评价机制的指导意见（试行）》的通知
本钢发管创字〔2021〕155 号	关于转发《鞍钢集团公司母子公司运行规则（试行）》的通知

续表

文件字号	文件标题
本钢发管创字 〔2021〕156 号	关于印发《本钢集团研发机构优化配置实施方案》的通知
本钢发办字 〔2021〕157 号	关于转发《鞍钢集团有限公司国家秘密及其密级具体范围的规定》的通知

（办公室　供）

2021 年度行政文件目录（上行）

文件字号	文件标题
本钢发资字〔2021〕1 号	关于积极推进北煤化公司尿素产能置换工作的报告
本钢发资源字〔2021〕2 号	本钢集团关于南芬露天铁矿及歪头山铁矿延用露天开采方式办理深部扩界采矿权的请示
本钢发国贸字〔2021〕3 号	本钢集团有限公司关于设立日本分公司并支付注册资金的请示
本钢发资字〔2021〕4 号	关于协调省属国有企业代本钢集团承接两家银行信托受益权的请示
本钢发制字〔2021〕5 号	本钢集团关于获得辽宁省省长质量奖和创建卓越质量管理示范基地奖励的请示
本钢发资源字〔2021〕6 号	本钢集团关于申请北营公司铁矿探矿权新立的请示
本钢发制字〔2021〕7 号	本钢集团关于获得辽宁省省长质量奖和创建卓越质量管理示范基地奖励的请示
本钢发资源字〔2021〕8 号	本钢集团关于南芬露天铁矿及歪头山铁矿延用露天开采方式办理深部扩界采矿权的请示
本钢发规字〔2021〕9 号	关于急需解决北台矿山地质环境治理村民阻挡回填施工问题的函
本钢发规字〔2021〕10 号	关于急需动迁贾家堡铁矿征地范围内小选厂并启动用地报批工作的函
本钢发办字〔2021〕11 号	关于辽宁证监局对本钢板材下达问询函有关情况的报告
本钢发法字〔2021〕12 号	本钢集团关于恳请协调解决部分案件司法执行迟缓问题的函

续表

文件字号	文件标题
本钢发改字〔2021〕13 号	本钢集团关于内部控制工作目标任务完成情况和 2021 年重点工作安排的报告
本钢发办字〔2021〕14 号	关于本钢板材 2020 年度审计出现风险相关情况的报告
本钢发战字〔2021〕15 号	本钢集团关于 2020 年度投资完成情况的报告
本钢发资字〔2021〕16 号	关于协调省城乡建设集团调整承接信托受益权方案的请示
本钢发审字〔2021〕17 号	关于呈报《本钢集团 2020 年度内部审计工作总结和 2021 年度审计工作安排》的报告
本钢发制字〔2021〕18 号	关于本钢集团继续爆破作业的商请函
本钢发战字〔2021〕19 号	本钢集团关于报送"十四五"发展规划纲要的报告
本钢发战字〔2021〕20 号	本钢集团关于办理南芬露天铁矿及歪头山铁矿扩界采矿权的请示
本钢发战字〔2021〕21 号	本钢集团有限公司关于帮助解决参与开发大台沟铁矿开发的请示
本钢发运营字〔2021〕22 号	本钢集团有限公司关于违规经营投资责任追究定期的报告（2020 年度）
本钢发战字〔2021〕23 号	本钢集团关于恳请协调解决部分抵债房产无法办理过户问题的函
本钢发财字〔2021〕24 号	关于恳请帮助协调朝阳银行对本钢集团授信续批工作的请示
本钢发人字〔2021〕25 号	本钢集团关于解决医疗保险风险调剂金问题的请示

文件字号	文件标题
本钢发财字〔2021〕26 号	本钢集团关于恳请省国资委出具股东会决议的请示
本钢发办字〔2021〕27 号	关于修订本钢集团有限公司章程的请示
本钢发财字〔2021〕28 号	关于本溪钢铁公司办理股权质押为关联方提供质押担保的请示
本钢发战字〔2021〕29 号	关于支付本钢动迁补偿款的函
本钢发战字〔2021〕30 号	本钢集团关于下达 2021 年度投资计划的报告
本钢发战字〔2021〕31 号	本钢集团关于 2021 年度投资计划补充说明的报告
本钢发财字〔2021〕32 号	本钢集团关于协调解决资金安全及上市公司重大风险的请示
本钢发战字〔2021〕33 号	本钢集团关于与本溪市政府签署合作开发歪矿固废资源战略协议的情况报告
本钢发运改字〔2021〕34 号	关于鞍本重组工作对北钢公司处置意见的报告
本钢发能环字〔2021〕35 号	本钢集团关于 2017 年环保奖励资金再次申请拨付的函
本钢发能环字〔2021〕36 号	本钢集团关于 2019 年环保奖励资金再次申请拨付的请示
本钢发战字〔2021〕37 号	本钢集团关于危险化学品生产就地改造等工作完成情况自查报告
本钢发战字〔2021〕38 号	本钢集团关于办理贾家堡铁矿扩界采矿权的请示

文件字号	文件标题
本钢发能环字〔2021〕39号	本钢集团公司关于申请拨付2017年环保奖励资金的请示
本钢发能环字〔2021〕40号	本钢集团公司关于申请拨付2019年环保奖励资金的请示
本钢发审字〔2021〕41号	关于对违规经营投资责任追究工作全面自查情况的报告
本钢发战字〔2021〕42号	本钢集团关于贾家堡铁矿在露天转地下开采过渡期间回收挂帮矿石的请示
本钢发战字〔2021〕43号	本钢集团关于《关于推进辽宁省钢铁工业高质量嘎站的实施方案》（征求意见稿）的回复意见
本钢发财字〔2021〕44号	关于本溪钢铁公司办理股权质押的请示
本钢发财字〔2021〕45号	关于呈报本钢集团有限公司2021年财务预算的报告
本钢发国贸字〔2021〕46号	本钢集团关于协调丹东港破产重整后的铁路收费问题的请示
本钢发能环字〔2021〕47号	关于报批本溪钢铁（集团）矿业有限责任公司歪头山铁矿深部扩界（扩产）工程节能审查的请示
本钢发能环字〔2021〕48号	关于报批本溪钢铁（集团）矿业有限责任公司南芬露天铁矿优化开采节能审查的请示
本钢发规字〔2021〕49号	关于《本溪湖工业遗产群保护规划》征求意见的复函
本钢发运营字〔2021〕50号	本钢集团关于请求协调沈阳市辽中区人民法院受理沈阳冷轧型材有限公司破产清算的请示
本钢发战字〔2021〕51号	本钢集团关于急需协调办理废钢厂彩西特钢供料站项目施工许可证的商请函

续表

文件字号	文件标题
本钢发办字〔2021〕52 号	关于修订本钢集团有限公司章程的请示
本钢发运营字〔2021〕53 号	关于拟将北钢集团厂办大集体改制企业划转本溪市管理的函
本钢发能环字〔2021〕54 号	关于报批本溪钢铁（集团）矿业辽阳贾家堡铁矿露采转地采工程节能审查的请示
本钢发办字〔2021〕55 号	关于学习传达贯彻张国清书记刘宁省长署名文章精神情况的报告
本钢发规字〔2021〕56 号	本钢集团有限公司关于泉涌棚户区改造玉枫园项目增补规划住宅建筑面积指标的请示
本钢发国贸字〔2021〕57 号	本钢集团关于协调丹东港破产重整后的铁路收费问题的请示
本钢发人字〔2021〕58 号	本钢集团有限公司关于 2021 年度工资总额预算报告
本钢发战字〔2021〕59 号	关于辽宁冶金技师学院综合实训楼建设项目财政资金拨款的请示
本钢发能环字〔2021〕60 号	关于报批本钢板材厂区转炉煤气回收提效改造节能审查的请示
本钢发战字〔2021〕61 号	本钢集团关于无证土地、房产恳请市政府协调解决问题的汇报
本钢发能环字〔2021〕62 号	关于报批本钢板材股份有限公司特钢电炉升级改造工程节能审查的请示
本钢发审字〔2021〕63 号	关于省审计厅专项审计调查反映问题的整改情况报告
本钢发战字〔2021〕64 号	关于本溪钢铁（集团）矿业有限责任公司花岭沟铁矿矿业权出让收益分年度缴纳的请示

续表

文件字号	文件标题
本钢发战字〔2021〕65 号	本钢集团恳请市工信局协助尽快完成北营炸药产能摘转整合的请示
本钢发人字〔2021〕66 号	本钢集团有限公司关于恢复及部注个人医疗账户的函
本钢发战字〔2021〕67 号	本钢集团关于 2021 年度固定资产项目投资计划补充说明的报告
本钢发战字〔2021〕68 号	关于提请省发改委协调辽港集团接卸本钢采购的两船进口煤炭的请示
本钢发行字〔2021〕69 号	关于申请本钢集团新调任企业负责人公务用车改革的备案报告
本钢发财字〔2021〕70 号	关于鞍本重组财务专项审计报告事项的请示
本钢发战字〔2021〕71 号	本钢集团关于恳请免除北营石灰石矿相关人员刑事责任的请示
本钢发战字〔2021〕72 号	关于启动大台沟铁矿项目合作商谈的复函
本钢发财字〔2021〕73 号	本钢集团有限公司关于上报 2020 年度财务决算材料的报告
本钢发财字〔2021〕74 号	关于向招商银行沈阳分行、国家开发银行辽宁省分行出具鞍钢集团重组本钢集团方案告知函的请示
本钢发安字〔2021〕75 号	关于明确制氧机项目适用监管行业和管理标准的请示
本钢发资字〔2021〕76 号	关于本钢集团有限公司所持应收债权无偿划转至辽宁容大投资有限公司的请示
本钢发资字〔2021〕77 号	关于无偿划入辽宁容大投资有限公司所持信托受益权的请示

文件字号	文件标题
本钢发资字〔2021〕78号	关于本钢集团有限公司所持应收债权无偿划转至辽宁省城乡建设集团有限责任公司的请示
本钢发资字〔2021〕79号	关于无偿划入辽宁省城乡建设集团有限责任公司所持信托受益权的请示
本钢发资字〔2021〕80号	关于本钢集团有限公司对辽宁省工程咨询集团有限责任公司应收债权无偿划转的请示
本钢发资字〔2021〕81号	关于无偿划入辽宁省工程咨询集团有限责任公司所持信托受益权的请示
本钢发资字〔2021〕82号	关于无偿划入辽宁交通投资有限责任公司所持国有股权的请示
本钢发办字〔2021〕83号	本钢集团关于2021年上半年工作完成情况的报告
本钢发安字〔2021〕84号	关于本钢集团矿业南芬露天铁矿下盘滑体情况的报告
本钢发战字〔2021〕85号	本钢集团关于落实压减2021年粗钢产量目标的报告
本钢发战字〔2021〕86号	本钢集团关于恳请免除北营石灰石矿相关人员刑事责任的请示
本钢发战字〔2021〕87号	本钢集团关于协调加快贾家堡铁矿土地证办理工作的请示
本钢发战字〔2021〕88号	关于请求明确沈阳本钢技术研发中心项目有关事宜的请示
本钢发运改字〔2021〕90号	关于上报本钢集团委托管理北钢集团协议的请示
本钢发办字〔2021〕91号	本钢集团关于协调供水单价问题的请示

续表

文件字号	文件标题
本钢发财字〔2021〕92 号	关于请求省国资委帮助协调中国银行批复对本钢集团整体授权的请示
本钢发资字〔2021〕93 号	关于本钢集团有限公司所持国有股权无偿划转至辽宁交通投资有限责任公司的请示
本钢发办字〔2021〕94 号	本钢集团关于协调供水单价问题的请示
本钢发战字〔2021〕95 号	本钢集团关于恳请协调北营铁矿采矿权延续涉及储量评审备案问题的请示
本钢发战字〔2021〕96 号	本钢集团关于 2021 年度投资监督检查工资总结报告
本钢发办字〔2021〕97 号	本钢集团关于托管北钢集团协议起草情况的报告
本钢发战字〔2021〕98 号	关于沈阳本钢技术研发中心项目建设相关意见的函
本钢发战字〔2021〕99 号	关于沈阳本钢技术研发中心项目建设相关意见的函
本钢发办字〔2021〕100 号	本钢集团关于召开职代会通报重组工作情况的报告
本钢发战字〔2021〕101 号	本钢集团关于协调继续保留辽宁省本溪市南芬露天铁矿普查探矿权的请示
本钢发财字〔2021〕102 号	2021 年度本钢集团有限公司企业负责人履职预算和集团总部公车预算方案
本钢发人字〔2021〕103 号	关于本钢集团境外工作人员有关情况的调查报告
本钢发能环字〔2021〕104 号	关于报批本钢热力公司歪头山地区供暖改造节能审查的请示

文件字号	文件标题
本钢发能环字〔2021〕105 号	关于报批北营公司炼钢一区产能置换项目工程节能审查的请示
本钢发国贸字〔2021〕106 号	关于协调丹东港口集疏港铁路问题的请示
本钢发人字〔2021〕107 号	本钢集团 2020 年度工资总额清算报告
本钢发资字〔2021〕108 号	关于清理北钢集团下属北方投资公司的函
本钢发能环字〔2021〕109 号	本钢集团公司申请拨付环保奖励资金的报告
本钢发资字〔2021〕110 号	关于确认北投公司企业属性和资产权属的请示
本钢发办字〔2021〕111 号	关于召开董事会的请示
本钢发办字〔2021〕112 号	关于召开董事会的请示
本钢发战字〔2021〕113 号	本钢集团关于急需解决本钢新五宿入住相关问题的函
本钢发能环字〔2021〕114 号	关于报批板材公司炼铁厂 5 号高炉产能置换项目工程节能审查的请示
本钢发行政字〔2021〕115 号	关于恳请支持大耐 2.3 万平方米土地办理出让的函
本钢发能环字〔2021〕116 号	关于本钢集团板材三冷轧因拉闸限电损失情况说明的函
本钢发能环字〔2021〕117 号	关于有序用电和拉闸限电对本钢生产影响情况的报告

续表

文件字号	文件标题
本钢发办字〔2021〕118 号	关于召开本钢集团董事会会议的报告
本钢发办字〔2021〕119 号	关于召开本钢集团董事会会议的报告
本钢发国贸字〔2021〕120 号	本钢集团关于协助港口提高船舶接卸效率的请示
本钢发战字〔2021〕121 号	本钢集团关于配合有序用电需调整外供负荷基准值的报告
本钢发战字〔2021〕122 号	本钢集团关于配合有序用电需调整外供负荷基准值的报告
本钢发战字〔2021〕123 号	本钢集团关于帮助协调贾家堡子铁矿在划定矿区范围内开采事宜的请示
本钢发资字〔2021〕123 号	关于本钢集团实施混合所有制改革的请示
本钢发财字〔2021〕124 号	本钢集团关于开展整治财务会计信息虚假问题专项行动的报告
本钢发能字〔2021〕125 号	关于报批北营公司汽暖改水暖工程节能审查的请示
本钢发能字〔2021〕126 号	关于报批本钢板材焦化厂 8、9 号焦炉烟气脱硫脱硝改造节能审查的请示
本钢发资字〔2021〕127 号	关于本钢板材控股股东变化向深交所备案《控股股东、实际控制人声明及承诺书》的请示
本钢发战字〔2021〕128 号	关于本溪地区石灰石资源调研情况的报告
本钢发办字〔2021〕129 号	关于调整本钢集团新冠肺炎疫情防控指挥部工作职责的通知

文件字号	文件标题
本钢发办字〔2021〕130号	本钢集团有限公司关于疫情防控突发事件的报告
本钢发审字〔2021〕131号	《关于本钢集团有限公司主要领导人员任职期间经济责任履行情况的审计报告》征求意见稿的回复
本钢发审字〔2021〕132号	《关于本钢集团有限公司2020年度资产负债损益审计报告》征求意见稿的回复
本钢发审字〔2021〕133号	《关于本钢集团有限公司应收款项及境外资产管理情况的审计调查报告》征求意见稿的回复
本钢发能环字〔2021〕134号	关于本钢关停所有非供热燃煤机组的承诺函
本钢发能环字〔2021〕135号	关于核定本钢集团非双高用电负荷情况的报告
本钢发规字〔2021〕136号	鞍钢集团–本钢公司关于恳请帮助协调解决阎家沟石灰石矿用地审批相关问题的请示
本钢发财字〔2021〕137号	关于鞍钢尽调提出涉及财务事项整改方案
本钢发办字〔2021〕138号	关于本钢集团与本溪市推动地企合作深化"双本"融合情况的报告
本钢发办字〔2021〕139号	关于本钢集团与本溪市推动地企合作深化"双本"融合情况的报告
本钢发规划字〔2021〕140号	关于本钢板材股份有限公司发电厂全燃煤气亚临界发电机组项目项目核准的请示
本钢发财字〔2021〕141号	关于鞍钢资本控股有限公司对本钢恒亿租赁整合有关情况的报告
本钢发能环字〔2021〕142号	关于本钢板材公司CCPP发电机组上网电量结算价格的申请

续表

文件字号	文件标题
本钢发能环字〔2021〕143 号	关于签订 CCPP 发电工程项目 180MW 机组并网经济协议的函
本钢发财字〔2021〕144 号	本钢集团资金风险排查报告
本钢发战字〔2021〕145 号	关于 2021 年钢铁去产能"回头看"检查发现本钢炼铁、炼钢已开工建设项目未通过节能评估审查的整改报告
本钢发行字〔2021〕146 号	关于支持本钢集团大连耐火材料公司土地出让及处置的请示
本钢发资字〔2021〕147 号	关于本钢集团混合所有制改革确定战略投资者及股权无偿划转的请示
本钢发安字〔2021〕148 号	本钢集团关于 2025 年前超低排放改造项目计划承诺
本钢发办字〔2021〕149 号	关于落实谭成旭董事长 戴志浩总经理重要讲话精神的报告
本钢发财字〔2021〕150 号	关于对鞍本金融业务整合方案的反馈意见的报告
本钢发财字〔2021〕151 号	本钢集团清理拖欠民营企业账款工作自查报告
本钢发规字〔2021〕152 号	关于辽宁冶金技师学院申请职业技能培训专项资金改善培训教学条件的请示
本钢发安字〔2021〕153 号	关于审核鞍钢集团本钢矿业歪头山铁矿"11·23"物体打击事故报告的请示
本钢发办字〔2021〕154 号	关于本钢集团关于杨维 王军同志配备公务用车备案的请示
本钢发办字〔2021〕155 号	关于张景凡同志选择配备公务用车的申请

文件字号	文件标题
本钢发国贸字〔2021〕156号	关于申请鞍钢集团公司为鞍钢财务公司出具本钢国贸海关事务担保授权书的请示
本钢发规字〔2021〕157号	关于调整本钢2021年粗钢产量计划的报告
本钢发人字〔2021〕158号	关于为鞍钢集团本钢国贸公司驻外员工办理港澳通行证签转、工作签证及护照的请示
本钢发财字〔2021〕159号	关于清理地企债权债务推进"双本"合作共赢的函

（办公室　供）

2021 年部分社会媒体对本钢集团报道索引

媒体	标　题	日期
辽宁国企先锋	破了，一千万吨！	2021.1.7
《当代工人》杂志	"钳工"是这个世界给我的一扇窗	2021.1.10
中国冶金报	本钢职工郭鹏获得"辽宁好人·最美职工"称号	2021.1.19
中国冶金报	本钢成功轧制 3 个新规格线材品种	2021.1.19
中国冶金报	本钢"十三五"关键词：创新升级拓市	2021.1.19
辽宁国企先锋	本钢集团在全集团范围内发出倡议： 挖掘内生动力 推动自主创新发展	2021.1.21
辽宁新闻	本钢热连轧板材年产量创历史新高	2021.1.24
辽宁新闻	罗佳全代表："大国工匠"更要传技育人	2021.1.24
辽宁国企先锋	本钢集团连续 4 届问鼎冶金行业最高荣誉	2021.1.27
中国冶金报	本钢部署 2021 年安全生产工作	2021.1.29
辽宁日报	创新发展 打造钢铁品牌	2021.2.3
中国冶金报	向寒流宣战的矿山人	2021.2.3

续表

媒体	标 题	日期
中国冶金报	他们的这项消耗指标，达到了国内先进	2021.2.4
中国冶金报	本钢 3 项产品捧回行业大奖	2021.2.9
中国冶金报	2020 年本钢 20 万吨线材供应"一带一路"项目	2021.2.11
辽宁日报	创新发展炉火正旺	2021.2.18
学习强国 辽宁学习平台	【新春走基层】辽宁本钢集团：创新发展炉火正旺	2021.2.18
北斗融媒	本钢：改革创新"加速度" "老字号"迎来开门红	2021.2.19
辽宁国企先锋	创新炉火旺，本钢"开门红"	2021.2.19
中国冶金报	本钢超宽幅冷轧板生产关键技术成果国际先进	2021.2.24
中国冶金报	原料企业：采取多举措 实现"开门红"	2021.2.24
北斗融媒	"辽宁省钢铁产业产学研创新联盟"今天成立	2021.2.25
中国证券网	本钢集团发起成立辽宁省钢铁产业产学研创新联盟	2021.2.25
新华网	辽宁成立钢铁产业产学研创新联盟	2021.2.26
中国冶金报	辽宁省钢铁产业产学研创新联盟在本钢成立	2021.2.26

媒体	标　题	日　期
辽宁国企先锋	大动作！辽宁成立"钢铁联盟"： 最大省企 + 中科院仨研究所 +4 高校	2021.2.26
辽宁日报	省钢铁产业产学研创新联盟成立	2021.2.27
中国冶金报	本钢 蓄势"起跑" 开启高质量发展新篇	2021.3.3
辽宁省人民政府国有资产 监督委员会官网	"本钢好人"带着荣誉走来了	2021.3.4
辽宁国企先锋	"本钢好人"带着荣誉走来了	2021.3.4
辽宁日报北国客户端	功勋！本钢集团为他颁授勋章、证书，奖励红旗 SUV ……	2021.3.6
中国冶金报	抗疫保产勇担当——"十三五"钢铁行业成就系列报道 之四	2021.3.9
《工人日报》客户端	辽宁这家企业为一名职工授"勋章"	2021.3.10
中国冶金报	十年一剑怎么磨？（本钢集团）	2021.3.11
中国冶金报	科技创新劲更足——"十三五"钢铁行业成就系列报道 之七（本钢集团）	2021.3.16
辽宁日报新闻客户端	快来围观，看钢企如何亮出"绿色范儿"	2021.3.26
辽宁日报新闻客户端	历史性突破！本钢集团板材炼钢厂实现一键 RH 精炼自 动化炼钢	2021.3.26
中国冶金报	服务客户，本钢捧"四心"	2021.3.30

续表

媒体	标 题	日期
中国冶金报	科技创新闯出品牌"新天地" ——本钢北营轧钢厂推进产品研发和技术攻关侧记	2021.4.1
中国冶金报	焦化脱硫脱硝改造 1 年后	2021.4.7
中国冶金报	本钢自主研发出冷轧双相钢 DP1180	2021.4.8
中国冶金报	本钢牌铸管成为市场"俏货"	2021.4.15
中国冶金报	红色火种耀本钢	2021.4.20
中国冶金报	本钢牌铸管首季高附加值产品订单"满负荷"	2021.4.22
中国冶金报	首季成绩单亮眼开局（本钢）	2021.4.22
辽宁省人民政府国有资产监督委员会官网	本钢集团吨钢铁耗指标创历史最好水平	2021.4.25
中国冶金报	钢企积极推动知识产权工作高质量发展（本钢集团）	2021.4.27
中国证券报．中证网	本钢集团：释放数字经济新动能 推动"数字本钢、智造强企"战略实施	2021.4.28
人民日报客户端辽宁频道	本钢集团召开"数字本钢、智造强企"现场经验交流会	2021.4.28
辽宁日报新闻客户端	本钢，这样种"数"	2021.4.29
新华社客户端	"钢的手"	2021.4.29

续表

媒体	标 题	日 期
中国冶金报	新时代特钢精神在这里凝聚——记本钢板材特钢厂省级郭建军技能大师工作站	2021.4.29
中国冶金报客户端	五一特别策划｜致敬劳模精神，"钢铁劳模"有话说～	2021.4.30
辽宁省人民政府国有资产监督委员会官网	本钢集团：板材热连轧厂组合型花纹板产品研制获得一次成功	2021.4.30
中国冶金报客户端	本钢集团举办党史学习教育宣讲报告会暨读书班专题辅导	2021.5.1
新华社客户端	敢熔日月铸匠心——"劳模"火炬在他们手中这样传递（罗佳全）	2021.5.1
新华社客户端（视频）	名为"匠心"的火炬，他们这样传递……（罗佳全）	2021.5.1
人民日报客户端	本溪市：绿色是底色，生态是根基	2021.5.1
中国冶金报	百年本钢：在新起点上开创发展新局面	2021.5.7
辽宁省人民政府国有资产监督委员会官网	本钢首席操作郭鹏荣获全国五一劳动奖章	2021.5.11
辽宁省人民政府国有资产监督委员会官网	本钢集团工会开展系列劳动竞赛助力企业"加速快跑"	2021.5.11
辽宁省人民政府国有资产监督委员会官网	本钢集团全流程降成本攻关成效显著	2021.5.11
辽宁省人民政府国有资产监督委员会官网	本钢集团北营炼钢厂降耗提产再破纪录	2021.5.12
中国冶金报	本钢召开"数字本钢智造强企"现场会	2021.5.12

媒体	标 题	日期
中国冶金报	本钢成功自主研发汽车用镀锌复相钢 CP980+Z	2021.5.13
中国冶金报	本钢自动化炼钢控制系统实现一键精炼	2021.5.18
辽宁日报北国客户端	"龙头""白马"助力经济加速复苏	2021.5.18
中国冶金报	磨工"大拿"	2021.5.21
人民日报	人民日报关注辽宁本钢转型发展：环境好 效益高 收入增	2021.5.25
中国冶金报	本钢板材全流程智能炼钢是咋实现的？	2021.5.26
中国冶金报	本钢集团矿业两家单位完成春季检修	2021.5.26
中国冶金报	本钢 7 号焦炉烟气脱硫脱硝工程达标达效	2021.5.27
中国冶金报	降成本 9000 万元，从哪里来？ ——本钢集团耐材产线承包项目运作纪实	2021.5.27
中国冶金报	绿色智造 未来可期 ——第二十届中国国际冶金工业展览会开幕记	2021.5.28
北斗融媒	本钢：丰富党史学习教育载体 助力企业高质量发展	2021.5.31
中国冶金报	本钢板材炼铁总厂实行总厂制优势凸显	2021.6.2
中国冶金报	本钢与中国冶金报社深化战略合作	2021.6.3

媒体	标　题	日期
辽宁电视台北斗融媒头条号	稳控"内核"，本钢高品质产品助力开拓市场	2021.6.3
中国冶金报	本钢用"本钢蓝"守护"生态绿"	2021.6.5
中国冶金报	看本钢矿业如何打造智能矿山	2021.6.8
中国冶金报	在铁山之巅奋战	2021.6.9
辽宁省人民政府国有资产监督委员会官网	稳控"内核"，本钢高品质产品助力开拓市场	2021.6.9
辽宁省人民政府国有资产监督委员会官网	又出一个"爆款"，是咱本钢自主研发	2021.6.9
中国冶金报	稳控高品质"内核" 助力高产创效	2021.6.10
《共产党员》杂志	不平凡的钢铁人生	2021.6.16
中国冶金报	本钢高强车轮钢 BG650CL 实现批量供货	2021.6.17
中国冶金报	本钢 4 项成果获得辽宁省科技进步奖	2021.6.17
辽宁工人报刊社公众号	【劳动视界】我在矿山开豪车	2021.6.29
中国冶金报	点燃"红色引擎" 淬炼"钢筋铁骨"	2021.7.1
中国冶金报	领航定向破浪行 百年红色钢铁路	2021.7.1

续表

媒体	标题	日期
中国冶金报	本钢板材冷轧总厂党委： 战斗堡垒强核心 激发活力争先锋	2021.7.1
辽宁省总工会公众号	庆祝中国共产党成立100周年！"永远跟党走 奋进新征程"辽宁省职工短视频征集展播	2021.7.1
新华社客户端 （辽宁频道）	辽宁国企先锋——罗佳全	2021.7.2
中国证券报	本钢集团：白车身汽车用钢轻量化EVI研究 与推广应用项目成果被多家汽车厂应用	2021.7.5
中国冶金报	紧盯需求 分级管理 夯实队伍 本钢吸引直供用户纷至沓来	2021.7.6
中国冶金报	感悟庆祝中国共产党成立100周年大会 ——钢铁人激情讲出心里话 板材热连轧厂轧钢工（首席操作）郭鹏	2021.7.6
中国冶金报	本钢南芬选矿厂入选全国冶金矿山"十佳厂矿"	2021.7.7
中国证券报	本钢集团挺进工程机械用钢领域"龙头企业"行列	2021.7.7
中国证券报	本钢集团：汽车用热镀锌烘烤硬化高强系列产品获市场认可	2021.7.9
中国冶金报	"二次开发"让科研"陈果"变成果 本钢汽车用热镀锌烘烤硬化高强钢获市场认可	2021.7.13
中国冶金报	本钢一汽车用钢项目达国内先进水平	2021.7.15
中国冶金报	本钢当好"盟主"唱好创新大戏	2021.7.16
新华社客户端 （辽宁频道）	辽宁国企先锋——蒋守立	2021.7.19

媒体	标 题	日 期
《学习强国》客户端	"八·二三"的怒吼：咱们工人有力量	2021.7.20
中国冶金报	请昂贵的洋备件"下架" ——本钢大力推进备件国产化纪实	2021.7.21
中国冶金报	本钢产品畅销"一带一路"	2021.7.22
北斗融媒	本钢："领衔主演"创新大戏 培育高质量发展新动能	2021.7.24
辽宁日报 （北国客户端）	11名，"本钢好人"！	2021.7.26
中国冶金报	本钢资源利用挖内潜 大力攻关创效益	2021.7.28
中国冶金报	本钢板材炼铁总厂新一号高炉创最长无定修记录	2021.7.29
辽宁日报	改革纵深推进 活力不断增强	2021.8.4
中国冶金报	缘何摘得"丰收果"——本钢集团矿业南芬露天矿上半年生产经营创佳绩纪实	2021.8.4
中国冶金报	本钢自主研发高炉液压泥炮应用效果好	2021.8.5
北斗融媒	深化国资国企改革 昂起辽宁振兴"龙头"	2021.8.6
新华社客户端 （辽宁频道）	辽宁国企先锋——冯琳琳	2021.8.9
《学习强国》客户端	【劳模风采】郭鹏：本钢最年轻的技术状元	2021.8.9

续表

媒体	标　题	日期
中国冶金报	那一刻，他奋不顾身——本钢志愿服务团队队员、板材铁运公司陈军勇救落水者	2021.8.10
《本溪日报》	劳动竞赛助力本钢生产跑出"加速度"	2021.8.10
《学习强国》客户端	【企业一线】辽宁本钢：生产现场秒变颁奖现场	2021.8.12
中国冶金报	本钢地质钻机钻杆用钢实现工程机械龙头企业应用零突破	2021.8.17
中国冶金报	中冶北方与本钢集团签订北营发电厂高温超高压机组工程总承包合同	2021.8.17
中国冶金报	磨砺"改革之刃" 紧握"创新之剑" ——本钢恒通公司外有市场寻求新突破侧记	2021.8.18
中国冶金报	本钢板材特钢厂电炉升级改造项目进入设备安装阶段	2021.8.19
《本溪日报》	本钢工人打破外国高炉泥炮技术垄断	2021.8.19
人民日报客户端	重磅！鞍钢重组本钢正式启动	2021.8.20
新闻联播	鞍钢本钢正式合并 全球第三大钢企诞生	2021.8.20
新华社客户端	鞍钢重组本钢打造我国北方最大钢铁"航母"	2021.8.20
中国日报网	鞍钢重组本钢大会隆重召开	2021.8.20
辽宁日报北国客户端	重磅！鞍钢重组本钢	2021.8.20

续表

媒体	标 题	日期
中国证券报	鞍钢本钢正式重组	2021.8.20
人民日报海外版	鞍钢重组本钢正式启动	2021.8.21
央视新闻	鞍钢重组本钢正式启动 本钢51%股权无偿划转给鞍钢	2021.8.21
工人日报	鞍钢重组本钢正式启动	2021.8.21
中国冶金报客户端	加快步伐融入"1＋1＞2"的新发展格局 ——鞍钢、本钢员工与客户代表热议企业重组	2021.8.21
经济日报	鞍钢重组本钢，世界第三大钢企诞生	2021.8.22
光明日报	鞍钢集团正式重组本钢	2021.8.23
辽宁日报	北方最大钢铁"航母"启航——鞍钢重组本钢深观察（上）	2021.8.23
辽宁日报北国客户端	鞍钢重组本钢深观察（上）丨世界第三大钢铁"航母"启航	2021.8.23
新华社客户端	百年鞍钢本钢牵手，钢铁业高质量发展步履稳健	2021.8.23
新华社客户端	这艘钢铁"航母"启航！	2021.8.23
北斗融媒	记者观察：鞍钢重组本钢 深挖协同优势加速释放聚合效能	2021.8.23
辽宁省人民政府国有资产监督委员会官网	本钢集团"领衔主演"创新大戏 培育壮大新动能	2021.8.24

续表

媒体	标　题	日期
中国冶金报	鞍钢重组本钢正式启动	2021.8.24
中国冶金报	杨维：为实现新本钢二次创业和基业长青而努力奋斗	2021.8.24
中国冶金报	鞍本干部职工热议企业重组 ——加快融入"1＋1＞2"新发展格局	2021.8.24
辽宁省人民政府国有资产监督委员会官网	设备运行、节能减排、安全生产佳绩连连 本钢集团多家基层单位获集团奖励	2021.8.25
人民日报	鞍钢重组本钢 共拓发展新空间	2021.8.25
中国冶金报	何文波：鞍本重组乃大势所趋、历史必然 期待新鞍钢做出更大贡献	2021.8.25
中国冶金报	鞍本重组为世界同行所瞩目	2021.8.25
中国冶金报	高质量鞍本重组值得期待	2021.8.25
中国冶金报	谱写百年选矿新篇章 ——本钢集团矿业南芬选矿厂生产创佳绩纪实	2021.8.25
中国冶金报	鞍本重组谱写钢铁报国新篇章	2021.8.27
中国冶金报	哈电致鞍钢贺信	2021.8.31
中国冶金报	本钢锁住"创效龙头"开发服务直供户	2021.9.2
中国冶金报	鞍钢重组本钢整合融合工作全面进入实施阶段	2021.9.7

续表

媒　体	标　题	日　期
中国冶金报	沙棘果熟了	2021.9.8
中国冶金报	将特色服务送到用户心里去 ——本钢国贸公司开发热轧产品市场纪实	2021.9.9
中国冶金报	钢企"质量月"活动扎实推进	2021.9.14
辽宁省人民政府国有资产 监督委员会官网	2021辽宁省职工技能大赛暨全省钢铁行业技能大赛启 动仪式在本钢举行	2021.9.16
辽宁日报	本钢集团召开股东会，选举产生公司董事监事	2021.10.11
中国冶金报	本钢高盈利品种钢序列再添"拳头产品"	2021.10.14
中国冶金报	本钢成功研发渗氮汽车用钢31CrMoV9	2021.10.14
人民日报客户端	鞍钢集团本钢集团有限公司揭牌成立	2021.10.15
中国经济网	鞍钢集团本钢集团有限公司正式挂牌	2021.10.15
新华网	全面推进核心业务协同整合 鞍钢集团本钢集团有限公 司成立	2021.10.15
中国冶金报	本钢积极有效应对限电 截至目前未受到较大影响	2021.10.15
中国冶金报	实质性整合开启！鞍钢集团本钢集团有限公司揭牌	2021.10.19
中国冶金报	本钢国贸北方恒达物流园吞吐量保持高位运行	2021.10.27

媒体	标 题	日期
中国冶金报	本钢75家基层单位全部完成企业铭牌统一更换	2021.11.3
中国冶金报	94岁"独臂英雄"讲党史感动钢城	2021.11.5
中国冶金报	新本钢与陕汽共谋新发展	2021.11.9
中国冶金报	挖潜、对标,一个都不能少	2021.11.9
中国冶金报	这里"雪人大战"正酣——鞍钢职工战风雪、保生产侧记	2021.11.11
中国冶金报	本钢下好限电、生产"一盘棋"	2021.11.25
中国冶金报	全力以赴保供料	2021.12.1
中国冶金报	本钢修建公司打赢两场施工攻坚战	2021.12.2
中国冶金报	本钢集团"拳头产品"再升级 成功研发冷轧增强成形性双相钢DH590和DH780	2021.12.9
北斗融媒	担当新使命,奋进新征程(采访唐伟波)	2021.12.22
《当代工人》杂志	高炉守望者	2021.12.27

(宣传中心、工会、板材能源管控中心　供)

栏目编辑　辛　莉

本钢年鉴 *2022*

ANSTEEL
本钢集团

索 引

说 明

>> 一、本索引采用分析索引方法，按索引款目第一个字的汉语拼音字母的
顺序排列，音节相同时，按声调排列，声调相同时，按第二个字的
汉语拼音字母顺序排列，以此类推。

>> 二、类目、分目均用黑体字标示，条目用宋体字标示。

>> 三、本索引编有"参见"系统，索引名称后面第二页码起为"参见"。

>> 四、内容有交叉的款目，在索引中重复出现，以便检索。

>> 五、索引标引词一般采用中心词或简称，请在检索时注意。

索　引

2021 年板材公司组织机构图　370

2021 年北营公司组织机构图　371

2021 年本钢集团有限公司机构变动情况　373

2021 年本钢集团组织机构图　369

2021 年本钢集团晋升高级技师人员名单　386

2021 年部分社会媒体对本钢集团报道索引　493

2021 年度本钢集团劳动模范　410

2021 年度本钢集团青年标兵　416

2021 年度本钢集团青年五四奖章　416

2021 年度本钢集团三八红旗标兵　414

2021 年度本钢集团三八红旗集体　413

2021 年度本钢集团三八红旗手　415

2021 年度本钢集团三好学生　416

2021 年度本钢集团五四红旗团委　415

2021 年度本钢集团五四红旗团委标兵　415

2021 年度本钢集团五四红旗团支部　415

2021 年度本钢集团先进单位　407

2021 年度本钢集团先进党委　407

2021 年度本钢集团先进党支部　407

2021 年度本钢集团先进生产（工作）者　412

2021 年度本钢集团先进作业区　409

2021 年度本钢集团优秀共产党员　411

2021 年度本钢集团优秀共青团员　416

2021 年度本钢集团优秀共青团干部　416

2021 年度党委文件目录　456

2021 年度董事会文件目录　455

2021 年度行政文件目录　467

2021 年度行政文件目录（上行）　480

2021 年度上级文件目录　439

2021 年度市级技能大师工作站名单　407

2021 年度授权专利明细　424

2021 年度本钢集团优秀党务工作者　411

2021 年度本钢集团优秀高校毕业生名单　417

2021 年度优秀六西格玛项目名单　423

2021 年获行业、省科技进步奖名单　418

2021 年矿业公司组织机构图　372

2021 年本钢集团晋升高级技术职称人员名单　383

安全费用投入　85

安全风险管控　85

安全管理　83，110，159，162，165，168，172，174，178，180，184，187，190，192，194，199，203，208，211，215，218，220，223，227，230，233，236，239，242，245，247，250，251，253，255，274，277，284，289，295，297，301，307，319，323，325

安全环保　197，311，314

安全基础管理　84

安全监督检查　84

安全教育培训　84

安全责任体系　83

鞍本对标　119

鞍本文化融合　101

鞍本招标业务整（融）合　95

鞍本整合融合　62

鞍本重组　107

鞍本重组信息化工作推进　98

鞍本重组整合专项工作　68

案件管理　72

办公室工作　107

保产保供　262

保函业务　265

保卫信访工作　113

保险管理　63

北台钢铁（集团）有限责任公司　310

本钢板材股份有限公司　151

本钢板材股份有限公司采购中心　262

本钢电气有限责任公司　324

"本钢好人"评选及宣传　129

本钢集团财务有限公司　264

本钢集团国际经济贸易有限公司　259

本钢领导班子和领导人员调整及考核　125

本钢各民主党派概况　135

本钢耐火材料有限责任公司　319

本钢汽车运输有限责任公司　321

《本钢日报》　130

本钢设计研究院有限责任公司　327

本溪北营钢铁（集团）股份有限公司　196

本溪钢联发展有限公司　313

本溪钢铁（集团）矿业有限责任公司　233

本溪市第十七届人民代表大会代表　382

标准管理　76

不锈钢丹东公司　193

部门建设　65

财务共享　67

财务管理　64，234，266，295，323

财务与经审工作　139

采购管理　94，153，288，296

采购经营指标　262

仓储管理　189

测量体系管理　98

产品结构调整　284

产品认证　156

产品认证工作　58

产品设计管理　75

产品销售　212

产品销售利润构成　361

产品研发　155

产品质量　212

产品质量认证　75

产品质量异议　75

厂办大集体改革　314

车辆管理　76

成本管理　160，162，185，188，192，194，
　　199，204，224，242，247，254，297

城市服务　295

持续深化改革　加速整合融合为实现新本钢
　　高质量发展而努力奋斗　3

出口工作　259

储运中心　189

创新管理　200

创新举措　71

大事记　19

档案工作　111

档案管理　108

档案托管　119

档案信息化建设　113

档案业务对标融合　113

档案业务指导培训　112

党费和党建工作经费管理　124

党风廉政建设工作　146

党建工作　266，267，268

党建制度建设　123

党群工作　51，110，116，119，153，157，
　　161，163，166，170，176，178，182，
　　186，188，190，193，195，197，201，
　　206，209，212，216，219，221，225，

228，232，235，237，241，244，246，
249，252，254，256，256，260，264，
272，275，279，282，286，290，293，
296，298，302，305，308，311，315，
321，324，326，328

党史学习教育　127

党史学习教育工作　145

党外知识分子工作　135

党委巡察　133

党员教育管理　124

地企联动　119

典型选树及宣传　129

电商销售工作　260

定向服务　114

动迁还建　324

督查工作　108

队伍建设　115

对标工作　61，182

对标管理　95，221

对标降本　171

对台侨务工作　135

对外技术交流与合作　58

对外宣传　131

多元产业　303

多元管理　61

发电厂　173，226

发展思路　291

"法轮功"教育转化　130

法律审核　72

法律事务管理　72

法务管理　307

法治宣传　130

法治宣传与培训　73

反倾销管理　93

防疫工作　91，111，117，161，164，170，
176，179，183，186，189，195，202，

210，213，217，219，222，229，235，
238，244，246，256，256，279，287，
296，299，302，305，309，313，321，
324，327

房产土地管理　109

房地产开发有限责任公司　302

非钢产品销售　260

废钢厂　183

费用管控　109

分公司管理　93

风控管理　72

风险防控　272

风险管控　94，265，266

风险管理　285

服务管理　308

服务企业生产经营　140

服务青年成长成才　140

辐射安全管理　91

附录　439

科技奖项与专利　418

改革改制档案工作　113

概　况　55，57，59，61，64，68，70，72，
73，77，83，86，91，94，95，97，98，
101，107，109，111，113，117，123，
127，132，134，137，139，140，144，
145，151，154，158，161，164，167，
171，173，177，179，183，186，189，
191，193，196，198，202，206，211，
214，217，219，222，226，229，233，
235，238，242，244，247，249，250，
252，255，256，259，262，264，266，
267，269，270，273，276，279，283，
287，291，293，296，299，302，306，
310，313，319，321，324，327

干部管理基础工作建设　125

港途耗管理　74

高技能人才管理　63

高校毕业生管理　62

各级领导班子配备和领导干部调整　125

工程管理　192，256，307，327

工程计划管理　83

工程建设　200，224

工程设计管理　79

工程项目档案建档验收　112

工程预算管理　82

工程招议标管理　83

工程质量管理　82

工会工作　137，146

工伤人员服务管理　118

工商事务及商标管理　72

工序质量管理　75

工业总产值及主要产品产量完成情况　331

工艺优化　204

工作落实　119

公司治理　152

公有经济企业专业技术人才基本情况　365

公运公司　219

共青团工作　139，146

供应商管理　94，97

固定资产投资完成情况　353

固废物利用　90

管控运营　280

管理创新　152，243

管理优化　114

规程管理　76

规划管理　55

规划投资管理　55

国防动员工作　141

国防教育　130

国防教育工作　140

国企混改及合资合作工作　69

行业合作　271

行政管理工作　109

后备矿山管理　246

后备矿山开发　234

后勤服务　294

环保督察　91

环保工作　237，240

环保管理　192，216，225，228，231，246，
248，295

环保设施　89

环保治理投入　89

环境保护主要指标完成情况　349

环境统计　89

环评及验收　89

会计基础管理　67

获省以上荣誉称号先进个人名单　400

获省以上荣誉称号先进集体名单　395

机关党委工作　145

机关工作　108

机械制造有限责任公司　273

机制创新　290

机制改革　173

基层单位安全情况　348

基层党组织调整　123

基层组织建设　123

基础管理　157，205，225，248，272，292

基础能源管理　88

基础业务建设　112

计量管理　97

计量过程管理　97

计量器具管理　97

计量设施建设　98

计量数据管理　97

纪检监察工作　132

技改工程　160，163，169，172，175，181，
205，231

技改工程管理　81，277

技术创新　162，274，292

技术服务　301

技术改造　242

技术管理　208，245

技术交流　157

技术支撑　292

技术支持　155

技术质量　198，204，325

技术质量管理　169

绩效考核　60

价格管理　92

检化验管理　187

检化验中心　186

检维修管理　276

建设有限责任公司　279

"僵尸"企业处置　267

降本创效工作　77

降本增效　164，167，196，207，214，220，226，229，236，239，245，262，289

交易平台管理　96

教学管理　299

节能项目实施　87

结算业务　265

《今日本钢》　131

进口工作　259

经济运行管理　74

经营管理　174，177，217，303，306，310，327

经营模式　284

经营情况　269

经营指标　95

精神文明建设　129

军事训练工作　141

考核工作　197

科技成果　200，205

科技成果管理　58

科技创新　152

科技管理　57

科技项目管理　57

科技引领　274

科技之家建设　144

科普活动　145

科协工作　144

科研项目管理　156

客户服务　93

控（参）股企业监管　268

矿产品厂　249

矿产资源管理办公室　256

矿粉公司管理　298

矿权办理　256

矿山规划　248

矿山可持续发展　216

矿业公司　214

劳动工资情况　363

劳动纪律管理　64

劳动经济工作　138

劳务用工管理　64

冷轧总厂　167

离退休人员和退养职工管理工作　117

历史沿革　49

廉洁宣教　132

炼钢厂　161，202

炼铁总厂　158，198

辽宁恒汇商业保理有限公司　269

辽宁恒基资产经营管理有限公司　267

辽宁恒泰重机有限公司　287

辽宁恒通冶金装备制造有限公司　283

辽宁恒亿融资租赁有限公司　266

辽宁容大投资有限公司　270

辽宁省五一劳动奖章获得者　391

辽宁冶金职业技术学院　299

辽阳贾家堡铁矿有限责任公司　247

辽阳球团公司　191

领导干部培训　126

领导干部日常管理与考核　126

领导干部一览表　376

留守工作　250

流程管理　59

落实待遇　117

落实意识形态工作　128

落实中央八项规定精神　133

矛盾隐患排查与领导包案工作　116

民生工程　109

民主党派工作　135

民主管理工作　138

民族宗教工作　135

南芬露天铁矿　235

南芬选矿厂　242

内部管理　118

内部控制情况　269

能耗指标管理　86

能源环保　160，175，182，200，205，209，
　212，220，234，243，251，285，298，
　320

能源环保管理　86，163，169

能源介质系统节能　87

能源总厂　179，229

年轻干部培训与挂职锻炼　126

女职工工作　139

派驻监督　132

培训开发　63

配送管理　190

票据业务　265

品种钢开发　92

品种开发管理　57

平安建设　115

普惠服务工作　138

企业定位　273

企业改革　282，303，311

企业管理　160，170，194，237，277，290，
　307，327

企业品牌推广　102

企业文化建设　101

企业现状　49

汽车运输分公司　252

青工思想教育　139

清欠管理　73

庆祝建党百年系列活动　124

全国五一劳动奖章获得者　391

全面从严治党　123

热力开发有限责任公司　306

热连轧厂　164

人才队伍建设　127，157

人防工作　143

人力资源管理　61，170，176，182，188，
　200，221，241，246，251，278，285，
　296，298，304，320，323，326

人力资源配置　62

人民武装工作　140

人事与机构　369

任期制契约化考核　60

荣誉表彰　391

融资管理　66

三项制度改革　62，182

上市公司管理工作　69

设备工程管理　77

设备管理　160，162，166，169，172，175，
　178，181，185，188，190，192，194，
　199，204，208，212，215，218，220，
　224，227，230，234，237，240，243，
　245，247，251，254，256，285，295，
　297，320，322，325

设备基础管理　78

设备检修管理　79

设备修造厂　250

设备运行　250

设备运行管理　79

社会责任　154

深化改革　60，235

审查调查　133

审计管理　70

生产管理　162，168，191，202，220，233，250，253，306，319

生产计划　74

生产经营　49，159，294，313

生产经营保障　114

生产设备完好情况　352

生产运行　151，180

生产质量管理　73

生产组织　165，171，174，184，193，196，198，207，211，214，217，226，230，236，239，242，245，247，255，273，284，288，297，325

生产组织管理　73

石灰石矿　244

实验室建设　156

市场开发　194，270，292

市场拓展　274

市场销售　288

市场营销　153

市区人大代表与派驻乡村工作　126

数字化、智能化重点工作　100

双拥工作　142

税费筹划管理　67

索引　509

特色管理　221

特殊钢厂　171

体系管理　59

体系审核　163

提质创效　172

调查清查　268

铁运公司　177，222

统计资料　331

统一战线工作　134

统战活动　134

投资管理　56

土地与矿产资源管理　56

团组织建设　139

推动党建工作与生产经营深度融合　124

推进改革　291

退休人员移交　118

退养职工服务管理　118

挖潜降耗　283

歪头山铁矿　238

外埠房产管理　268

网络舆情管控　102

危险废物管理　90

维稳工作　116

维修管理　110

文明单位创建活动　129

我为群众办实事　123

污染防治　90

武装综治工作　146

物回管理　190

物流管理　93，260

先进人物　391

项目清收　271

项目完成情况　70

协力派工人员管理　64

新媒体建设　102，131

新实业发展有限责任公司　293

新闻宣传亮点　130

新闻宣传综合管理　131

薪酬管理　63

信贷业务　265

信访案件办理　115

信访维稳 118，304

信息化管理 100

信息化建设 95，98，265，271

信息自动化有限责任公司 291

形势任务教育 128

修建（维检）公司 276

宣传工作 127

宣传思想工作 128

宣传统战工作 146

宣传舆论氛围营造 129

宣教文体工作 138

学雷锋志愿服务活动 130

学生管理 300

学术交流活动 144

学习型党组织建设 128

巡视整改 107

研发攻关 288

研发平台建设 58

研发院 154

验质管理 189

冶金产品实物质量品牌培育产品认定 422

冶金渣公司 217

冶金渣有限责任公司 296

业务整合融合 70

"一站式"服务 119

营销管理 91

应急战备管理工作 143

应用平台建设 100

应对诉讼纠纷和历史遗留问题 268

预算管理 65

原料质量管理 75

运输费用管理 77

运输服务 322

运输组织 177，223

运营管理 59

在本钢集团有限公司第一届第十二次职工代

表大会上的讲话 11

轧钢厂 206

炸药厂 255

战备工作 144

招标采购 94

招标管理 95，96

招标专家管理 97

招生就业 300

整改成效 71

整合融合 133

"整严树"与"靠钢吃钢"双治理 124

政府科技项目申报 58

政协工作 134

政研工作 108

知识产权 156

直接租赁业务情况 266

职工福利 323

职业培训 300

制度承接 110

制度管理 59

制度规范 234

制度体系 70

质量改进工作 76

质量管理 94，162，165，245，255，277，285，289，320

质量体系运行 75

中国钢铁工业协会重点统计钢铁企业排名 366

中国人民政治协商会议本溪市第十三届委员会常委、委员 382

中国人民政治协商会议辽宁省第十二届委员会委员 382

重点工程 234，237，240，243

重点集访问题处置 116

重点节能工作 86

重点民生工作 137

重复信访治理　115

主机网络平台建设　99

主要财务状况　359

主要产品产量指标完成情况　73

主要产品质量完成情况　336

主要钢铁工业产品产、销、存实物量　345

主要技术经济指标完成情况　334

主要经济技术指标　226，229

主要经济指标　65

主要消耗指标完成情况　338

主要运输指标　76

主要职能　269

主业开发　303

主营指标　151，159，183，189，198，202，207，214，233，280，294，297，324

铸管公司　211

专利管理　58

专项工作　70，175

专项管理　79

专项整治　114

专业技术职称管理　62

资本管理　68

资本管理工作　69

资本运营工作　68

资产处置工作　69

资产管理　66

资产盘活　295

资金管理　66

资源规划　234

资源评估　256

自身建设　134

综合管理　107，185，190，231，278，301

综合治理　221，298

总能耗及工序能耗　342

组织工作　123，145

组织机构管理　59

组织建设工作　137

组织与协调管理　77